"十二五"国家重点图书出版规划项目

证据法学

（第四版）

- 主 编 张保生
- 撰稿人（以撰写章节先后为序）

张保生 吴洪淇 施鹏鹏
张 中 李训虎 王进喜
尚 华 樊传明 吴丹红
房保国 褚福民

中国政法大学出版社

2023·北京

声　明　　1. 版权所有，侵权必究。
　　　　　 2. 如有缺页、倒装问题，由出版社负责退换。

图书在版编目（CIP）数据

证据法学/张保生主编. —4版. —北京：中国政法大学出版社，2023.6（2025.7重印）
ISBN 978-7-5764-0953-6

Ⅰ.①证…　Ⅱ.①张…　Ⅲ.①证据－法学－中国　Ⅳ.①D925.113.1

中国国家版本馆CIP数据核字(2023)第108761号

出 版 者	中国政法大学出版社
地　　址	北京市海淀区西土城路25号
邮寄地址	北京 100088 信箱 8034 分箱　邮编 100088
网　　址	http://www.cuplpress.com (网络实名：中国政法大学出版社)
电　　话	010-58908435(第一编辑部) 58908334(邮购部)
承　　印	北京鑫海金澳胶印有限公司
开　　本	720mm×960mm　1/16
印　　张	28.25
字　　数	586千字
版　　次	2023年6月第4版
印　　次	2025年7月第3次印刷
印　　数	10001~16000 册
定　　价	79.00元

出版说明

"十二五"国家重点图书出版规划项目是由国家新闻出版总署组织出版的国家级重点图书。列入该规划项目的各类选题，是经严格审查选定的，代表了当今中国图书出版的最高水平。

中国政法大学出版社作为国家良好出版社，有幸入选承担规划项目中系列法学教材的出版，这是一项光荣而艰巨的时代任务。

本系列教材的出版，凝结了众多知名法学家多年来的理论研究成果，全面而系统地反映了现今法学教学研究的最高水准。它以法学"基本概念、基本原理、基本知识"为主要内容，既注重本学科领域的基础理论和发展动态，又注重理论联系实际以满足读者对象的多层次需要；既追求教材的理论深度与学术价值，又追求教材在体系、风格、逻辑上的一致性。它以灵活多样的体例形式阐释教材内容，既推动了法学教材的多样化发展，又加强了教材对读者学习方法与兴趣的正确引导。它的出版也是中国政法大学出版社多年来对法学教材深入研究与探索的职业体现。

中国政法大学出版社长期以来始终以法学教材的品质建设为首任，我们坚信，"十二五"国家重点图书出版规划项目定能以其独具特色的高文化含量与创新性意识，成为集权威性和品牌价值于一身的优秀法学教材。

中国政法大学出版社

第四版前言

一、第四版修订内容

本次修订坚持以习近平新时代中国特色社会主义思想为指导，全面贯彻党的二十大精神，修订内容主要涉及以下四个方面：一是将党的二十大精神融入教材；二是法条更新，根据《刑事诉讼法》《民事诉讼法》《民法典》等法律的最新修订，以及最高人民法院最新的司法解释，对本教材引用的法条进行更新；三是适当吸收国内外证据法学研究取得的最新成果，把一些比较成熟的研究成果吸收进新教材，以增强其时代感；四是澄清了现行证据规则中的一些证据法原理错误。

本教材第四版对第二、三版所坚持的证据属性"新四性说"（相关性、可采性、证明力和可信性）进行升级更新，提出了"新三性说"（相关性、可采性和可信性）。在新三性说的论述中，证明力概念按照如下逻辑命题被拆分到相关性、可采性和可信性概念的讨论中作了新的阐述：一是在相关性概念中论述证明力与相关性的关系，阐述了相关性是一种逻辑上的证明力，相关性即有无证明力，证明力是相关性程度或大小的指示器；二是在可采性概念中论述证明力与可采性的关系，阐述了危险性实质上超过证明力的平衡检验标准；三是在可信性概念中论述证明力与可信性的关系，阐述了可信性评价是证明力评价的具体化。

在第七章实物证据的出示第二节鉴定的论述中，根据证据法学的特点，适当减少了司法鉴定管理制度方面的论述，增加了司法鉴定评价标准方面的论述。借鉴《欧洲法庭科学机构联盟法庭科学评价报告指南》提出的司法鉴定评价基本原则，论述了我国司法鉴定评价应该遵循平衡性、逻辑性、可靠性和开放性的原则。

在第十章证明责任和证明标准的论述中，一是在证明责任倒置的情形中，补充了英国1971年《毒品滥用法》放弃了被告对自己"不知情"的严格证明责任的内容，以及有关案例对毒品持有犯罪的证明责任是说服责任还是提供证据责任的最新讨论。二是补充了被告人积极抗辩的证明、不在犯罪现场的证明、正当防卫的证明责任以及认罪认罚案件的证明标准等内容和案例。三是在各节补充设计了一些典型案例。

在第十一章第二节司法认知中，新增了司法认知与推定之间区别的论述：一是在性质上，二者具有暂时性事实与结论性事实的区别；二是在适用范围上，二者有民事和刑事诉讼的宽窄之分；三是在功能上，二者有转移与免除证明责任上的差别；四是所维护的价值基础有和谐与效率的不同。鉴于以上差别，最高人民法院《民事诉讼法解释》第93条和《民事诉讼证据规定》第10条中"（三）根据法律规定推定的事实；（四）根据已知的事实和日常生活经验法则推定出的另一事实"，都不能司法认知。另外，司法认知具有可接受性，不具有可反驳性，因此，上述规定中的"有相反证据足以反驳的除外""有相反证据足以推翻的除外"之说，违反了司法认知的基本原理。

本教材第四版引用的美国《联邦证据规则》条文均为2011年12月1日起生效的重塑版，这些规则的中文译本载于［美］罗纳德·J. 艾伦等著：《证据法的分析进路：文本、问题和案例》第6版，张保生、王进喜、汪诸豪译，满运龙校，中国人民大学出版社待出版。

二、修订撰稿人分工

第四版前言（张保生）

序　言 学习证据法的意义（张保生）

第一章 事实、证据与事实认定（张保生）

第二章 证据法理论基础和体系（张保生）

第三章 证据制度历史沿革（北京大学法学院吴洪淇，施鹏鹏负责有关"大陆法系"的内容）

第四章 证据开示（张中）

第五章 法院取证与证据保全（施鹏鹏第一节，李训虎第二节）

第六章 言词证据的提出（王进喜）

第七章 实物证据的出示（张中第一、三节，张保生第二节）

第八章 质证与认证（北方工业大学尚华第一节，华东师范大学樊传明第二节）

第九章 证据排除及其例外（吴丹红）

第十章 证明责任和证明标准（房保国）

第十一章 推定与司法认知（褚福民）

全书审读：曹晶、汪诸豪、林静、王晨辰、刘奕君、郑飞（北京交通大学法学院）

张保生

2022 年 9 月 15 日

第三版前言

一、第三版修订缘由

本教材第二版自 2014 年出版以来，已印行 7000 余册。这次修订主要有三个原因：一是《行政诉讼法》修订，最高人民法院出台了一些新的司法解释，在完善证据制度方面有很多进展，一些证据规则的修改和一些新规则需要在新教材中得到体现。二是国内外证据法学研究取得了一些新的成果，需要把一些比较成熟的研究成果吸收进新教材，以增强其时代感。三是由中国政法大学证据科学研究院起草并由中国政法大学提交的《关于将〈证据法学〉列为法学本科生核心课程的申请》，经教育部高校法学学科教学指导委员会讨论通过，从 2017 年起将《证据法学》列为全国法学本科生核心课程 B 类，本版修订旨在满足法学本科生培养和核心课程教学的需要。

二、修订的指导思想和主要特点

本版修订坚持了第一、二版编写的指导思想，即理论与实践相结合，应然与实然相结合，中国与世界相结合。在保持前两版教材重视证据法学原理阐释的基础上，进一步聚焦"中国证据法学"的构建，将中国证据规则有机嵌入证据法学基本原理框架，使学生不仅能够掌握证据法条文，还能进一步理解这些条文背后的理念和理由，把握证据法的精神实质。

针对前两版中对域外证据理论和证据制度的考察偏重于英美法系的问题，本版修订加强了对欧洲大陆法系证据制度的论述及不同证据制度之间的比较研究。这不仅主要体现在第三章证据制度历史沿革、第五章法院取证与证据保全、第十章证明责任和证明标准的论述中，而且体现在全书各章的内容中。

本版教材对每节思考题作了重点修改，以满足课堂上进行讨论式教学的需要；为拓展学生的知识领域，对每章后面的阅读参考书目也作了更新。

三、第三版修订撰稿人

本教材的撰稿人以中国政法大学证据科学教育部重点实验室（证据科学

研究院）教师为主，并吸收部分其他高校教师，在集体研讨的基础上分工撰写，由主编统稿完成。各章节分工如下：

序　言　学习证据法的意义（张保生）

第一章　事实、证据与事实认定（张保生）

第二章　证据法理论基础和体系（张保生）

第三章　证据制度历史沿革（吴洪淇，施鹏鹏有关"大陆法系"的内容）

第四章　证据开示（张中）

第五章　法院取证与证据保全（施鹏鹏第一节，李训虎第二节）

第六章　言词证据的提出（王进喜）

第七章　实物证据的出示（张中第一、三节，常林第二节）

第八章　质证与认证（北方工业大学尚华第一节，华东师范大学樊传明第二节）

第九章　证据排除及其例外（吴丹红）

第十章　证明责任和证明标准（房保国）

第十一章　推定与司法认知（褚福民）

全书审读：曹晶、郑飞（北京交通大学法学院）

四、第三版篇章结构

本教材第三版试图按照事实认定的内在逻辑和实际过程，进一步完善证据法学的理论体系。全书共十一章内容，根据逻辑与历史相统一的顺序，分为如下五个板块。

第一板块即前三章，为理论篇。第一章以事实为证据法学逻辑起点，分节论述了事实、证据和事实认定的概念与特性，以及"证据之镜"原理。其中，第二节对证据属性的论述，继续坚持了第二版的新"四性说"，即相关性、可采性、证明力和可信性，鉴于证明力从相关性派生以及与危险性平衡检验的关系，将其提到可采性之前。第二章前三节分别考察了证据法的认识论、价值论和概率论的基础，阐明了证据法求真、求善的双重功能；删除了原来论述证据法基本原则的第四节，新的第四节论述了证据法的特征，以及由事实认定的一条逻辑主线、两个证明端口、三个法定阶段、四个价值支柱构成的证据法理论体系。第三章证据制度历史沿革，以西方两大法系、混合法系和中国的证据制度演变为主要坐标，加强了对欧洲大陆法系证据制度演变的论述以及对不同证据制度现状和发展趋势的比较分析，提出了中国当代证据制度构建的思路。

第二板块即第四、五章，为特定取证篇。证据开示是当事人收集证据的一种重要方式，本版第四章将证据开示与证据保全拆分后，专论证据开示，对其特征、意义、效力以及刑事与民事诉讼证据开示的区别作了系统论述。第五章由第二版第九章第二节法院取证与第四章第五节证据保全合并而成。证据保全是对可能灭失或者以后难以取得的证据的一种取证补救措施。当然，本教材主要根据以审判为中心的证据制度建设思路来进行设计，不可能全面论及取证规则，那可能是一部侦查证据规则教材所肩负的任务。

第三板块由第六、七、八章组成，论述了事实认定三阶段即举证、质证和认证规则。第六、七章可称举证姊妹篇，分别论述了言词证据与实物证据的举证方法。第六章言词证据的提出，对当事人陈述、证人证言和作证特免权作了论述。证人证言是言词证据的主要形式，以问答方式提供证言体现了直接言词原则和传闻证据规则的共同要求。第七章实物证据的出示，考察了实物证据辨认、鉴真和鉴定等举证方法，它们都具有同一性认定和真实性证明的共性，但鉴定意见具有科学证据的特性。第八章质证与认证，是将第二版第五板块中第九章第三、四节独立出来专设的一章，旨在适应审判为中心和庭审实质化的需要。其中，第一节质证，加强了交叉询问方法的论述；第二节认证，强调了其是事实认定者对证据基本属性进行评价的审查判断活动。

第四板块为第九章证据排除及其例外，集中论述了构成审判能力之核心的证据采纳和排除规则。在内容的安排上，仍致力于纠正国内研究证据排除规则的两个偏向：一是重排除、轻例外（采纳）；二是重非法证据排除规则、轻其他排除规则。根据准确、公正、和谐价值的排序，第二、三、四节传闻证据、意见证据、品性证据的排除规则及其例外，体现了准确价值和直接言词原则在证据法中的优先地位；第五节非法证据排除规则及其例外，强调了公正是非法证据排除规则的唯一正当理由；第六节不能用以证明过错或责任的证据规则，是建立在市场经济理念、和谐社会价值基础上的。

第五板块即第十、十一章，可称为广义证明责任篇，证明责任包括举证责任和说服责任，说服责任对证明主体而言即证明标准。第十章论述了两个证明端口，即证明责任与证明标准。第十一章推定和司法认知，作为认证的特殊方法，其运用在一定程度上转移或免除了当事人的证明责任。在刑事诉讼中，推定的适用范围和条件应当受到严格限制，其滥用会危害刑事司法的公正性。

五、如何使用本教材

在使用本教材时，教师应采用启发式教学方法，先向学生布置课前阅读有关章节的作业，课堂上可用2/3课时进行引导性讲授，1/3课时组织学生围绕思考题进行讨论。

各章节后面的思考题，旨在增强学生运用证据法学知识分析实际案件的能力。其中一些题目可能只有参考答案，而无唯一答案。教师在组织课堂讨论时，可以采取分组方式，让学生们在控辩双方和裁判者之间不断变换诉讼角色，以便其深刻体会特文宁等关于事实认定必然具有盖然性的五个基本理由：证据的不完全性、非结论性、含糊性、不和谐性和不尽完美的可信性等级。

六、鸣谢

首先感谢本版教材编写组全体成员的共同努力。中国政法大学证据科学研究院经过12年发展，已形成一支学贯中西的证据法学研究团队。团队成员多有在英美法学院留学背景，法国埃克斯马赛第三大学刑科博士施鹏鹏教授的加盟，增强了本团队在欧陆证据法方面的研究力量。

感谢湖北省襄阳市检察院简乐伟检察官对第十章第四节行政诉讼证明责任和证明标准提出的修改意见。

感谢我的研究生于春洋、卢现伟、董帅、张山山、熊晓彪、王瑞园、柴鹏、张伟、曹佳、负丹、申蕾、阳平对本教材第一章、第二章提出的修改意见。

感谢本教材第三版责任编辑为其所付出的辛勤劳动。

感谢证据科学研究院办公室李蔚老师、赵馨老师、教学办杨克文老师为本教材第三版编写所提供的热心服务。

本教材第二版前言曾寄语第三版能够译为英文版，以满足中国证据法学参与国际学术交流和来华留学生教学的需要。无论这个愿望能否在本版实现，它确实是我们追求普适原理与中国风格相结合以成一家之说的重要鞭策力量。

由于我们研究水平有限，本教材第三版仍难免存在一些错误，希望使用本教材的师生及时指正，以便下一版继续完善。

张保生
2018年6月6日

第二版前言

一、第二版修订缘由

本教材自 2009 年出版以来，已印行 9000 余册，令人鼓舞。这次修订主要出于三个原因：一是 2012 年《刑事诉讼法》和《民事诉讼法》的修订，在完善证据制度方面有很多进展，一些证据规则的修改和一些新规则需要在新教材中得到体现。二是近五年来，国内外证据法学研究取得了一些新的成果，需要把一些比较成熟的研究成果吸收到新教材中来，以增强其时代感。三是经过课堂教学，授课教师和学生们在使用本教材的过程中发现了一些问题，提出了许多好的修改建议，需要把这些来自于教学实践的经验吸收进来，以增强本教材的针对性。

二、编写的指导思想和主要特点

本教材第二版继续坚持了第一版编写的指导思想，即理论与实践相结合，应然与实然相结合，中国与世界相结合；继续保持了第一版的两个主要特点，即重视证据法学理论体系和基本原理的阐述，重视概念界定和语义分析。

除上述方面外，第二版修订还有两个指导原则：一是在第一版基础上修改完善、继承创新，在法律条文上弃旧更新，在吸收国内外最新研究成果方面推陈出新；二是充分吸收张保生、王进喜、张中、吴丹红、房保国合著的《证据法学》（高等教育出版社 2013 年版法硕教材）的内容，借鉴该教材的案例分析方法，同时更新思考题和参考文献。

三、第二版修订撰稿人

本教材由司法文明协同创新中心、证据科学教育部重点实验室（中国政法大学）部分教师，在集体研讨的基础上分工撰写，由主编统稿完成。各章节分工如下：

前　言（张保生）

序　言　学习证据法的意义（张保生）
第一章　事实与证据（张保生）
第二章　证据制度（吴洪淇）
第三章　证据法理论基础和体系（张保生）
第四章　证据开示与证据保全（张中）
第五章　实物证据的出示（张中第一、三节，常林第二节）
第六章　言词证据的提出（王进喜）
第七章　证据排除及其例外（吴丹红）
第八章　证明责任和证明标准（房保国）
第九章　证明和认证（汪诸豪第一、四节，张中第二节，尚华第三节）
第十章　推定与司法认知（褚福民）

四、第二版篇章结构

本教材第二版共分十章、五个板块，试图按照事实认定的内在逻辑，建构证据法学的理论体系。其结构如下：

第一板块即前三章，为理论篇。第一章以事实为证据法学的逻辑起点，第一节论述了事实特性与证据概念，其中，在第一版将证据类型缩为一节的基础上，继续将其缩为一个子目，表明了本教材第二版对其更加轻视的态度。第二节证据属性，从第一版的证据"三性说"转变为一个新的"四性说"，即相关性、可采性、证明力和可信性。第三节事实认定是新增的内容，主要论述了事实认定的性质、证据之镜原理和经验推论链条。第二章考察了神示—法定—自由证明三种证据制度的历史沿革，以西方两大法系和混合法系为主要坐标，对不同证据制度的现状和发展趋势作了比较分析，对各国证据制度相互融合的趋势进行了反思，对中国证据制度的历史演变作了系统考察，在此基础上提出了中国现代证据制度构建的思路。第三章前三节分别考察了证据法的认识论基础、价值论基础和概率论基础，阐明了证据法求真与求善两种功能的竞争关系。其中，第三节证据法的概率论基础，吸收了国内外概率论、事实认定盖然性以及证据法概率论研究等方面的最新研究成果。第四节揭示了证据法基本原则本质上是证据法理论基础的具体化，进而筛选出六个基本原则。第五节论述了证据法的特征，以及由一条逻辑主线、两个证明端口、三个事实认定阶段、四大价值支柱构成的理论体系。

第二板块即第四章证据开示与证据保全，对证据开示的特征、意义、效力以及刑事与民事诉讼证据开示的区别作了分析。其中，第四节关于证据开示的反思，考察了证据开示与对抗制的关系、证据开示的现实问题与潜在弊端、证据开示的有效运行及其保障等问题。第五节证据保全，是从第一版第五板块第九章第二节法院取证与证据保全中拆分出来的，主要是考虑到证据保全系审前程序的性质。

第三板块由第五、六章组成，称为举证姊妹篇，分别论述了实物证据和言词证据的举证方法。其中，第五章实物证据的出示，考察了实物证据的辨认、鉴真和鉴定等证明方法，它们都具有同一性认定和真实性证明的共性，但鉴定的主体、性质和功能与辨认、鉴真有别。专家辅助人参与鉴定意见质证具有重要意义。第六章言词证据的提出，对当事人陈述、证人证言和作证特免权作了论述。证人证言是言词证据的主要形式，以问答方式提供证言体现了直接言词原则的要求。

第四板块即第七章证据排除及其例外，与其说是论述排除规则，不如说是将采纳与排除作为一枚硬币的两面，论述了二者相互转化的辩证关系。国内对证据排除规则的研究有两个偏向：一是重视排除，轻视例外；二是重视非法证据排除规则，轻视其他排除规则。本教材第二版在以下两个方面纠正了上述偏向：

首先，讨论了证据采纳与排除的关系，主要引申了两个观点：一是特文宁教授等关于"'可采性'问题涉及非相关性证据的排除，并且受到证据法（包括规制排除之司法自由裁量权原则）的规制"的观点。他认为，"①相关性是最重要的排除机制。②证明原则是先于其他排除规则而存在的，因为这些排除规则处理的是相关证据的排除问题。……③理解相关性，包括对推论性推理之原则和特性的理解。④证据法可以被看作是由塞耶包容性原则和排除性原则所组成的有机整体，这些原则是在论证之基本框架内，按照相关性原理来表达的"[1]。二是艾伦教授关于排除规则兼有惩戒与激励之双重作用的观点。我们过去对排除规则的惩戒作用论述较多，而对其激励作用却重视不够。

其次，强调了证据排除规则都有例外，例外就是在一定条件下不排除或

---

[1] 参见［美］特伦斯·安德森、［美］戴维·舒姆、［英］威廉·特文宁：《证据分析》（第二版），张保生等译，中国人民大学出版社2012年版，第61、388页。

者采纳证据，完整的排除规则必须包括这些例外。因此，证据排除规则，在某种意义上也可以看作是采纳规则。对于传闻证据、意见证据、品性证据、非法证据等排除规则及其例外，我们在论述时均给予了同等重要的地位。

最后，在本章各节安排上，根据准确、公正、和谐价值的排序，第二节为传闻证据排除规则及其例外，第三节为意见证据排除规则及其例外，第四节为品性证据排除规则及其例外，这三节内容旨在体现证据法的准确价值以及直接言词原则在证据法基本原则中的优先地位；第五节非法证据排除规则及其例外，揭示了公正是设立非法证据排除规则的唯一正当理由；第六节不能用以证明过错或责任的证据，则是以市场经济、和谐社会的价值理念为基础的证据规则。

第五板块即第八、九、十章为证明和认证篇。第八章论述了证明责任与证明标准。证明责任被称为"诉讼的脊梁"，它是提出主张和证据的责任，又包含着说服责任和不利后果的承担责任，是权利、义务、责任和后果的统一体。证明标准是对案件要件事实的证明所应达到的程度，也是事实认定者作出裁决时应被说服的程度。第九章第一节论述了证明三要素有机结合而构成证明活动，以及举证和质证的性质和方法。第二节将法院取证作为证明的一种特殊形式作了论述。第三节是质证的系统论述，强调了交叉询问和对质是对抗制的规定性特征，是重要的诉讼权利。第四节论述了认证是事实认定者对经过质证的证据进行审查，从而决定是否采信的事实认定活动。第十章推定和司法认知，强调了它们不是证明方法，而是认证方法，其运用在一定程度上转移或免除了当事人的证明责任。在刑事诉讼中，推定的适用范围和条件应当受到严格限制，其滥用会危害刑事司法的公正性。

五、如何使用本教材

本教材第二版尝试对证据法学教学方法进行一些探索。各章每一节都列出学习要点、思考题，每章后还列出了参考性阅读文献，对知识来源作了较系统的引用。第二版各章节的思考题改变了第一版抽象思考题的性质，主要由实际案例或假设案例组成，旨在使学生们增强运用所学证据法学基本原理分析具体案例的能力。我们建议使用本教材时，教师应采用启发式教学方法，先布置学生阅读教材有关章节，仅用2/3课时进行引导性讲授，1/3课时组织学生对思考题进行讨论、提问、答疑。书后为教师和学生提供了进行54学时教学的预习阅读教材计划。

六、鸣谢

首先感谢本教材第二版编写组全体成员的共同努力。同时，还要感谢2010~2013级四届法学博士、法学硕士以及法律硕士（法庭科学方向）和吉林省法院系统三届在职法律硕士（证据科学方向）研究生们，他们在学习和研讨过程中给本教材提出了许多宝贵的修改意见。感谢证据科学研究院办公室的李蔚老师、科研秘书赵馨老师、教学秘书杨克文老师等为本教材第二版所作的周密的服务工作。感谢我的博士研究生樊传明、冯俊伟、尚华、张伟以及出站博士后邹玉华教授，他们阅读了教材的部分章节，在内容和文字方面提出了许多有益的修改意见。感谢本教材第二版责任编辑为其所付出的辛勤劳动。

我们的目标是要编写一部高水平的证据法学教材，期望它能为我国司法文明和法治建设发挥育人作用，因为我们坚信，中国法治的未来是当今法学教育的产物。由于证据法具有普适性，我们当然也希望这部教材将来能有英文版问世，从而参与国际学术交流，但这也许是第三版才能实现的愿望。退而言之，我们坚持教材编写以不误人子弟为最低标准，希望它不是毒害学子的"三鹿奶粉"，并且最好能够起到某种"杀毒软件"的作用，纠正人们以往对证据法学原理的一些误解。无论上述这些目标是否已经达到，至少说明我们在编写它时持有一种审慎态度。尽管如此，由于我们的研究水平有限，本教材第二版仍难免存在一些错误，恳请使用本教材的师生及时予以指正，以便我们在下一版予以修正。

张保生

2014 年 7 月 21 日

第一版前言

一、本教材编写的指导思想

第一，理论与实践相结合。大学教材应具有一定的理论性，但证据法则是法官审判经验的总结，是一门实践性很强的学问，有许多活生生的案例昭示了其基本理论和基本原则。从更大的范围来说，证据法学所要结合的实践不仅是司法实践，还包括人类社会生活实践。证据法则不能违背常识和逻辑，因为事实认定本质上是经验推论活动，法庭里的事实认定不过是日常生活中的事实认定的一个缩影，是普通人解决各种争端纠纷的游戏规则的升华提炼。

第二，应然与实然相结合。本教材既称"证据法学"，便不能编成一部法律实务读本，只讨论实然之事及其合理性，而应具有一定的前瞻性，帮助学生把握证据法学的发展趋势，保持学术对现实的引领作用。

第三，中国与世界相结合。本教材不是"中国证据法学"，不能仅仅局限于中国现行立法和司法实践。中国是世界的一部分，中国司法活动是人类司法实践的一部分。证据法学作为一门研究事实认定及其规律的学问，应当研究证据规则基于人类实践和认识活动共性的普适性，同时也要考虑不同法系、不同国家证据法的差别，吸收各国通行的证据法则，促进相互融合。

二、本教材的两个主要特点

第一，重视证据法学理论体系和基本原理的阐述。本教材力图使学生能够在宏观把握证据法学基本知识的基础上，在一定的理论高度上俯瞰具体证据规则，对其进行微观分析、深入理解，并能不时地返回到理论层面来进行反思思考。

第二，重视概念界定和语义分析。目前，学术研究和教学实践中存在"自说自话"的倾向，对概念不作界定，对别人研究成果不加引用，随意使用或偷换概念，造成了证据法学的概念冲突、逻辑混乱、互打乱仗。因此，本教材试图从每一具体概念开始，进行内涵与外延、广义与狭义、日常用法与法律术语等多角度的分析，在弄清学术发展脉络的基础上展开自己的论证和分析。

三、本教材撰稿人

本教材由中国政法大学证据科学教育部重点实验室（证据科学研究院）教师和研究生在集体研讨的基础上分工撰写，由主编统稿完成。各章节分工如下：

前　言（张保生）

第一章　证据法学绪论（张保生）

第二章　证据制度（吴洪淇）

第三章　证据法的理论基础和基本原则（张保生第一、二、四节，邢学毅第三节）

第四章　证据类型与证据开示（李训虎第一节，张中第二至五节）

第五章　展示性证据的出示（张中第一节，张保生第二节，常林第三节）

第六章　言词证据的提出（王进喜）

第七章　证据排除及其例外（吴丹红）

第八章　证明责任和证明标准（房保国）

第九章　证明、法院举证与认证（张南宁第一、二、五节，张中第三节，张保生第四节）

四、本教材的篇章结构

本教材共分九章、五个板块，其结构如下：

第一板块即前三章，为理论篇，第一章以事实为证据法学的逻辑起点，论述了事实与证据的关系，证据的三个属性即相关性、可采性（证据能力）和证明力。证据法学是由一条逻辑主线、两个证明端口、三个事实认定阶段、四大价值支柱构成的理论体系。第二章考察了神示—法定—自由三种证据制度的历史沿革，以西方两大法系为主要坐标对不同证据制度的现状和未来发展趋势进行了比较分析，并对中国大陆现行证据制度作了系统考察，提出了重构的思路。第三章前三节分别考察了证据法的认识论、价值论和概率论基础，阐明了证据法求真与求善两种功能的竞争；第四节揭示了证据法基本原则本质上是证据法理论基础的具体化，进而筛选出六个基本原则。

第二板块即第四章,对证据类型和审前证据开示的特征、意义、效力以及刑事与民事诉讼证据开示的区别作了分析。将证据类型缩为一节,表明了本教材对其轻视的态度。

第三板块由第五章和第六章组成,可称为举证姊妹篇,分别论述了展示性证据和言词证据的举证方法。其中,第五章论述了物证、书证等证据的出示、辨认或鉴真和鉴定。辨认、鉴真和鉴定作为展示性证据的不同证明方法,都具有同一性认定和真实性证明的共性,但鉴定主体、性质和功能与辨认、鉴真有别。专家辅助人参与鉴定结论质证具有重要意义。第六章对当事人陈述、证人证言和作证特免权作了论述。证人证言是言词证据的主要形式,以询问和回答的方式提供证言体现了直接言词原则要求。

第四板块是第七章,系统论述了作为证据法核心或典型内容的证据排除规则,包括非法证据、传闻证据、意见证据、品性证据等排除规则。

第五板块即第八章和第九章为证明和认证篇。第八章论述了证明责任与证明标准。证明责任被称为"诉讼的脊梁",它是提出主张和证据的责任,又包含着说服责任和不利后果的承担责任,是权利、义务、责任和后果的统一体。在证明责任中,"分配"是核心,"倒置"是重新分配,"转移"是行为意义上的改变,"免除"需要一定条件。证明标准既是证明所应达到的程度,也是事实认定者作出裁判所需被说服的程度。第九章第一节首先论述了证明的三要素有机结合而构成证明活动,接着论述了举证和质证的性质和方法。第二节将法院职权和保全证据作为事实认定的一种特殊形式作了论述。第三节简述了事实认定者对证据审查判断或认证的方法。第四、五节将推定和司法认知作为认证方法分别作了论述。

五、如何使用本教材

本教材尝试在证据法学教学方法上进行一些探索。各章每一节都列出学习要点、思考题,每章后列出参考性阅读文献,对知识来源作了比较系统的引用。我们建议使用本教材时,教师应采用启发式教学方法,先布置学生阅读教材的有关章节,仅用2/3课时进行引导性讲授,1/3课时组织学生提问、研讨、答疑。书后为教师和学生提供了进行54学时教学的预习阅读教材计划。

六、鸣谢

首先感谢本教材编写组全体成员的共同努力。感谢鲁涤副教授审读了本教材有关章节，并提出了宝贵的修改意见。感谢我们研究院办公室的李蔚老师、科研秘书赵馨为本教材所作的服务工作。感谢我的博士研究生冯俊伟、邢学毅、尚华以及博士后研究人员邹玉华教授，他们阅读了教材的部分章节，提出了内容和文字方面的修改意见。感谢本教材责任编辑彭江为其所付出的辛勤劳动。

教材编写以育人为最高标准，因为，一个国家法治的现状是过去教育的产物，而法治的未来则是现今教育的产物。教材编写以不误人子弟为最低标准，因此，教材之于学生，就像奶瓶子之于嗷嗷待哺的新生儿，它里面装的是鲜牛奶还是"三鹿毒奶粉"，关乎国家的法治未来。当然，将如此重任赋予一部小小的教材，不免有自作多情之嫌，但至少说明我们在编写它时持有一种审慎的态度。尽管如此，由于我们研究水平等方面的限制，本教材仍难免有一些错误的理解和表述，希望使用本教材的师生及时指正，我们将通过再版的方式予以修正。

张保生

2009 年 7 月 21 日

序言：学习证据法的意义

证据法学是一门研究证据规则和事实认定规律及方法的学问，是现代法学体系的一个重要组成部分。陈光中教授说："判断证据法学能否作为一门独立的学科，不应以是否有独立的证据法典为标准，而关键看是否有独立的研究对象和完整的理论体系。事实上，我国现行的法典数量远远大于法学学科数量，这说明有独立的法典并不意味着就能成为独立的法学学科。相反的是，行政法学等没有对应的统一法典，却成为一门独立的法学学科。就研究对象和理论体系而言，证据法学尽管与诉讼法学和民法学等实体法学在部分内容上有交叉，但是没有哪一门法学能完全包容证据法学的全部研究内容。因此，证据法学应该作为一个独立的学科。"[1]

证据法学不仅要研究"书本上的证据规则"，还要研究"行动中的证据法"，即运用证据进行事实认定的规律和方法。学习证据法的意义至少有以下几点：

第一，证据法是法治的基石，是法治国家的一项基本制度。学习证据法，增强证据理念，有助于提高证据意识，维护公平正义，保护人权。关于证据（法）是法治基石的理念，艾伦教授是从争端解决过程中事实先于权利和义务而存在的角度来论证的。他认为："权利和义务固然都很重要，但启蒙运动更根本的理念是认识论上的革命，即认为有一个客观上可知的外在于我们思想的世界；然而，对洛克、贝克莱、休谟乃至康德认识论著作中关于这种主张的引用，却非常之少且相去甚远。这就颠倒了事实与权利/义务之间的实际关系。事实先于权利和义务而存在，并且是权利和义务之决定性因素。没有

---

[1] 陈光中主编：《证据法学》，法律出版社2011年版，第9~10页。

准确的事实认定，权利和义务就会失去意义。"[1] 他举例说，如果一位同学正在课堂上用电脑做笔记，但老师却要求你归还"他的"电脑，并且他坚持说你所用的电脑事实上是属于他的。你会怎么做？你会找一个裁判者，向其提供你购买、得到或被赠予这部电脑的证据。如果成功，裁判者将赋予你拥有那台电脑的权利，并强迫争议方履行相应义务。关键在于，权利和义务取决于什么事实将被认定。把法治与真实世界的情况联系起来的努力，锚定了可知事物中的权利和义务，并使其摆脱了反复无常和任性的支配。这就把法律制度系在事实准确性的基石上了。李学灯先生也说过："惟在法治社会之定分止争，首以证据为正义之基础，既需寻求事实，又需顾及法律上其他政策。认定事实，每为适用法律之前提。因而产生各种证据法则，遂为认事用法之所本。"[2]

第二，证据法是实现司法公正的基石。法治以司法制度为基础，司法制度则以证据制度为基础。陈光中教授"把中国的司法制度概括为三大部分：一是审判制度；二是检察制度；三是侦查制度"[3] 这三座"大厦"是司法制度的上层建筑。然而，人们有时忽视了它们还有一个共同基础，即证据制度。证据制度是司法制度的"地基"。因此，法治和司法文明建设必定要以证据法治为重要指标。在司法审判中，事实认定是法官的主要任务，正确适用证据规则是法官基本审判能力的体现。《美国法律辞典》对"法官"的解释是："主持法庭的官员。……这一职能包括适用证据法规则，向陪审团作出指示以及维持法庭秩序。"[4] 对于检察官和律师来说，"打官司就是打证据"，熟悉证据规则，掌握举证、质证和认证的方法，才能使审判结果具有可预测性。从人类司法文明的演进过程看，证据制度的发展经历了愚昧的神明裁判、野蛮的口供裁判和理性的证据裁判三个阶段。[5] 现代证据制度的建立和发

---

[1] [美] 罗纳德·J. 艾伦："证据法的理论基础和意义"，张保生、张月波译，载《证据科学》2010年第4期。

[2] 李学灯：《证据法比较研究》，五南图书出版公司1992年版，序部分。

[3] 陈光中："刑事司法改革中的若干问题"，载《陈光中法学文选》（第一卷），中国政法大学出版社2010年版，第492页。

[4] [美] 彼得·G. 伦斯特洛姆编：《美国法律辞典》，贺卫方等译，中国政法大学出版社1998年版，第101页。

[5] 参见陈光中："刑事证据制度改革若干理论与实践问题之探讨——以两院三部《两个证据规定》之公布为视角"，载《中国法学》2010年第6期。

展,为最大限度地查明事实真相、减少冤假错案提供了法律保障。所以,最高人民法院前首席大法官肖扬院长说:"证据是实现司法公正的基石。原最高人民法院院长、首席大法官肖扬2006年5月20日给中国政法大学证据科学研究院成立大会的贺信。加强证据科学研究,对有效维护广大人民群众的合法权益,保证国家司法机关公正行使自己的权力,实现社会主义民主和法治具有特别重要的意义。"随着我国法治建设的重心从立法转向以司法为主要内容的法律实施,愚昧司法、野蛮司法、司法腐败和冤假错案等都反映出我国证据制度的不健全,司法实践呼唤着我国证据法有一个大发展,也呼唤着证据法学教育的大发展。

第三,证据法学是法律职业从业人员必备的专业知识。关于法律人才的知识结构,张文显教授提出了法官"三大知识板块"理论。他认为,法官需要"以事实为依据""以法律为准绳""以政策为导向",相应地,就需要具备证据科学知识、法律科学知识和政策科学知识。由于我国法学教育存在先天性不足,在三大知识板块中,目前最缺的是证据科学知识。审判过程分为事实认定和法律适用两个阶段,过去的16门法学核心课程都是关于法律适用的,而疑难案件中的问题90%以上都是事实认定问题。因此,法学院应当加强证据法学课程建设,使我们培养的法官、检察官和律师能够掌握证据科学知识,以适应未来从事法律工作的需要。[1] 从法律职业技能训练的角度看,证据法学又是一门应用性很强的学科和一门最富实践理性的课程,证据规则是法官审判经验的总结,因而具有很强的实践性。证据分析能力或证据推理能力是法官、检察官、律师、侦查人员等法律职业群体必备的职业技能。

第四,证据法学的理论与方法也是法官独善其身的法宝。在审判过程中,事实认定是通过证据推理而实现的,法官拥有采纳或排除证据的权力。因此,司法责任制主要是围绕证据裁判权的运用和约束来设计的。《最高人民法院关于完善人民法院司法责任制的若干意见》[2] 规定:①违法审判责任的认定主要包括三种与证据相关的情节:一是涂改、隐匿、伪造、偷换和故意损毁证据材料的,或者因重大过失丢失、损毁证据材料并造成严重后果的;二是向

---

[1] 参见焦红艳、莫静清:"'证据学法官'前传:全国唯一法庭科学法律硕士班鸣锣开讲",载《法制日报·周末》2009年9月17日。

[2] 法发〔2015〕13号,2015年9月21日发布。

合议庭、审委会汇报案情时隐瞒主要证据、重要情节和故意提供虚假材料的，或者因重大过失遗漏主要证据、重要情节导致裁判错误并造成严重后果的；三是其他故意违背法定程序、证据规则和法律明确规定违法审判的。②不得作为错案进行责任追究的情节包括两种：一是对案件基本事实的判断存在争议或者疑问，根据证据规则能够予以合理说明的；二是因出现新证据而改变裁判的。③关于加强法官履职保障的证据问题：一是在案件审理的各个阶段，除非确有证据证明法官存在贪污受贿、徇私舞弊、枉法裁判等严重违法审判行为外，法官依法履职的行为不得暂停或者终止；二是依法及时惩治当庭损毁证据材料、庭审记录的人员。上述规定中，特别是关于"对案件基本事实的判断存在争议或者疑问，根据证据规则能够予以合理说明的"的规定，对法官系统掌握证据法学知识提出了很高的要求。显然，法官若不能娴熟地掌握证据法学的理论与方法，不仅难以作出准确公正的事实认定，在面临责任追究时也会"泥菩萨过河——自身难保"。

第五，加强证据法学教育有利于提高法律人才的综合素质。证据法学教育的宗旨，不仅是让学生掌握证据规则，更重要的是使其学习、理解和思考证据规则背后的理念、原则、价值和政策。证据法具有"求真"和"求善"的双重功能，规定了社会争端的理性解决方式，反映了正义理想、生活信念、伦理关怀和诉讼效率等各种复杂的价值追求。证据法还为基本行为和诉讼行为创造了关键性激励因素，[1] 例如，激励人们以对社会有益的方式行事或"行善"，鼓励争端的和平解决，保护诸如婚姻、律师与委托人、心理诊疗师与患者等重要的社会关系等。人类在知识探索、争端解决和决策活动中的证据推理是无处不在的，证据构成了一切知识的原因和效果，主体通过加工证据信息建构知识体系从而获得真理或真相，又在指导实践的过程中运用证据推理检验真理或真相。从这个意义上说，学习证据法也是对世界观和方法论的学习。证据推理需要辨别相关性与可采性、真实性与可信性，平衡求真与求善的价值追求；事实认定以心理学、逻辑学、哲学与概率论等多学科理论为基础，涉及知识的表达和理解，事实主张的立论与反驳，经验概括与推论，证据分析与裁决，质证策略与弹劾技术，证据的评价、解释与叙事，等等。

---

[1] 参见［美］罗纳德·J.艾伦："证据的相关性和可采性"，张保生、强卉译，载《证据科学》2010年第3期。

因此，学习证据法又是一种最好的思维训练，可以提高逻辑分析能力、价值判断能力、证据推理能力，以及辩论技巧和概括水平。

张保生

2014 年 7 月 21 日

缩略语词表

全　称	简　称
《中华人民共和国宪法》	《宪法》
《中华人民共和国刑事诉讼法》	《刑事诉讼法》
《中华人民共和国民事诉讼法》	《民事诉讼法》
《中华人民共和国行政诉讼法》	《行政诉讼法》
《中华人民共和国刑法》	《刑法》
《中华人民共和国民法总则》	《民法总则》
《中华人民共和国侵权责任法》	《侵权责任法》
《中华人民共和国律师法》	《律师法》
《中华人民共和国公证法》	《公证法》
《中华人民共和国道路交通安全法》	《道路交通安全法》
《中华人民共和国海事诉讼特别程序法》	《海事诉讼特别程序法》
《最高人民法院、最高人民检察院、公安部、国家安全部、司法部、全国人大常委会法制工作委员会关于〈中华人民共和国刑事诉讼法〉实施中若干问题的规定》（失效）	六机关刑诉法《规定》
《最高人民法院、最高人民检察院、司法部关于适用普通程序审理"被告人认罪案件"的若干意见（试行）》（失效）	三机关被告人认罪案件《意见》
《最高人民法院关于适用〈中华人民共和国刑事诉讼法〉的解释》	最高人民法院《刑事诉讼法解释》

续表

全　称	简　称
《最高人民法院关于适用〈中华人民共和国民事诉讼法〉的解释》	最高人民法院《民事诉讼法解释》
《最高人民法院关于民事诉讼证据的若干规定》	最高人民法院《民事诉讼证据规定》
《最高人民法院关于适用〈中华人民共和国行政诉讼法〉的解释》	最高人民法院《行政诉讼法解释》
《最高人民法院关于行政诉讼证据若干问题的规定》	最高人民法院《行政诉讼证据规定》
《最高人民法院关于建立健全防范刑事冤假错案工作机制的意见》	最高人民法院《防范刑事冤假错案意见》
《最高人民法院关于审理因垄断行为引发的民事纠纷案件应用法律若干问题的规定》	最高人民法院《审理因垄断行为引发的民事案件应用法律的规定》
《最高人民法院人民法院办理刑事案件第一审普通程序法庭调查规程（试行）》	最高人民法院《刑事案件一审普通程序法庭调查规程（试行）》
《最高人民检察院人民检察院刑事诉讼规则》	最高人民检察院《刑事诉讼规则》
《最高人民检察院人民检察院讯问职务犯罪嫌疑人实行全程同步录音录像的规定（试行）》	最高人民检察院《讯问职务犯罪嫌疑人全程同步录音录像规定》
《最高人民法院关于民事经济审判方式改革问题的若干规定》	最高人民法院《民事经济审判方式改革规定》
《最高人民法院、最高人民检察院和司法部关于刑事公诉案件试行证据交换的若干意见稿》	最高人民法院、最高人民检察院和司法部《刑事公诉案件证据交换意见稿》
《最高人民法院、最高人民检察院、公安部、国家安全部、司法部关于办理死刑案件审查判断证据若干问题的规定》	"两院三部"《死刑案件证据规定》
《最高人民法院、最高人民检察院、公安部、国家安全部、司法部关于办理刑事案件排除非法证据若干问题的规定》	"两院三部"《排除非法证据规定》

续表

全　　称	简　　称
《最高人民法院、最高人民检察院、公安部、国家安全部、司法部关于办理刑事案件严格排除非法证据若干问题的规定》	"两院三部"《严格排除非法证据规定》
《最高人民法院、最高人民检察院、公安部、国家安全部、司法部关于在部分地区开展刑事案件认罪认罚从宽制度试点工作的办法》	"两院三部"《认罪认罚从宽制度试点办法》
《北京市高级人民法院关于办理各类案件有关证据问题的规定（试行）》	北京高院《证据规定》
《江苏省高级人民法院审判委员会关于刑事审判证据和定案的若干意见（试行）》	江苏高院《刑事证据意见》
《上海市高级人民法院、上海市人民检察院、上海市公安局、上海市司法局关于重大故意杀人、故意伤害、抢劫和毒品犯罪案件基本证据及其规格的意见》	上海市《重大犯罪案件证据意见》
《四川省高级人民法院、四川省人民检察院、四川省公安厅关于规范刑事证据工作的若干意见（试行）》	四川《刑事证据意见》
《联合国禁止酷刑和其他残忍、不人道或有辱人格的待遇或处罚公约》	联合国《禁止酷刑公约》
《广东省佛山市中级人民法院、佛山市人民检察院、佛山市司法局刑事公诉案件证据开示规则》	广东佛山《刑事证据开示规则》
联合国《公民权利和政治权利国际公约》	联合国《公民权利公约》
第×届全国人大第×次会议	×届全国人大×次会议
人民代表大会常务委员会	人大常委会
最高人民法院、最高人民检察院、公安部、国家安全部、司法部	"两院三部"
××省高级人民法院	××省高院

相关立法例来源文献

《德国刑事诉讼法典》	李昌珂译,中国政法大学出版社1995年版。
《德意志联邦共和国民事诉讼法》	谢怀栻译,中国法制出版社2001年版。
《德国民法典》	陈卫佐译注,法律出版社2004年版。
《日本刑事诉讼法》	宋英辉译,中国政法大学出版社2000年版。
《法国刑事诉讼法典》	余叔通、谢朝华译,中国政法大学出版社1997年版。
《俄罗斯联邦刑事诉讼法典》	黄道秀译,中国政法大学出版社2003年版。
《俄罗斯联邦民事诉讼法典》	黄道秀译,中国人民公安大学出版社2003年版。
美国《联邦证据规则》	转引自[美]罗纳德·J.艾伦等:《证据法的分析进路:文本、问题和案例》(第六版),张保生、王进喜、汪诸豪译,满运龙校,中国人民大学出版社待出版。
《意大利刑事诉讼法典》	黄风译,中国政法大学出版社1994年版。
《美国联邦民事诉讼规则》	白绿铉:《美国民事诉讼法》,经济日报出版社1996年版;汤维建主编:《美国民事诉讼规则》,中国检察出版社2003年版。
《美国联邦刑事诉讼规则》	载《美国联邦刑事诉讼规则和证据规则》,卞建林译,中国政法大学出版社1996年版。

《证据法学》课程 52 学时教学计划

周 次	教学章节	教学内容	课 时
1	第一章	事实、证据与事实认定	4
2	第二章	证据法理论基础和体系	4
3	第三章	证据制度历史沿革	4
4	第四章	证据开示	4
5	第五章	法院取证与证据保全	4
6	第六章	言词证据的提出	4
7	第七章	实物证据的出示	4
8	第七章第二节	鉴定	4
9	第八章	质证与认证	4
10	第九章	证据排除及其例外（1）	4
11	第九章	证据排除及其例外（2）	4
12	第十章	证明责任和证明标准	4
13	第十一章	推定与司法认知	4

目 录

第一章 事实、证据与事实认定 … 1
- 第一节 事 实 … 1
- 第二节 证 据 … 9
- 第三节 事实认定 … 34

第二章 证据法理论基础和体系 … 48
- 第一节 证据法的认识论基础 … 48
- 第二节 证据法的价值论基础 … 61
- 第三节 证据法的概率论基础 … 76
- 第四节 证据法及其理论体系 … 90

第三章 证据制度历史沿革 … 97
- 第一节 证据制度发展的一般规律 … 97
- 第二节 不同法系证据制度及其比较 … 111
- 第三节 中国证据制度 … 126

第四章 证据开示 … 143
- 第一节 证据开示概述 … 143
- 第二节 刑事证据开示 … 152
- 第三节 民事、行政诉讼证据开示 … 163
- 第四节 关于证据开示的反思 … 173

第五章 法院取证与证据保全 … 182
- 第一节 法院取证 … 182
- 第二节 证据保全 … 189

第六章 言词证据的提出 ·············· 196
第一节 当事人陈述 ················ 196
第二节 证人证言 ·················· 204
第三节 作证特免权 ················ 217

第七章 实物证据的出示 ·············· 233
第一节 辨认和鉴真 ················ 233
第二节 鉴　定 ···················· 249
第三节 实物证据的出示方法 ········ 265

第八章 质证与认证 ·················· 276
第一节 质　证 ···················· 276
第二节 认　证 ···················· 294

第九章 证据排除及其例外 ············ 308
第一节 证据的采纳与排除 ·········· 308
第二节 传闻证据的排除及其例外 ···· 313
第三节 意见证据的排除及其例外 ···· 320
第四节 品性证据的排除及其例外 ···· 324
第五节 非法证据排除规则及其例外 ·· 328
第六节 不能用以证明过错或责任的证据 ···· 338

第十章 证明责任和证明标准 ·········· 345
第一节 概述 ······················ 345
第二节 刑事诉讼证明责任和证明标准 ···· 350
第三节 民事诉讼证明责任和证明标准 ···· 366
第四节 行政诉讼证明责任和证明标准 ···· 377
第五节 关于证明责任和证明标准的概率分析 ···· 383

第十一章 推定与司法认知 ············ 393
第一节 推　定 ···················· 393
第二节 司法认知 ·················· 413

第一章
事实、证据与事实认定

【导读】 事实与证据的特性及其关系，是证据法学元理论问题。事实作为证据法学的逻辑起点，包含着事实认定中各种问题的胚芽，其固有特性之历史展开则塑造了证据的基本属性，也决定了事实认定必然是一个经验推论过程。事实是人的感官和思维所把握的真实存在，具有真实性、经验性和可陈述性。证据是与待证事实相关的信息，相关性、可采性和可信性是其基本属性。"证据之镜"原理揭示了证据是事实认定的必要条件或"唯一桥梁"，事实认定者通过"证据之镜"所获得的事实真相，是对当事人事实主张之可能性的判断，达不到绝对的确定性，却具有盖然性或似真性。证据法学应当认真对待事实，研究事实特性对证据属性的决定作用，进而掌握事实认定的规律性。

第一节 事 实

事实与证据，是证据法学的两个基础概念。审判活动始于事实认定，终于法律适用。学习证据法，首先要弄清什么是事实和证据以及二者的关系，这是证据法学的元理论问题。

一、事实是证据法的逻辑起点

一般而言，事实是指特定事物及其关系的真实存在。在英语中，fact 一词来自拉丁语 factum，表示已然之事。我们在日常生活中经常使用的"事实"概念，具有多义性。例如，《布莱克法律辞典》对事实概念有三种解释："①某种实际存在的东西；现实的某个方面（所有的人终有一死是一个事实）。②一个实际的或据称的事件或环境，区别于其法律效果、后果或解释（陪审团作出事实认定）。③一种邪恶行为；一种犯罪。"[1]

严格而论，按照属加种差定义法，存在是事实的属概念，种差则是真实。真实与否，来源于人的认识和判断。因此，事实与认识构成一对认识论范畴。作为认识论概念，事实是成为主体认识对象并被其感官和思维所把握的那一部分真实存在。如果下一个简洁的定义：事实是人的感官和思维所把握的真实存在。

---

[1] *Black's Law Dictionary*, 8th ed., Thomson West, 2004, p.628.

有学者说:"证据是证据法的逻辑起点。"[1] 然而,所谓逻辑起点应当包含某个学科或法律一切矛盾的胚芽,它的历史和逻辑的展开,构成了该学科或法律的基本内容。按照这种理解,我们认为,事实才是证据法的逻辑起点。

在某种程度上,证据法学虽然可以被说成是一门研究证据问题的法律学科,但这并不意味着证据是它的逻辑起点。诉讼是由事实争议引起的,审判必须"以事实为根据",证据只是事实发生后留下的痕迹或信息。事实认定是一个运用证据的经验推论过程。举证是为了证明或反驳某种事实主张,质证旨在查明事实真相,认证是对事实认定依据的审查判断。如此看来,毋宁说,证据法学是一门研究事实认定的法律学科。总之,当代证据法学应当认真看待事实这个逻辑起点,认真研究由事实特性而塑造的证据基本属性,如果弄不清事实的特性,就不可能真正理解证据、证明和事实认定。

二、事实特性

事实具有三个主要特性,即真实性、经验性和可陈述性。

(一) 真实性

1. 真实性是事实的本质特征。按《现代汉语词典》的解释,事实是"事情的真实情况"[2]。按《元照英美法词典》解释,事实是"指实际发生的事情、事件及通常存在的有形物体或外观,具有确实的绝对的真实性,而非仅为一种推测或见解"[3]。简而言之,与证据有真有假相比,事实姓"真"不姓"假"。世界上没有"假的事实",任何假的东西都不是事实。

2. 任何事实都发生于一定时空维度。换句话说,只有发生于一定时空之中的事情,才具有真实性。在空间维度上,任何事实都发生于一定地点,没有不占据空间的事实;在时间维度上,事实只有过去时和现在时,没有将来时。就过去时而言,很多事实是已然之事即历史事实,如审判中的案件事实;就现在时而言,事实还包括正在发生的事情,比如,"我们正在上课""我国正在推进以审判为中心的诉讼制度改革"。所以威格莫尔说:"事实是指(目前)发生或存在的任何行为或事态。"[4]只有发生过和正在发生的事情才是事实。将来之事,比如明天会发生什么,那不是事实,而只是一种可能性。

3. 事实的真实性表现为一种"既成性"[5]。我们常说某件事情已是"既成事实",就是说,"生米做成熟饭",不能更改了。金岳霖先生说:"事实是我们拿了没有办法的。事实是没有法子更改的。所谓修改事实,只是使将来与现在或已往异趣

---

[1] 高家伟、邵明、王万华:《证据法原理》,中国人民大学出版社2004年版,第3页。
[2] 《现代汉语词典》,商务印书馆2000年版,第1135页。
[3] 薛波主编:《元照英美法词典》,法律出版社2003年版,第825页。
[4] 转引自 Black's Law Dictionary, 8th ed., Thomson West, 2004, p. 628.
[5] 彭漪涟将其称为"不变性"。参见彭漪涟:《事实论》,上海社会科学院出版社1996年版,第74~78页。

而已。事实总是既成或正在的,正在或既成的事实,只是如此如彼的现实而已。……对于事实之'然',我们只有承认与接受,除此之外,毫无别的办法。"[1]事实的既成性乃历史性,是指事实一旦发生,不管你喜不喜欢,它就成为不能更改的历史事实。比如,日本右翼团体新编"中学历史教科书",篡改日本军国主义侵略亚洲、发动世界大战的历史[2]但这终究改不了史实。在诉讼活动中,需要认定的案件事实都是已发生的历史事实,一件事情不论对错,做了就是做了,没做就是没做,这些是不可更改的。所谓"世上没有卖后悔药的",就是对既成性的绝妙注解。不仅犯罪事实不可更改,无辜者被错判的事实也不可更改,人们不能穿越时空去修改已经铸成的罪过和错误。罪犯只能通过以后的行为来悔过,司法机关也只能通过平反冤案来纠错。

(二) 经验性

经验性是事实与存在的主要区别,也是事实的本质特性。这可从两个方面来理解:

1. 可知与真知的区别。存在是指不以人的意识为转移的客观存在,具有纯粹的客观性。例如,在人类出现之前,地球已经存在;在人类甚至太阳系毁灭之后,银河系及宇宙依然存在。存在是可知的,人甚至无需依赖感知,通过思维便可把握。大到宏观世界,如意大利哲学家布鲁诺16世纪就从哲学上阐发过无限宇宙论;[3]小到微观粒子,如中国古代哲人早在战国时期就曾作出过"一尺之棰,日取其半,万世不竭"(《庄子·杂篇·天下》)的论断。相比之下,事实则是人通过感官和思维所把握的真知之事,需要人的感知和经验判断,因而具有经验性。正是在这个意义上,维特根斯坦说:"世界是事实的总和,而不是物的总和。"[4]这里的"物",就是指存在。请看以下案例:

【案例 1.1】 马某贩卖毒品案[5]

2001年2月10日,被告人马某在其云南省巍山县家中,收取梁某购毒款5万元,并贩卖给梁某523克海洛因。上述事实,有查获的海洛因及其鉴定意见、贩毒工具(克秤)、同案被告人的供述以及被告人马某自己的供认等证据证实。一审和二审法院均判决被告人马某犯贩卖毒品罪。

在【案例1.1】中,马某贩毒的事实,发生于一个特定时间(2001年2月10

---

[1] 金岳霖:《知识论》(下册),商务印书馆2011年版,第817页。
[2] "台报指出,日本篡改侵略史实徒劳无功",载新浪网,http://news.sina.com.cn/c/226509.html。
[3] 参见[意]乔尔丹诺·布鲁诺:《论无限、宇宙与众世界》,时永松、丰万俊译,商务印书馆2015年版。
[4] [奥]维特根斯坦:《逻辑哲学论》,郭英译,商务印书馆1985年版,第22页。
[5] 案例来源:最高人民法院网站·裁判文书,http://www.court.gov.cn/。

日)、特定地点(马某家中),有一个特定犯罪行为(马某以5万元价格贩卖给梁某523克海洛因)。因此,上述事实是进入人的视野、被人的感官和思维所把握的经验事实。该案中,法院经审查明了马某贩毒的具体时间、具体地点和犯罪行为,它就成为一个被人类感官和思维所把握的经验事实。假定,那一天该县还有其他人贩毒,却未被发现,没人知道其发生的具体时间、地点、交易对象和交易方式,那就不是事实,而是(可知却未真知的)客观存在。关于存在的知识是一种"可知"的理论知识,不等于"真知"的事实。认识主体只有对感知对象加以经验把握,才能证明"实有其事"。

2. 抽象与具体的区别。关于存在的知识,是一种抽象的理论知识。例如,"云南贩毒很普遍",这个判断如果没有证据或数据支持,它就只是一种抽象的理论知识。在【案例1.1】中,若问:"历史上的那一天,该县是否只有马某一人贩毒?"对此问题,我们既可用关于云南贩毒普遍的理论知识作出否定性回答;也可参照国际吸毒1∶5的"通用显性隐性比"[1]来推算:那一天(2001年2月10日)除马某外,该县可能还有5个人贩毒。然而,那5个人在何时(上午、下午还是晚上?)、何地(宾馆、车站还是家里?)、如何(毒品的种类、数量、交易对象和价格等为何?)贩毒?如果说对这些情况一概不知,或者说对贩毒时间、地点和行为均无经验把握,那么,那5个人贩毒就不是人们真知的经验事实,而是可知的客观存在。"实有其事不应该同存在混为一谈。"[2]认识主体只有对感知对象加以经验把握,才能证明"实有其事"。所谓抽象贩毒,只能称为(不以人的意志为转移的)客观存在,而不能称为事实。抽象的犯罪(存在)不等于具体的犯罪(事实),例如,在英国,有58%的犯罪行为发生后没有人报警;欧盟性侵害案件的报案率只有15%。[3]"事实不是普遍的、抽象的概念,而是特殊的、具体的概念。"[4]只有把握了其发生的具体时间、具体地点、具体行为等情况,它才是真实存在的事实。因此,事实性的东西和经验性的东西在概念上是同义的。[5]从这个意义上说,所有事实都是经验事实。[6]"一般地说,所谓事实就是经验事实。"

所谓经验事实,是指人对事实之经验把握。这是相对于人对存在之理论把握而

---

〔1〕 2014年我国全年登记吸毒295.5万人,按国际1∶5的通用显性隐性比,实际吸毒约为1800万人。参见中国国家禁毒委员会办公室:"2014年中国毒品形势报告",载新华网,http://news.xinhuanet.com/legal/2015-06/25/c_127949443.htm.

〔2〕 参见[德]哈贝马斯:《在事实与规范之间:关于法律和民主法治国的商谈理论》,童世骏译,生活·读书·新知三联书店2003年版,第15~16页。

〔3〕 参见夏菲:"欧美国家犯罪被害调查概论",载《犯罪研究》2007年第5期。

〔4〕 龙宗智:"'大证据学'的建构及其学理",载《法学研究》2006年第5期。

〔5〕 参见[德]哈贝马斯:《在事实与规范之间:关于法律和民主法治国的商谈理论》,童世骏译,生活·读书·新知三联书店2003年版,前言第2页脚注2。

〔6〕 参见彭漪涟:《事实论》,上海社会科学院出版社1996年版,第6页。

言的。例如,我们可以通过给一个个星系命名,在理论上把握宇宙。然而,这依然改变不了人类对宇宙的无知。对于这种可知却非真知的客观存在的理论把握与对事实的经验把握所得到的是不同的知识,前者是抽象的理论知识,后者则是具体的经验知识。

(三) 可陈述性

经验事实具有可陈述性。从知识表达和知识理解两个方面来分析,可以得出以下四个论点:

论点1:知者所知之事均可陈述。从知识表达或说者的角度看,由观察所获得的感性知识,无论在头脑中加工,还是与他人分享,都需要语言媒介。事实总是以概念和判断的形式被人们把握,不能脱离语言而赤裸裸地存在。所以维特根斯坦说:"我的语言的界限意味着我的世界的界限……我们不能说我们不能思考的东西。"[1]这是一个知识论问题,涉及"知道"的含义。就是说,你知道的事情,就都能说出来。现实生活中,人们正是用语言相互传递自己所知道的事实。要想让别人与你分享一个事实,就要把自己所知之事以"叙事"形式讲述给别人。反之,你说不出来的事情,是因为你不知道。请看下面案例。

【案例1.2】　　　　　　　　刚发生的交通事故

15分钟前,我们正上课时,外面马路上发生了一场车祸。两位路人目睹了该事故发生。

现在,若问正在教室里上课的同学们:"你们知道15分钟前发生的那场车祸吗?"大家会回答:"不知道。"如再问:"谁能描述一下那场车祸?比如,什么车撞了什么车,或者是谁的责任?"大家会答:"不能描述。"显然,那场车祸对不在事故现场的人来说并非事实,而是一个客观存在。公安部的统计数据显示,2012年,全国接报人员伤亡的路口交通事故4.6万起,平均每11分钟1起;造成1.1万人死亡、5万人受伤,平均每10分钟死伤1人。

论点2:不可陈述之事非事实。从知识表达(或说者)的角度看,事实要通过陈述来表达,不能陈述的东西不是事实。因此,维特根斯坦说:"一个人对于不能谈的事情就应当沉默。"[2] 例如,在【案例1.2】中,有两个路人(目击证人)可以讲述那场车祸,让别人也知道那个事实。而我们这些坐在教室里上课的人,却不能陈述那场车祸。从这个意义上说,"一切事实都是人们在直接感知的基础上、对事物的实际情况(某事物具有某种性质或某些事物具有某种关系)所作的一种陈述"[3]。

---

[1] [奥] 维特根斯坦:《逻辑哲学论》,郭英译,商务印书馆1985年版,第79页。
[2] [奥] 维特根斯坦:《逻辑哲学论》,郭英译,商务印书馆1985年版,第97页。
[3] 彭漪涟:《事实论》,上海社会科学院出版社1996年版,第75页。

论点 3：听者通过陈述可知其所述事实。从知识理解或听者的角度说，人们能够学习知识，是因为命题与事实具有同构性。命题或句子是表达判断的语言形式。维特根斯坦说："命题是现实的形象，因为只要我们理解这个命题，则我就能够知道它所叙述的情况。"[1] 由于事实总是披着命题的语言外衣，所以，人们只要理解了一个命题，便可知其所述事实。在【案例1.2】中，我们虽未直接感知到那场车祸，但如果一位路人（证人1）告诉我们，他看见"一辆红色小轿车撞了一辆灰色小轿车"，我们便可通过该证言得到了关于那场事故的间接知识。法庭里的事实认定，从原理上说与此并无二致，只是更强调事实认定者必须对证据进行推论。在审判过程中，为什么事实认定者不能直接把证人1的话当作事实，还需要经过证据推论才能得出结论呢？这就引出了下面的论点4。

论点 4：命题或陈述有真假之分。事实通过命题或陈述才能表达出来，并不等于说，所有命题或陈述都表达事实。命题表达判断，而判断作为思维的基本形式之一在反映思想内容或信念时会有两种情况：一方面，"如果这种思想是真的，表达这个思想的句子就报告一个事实"[2]。反之，如果一种思想是虚幻的，表达这个思想的句子就并非报告一个事实。就是说，一个命题既可表达事实判断而构成真命题，也可表达虚假判断而构成假命题。在【案例1.2】中，假设另一位路人（证人2）也来到我们的课堂说："我看到的情况是，一辆灰色小轿车撞了一辆红色小轿车。"这就会出现所谓"一个事实，两个故事"的情况。一般来说，命题真假取决于陈述与事实是否一致，或与其相符合的程度，这涉及下文将讨论的事实真相问题。从说者和听者的关系上看，则涉及证据可信性问题。

事实具有经验性和可陈述性，事实目击者所陈述出来的事实（或直接知识），对于听者来说便成为证据（间接知识），此时对听者来说就出现了可信性问题。因为，事实的语言特性，使人们在陈述事实时都会出现某种程度的变形。比如，"夸大"事实（如言过其实、添枝加叶），"缩小"事实（如遮遮掩掩、避重就轻），甚至"歪曲"事实（如无中生有、颠倒黑白）。事实通过命题表达出来或者传达给他人，对于听者来说，便是一个如何运用证据进行推断而在头脑中重建过去事实的问题。研究这个问题，需要考察证据的可信性。可信性同相关性、可采性一样，都是证据的基本属性。[3]

---

[1] [奥] 维特根斯坦：《逻辑哲学论》，郭英译，商务印书馆1985年版，第40页。

[2] [德] 哈贝马斯：《在事实与规范之间：关于法律和民主法治国的商谈理论》，童世骏译，生活·读书·新知三联书店2003年版，第14页。

[3] 参见 [美] 特伦斯·安德森、[美] 戴维·舒姆、[英] 威廉·特文宁：《证据分析》（第二版），张保生等译，中国人民大学出版社2012年版，第79、84~93、493页。

三、关于事实特性的反思

（一）关于客观事实说

该学说主张"客观"是事实的本质特性，并将其放到"存在第一性、意识第二性"的本体论范围来讨论，这混淆了事实与存在这两个不同层次的概念。存在是纯客观的，它是指不以人的主观意识而转移的客观世界。存在与意识构成了哲学的一对本体论范畴，事实与认识则是一对认识论范畴。

如上所述，"客观"主要是指称不以人的意识为转移的属性。事实具有经验性，是主客观相统一的概念。事实既有客观内容（分享了存在的客观性），又有主观形式（分享了主体的经验性）。从主客观统一的角度看，给事实冠以"客观"，如同冠以"主观"一样，这些定语都是片面的。"客观事实"这个提法，既不能把事实抬高到客观存在的高度，也不能抹杀事实的经验性。

"中国的刑事司法哲学，一直将'客观事实'与'案件事实'等同起来，以为每个案件都存在着一种可以认识的'客观事实'。"[1] 这种司法哲学的理论来源在于：在诉讼中把"客观真实"作为一项重要原则，"是十月革命胜利后原苏联的学者首先提出来的，是在批判资本主义国家民事诉讼中形式真实学说的基础上，作为形式真实的对立物和替代物提出的"[2]。

（二）关于法律领域的事实

1. 法律和事实之间复杂的相互作用。尽管事实认定和法律适用是审判的两个阶段，但二者并非势不两立。何福来教授认为，"法院并不是分别考虑法律和事实，然后再将法律适用于事实。不仅事实的相关性以及事实调查的范围是由法律所决定的，而且什么法律相关也是由事实所决定的"[3]。在审判过程中，相关性是指证据对待证要件事实具有证明作用，而要件事实是由实体法规定的，所以，相关性虽然是一个逻辑问题，但归根到底是由法律决定的。事实调查的范围也是如此，"法院要等某人提出控告，开始起诉，才开始工作"[4]；刑事控告必须有实体法规定的罪名；民事控告要向法院指明侵害了原告的何种法定权利，即"有具体的诉讼请求和事实、理由"[5]。

2. 关于法律领域中事实的复杂性。何福来教授讨论了如下问题：[6]

---

[1] 陈瑞华：《看得见的正义》，北京大学出版社2013年版，第168页。

[2] 参见李浩："论法律中的真实——以民事诉讼为例"，载《法制与社会发展》2004年第3期。

[3] [新加坡]何福来：《证据法哲学——在探究真相的过程中实现正义》，樊传明等译，中国人民大学出版社2021年版，第9页。

[4] 参见[美]弗里德曼：《法律制度——从社会科学角度观察》，李琼英、林欣译，中国政法大学出版社1994年版，第13页。

[5] 《民事诉讼法》第122条。

[6] 参见[新加坡]何福来：《证据法哲学——在探究真相的过程中实现正义》，樊传明等译，中国人民大学出版社2021年版，第9~11页。

（1）事实的可观察性和不可直接观察性。①可观察的事实包括：一种事态（例如嫉妒或精神错乱的状态），一个过程（如持续跟踪或逐渐中毒），或一个事件（如车辆碰撞或用刀刺人的行为）。②不可直接观察的事实是他人的精神状态，如犯意（mens rea）。

（2）行为与动机的结合问题。一个事实也会是物质和精神的集合。例如，无意中撞上（bumping into）某人与推搡（shoving）某人，是不一样的。

（3）"初始"（primary）事实和"次生"（secondary）事实。①事实命题具有不同的表达或抽象层次，例如，"丈夫将砒霜放进妻子的咖啡"，比"丈夫造成了妻子死亡"这一主张更基本；而后者又比"丈夫谋杀了妻子"这一主张更基本。在最高层次上，一个事实主张陈述了"关键事实"（material facts）。②一项次生事实（"事实和法律之混合问题"）的认定，比对一项初始事实的认定居于更高的理论层面。对次生事实的认定有三种观点：一是从初始事实得出的推论；二是整合了价值判断与初始事实认定的混合性主张；三是包含着对初始事实的法律分类。麦考密克举了一个很好的例子：捐赠者人工授精构成通奸吗？[1]即使对初始事实没有争议，这个问题也会出现。这种问题只能根据人们对相关法律目的和价值的理解，以及潜在的原则和政策，才能对其作出回答。

1. 事实是特定事物及其关系的真实存在。它具有真实性、经验性和可陈述性。

2. 事实发生于一定时空，因而具有真实性，表现为"既成性"，并决定了查明事实真相的可能性。

3. 经验性是事实与存在的主要区别，也是事实的本质特性。存在和事实具有可知与真知、抽象与具体的区别。所有事实都是经验事实。

4. 经验事实具有可陈述性。从知识表达和知识理解两个方面来分析，可以得出以下四个论点：一是知者所知之事均可陈述；二是不可陈述之事非事实；三是听者通过陈述可知其所述事实；四是命题或陈述有真假之分。

1.1. 事实与存在的区别主要体现在哪些方面？为什么说"客观事实"的提法既不能把事实抬高到客观存在的高度，也不能抹杀事实的经验性？

1.2. 为什么说事实是人的感官和思维同时把握的真实存在？仅通过思维把握的客观存在，与事实有何区别？

---

〔1〕 Neil MacCormick, *Legal Reasoning and Legal Theory*, Oxford: OUP, 1978, p.93.

1.3. 实体法与证据法是什么关系？

1.4. 如何理解法律领域中事实的复杂性？例如，事实的可观察性与不可直接观察性；某些事实是物质和精神或行为和意图的合成；事实和法律相混合的情况。

1.5. 请尝试用通信理论来解释一下事实陈述中说者与听者的关系。

第二节 证 据

一、证据概念

(一) 证据概念的内涵

从汉语词源上考察，"证"（證）有"凭据、证据"之义。最早见《大戴禮記·文王官人》："平心去私，慎用六證。"《晉書·范汪傳甯》曰："時更營新廟，博求辟雍明堂之制，甯據經傳奏上，皆有典證。"[1] 据郑禄教授考察，"證与徵通"，"徵"有言行隐微但必闻达挺箸于外的意思。言行隐微是说，言行在客观上已经存在，只是因其隐微而在常规下不易被发现。闻达挺箸于外是说，无论多么隐微，只要有其言行，就必然会留下被人认知、被人把握的信息。[2]

在英语中，evidence 来源于拉丁文 evidentia，后者又译自希腊文 αιεγραυε，意思是：显见性质对作为某个结论的证据事物而言，该事物须比结论本身更显见。[3]《韦氏英语词典》对证据的解释是：显示别物存在或为真的某物，某物之可见标记，出示于法庭有助于认定某事之真相的材料（something which shows that something else exists or is true, a visible sign of something, material that is presented to a court of law to help find the truth about something）。[4] 在这里，"显见""显示""可见标记"有同样的含义，都表明在证据中保留着事实发生的信息，因而其具有表征特性。

由以上含义可以看到，事实和证据有潜在与外在、被标记与标记之别。例如，测量体温，体温计上显示的刻度（如39.5℃），是病人发烧或生病之事实的证据。又如，河道上的水位标尺显示的刻度（如最高水位15m，目前水位9m），是这条河最大水深和现在水深之事实的证据。

---

[1]《汉语大字典》，湖北辞书出版社、四川辞书出版社1990年版，第1674页。

[2] 郑禄："证据概念素说——兼论中国特色社会主义证据理论的国学文化基石"，载《证据科学》2008年第5期。

[3] [美] David H. Schum："关于证据科学的思考"，王进喜译，载《证据科学》2009年第1期。

[4] http://www.merriam-webster.com/dictionary/evidence。

(二) 关于证据概念的不同学说

关于证据概念，从不同角度界定，形成了多种学说。[1] 它们虽然表面上不同，甚至"打架"，但都从不同侧面揭示了证据的特征。从我国立法和理论研究的实际情况看，主要有"事实说""材料说"和"信息说"。

1. 事实说。1996年《刑事诉讼法》采"事实说"，其第42条第1款规定："证明案件真实情况的一切事实，都是证据。"事实说主张："证据是与案件有关的一切事实。"[2]《牛津法律大辞典》对证据的解释是："事实、事实推论和陈述。这些事实、事实推论和陈述有助于法院或其他调查主体确信特定事实，即某些尚不明确但正在调查的状态，所导致的特定结果。"[3] 美国威格莫尔教授说："证据是任何一件或一组可知的事实，而不是法律的和伦理的原理，它被看作是在法庭上提出的，旨在法庭的重要阶段对于主张的真实性产生肯定和否定的信念，依据这个信念，法庭才能作出判断。"[4]

事实说侧重从内容方面界定证据。证据中包含着事实，事实是证据的内容。然而，这并不意味着可以把二者混为一谈。它们的区别在于：其一，事实具有真实性，证据则有真假之分。世界上没有假的事实，却有假的证据。而且，假证据有时候也具有某种证明作用。例如，虚假证言可作为证据证明伪证罪的事实。其二，事实具有不能更改的既成性，证据却可能被更改、篡改、掺假。例如，陈述可能前后不一致，书证可能被修改，物证可能被掺假。由于证据具有可真可假的双重性，对事实的格言是：查明事实、认定事实；对证据的格言则是：辨别真伪、去伪存真。事实说无疑深刻揭示了证据与事实的密切关系，但其存在的问题是，虽然抓住了证据的内容，却忽略了证据的形式，若将二者统一起来，则能更全面地把握证据的本质。

2. 材料说。2012年《刑事诉讼法》从原来的"事实说"改为"材料说"，将第42条改为第48条，其第1款规定："可以用于证明案件事实的材料，都是证据。"2018年《刑事诉讼法》第50条继续沿用了这一规定。"材料说"属于形式（手段）说，该修改有利有弊：其一，消除了"事实说"中事实与证据易混淆的弊端，却夸大了证据的形式方面，忽视了其内容方面。形式固然重要，但内容更能反映证据的本质。其二，用"材料"代替"事实"，淡化了证据的真实性，有助于人们理解证据真假难辨的特点；但是，证据形式或载体是无限多样的，无论是规定七种还是八种，都无法穷尽可能存在的证据种类。

---

[1]"四种说"，参见卞建林、谭世贵主编：《证据法学》，中国政法大学出版社2010年版，第135~140页。"十四种说"，参见高家伟、邵明、王万华：《证据法原理》，中国人民大学出版社2004年版，第3页。

[2] 樊崇义主编：《证据法学》，法律出版社2004年版，第3页。

[3] [英] 戴维·M. 沃克：《牛津法律大辞典》，李双元等译，法律出版社2003年版，第399页。

[4] [美] 约翰·威格莫尔：《普通法的庭审证据》，转引自卞建林、刘玫：《外国刑事诉讼法》，人民法院出版社2002年版，第218页。

3. 信息说。又称为"综合说"和"多义说",属于内容和形式"统一说",即主张:"证据由内容和形式共同构成。证据的内容即事实材料,亦即案件事实的有关情况;证据的形式,又称为证明手段,它是证据的种种表现形式。所有的证据都是事实和证明手段的统一体。"[1] 其实,在汉语语义上,证据本来就是事实与材料的统一,是"能够证明某事物的真实性的有关事实或材料"[2]。

"信息说"最能代表证据内容和形式的统一。作为与案件待证事实相关的信息,"证据由证人的证言、文字材料、实物对象或者任何可以呈现于感官的东西组成,用于证明一件事实的存在或不存在"[3]。

(三) 证据定义

本教材主张"信息说",并提出如下定义:证据是与待证事实相关,用于证明当事人所主张事实之存在可能性的信息。该定义可从三个方面来理解:

1. 证据具有信息表征特性。"信息是同世界的物质过程、能量过程紧密联系在一起的普遍现象,它是系统内部和系统之间通过相互联系而实现和保留的某一事物形态、结构、属性和含义的表征。"[4]

"表征"作为信息特性,恰为证据所分享。案件事实一旦发生,就定格为历史事实。但已发生的事实,总要留下某些其曾经存在过的痕迹或标记。因此,某一事实发生或存在过的形态、结构、属性和含义,会以证据形式保留下来。例如,化石是恐龙等远古动物存在过的证据;爆竹皮是除夕夜火树银花的证据;在【案例1.2】中,车祸现场不能永久保留,但车祸发生时留下的刹车痕、碎玻璃、油漆痕、目击证人的证言等,成为交通事故之事实认定的证据。

2. 证据是与待证事实相关的信息。过去发生的案件事实,以证据的形式"在自己的系统中留下另一系统的'痕迹'或'印记',这既表示发生了反映,也意味着前一物质系统接收和保留了后一系统的某些信息。"[5] 信息中包含着事物之间相互联系的"密码","我们依据与这个世界相关联的密码来理解这个世界"[6]。证据相关性不是哲学意义上的普遍联系,而是经验意义上的特殊联系。不能用普遍联系的哲学观点来推测特定证据与事实的相关性,而应当用信息论中关于保真度的观点("信

---

[1] 卞建林主编:《证据法学》,中国政法大学出版社2007年版,第55、58页。

[2] 《现代汉语词典》,商务印书馆1996年版,第1608页。

[3] [美]罗纳德·J. 艾伦等:《证据法:文本、问题和案例》,张保生、王进喜、赵滢译,满运龙校,高等教育出版社2006年版,第79页。

[4] 李秀林、王于、李淮春主编:《辩证唯物主义和历史唯物主义原理》,中国人民大学出版社1990年版,第250页。

[5] 李秀林、王于、李淮春主编:《辩证唯物主义和历史唯物主义原理》,中国人民大学出版社1990年版,第250页。

[6] [美]欧文·拉兹洛:《系统、结构和经验》,李创同译,上海译文出版社1987年版,第69页。

息在通过中间环节传输的过程中，信息量会衰减，信息本身也会发生变形和失真"〔1〕）考察证据与事实的逻辑联系，其包括可信性和证明力等。

3. 证据是证明当事人所主张事实之存在可能性的信息。由于证据中保留着事实发生和存在过的信息，事实认定者便可运用证据推理来重建发生过的事实。一方面，证据提出者可以提供证据来主张某种事实，对抗方则可以提供相反或相同的证据来反驳该事实主张，〔2〕这是一个运用证据的证明过程；另一方面，事实认定者或"事实裁判者"，可以通过对双方证据的认证或评价来认定事实，这是一个运用证据的经验推论过程。这里有三个问题需要澄清：

第一，证据因其具有证明作用而成为证据，这被称为"足以支持一项认定"的要求。〔3〕如果不能满足这种要求，就不能称之为证据。例如，一个人，如果对所要证明的事实没有亲身知识，就没资格成为证人。因此，提出或传唤证人一方，必须先提供该证人对作证事项拥有亲身知识的证据。同样的要求也适用于实物证据。一件物品或一份文件，并非天然成为证据，必须通过辨认、鉴真的证据铺垫或通过鉴定来确定其同一性和真实性，才能满足证据资格的要求。否则，它们就是普通的物品或文件，而不是证据。因此，证据可以是任何物，但并非任何物都是证据。换句话说，证据是信息，但并非所有信息都是证据。

第二，证据所能证明的通常只是一项事实主张是否成立，而非事实本身。在审判中，尽管过去发生的事实只有一个，但关于该事实的主张却有两个，即"一个事实，两个主张"。否则，便没有争端或诉讼了。诉讼双方总是用不同的证据甚至相同的证据来证明己方的事实主张，从而形成大不相同的案情或"故事"。比如，有罪与无罪、此罪与彼罪、重罪与轻罪，双方都会提出证据来证明自己的事实主张或"案件理论"。

第三，诉讼双方提供的证据有真伪之分。在诉讼过程中，诉讼双方对"一个事实"通过提供证据所证明的对立的事实主张即"两个故事"，不可能同真，总是某一方更似真。在审判中，控辩双方都试图提出"看似可信的"所有证据，来说服事实认定者支持己方的事实主张；然而，事实认定者会通过评估证据支持其所主张事实之存在的可能性，进行经验推论来认定事实，作出中立的裁判。因此，事实认定或证据推理是一个最佳解释推论过程，达不到绝对的确定性。

（四）证据类型

证据类型包括证据种类和分类。前者是从证据的外部形态或信息载体所作的法

---

〔1〕 李秀林、王于、李淮春主编：《辩证唯物主义和历史唯物主义原理》，中国人民大学出版社1990年版，第251页。

〔2〕 证据是"某种有助于证明或反驳一项所主张事实之存在的东西（包括证言、文件和有形物体）"。参见 Black's Law Dictionary, 8th ed., Thomson West, 2004, p.595.

〔3〕 以下参见［美］罗纳德·J. 艾伦等：《证据法：文本、问题和案例》，张保生、王进喜、赵滢译，满运龙校，高等教育出版社2006年版，第210~212、214~223页。

律上的划分；后者则是学理上的划分。

1. 证据种类。对证据种类作详细法律规定的国家不多。在英美证据法中，一般只对实物证据（又称展示性证据，包括物证、书证、示意证据等）、证人证言进行简单划分。德法日等国诉讼法中散见的证据种类还包括被告人供述和辩解、鉴定意见等。我国三大诉讼法都对证据种类作了细致规定。《刑事诉讼法》第50条规定了8种证据：①物证；②书证；③证人证言；④被害人陈述；⑤犯罪嫌疑人、被告人供述和辩解；⑥鉴定意见；⑦勘验、检查、辨认、侦查实验等笔录；⑧视听资料、电子数据。《民事诉讼法》第66条、《行政诉讼法》第33条对证据种类的划分，与其大同小异。下面重点介绍几种证据的特点：

（1）物证，以其外部特征、内在属性及存在状况等对案件事实具有证明作用。主要特点是：①以其物理特征对待证事实具有证明作用；②保留了事实存在过的痕迹，若收集、固定和保存及时得当，一般具有稳定性，但物证可能被伪造或掺假，需经过同一性辨认才能确定其可靠性；③"哑巴证据"，其对案件事实的证明具有间接性，因此，物证出示时若对方对其提出质疑，须由知情证人或专家证人出庭，以证言来证明其来源的可靠性。

（2）书证，是以纸张为主要载体，以文字、数字或图形为主要形式，记录了有关案件事实内容或者信息的文件或物品。书证的形式多种多样：可以手写、印刷等；可以是书信、合同、证书、账簿、票据、罚单等。书证出示时若对方对其提出质疑，其真实性须由知情证人出庭进行鉴真或提供鉴定意见。

（3）证言，严格地说是指证人在开庭审判时就亲身知识所作的陈述。证人一般以接受直接询问的方式出庭作证，并接受对方律师或检察官的交叉询问以及被告人的对质，未经过质证的证言不能采纳作为定案的依据。

（4）视听资料、电子数据，其特点是：①具有科技含量，记录、储存和播放的过程需使用技术设备。②具有直观性和动态连续性，可直观展示与案件有关的声像，生动再现与案件有关的事件或活动。③具有无差别、无限可复制的特点；证明机理也具有特殊性。

（5）示意证据，是指复制或描绘与本案引起诉讼的事件有关的人物、物体或场景的展示性证据。[1] 其特点是具有说明性，包括模型、图表、素描、照片、电子图像等形式，不是"真正的原物"或"实在的东西"，而仅仅用作演示、说明或解释目的，是视觉或听觉的辅助材料。使用示意证据有三个条件：①不便在法庭上出示，如数量、体积不便在法庭上出示的大宗、易腐、不易保管的物品；②不宜提交法庭，如易燃易爆、剧毒的物品或其他危险品等；③有助于审判人员理解和认定有关争议事项。

---

[1] [美]罗纳德·J.艾伦等：《证据法：文本、问题和案例》，张保生、王进喜、赵滢译，满运龙校，高等教育出版社2006年版，第224页。

2. 证据分类。证据分类是理论上对诉讼证据类型的划分，属于学理解释范畴，有助于认识不同证据的共性与差异。例如，日本松尾浩也教授提出四种分类：证人、证据文书和证据物；有证据能力的证据和没有证据能力的证据；直接证据和间接证据；弹劾证据和实质证据。[1] 我国台湾地区林山田教授提出五种分类：人证、物证与书证；直接证据与间接证据；本证与反证；原始证据与传闻证据；主要证据与补强证据。[2]

3. 关于证据种类的开放性。英美法系证据法秉承"相关证据具有可采性……不相关的证据不可采"[3]的理念，很少明确划分证据种类，即使有，也较粗疏，如证人证言、文件证据和实物证据等。这种开放性，可适应和包容新的信息载体，鼓励采纳具有相关性的各种证据。我国诉讼法有关证据种类的条款，也应采取开放列举方式，增加包容性，摈弃法定证据主义。

二、证据属性

证据属性是证据的本质特征。对证据概念的不同界定，导致了在证据属性问题上的不同争论，形成了"两性说"（客观性和关联性）、"三性说"（客观性、关联性和法律性）和"四性说"（客观性、相关性、合法性、一贯性）等观点。[4] 随着"老三性说"（客观性、关联性和法律性）的式微，近年来，证据可采性（证据能力）和证明力逐渐被学术界接受，同时，人们也对证据的客观性提出了质疑和批评。[5]

本教材第四版对第二、三版坚持的"新四性说"（相关性、可采性、证明力和可信性）进行更新，提出"新三性说"（相关性、可采性和可信性）。

（一）相关性

相关性（relevancy），又称关联性，是指证据与待证要件事实之间具有证明关系，有助于法官审查判断事实发生之可能性的属性。

1. 相关性是证据的根本属性。

（1）相关性是证据与待证要件事实之间的一种逻辑联系。《刑事诉讼法》第50条规定："可以用于证明案件事实的材料，都是证据。"相关性不是哲学上的普遍联系，而是证据与证明对象或待证要件事实之间逻辑上的特殊联系。

---

[1] [日] 松尾浩也：《日本刑事诉讼法》（下卷），张凌译，中国人民大学出版社2005年版，第25~26页。

[2] 林山田：《刑事程序法》，五南图书出版股份有限公司2004年版，第372~374页。

[3] 《联邦证据规则》402。

[4] 参见张保生、常林主编：《中国证据法治发展报告》（1978~2008、2009、2010、2011、2012、2013、2014），中国政法大学出版社2010、2011、2012、2013、2014、2015、2016年版，第二篇二、（二）证据属性与事实认定。

[5] 参见卞建林、谭世贵主编：《证据法学》，中国政法大学出版社2010年版，第141~145页。另参见张保生、阳平："证据客观性批判"，《清华法学》2019年第6期。

相关性包含了证据与事实主张、事实主张与审判要素之间的两种关系。美国《联邦证据规则》401（相关证据的检验）规定："下列情况下，证据具有相关性：(a) 与没有该证据相比，它具有使一个事实更可能或更不可能的任何趋向性（any tendency）；(b) 该事实对于决定该诉讼是要素性的（of consequence）。"该定义涉及两个问题。

一是证明性。一般来说，相关性是证据有助于证明或反驳某个待证事实（或事实主张）的属性。证据如果有助于证明或反驳某个待证事实，它就是相关的。

二是实质性。严格地说，相关性是证据有助于证明或反驳待证要件事实的属性。假设，在张三谋杀李四案中，检控方要张三的母亲就张三有脚气作证。这个证言与他有脚气的事实主张是相关的，但这个事实主张虽然也是待证事实，却不是要件事实，它对于该审判（张三是否谋杀了李四）并没有"实质性"（materiality）。然而，如有证人提供了一张发票，证明张三购买凶器的事实主张，这个事实主张与该诉讼的要件事实就具有"实质性"关系了。所以，证明性是证据与事实主张之间的关系，实质性是事实主张与审判要素之间的关系，而相关性定义包含了这两种关系。

因此，在判断某个证据是否具有相关性时，法官必须考虑其证明性和实质性两个问题。相关证据必须使一个要件事实更有可能或更不可能。换言之，一个证据必须使一个要件事实"更可能或更不可能"，才是相关的。请看以下案例：

【案例 1.3】　　　　　　　郑某艳故意杀人案

被告人郑某艳之父，于 2000 年 4 月 28 日在霸州市中心市场摆放冰柜卖冰糕时，与已在此地卖水果的被害人王某霞之夫勇某因摊位占用发生争吵，经他人调解，勇某让出所占位置。被害人王某霞、勇某见状产生不满，与郑某艳发生争执，并推拉郑家摆摊所用冰柜，致郑某艳之母刘某倒地。郑某艳见状遂抄起王某霞摊位上的水果刀，刺王某霞背部一刀，致王左肺动脉破裂、心脏左侧缘伤，大出血死亡。

上述事实，有现场勘查笔录、尸体检验笔录、作案凶器、证人证言等证据证实，被告人郑某艳亦供认，足以认定。根据上述证据，一、二审法院依照《刑法》第 232 条等法律规定，认定被告人郑某艳犯有故意杀人罪。[1]

在上述案例中，证据、要件事实和要件的构成如下：

第一，证据，即诉讼双方向法庭提供的证据。包括：现场勘查笔录、作案凶器、证人证言等。

第二，要件事实（要素性事实），《刑法》第 232 条决定了本案的两个要件事实：①杀人故意，即郑某艳主观上有杀害他人的故意；②故意杀人行为，即刺王某霞背部一刀，造成其大出血死亡，客观上有故意杀人的行为。这些要件事实，是依法需

---

［1］参见最高人民法院（2001）刑复字第 218 号刑事判决书。

要运用证据加以证明的实质性事实。

第三，要件，即构成一项诉因的实体法规定。规制本案的实体法是《刑法》第232条，"故意杀人的，处死刑、无期徒刑或者十年以上有期徒刑"。要件与要件事实是一致的，差别仅仅在于"要件"是以法律术语表达的，是实体法规定的犯罪构成要素。

判断一个证据是否具有相关性，需要三个连续性推论：一是从证据得出推断性事实（事实认定者推断的事实）；二是由此推出要件事实（事实认定者经推论确信且对该争端之法律解决至关重要的事实）；三是由此推出实体法规定的要件。[1] 如图式1.1所示：

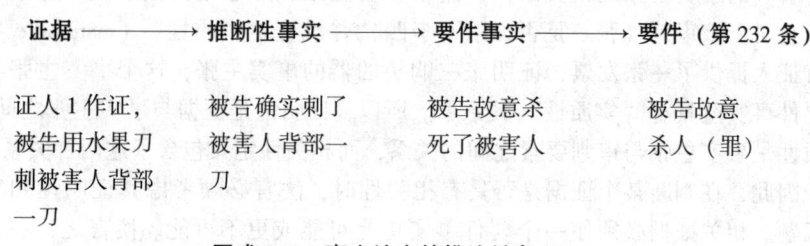

图式1.1 事实认定的推论链条

一个证据，必须使该案的要件事实更有可能或更不可能，才是相关的。在上面的推论链条中，证人1关于"被告用水果刀刺王某霞背部一刀"的证言，显然增加了要件事实即"被告故意杀死了被害人"的可能性。因此，法官可以裁定该证据具有相关性。

（2）相关性不是充分性。相关性的门槛并不高，只要所提供的证据与待证要件事实有任何逻辑联系，有助于事实认定者对事实发生的可能性作出判断就够了。美国《联邦证据规则》401中的"任何趋向性"，说的就是这个意思。澳大利亚《1995年证据法》第55条说的也是这个意思："诉讼程序中具有相关性的证据是指，若其被采纳，就能合理地（直接或间接）影响对诉讼程序中的争议性事实之存在可能性进行评估的证据。"

相比之下，"充分性是指该证据足以允许一项裁决。相关性仅仅检验证据与要素性事实和推断性事实之间的逻辑关系，那是由'任何趋向性'标准来决定的"[2]。有时候，我们容易将相关性和充分性相混淆。比如，有人可能说：某个证据是不相关的，因为它并未证明某人有罪。其实，这说的不是相关性，而是充分性或证明力。

---

[1] [美]罗纳德·J.艾伦等：《证据法：文本、问题和案例》，张保生、王进喜、赵滢译，满运龙译，高等教育出版社2006年版，第149~158页。

[2] [美]罗纳德·J.艾伦："证据的相关性和可采性"，张保生、强卉译，载《证据科学》2010年第3期。

因此，提供相关的证据来证明或反驳一种事实主张，与提供充分的证据来证明或反驳某个人有罪或有责，是两个性质不同的问题。让我们来看【案例1.4】。

【案例1.4】人民诉詹森：被告詹森是加州一所监狱的狱犯。一天，他收到一个包裹单，但去收发室没有取到包裹。从第二天开始，不是收发室警官休假，就是押送犯人取包裹的警官休假，被一再拖延。因此，他要求"见一个领班警官，以便拿到包裹"。但仍没人理他。最后到28日（已等了16天），他采取了一个措施：早餐后扣留了盘子，那是违规行为。狱警要求他交回盘子，詹森则说想见一位领班警官，争端由此发生。控辩双方对争端的解释完全不同。检控方证人（几个狱警）作证：狱警打开牢门上的送餐口小门，让詹森把盘子交出来，詹森拒绝了。因此，该狱警叫来8~10位狱警帮忙。詹森在牢房里端着盘子。当牢门打开时，他一摔盘子，便向站在前面的狱警沃克冲过来。沃克按平时的训练和詹森格斗，把他推进牢房，喊道："趴下，趴下，住手，停止进攻。"但詹森继续攻击，拳打脚踢。然后，一位狱警给他戴上手铐，但詹森还是反抗，并打伤了两位狱警。地区检察官以两项殴打罪指控詹森。辩方证人（几个狱犯和被告）的证言则是：其一，狱警没把还盘子的送餐口小门打开，詹森一直等待那扇小门打开，以便把盘子交出去。其二，沃克等狱警在牢门打开前就戴着防护手套。其三，被告认识沃克狱警多年，知道他有殴打犯人的名声。所以，当他拿着盘子站在那儿的时候，他能认出沃克（戴着名签）。这时，不是递盘子的小门打开了，而是牢门打开了，詹森想自己要挨打了。于是他扔掉盘子，用手抱住自己的头，殴打便发生了。

在上述案例中，辩方提出一个证据："狱警在牢门打开前就带着防护手套。"这个证据与什么要件事实相关呢？让我们看图式1.2的推论链条：

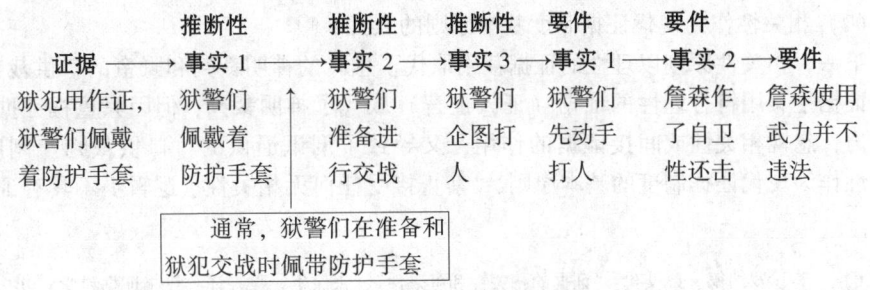

图式1.2 证据与待证要件事实的相关性

在图式1.2中，"狱警们佩戴着防护手套"这个证据，经过推断性事实1~3，与本案的"要件事实"（①狱警们先动手打人；②詹森作了自卫性还击）联系起来。这两个要件事实对于辩护方的"正当防卫"之辩，属于依法需要证明的"实质性"问题。辩方提出的这个证据，使一个要件事实更有可能或更不可能，就表明其具有相关性。狱警们收餐盘时本来不该佩戴防护手套，但他们戴了，这意味着他们想挑起战斗。当然，狱警们也许是因其他理由而带防护手套，这个证据对证明他们先动手打架并不是充分证据。然而，相关性并不在于该证据能证明狱警们先动手打架是真是假，而只要有助于证明狱警们是否先动手打架就够了。艾伦教授说："相关性是证据在审判中被提供时加以判断的，而充分性是在所有证据被采纳后加以判断的……对一个可接受的裁决来说，相关性本身是必要但非充分的。"[1] 二者的区别在于，相关性是指对要件事实有无证明作用（证明力），充分性则是指对要件事实有多大证明作用（证明力）。

2. 相关性是现代证据制度的基本原则。

（1）相关性原则是在自由证明理论的基础上建立起来的。历史上的法定证据主义，虽然用现代符合理性的证据（首先是证人证言）取代了建立在信仰和迷信之上的证据，具有历史进步性；但其只重视直接证据（口供和证人证言），忽视间接证据的作用，又规定口供可以构成一个完整的证明，这使刑讯逼供合法化了。因此，"消灭刑讯，意味着同时要抛弃法定证据理论"[2]。这导致了自由证明原则的确立。

自由证明理论有两大贡献：一是使间接证据受到重视。法官可以不必迷信口供，而根据大量间接证据证明，使无罪认定如此不可能，以致必须在将其视为不可能的情况下，宣判拒不认罪者有罪。这显示了人类对自身认识能力的信任与尊重。二是使大陆法系证据制度改革更加理性化，即要求"法官应当对事实认定作出详细的论述，并对采信特定的证据材料进行正当性论证"[3]。这里的"正当性"，就是相关性。相关性原则并不考虑哪些是直接证据、哪些是间接证据，只考虑证据与待证事实之间是否有任何逻辑证明关系，是否对证明要件事实具有任何帮助作用。依据相关性证据，事实认定者就能对诉讼中的争议事实发生的可能性进行评估，从而作出理性的裁判。

（2）相关性作为现代证据制度基本原则的意义。[4]

第一，相关性原则以理性的证据裁判取代了愚昧的神明裁判和野蛮的口供裁判。法定证据主义用符合理性的证据（证人证言）取代了神明裁判，但因只重视证据的证明力，忽视相关性或间接证据的作用，又导致了刑讯逼供的"口供裁判"制度。相关性作为现代证据制度的基本原则，"禁止接受任何无相关性、逻辑上不具有证明

---

[1] [美] 罗纳德·J. 艾伦："证据的相关性和可采性"，张保生、强卉译，载《证据科学》2010年第3期。

[2] 参见 [德] 拉德布鲁赫：《法学导论》，米健译，法律出版社2012年版，第八章。

[3] [美] 米尔吉安·R. 达马斯卡：《比较法视野中的证据制度》，吴宏耀、魏晓娜等译，中国人民公安大学出版社2006年版，第276页。

[4] 以下参见 [美] 罗纳德·J. 艾伦等：《证据法：文本、问题和案例》，张保生、王进喜、赵滢译，满运龙校，高等教育出版社2006年版，第147~149页。

力的东西"。因为，只有相关证据才有助于事实认定者（法官或陪审团）通过经验推论认定案件事实、作出理性裁判。只有把相关性奉为现代证据制度基本原则，才能摈弃人治社会的"口供裁判"原则，确立法治社会的证据裁判原则。

第二，以相关性为基础建立起来的现代证据制度，原则上要求法官采纳任何具有相关性的证据。道理很简单，对于事实认定的准确性来说，采纳的证据越多越好，而不是越少越好。证据中保留着事实发生和存在过的信息，信息越丰富，事实认定越准确。因此，相关性实质上是一个鼓励采纳证据的规则。除非存在法律另有规定的情形，所有在逻辑上具有相关性的证据都具有可采性。

（3）相关性的检验标准是逻辑和一般经验。就是说，什么证据具有相关性，不是由法律规定的，而要借助逻辑、常识或一般经验来判断。相关证据有助于事实认定者评估要件事实发生的可能性，而这种可能性是以人的日常生活经验或概括为根据的。"相关性的核心问题是，一个证据性事实能否与事实认定者先前的知识和经验联系起来，从而允许该事实认定者理性地处理并理解该证据。如果一个正常人在处理该证据之后考虑该案要素性事实时受到了这个证据的影响，该证据就是相关的，否则，就是不相关的。"[1]

3. 相关性是一种逻辑上的证明力。证明力（probative force），又称证明价值（probative value），是指证据对待证要件事实证明作用的大小或程度。因此，证明力是相关性的程度或证明作用强弱的指示器。证明力是相关性的派生概念，相关性决定潜在证明力。例如，在【案例1.3】中，要证明郑某艳故意杀人（待证要件事实），公诉人提供了行凶的水果刀作为物证，这对待证要件事实显然具有一定证明作用，尽管"水果刀"与"凶器"能在多大程度上画等号还是一个问题。"相关性涉及的是某项信息在支持或否定某事实结论（待证事实）的存在方面的证明潜力。"[2] 相关性本身是一种逻辑上的证明力。证据由于具有相关性而具有证明力，因而有助于法官判断一种事实主张成立的可能性；不相关的证据就没有证明力。鲍尔说："相关这个词是指具有某种证明力和没有证明力之间的区别……对可能性的某种改变和没有改变之间的区别，似乎得到了普遍的承认。"[3] 显然，相关性和证明力之间仅有程度上的区别，而无实质上的区别。

（二）可采性

证据的可采性（admissibility），又称证据能力，是指"在听审、审判或其他程序

---

[1] [美] 罗纳德·J. 艾伦："证据的相关性和可采性"，张保生、强卉译，载《证据科学》2010年第3期。

[2] [美] 米尔建·R. 达马斯卡：《漂移的证据法》，李学军等译，中国政法大学出版社2003年版，第76页。

[3] [美] 沃恩·C. 鲍尔：《有条件相关性的神话》，转引自 [美] 罗纳德·J. 艾伦等：《证据法：文本、问题和案例》，张保生、王进喜、赵滢译，满运龙校，高等教育出版社2006年版，第154页。

中被允许进入证据的品质或状况"[1]。"可采的证据：是相关的并具有诸如无不公正的偏见、不基于传闻、不属于特免权等品质，法院应当接受它的证据。"[2] 可采性规则设置了两个条件：一是必要条件，即不相关的证据不可采；二是其他条件，即相关证据不一定可采。

1. 不相关的证据不可采。

（1）相关性是可采性的必要条件。可采性涉及不相关证据的排除。"相关证据具有可采性……不相关的证据不可采。"[3] 因此，没有相关性的证据不具有可采性，与没有关联性的证据不具有证据能力，说的是一回事。

什么是必要条件？"某条件不出现就一定不能导致某后果；而某条件出现，后果的情况不定，可能出现，也可能不出现，这个某条件就叫做必要条件。"[4] "种瓜得瓜，种豆得豆"，就是对必要条件的一个比喻。它有两层含义：一是指"不种瓜不得瓜，不种豆不得豆"，没有前件（p），就没有后件（q），不播种就一定没收获；二是指"种瓜不一定得瓜，种豆不一定得豆"，有了前件（p），后件（q）不定，播了种子也不一定就有收获，因为还有天灾人祸。

相关性作为可采性的必要条件有两层含义：其一，没有相关性，便没有可采性或证据能力，便不是证据，应当绝对排除。例如，最高人民法院《行政诉讼证据规定》第49条第1款规定："法庭在质证过程中，对与案件没有关联的证据材料，应予排除并说明理由。"其二，具有相关性的证据并不必然具有可采性或证据能力。《〈人民法院统一证据规定〉司法解释建议稿》第12条（可采性）规定："所有相关证据均具有可采性，法律和本规定另有规定的除外。"[5] 就是说，不相关是排除证据的主要理由，但不是唯一理由。某些证据将根据有关法律所规定的理由而被排除。

（2）可采性是容许和排除的统一。可采性首先是指证据的"容许性"或"资格"，是规制何种证据应当被采纳的证据规则。如果一个证据对事实认定者评估要件事实发生的可能性有所帮助，它就有相关性，法官就应该采纳。"最小相关性检验标准"即美国《联邦证据规则》401的"任何趋向性"，旨在告诫法官不要排除此类证据。它体现了"倾向于采纳并依靠所有有用信息的联邦政策"。按照这个"低门槛"检验标准，如果提供一个证据，与不提供、不知道该证据相比，将使要素性事实的

---

[1] Black's Law Dictionary, 8th ed., Thomson West, 2004, p. 50. Admissibility: "The quality or state of being allowed to be entered into evidence in a hearing, trial, or other proceeding."

[2] Black's Law Dictionary, 8th ed., Thomson West, 2004, p. 595. "Admissible Evidence. Evidence that is relevant and is of such a character (e.g., not unfairly prejudicial, based on hearsay, or privileged) that the court should receive it."

[3] 美国《联邦证据规则》402。

[4] 苏天辅：《形式逻辑》，中央广播电视大学出版社1983年版，第197页。

[5] 张保生主编：《〈人民法院统一证据规定〉司法解释建议稿及论证》，中国政法大学出版社2008年版，第11页。

存在更可能或更不可能，法官就将认定其具有相关性。[1] 反之，如果一个证据可有可无，对事实认定没有什么帮助或促进作用，它就不具有相关性。"根据《联邦证据规则》401 与 402，法官们将排除所有不相关的证据。这些规则似乎还规定了一种要求采纳任何具有相关性的——也就是说任何具有逻辑上的证明力的——证据的自由证明制度。"[2]

可采性还指证据的"不容许性"或"排除"。这是可采性规则的限制功能。它起着某种"过滤器"或"安全阀"的作用。例如，品性证据规则、非法证据排除规则等就体现了可采性规则的限制功能。在西方两大法系，都能看到以排除规则来贯彻可采性和证据能力规则的情况：在英美法系国家，相关证据的可采性有很多例外，即由法律规定了一系列排除规则。但正如塞耶所说："这些排除规则都有其例外；因此法律呈现出这样的情形，即形成一套基本的排除规则；接着对这些规则又形成了一系列例外……"[3] 同样，在大陆法系国家，法律对无证据能力的情形有明确的规定。例如，在德国，"证据禁止规则"对证据能力加以限制，如违背搜查、扣押程序而取得的物证和违背勘验程序所形成的勘验笔录，以及非出于任意性的自白，一般被认为不具有证据能力。

(3) 可采性、采纳与采信的区别。采信，涉及所谓"采纳作为定案的依据"问题。"办案人员审查认定证据的内容主要包括两个方面：一是审查证据能力，确认其是否具有证据资格，是否可以进入诉讼的'大门'；二是审查证明效力，即审查获准进入诉讼程序的证据是否真实可靠或者其证明是否有效，是否具有充分证明案件事实的证明力，是否足以作为认定案件事实的根据。"前者可以称为证据的采纳，后者可以称为证据的采信。[4] 根据以上界定，证据的采纳是对可采性（即证据能力）的裁定，证据的采信是对证明力（即证明价值、证明效力）的裁定。关于可采性、采纳和采信，还需要从陪审团审判和法官审判两种情况做进一步的分析。

第一，在陪审团审判中，证据的可采性和采信有明显区别，可采性意味着是否让陪审团听到或看到某个证据，这是一个由法官来裁定的问题，它在法官和陪审团之间建立了一个屏障；采信是指认证，即陪审团是否将该证据作为定案的依据。经法官裁定具有可采性的证据，才交由陪审团听审，通过质证和认证对其真实性、可信性等属性进行判断。如果陪审团认为某些证据不具有可信性、真实性，这些证据

---

[1] 参见［美］罗纳德·J. 艾伦等：《证据法：文本、问题和案例》，张保生、王进喜、赵滢译，满运龙校，高等教育出版社 2006 年版，第 154 页。

[2] ［美］罗纳德·J. 艾伦等：《证据法：文本、问题和案例》，张保生、王进喜、赵滢译，满运龙校，高等教育出版社 2006 年版，第 149 页。

[3] ［美］塞耶："普通法证据初探"，转引自［美］罗纳德·J. 艾伦等：《证据法：文本、问题和案例》，张保生、王进喜、赵滢译，满运龙校，高等教育出版社 2006 年版，第 148 页。

[4] 何家弘："证据的采纳和采信——从两个'证据规定'的语言问题说起"，载《法学研究》2011 年第 3 期。

就不会对陪审团的裁决发挥作用。但由于陪审团裁决无须说明理由，哪些证据被采信或者采纳作为定案依据的问题便被掩盖了。"至少在美国的制度中，陪审团是一个黑箱操作。由于陪审团秘密评议，无法知道陪审团处理了哪些信息，以及他们如何处理审判信息中那些未被错过和忘记的部分。"[1]

第二，在没有陪审团的法官审判中，可采性和采信的区别便消失了。由于法官既是法律适用者，又是唯一的事实认定者，统揽了证据的采纳、排除和认证，法官对可采性或证据能力的判断，与其能否作为定案依据的判断，是交织在一起的。可采性最初是关于是否让陪审团听到或看到什么证据的含义，已经被能否作为认定案件事实的根据所取代。这就是为什么普通法系国家法官审盛行，可采性规则却依然通行的原因。

第三，即使在法官审判中，采纳与采信仍有某些差别：[2]①指涉的对象和性质不同。采纳是对可采性或证据能力的审查判断，采信是对证明力的审查判断。采纳是一个证据法适用问题，采信是事实认定者的内心确信问题。②所奉行的立法和司法原则不同。对证据的采纳要坚持两个立法原则：一是鼓励采纳证据的原则，即减少对相关证据的人为排除；二是排除相关证据的正当性原则，即只有存在正当理由（法律原则或证据政策）时才能设置排除规则。对证据的采信则坚持自由证明原则，通过经验推论等方法，"对有关事实争议问题的论证进行建构、批评和评价"[3]。③评价结果不同。证据采纳是对可采性的评价，其结果是非此即彼的：要么采纳该证据，要么排除该证据，不可能"在一定程度上"采纳该证据。但证据的采信恰恰有一个程度问题：一项证据并非绝对可信或者绝对不可信，而只是"在一定程度上"可信。因为，证据采信是对证明力的评价，而证明力本身是一个程度问题。④适用的程序不同。证据采信是在法官退庭评议环节进行的；而采纳是庭审证据调查阶段所要解决的问题，法官依职权或者根据异议，即时对排除证据动议作出裁定。⑤法律后果不同。如果法官排除了一项证据，这属于（证据法）法律适用问题。根据美国《联邦证据规则》103"对错误裁定之请求权的保全"，审判中的一项采纳或排除证据的错误裁定，如果影响到当事人的"实质权利"（如宪法权利），或者使无辜的人被错误定罪，就可以成为上诉复审或撤销原判的理由。相比之下，法官对证据采信与否则属于事实认定问题，受自由证明原则保护。尽管现代大陆法系国家确立了心证公开原则，要求"庭审法官应当在论述详尽的判决意见中，对其事实认定的合

---

[1] [德] 托马斯·魏根特："刑事诉讼关涉真实吗？——一个德国的视角"，冯俊伟译，载《中国刑事法杂志》2011年第7期。

[2] 以下五点由樊传明博士和冯俊伟博士执笔概括。

[3] [美] 特伦斯·安德森、[美] 戴维·舒姆、[英] 威廉·特文宁：《证据分析》，张保生等译，中国人民大学出版社2012年版，前言第1页。

理理由作出具体的论证",[1] 但心证公开原则与自由证明原则存在一定的紧张关系。在大陆法系中,德国法对心证公开的要求较严,法国和比利时等国对心证公开要求则不太严格。证据采信错误而造成案件事实认定错误的情况,根据我国《刑事诉讼法》,将会导致直接改判或者撤销原判、发回重审的结果。[2]

(4) 可采性和证据能力的细微差别。这主要体现在以下两点:一是适用范围不同。在西方普通法系,可采性规则的适用范围较宽,一般没有什么限制。在西方大陆法系,证据能力规则的适用范围受到一定限制,主要是指证据用于严格证明的能力或资格,即允许作为证据加以调查并得以采纳的能力或资格。在德国证据理论中,证明分为严格证明和自由证明。严格证明,是针对犯罪事实是否存在以及与刑罚权范围有关的待证事实,严格依据证据法规定进行的证明;自由证明是针对若干程序事实,非严格依据证据法规定,而是主要依靠法官的自由裁量权进行的形式较为灵活的证明。[3] 二是语言表述上也有细微差别。例如,在西方普通法系审判中,不应当采纳的证据具有"不可采性"(inadmissibility),是"不可采的证据";在西方大陆法系,不应当采纳的证据"不具有证据能力",称为"缺乏证据能力"。

2. 相关证据自由裁量排除的检验标准:危险性实质上超过证明力。

证据只要具有相关性,一般就具有可采性。那么,在什么情况下,可以排除相关性证据呢?除了立法规定的可采性规则或立法排除之外,还有司法上的自由裁量排除标准,美国《联邦证据规则》403(以偏见、混淆、费时或其他原因排除相关证据)规定:"如果下列一个或多个危险在实质上超过相关证据的证明力,法院可以排除相关证据:不公正的偏见,混淆争点,误导陪审团,不当拖延,浪费时间,或者不必要地提出累积证据。"规则403确立了"危险性实质上超过证明力"的相关证据自由裁量排除标准。因此,即使没有立法上的可采性规则,在诉讼当事人提出规则403异议的情况下,法官可以进行规则403平衡检验,从某种程度上说,法官审判能力就集中体现为在证据的证明力与采纳该证据的危险性之间的平衡检验能力。平衡检验的标准是"实质上超过",即法官应当在对证据的有害方面超过其证明力的情况十分自信时,才排除相关证据。那么,法官在什么情况下才倾向于排除证据呢?表1.1反映了法院进行规则403平衡检验的一项实证研究成果:[4]

---

[1] [美] 米尔吉安·R. 达马斯卡:"自由心证及其面临的挑战",载 [美] 米尔吉安·R. 达马斯卡:《比较法视野中的证据制度》,吴宏耀等译,中国人民公安大学出版社2006年版,第214页。

[2] 《刑事诉讼法》第236条第1款规定:"第二审人民法院对不服第一审判决的上诉、抗诉案件,经过审理后,应当按照下列情形分别处理……(三)原判决事实不清楚或者证据不足的,可以在查清事实后改判;也可以裁定撤销原判,发回原审人民法院重新审判。"

[3] 卞建林主编:《证据法学》,中国政法大学出版社2007年版,第59页。

[4] 参见 [美] 罗纳德·J. 艾伦等:《证据法:文本、问题和案例》,张保生、王进喜、赵滢译,满运龙校,高等教育出版社2006年版,第175页。

表 1.1 证明力与可采性平衡检验的自由裁量权

所提出的相关证据的证明力	规则 403 所列因素的消极影响	审判法院是否会排除证据
高	高、中或低	否
中	高	否（也许是）*
	中或低	否
低	高	是
	中	否（也许是）*
	低	否

* 如果证明力接近"中"等范围的下限，且消极影响非常高，或者，如果证明力非常低，且消极影响接近"中"等范围的上限，规则 403 可能允许排除证据。

从上表可见，当所提出的相关证据的证明力分别为"高""中""低"三种情况时（表 1.1 左边 3 栏），规则 403 所列因素的消极影响与其对应分别为：①"高、中或低"，②"高""中或低"，③"高""中""低"的三种情况（表 1.1 中间 6 栏），只在第三种即③消极影响"高"的情况下，审判法院才会坚定不移地排除证据（表 1.1 右边 6 栏的第 4 栏"是"）。这说明，在美国，法官在运用规则 403"危险性实质上超过证明力"的平衡检验标准时是非常谨慎的，通常，只有在证据的证明力很低、危险性很高的情况下，才运用自由裁量权排除该相关证据。这也表明，规则 403 倾向于宽容法官对证据的错误采纳裁定，而不是错误排除裁定。

（三）可信性

本教材第一版在论述相关性、可采性和证明力之证据"三性"时，似乎忽视了一个问题，即它们主要是在陪审团审判中法官负责审查的证据属性，而非在法官审判中需要审查的证据全部属性。在陪审团审判程序中，法官和陪审团有一个分工，法官主要负责证据相关性、可采性的审查，在必要时对采纳证据的危险性是否实质上超过其证明力进行平衡检验，发挥着证据"过滤器"或"守门人"的作用；而"陪审团成员作为事实和可信性的唯一裁判者"[1]，主要负责证据的可信性和事实认定。因此，在陪审团审判中，法官不能越俎代庖，去代替陪审团（事实认定者）审查证据的可信性问题。"主流的观点是，评估证人的可信性是一件只有陪审团才有资格做的事情，而法官的任务是在证言可信的情况下评估证言的证明力。如果法官依据《联邦证据规则》403 而行使自由裁量权，排除了他们感到不可信的证人证言，那

---

[1] [美] 罗纳德·J. 艾伦等：《证据法：文本、问题和案例》，张保生、王进喜、赵滢译，满运龙校，高等教育出版社 2006 年版，第 334 页。

么，陪审团作为主要事实认定者的功能就会受到极大削弱。对陪审团在评估证人可信性方面的作用加以保护，是激发证据法许多领域发展的动因。"[1]

在美国，要求陪审团审判是宪法第六修正案赋予诉讼当事人的宪法权利。如果他们放弃这种权力，便可以由法官进行审判。"在这种'法官审判'中，法官……是考量证据的唯一的事实认定者。"[2] 在法官审判中，法官不能只考虑证据的相关性和可采性，还要审查证据的可信性。可信性也是证据的一个基本属性。

特文宁教授等在《证据分析》一书中，对作为证据属性之一的可信性有系统论述，多次将"相关性、可信性和证明力"称为"证据的三个主要资格"，并指出："在分析一个证据数据与假设的关系时，它所具有的三个主要特征或资格必须得到确定：相关性、可信性、证明（推论）力或分量。"[3] 证据评价主要是指对证据证明力和可信性的评价。

相关性只是证据采纳和采信的必要条件，可信性则是充要条件。例如，与待证要件事实之间没有相关性的物体、言语或文件，当然不能成为证据；但有了相关证据若不知其是否可信，也未必能准确地认定事实。如上所述，事实具有可陈述性，但陈述（或证言）有真假之分。在诉讼过程中，经常会出现"一个事实，两个故事"的情况，有时还会出现"罗生门"那样的多个故事。如此一来，事实认定者如何通过证据推论得出裁判结论的问题，就演变为依据何种品质的可信证据进行推论才能得出正确结论的问题。

1. 可信性是证据值得相信的特性。《布莱克法律词典》对"可信性"（credibility）的解释是："使某些事情（如证人或证据）值得相信的特性。"[4] 在特文宁等《证据分析》一书的"术语表"中，"可信性"被解释为："关注一项证据或一个证据来源可被相信的程度。"它分为两种：一种是"有形证据的可信性属性"，包括真实性、准确性和可靠性；另一种是"言词证据的可信性属性"，包括诚实性、客观性和观察灵敏度。

在论述证据可信性及其来源时，特文宁教授等认为："一个证据可以是有形的东西，也可以是证言性主张。主要问题在于：我们在何种程度上能够相信（believe）这个证据所说的东西？换句话说，在符号学中，如果 E^* 代表我们拥有事件 E 发生的证据，可信性问题是：E^* 在何种程度上证明了关于事件 E 实际发生了的信念或推论

---

[1] [美] 罗纳德·J. 艾伦等：《证据法：文本、问题和案例》，张保生、王进喜、赵滢译，满运龙校，高等教育出版社2006年版，第166~169页。

[2] [美] 罗纳德·J. 艾伦等：《证据法：文本、问题和案例》，张保生、王进喜、赵滢译，满运龙校，高等教育出版社2006年版，第102页。

[3] 以下特文宁等关于证据可信性的论述，参见 [美] 特伦斯·安德森、[美] 戴维·舒姆、[英] 威廉·特文宁：《证据分析》，张保生等译，中国人民大学出版社2012年版，前言第3页、前言第6页、第79页、第84~93页、第84页脚注15、第493页。

[4] *Black's Law Dictionary*, 8th ed., Thomson West, 2004, p. 396.

具有正当性？除非证据 E^* 是完全可信的，否则，将 E^* 和 E 等同起来将是一个错误。拥有 E 发生的证据，并不必然表明 E 实际上发生了。"例如，文件可以伪造，货币可以假冒，图像可以错误标记，血液样品可以混合，毒品可以栽赃给他人。可信性涉及程度问题，因而与证明力一样具有可评价性。

2. 可靠性是可信性的一个维度。通常，"可信性"多指证言可被相信的程度；而当评价物证、书证等可被相信的程度时，常使用"可靠性"概念，指实物证据来源的可靠性。特文宁等认为："在包括法律在内的许多语境中，单词'可靠性'常常被用作单词'可信性'的同义语。困难在于，'可靠性'比'可信性'有更多的限制性含义。某种进程在一定程度上是可靠的，即它是一致的、可重复的或可依赖的。"因此，"不论我们考虑哪种证据，可信性都不只涉及一个维度或属性，可信性的具体属性取决于我们考虑的证据种类。言词证据可信性的属性完全不同于有形证据可信性的属性"。从这个意义上说，可信性的外延更宽，它既可以指证人证言，也可以指实物证据。

相比之下，可靠性概念外延较窄，主要是指实物证据的可信性。当专指实物证据的可信性时也可称为可靠性，特指实物证据的同一性。特文宁等认为，有形证据或实物证据的可信性包括三个特性：①真实性（authenticity）。这是有形证据可信性的最重要因素。②准确性/灵敏度（accuracy/sensitivity）。例如，一架照相机是否聚焦对图像模糊与否的影响。③可靠性（reliability）。一个可靠的过程，是可重复、可信赖或具有一致性的过程。如一个测量仪器可以提供可靠的读数。总之，可信性的外延大于可靠性，前者包含后者，后者是前者的一个维度。

3. 证言可信性评价的四种品质和两个推论。按照图式 1.3"证言三角形理论"，[1] 证言可信性涉及四种品质：感知能力、记忆能力、诚实性、叙述能力。其中，感知能力不仅包括视力、辨色能力，还涉及观察角度等因素；每个人记忆能力不同，而且会随时间而衰减；每个人的叙述能力也有差别，其叙述之诚实性涉及证人的社会属性。事实认定者通过对上述证言品质进行推论，才能形成对证言可信性的判断。

---

[1] 证言三角形概念，由劳伦斯·特赖布教授在《对传闻的三角形测量》（1974 年）和理查德·O. 伦珀特与斯蒂芬·A. 萨尔茨伯格在《证据的一个现代进路》（1977 年）等文章中论述之后，开始在法律学术界流行起来。转引自 [美] 罗纳德·J. 艾伦等：《证据法：文本、问题和案例》，张保生、王进喜、赵滢译，满运龙校，高等教育出版社 2006 年版，第 459 页脚注 1。

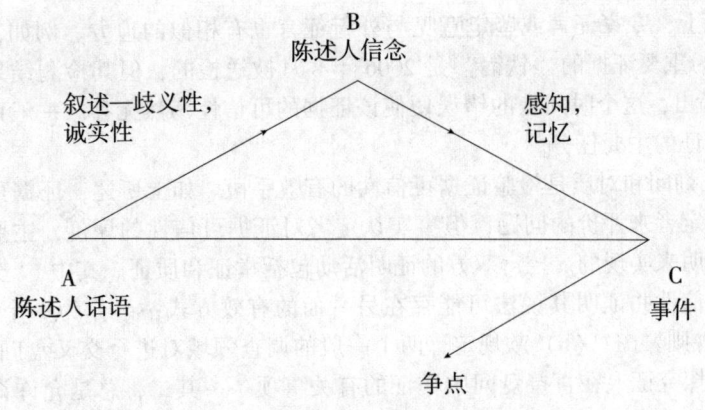

图式 1.3　证言三角形理论

在上述证言三角形中，从听者的角度看，起点 A 是陈述人话语（证言），第一个推论，即从陈述人话语（证言）到陈述人信念的推论，要求对其诚实性和叙述能力作出判断。在【案例 1.2】的交通事故案中，为什么不同目击证人对同一事实提供了相反的证言？这可能有多种原因。从认识论上说，没有纯粹的"中性观察"，人们头脑中已有的知识或观念会像"程序"一样对观察产生影响。从诚实性和叙述能力的维度看，对诚实性的推论，可能涉及证人的身份、与观察对象的利害关系等复杂社会性因素。例如，证人 1 说"一辆红色小轿车撞了一辆灰色小轿车"。假设对方律师在交叉询问时问其所处的观察位置，又假设证人回答其为红车乘客，这就涉及诚实性问题，因为证人与当事人的利益关系可能影响诚实性。从叙述—歧义性变量看，语言的模糊性也会给可信性带来影响。第二个推论，即从陈述人信念到事件的推论，要求对其感知和记忆能力进行判断：一是观察准确性，即证人的感知能力如何，例如，是不是近视眼？是不是色盲？二是记忆准确性，证人作证会受记忆能力影响。"目击者们对他们看到的东西所做的叙述，经常与事件的本来面目非常不同。大多数罗伯特·肯尼迪遇刺事件的目击者，对事件发生过程所做的描述可谓大相径庭（Langman & Cockburn, 1975）。在一项实验研究中，巴克霍特、菲格罗和霍夫（Buckhout, Figueroa & Hoff, 1974）在一间大教室里导演了一场袭击一位站在讲台上的教授的事件，并在几周后要求目击者们辨认袭击者。结果，大多数人——包括受害者挑错了袭击者。"[1]在该实验中，"几周后"可能是导致记忆不准确的重要因素。审判中的证人作证的时间跨度都不会比几周短，因此都会遇到记忆不准确的问题。因此，在审判中，事实认定者要作出准确裁判，关键在于剔除不相关和不可信的证据。在

---

［1］［澳］约瑟夫·P. 福加斯：《社会交际心理学——人际行为研究》，张保生、李晖、樊传明译，中国人民大学出版社 2012 年版，第 25 页。

可信性问题上，专家证言或鉴定意见与外行证言也有相似的地方。例如，在念斌案中，[1] 作为重要证据的"铁锅"是 2006 年 8 月被送检的，但其检测结果却在 7 月 31 日就已得出，这个时间上的错误便使该证据的可信性荡然无存。一般而言，可信性检验是质证的主要任务。

4. 交叉询问和对质是检验证据可信性的有效手段。如上所述，证据可信性是一个由事实认定者来评价的问题，但事实认定者对证据可信性的评价，主要是通过控辩双方的证明来实现的。控辩双方的证明活动包括举证和质证。其中，"交叉盘问是检验证人可信性并证明其说法可能存在另一面的有效方式……作为一个指导原则，《联邦证据规则》611（b）款规定，两个一般的调查领域对进行交叉盘问是允许的。其一，允许探究证人在直接盘问中作证的有关事项……其二，总是允许询问可以对证人可信性加以弹劾的问题，即使在直接盘问中也许没有涉及这些事项"[2]。弹劾对方证人的可信性或者给己方证人可信性正誉，是交叉询问的重要功能之一，因而是检验证据可信性的一个主要手段。被告人与证人的对质，更是检验证人可信性的最直接、最有效的手段。

5. 可信性评价是证明力评价的具体化。

（1）可信性和证明力均是指证据对事实认定者的说服力。可信性是证据或其来源可被相信的程度，证明力则是指相关性的程度，即证据对事实认定者的一种说服力。澳大利亚《1995 年证据法》第 55 条把证明力规定为："证据可以合理地影响评价系争事实存在可能性的程度。审判人员必须首先分析该证据的说服力，即提供用以证明的证据对自己思考要素性事实所产生的证明力。"一个证据对待证要件事实发生可能性的证明力评价，可以转化为其被事实认定者相信程度的评价。假设在【案例1.3】中，辩护方根据《刑法》关于正当防卫不负刑事责任的规定，为被告人作正当防卫之辩，要证明郑某艳用水果刀刺了王某霞背部一刀是因为被害人先挑衅。辩方的推论过程如图式 1.4 所示：

证据	→ 推断性事实 1	→ 推断性事实 2	→ 要件事实	→ 要件
证人 3 作证，被害人王某霞推拉郑家摆摊所用冰柜，致郑某艳之母刘某倒地	被害人王某霞确实致郑某艳之母刘某摔倒	被害人先进行挑衅	被告人是正当防卫	被告人使用武力并不违法

图式 1.4 证明正当防卫之事实主张的推论链条

---

[1] 参见福建省高级人民法院（2012）闽刑终字第 10 号刑事附带民事判决书。
[2] [美] 罗纳德·J. 艾伦等：《证据法：文本、问题和案例》，张保生、王进喜、赵滢译，满运龙校，高等教育出版社 2006 年版，第 114~115 页。

在这个推论链条中，证人 3 的证言虽然与待证要件事实有一定相关性，但其证明力却微乎其微。证明力可以用诸如"非常高""很高""较高""较低"或"微乎其微"等量词来描述，用于测量其强度。证明力很低的证据，一般缺乏经验基础，或者说违背常识或常理，因而对事实认定者缺乏说服力。因此，事实认定者（法官或陪审团成员）对上述辩方推论链条可能不相信，因而提出质疑：被害人王某霞先挑衅（推拉郑家摆摊所用冰柜，致郑某艳之母刘某倒地），就足以促使被告拿刀杀人吗？这是一种正当防卫吗？事实认定者的推论过程如图式 1.5 所示：

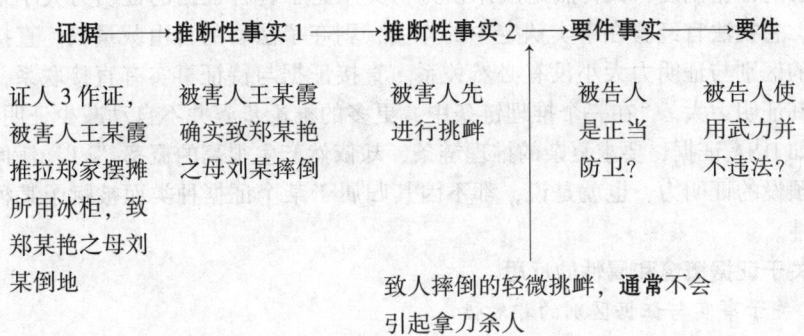

图式 1.5　质疑正当防卫之事实主张的推论链条

在上述推论链条中，从推断性事实 2 到要件事实之间，有一个概括："致人摔倒的轻微挑衅，通常不会引起拿刀杀人。"这个概括所表达的概率（"通常"），是法官对证人 3 证言之证明力评估的主要成分。因此，证明力是一种以经验为基础的说服力，或者说是对某种常识概括的相信程度。证人 3 的证言，对于证明被告人正当防卫的要件事实来说，虽然具有相关性，但证明力和可信性显然是太低了。

（2）对直接和间接证据的划分并不反映可信性或证明力大小。

第一，直接证据和间接证据的区别。"直接证据一般被定义为，如果相信了就能证实某个要件的证据。"[1] 一个证据与待证要件事实之间的联系是直接的，不需要中间推断环节，这种证据称为直接证据。例如，在【案例 1.3】中，假设：有一位目击证人作证说，他看见被告人抄起王某霞摊位上的水果刀刺向被害人。在该证言被相信的情况下，它就成为郑某艳对王某霞行凶的直接证据。

但在许多情况下，一个证据与待证要件事实的联系并不是直接的，而是间接的，即需要一些中间推断环节。请看以下案例：

---

[1]　[美] 罗纳德·J. 艾伦等：《证据法：文本、问题和案例》，张保生、王进喜、赵滢译，满运龙校，高等教育出版社 2006 年版，第 155 页。

【案例 1.5】 某市发生一起首饰店抢劫案。犯罪嫌疑人当时正在"逃离"案发现场，因而被警察抓住。在审判中，检控方一位证人作证说，在那家首饰店刚被抢劫后，他看见被告人（被控犯有抢劫罪）正从首饰店跑向另一条街。

上述证人证言可被视为该被告人有罪的间接证据，因为该证言并没有直接证明犯罪主体的身份要件。要证明被告人同抢劫联系在一起，还需要一些补充性推断，例如，该被告人实施了抢劫，正在逃跑，以免被抓。

第二，任何证据均无预设的证明力，即无天然的可信性。历史上出现过迷信直接证据的法定证据制度，其特点是法律预先明文规定了各种证据的证明力大小及其取舍规则，忽视法官经验在事实认定中的作用，剥夺了法官的自由裁量权。直接和间接证据的区别与证明力大小没有必然关系。直接证据与待证事实有直接联系，并不意味着其证明力大。"在一个推理链条中，更多的推论步骤并不自动减少证明力。的确，例如 DNA 证据，要求复杂的推理链条，却依然产生很高的概率。"[1] 任何证据都没有预设的证明力，也就是说，都不因其归属于某个证据种类而被赋予某种天然的可信性。

三、关于证据概念和属性的反思

（一）关于事实与证据区别的相对性

事实与证据的关系，在某些方面类似本质和现象、内容和形式的关系：事实具有不变性，证据具有变动性；事实是整体，证据是片段；事实具有本源性，证据具有表征性。

在强调证据与事实之间的区别时，还要承认这种区别的相对性。证据和事实之间有时是"你中有我、我中有你"，具有相互交叉的关系，不能将二者之间的区别绝对化。

1. 一个事实可以成为另一个事实的证据。请看以下案例：

【案例 1.6】 张三谋杀李四案

李四于某天下午 4：30 在家中被杀。

证人 1 作证说，他看见张三那天下午 4：15 进入李四家。

证人 2 作证说，他看见张三那天下午 4：45 从李四家出来。

证人 3 作证说，有一次他听到张三和李四吵架，张三对李四说："我早晚要和你算账！"

在审判中，检察官可能争辩说：其一，张三那天下午 4：15 进入李四家、4：45 离开李四家的事实，是张三那天下午 4：30 在李四家的证据。其二，张三那天下午 4

---

[1] [美] 罗纳德·J. 艾伦等：《证据法：文本、问题和案例》，张保生、王进喜、赵滢译，满运龙校，高等教育出版社 2006 年版，第 169 页。

:30 在李四家里的事实,是张三有机会谋杀李四的证据。其三,张三与李四吵架并威胁李四的事实,是张三有谋杀李四动机的证据。其四,张三有谋杀李四动机的事实,是张三谋杀了李四的证据。

由上述假设案例的四个推理步骤可见,一个事实可以成为另一个事实的证据。这种传递性的标记关系,在日常生活领域也很常见。例如,体温计上显示39.5℃(事实),是发烧(事实)的证据;发烧(事实)又是白血球高(事实)的证据;白血球高(事实)是有炎症(事实)的证据;等等。

2. 证据性事实概念进一步模糊了二者的界限。在证据法学中,证据提出者在法庭上向事实认定者提供的证据,又可称为"证据性事实"(evidentiary fact)[1]。它有三个含义:[2]①是指"导致最终事实的确定或确定最终事实所必需的事实";②是指"为证明其他事实存在而提供证据的事实";③是指"证据中的事实"(fact in evidence),即"在审判或听审中被采纳为证据的事实"。证据性事实与待证事实的关系,是证明依据与证明对象的关系。证据性事实不是事实本身,而是关于事实的证据。这表明,证据中包含着事实的成分。

霍菲尔德(Hohfeld)将"相关事实"称为"证据性事实",例如,在盗窃现场发现了被告人的指纹(A);由此可得出一个强有力的推论,该被告人到过那里(B);并且,从后者能够得出进一步的推论(比第一个推论弱得多,且须与其他事实相结合),他可能是盗贼(C)。那么,它就是相关的。如他所说:"一个证据性事实(在我们的例子中为A),是一个被查明而为推断某个其他事实提供某些逻辑根据——非结论性——的事实。后者可以是一个构成性的(用我们偏好的术语——关键)事实(C),也可以是一个中间性证据性事实(B)。"[3]

(二)关于证据的客观性

我国一些证据法学教材受苏联、东欧证据法理论影响,在证据属性上仍坚持客观性第一的"两性说"[4]或"三性说"[5]。把客观性当作证据的根本属性,势必要否定相关性是证据根本属性,并陷入如下三种困境:①证据"客观性"没有检验标准,法官无法判断一个证据是否具有客观性。因为,客观性仅指不以人的意识为

---

[1] 参见[美]罗纳德·J.艾伦等:《证据法:文本、问题和案例》,张保生、王进喜、赵滢译,满运龙校,高等教育出版社2006年版,第149页。

[2] *Black's Law Dictionary*, 8th ed., Thomson West, 2004, pp. 628, 595.

[3] Wesley Newcomb Hohfeld, *Fundamental Legal Conceptions – As Applied in Judicial Reasoning* (Westport, Connecticut: Greenwood, 1978) (n 51) 34.

[4] 例如,张建伟:《证据法要义》,北京大学出版社2014年版;卞建林、谭世贵主编:《证据法学》,中国政法大学出版社2014年版;何家弘、张卫平主编:《简明证据法学》,中国人民大学出版社2011年版。

[5] 例如,叶青主编:《诉讼证据法学》,北京大学出版社2013年版。

转移。假设,手头的证据是一个杯子,法官如何判断它对证明待证事实具有客观性?显然无法判断。然而,相关性则有一个"检验标准"(如美国《联邦证据规则》401),即有了这个杯子与没提供、不知道该杯子相比,要件事实的存在更可能或更不可能。由于缺乏判断证据是否具有客观性的检验标准,证据"客观性"审查既无法实现,也没有认识论意义。②为了摆脱这种困境,证据"客观说"不得不求助于客观性的反面即主观性,认为证据既有客观性的一面也有主观性的一面,这又使其陷入了以偏概全的困境。③证据有真假之分,"客观说"无法回答诸如"真假证据中哪一个具有客观性"这样棘手的问题。实际上,不依赖人的主观意识的客观性只具有本体论意义,在认识论领域,一切都是主客体的相互作用。

在我国证据法学研究和证据制度建设中,"证据客观说"是一种长期占统治地位的理论学说,它混淆了证据与事实和存在的关系,不仅压抑证据法理论基础的研究,而且阻碍我国现代证据制度的构建。因此,通过证据客观性批判,深入探讨证据法的认识论、价值论和概率论基础,对于我国现代证据制度构建和证据法学学科建设都具有重要意义。

1. 证据是与待证事实相关的信息,用于证明所主张事实之存在的可能性。证据所证明的是一种事实主张,而不是事实本身。相关性、可采性和可信性是证据的三个基本属性。

2. 相关性是证据的根本属性,是现代证据制度的基本原则。相关证据提供了证明要件事实更有可能或更不可能存在的信息。相关性和证明力的关系是:相关性是指有无证明力,证明力是相关性的程度或证明作用大小的指示器。

3. 可采性最初是指证据能否被法院采纳从而提交陪审团听审的属性。在没有陪审团的法官审中,可采性指证据被采纳作为定案依据的属性。相关性和可采性的关系是:相关性是可采性的必要条件,即不相关不可采,相关证据不一定可采。可采性和证明力的关系是:"危险性实质上超过证明力"是相关证据排除的平衡检验标准。

4. 可信性是证据值得相信的特性,是证据或其来源可被事实认定者相信的程度。实物证据的可靠性是可信性的一个维度。证言可信性涉及四种品质:感知能力、记忆能力、诚实性、叙述能力。事实认定者通过控辩双方的证明对证据的可信性进行评价。交叉询问和对质是检验证据可信性的有效手段。可信性和证明力的关系是:可信性评价是证明力评价的具体化。任何证据都没有预设的证明力,都需要由法官通过可信性(可靠性)评价而对其证明力进行自由评价。

 **思考题**

1.6. 请判断以下命题：①"不相关的证据不可采"；②"不可采的证据不相关"；③"不合法的证据不可采"；④"不合法的证据不相关"；⑤"直接证据的证明力一般大于间接证据的证明力"；⑥"鉴定意见的证明力一般大于证人证言的证明力"；⑦"任何证据都没有预设的证明力"。上述命题，哪些是错误的，理由是什么？

1.7. 在【案例1.3】中，假设被告人或其代理人说，她当时抄起王某霞摊位上的水果刀刺向被害人，是因为那天恰好有一架客机失联，自己心烦意乱，一时冲动控制不住情绪。这有相关性吗？如果被告人说，她的丈夫和儿子就在那架失联的客机上，情况会有什么不同吗？

1.8. 在一起枪击案发生后警察逮捕了王某。审判时，一位警察作证说："在我抓捕王某时，他有好几次想把手伸进外套里，我多次警告后才制止住他。"这个证言，使得"正是王某枪杀了被害人"的指控变得更可能吗？要论证该警察的证言与王某枪击了被害人的主张具有相关性，需要什么推论？

1.9. 司机刘某驾驶一辆集装箱卡车在高速公路上与一辆小轿车相撞。伤者以卡车司机有过错为由提起民事诉讼。审判中，被告方律师提供了司机刘某10年驾驶无事故的安全记录要求法庭采纳。原告方律师询问被告："在本案事故发生前1个月，你曾收到过一份警方的超速罚单，有这回事吗？"被告答："有。"

被告方提供该证据的相关性理论是什么？原告方提供该证据的相关性理论是什么？这些证据的证明力如何？法官如果采纳上述证据，会对事实认定产生什么影响？

1.10. 在思考题1.9中，如果一位交通事故专家出庭作证说，90%以上的大货车司机会疲劳驾驶，在长途驾驶中都有打瞌睡的现象，特别是在本案事故发生的傍晚6点这个时间，这个证言有相关性吗？

1.11. 徐某因抢劫银行被指控。证人作证说，当时银行里有3个抢劫犯。然而，没有一个证人能辨认出徐某就是抢劫犯之一。本案共同被告之一吴某为检控方作证说：这次抢劫有4个同谋者，其中之一的徐某负责驾车逃跑。在审判中，一位警察作证说，当他逮捕徐某时，"徐某当时开着一辆汽车"。没有证据证明这是与抢劫银行时或许用过或许没用过的汽车相同的汽车。这个证言有可采性吗？为什么有？为什么没有？

1.12. 李某在云南省某边检站被捕，当时他是一辆旅行大轿车上的乘客，警方在他的行李箱中发现一包海洛因。李某辩称，他不知道这包东西是毒品，是别人托他带的。被告人本人不吸毒。也没有被告人想把这包海洛因带到某地的证据。请说出辩方应该在审判中提出的每个异议。检控方可能作出什么反应？法庭应该如何裁定？

1.13. 在一起交通肇事案中，证人1作证说，他看到司机闯红灯了。证人2则说，当时证人1喝醉了。证人2的证言如果是真的，其影响的是证人1在该事件发生时的感知能力，还是作证时的诚实性？

1.14. 在张三谋杀李四案中,有4位证人出庭作证。请分别思考以下每项信息,哪一项与证人可信性的评估有关,哪一个证人可能怀有成见?

(1) 证人1是银行经理。

(2) 证人2高度近视。

(3) 证人2是李四的哥哥,会从李四之死谋求财产利益。

(4) 证人1接受警察询问时好像非常紧张、犹豫不决。

(5) 证人3是退休警察。

(6) 证人4是大学教授。

1.15. 举例说明,事实与证据区别的相对性。我国1996年《刑事诉讼法》第42条规定:"证明案件真实情况的一切事实,都是证据。"2012年《刑事诉讼法》第48条规定:"可以用于证明案件事实的材料,都是证据。"这两种规定各有什么利弊?

第三节 事实认定

审判过程分为事实认定和法律适用两个阶段,事实认定是法律适用的前提,没有准确的事实认定,就没有正确的法律适用。

一、事实认定的概念与模式

(一) 事实认定的概念

事实认定（Fact-finding），是事实认定者对特定事物及其关系真实存在之可能性的判定。

在审判过程中,事实认定具有以下一些特点:

1. 必须有一个特定的事实争议,需要法院经过审理对争议事实作出何为真实的裁决。《布莱克法律大辞典》对事实认定的解释是:"运用证据决定争议事实的程序。"[1]《牛津法律大辞典》的解释是:"事实认定是指在确定可适用的法律以及适用法律作出司法判决之前,对尚未确证且必须认定的事实的确定,是法院在每一案件中所必须采取的程序。事实认定程序实质上是对所述、所做、所为的一种再现。"[2]

2. 事实认定者即法官或陪审团,与证明主体即控辩双方构成一种互动关系,事实认定是这种三方互动的结果。这个问题将在第二章进一步讨论。

3. 事实认定的目的是查明事实真相,手段是通过对双方举证、质证的听审而进行的经验推论。《元照英美法词典》把fact-finding译为"查明事实"。"……查明事实主要是重现已发生过的事情。在这一程序中,各方当事人提出允许提出的证据;

---

[1] Black's Law Dictionary, 8th ed., Thomson West, 2004, p.629.

[2] [英]戴维·M.沃克:《牛津法律大辞典》,李双元等译,法律出版社2003年版,第412页。

各方当事人向对方证人进行交叉询问;然后各自说明其提供的证据足以证明某项事实;法官明示或默示地作出关于事实的裁决,指出某些事实已被证实,某些事实未被证实。这一程序包含对证人证言的真实性和可靠性的认定,对相互矛盾的证据的判断等。"[1]

自20世纪威格莫尔等法学家倡导进行司法证明研究以来,证据法的研究重心开始从证据可采性转向事实认定。[2] 发生这一转向的原因在于,单纯的可采性研究难以回应经验推论的动态性,以及如何通过证据裁判实现正义的问题。与古代神明裁判和近代法定证据制度相比,现代证据制度建立在证据相关性基础之上,就是说,"当且仅当对争议性事实之主张的盖然性真相的判断是以从提交给裁判者的相关证据所作出之推论为基础的时候,这种裁判性事实认定的方法才是'理性的'"。[3]

(二)事实认定的三种模式

对事实与证据及其关系不能只做静态考察,因为只有在认识主体介入证据与事实之间的关系时,二者的关系才能产生认识论意义。认识主体介入这种关系有三种模式:前两种是对现在事实的认识,第三种是对过去事实的认定。

1. 现在事实认定的两种模式。

第一种模式,事实为现在时,认识主体直接作用于事实客体。在人类日常生活实践和认识活动中,主体可以通过反复观察和实践,能动地认识事实客体。比如,在农业生产中,人们获得有关季节、水土和植物特性方面的证据,而掌握农作物生长的规律;在科学探索中,科学家可向火星发射探测器甚至登陆观测,从而提出火星上是否有生命的证据。如图式1.6所示。

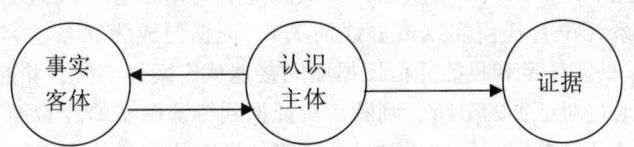

图式1.6 事实、证据与认识主体的一般关系

第二种模式,事实的发生仍为现在时,即目击证人与事实的反映关系。如图式1.7所示:首先,这种反映关系具有被动性(由实线箭头表示),类似刺激反应。某个事件可能是在某个瞬间、在观察者没有准备的情况下突然发生的。其次,

---

[1] 薛波主编:《元照英美法词典》,法律出版社2003年版,第525页。

[2] 参见[英]威廉·特文宁:《证据理论:边沁与威格摩尔》,吴洪淇、杜国栋译,中国人民大学出版社2015年版,第179~252页。

[3] [英]威廉·特文宁:《证据理论:边沁与威格摩尔》,吴洪淇、杜国栋译,中国人民大学出版社2015年版,第21页。

这种观察不是纯粹"中性的",汉森认为,"观察渗透着理论",[1] 观察者的头脑不是"白板",眼睛也不是如同照相机那样完全被动地记录事件,其头脑中已有的知识或观念会像电脑程序一样对观察活动产生影响,具有一定程度的能动性(由虚线箭头表示)。最后,观察者的身份、位置、感知、记忆以及思维加工和叙述能力,都会对观察和陈述的准确性产生影响。所以,目击证人对同一事实的描述可能有很大差异,这就要求事实认定者必须考虑证言的可信性问题。例如,在【案例1.2】中,两位证人关于一场车祸的证言是矛盾的,事实认定者就要考虑这些证言的可信性问题,从证言的四种品质考察,诸如证人1和证人2是否近视、色盲,记忆力如何,观察位置,与两车驾驶员有无利害关系等问题。

图式1.7　事实、证据与目击证人的反映关系

2. 过去时事实认定的模式。

第三种模式:对于过去发生的事实,又称历史事实,事实认定者只能通过证据进行推论而间接地认识。在审判活动中,对于事实认定者这一认识主体而言,其可以感知和加工事实发生后留下的证据,却不能感知和加工过去在法庭之外发生的事实。在这种情况下,如图式1.8所示,事实认定者与事实客体(过去事实)之间没有任何直接联系(没有任何实线或虚线箭头),证据便成为联系主客体的唯一"桥梁"。就是说,事实认定者只能凭借证据而间接地认定案件事实,除此之外,别无他法。他们必须通过对证据的分析、判断,从证据到待证事实的经验推论,去伪存真,由表及里,才能认定事实。但同时又意味着,事实认定者具有某种天然的局限性,只能"隔着"证据来认定事实。证据的品质,决定着事实认定的准确性。

---

[1] "Seeing is a 'theory-laden' undertaking. Observation of x is shaped by prior knowledge of x." 参见 Norwood Russell Hanson, Patterns of Discovery: An Inquiry into the Conceptual Foundations of Science, The Syndics of Cambridge University Press, at 19 (1965). 除汉森外,波普尔、库恩等人都否认有纯粹的中性观察,明确提出了"观察渗透理论"。参见国家教委政治思想教育司组编:《自然辩证法概论》,高等教育出版社1989年版,第141页。

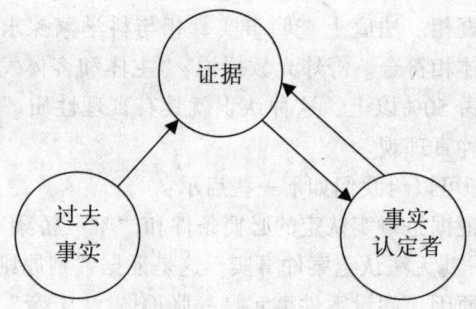

图式 1.8 过去事实、证据与事实认定者的关系

二、证据之镜原理

在图式 1.8 中，证据就像一面"镜子"，"折射"出过去发生的案件事实。事实认定者只能通过"证据之镜"来认定事实，其所认定的事实有点像"水中月"或"镜中花"。

事实认定是一个思维过程，事实真相是这个过程的"思想产品"。事实认定的本质，是事实认定者运用证据进行经验推论，在头脑中再现、重现或重建过去事实的认识过程。再现、重现或重建，均是在事实认定者头脑中实现的。参见图式 1.9。

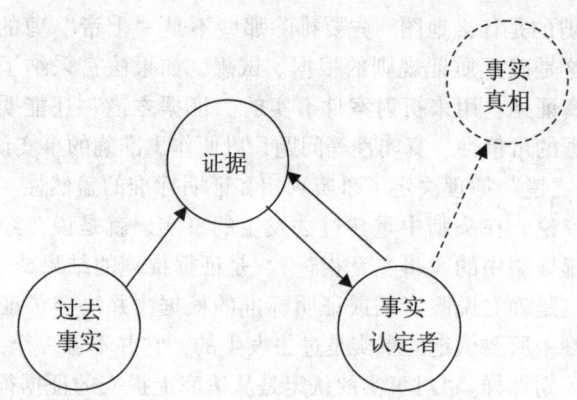

图式 1.9 事实真相是事实认定者的思想产品

事实的真实性决定了查明事实真相的可能性。尽管哲学家们在真理问题上存在很大分歧，但真理确有"合乎事实"或"符合事实"[1]的含义。在英语中，"truth"

---

[1] 按照逻辑实证主义观点，"真理"就是"符合事实"的同义语。参见［英］卡尔·波普尔：《猜想与反驳——科学知识的增长》，傅季重等译，上海译文出版社 1986 年版，第 325 页。

一词是指真理、事实真相。法庭上查明事实真相与科学家探求真理有相似之处，都要求主体的认识与客体相符合。舒炜光教授说："主体和客体发生作用的结果，达到主观和客观的符合度占50%以上，这种认识就具有真理性质。"[1] 证据法的优势证据标准，就体现了这种真理观。

"证据之镜"原理可以给我们如下一些启示：

第一，它揭示了证据是事实认定的必要条件和"唯一桥梁"。在审判过程中，没有证据这面"镜子"，就无法认定案件事实。这是证据裁判原则确立的根据，也是证据法鼓励采纳证据的原因。假设案件事实是一张地图，"上帝"把它剪成100片撒向世界。事实认定者能否"拼出"这张地图，首先取决于能够获得多少证据片段，获得7%还是70%更可能拼出那张地图？答案显然是：证据越多越好。因此，证据法的宗旨之一是鼓励采纳证据，而非排除证据。例如，美国《联邦证据规则》401的最小相关性检验标准，就倾向于采纳并依靠所有有用信息，通过促进事实认定者接触相关证据，而促进裁决的理性化。

第二，"证据之镜"原理揭示了辨证据真伪是准确认定事实的重要保障。由于控辩双方运用证据所证明的并不是过去发生的事实本身，而是各自的事实主张，所以会出现"一个事实、两个故事"的情况。虽说没有证据就不能认定案件事实，但有了证据若不能辨别真伪，也未必能准确认定事实。可能出现的情况是，尽管"上帝"撒出去的是100片，但经控辩双方举证"找回来的"可能是120片！因此，要想拼出"上帝"究竟剪的是什么地图，先要排除那些不是"上帝"剪的、不相关、不可信证据片段。这是确立质证规则的根据。试想，如果法官采纳了一些假证据，同时又排除了一些真证据，用来折射案件事实的"证据之镜"还能明亮吗？因此，质证就是要解决证据的可信性、真实性等问题，以便作出准确的事实认定。

第三，"证据之镜"原理决定了事实真相和证明标准的盖然性。事实认定的特点是运用证据进行推论，在头脑中重建过去发生的事实。就是说，经过审判而认定的事实（图式1.9虚线圈中的"事实真相"），是证据推理的结果或"思想产品"，因而具有盖然性。这是确立说服责任或证明标准的根据，并决定了证明标准是一个概率标准。因为审判中所要认定的事实是过去发生的，它并不像一个人看到天在下雨，便告诉别人天在下雨那样。"对事实的认定是从法庭上提交的证据得出的结论，而不只是对直接观察到的事实的报告。……事实认定者不能以这样的方式，自己亲眼看到案件中实际发生的事情。他不得不努力通过权衡证据并从中进行推论，来得出一个结论。"[2] 所以，"司法中的事实认定是在重建过去发生的事件，对这些事件无法进行直接的观察。裁判者必须对回溯性的事实问题提供权威的答案，该问题可以简

---

[1] 舒炜光：《科学认识论的总体设计》，吉林人民出版社1993年版，第206页。

[2] [新加坡]何福来：《证据法哲学——在探究真相的过程中实现正义》，樊传明等译，中国人民大学出版社2021年版，第37页。

化为：'过去发生了什么？'"〔1〕。通过证据推理或经验推论而作出的事实认定，是对事实存在之可能性所作的裁断，达不到绝对的确定性，却蕴含着发生错误的危险性。

三、事实认定是一个经验推论过程

（一）事实认定的主要逻辑形式是归纳推理

事实认定主要是一个运用经验知识（empirical knowledge）或常识（common knowledge）而进行的推论过程。艾伦教授说："对'证据'来说，存在着一个关系面；它（证据）是一些人认为是证据的东西，而这样认为的人又认为它是不能由一套规则来预先决定的东西。如果它可以被预先决定，事实认定大概就可以实现从主要运用归纳向主要运用演绎的转变；但如果有这一转变，陪审团成员们（和法官们）就会变成多余的东西。"〔2〕

事实认定的归纳推理性质，在上文图式1.2证据与待证要件事实的相关性、图式1.4质疑正当防卫之事实主张的推论链条中，已经有充分的体现。在下面特文宁教授等人的推论链条中，待证事实分为中间待证事实、次终待证事实和最终待证事实等不同的层级。其中，中间待证事实（Interim probandum）是指："一个待证明的主张，它本身将有助于直接或间接地支持或否定作为推论链条之组成部分的最终待证事实。"次终待证事实（Penultimate probanda）又称为关键事实或争议事实，"每一个都陈述一项犯罪或控诉或辩护的一个要件"。从法律推理的逻辑结构看，最终待证事实（Ultimate probandum）是指，"证据提出者（承担证明责任方）必须证实或否定的事实主张。若将规制案件的法律规则视为大前提，最终待证事实就是小前提"〔3〕。参见图式1.10。

---

〔1〕［美］亚历克斯·斯坦：《证据法的根基》，樊传明等译，中国人民大学出版社2018年版，第41页。

〔2〕［美］罗纳德·J.艾伦等：《证据法：文本、问题和案例》，张保生、王进喜、赵滢译，满运龙校，高等教育出版社2006年版，第143页。

〔3〕以下参见［美］特伦斯·安德森、［美］戴维·舒姆、［英］威廉·特文宁：《证据分析》，张保生等译，中国人民大学出版社2012年版，第79~82、495~499页。

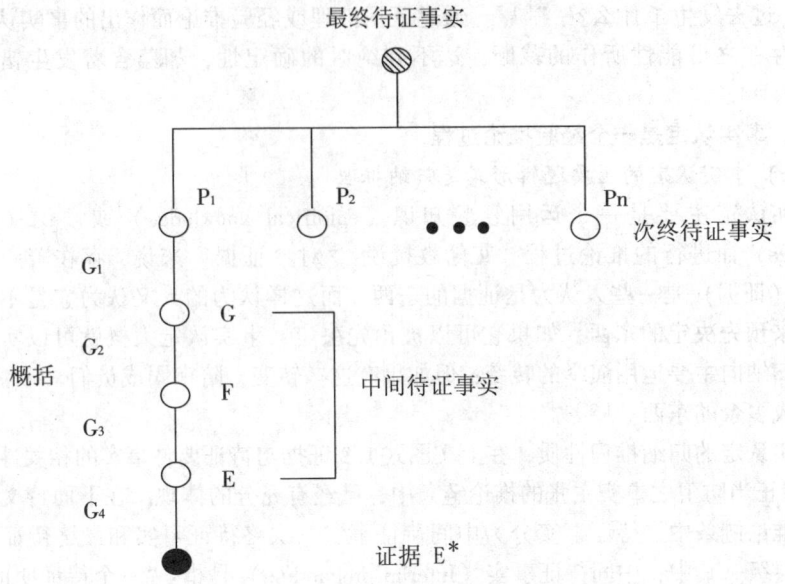

图式1.10 待证事实在经验推论链条中的层级

在图式1.10中，E^*代表案件的证据，事实认定者只能在一定程度上从该证据推断事件E确实发生了。例如，【案例1.6】张三谋杀李四案中，证人1提供证言E^*："我看见张三那天下午4：15进入李四家。"但是，该证人的可信性是值得质疑的。当我们试图把证人1的证言和最终待证事实（那天下午4：30李四在家里被张三谋杀）连接起来时，还会产生其他的怀疑。"在一个论证中，待证事实发生于几个不同的层级。一个待证事实总是一个原则上可以被证明为正确或错误的主张。"

在【案例1.6】中，最终待证事实是检控方必须按确信无疑标准证明其为真实的所有要件事实（次终待证事实或关键事实），包括：①李四已经死亡；②是违法行为造成李四死亡；③张三是实施该行为的人；④张三有谋杀李四的故意。"为了能够证明最终待证事实，每个简单命题都需要得到证明。这些简单命题被称为次终待证事实。这些次终待证事实是关键事实。"

"通过命题E、F和G指示的一系列推理链条，连接证据E^*与次终待证事实P_1。这些命题中的每一个都为正确或错误，因而都代表一种介入证据E^*和次终待证事实P_1之间的可疑之源。我们把这些命题称为中间待证事实。"其中，概括（$G.\cdots\cdots G.$）与推理链条中的每一环节相联系。这些概括为每一个推理环节提供正当理由，准许了从命题E到命题P的推论。例如，从证人1"我看到张三那天下午4：15进入李四家"的证言出发，要求事实认定者推断，张三那天下午4：15确实去了李四家，他可能在下午4：30实施了谋杀李四的犯罪行为。该推论所依据的概括是："一个家庭访客，一般（通常）会在那里待15分钟。"

在这个经验推论中，控辩双方举出的证据支持的只是各自的事实主张，而且，在某些情况下，双方证据支持的还是相互对立的事实主张。例如，辩护方证人可能作证说："那天下午4：15，我在一家电影院碰见了张三，那家电影院距离李四家有10公里。"面对这些相互冲突的证据和事实主张，事实认定者必须对证据的可信性作出评估，才能对不同事实主张成立的可能性作出判断。因此，事实认定又是一个概率推论的过程，所得到的"思想产品"是概率真理，达不到绝对的确定性，却存在着出错的巨大危险性。

一个证据对要件事实的证明有无相关性或者有多大证明力，一般并不能由立法者预先设定一套规则来套用，而只能由事实认定者（法官或陪审团）依据塞耶所说的"逻辑和一般经验"[1]来作出判断。这决定了事实认定是一个归纳推理的过程。[2] 归纳推理的称谓，揭示了事实认定的本质。需要强调的是，归纳推理或经验推论的称谓，主要源自于"概括"（generalization）。西奇威克早在1884年就意识到这一点，他说："既然我们从事实到事实的推论取决于我们关于事实和事实之间联系之一般规则的信念，取决于我们关于自然界事物发生方式的概括，那么，对推论的批判本身就演变为对概括的批判。"[3]

（二）概括在经验推论中的必要性和危险性

特文宁教授等"对概括的批判"，集中体现在其《证据分析》一书第十章"必要却危险：关于事实论证中的概括和案情"[4]的标题上。一曰必要，即经验推论离不开概括，或曰，不以概括为基础的推论并非经验推论；二曰危险，因为在社会"知识库"中，从科学定律到直觉、成见、印象、推测或偏见，不同的概括有不同的可靠性等级。事实认定者依据可靠性程度不同的概括进行推论，便决定了其结论的盖然性。

概括的必要性在经验推论中是显而易见的。什么东西对证明要件事实具有相关性，哪个证据对证明要件事实有较高的证明力，这些都是只能依据经验知识或常识才能回答的问题。经验知识或常识在推论链条中的逻辑形式是概括，它们反映了事物之间的一般联系规律，必须依据概括才能把特定证据与其证明因素联系起来。例如，在图式1.2的推论链条中，从推断性事实1"佩戴着防护手套"，到推断性事实

---

[1] 参见［美］罗纳德·J. 艾伦等：《证据法：文本、问题和案例》，张保生、王进喜、赵滢译，满运龙校，高等教育出版社2006年版，第151~152页。

[2] 参见［美］罗纳德·J. 艾伦等：《证据法：文本、问题和案例》，张保生、王进喜、赵滢译，满运龙校，高等教育出版社2006年版，第143页。

[3] Sidgwick（1884, 9），转引自［美］特伦斯·安德森、［美］戴维·舒姆、［英］威廉·特文宁：《证据分析》，张保生等译，中国人民大学出版社2012年版，第346页。

[4] 参见［美］特伦斯·安德森、［美］戴维·舒姆、［英］威廉·特文宁：《证据分析》，张保生等译，中国人民大学出版社2012年版，第346~379页。

2 "准备进行交战",该推论有一个思维跳跃。法官可能会问:"何以知道,狱警们佩戴着防护手套就是要准备与狱犯交战?"实际上,该推论依据的是一个潜在概括:"通常,狱警们在准备和狱犯进行交战时才佩戴防护手套,而在他们收餐盘时则不会这么做。"然而,法官对此并无经验知识,因而可要求辩方就狱警佩戴防护手套的惯例提供亲身知识证言。这样,潜在概括就显露出来并成为证据。

按照宾德教授和伯格曼教授的说法:"我们大家都……已经积累了关于人物和事物在我们社会中一般行为方式之普遍持有的观念的巨大知识库。从这个知识库中,人们对典型行为可以进行概括。反过来,这种概括又成为使我能够把特定证据与人们希望证明的一个因素联系起来的前提。"[1] 在事实认定过程中,一个概括虽然不能"证明"一个推论是真实的,但它对法官或事实认定者判断一个推论的合理性会产生重要影响。因为,该概括可能成为其进行准演绎推理的大前提,如图式1.11所示:

大前提:狱警们在准备和狱犯交战时通常佩戴防护手套(概括);
小前提:狱犯甲作证,狱警们在詹森的牢门打开前就佩戴着防护手套(证据);
_____
结论:狱警们准备进行交战。

图式1.11 概括可能成为三段论推理大前提的情况

关于概括的危险性,在经验推论中同样是显而易见的。在图式1.10的推论链条中,从证据开始到次终待证事实 P_1 的每一个推论步骤,都必须踩着"概括之石"(G_1,G_2,G_3,G_4),才能从证据"此岸"到达事实认定的"彼岸"。如果事实认定者踩上一块不可靠的"概括之石",便有丧身波涛的危险。参见以下案例:

【案例1.7】　　　　　　　念斌投毒案[2]

该案一审判决书引用公诉机关指控称:"2006年7月26日晚,被告人念斌看见快走到他的食杂店门口的顾客,转向进了丁云虾的食杂店,故对丁云虾怀恨在心。次日凌晨1时许,被告人念斌……将半包鼠药倒进矿泉水瓶掺水后倒入丁云虾放置在与他人共同租用厨房烧水的铝壶中。"

需要指出的是,这个指控并不是证据,因为,其一,这并非检察官亲身知识所及;其二,即使是来自于亲身知识的证言,其中"故对丁云虾怀恨在心"一句,是

---

[1] David A. Binder & Paul Bergman, *Fact Investigation From Hypothesis to Proof* (*American Casebook Series*), Minnesota: West Publishing Company, 1984, p.85.
[2] 福建省福州市中级人民法院(2007)榕刑初字第84号刑事附带民事判决书(《念斌案一审判决书》)。

应该排除的意见证据。

但该案一审法官居然将公诉机关的指控直接采信为定案的证据,并称:

经审理查明……2006年7月26日晚,被告人念斌看见快走到他的食杂店门口的顾客,转向进了丁云虾的食杂店,故对丁云虾怀恨在心。次日凌晨1时许,被告人念斌从家中拿出一包老鼠药将其中的一半用矿泉水瓶加水溶解后,倒入丁云虾放在与他人共用厨房的铝壶中。

这里,关于被告人杀人动机的推断(推断性事实2)是基于图式1.12中的概括而作出的:

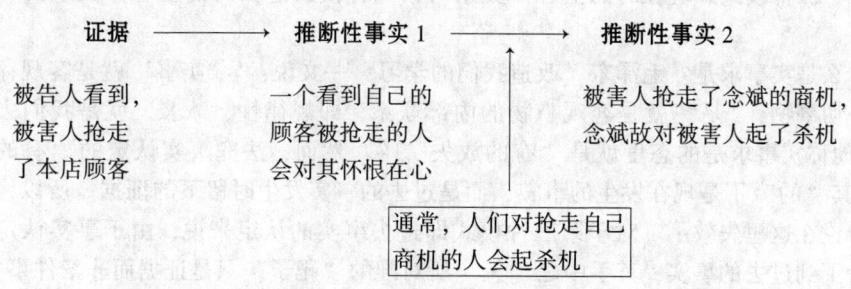

图式1.12 念斌案法官对被告人杀人动机的推论所依据的概括

这个潜藏着相关性或常态联系的概括,构成了以下准演绎推理的大前提:

大前提:人们对抢走自己商机的人会起杀机(概括);
小前提:经审理查明,被告人念斌看见快走到他的食杂店门口的顾客,转向进了丁云虾的食杂店,故对丁云虾怀恨在心(证据);

结论:被害人抢走了念斌的商机,念斌故对被害人起了杀机。
图式1.13 念斌案法官所依据的概括如何构成准演绎推理[1]**的大前提**

如果法官认为"人们对抢走自己商机的人会起杀机"确实是一个基于常识的合理概括,便可从常人的观点将其视为相关证据而采纳;如果法官对这个概括的合理性表示怀疑,便可质疑:被人抢走商机,就会想杀人吗?并要求其提供进一步的证据来加以证明。但遗憾的是,一审法官并未对这个概括的合理性产生任何怀疑,而

---

〔1〕 准演绎推理与演绎推理的区别:前者的大前提不是全称判断,其逻辑形式是:"通常S是(不是)P";后者的大前提是全称判断,即断定一类事物全部具有或都不具有某种属性的判断。其形式是:"所有S是(不是)P"。

是直接作出了这样的事实认定:"次日凌晨1时许,被告人念斌从家中拿出一包老鼠药将其中的一半用矿泉水瓶加水溶解后,倒入丁云虾放在与他人共用厨房的铝壶中。"显然,用危险的概括来支撑经验推论,推出错误的结论就在所难免。

(三) 关于事实认定的反思

1. 关于真理符合论在过去事实认定中的局限性。上文图式1.9揭示了事实真相是事实认定者的思想产品。这是根据真理符合论以及舒炜光教授关于主客观相符合超过50%就具有真理性的观点,对事实认定结论所作的一种论证。然而,这个论证本身存在一个漏洞,即对于过去事实的认定来说,由于事实认定者对过去发生的事实并无亲身知识,要将作为思想产品的事实真相与过去事实相对照,看其相符合的程度,这是根本做不到的。所以,将"实事求是"作为我国传统的司法理念,[1] 是将第一、二种模式即现在时的主客体关系对第三种模式过去时的主客体关系的一种误用。

什么是实事求是?毛泽东《改造我们的学习》一文说:"'实事'就是客观存在着的一切事物,'是'就是客观事物的内部联系,即规律性,'求'就是我们去研究。"他称实事求是的态度就是"有的放矢"。[2] 然而,法庭事实认定的"有的放矢",其"的"不是现在发生的事实,而是过去的事实发生时留下的证据。所以,真理符合论在这里失效了。对于第三种模式即过去事实的认定来说,由于事实认定者根本看不到过去的事实,其手中之"矢"所对准的"靶子"只是证据而非案件事实,因而是"实证求是"。

2. 事实认定中包含着法律和价值判断的内容。[3] 当我们把事实认定视为依据常识概括的经验推论过程,因而开始信奉自然推理时,我们也不能把作为结论的事实真相仅仅视为一种纯粹自然的知识。何福来教授提醒我们:由法院作出的事实认定还包含着法律内容和价值考量。例如,认定当事人之间存在一项合同关系,不仅是要报告对事态的一种感知;它还以法律理论术语提供了一个描述。一项事实通常只有从其制度背景中才能获得意义。例如,"丈夫"和"妻子",不能独立于婚姻制度而存在。又如,当陪审团认定一个人犯有"谋杀"(murder)罪时,该事实认定并非意在简单"记录或传达关于事实的直截了当的信息";它同时还表达了一种关于发生了什么事情的价值判断。在关于事实认定的法律词汇中,包含着无数混合了事实、价值和法律的概念,例如,"过失"(negligence)、"合理预见"(reasonable forseeability)、"适销品质"(merchantable quality)、"因果关系"(causation)、"挑衅"(provocation)、"不当行为"(unreasonable conduct)、"危险驾驶"(dangerous driving)、"轻

---

[1] 参见周玉华:"谈如何在司法领域坚持实事求是的思想路线",载《山东审判》2005年第2期。

[2] 《毛泽东选集》(一卷本),人民出版社1966年版,第801页。

[3] 以下参见 [新加坡] 何福来:《证据法哲学——在探究真相的过程中实现正义》,樊传明等译,中国人民大学出版社2021年版,第11~12页。

率"(recklessness)、"侮辱行为"(insulting behavior)、"淫秽出版物"(obscene publication)。这些词汇并不仅仅是指物质和精神世界的原始特性。事实裁判者也许不得不适用他个人并不认同的关于这些概念的法律标准。

3. 关于法律领域事实认定的社会性建构。[1] 在法律领域的事实认定中,事实和法律、事实和价值、描述性和评价性的东西,都交织在一起且不可分割。因此,事实是社会性建构的(socially constructed),而且是基于某种世界观建构的,这挑战了真理的客观性,强调了事实概念和事实认定的复杂性。存在着法院需要予以正确认定的一些基本案件事实,这个观点是由贝叶斯提出的:

> 当然,司法裁决并不简单地将规则和原则适用于事实。首先,对事实的认定不是一个直截了当的描述过程。必须为了适用规则而对事实进行分类,而不是简单地给其贴上标签。其次,许多所谓的事实问题属于评价问题。要确定某人是否有过失、有理性或者有精神病,需要进行判断和评价。第三,即使在事实清楚的情况下,规则和原则所隐含的含义也不总是清晰。一个小孩站在伸进一条公共河流的铁路枕木上,是否是站在铁路公司的财产上?然而,有一些核心事实是人们需要予以正确认定的——例如,那个小孩在枕木上,那个枕木固定在铁路公司的财产上,等等。[Michael Bayles:《法律程序的原则》(Principles for Legal Procedure)(1986);《分配给个体的程序正义》(Procedural Justice-Allocating to Individuals)(1990)。]

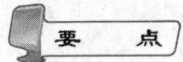

1. 事实认定是对特定事物及其关系真实存在之可能性的判定,其本质是事实认定者通过经验推论在头脑中重建过去事实的认识过程。

2. 认识主体介入事实与证据的关系有三种模式:前两种是对现在事实的认识,第三种是对过去事实的认定。

3. "证据之镜"原理揭示了证据是事实认定的必要条件或"唯一桥梁"。对过去发生的事实,事实认定者只能通过证据进行推论而间接地加以认识。没有证据这面"镜子",就不可能认定案件事实。这是证据裁判原则确立的根据,也是证据法鼓励采纳证据的原因。

4. "证据之镜"原理揭示了辨证据真伪是准确认定事实的重要保障。证据提出者用证据所证明的只是其事实主张,存在着可信性、可靠性、真实性等方面的问题。这是质证规则确立的根据。

---

[1] 以下参见[新加坡]何福来:《证据法哲学——在探究真相的过程中实现正义》,樊传明等译,中国人民大学出版社2021年版,第12~13页。

5. "证据之镜"原理决定了事实真相和证明标准的盖然性。经过审判而认定的事实或事实真相是经验推论的结果或"思想产品",因而具有盖然性。这决定了证明标准是一个概率标准。

6. 事实认定是一个经验推论过程,其逻辑形式主要是归纳推理。在从证据到待证事实的推论链条中,待证事实可分为中间待证事实、次终待证事实和最终待证事实等不同的层级,其中每一个环节都可能成为不确定性之源。

7. 概括在经验推论中既必要又危险。其必要性在于,从证据开始到次终待证事实的每一个推论步骤,都必须踩着"概括之石",才能从证据"此岸"到达事实认定的"彼岸"。其危险性在于,如果"概括"不可靠,便有丧身波涛的危险。许多冤案都源自归纳推理过程中概括选择的错误。

思考题

1.16.《牛津法律大辞典》对"事实认定"的解释是:"这一过程因下列因素而变得非常困难:证人下落不明或者已经死亡,回忆错误,偏见,无意识的失真,不诚实,没有书证及类似的难题;甚至连法官也有偏见。因此,'认定'的事实可能并非真实发生的事件的正确再现。"[1] 你能举例对上述因素加以说明,并判断不同因素对事件正确再现的影响程度吗?

1.17. 为什么说通过证据来认定的事实有点像"镜中花"?运用"证据之镜"原理,分析一下我国政法工作中长期以来形成的一些口号,例如"实事求是""命案必破""有错必纠""不枉不漏""有错必纠""终身追究"。

1.18. 真理符合论在历史事实认定中有什么局限性?

1.19. 如何理解关于事实认定的法律词汇中混合了事实、价值和法律的概念?

1.20. 如何理解法律领域中事实认定的社会性建构特点?

本章阅读文献

1. [奥]维特根斯坦:《逻辑哲学论》,郭英译,商务印书馆1962年版。
2. 彭漪涟:《事实论》,上海社会科学院出版社1996年版。
3. [美]罗纳德·J. 艾伦等:《证据法:文本、问题和案例》,张保生、王进喜、赵滢译,满运龙校,高等教育出版社2006年版,前言和第三章。
4. [美]特伦斯·安德森、[美]戴维·舒姆、[英]威廉·特文宁:《证据分析》,张保生、朱婷、张月波等译,中国人民大学出版社2012年版,第一章、第二章、第十章。

---

[1] [英]戴维·M. 沃克:《牛津法律大辞典》,李双元等译,法律出版社2003年版,第412页。

5. [新加坡] 何福来：《证据法哲学——在探究真相的过程中实现正义》，樊传明、曹佳、张保生等译，中国人民大学出版社 2021 年版。

6. 张保生、童世骏主编：《事实与证据：哲学与法学的对话》，中国政法大学出版社 2018 年版。

7. 张保生等：《证据科学论纲》，经济科学出版社 2019 年版。

8. 张保生：《证据法的理念》，法律出版社 2021 年版。

9. 陈光中主编：《证据法学》，法律出版社 2019 年版，第六章、第九章。

10. 何家弘、张卫平主编：《简明证据法学》，中国人民大学出版社 2020 年版，第二章。

11. 张保生、常林主编：《中国证据法治发展报告》（1978~2008、2009、2010、2011、2012、2013、2014），中国政法大学出版社 2010、2011、2012、2013、2014、2015、2016 年版，第二篇二、（二）证据属性与事实认定。张保生、王旭主编：《中国证据法治发展报告》（2015~2016，2017~2018），中国政法大学出版社 2018、2022 年版，第二篇二、（二）证据属性与事实认定。

12. 郑禄："证据概念素说——兼论中国特色社会主义证据理论的国学文化基石"，载《证据科学》2008 年第 5 期。

13. 龙宗智："'大证据学'的建构及其机理"，载《法学研究》2006 年第 5 期。

14. 张保生、阳平："证据客观性批判"，载《清华法学》2019 年第 6 期。

15. [美] 罗纳德·J. 艾伦："证据的相关性和可采性"，张保生、强卉译，载《证据科学》2010 年第 3 期。

第二章
证据法理论基础和体系

【导读】 证据法不是无源之水、无本之木,而是根植于人类哲学认识论思想和不断发展的价值观念。证据法建立在承认事实认定具有规律性之认识论基础上,反映了诉讼活动中不同认识主体加工证据信息、进行证据推论的互动关系,事实真相则产生于这种相互作用的合力。法庭认识论的任务是求真,动力是控辩审三方互动,形式是理由论证。证据法的价值论基础,反映了求真与人权保障、公正、和谐等价值的竞合。证据法具有促进发现事实真相和维护社会普遍价值的双重功能。证据法的概率论基础揭示了事实真相的盖然性,事实认定从精确性概率走向模糊概率或似真性解释的发展趋势。证据法是一个规制在法律程序中向事实裁判者提供信息的规则体系。它以相关性为一条逻辑主线,证明责任和证明标准为两个证明端口,举证、质证和认证为三个法定阶段,准确、公正、和谐与效率为四个价值支柱。

第一节 证据法的认识论基础

证据法作为规制证据运用与事实认定的法律规范,是建立在承认事实认定具有规律性的认识论基础上的。一些学者将审判作为自然化认识论(naturalized epistemology)课题进行研究,强调法律上的事实认定理论必须延续和依赖经验科学。[1]

一、认识论是关于认识的哲学反思

"认识论是关于认识的哲学反思。"[2] 这可以从两个方面来理解:

(一)认识论是对认识过程进行整体和动态把握的哲学理论

有许多研究人类认识活动的学问,例如,逻辑学研究思维形式的结构,心理学研究心理活动。认识论研究的是所有认识领域的普遍性问题,即人类认识发生发展的过程及其规律。这些问题包括:认识的主体和客体及其关系,感性和理性认识的形式及其关系,实践、认识和真理及其关系等问题。

---

[1] 参见 Brian Leiter, "Prospects and Problems for the Social Epistemology of Evidence Law"(证据法的社会认识论前景和问题),(2001) 29 *Philosophical Topics* 319; Ronald J. Allen and Brian Leiter, "Naturalized Epistemology and the Law of Evidence"(自然化认识论和证据法),(2001) 87 *Virginia. Rev.* 1491。

[2] 夏甄陶:《认识论引论》,人民出版社 1986 年版,第 2 页。

1. 认识论是一种哲学反思理论。认识论对认识活动的把握方式是反思，即对人们想当然的问题反复考问并进行前提性批判。反思（rethinking）至少有两种含义：①指外在反思，即"再思、重新考虑"；[1]或者"三思"，反复思考；同时也有另辟蹊径、创新思考的含义。但这种反思，是以外界事物为对象，顶多包括思考自身的行为，因而是一种外在反思，适用于日常思维和科学思维。②指内在反思，即认识主体把自己的思维作为思考对象，这是一种哲学认识论思维方法。黑格尔说："哲学，由于它要成为科学……它既不能从一门低级科学，例如数学那里借取方法，也不能听任内在直观的断言，或使用基于外在反思的推理，而这只能是在科学认识中运动着的内容的本性，同时，正是内容这种自己的反思，才建立并产生内容的规定本身。"[2]

2. 认识论所反思的是人类思维。认识论是所谓"自己的反思"，就是以人类自己的思想为内容、以主体自身的认识为对象的反思。这是一种思想"反刍"，反刍的内容不是外界事物，而是思想本身。法律认识论是，"通过反思人们思考法律问题时的所作所为，对思维所担负的角色进行深入的研究"[3]。

（二）法庭认识论相关概念

"证据法是一个规制在法律程序中向事实裁判者提供信息的规则体系。一个更好的定义是'法庭认识论'。"[4] 与法庭认识论相关的概念包括：

1. 推理与法律推理。推理（reasoning），是"进行逻辑推理的能力和过程"，[5]"由一个或几个已知的判断（前提）推出新判断（结论）的过程"[6]。亚里士多德对必然推理和辩证推理的论述奠定了推理学说的基础。所谓必然推理或证明的推理，主要指三段论推理。[7] 辩证推理或修辞推理，[8] 则是通过辩论，运用论据来证明论题的真实性的过程。在认识论领域，推理与思维、认识是同义词。

法律推理（legal reasoning），是综合运用法律理由与正当理由而构成判决理由的法律论证或法庭裁决过程。其一，它是"在法律论证中运用法律理由的过程"[9]。所谓法律理由，简单地说，就是法律规则。其二，它又是运用正当理由的过程，麦考

---

[1] 李华驹主编：《21世纪大英汉词典》，中国人民大学出版社2003年版，第1833页。

[2] [德] 黑格尔：《逻辑学》（上卷），杨一之译，商务印书馆1966年版，第4页。

[3] William Read, *Legal Thinking*, University of Pennsylvania Press, 1986, p. 1.

[4] [美] 戴维·伯格兰：" 证据法的价值分析"，张保生、郑林涛译，载《证据学论坛》2007年第13期。

[5] 《不列颠百科全书》（第14卷），中国大百科全书出版社2002年版，第173页。

[6] 《现代汉语词典》，商务印书馆2002年版，第1281页。

[7] 苗力田主编：《亚里士多德全集》（第1卷），中国人民大学出版社1990年版，第81~548页。

[8] 苗力田主编：《亚里士多德全集》（第9卷），中国人民大学出版社1994年版，第331~552页。

[9] [美] 史蒂文·J. 伯顿：《法律和法律推理导论》，张志铭、解兴权译，中国政法大学出版社1998年版，第110页。

密克说，法律推理应当"描述和解释在判决的正当理由上发展起来的法律辩论的要素"[1]。所谓正当理由（justification），一般是指法律原则，或者说是法律之上或背后的道德或价值理由。这个概念进入认识论领域后，又称为"证成"。其三，"法律推理是一个标记导致作出法律决定的一系列思维过程的集合符号"[2]。它是指法庭裁决（decision-making）过程，因而涵盖了事实认定和法律适用两个阶段。

司法审判是一个法律推理过程。瑞典法学家皮特·瓦尔格伦将法律推理描述为一个从案件开始，历经证成、法律检索、法律解释、规则适用、评价等7个阶段，最后作出判决的活动过程。参见图式2.1。

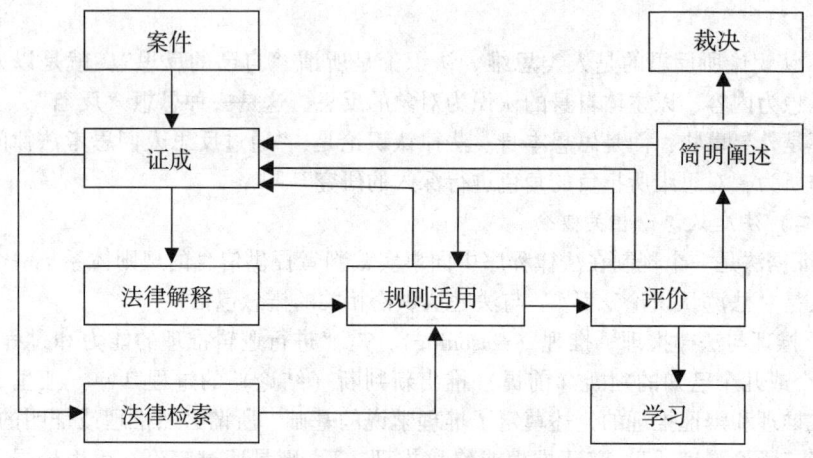

图式2.1　法律推理的一般过程[3]

认识论以信息、反映和建构来阐释认识过程，对证据法学研究具有指导意义。用认识论原理来研究事实认定，应当把它看作一个信息加工、建构的过程，一个凭借证据的经验推论过程。

2. 经验推论与事实认定。这两个概念具有大致相同的内涵和外延，都是指"结论达成的过程；从证据到证明的思维过程"，[4] 并构成一个从证据到推断性事实和要件事实的推论链条。经验推论是从证据中的具体到思维中的具体，这是一个在观

---

[1] Neil MacCormick, *Legal Reasoning and Legal Theory*, Oxford University Press, 1978, with corrections 1994, Preface. p. 62.

[2] P. Wahlgren, *Automation of Legal Reasoning*: *A Study on Artificial Intelligence and Law*, Computer Law Series 11, Kluwer Law and Taxation Publishers, Deventer Boston 1992, p. 149.

[3] P. Wahlgren, *Automation of Legal Reasoning*: *A Study on Artificial Intelligence and Law*, Chapter 5, Computer Law Series 11, Kluwer Law and Taxation Publishers, Deventer Boston 1992.

[4] *Black's Law Dictionary*, 8th ed., Thomson West, 2004, p. 793.

念中把握或认识客体的过程。事实认定是凭借或运用证据,对待证要件事实进行经验推论的过程。"在这一程序中,各方当事人提出允许提出的证据;各方当事人向对方进行交叉询问;然后各自说明其提供的证据足以证明某项事实;法官明示或默示地作出关于事实的裁决,指出某些事实已被证实,某些事实未被证实。这一程序包含对证人证言的真实性和可靠性的认定,对相互矛盾的证据的判断等。"[1]因此,尽管经验推论的主体通常是指事实认定者,但由于该推论过程包含了证明过程,因而从本质上看,经验推论是控辩审三方共同从事的事实认定活动,或者说,事实认定是控辩审三方的经验推论活动。

3. 证明过程与认证。

(1) 证明(proof),《现代汉语词典》解释为:"用可靠的材料来表明或者断定人或事物的真实性。"[2]《布莱克法律大辞典》对证明的解释是:"用证据证实或驳斥一项所主张的事实;证据在事实认定者脑海中的说服力。"[3]

关于证明与事实认定的关系,学术界目前存在两种意见,分述如下:

第一,区别说。此为通说,认为证明与事实认定有两点区别:一是证明主体只包括控辩双方或诉讼当事人,不包括事实认定者;二是证明内容只包括举证、质证,不包括认证。"从诉讼法的角度界定,证明就是国家公诉机关和诉讼当事人在法庭审理中依照法律规定的程序和要求向审判机关提出证据,运用证据阐明系争事实、论证诉讼主张的活动。"[4]"法院在诉讼中的地位和职能决定了,其作为中立的裁判一方,在诉讼证明过程中只是接受证明的主体,而不是证明主体。把法院视为证明主体,会导致法院一身二任的情况,即法院既作为证明主体履行证明责任,又作为裁判者对待证事实进行评价。这种情况不仅与控审分离的诉讼原理相悖,而且实际上必然造成法官角色的混乱与心理冲突。此外,以证明主体的构成要件来衡量,法院本身既无自己的诉讼主张,对争议中的事实也无既定看法,更不会因证明不力而承担任何败诉的风险,因而不可能成为证明主体。"[5]

第二,等同说。其认为,证明与事实认定没有区别,它包括举证、质证和认证。"司法活动中的证明,就是指司法人员或司法活动的参与者运用证据明确或表明案件事实的活动。这包括两层含义,一是提出事实主张的当事人、律师、检察官等用证据向法官说明或表明案件事实存在与否的活动;二是法官运用证据查明和认定案件事实的认识活动。"[6]

本教材第四版仍采通说,认为经验推论或事实认定包括举证、质证和认证三个

---

〔1〕 薛波主编:《元照英美法词典》,法律出版社2003年版,第525页。

〔2〕 《现代汉语词典》,商务印书馆2006年版,第1741页。

〔3〕 *Black's Law Dictionary*, 8th ed., Thomson West, 2004, p.1261.

〔4〕 卞建林主编:《证据法学》,中国政法大学出版社2007年版,第212页。

〔5〕 卞建林主编:《证据法学》,中国政法大学出版社2005年版,第380页。

〔6〕 何家弘、刘品新:《证据法学》,法律出版社2004年版,第196页。

阶段，前两个阶段构成了证明过程。图式 2.2 说明了法庭认识论相关概念的不同外延。其中，推理、思维和认识是最大的概念，包含人的所有智力活动；法律推理是贯穿事实认定和法律适用全过程的法律论证或法庭裁决活动；经验推论是贯穿举证、质证、认证全过程的事实认定活动；证明包括举证、质证。参见图式 2.2。

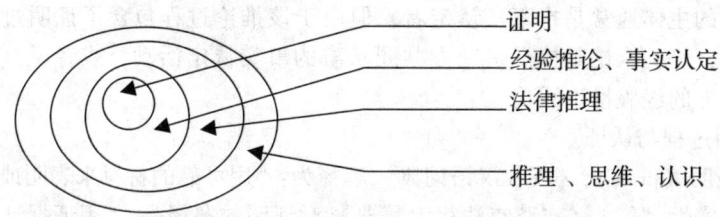

图式 2.2　法庭认识论相关概念

（2）认证与证据评价。

事实认定过程包括举证、质证和认证三个阶段。举证和质证是诉讼双方的证明活动，认证则是事实认定者采信证据的评价活动。从严格意义上说，采纳或排除是对证据可采性（证据能力）的裁定，采信则是对证据证明力和可信性的评价。在陪审团审判中，可采性问题是一个"证据能否提交给陪审团"的问题，这由法官来裁定；采信问题是"证据能否作为定案依据"的问题，这由陪审团来决定。但在法官审中，法官作为唯一的事实认定者，统揽了证据的采纳、排除和认证，对证据可采性与采信即其能否作为定案依据的判断，是交织在一起的。为了防止其滥用这种裁量权，法官排除证据或不予采信，需要在判决书中阐明理由。

认证的思维形式是证据评价或评议（deliberation），主要是对两个问题作出决定：一是"相信什么"（what to believe），二是"认定什么"（what to find）。[1] 一般来说，事实认定者对自己信以为真的东西，更可能作出肯定性认定。但是，认证并非完全取决于事实认定者的主观信念，在很大程度上，也是由证明主体履行说服责任的程度所决定的。因此，认证的任务是"对有关事实争议问题的论证进行建构、批评和评价"，[2] 包括"对证人可信性的评估，对证据证明力的测量，对相互冲突的解释作出选择，从被信以为真的东西得出推论，判断证言的叙述一致性，对每一方事实版本的整体连贯性进行评估等"。[3]

---

〔1〕Cohen L. Jonathan, *An Essay on Belief and Acceptance*, Oxford: Clarendon Press, 1992, pp. 117~125. "Should a Jury Say What It Believes or What It Accepts?", 13 *Cardozo L. Rev.* (1991), pp. 465~483.

〔2〕[美] 特伦斯·安德森、[美] 戴维·舒姆、[英] 威廉·特文宁：《证据分析》，张保生等译，中国人民大学出版社 2012 年版，前言第 1 页。

〔3〕[新加坡] 何福来：《证据法哲学——在探究真相的过程中实现正义》，樊传明等译，中国人民大学出版社 2021 年版，第 47 页。

从本质上说，认证是事实认定者的一个内心确信过程，或者，是对证据进行审查判断、能动解释的过程。艾伦认为："审判中的证言和物证展示，在由人类观察者——法官或陪审团成员——解释之前是没有意义的。而且，对任何证据片断的解释都不能预先决定，因为它是事实认定者的阅历和经验所发挥的功能。"[1] 现代大陆法系国家确立了心证公开原则，要求"庭审法官应当在论述详尽的判决意见中，对其事实认定的合理理由作出具体的论证"[2]。但是，心证公开原则与自由证明原则之间存在一定的紧张关系。错误采信而造成事实认定错误的情况，根据我国《刑事诉讼法》第236条将会导致直接改判或者撤销原判、发回重审的结果。这与我国"有错必纠"的司法理念有一定的联系。

二、诉讼活动中认识主体的角色

证据法的认识论基础，首先涉及诉讼活动中认识主体的角色。马克思在《关于费尔巴哈的提纲》中开篇便说："从前的一切唯物主义（包括费尔巴哈的唯物主义）的主要缺点是：对对象、现实、感性，只是从客体的或者直观的形式去理解，而不是把它们当作感性的人的活动，当作实践去理解，不是从主体方面去理解。"[3] 马克思主义哲学强调主体实践在认识论中的核心作用，其实践认识论是现代实践理性学说的理论来源之一。一般而言，认识主体是人，但人首先具有社会属性，是生活在一定社会关系中的具体的人。"因此，主体的最本质的特性是它的社会性和实践性。"[4] 诉讼活动中认识主体的特点是：一方面，其具有复杂的社会构成形式，如证人、陪审团成员、诉讼律师（包括公诉人）和法官分属于不同的社会群体，在事实认定过程中扮演着不同的角色，并依其利益、立场、知识、职能等因素而相互区别；另一方面，认识主体又是知情意统一、理性与非理性统一的有机体，这些主体意识要素都会对认识进程产生影响，发挥导向、选择、激发和调节等作用。

审判作为人类纠纷的最终解决方式，具有最激烈的竞争性。诉讼当事人都怀着维护自身权益的目的走上法庭，审判结果关乎诉讼参与人的生命、自由、财产等重大利益得失。所以，诉讼活动的认识主体具有特殊的社会性和实践性，扮演着特殊的社会角色。把握这些角色的特征，对法庭认识论研究具有重要意义。

（一）证人

"证人是对庭外发生的事件拥有知识，被传唤到法庭，宣誓后在法官、陪审团和

---

[1] [美] 罗纳德·J. 艾伦等：《证据法：文本、问题和案例》，张保生、王进喜、赵滢译，满运龙校，高等教育出版社2006年版，第143页。

[2] [美] 米尔吉安·R. 达马斯卡："自由心证及其面临的挑战"，载 [美] 米尔吉安·R. 达马斯卡：《比较法视野中的证据制度》，吴宏耀等译，中国人民公安大学出版社2006年版，第214页。

[3] 《马克思恩格斯选集》（第1卷），人民出版社2012年版，第133页。

[4] 李秀林、王于、李淮春主编：《辩证唯物主义和历史唯物主义原理》，中国人民大学出版社1990年版，第238页。

诉讼当事人面前披露该知识的人。"[1] 证人是审判活动的信息源。

证人一般分为两类：一类是外行证人（witness）或目击证人，"是指对于案件事实有直接或亲身知识的人",[2] 这类证人只能对自己感官觉察到的情况作证，而不能提供意见证据。当然，这里所谓"案件事实"是广义的，例如，在一个凶杀案中，辨认鉴真证人可能对凶杀发生过程的案件事实没有亲身知识，只是对凶器、文件等实物证据的提取、制作和保管过程拥有亲身知识。另一类是专家证人（expert witness），如鉴定人、专家辅助人等，可以基于自己所拥有的专门知识或技能提供专家意见。

（二）诉讼律师

诉讼律师（trial advocates）通过运用证人、书证和物证等，向事实认定者（陪审团或法官）提供信息。在刑事诉讼中，检察官或公诉人（prosecutor）的身份相当于诉讼律师，应该与辩方律师拥有平等的诉讼地位和诉讼权利。

诉讼律师的角色需要去调查、访谈、选择、准备，提供他们认为对自己的案件最有价值的信息。这种竞争构成了对抗制诉讼的核心，其结果是对抗双方都向事实认定者展示了对事件相互竞争或矛盾的说法。所以，在陪审团审判中，法官给陪审团的指示是：律师所说的话不是证据。日本谷口安平教授在对律师和当事人进行区别的基础上概括了律师的如下角色特征：[3]

1. 律师精通实体法、程序法等法律知识，具有证据调查能力以及从法律角度进行思考的能力，能够把眼前的具体案件与法律规范恰当地联系起来，从当事人的利益出发，基于证据，通过法律推理形成法官能够理解的、具有一定说服力的主张。

2. 律师是辩论专家。经过训练和长期实践，律师运用其拥有的法律知识和法律推理能力，能够根据具体案情将有利于委托人的论点和证据材料加以组织，并以逻辑严密完整的样式来展开辩论。

3. 律师熟悉法律实务尤其是诉讼实务，经过处理大量案件领会并掌握了各种诉讼技术，这使其往往为图方便而乐于维持诉讼实务的现状，从而成为司法改革的阻力。

4. 律师因案件本质上属于他人的问题，而能保持一定距离较客观冷静地把握情况，进行具有说服力的辩论，并说服陪审团接受其推断和结论。

5. 律师作为从事专门职业的人员，接受这种职业伦理规范的制约。一方面，律师虽为当事人的代理人，但其利益或立场并不完全等同于当事人本身；另一方面，

---

[1] [美] 罗纳德·J. 艾伦等：《证据法：文本、问题和案例》，张保生、王进喜、赵滢译，满运龙校，高等教育出版社2006年版，第101页。

[2] [美] 彼得·G. 伦斯特洛姆编：《美国法律辞典》，贺卫方等译，中国政法大学出版社1998年版，第221页。

[3] 参见 [日] 谷口安平：《程序的正义与诉讼》，王亚新、刘荣军译，中国政法大学出版社1996年版，第78~80页。

律师虽与法官同属从事法律职业者，但又不是司法机关的附属部分，而是站在一种中间、独立的立场参与诉讼。

（三）法官

法官（judge）是"主持法庭的官员"。普通法系的法官，其职能主要有三：适用证据规则、向陪审团作出指示和维护法庭秩序。大陆法系的法官还有调查取证权。法官的角色可概括为如下四点：[1]

1. "法官主要依据证据规则，通过对诉讼律师的证明活动设立限制而控制审判过程，以实现结果的合理性、社会和道德价值及其效率。法官有权使审判活动的所有参与者在法庭上的行为举止与其角色要求相一致。"另外，法官可以传唤证人、询问控辩双方的证人。但在对抗制审判中，法官一般不控制诉讼律师对案件的举证、质证，而是相对消极地发挥着"舞台监督"或"守门人"的作用。

2. 在没有陪审团的"法官审"（bench trials）中，两大法系法官的职能趋同，即不仅在法律问题和证据可采性问题上发挥着裁决者的作用，而且是考量证据的唯一事实认定者。在这种情况下，法官不能仅仅考虑证据的相关性、可采性，还要审查证据的可信性、真实性等。

3. 法官是法律的代言人和正义的维护者。"法官在法律诉讼程序中的一系列问题上可以行使自由裁量权。在行使这种权力时，法官必须作出许多主观性的判断。作为法庭工作群体成员之一，法官受其他参加诉讼程序的人的影响，不过法官是法庭工作群体中最具尊荣的成员，而且如果他愿意，最终都能根据自己的意志作出裁决。"

4. 法官作为认识主体也有情感生活，所以，尽管法律要求法官运用理性审理案件，但法官的偏见、成见等非理性因素也会对审判产生影响。从理论上说，法官并不能比普通人更准确地认定事实，因为，尽管法官拥有法律知识，但事实认定主要依靠经验推论。

（四）陪审团

1. 陪审团的角色。陪审团（jury）是事实认定者，负责对诉讼中的事实问题作出裁决，这称为陪审团裁决（decision-making）。陪审团成员运用其对庭审证据信息的感知能力及其推理能力，对刑事审判中的罪与非罪、民事案件中的争议作出最后决定。因此，陪审团制度的关键问题是陪审团如何能够作出理性的裁决。为了获得理性的陪审团裁决，有一系列关于维护陪审团理性裁决的制度设计：[2]

---

[1] 以下四点，参见［美］彼得·G. 伦斯特洛姆编：《美国法律辞典》，贺卫方等译，中国政法大学出版社 1998 年版，第 101~102 页。另参见［美］罗纳德·J. 艾伦等：《证据法：文本、问题和案例》，张保生、王进喜、赵滢译，满运龙校，高等教育出版社 2006 年版，第 101~102 页。

[2] 参见［美］罗纳德·J. 艾伦等：《证据法：文本、问题和案例》，张保生、王进喜、赵滢译，满运龙校，高等教育出版社 2006 年版，第 103~104 页。

（1）陪审团遴选程序。该程序又称"陪审团遴选审查"（voir dire）。在美国，该程序由审判法官或律师对社区提供的候选人进行询问，也可采书面问卷的方式。在美国联邦法院，最常见的做法是由法官询问，但由律师提供问题。法官可基于两个理由剔除候选人：一是对某方怀有有利或不利的成见；二是无能力参与审判全过程。律师则既可以提出因故剔除请求，也可以提出"无因剔除请求"。对无因剔除请求的唯一约束是，每一方只被给予一定次数，且不可仅因候选陪审团成员的种族或性别而加以使用。人们希望通过这种遴选程序，组成一个公平合理的陪审团。在法国，每一重罪法庭每年度制作一份刑事陪审团名单，其中，巴黎地区有1800名，其他地区每1300个居民指定一名陪审团成员，但其数目不得少于200名。在开庭审判30日前，由法院院长在公开场合下，从年度名单中抽签确定本开庭期的35名陪审团成员、6名候补成员。被告人或其律师以及检察院依次提出回避申请，但均不得公开其申请问题的理由。被告人最多只能申请5名陪审团成员回避，检察院只能申请4名陪审团成员回避。如果陪审团成员与法庭某一成员或另一陪审团成员具有亲属关系，则应将其从名单中删除。[1]

（2）陪审团是中立的事实认定者。在美国法庭举证阶段，法院可以理性的陪审团不可能在某个特定问题上作出有利于未提动议一方的认定为由，驳回一方提出的审前动议。在举证结束后，被告方可以"任何理性的陪审团均不"可能因该证据作出对原告方有利的裁决为由，提出"指令裁决"动议；原告方则可以被告方没有提出足够证据来对抗其诉求为由，提出请求法官"据法判决"动议。但是，检控方不能提出有罪指令裁决动议，那样会侵犯刑事被告人获得陪审团审判的宪法第六修正案权利。在法国，审判长应当向陪审团成员宣布：你们要宣誓并承诺高度细心审慎地审理，不损害被告人的利益，也不背叛控诉方所代表的社会利益，在发表你们的意见以前不与任何人往来，不怀任何仇恨、恶意和私情，只根据控诉和辩护理由，遵循一个诚实自由的人应有的良心，不偏不倚，坚定无畏地作出裁决。[2]

（3）弃用陪审团裁决动议。在美国，庭审结束后、法院判决前，当事人可提出弃用陪审团裁决动议（拉丁语：Judgment non obstante verdicto。"尽管陪审团已作出支持一方的裁决，但法官仍作出支持另一方的判决。"）。如果该动议被获准，法院便可撤销陪审团的裁决并作出截然相反的判决：辩方胜诉的裁决被推翻，判决原告方获胜；反之亦然。这样做的理由是，法院认为理性的陪审团不可能作出这一特定裁决。

（4）为避免陪审团得出错误裁决而制定的有关证据规则。例如，设立传闻规则的理由就是坚信，陪审团成员不能准确地评价传闻证据。美国《联邦证据规则》403允许法官阻止陪审团接触"引起不公正偏见的"证据，其理由是采纳这类证据有诱

---

[1] 参见《法国刑事诉讼法典》，第二卷第一编重罪法庭。
[2] 参见《法国刑事诉讼法典》，第二卷第一编重罪法庭。

导陪审团成员背离合理性的风险。为了把具有偏见和难以评价的证据材料转移出陪审团的视线，证明过程必须受到控制，因为这类材料会使陪审团成员以情绪或任性来取代合理性，从而增加错误裁决的风险。

2. 陪审团裁决的特点。陪审团裁决有四个特点：一是不受任何外部知识或自身直接知识的影响，一般情况下，他们事先对案情一无所知；二是被动的事实认定者，法律不允许他们自行或主动进行调查，而只能被动听审；三是在听审结束后，进入陪审团评议室进行秘密评议，对事实问题一般要作出全体一致的决定，或者作出绝对多数同意的决定，这涉及小群体决策的动因；四是陪审团裁决无需说明理由，但前提是被遴选为陪审团成员的人应当公正无私、没有偏见。

三、法庭认识论的任务、动力和形式

（一）法庭认识论的任务是求真

1. 事实认定作为审判过程的第一阶段，旨在查明事实真相。戈德曼说，裁判是一种"求真认识论"（veritistic epistemology）社会实践；目的是产出"弱真实信念意义上的知识"（knowledge in the weak sense of true belief）。[1]"一场刑事审判首先且最重要的是一个认识装置，一种从最初常常是（相互冲突的证据的）混乱集合中搜寻出事实真相的工具。"[2] 因此，证据法的关键问题是，寻求真相的证据制度能否"被很好地设计，用以推导出关于世界的真实信念"[3] 事实认定是对过去事实的观念重建，即"在主体的大脑中构建出一个与客体具有同构异质关系的观念物或观念系统的过程"[4]。从证据的信息特性来看，证据法的主要作用是减少事实认定的不确定性。在这个问题上，最能体现证据法准确价值的是相关性规则。

证据和知识是相互证成的。一方面，证据可以为知识提供证成；另一方面，直接或间接的知识在证成过程中又可以作为证据使用。有关这种相互证成的关系，蒂摩西·威廉姆森（Timothy Williamson）在《知识及其限度》一书中还给出了一种图式论证，他主张 E＝K，即"证据等于知识"，包括四步论证：①所有证据都是命题的。②所有命题证据都是知识。③所有知识都是证据。④所有而且只有知识是证

---

[1] Alvin I. Goldman, *Knowledge in a Social World* (Oxford: OUP, 1999) (n 48) 5, 转引自［新加坡］何福来：《证据法哲学——在探究真相的过程中实现正义》，樊传明等译，中国人民大学出版社 2021 年版，第 64 页。

[2] Larry Laudan, *Truth, Error, and Criminal Law* (Cambridge: CUP, 2006), p. 2, 转引自［新加坡］何福来：《证据法哲学——在探究真相的过程中实现正义》，樊传明等译，中国人民大学出版社 2021 年版，第 64~65 页。

[3] Timothy Endicott, *Questions of Law* (1998) 114 LQR 310, 转引自［新加坡］何福来：《证据法哲学——在探究真相的过程中实现正义》，樊传明等译，中国人民大学出版社 2021 年版，第 65 页。

[4] 李秀林、王于、李淮春主编：《辩证唯物主义和历史唯物主义原理》，中国人民大学出版社 1990 年版，第 250 页。

据。[1] 这四个似乎构成循环论证的命题,揭示了证据与知识的共性。诺亚·雷莫斯(Noah Lemos)在分析"知识"的三个条件[信念(belief)、真相(truth)、证成(justification)]即"被证成的真信念"(justified true belief,简称 JTB 解释)时指出:"一个信念是否得以证成及其证成的程度,常常是(即使并非总是)人们支持它的证据函数。"[2] 证据函数(a function of the evidence)概念,是格伦·谢弗于 1976 年在《证据的数学理论》[3] 一书中提出的。费尔德曼·理查德和厄尔·康尼(Feldman Richard, Earl Conee)进一步提出:"一个信念之认识论证成,取决于相信者支持该信念之证据的质量。"[4] 就是说,我们从别人那里获得的间接知识,实际上仅仅是一个信念,我听到别人说某人如何如何,我就相信了,但我的相信也许没有知识或证据支持。因此,知识的真理性是相对的。直接知识与间接知识的划分,实际上就是直接获得的信息与间接获得的信息的划分,知识等同于信息。

2. 事实真相及其证明标准的盖然性。由于事实认定须经历一个从证据到待证要件事实的经验推论过程,其逻辑形式是归纳推理,所得到的结论即事实真相(truth)是对各方事实主张之可能性的判断,因而其具有盖然性。特文宁说:"将归纳原则适用于提交证据使得对某一过去事件的当前主张赋予一种盖然性真相价值成为可能。"[5]

事实真相的盖然性是由"证据之镜"原理所决定的。事实认定者不能自己亲眼看到案件中实际发生的事情,只能通过证据推理间接地对事实发生的可能性作出裁断,这是其结论具有盖然性的根本原因。边沁对此说得更加明确:"要找到能确保公正裁判的完美证据规则,从事物本性来说,是绝对不可能的。"[6] 这里所谓"事物本性",指的就是"证据之镜"的模糊性。事实真相的盖然性集中体现在概率证明标准中。证明标准既是证明主体履行说服责任对案件要件事实所应达到的证明程度,也是事实认定者被证据所说服,从而对事实真相形成内心确信的程度。

(二)法庭认识论的动力是控辩审三方互动

证据法的认识论研究,重点在于诉讼活动中不同认识主体的互动关系。这表现在:一方面,法庭举证、质证是"用证据证实或驳斥一项所主张的事实"[7]。在审

---

[1] [英] 蒂摩西·威廉姆森:《知识及其限度》,刘占峰、陈丽译,陈波校,人民出版社 2013 年版,第 244 页。

[2] Noah Lemos, *A Introduction to the Theory of Knowledge*, Cambridge Press, 2007, p. 17.

[3] 参见 Glenn Shafer, *A Mathematical Theory of Evidence*, Princeton University Press, 1976.

[4] Feldman Richard, Earl Conee, Evidentialism, Philosophical Studies (Minneapolis), 48: 1 (1985: July), p. 15.

[5] [英] 威廉·特文宁:《证据理论:边沁与威格摩尔》,吴洪淇、杜国栋译,中国人民大学出版社 2015 年版,第 21 页。

[6] 杰里米·边沁(1825 年),转引自 [美] 特伦斯·安德森、[美] 戴维·舒姆、[英] 威廉·特文宁:《证据分析》,张保生等译,中国人民大学出版社 2012 年版,第 301 页。

[7] *Black's Law Dictionary*, 8th ed., Thomson West, 2004, p. 1261.

判中，诉讼双方都试图用证据来证明己方的事实主张，这既是一个说服事实认定者的作用过程，又是双方相互影响的过程，每一方都在努力影响对方的同时又自觉不自觉地受到对方证据推理的影响。在这个过程中，各方当事人提出支持己方事实主张的证据，向对方证人进行交叉询问。另一方面，法庭认证是一个证据评价过程，包括对实物证据可靠性和证人可信性、证明力等的评估，最终的事实真相产生于控辩审三方证明和认证中形成的合力。

1. 互动群体成员角色不同。在诉讼活动的互动群体中，控辩审三方是不同的认识主体，扮演着不同的诉讼角色。这些特殊的诉讼角色，反映了认识主体特殊的社会性和实践性，代表了各自观察问题、分析证据、认定事实的独特视角和立场。现代诉讼活动特别是法庭审判，是由控辩审三方平等参与的法庭论证或辩论活动，反映了一个"法庭工作群体"（court group）的认识互动过程。参见图式2.3。

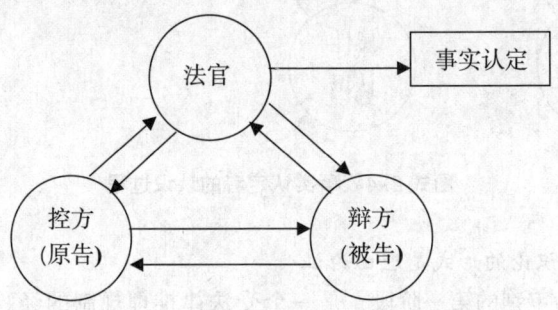

图式2.3　"法庭工作群体"三方的认识互动

但是，控辩双方的证明方向相反，必然在一些关键事实的认定上发生尖锐对立。因此，询问就演变成针锋相对的辩论。尽管控辩双方律师都带有为委托人利益而争辩的明确倾向性，但从积极方面看，正如棚濑孝雄所说，这种辩论即使不能说服对方，也可成为促进双方反省的契机。"人们听到与自己意见完全不同的见解时，往往会考虑一下自己的想法真是正确吗？尤其当有义务就自己的观点向对方进行合理的说明时，这种反省作用会更加明显。许多情况下，听到对方的反驳后有可能意识到自己看法的片面性或者完全是错误的，从而导致双方意见的接近。"[1] 从消极方面看，法庭辩论至少可以达到使对方最终无言以对的目的。

2. 事实认定是对事实的观念重建。"人对客观世界的能动反映，实际上是主体以特定的方式对来自客体的信息进行有组织的加工、改造和整合的过程，即在主体的

---

[1] [日]棚濑孝雄：《纠纷的解决与审判制度》，王亚新译，中国政法大学出版社1994年版，第125页。

头脑中构建出一个与客体具有同构异质关系的观念或观念系统的过程。"[1]

对事实裁判者来说，案件待证事实最初是一种朦胧的"自在之物"，不具有经验性和可陈述性，因而是一种无异于客观存在的抽象事实；之后通过听审，事实裁判者对证据信息进行加工，其先是被感官以证据的形式所把握，继而在理性思维中进行推理，使事实成为主体思维中清晰把握的"为我之物"或具体事实。此乃事实认定的"认识成果"。参见图式2.4。

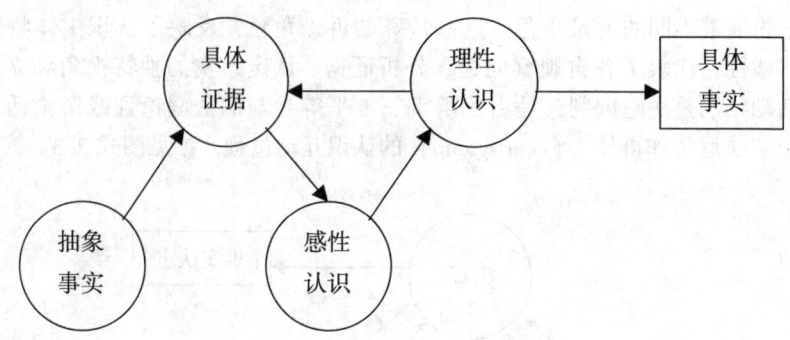

图式2.4　事实认定者的认识过程

（三）法庭认识论的形式是理由论证

事实认定作为审判的第一阶段，是一个受法律推理规制的经验推论过程。在这个过程中，控辩审三方的认识互动具有理由论证和平等对论的特点。"一般而言，论证（辩论）所描述的是形成理由、得出结论以及将它们应用于一种正在思考的情况的活动或过程。"[2] 由于事实认定是一个发现法律推理小前提的操作，它必然要受到法律推理目的标准、操作标准和评价标准的制约。"在这种理性支配的场合，说明义务被高度地规范化，任何强词夺理或以各种借口逃避说明的行为都不能被允许，完全有可能在理想状态下展开自由而理性的对论。"[3] 正是自由而理性的对论，使法庭成为一个"讲理"的场所，使事实认定成为一种能够"推导出关于世界的真实信念"的证成活动，控辩双方平等对抗，法官居中裁判，这为公正审判提供了制度保障。

---

[1] 李秀林、王于、李淮春主编：《辩证唯物主义和历史唯物主义原理》，中国人民大学出版社1990年版，第249~250页。

[2] Kent Sinclair, "Legal Reasoning: in Search of an Adequate Theory of Argument", *California Law Review*, 59 (1971), pp. 821~858.

[3] [日] 棚濑孝雄：《纠纷的解决与审判制度》，王亚新译，中国政法大学出版社1994年版，第127~128页。

要　点

1. 认识论是对认识活动全过程进行整体性和动态性把握的哲学反思理论。证据法的认识论研究，重点是诉讼活动中不同认识主体之间的互动关系。诉讼活动的主体具有复杂的社会构成形式和知情意相统一的主体意识。

2. 现代法庭审判，是由控辩审三方平等参与的法庭论证或辩论活动，反映了"法庭工作群体"的认识互动。

3. 法庭认识论的目的是求真，动力是控辩审三方互动，形式是理由论证。

思考题

2.1. 认识论以信息、反映和建构来阐释事实认定过程，对证据法学研究有何意义？为什么说用认识论原理来研究事实认定，有助于打破"心证"不可言传的神话？

2.2. 法官的成见或偏见对事实认定有什么影响？假设有两位法官，其中，一位刚遭妻子遗弃，一位家里刚刚被盗。他们在审理类似离婚案或盗窃案时，其事实认定会受到哪些成见或偏见的影响？

2.3. 在一起偷税案中，公诉人指控徐某进行虚假的纳税申报，偷税10万元。检察官提出如下证据：徐某采取少列收入的办法，瞒报了50万元收入。辩方则提出证据证明，徐某告诉过他聘的黄会计师自己有一笔50万元的额外收入，并给黄会计师所在的事务所寄了一张已签名限额为10万元的支票。因此，徐某不知道黄会计师填报的纳税申报表是虚假的。在审判时，黄会计师和他的助手均作证说，没有收到徐某寄的支票。如何理解不同诉讼主体的角色和他们之间的互动？

2.4. 如何理解下述命题：

（1）边沁："证据领域不过是知识领域。"

（2）赫胥黎："只有那证据充分的知识，方才可以信仰，凡没有充分证据的，只可存疑，不当信仰。"

（3）威廉姆森《知识及其限度》一书主张：E＝K，即"证据等于知识"。

第二节　证据法的价值论基础

一、价值论概述

（一）价值的概念及其本质

1. 价值的概念。按《牛津法律大辞典》的解释，价值观（values）是"可能对立法、政策适用和司法判决等行为产生影响的非法律因素。它们是一些体现对事物之价值或可取性的评价的观念或普遍原则，在遇到争议的情形时，它们可能以这种或那种方式极大地影响人们的判断。这些价值因素主要有：国家安全、公民的自由、共同的或公共的利益，维护财产权利，法律面前的平等、公平、维持道德标准等。此外还包括一些较次要的价值因素，如便利、统一、实用性等"[1]。

价值体现了主客体之间一种特定的双向关系。其"特定性"表现在：主客体之间的关系并不都属于价值问题，例如，主客体之间的认识和被认识的关系就不是价值关系。例如，"法官作出佘祥林是否杀妻的事实认定"，这是主客体之间的认知关系；"准确认定佘祥林是否有罪对于实现司法公正的意义"，这才是价值问题。其"双向性"表现在：一方面，客体具有满足主体物质和精神需要的积极意义或有用属性；另一方面，主体具有通过实践活动来追求自身需要的满足之取向，并对实际满足的情况持有肯定或否定的态度或好恶评价。

2. 价值的本质。

（1）主体性。"只有以主体的本性、需要和能力为尺度去衡量客体时，主客体之间才构成价值关系，客体的存在和属性才对主体有价值意义。"[2] 就是说，只有在人想了解或实际体验客体对主体的意义，去解决"怎样做才好、怎样做才有利"，去衡量客体"能给主体提供什么，带来什么"的时候，才是以主体尺度在主客体之间构成价值关系。换句话说，一个社会如果不能以人为本，由于主体失落而造成主体意识丧失，人们就会"不分好坏"，人与人之间就会"冷漠无情"，社会就会漠视"客体对于主体的意义""世界对人的意义"[3]。因此，只有随着主体意识的觉醒，价值问题才能真正摆上中国人的精神餐桌。

（2）实践性。"价值……同时也是指引人们从事实践活动的动力因素和内在尺度。"[4] 中国历史上形成了许多优秀的价值传统，例如，仁义礼智信，孝廉恕和敏。同时，全球化和科技发展，又使中国面临着信息化、市场化、国际化等新的任务和挑战，需要我们用社会实践的新成果、新经验、新思想来丰富我们的价值体系，尊重和保障人权，推进民主法治建设，维护社会公平正义。这些价值理想是我们建设法治国家、实现司法公正的动力因素和内在尺度。

（3）普世性。"价值的发展表现为人的本质力量不断完善、人的自我价值不断实现的过程。"[5] 在小小的地球村里，人种差别远远小于同一种动物之间的差别。人类的生理构造相同，决定了人的生理需求和本质力量没有根本差别。例如，"民主、法制、自由、人权、平等、博爱等，这不是资本主义所特有的，这是全世界在漫长

---

[1] [英]戴维·M.沃克：《牛津法律大辞典》，李双元等译，法律出版社2003年版，第1152页。

[2] 李德顺：《价值新论》，中国青年出版社1993年版，第58页。

[3] 李德顺：《价值论》，中国人民大学出版社2007年版，第37、39页。

[4] 李秀林、王于、李淮春主编：《辩证唯物主义和历史唯物主义原理》，中国人民大学出版社1990年版，第253、292页。

[5] 李秀林、王于、李淮春主编：《辩证唯物主义和历史唯物主义原理》，中国人民大学出版社1990年版，第253、301页。

的历史过程中共同形成的文明成果，也是人类共同追求的价值观"。[1] 所谓"人类共同追求的价值观"，就是说它们不是任何一个国家或民族独享的，而是人之为人都应当享有的人类文明成果。"普世价值意味着人的生命普遍性和人类的共同利益，不意味着某种人的个性和特殊利益的绝对统治；意味着人们对自己普遍权利和责任的自觉担当，不意味着取消多元主体和剥夺人的个性；意味着它是人们相互尊重、理解、交流和合作的基础，不意味着它可以成为任何人制造霸权、专制、迷信、强迫和恐惧的借口。""所以，认同普世价值，本质上就是认同自己作为人类成员的普遍权利和责任；认同某一具体的普世价值，就是自觉地担当起自己在追求某一共同目标方面的权利和责任。"例如，"公平正义"不仅是具有普世意义的价值取向，也代表了当代中国发展的核心价值。[2]

(二) 价值论与认识论的关系

认识论和价值论都是关于主体的学问，二者既有共性又有差别，并在相互作用的过程中决定了证据法的双重作用。

认识论和价值论的差别表现在"求真"和"求善"的任务不同。认识论以主体的思维和认识活动为研究对象，以追求真理或真知为主要任务。价值论则以主体的需要和本质力量为研究对象，以追求人的全面发展为主要任务。"价值论提出和回答的问题是：'世界的存在及其意识对于人的意义如何？'"[3] 在人类实践和认识活动中，真理和价值作为人类活动的两种不同的尺度，彼此之间具有统一性。"真理和价值的统一，本质上是人类活动的两大尺度——物的尺度和人的尺度的对立统一。"[4]

在证据法中，对真理和价值的追求是同一个问题的两面，它们共同构成一项证据规则的正当理由。科恩指出："真的信念是我们通常认为符合我们利益而该有的信念，而假的信念则不是。真理是智力探究的主要对象。因此，一个命题的真，如果它与我们有利害关系，就是我们接受它进入我们的信念储存库所能有的最好理由。换言之，在这方面，真理是一类理由，正如公正是一类理由一样——一个行动的公正是从事这个行动的一个理由。"[5] 价值和真理的统一决定了证据法的双重功能：一是促进事实真相的发现，即求真；二是维护普遍的社会价值，即求善。这两种功能具有竞争关系。"……求真的目的与其他目的——诸如经济性、保护某些自信、助

---

[1] 参见"温家宝总理答中外记者问"，载《人民日报》2007年3月17日。
[2] 李德顺："怎样看'普世价值'？"，载《哲学研究》2011年第1期。
[3] 李德顺：《价值论》，中国人民大学出版社2007年版，第6页。
[4] 李秀林、王于、李淮春主编：《辩证唯物主义和历史唯物主义原理》，中国人民大学出版社1990年版，第253、302页。
[5] [英] L. 乔纳森·科恩：《理性的对话——分析哲学的分析》，邱仁宗译，社会科学文献出版社1998年版，第61页。

长某些活动、保护一些宪法规范——相互竞争。"[1] 求真只是证据法的基本价值之一，而非全部价值，证据规则应当追求各种价值目标的统一。

人的内在尺度，是"由人的历史地形成和历史地变化的具体的社会本质所决定的。人的本质是社会、历史的范畴，人的需要也是社会、历史的范畴"[2]。所以，人类文明具有阶段性和延续性。在古代社会，物质生活达到"衣食足""仓廪实"，人们就满足了；精神生活达到"知礼节""知荣辱"，就算太平盛世了。在现今社会，人的物质需要和精神境界都远远超越了古人，诸如生存空间、环境价值、和谐发展、自由精神等新价值在不断涌现。我们不仅要建设文明礼仪之邦，更要建设民主政治、法治国家，维护社会公平正义，尊重和保障人权，保障全体社会成员平等参与、平等发展的权利。

李德顺教授关于主客体相互作用的图式进一步说明了人的内在尺度的历史性。主客体的相互作用过程，是主体通过实践作用于客体而认识客体（客体主体化）的过程，又是主体通过实践改造或塑造客体（主体客体化）的过程。"这个菱形可以看作是无限延伸的链条上的一环……无数这样的菱形上下前后衔接起来的立体图景，即社会历史的'双螺旋结构'。"[3] 由于主体及其内在尺度的作用，在追求真理的过程中实现自身价值，人类社会不断地从低级向高级发展，呈现出一种螺旋式上升运动的状态。参见图式2.5。

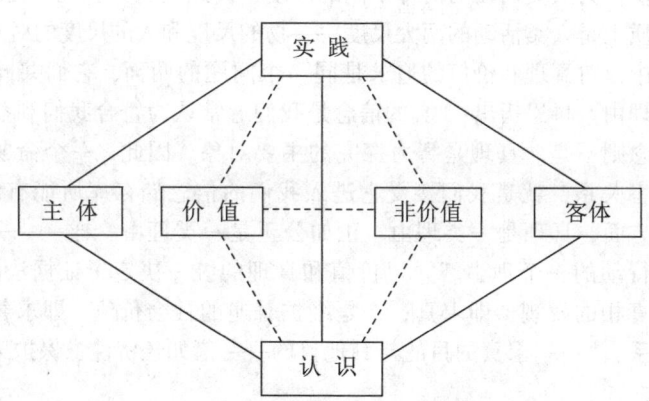

图式2.5　主客体相互作用的过程

---

[1] [美] 理查德·A. 波斯纳：《法理学问题》，苏力译，中国政法大学出版社1994年版，第261页。

[2] 李秀林、王于、李淮春主编：《辩证唯物主义和历史唯物主义原理》，中国人民大学出版社1990年版，第305页。

[3] 李德顺：《价值论》，中国人民大学出版社2007年版，第70页。

二、证据法的价值准则

庞德说:"在法制史的各个经典时期,无论在古代和近代世界里,对价值准则的论证、批判或合乎逻辑的适用,都曾是法学家们的主要活动。"[1] 证据法的价值准则,由一些理想观念或原则所组成,体现了人们对某种价值目标的追求,并对证据的可采性以及证明活动等产生着重要影响。

(一) 证据法价值准则的内容

1. 国际公约、宪法和法律所确立的证据法价值准则。

(1) 国际公约对诉讼程序和证据制度具有特别意义。例如,联合国大会1948年通过的《世界人权宣言》,1966年通过的《公民权利和政治权利国际公约》,1984年通过的《禁止酷刑公约》等,都从保护人权与基本自由方面,对各国刑事诉讼程序产生了影响,并在签约国具有法律效力。

(2) 各国宪法规定了基本的诉讼权利。例如,"对德国刑事诉讼程序具有特别意义的,是被称为'基本法'的德国宪法。宪法对于法官的独立性、公民自由、个人权利等都作了重要规定。除了'基本法'外,欧洲理事会于1950年颁布的《保护人权与基本自由公约》,对德国刑事诉讼程序也产生了影响。该公约在德国具有法律效力,就刑事诉讼程序而论,公约规定了比'基本法'还更为详细的重要的基本权利。"[2] 又如,在美国,证据规则反映了许多宪法权利的要求。美国宪法第四修正案,确立了证人的人身安全及财产免遭非法搜查和扣押的权利。宪法第五修正案,确立了在任何刑事案件中被告人不被强迫自证其罪的权利。宪法第六修正案,赋予刑事被告人多项重要权利,包括由公正的陪审团进行迅速、公开审判的权利;在法庭上与对方证人进行对质的权利;利用有利的证据进行辩护的权利。

2. 证据法价值准则的主要因素。主要包括:公平正义、共同利益、保障人权、自由平等、伦理道德等。艾伦教授把证据法制度的潜在理由概括为效率、政策和准确性,进而论述了美国证据法的五个重要价值:①解决争端的适当方式;②知识的性质;③小群体决策的动因;④道德和伦理关怀;⑤正义理想和效率价值的关系。[3] 其中,"小群体决策的动因",虽然是指陪审团决策,但对合议庭和审判委员会等群体决策也具有借鉴意义。

伯格兰列举了构成美国证据规则基础的八项价值:①生命;②个人自由;③稳定性,包括社会稳定性、政府稳定性、商业稳定性;④正当程序;⑤事实真相;

---

[1] [美] 罗·庞德:《通过法律的社会控制·法律的任务》,沈宗灵、董世忠译,商务印书馆1984年版,第55页。

[2] 《德国刑事诉讼法典》,李昌珂译,中国政法大学出版社1995年版,中译本引言。

[3] [美] 罗纳德·J. 艾伦等:《证据法:文本、问题和案例》,张保生、王进喜、赵滢译,满运龙校,高等教育出版社2006年版,第49、136页以下。

⑥司法经济；⑦联邦制；⑧健康和安全。[1] 除"联邦制"外，其余七项价值对中国证据制度的建构均具有借鉴意义。

3. 我国宪法和法律对证据法价值准则的规定。我国宪法关于公民在法律面前一律平等、国家尊重和保障人权、公民的人身自由不受侵犯等公民权利方面的规定，也构成了证据法的重要价值准则。不仅是宪法，有关实体法和程序法也规定了证据法的价值内容。例如，《民法典》第 109 条规定："自然人的人身自由、人格尊严受法律保护。"第 110 条第 1 款规定："自然人享有生命权、身体权、健康权、姓名权、肖像权、名誉权、荣誉权、隐私权、婚姻自主权等权利。"《刑事诉讼法》第 2 条规定："中华人民共和国刑事诉讼法的任务，是保证准确、及时地查明犯罪事实，正确应用法律，惩罚犯罪分子，保障无罪的人不受刑事追究，教育公民自觉遵守法律，积极同犯罪行为作斗争，维护社会主义法制，尊重和保障人权，保护公民的人身权利、财产权利、民主权利和其他权利，保障社会主义建设事业的顺利进行。"

（二）证据法价值准则的竞合

在价值多元化的社会，证据法不可能仅以发现事实真相为唯一价值追求，还要以社会成员的共享价值为基础，反映价值的多样性。

1. 求真和人权保护的竞合。在司法实践中，求真和人权保护，如果是"鱼和熊掌不可兼得"，人们有时候就会牺牲求真的价值目标。例如，在英美对抗式审判中，原有一条"反对质疑己方证人的规则"，规定律师不能怀疑己方传唤出庭的证人，而要对其诚实性或可信性进行担保。但在以下案例中，这个规则被弃用了。

【案例 2.1】　　　　　　钱伯斯诉密西西比州案[2]

钱伯斯因涉嫌杀害一名警察而被起诉，但一位叫麦克唐纳的人在三个不同场合向三位朋友承认是他杀了那名警察，并提供了书面供述。而当被告人钱伯斯要求传唤麦克唐纳作证时，后者却否认了先前的供述。被告人钱伯斯的律师要求通过交叉盘问对麦克唐纳的诚实性提出质疑，遭到审判法官和密西西比州最高法院的拒绝，钱伯斯被判有罪。在上诉复审中，美国联邦最高法院推翻了对钱伯斯的有罪判决。鲍威尔大法官认为，在现代审判中，刑事被告人很少能挑选其证人，他们只能找到谁就用谁。"被告人要求与提供对自己不利证言的人对质并对其进行交叉盘问的权利从来未被裁定应取决于证人最初是由被告方还是公诉方传唤出庭的。"因此，反对质疑己方证人的规则，"直接干涉了钱伯斯防卫政府指控的权利"。

---

[1] [美]戴维·伯格兰："证据法的价值分析"，张保生、郑林涛译，载《证据学论坛》2007 年第 2 期。

[2] 参见 [美]罗纳德·J. 艾伦等：《证据法：文本、问题和案例》，张保生、王进喜、赵滢译，满运龙校，高等教育出版社 2006 年版，第 332 页。

在上述案例中，美国联邦最高法院裁定支持了在刑事案件中"准许律师对任何证人的可信性提出质疑"，从而确立了人权保障价值的优先性。

2. 求真与公正价值的竞合。现代证据制度是建立在理性主义基础上的。"理性主义传统的核心信条是，裁判法（或诉讼法）之主要目的是在裁判中达到'裁决公正'，就是说，法律正确适用于证明为真的事实。该信条对当今（司法）事业产生了三个引申性影响。第一，关于事实争端问题，该信条假定，那个目的之实现涉及通过理性方式对'事实真相'的追求。……第二，这种理性主义传统反映了一种持久不变的认识，即追求事实真相作为依法保障正义（填补正义）的手段，具有很高优先地位，但并非高于一切。第三，裁判模式本身是工具主义的，通过推理而追求事实真相只是达到填补正义目的的一种手段，填补正义被视为实体法的实现。"[1] 在求真与公正的关系问题上，按照美国《联邦证据规则》403 规定的平衡检验标准，某个相关证据产生不公正偏见的危险性如果在实质上超过其证明力，法官便拥有排除该相关证据的自由裁量权。在这种情况下，求真的目标与公正价值相比就变得次要了。与此相似，我国《刑事诉讼法》第 200 条第 3 项规定，"证据不足，不能认定被告人有罪的，应当作出证据不足、指控的犯罪不能成立的无罪判决"。这个规定是"无罪推定"原则的体现，它确立了"疑罪从无"原则。就是说，尽管有相当多的证据表明被告人有犯罪嫌疑，但如果全案证据对要件事实的证明未能达到确实、充分或确信无疑的证明标准，法官就应当从有利于被告人的角度宣告其无罪。疑罪从无原则保护了被告人的合法权利，维护了公正价值，却在求真方面有所放弃。

三、证据法的四大价值支柱

在证据法的诸多价值因素中，最具普遍意义的价值是准确、公正、和谐与效率，它们构成了证据法的四大价值支柱。

（一）准确

信息论的奠基人申农从狭义信息论的角度给信息下过一个定义：信息是人们对事物了解的不确定性的消除或减少。[2] 证据是与案件事实相关的信息，这决定了证据法的作用主要是消除或减少事实认定的不确定性。

---

[1] [美] 特伦斯·安德森、[美] 戴维·舒姆、[英] 威廉·特文宁：《证据分析》，张保生等译，中国人民大学出版社 2012 年版，第 103~104 页。"填补正义"（expletive justice）是格劳秀斯（1583~1645）提出的概念，指"真正和严格意义上的正义"。与亚里士多德的恢复正义（restoring justice）概念相似，填补正义是一个恢复对方应做事情的原则，它旨在维护理性人的自然社会秩序，它预设法律地位已经存在，人们只要把无序矫正过来。这可用当代海洋法举例说明：填补正义要求一个国家把在公海非法扣押的外国船只归还给船旗国。填补正义并不关心船只为何合法地属于船旗国的问题，它预设了这种法律地位根据不同的权利体系已经存在了。如果这种法律地位受到侵犯，那么填补正义就优先运行；它命令法律地位的矫正，并提供一种救济。参见 Christoph A. Stumpf, The Grotian Theology of International Law, Hugo Grotius and the Moral Foundations of International Relations, Waler de Gruyter · Berlin · New York, 2006, p. 44.

[2] Shannon C. E., Mathematical Theory of Communication, 27 BELL SYSTEM TECHNICAL JOURNAL, 379~423, 632~656 (1948).

1. 准确认定事实是实现司法公正的前提。只有准确认定事实，才能有效地解决争端，维护诉讼各方的合法权益。"权利和义务取决于准确的事实认定……因而事实认定是更基础性的。没有准确的事实认定，权利和义务就变得毫无意义。"[1] 我国《刑事诉讼法》第2条对"准确""查明犯罪事实"作出了明确规定，并从"惩罚犯罪分子，保障无罪的人不受刑事追究"两个方面强调了准确性的意义。最高人民法院《行政诉讼证据规定》，也强调了"准确认定案件事实，公正、及时地审理行政案件"。准确性旨在促进事实真相的发现，避免审判人员作出错误的事实认定。

2. 相关性规则旨在促进准确的事实认定。事实认定是一个经验推论过程，其准确性以相关性为逻辑基础。相关性是现代证据法律制度的基本原则。塞耶说："这个原则禁止接受任何无相关性、逻辑上不具有证明力的东西。"[2] 不具有相关性的东西不可采，因为，不相关的东西（包括言语、物品等）就不是证据。证据法追求"事实真相"，"旨在向事实裁判者展现将有助于作出决定的全部信息。对不相关证据的排除也遵从于发现事实真相的价值，因为它使事实认定者的注意力集中于适当的信息，且仅仅集中于适当的信息"。[3] 因此，正是证据的相关性原则决定着案件事实认定的准确性。

3. 准确认定事实是各国证据法的共同价值追求。

（1）无论是大陆法系的直接言词原则还是英美法系的传闻证据规则，都服务于准确价值，二者有"异曲同工"之妙。西方两大法系都要求，事实认定者应当对审判具有亲历性，所有物证、书证都要在法庭上出示，证人应以亲身知识在法庭上以口头而非书面的方式作证，否则，其真实性就会受到怀疑。"允许事实裁判者考虑传闻陈述人的陈述，会给我们带来极大的不真实性风险。"[4]

（2）品性和倾向证据规则主要是为了增强事实认定的准确性。因为，品性和倾向证据有可能误导事实认定者以情绪、偏见或任性来取代合理性，从而增加错误认证的风险。这种风险对陪审团成员和法官都不例外。

（3）辨认、鉴真和鉴定规则对于准确的事实认定具有重要意义。世界各国证据法都设立了确保事实认定准确性的措施，例如，作为可采性的先决条件，物证、书证和音像电子证据等在法庭上出示之后、被法官采纳之前，如果对方提出异议，就应当通过辨认确定其同一性，或通过鉴真确定其真实性。辨认和鉴真是由熟悉特定

---

[1]〔美〕罗纳德·J. 艾伦："刑事诉讼的法理和政治基础"，张保生、李哲、艾静译，载《证据科学》2007年第1、2期。

[2] 转引自〔美〕罗纳德·J. 艾伦等："证据法：文本、问题和案例"，张保生、王进喜、赵滢译，满运龙校，高等教育出版社2006年版，第147页。

[3]〔美〕戴维·伯格兰："证据法的价值分析"，张保生、郑林涛译，载《证据学论坛》2007年第2期。

[4]〔美〕戴维·伯格兰："证据法的价值分析"，张保生、郑林涛译，载《证据学论坛》2007年第2期。

证据的外行知情人,根据亲身经验对其同一性和真实性所提供的外行意见。鉴定意见或科学证据是以专门知识为依据,对实物证据的同一性和可靠性提供的专家意见,对于提高事实认定的准确性具有重要作用。

(4)准确性价值还体现在证明标准中。民事和刑事诉讼证明标准不同,前者一般仅需证明达到优势证据标准;而在刑事诉讼中,国家作为"原告"总是对指控的犯罪承担着证明责任,对构成犯罪的每一要件事实的证明都要达到确信无疑的程度。在不同诉讼活动中,事实认定必须达到一定的证明标准,这是准确性的要求。

(二)公正

1. 公正是证据制度的首要价值。正义是"社会制度的首要价值",[1]也是现代证据制度的首要价值。证据制度作为法治国家的一项基本制度,其作用在于减少对证据的误用、滥用和人为操纵,保证案件事实得到准确且公正的认定。因此,证据制度构成了司法公正的基石。历史上的法定证据制度曾以查明事实真相为首要价值,这导致了刑讯逼供的合法化,践踏了人的权利和尊严。公正作为证据制度的首要价值,意味着当不同价值发生严重冲突时,其他价值应当让位于公正价值。

2. 维护公正价值必须遵循证据裁判原则。证据裁判原则要求,案件事实认定只能依据证据,不能依据任何别的东西,这体现了"在证据面前人人平等"的公正价值。陈光中教授认为,确立证据裁判原则的意义在于:它否定了历史上的神明裁判、刑讯逼供等非理性的事实认定方法,是刑事诉讼文明进步的表现。"无证据不得推定其犯罪事实,是无罪推定原则的体现。"[2]

3. 证明程序法定原则是公正价值的体现。诉讼证明活动应当遵循法律规定的程序,即经过法定的举证、质证和认证程序。《〈人民法院统一证据规定〉司法解释建议稿》第4条规定:"举证、质证和认证以及人民法院取证,应当遵循法律和本规定所规定的程序。"[3]最高人民法院《刑事诉讼法解释》第71条规定:"证据未经当庭出示、辨认、质证等法庭调查程序查证属实,不得作为定案的根据。"这些程序性规定的意义在于:

(1)事实认定可分三个阶段:第一阶段举证,其特点是各自举证;法院取证是对各自举证的补充,具有一定被动性。第二阶段质证,其特点是对抗或对质,是对各自举证的质疑,其中,交叉询问是质证的基本方法,"它仍然是我们曾经发明的揭

---

[1] [美]约翰·罗尔斯:《正义论》,何怀宏、何包钢、廖申白译,中国社会科学出版社1988年版,第1页。

[2] 陈光中主编:《刑事证据法专家拟制稿(条文、释义与论证)》,中国法制出版社2004年版,第128页。

[3] 张保生主编:《〈人民法院统一证据规定〉司法解释建议稿及论证》,中国政法大学出版社2008年版。

示事实真相之最伟大的法律引擎"[1]；与不利证人面对面的对质，是刑事被告人的一项基本权利。第三阶段认证，是综合审查判断证据的过程，需要考量证据的相关性、可采性、可信性等因素，辨别真伪、去伪存真。这三个阶段构成了一个完整的过程，它们依次展开，顺序不能颠倒，而且缺一不可。证明程序法定，维护了事实认定的准确性和正当性。

（2）证明程序法定是程序正义的要求。程序正义是通过法律程序本身而不是其所要产生的结果得到实现的价值目标。其价值在于：其一，保证被裁判者受到公正对待；其二，以一种操作性规范保证裁判结果的正当性；其三，对社会公众接受裁判的公正性具有保障作用。[2] 在事实认定过程中，如果证明程序不能做到对所有人不偏不倚、一视同仁，其判决的公正性就没有保障。

4. 公正是相关证据排除规则的主要理由。相关性只是证据可采性的必要条件，因此，相关证据也可以基于其他原因不被采纳。世界各国都规定了相关证据排除规则。例如，美国《联邦证据规则》403，就把"一个或多个危险在实质上超过相关证据的证明力"的"不公正偏见"作为排除相关证据的主要理由。英国《1984年警察与刑事证据法》第78条（不公正证据的排除）规定："在任何诉讼中，如果在法庭看来，考虑到包括获得证据的情形在内的各种情形，采纳公诉方提请依据的证据将对该诉讼的公正性造成不利影响，因而法庭不应采纳，法庭可以拒绝允许公诉方提出该证据。"这些基于公正价值的排除规则，都把矛头指向可能对当事人产生严重不公正影响的相关性证据。在审判实践中，法官如果通过价值权衡，相信相关证据产生不公正影响的危险性实质上超过其证明力，便可行使排除证据的自由裁量权。

5. 公正价值在非法证据和品性证据排除规则中得到集中体现。

（1）在证据法的四个价值支柱中，设立非法证据排除规则的唯一正当理由就是公正。联合国《禁止酷刑公约》第15条规定："每一缔约国应确保在任何诉讼程序中，不得授权业经确定系以酷刑取得的口供为证据，但这类口供可用作被控施酷刑者刑讯逼供的证据。"证据来源的合法性原则体现了法治国家人权保护的价值，采纳非法证据将严重侵犯宪法和法律所赋予公民的基本权利和当事人的合法权益。我国《刑事诉讼法》第56条明确规定："采用刑讯逼供等非法方法收集的犯罪嫌疑人、被告人供述和采用暴力、威胁等非法方法收集的证人证言、被害人陈述，应当予以排除。……在侦查、审查起诉、审判时发现有应当排除的证据的，应当依法予以排除，不得作为起诉意见、起诉决定和判决的依据。"

---

〔1〕[美] 约翰·亨利·威格莫尔："论普通法审判中的证据制度"，转引自 [美] 罗纳德·J. 艾伦等：《证据法：文本、问题和案例》，张保生、王进喜、赵滢译，满运龙校，高等教育出版社2006年版，第114页脚注4。

〔2〕参见 [美] 昂格尔：《现代社会中的法律》，吴玉章、周汉华译，中国政法大学出版社1994年版，第186页。

（2）品性证据排除规则除了维护准确价值，也有基于公正的理由。品性证据可能引起不公正的偏见，无论"坏人"偏见还是"好人"偏见，都可能促使事实认定者倾向于对有正面品性的人作出有利的裁决，对有负面品性的人作出不利的裁决。不良品性推论的危害更大，它会使事实认定者愿意忽视一种合理怀疑，而裁决一个有"前科"的人有罪。[1]

（三）和谐

和谐作为一项证据政策，体现了求真与求善的一种平衡。证据法的和谐价值在以下两个方面表现得比较突出：

1. 不得用以证明过错或责任的证据规则。在证据法中，事后补救措施、和解和提议和解、支付医疗或类似费用等证据，对于证明过失或过错虽然具有相关性，但不能采纳用来证明行为人的责任。例如，美国《联邦证据规则》407~409 均为"不得用以证明过错或责任的证据规则"。规则 407（事后补救措施）规定：如果采取了会使之前的伤害或者损害更不可能发生的措施，则关于这些事后措施的证据不得采纳用来证明：过失；罪错行为；产品缺陷或其设计缺陷；或者警示或指示的必要性。规则 408（和解提议与谈判）规定："（a）禁止使用。任何一方当事人用下列证据证明或证伪一个有争议的索赔的有效性或数额，或者以先前不一致的陈述或矛盾为由进行弹劾，该证据不可采纳；（1）在就该索赔进行和解或者试图和解时，给予、承诺或提议——或者接受、承诺接受或提议接受——有价值的对价；以及（2）在就该索赔进行和解谈判期间所作出的行为或者陈述——在刑事案件中提出该证据，以及在与一个行使其规制、调查或者执法权威的公共机关提出的索赔有关的谈判时除外。"规则 409（提议支付医疗及类似费用）规定："关于给予、承诺支付或者提议支付因伤害而引起的医药、住院或类似费用的证据，不得采纳来证明对该伤害负有责任。"

《〈人民法院统一证据规定〉司法解释建议稿》第 36 条（和解和要求和解）规定："在赔偿责任或者数额问题上，当事人先前为达成和解而作出妥协所涉及的对案件事实的认可，不得在诉讼中被采纳为对其不利的证据。"第 37 条（支付医疗或类似费用）规定："有关支付或者承诺支付因伤害而引起的医药、住院或者类似费用，不得采纳作为支付者或者承诺支付者对该伤害负有责任的证据。"和解和要求和解证据的排除规定，支付医疗或类似费用证据的排除规定，其正当理由在于促进社会和谐，鼓励人们采取不断增加和谐因素的社会政策，又被称为"善人"规则。

---

[1] Ronald J. Allen, Eleanor Swift, David S. Schwartz, Michael S. Pardo, and Alex Stein, An Analytical Approach to Evidence: Text, Problems, and Cases (6th Edition), Wolters Kluwer (New York), at pp. 267~268 (2016).

【案例 2.2】 **彭宇案一审判决书节选**[1]

经审理查明，2006年11月20日上午，原告在本市水西门公交车站等候83路车，大约9时30分有2辆83路公交车同时进站。原告准备乘坐后面的83路公交车，在行至前一辆公交车后门时，被告第一个从公交车后门下车，原告摔倒致伤，被告发现后将原告扶至旁边，在原告的亲属到来后，被告便与原告亲属等人将原告送往医院治疗，原告后被诊断为左股骨颈骨折并住院治疗……根据被告自认，其是第一个下车之人，从常理分析，其与原告相撞的可能性较大。如果被告是见义勇为做好事，更符合实际的做法应是抓住撞倒原告的人，而不仅仅是好心相扶；如果被告是做好事，根据社会情理，在原告的家人到达后，其完全可以在言明事实经过并让原告的家人将原告送往医院，然后自行离开，但被告未作此等选择，其行为显然与情理相悖……被告在事发当天给付原告200多元钱款且一直未要求原告返还……根据日常生活经验，原、被告素不认识，一般不会贸然借款，即便如被告所称为借款，在有承担事故责任之虞时，也应请公交站台上无利害关系的其他人证明，或者向原告亲属说明情况后索取借条（或说明）等书面材料。

我们对上述判决书的内容做一些分析：

第一，本案中，"原告摔倒致伤，被告发现后将原告扶至旁边，在原告的亲属到来后，被告便与原告亲属等人将原告送往医院治疗，原告后被诊断为左股骨颈骨折并住院治疗"。这种救助行为，可被视为一种和解与提议和解行为，在此类事故发生后提出和解的人，不一定对该事故负有责任。用一个人的善良行为来反对该人，违反和谐原则。证据法排除此类证据，乃是对当事人采取和解行为的积极肯定，可以消除其后顾之忧。

第二，彭宇案判决书暴露了审判法官对"不得用以证明过错或责任的证据规则"的无知。其中，"从常理分析，其与原告相撞的可能性较大。如果被告是见义勇为做好事，更符合实际的做法应是抓住撞倒原告的人，而不仅仅是好心相扶；如果被告是做好事，根据社会情理，在原告的家人到达后，其完全可以在言明事实经过并让原告的家人将原告送往医院，然后自行离开，但被告未作此等选择，其行为显然与情理相悖"。上述判决，从和解提议中得出一个貌似合理的推断：主动要求和解者是因为心虚即相信自己有过错，要求和解是对该过错或责任的默认。然而，现实生活中，和解还有其他原因，如坚信自己无过错的人愿意提供救助，可能是富有同情心，也可能是为了避免引起更大的麻烦或更多赔偿费用。因此，为了鼓励和解、增进和谐，应该排除在赔偿责任问题上的和解或提议和解证据。对于是否有过错和责任，应当通过直接证据或其他间接证据加以证明。和解和要求和解只是间接证据之一，通常只具有微弱的证明力。

---

[1] 南京市鼓楼区人民法院（2007）鼓民一初字第212号民事判决书。

第三，本案中，"被告在事发当天给付原告 200 多元钱款且一直未要求原告返还"。这同样可视为是一种善意的救助行为或和解行为。但该判决书却说："根据日常生活经验，原、被告素不认识，一般不会贸然借款，即便如被告所称为借款，在有承担事故责任之虞时，也应请公交站台上无利害关系的其他人证明，或者向原告亲属说明情况后索取借条（或说明）等书面材料。"这种以"小人之心"从支付因伤害而引起的医药费和类似费用行为所作的推断，违背了支付医疗或类似费用的证据法理。《〈人民法院统一证据规定〉司法解释建议稿》第 37 条关于支付医疗或类似费用证据的排除规定，其正当理由与第 36 条相同，即鼓励因伤害引起的救助行为，不应阻止人们从事对社会有益的行为，不能因行善而使自己受到"惩罚"或损害，行善而得到恶报是不公正的。支付医药费和类似费用的证据的相关性在于，其可能被用来推断为是一种对过错或责任的默认。因此，在各种事故中，支付或承诺支付医药费的行为，都不能采纳用来证明行为者的过错责任。这些证据排除规则旨在促进有利于社会公益事业的行为，不能因人们做好事或行善而使其受到惩罚或损害，因而是和谐社会的证据规则。

第四，彭宇案判决已产生了毒害社会的后果，影响了社会公众的行为预期和价值取向。例如，家住扬州的 73 岁戴老太去买菜，不小心在菜场大门口摔了一跤，老人试着想爬起来没有成功。这时一个路过的小伙子见状，热心地上前搀扶。戴老太"站"起来后刚想说谢谢，不想小伙子的伙伴忽然嚷了起来："你赶紧松手，老太要是说是你撞倒的，你麻烦可就大了！"小伙子听见朋友喊叫，吃惊中猛然松开手，飞快地跑向伙伴。[1] 又如，某日，一位九旬老人瘫倒在南京市解放南路人行道上。然而，20 分钟内，过往行人无一敢上前搀扶，一位热心市民魏女士最后喊来七八名路人作"见证"后，才敢打电话报警。谈到自己"有备无患"的热心行为时，魏女士无奈地表示，毕竟老人年纪大了，"我要是自己把她扶起来，到时候万一有个三长两短，怕会惹来麻烦"。[2] 彭宇案判决，惩罚善人或人们的行善行为，阻碍了社会道德水平提升。

2. 作证特免权规则。和谐价值在证据法中的另一个集中体现，是作证特免权规则。"大多数证据规则旨在促进事实认定程序，但创设证据特免权的规则与此不同。从总体上看，它们排除具有相关性的证据，这是为了促进与准确事实认定无关的外部政策。它们的主要目的，是保护法庭世界之外的特定关系和利益，这些关系和利益被认为具有充分的重要性，值得司法程序以失去有用证据的方式来承担这些成

---

[1] 卜广明、陈咏："扬州小伙怕'担责'扶起倒地老太又松手"，载《扬子晚报》2008 年 1 月 18 日。

[2] 王觅："南京九旬老人瘫倒路边，20 分钟内路人不敢去搀扶"，载《现代快报》2008 年 2 月 16 日。

本。"[1] 作证特免权的范围十分广泛，例如，律师—委托人特免权，精神诊疗师—患者特免权，夫妻证言特免权等。威格莫尔认为，作证特免权存在的一个基本理由，是要表明一种法律制度重视这些特殊关系胜过制裁犯罪行为。就是说，通过破坏这些特殊关系而获得查明事实真相的价值，不及牺牲查明事实真相而维护这些关系的价值。[2]

（四）效率

1. 效率是设立证据排除规则的一个重要理由。效率对人类具有经济价值，因而成为相关证据排除的一个重要理由。美国《联邦证据规则》403把"在实质上超过相关证据的证明力"的"不当拖延，浪费时间，或者不必要地提出累积证据"，作为排除相关证据的理由之一。《刑事诉讼法》第2条关于"及时地查明犯罪事实"，《民事诉讼法》第2条关于"及时审理民事案件"，《行政诉讼法》第1条关于"及时审理行政案件"等的规定，都是效率价值的体现。法官通过对证明力和效率的权衡，排除某些严重浪费诉讼资源的相关证据，这对于实现社会财富最大化的目标具有重要意义。证据规则"通过排除对事实裁判者裁断实质问题没有帮助的信息，减少了考量这些信息的时间花费，从而服务于司法经济的价值"[3]。

2. 证据法公正优先与兼顾效率的价值权衡。效率与公正之间存在天然冲突，这表现在，当人们一味追求公正时可能牺牲效率，而当人们一味追求效率时又可能产生不公正。面对这种冲突，罗尔斯没有采取同等兼顾的态度，而是主张效率应当服从于正义。他说："某些法律和制度，不管它们如何有效率和有条理，只要它们不正义，就必须加以改造或废除。"[4] 与此相反，经济分析法学则更加重视效率，主张"效率或财富极大化应是法律的唯一目的"[5]。

罗尔斯把正义当作牺牲效率的绝对理由，与波斯纳把效率视为法律的唯一目的，都有一定的片面性。实际上，公正和效率并非"势不两立"，追求效率有时候也可用于实现公正的目的。证据法兼顾诉讼效率，主要出于两个原因：一是政府要用纳税人的钱提供诉讼补贴，而诉讼当事人不会珍惜这些司法资源，所以，证据制度要使证明活动受到合理限制，避免不必要的浪费；二是富人和穷人在诉讼中的地位并不

---

[1] [美]罗纳德·J.艾伦等：《证据法：文本、问题和案例》，张保生、王进喜、赵滢译，满运龙校，高等教育出版社2006年版，第905页。

[2] 参见[美]罗纳德·J.艾伦等：《证据法：文本、问题和案例》，张保生、王进喜、赵滢译，满运龙校，高等教育出版社2006年版，第906页。

[3] [美]戴维·伯格兰："证据法的价值分析"，张保生、郑林涛译，载《证据学论坛》2007年第2期。

[4] [美]约翰·罗尔斯：《正义论》，何怀宏、何包钢、廖申白译，中国社会科学出版社1988年版，第1页。

[5] [美]迈克尔·D.贝勒斯：《法律的原则——一个规范的分析》，张文显等译，中国大百科全书出版社1996年版，第1页。

完全平等，富人可能通过无休止举证而使对方穷当事人处于不利地位，从而影响实质公正。贝勒斯认为，"法律的主要目的之一是避免诉讼（为了合理而及时解决争端所必要的诉讼除外），因为诉讼是负值交互行为"[1]。所谓负值交互行为，就是具有负价值。在错误成本与直接成本大于程序利益的情况下，尽管个别被告能获得损害赔偿和其他救济而从诉讼中受益，但从社会或潜在原被告的立场来看，诉讼是需要成本的。无休止的举证、无终局的审判，使稳定的财产制度难以维持，个人利益也不能得到及时保护。

在现代证据制度中，效率与公正相比总是次要的。如果不顾公正而追求效率，那么，刑讯逼供可能更有效率。日本法学家棚濑孝雄认为，如果以"一定人力或物力为基数平均所解决的纠纷件数"作为衡量标准，恐怕近代的司法制度会被视为最无效率的纠纷解决方式。[2] 然而，我们不能为追求效率而倒退至刑讯逼供。

1. 价值体现了主客体之间的双向关系：一方面，客体具有满足主体物质和精神需要的意义或有用属性；另一方面，主体具有通过实践追求自身需要满足的取向并作出价值评价。价值本质上表现为主体性、实践性和普适性。

2. 真理和价值、认识论和价值论的统一，本质上是物的尺度和人的尺度的对立统一。它决定了证据法的双重功能：一是促进事实真相的发现即"求真"；二是维护普遍的社会价值即"求善"。这两种功能具有竞争关系。

3. 在证据法的诸多价值因素中，准确、公正、和谐与效率构成了证据法的四大价值支柱。

思考题

2.5. 为什么说准确认定事实是实现司法公正的前提？举例说明，在人类各种争端解决过程中，查明事实真相对于权利和义务的实现有何基础作用？

2.6. 为什么说公正是证据制度的首要价值？

2.7. 和谐价值在事实认定中有何意义？

2.8. 效率对公正的证据裁判有何影响？

2.9. 分析如下案例：

宁波市鄞州区人民检察院指控被告人章某某犯受贿罪，于2011年3月提起公诉。

---

[1] [美]迈克尔·D. 贝勒斯：《法律的原则——一个规范的分析》，张文显等译，中国大百科全书出版社1996年版，第85页。

[2] 参见[日]棚濑孝雄：《纠纷的解决与审判制度》，王亚新译，中国政法大学出版社1994年版，第26页。

针对控辩双方的争点，根据法庭查明的事实和证据，法院作出如下综合评判：

法庭查明，被告人章某某原在侦查机关对起诉书指控的全部犯罪事实做了多次有罪供述。在庭审过程中，控方宣读了被告人章某某的供述笔录、自我供述，当庭播放了被告人章某某有罪供述的审讯录像片段，又提供了侦查机关盖章并且侦查人员签名的关于依法、文明办案，没有刑讯逼供、诱供等违法情况的说明。被告人章某某辩解：其审判前的有罪供述是在被侦查机关刑讯逼供、诱供等情况下作出的违心供述，其向法庭提交了《冤案真相》《审讯过程及我的心路历程》《看守所日子》等书面材料，详细记载了何时、何地、何人对其刑讯逼供、诱供等具体情况。在庭审过程中，章某某又多次陈述侦查人员的上述行为，以证明侦查机关违法获取其有罪供述，该有罪供述不能作为定案的依据。辩护人根据章某某的供述提出相同的观点，并申请本院调取相关的证据。法庭根据章某某提供的线索，到宁波市鄞州区看守所提取了章某某在2010年7月28日的体表检查登记表，该表载明章某某右上臂小面积的皮下瘀血，皮肤划伤2cm。被告人章某某和辩护人又多次申请本院要求控方提供章某某的全程审讯录像并予以当庭质证。控方庭审中明确告知：因为审讯录像涉及机密问题，当庭播放不利于保密，故不能移送法院。辩护人又向法庭申请要求侦查人员出庭说明情况，控方也明确表示不出庭，当庭提交了侦查机关盖章并且侦查人员签名的关于依法办案、文明办案，没有刑讯逼供、诱供等违法情况的说明。

法院应当如何采纳和排除相关的证据？为什么？

第三节　证据法的概率论基础

一、概率论原理

（一）概率

概率（probability），又称可能性、盖然性，是一个关于可能性大小的量的概念。"某种事件在同一条件下可能发生也可能不发生，表示发生的可能性大小的量叫做概率。"[1]在可能性和不可能性之间有一个阈值（0.5），超过这个阈值，二者就会发生转化。

概率还与偶然性相通，称为或然性。"或然率是要测定的偶然事件的数目与全部可能发生的偶然事件的总数之间的比率。如 n 是可能发生的偶然事件的总数，而 m 是所要测定的偶然事件的数目，或然率就是 m/n。m 和 n 的比值在0和1之间，如或然率等于0，就是没有可能或不可能；如或然率等于1，就是百分之百的可能，这时

---

[1]《现代汉语词典》，商务印书馆2002年版，第404页。

的可能就完全变成了必然。"[1]

阿金斯坦提出了一个概率证据定义，即"E 是关于 H 假设的潜在证据，当且仅当①E 是真实的，②E 并未使 H 在逻辑上成为必然，③基于 E 的 H 概率是实质性的，④H 和 E 之间解释性联系的概率是实质性的"[2]。在这里，所谓"E 并未使 H 在逻辑上成为必然"，是指证据并不能揭示事实存在的必然性，而只能揭示事实存在的可能性或概率。

（二）概率论

概率论（probability theory），是指有关概率问题的科学理论。概率论的应用领域虽然十分广泛，但严格地说，在学科上属于现代归纳逻辑的一个分支。"现代归纳逻辑是在两个方向上进行的，一是对传统归纳法作进一步的探讨，一是用概率论的定量分析和公理化、形式化的手段探索有限的经验事实对一定范围内的普遍原理的归纳支持和确证程度。"[3]

现代归纳逻辑的概率论分为客观概率论和主观概率论两大学派。前者把概率理解为独立于人类意识的自然属性，着眼于概率的客观量度，强调概率陈述的正确性有赖于经验事实。客观概率论又分为频率概率论、倾向概率论、逻辑概率论等分支。例如，频率概率论根据随机事件发生的频率，或者总体样本中的事件个数来赋值概率。这种运用方式的前提，是我们对总体样本有清楚的认识，样本具有有限个可能结果，而且对某个随机事件发生的频率有较为准确的估计。逻辑概率论主张，在知识和由此推断出的概率之间存在一种"客观"关系，概率就是两命题或命题集合之间的一种逻辑关系。凯恩斯说："从逻辑的重要性说，概率不是主观的。一个命题不能因为我们是那么认为的就变成可能的。一旦决定我们知识的事实是给定的，那么在这个环境中什么是可能的或者不可能的就被客观地决定了，这独立于我们的看法。"[4] 逻辑概率论说明了理性人的一般逻辑特征。

相比之下，后者"按照主观主义的看法，概率表示某个人根据给定的证据对一个给定陈述所具有的确信度……一个事件分配的概率是随人们的知识状态的变化而改变的"[5]。就是说，对于同一组给定的证据信息，由于决策者的背景、信念不同，完全可能出现相差甚远的判断结果。例如，两个人就同一件事情打赌。又如，不同的事实认定者面对同样的证据，却可能会作出不同的裁决。主观概率解释关注的是

---

[1] 李秀林、王于、李淮春主编：《辩证唯物主义和历史唯物主义原理》，中国人民大学出版社 1990 年版，第 253、200 页。

[2] P. Achinstein, *The Nature of Explanation*, Oxford, OUP, 1983. 转引自 Evidence, Proof, and Facts, A Book of Sources, Edited by Peter Murphy, MA, LLB (Cantab) of the Middle Temple, Barrister and of the California and Texas Bars Professor of Law, South Texas College of Law, Oxford University Press, 2003, p. 4.

[3] 崔清田主编：《现代逻辑科学》，天津教育出版社 1990 年版，第 223 页。

[4] 参见 J. Keynes, *A Treatise on Probability*, 1921, Macmillan, London, 1957 reprint, p. 180.

[5] 崔清田主编：《现代逻辑科学》，天津教育出版社 1990 年版，第 225 页。

个体由于个人信念而产生的逻辑差异。

二、事实认定的盖然性

(一)"证据之镜"决定了事实认定的盖然性

根据"证据之镜"原理,由于案件事实是过去在法庭之外发生的,事实认定者只能凭借证据这个联系主客体的唯一"桥梁",间接地认定案件事实。就是说,从主客体的相互关系来看,事实认定者运用证据进行经验推论而作出的事实认定,是对事实主张之可能性所作的裁断,必然具有盖然性。

特文宁教授等论述了基于证据的事实认定必然具有盖然性的五个基本理由:[1]"第一,我们的证据总是不完全的,我们永远不会掌握所有证据。"就是说,事实认定的确定性,取决于我们能够获得多少证据。要拼出"上帝"剪的是什么地图,关键是可获得多少证据。获得的证据当然越多越好,但我们永远不会获得所有的证据。"第二,证据一般是非结论性的。这意味着,在某种程度上,证据也许对争议中某一方的主张更有利些,或者与争议中某一方主张的事实真相更相符一些。"这是指,同一个证据可以支持诉讼双方不同的事实主张。"第三,我们拥有的证据常常是含糊的,我们不能确定,证据告诉了我们什么或传达了什么信息。"这是由语言的模糊性或歧义性所决定的。例如,情书上的话语可以作多种解释。"第四,证据实体通常是不和谐的;某个证据也许支持一种主张,而另一个证据则支持另一个主张。"这是指,不同的证据可以支持诉讼双方不同的事实主张。"第五,对我们来说,证据来源于其所具有的不尽完美的可信性等级。"可信性关注一个证据或证据来源可被相信的程度,包括真实性、可靠性和诚实性等。请看【案例2.3】,对于理解特文宁教授关于基于证据的事实认定必然具有盖然性的五个基本理由来说,这个案例中提出的各种证据有一定的启示作用。

【案例2.3】　　　　　　人民诉辛普森[2]

1994年7月,加利福尼亚州正式起诉辛普森于1994年6月12日谋杀了其前妻妮可及高曼。审判于1995年进行。争点之一是辛普森是否有实施犯罪的机会。在审判中提出的与该争点有关的证据被概括如下:

在1994年6月12日晚10:15~10:20这段时间,富恩特斯听到一只狗的"悲鸣"。大约在晚上10:45,施瓦布发现妮可的秋田狗爪子上有血迹。大约与此同时,辛普森房子里的一位客人凯林听到他卧室外的墙上有三声重击声,他以为可能是发生了地震。他走出来,沿着房子后面的小路走了一圈,但没有看到任何东西。帕克是一位豪华轿车司机,预定来接辛普森去洛杉矶机场,赶晚上11:45去芝加哥的飞

---

[1] 参见[美]特伦斯·安德森、[美]戴维·舒姆、[英]威廉·特文宁:《证据分析》,张保生等译,中国人民大学出版社2012年版,第327~328页。

[2] People v. Simpson (Cal. 1994).

机。他提前赶到辛普森家。他在晚上 10:40 和 10:49 两次在大门口按喇叭，但没有得到回应。在 10:55，帕克看到一位穿深色衣服的非洲裔美国男人走进了那栋房子。他在 10:56 再次按响喇叭，这次辛普森回应了。辛普森说他正在淋浴，过几分钟就出来。凯林打开大门，帕克将车开到房子前门。台阶上有两只黑色粗呢袋子。在晚上 11 点钟，辛普森走出来。他穿着一条砂洗蓝色牛仔裤，一件白色波罗牌衬衫，臂上搭了一件外套和一只带标签的手提袋。帕克与他握手。他未看到他手上有什么割伤和血迹或任何非同寻常的情况。按照侦探万纳特的说法，从邦迪快速路 875 号妮可的房子开车到北罗金厄姆大街 360 号辛普森的房子，以最高时速驾驶的话，大约要花 5 分钟时间。

(二) "概括之石"造就了事实认定的盖然性

现代证据制度的理性特征，主要体现在相关证据有助于事实认定者评估要件事实存在的可能性。这种可能性又是通过以生活经验或概括为根据的归纳推理而评估的。因此，关于可能性的推断是基于如"通常""一般情况下"等词引出的概括。

在第一章图式 1.10 中，从证据到最终待证事实的经验推论链条中的每一个推论步骤，事实认定者都要踩着一块块"概括之石"（G_1，G_2，G_3，G_4），从证据此岸到达最终待证事实的彼岸。概括在经验推论链条中"必要却危险"的作用，决定了经验推论离不开概括，但依据可靠性程度不同的概括会得出盖然性程度不同的结论；如果踩上一块极不可靠的"概括之石"，还有丧身波涛的危险。因此，艾伦教授说："证明力的首要测量手段，是把证据性事实与要素事实乃至诉讼要件连接起来的推论的强度。该强度取决于蕴含于那些推论中的归纳概括的粗略概率。"[1]

(三) 说服责任的确定性程度或证明标准的盖然性

"说服责任则是指陪审团为了对特定争点作出认定而必须具有的确定性程度……在民事案件中，陪审团必须通过优势证据认定原告的诉求是真实的。优势证据意味着可能性高于 50%，或'可能的概率高于不可能的概率'。在刑事案件中，说服责任意味着在有罪问题上要'确信无疑'。"[2] 证明标准既是证明主体履行说服责任对案件事实的证明所应达到的标准，又是事实认定者作出裁决时被这些证明所说服的程度。

在民事诉讼中，说服责任是相对的。如果原告有超过 50% 的说服责任，并使事实认定者能够确信原告对事实的陈述是真实的，那么，被告将会败诉。反之，如果被告没能履行一定的说服责任，那么，事实认定者就会相信原告对事实的陈述有超

---

[1] [美] 罗纳德·J. 艾伦等：《证据法：文本、问题和案例》，张保生、王进喜、赵滢译，满运龙校，高等教育出版社 2006 年版，第 167 页。

[2] 参见 [美] 罗纳德·J. 艾伦等：《证据法：文本、问题和案例》，张保生、王进喜、赵滢译，满运龙校，高等教育出版社 2006 年版，第 253~254、807 页。

过50%的可能是真实的。

在刑事诉讼中，国家作为"原告"不仅承担着提出证据的举证责任，还承担着提供充分证据的说服责任。说服责任的要求是，必须对所指控犯罪的每一要件事实的证明都达到让事实认定者确信无疑的程度。"确信无疑"或"确实、充分"，是指一种"道德上的确定性"，而非数学上的"绝对确定性"。其确信程度，大约95%左右。这是根据刑事错案率大致推算出来的。例如，"在美国，有数据表明，在强奸谋杀案审判的死刑定罪中，重罪审判的错误率大约在3.5%~5.0%之间"[1]。

概率证明标准向"不枉不纵"的司法理念提出了挑战。这种司法理念主张，公正司法必须做到不错不漏，或曰"既不冤枉一个好人，也不放过一个坏人"[2] 针对这种观念，有论者从无罪推定和疑罪从无的原则出发，提出了"宁可错放，也不可错判"的新理念。不枉不纵"这种观念看似不偏不倚，但在司法实践中却极易滑向宁枉勿纵"。一项好的制度并不能保证百分之百地做到不放掉一个坏人，但应当百分之百地保证不冤枉一个好人。[3] 上述争论表明，司法界对事实真相和证明标准的盖然性还缺乏必要的共识。按照"证据之镜"原理，事实认定的准确性不仅取决于控辩双方能够获得多少可用的证据，还取决于事实认定者辨别证据真伪的能力。证据的不完全性、非结论性、模糊性、可信性等，都决定了事实认定的结论具有盖然性或可错性。如果错误不可避免，那就只能要求两错相衡取其轻，因为错判无辜者的成本更高；"宁漏不枉"则最大限度地降低了错判无辜的风险，反映了道德成本最小化原则。

三、关于证据法的概率论研究

证据法的概率论研究，即应用概率论方法对证据法问题进行的研究，是对事实认定的一种概率论解释。

（一）传统概率论与贝叶斯定理

贝叶斯定理是传统概率论的代表。该定理最初由英国神职人员、数学家贝叶斯于1763年在《论机会学说问题的求解》一文中提出，经过多年完善而发展成为一套理论与方法。贝叶斯定理是由条件概率和联合概率推导出来的。

条件概率是事件A在另外一个事件B已经发生条件下的发生概率，表示为$P(A\mid B)$，读作"在B条件下A的概率"。例如，在一个220人的群组中，以性别和身高来分类的情况如下：

---

[1] [美]罗纳德·J. 艾伦："证据法、诉讼法和实体法的关系？"，张保生、张月波、汪诸豪译，载《证据科学》2010年第6期。

[2] 参见朱孝清："对'坚守防止冤假错案底线'的几点认识"，载《检察日报》2013年7月8日。

[3] 参见沈德咏："论疑罪从无"，载《中国法学》2013年第5期。

	高 (T)	矮 (S)	合计
男性（M）	50	50	100
女性（F）	30	90	120
合计	80	140	220

假定某个体是随机抽取的，则：
男性中高个子的概率 $P(T|M) = 50/100 = 1/2$
女性中高个子的概率 $P(T|F) = 30/120 = 1/4$
高个子中男性的概率 $P(M|T) = 50/80 = 5/8$
矮个子中男性的概率 $P(M|S) = 50/140 = 5/14$

可见，$P(T|M)$ 与 $P(M|T)$ 是不同的。前者表示在男性中高个子的概率，而后者表示高个子中男性的概率。在法律语境中，这两个概率非常容易混淆，以致产生相关的谬论。

联合概率是指两个事件 A 和 B 同时发生的概率，表示为 $P(A\&B)$。在上面的例子中：
既是高个子又是男性的概率 $P(T\&M) = 50/220 = 5/22$
既是矮个子又是女性的概率 $P(S\&F) = 90/220 = 9/22$

根据上表，我们还知道男性的概率 $P(M) = 100/220 = 5/11$，高个子的概率 $P(T) = 80/220 = 4/11$，男性中高个子的概率 $P(T|M) = 50/100 = 1/2$

由此可见：
$P(T\&M) = P(T|M) \times P(M)$，
同样地可得到
$P(M\&T) = P(M|T) \times P(T)$；
由于 $P(T\&M) = P(M\&T)$，因此，可得到方程式
$P(T|M) \times P(M) = P(M|T) \times P(T)$，
两边除以 $P(M)$，就可得到贝叶斯定理的经典表述：

$$P(T|M) = \frac{P(M|T) \times P(T)}{P(M)}$$

在证明推理中贝叶斯定理说明了获得某项新证据对先前被确定的概率的影响，该定理可以这样表述：

假定 H1，H2……是某个推断过程的若干可能前提，则 P(Hi) 是人们事先对各前提条件出现可能性大小的估计，称之为先验概率。如果在这个过程中得到了一个条件 A，那么贝叶斯公式提供了我们根据 A 的出现而对前提条件作出

新评价的方法。P（Hi|A）即是对前提 Hi 的出现概率的重新认识，称 P（Hi|A）为后验概率。比例 P（H|A）/P（H）也被称作标准相似度。

贝叶斯定理的表达式为：后验概率=标准相似度×先验概率。其中，先验概率表示，我们在获得新证据之前对这个命题（待证事实）为真的确信程度。似然度允许我们表达，这个新证据在把我们的先验概率转变为后验概率的过程中，有多大的强度和力度。后验概率关注的是，我们获得新证据之后这个命题的概率。在获得新证据的情况下，要重新评估待证事实的概率。

（二）概率论在法律中的应用[1]

1. 贝叶斯定理在人物辨认中的应用及其批评。法律领域中的概率被广泛讨论的一个焦点是1968年发生的柯林斯案。本案的主要争点是人物辨认问题。参见【案例2.4】。

【案例2.4】　　　　　　　人民诉柯林斯[2]

根据证人证言，一名白人女性袭击并试图抢劫一名老年妇女。这名女性袭击者，乘坐一辆由非裔美国男性驾驶的轿车从现场逃离。证人们描述了这两个作案者，以及他们逃离现场所乘轿车的细节。符合这些描述的一名白人女性和一名非裔美国男性随之被捕，并被送交审判。检控方聘请了一名叫爱德华·O. 索普（Thorp）的概率学家，来计算具有证人们所描述（并为被告所具有）的同样特征的任意两个人的概率统计估计。索普计算的概率估计值非常之小。检控方据此认为，这两个在押人，肯定就是实施该犯罪的那两个人。

1970年，一些概率学家对索普在柯林斯案中的计算进行了批评。1971年，特赖布（Lawrence Tribe）教授在《哈佛法律评论》发表了一篇题为《以数学进行的审判：法律过程中的精确和礼制》[3] 的文章。其基本观点是，作为一项政策，他反对将任何数字化概率运用于审判过程。主要理由是：①从交流角度说，只要法官和陪审团成员可被假定为不精通数学，他们就不应当用自己无法理解的语言接收信息；②数学论证很可能过于具有诱导性或容易产生偏见，因为，那些貌似"硬"的量化变数，很容易排挤那些"软"的非量化变数；③在诸如给无辜者定罪风险之可接受水平等问题上，量化分析在政治上是不适当的。

---

[1] 以下主要参见 [美] 特伦斯·安德森、[美] 戴维·舒姆、[英] 威廉·特文宁：《证据分析》，张保生等译，中国人民大学出版社2012年版，第九章概率、分量与证明力。

[2] People v. Collins (1968 Cal. 2d 319).

[3] Laurence H. Tribe, Trial by Mathematics: Precision and Ritual in the Legal Process, 84 Har. L. Rev. 1329 (1971), pp. 1329~1393.

在美国，复杂的统计学和概率证据，诸如 DNA 检测证据、中毒侵权案中的流行病学研究以及歧视案件中的雇主雇用惯例，除了计算概率的基础科学和经验有效性问题外，还产生了《联邦证据规则》403 风险。在概率数据具有经验有效性的情况下，当统计概率转换为事实认定者可以理解的"实际数字"时，可能会误导事实认定者或使其感到困惑。

2. 关于相关性的概率测量。然而，特赖布的批评并未阻止人们对法律领域概率问题进行讨论的兴趣。1977 年，理查德·伦珀特（Richard Lempert）发表了一篇关于相关性的文章，考察了按概率方法对证据分量分级的方式。他认为，尽管数学有特赖布教授所说的邪恶之处，但不要忽视概率推理研究。其基本观点是，证据问题的概率分析，对法学家来说可能在各方面都是非常有益的。他认为，这种对证据力量和分量的表达方式，与《联邦证据规则》401 定义的相关性完全吻合。证据的相关性表现在具有使要件事实更有可能或更无可能的"任何趋向性"。这个"任何趋向性"标准是一个极低的门槛。证明力的首要测量手段，是把证据性事实与要件事实乃至实体法要件连接起来的推论的强度。该强度取决于蕴含在那些推论中的概括之粗略概率。法官对这个概括中所表达的概率的粗略评估若为"通常"，其就是一个理性的陪审团可能作出的推论强度，它是无法精确量化的。因此，一个证据如果允许我们修正、上调或下调我们一些主张的概率，它就具有相关性。这正是似然比表达的内容。它显示了一项或多项证据，在多大程度上允许我们修正一个先验信念（在新证据出现之前），以形成一个后验信念（在考虑新证据之后）。

（三）非相加性概率信念[1]

由俄罗斯数学家科尔摩格罗夫 1933 年首先提出的传统概率论三公理是：①概率非零即正（没有负概率）；②一个确定事件（肯定发生的事件）的概率为 1.0；③如果两个事件不可能共同发生，其中一个或另一个发生的概率，等于它们分别概率之和。

谢弗（Shafer）拒绝接受第三条公理，即：在法律领域，常见的单一事件之概率判断必然具有相加性关系。谢弗认为，证据分量意味着对争议主张提供这个证据支持。对某个主张所提供的支持证据越多，该证据分量越大。谢弗运用 0 和 1.0（含）之间的数字表示支持度或分量，但与传统概率论相加性公理的做法不同。参比图式 2.6 和图式 2.7。

---

[1] 以下主要参见 [美] 特伦斯·安德森、[美] 戴维·舒姆、[英] 威廉·特文宁：《证据分析》，张保生等译，中国人民大学出版社 2012 年版，第九章概率、分量与证明力。

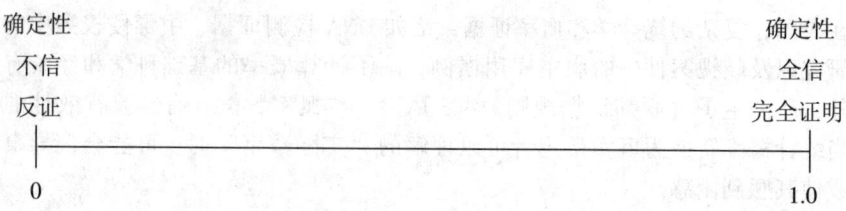

图式 2.6 传统概率论量表

在图式 2.6 的传统概率量表中，概率值为 1.0 意味着，一个事件肯定会发生，或者，你完全相信这个事件将发生。概率值为 0 意味着，一个事件肯定不会发生，或者，你不信这个事件会发生。

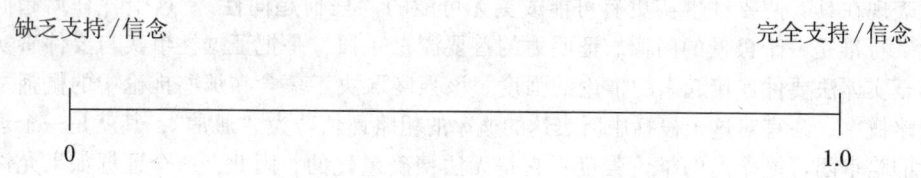

图式 2.7 谢弗证据性支持量表

然而，在图式 2.7 的谢弗证据性支持量表中，其赋值与传统概率不同，0 不再代表不信，而是缺乏信念。不能说我们不信某种主张，而后又说我们信它，但可以说缺乏信念。这意味着，如果我们的证据支持这种变化，就可以从缺乏信念，进到拥有一定程度的信念。

我们用【案例 2.3】辛普森案来说明这个问题。基于上述所有证据，判断辛普森犯有被指控罪行的概率。他要么在其前妻家里杀死妮可和高曼，要么没在其前妻家里杀死妮可和高曼。

假定，你作为事实认定者判断辛普森犯罪的概率为 0.6。现在，考虑一下关于辛普森没犯所指控犯罪的主张。辛普森不可能同时有罪又无罪；这两个事件是相互排斥的。所以，按科尔摩格罗夫公理：如果两个事件不可能共同发生，其中一个或另一个发生的概率，等于它们分别概率之和。就是说，无罪的概率是 0.4，因为，相互排斥事件的传统概率之和须为 1.0。显然，对辛普森有罪概率的评估，离"确信无疑"（0.95）标准太远了。

谢弗教授认为，这种传统概率论，总是要求在非此即彼的两种可能性中作出选择。但假定你不能确定针对辛普森的证据意味着什么，那么，还有第三种可能性，即某些证据，如帕克晚上 10∶55 看到一位穿深色衣服的非洲裔美国男人走进辛普森的房子，与他杀死妮可和高曼的事件没有联系。在你不能确定一些证据真正意义的情况下，你有权不作决定。

谢弗运用 0 和 1.0（含）之间的数字表示支持度或分量，但与科尔摩洛科夫相加性公理的做法不同。假设，U=最终待证事实，即辛普森犯有被指控之罪；则非-U=U 的否定，或辛普森未犯被指控之罪的可能性。

只考虑帕克的证言；L 代表帕克的证言。这个证言作为证据，在多大程度上支持 U 或非-U？SL 代表依据帕克的证言 L 对这些可能性的赋值：这里是你如何给 SL 赋值的一个例子：

	{U}	{非-U}	{U, 非-U}
SL:	0.6	0.1	0.3

这些赋值说明，你相信，帕克的证言支持辛普森有罪的程度是 0.6，无罪的程度是 0.1。但是，你赋予 {U, 非-U}（辛普森有罪或辛普森无罪）0.3 的支持值是什么意思呢？它表明了你对这个证言支持辛普森有罪/无罪的犹豫不决程度。你目前不能作出决定。参见图式 2.8。

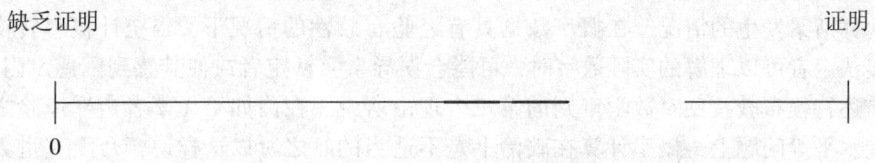

图式 2.8　科恩的培根归纳法概率

图式 2.8 中科恩的培根归纳法概率，明显不同于图式 2.6 量表中的普通概率。首先，一个零值培根归纳法概率，与在谢弗支持度量表中的零值具有不同的意义。在这里，0 意味着缺乏证明而不是反证。如果通过证据证成，我们可以从缺乏证明，进到某种证明。科恩的培根归纳法概率系统考虑了两个问题：一是被我们的证据支持性地回答的问题，二是没有被我们的证据回答的问题。科恩指出，在评判证据的证明力时，我们不能忽视自己拥有多少证据，以及它覆盖与争议事项相关问题的完整程度。

（四）威格莫尔和证据的模糊分量

威格莫尔不是概率学家，但他十分明白，推论链条中证据与待证事实之间的联系本质上是盖然性的。在很多情况下，我们无法给某些事件分配精确的数字化概率，但又希望向其他人传达我们关于这些事件可能性的信念。威格莫尔用"力量（force）"来描述这些概率性联系的强度。他用不同的符号来表示"弱证明力""强证明力"和"临时证明力"。

威格莫尔之后，洛特菲·扎德提出了"模糊逻辑"理论。他认为，在我们的推论和决策活动中，到处都存在着不精确性。例如，在概率推理中，我们常常用言词而不是数字来表示我们结论的强度，因为我们没有相关依据来提供精确的单一概率值甚或概率区间，这称为"模糊概率"。模糊概率的修饰语充斥于法律领域，例如确信无疑、概率优势、清楚且令人信服的证据、合理根据等。这些法庭裁决标准都是模糊的，因为我们不能提出精确且无争议的数字概率。

四、从精确概率走向模糊概率或似真性

承认事实认定具有盖然性，与主张用概率论进行审判是两回事。在司法实践中，复杂的统计学和概率证据，如 DNA 检测、中毒侵权案中的流行病学调查等，会遇到以下两个问题：首先，关于概率计算的基础理论和经验有效性问题：一是客观概率不足以解释司法证明的性质。"有关事件在某种确切情况下，要么发生过，要么没有发生过。我们不能重复实验一千次，来判定这些事件过去发生的频率。"[1] 此外，用相对频率理论来解释事实认定，还存在诸如确定何种参照组等困难，因为不存在客观正确的参考组。[2] 二是主观概率或认知概率论在司法证明中虽有一定的解释力，但它忽略了某些重要的心理要素，形式化概率表达并不能完全传递信念的丰富内涵。[3] 其次，使用概率证据还存在"危险性在实质上超过证明力"[4] 的问题。像柯林斯案发生的情况，在概率数据具有经验有效性的情况下，当统计概率转换为事实认定者可以理解的实际数字时，可能会误导事实认定者或使其感到困惑。因此，如前述特赖布教授反对数学审判的第三个理由所说，在诸如给无辜者定罪风险之可接受水平等问题上，概率计算在政治上是不适当的。之所以这样说，乃因《世界人权宣言》第 10 条[5]和《公民权利和政治权利国际公约》第 14 条[6]都在对二战期间法西斯践踏人权和人的尊严进行深刻反思的基础上规定：只能由一个依法设立的独立而无偏倚的法院，经过公正、公开的审判，才能给一个人定罪。就是说，法院审判是法官依据法律和证据进行的法律裁判，而不是科学家根据计算进行的科学裁判。在法院审判过程中，科学家的角色是证人，而不是法官。

在精确概率受到挑战的情况下，法学家们开始向模糊逻辑和科学哲学寻求理论和方法启迪。参照扎德的"模糊逻辑"理论，法庭裁决标准具有模糊性，人们要提

---

[1] [美] 特伦斯·安德森、[美] 戴维·舒姆、[英] 威廉·特文宁：《证据分析》，张保生等译，中国人民大学出版社 2012 年版，第 327 页。

[2] 参见 [美] 罗纳德·J. 艾伦：《证据与推论——兼论概率与似真性》，张月波译，张保生校，载《证据科学》2011 年第 1 期。

[3] Ho Hock Lai, *A Philosophy of Evidence Law Justice in the Search for Truth*, New York: Oxford University Press, 2008, p. 118.

[4] 参见美国《联邦证据规则》403。

[5] 该条规定："人人完全平等地有权由一个独立而无偏倚的法庭进行公正的和公开的审讯，以确定他的权利和义务并判定对他提出的任何刑事指控。"

[6] 该条规定："在判定对任何人提出的任何刑事指控或确定他在一件诉讼案中的权利和义务时，人人有资格由一个依法设立的合格的、独立的和无偏倚的法庭进行公正的和公开的审讯。"

供精确的单一概率值或概率区间均缺乏根据,这称为"模糊概率"。模糊概率的用语在审判中经常出现,如证明标准中的"确信无疑""清楚且令人信服""优势证据""合理根据"等,都是模糊标准。证明力的"高""低","大""小",也都具有模糊性。在科学哲学领域,波普尔在前人研究基础上引入"逼真性"概念,并论述了逼真性与盖然性的区别。盖然性是在概率计算所规定的意义上使用的,"逻辑概率(这里不讨论物理概率)体现了通过减少信息内容而逐渐趋于逻辑确定性或重言式真理的观念。另一方面,逼真性则体现了趋于全面真理的观念。因此它把真理和内容结合起来,而概率则把真理与缺乏内容结合起来"[1]。波普尔提出逼真性观念,是要平衡其证伪主义与科学真理之间的紧张关系。逼真性理论一方面承认真理是可以接近的,另一方面也提醒我们,在求真过程中会出现不可预见及难以预防的错误。

波普尔的"逼真性"(verisimilitude)概念与艾伦的"似真性"(plausibility)概念,都是在批判传统概率论只重视真理之逻辑形式的基础上,认识到精确概率计算的局限性,从而转向全面或整体真相之内容方面的一种尝试。艾伦认为,概率论虽然可以用来辅助司法证明,但司法证明本质上不是概率论操作。一个另辟蹊径的思路是:以最佳解释推论(IBE)来取代概率论解释。"在诉讼中,会产生潜在解释,一个推论是对解释性理由的一个潜在解释。第一阶段的工作是直接的,主要由当事人(包括刑事案件中的检控方)完成,其必须就事件提出竞争性版本,如其真实,便能解释审判中提供的证据。对起诉或辩护负有证明责任的当事人提出事件的版本,包括构成其特定起诉或辩护的形式要素;对方当事人则提供事件未包括一个或多个形式要素的版本。此外,如果法律允许,当事人可以提供事件的其他版本来解释证据。最后,事实认定者并不受制于当事人明确提出的潜在解释,而是可以建构自己的解释,要么在评议中就此告知其他陪审团成员,要么自己得出其所能接受的结论。"[2]

在司法实践中,证据的相关性和证明力都是情境性的。概率论解释的问题在于,其只针对证据片段,试图用赋予假设概率的方法将证据模型化。例如,对竞争性故事进行量化对比,会得出荒谬的结果。实际上,依据概率论解释而用盖然性语言表达的证明标准,都可以借助似真性理论来重新予以说明。艾伦认为,当裁判者运用"优势证据"或"确信无疑"的证明标准时,其内心并未出现大于0.5或大约0.95这种表示可能性的刻度。事实认定者在审查了相关证据后,往往是直接把自认为合理的事实主张当作事实真相;如果没有形成合理的确信则会继续进行审理,而不会贸然根据盖然性作出裁判;如果最终裁判时并不确信所认定的就是事实真相,便会

---

[1] [英]卡尔·波普尔:《猜想与反驳——科学知识的增长》,傅季重等译,上海译文出版社1986年版,第339页。

[2] [美]罗纳德·J.艾伦:"司法证明的性质",王进喜等译,载[美]罗纳德·J.艾伦:《艾伦教授论证据法》(上),张保生等译,中国人民大学出版社2014年版,第110页。

感到不安。"优势证据"意味着，只要事实认定者能够判断出哪个故事或主张更接近真相，他就可以把它当作是真的，而不用感到不安；"确信无疑"则意味着，在刑事诉讼中，事实认定者要进行一系列判断，根据无罪推定原则，"如果没有似真的犯罪案情，此人就是无罪的；如果有似真的犯罪案情，且没有似真的无罪案情，此人就是有罪的；如果有似真犯罪案情和似真无罪案情，此人就是无罪的"[1]。

按照似真性理论，最佳解释推论是一种整体解释方法，它不局限于一个个具体的证据，而是关注由证据拼合出来的完整案情或故事。基于这些判断，事实裁判者可以合理相信其已经寻觅到案件真相。在民事诉讼中，可以在似真的有责与无责案情之间进行比较，并依据更接近真相的故事版本作出裁判。但在刑事案件中，不能进行类似的比较。就是说，在同时出现似真的有罪案情和似真的无罪案情时，只能选择无罪判决。这一选择被表述为"疑罪从无"。我国《刑事诉讼法》第 175 条第 4 款关于证据不足"应当作出不起诉的决定"，第 200 条第 3 项"证据不足，不能认定被告人有罪的，应当作出证据不足、指控的犯罪不能成立的无罪判决"的规定，就都体现了"疑罪从无"的原则。证据不足，就是没有似真的犯罪案情，或者似真的犯罪案情与似真的无罪案情同时存在，那就应当认定被告人无罪。例如，在念斌案中，[2] 关键证据鼠药从何而来、如何投放等，经审判都没有得到证明，就无法得到一个似真的犯罪案情。"在刑事司法领域，不搞无罪推定，就难免不搞有罪推定；不搞疑罪从无，就难免不搞疑罪从有；任何形式的疑罪从轻、疑罪从挂，实质上都是疑罪从有……刑事司法人员必须树立起疑罪从无的观念，彻底抛弃或多或少残存的有罪推定思想，将保障无罪的人不受刑事追究确立为刑事诉讼不可逾越的一条红线，依法保护公民的正当权利，维护司法文明和理性的社会秩序"[3]。

司法证明理论从精确概率走向模糊概率或似真性理论的发展趋势，对我国司法改革和证据法学研究具有借鉴意义。按照似真性理论，最佳解释推论是一种整体解释方法，它不局限于一个个具体证据，而是关注由证据拼合出的完整案情或故事。基于这些判断，事实裁判者可以合理相信其已经寻觅到案件真相。在民事诉讼中，可以在似真的有责案情与无责案情之间进行比较，并依据更接近真相的故事版本作出裁判。在刑事案件中，在同时出现似真的有罪案情和似真的无罪案情时，只能选择无罪判决，这又可被表述为"疑罪从无"。

---

[1] 参见［美］罗纳德·J. 艾伦："证据与推论——兼论概率与似真性"，张月波译，张保生校，载《证据科学》2011 年第 1 期。

[2] 参见福建省高级人民法院（2012）闽刑终字第 10 号刑事附带民事判决书。

[3] 沈德咏："论疑罪从无"，载《中国法学》2013 年第 5 期。

1. "证据之镜"原理在以下几个方面决定了事实认定的盖然性:其一,事实认定的准确性取决于可获得多少证据。我们所获得的证据总是不完全的,永远不会获得所有的证据。其二,证据是非结论性的,同一个证据可以支持不同的事实主张。其三,证据常常是含糊的,因为语言具有模糊性或歧义性。其四,不同的证据可以支持不同的事实主张。其五,证据具有不完美的可信性等级。

2. 经验推论离不开"概括之石"。不同的概括在人类知识库中的可靠性程度不同,事实认定者依据概括进行经验推论,结论便具有不同程度的盖然性。

3. 证据法的概率论研究,有助于揭示事实认定的盖然性。关于相关性的概率测量,谢弗、科恩的培根归纳法概率理论,威格莫尔和扎德的模糊概率,都是对事实认定的概率论解释。证据法的概率论解释进路,对于理解证据的相关性、证明标准的盖然性以及破除"证据客观说""客观真相说"均具有方法论意义,但其偏重单个证据的概率赋值、追求事实认定的精确性又有一定局限性。相比之下,似真性解释关注由证据片段拼合出来的完整案情或故事,是一种新的整体性解释进路。

2.10. 根据阿金斯坦的概率证据定义,即"E是关于H假设的潜在证据,当且仅当①E是真实的,②E并未使H在逻辑上成为必然,③基于E的H概率是实质性的,④H和E之间解释性联系的概率是实质性的"。请将一个具体案件的证据代入E,并将一个具体的假设代入H,论述E和H之间的概率关系。

2.11. 在戴维斯诉合众国案中,法庭支持采纳两位对方专家提供的证言,该专家证言涉及被告是弃婴之父母的概率。检控方专家根据两个不同的血液检验作证说:"我们将这些数据相乘,得到518 000比1的结果……如果随机在社区抽选,戴维斯先生和戴维斯女士而非他人为婴儿勒基的父母的概率是99.398 079%。"该专家将这个概率百分比折算为"实际数字"并得出结论说,在50万对夫妇中只有一对夫妇可能是婴儿勒基的父母。美国某些州法规定,在生父血缘案中可使用血液检验和概率评估,许多法院已批准在概率证言被适当提出并得到质证的情况下,该证言可以被采纳。请评论上述规定和法院采纳概率证据的合理性。

2.12. 请考虑概率证据如何会产生检察官谬误和辩护律师谬论?尽管DNA检验图谱的科学性得到普遍接受,但这种证据并不能直接判定亲子关系或判定某人有罪。它只能给出这种血液与从大样本人群中随机选择的个体血液相匹配的概率。正确的解释是:匹配概率为0.0001意味着,在一个特定群体中某一随机个体碰巧与从犯罪现场提取的那种血液的表型匹配的可能性为0.0001。然而,关于匹配概率的解释,可能会产生检察官谬论或辩护律师谬论。如果上述样本被证实未受到污染且得到了正确检验,"检察官谬论"主张,0.0001 的匹配概率意味着被告犯罪的概率是 0.9999 (99.99%)。相反"辩护律师谬论"主张,0.0001 的匹配概率意味着在一个 2.8 亿人口的国家中,至少有 2.8 万人具有此种遗传特征,因此,犯罪的概率是 2.8 万分之一。为什么说以上两种解释都是谬误?

2.13. 请评论以下一些检察院网站关于提高办案质量的宣传词:"审查批捕和审查起诉准确率均达到 100%";"查办职务犯罪实现了署名举报和交办案件初查率、定性准确率、侦结率、移送起诉率、有罪判决率'五个 100%'";"做到了……批准逮捕的案件 100%准确、提起公诉的案件 100%准确……提起公诉的案件 100%得到有罪判决、涉检信访案件 100%息访等七个百分百"。

2.14. 分组讨论:学生分为两组讨论本教材【案例 2.3】辛普森案,一组运用上述证据,证明辛普森肯定有谋杀妮可和高曼的机会;另一组运用上述证据,证明辛普森没有谋杀妮可和高曼的机会。然后,两组互换论题,再进行讨论。

第四节 证据法及其理论体系

一、证据法的特征

证据法是诉讼活动中规制证据运用和事实认定的法律规范。这可从以下几个方面来理解。

(一)证据规则构成证据法的主要内容

从内容上看,证据法一般由法律法规、司法解释和判例等组成,其主要内容是证据规则。首先,证据规则不仅指作为整体意义上的证据规则,例如,美国《联邦证据规则》,我国最高人民法院《民事诉讼证据规定》等;而且,也指具体意义上的证据规则,即分散在诉讼法和实体法中的证据规则,例如,德国《刑事诉讼法典》第一编通则第六章证人(第 48~71 条),我国《刑事诉讼法》第一编第五章证据第 50~65 条、第 191~198 条等,以及我国《刑法》《民法典》等实体法中的证据规则。其次,证据判例虽然也包含着证据规则,但不是严格意义上的成文证据规则,因而构成了证据法的次要内容。

1. 证据规则在西方两大法系的不同存在形式。在普通法系国家,以美国为例,"证据法最重要的表现形式之一就是证据规则"[1]。美国证据法实际上由三部分内容组成,一是《联邦证据规则》,适用于联邦法院审理的案件;二是各州的《证据规则》,适用于州法院审理的案件,有 40 多个州制定或修订了自己的证据规则,"在许

---

[1] [美] 罗纳德·J. 艾伦:《证据法:文本、问题和案例》,张保生、王进喜、赵滢译,满运龙校,高等教育出版社 2006 年版,第 49 页。

多情况下实际上是逐字逐句采纳了《联邦证据规则》";[1] 三是联邦和州法院的判例,例如,关于科学证据的"多伯特案规则"。

在大陆法系国家,证据规则在诉讼法中有详细规定,例如,法国《刑事诉讼法典》第一卷提起公诉和进行预审第三编第一章第四节证人的询问,第五节讯问和对质,第九节鉴定;第二卷审判管辖第一编第六章第三节证据的提交与讨论,第二编第四节第三目证据的提出。[2] 又如,德国《刑事诉讼法典》第一编通则第六章证人(第48~71条),第七章鉴定人、勘验(第72~93条);第二编第一审程序第六章审判(第244~246条、第248~254条、第256~257条、第261条)。[3]

2. 我国证据规则的五个层面。在我国,证据法实际上由更多的成分组成,有教材将我国证据法分为法律、法律解释、部门规章、国际条约和其他规范性文件五个层面,[4] 我们认为,这个划分基本上是全面的,下面分别加以论述。

(1) 法律,包括《刑法》《民法典》《海商法》等实体法、三大诉讼法等程序法以及《电子签名法》《道路交通安全法》等综合性专门法律中的证据规则。当然,三大诉讼法中的有关证据规则构成了我国证据法的核心内容,例如,《刑事诉讼法》第一编第五章证据,第二编第二章侦查取证的有关规则,第三编审判举证、质证和认证的有关规则;《民事诉讼法》第六章证据,第十二章第三节开庭审理中证据的规则等;《行政诉讼法》第五章证据,第七章审理与判决中的证据规则等。

(2) 司法解释,主要是最高人民法院和最高人民检察院颁行的有关证据规则,其中,最系统的是最高人民法院三大诉讼法解释中的证据规则,以及《民事诉讼证据规定》和《行政诉讼证据规定》。

(3) 部门法规,例如,公安部《公安机关办理刑事案件程序规定》中的证据规则等。

(4) 地方性证据规则,省级层面的,例如,北京高院《证据规定》、上海市《重大犯罪案件证据意见》等;地市级层面的,例如,广东省《深圳市法院民事诉讼庭前交换证据规则》等。[5] 这些地方性证据规则满足了司法实践的急需,对不完善的全国性证据立法起到了某种补充作用,但同时也造成了证据规则全国不统一的混乱局面。

(5) 国际条约,主要是联合国《世界人权宣言》《公民权利和政治权利国际公约》《打击跨国与有组织犯罪公约》和《反腐败公约》中的有关证据规则。我国作

---

[1] Ronald J. Allen, Eleanor Swift, David S. Schwartz, Michael S. Pardo, and Alex Stein, *An Analytical Approach to Evidence: Text, Problems, and Cases* (6th Edition), Wolters Kluwer (New York), at p. xli (2016).

[2] 《法国刑事诉讼法典》,余叔通、谢朝华译,中国政法大学出版社1997年版。

[3] 《德国刑事诉讼法典》,李昌珂译,中国政法大学出版社1995年版。

[4] 参见何家弘、张卫平主编:《简明证据法学》,中国人民大学出版社2007年版,第8~12页。

[5] 参见房保国:"现实已经发生——论我国地方性刑事证据规则",载《政法论坛》2007年第3期。

为联合国成员国和上述公约的签署国,理应在司法审判中遵循这些公约中的有关证据规则。

(二) 证据法兼具实体法和程序法的双重性

从法律属性上看,证据法兼具实体法和程序法的特性。证据法是调整司法证明活动中控辩审之间权利、义务关系的规范总和。这种双重特性是对司法证明活动规律性的反映,有利于规制司法证明的价值取向。

1. 证据法的实体法特性。证据法的实体法特性体现在两方面:一是证据相关性、可采性、可信性等方面的规则,主要规制证据的资格,包括物证、书证等证据的形式要求。对证据资格进行规范是证据法的基本功能,英美证据法中的可采性规则和大陆法系的证据能力规则,都旨在解决什么样的证据才能作为事实认定依据的问题。二是关于各种实体权利(如对质权、特免权)、证明责任、证明标准等实体性规则。例如,在证明标准问题上,给刑事被告人定罪要达到确信无疑的程度,而民事原告胜诉一般只须达到优势证据标准。

2. 证据法的程序法特性。证据法的程序法特性,主要体现在其遵循现代法治国家的正当程序原则,包括证据取证方式、出示方式、询问方式等程序性规定。英国罗伯茨教授说:证据法的标准普通法模式,整合了证人能力原则(如宣誓要求)和强制作证;规范证言证据举证的规则(主诉过程不得提出诱导性问题;再询问的范围;作证特免权;等等);记忆刷新;敌意证人;司法认知等,这些全都更适宜被归为"程序性"。[1] 证明程序的设计,主要解决的是证明途径或方法问题,服务于查明事实真相和保障诉讼当事人合法权益的双重目的。正当程序原则在证据法中体现在许多方面,例如,在证据可采性的判断中,依据正当程序原则排除非法取得的证据。又如,举证、质证和认证的程序应当具有正当性,以保证控辩双方平等的对抗权和审判人员的中立性。

证据规则的创设要考虑这种双重特性,一方面要注意与程序法的结合,以适应不同的诉讼制度或构造模式,与现行诉讼法协调;另一方面,要关注实体法如刑法、民法、商法、行政法等的相关规定,避免与之冲突。同时,也要考虑实体法特性与程序法特性划分的相对性,证据法显然是证据使用原则或"法庭推理规则"及可采性原则的集成。[2]

(三) 证据法是法治的基石

从证据法在整个法律体系中的地位来看,它是法治的基石,是实现司法公正的基石。这可从两个方面来理解:

---

〔1〕 [英] 保罗·罗伯茨:"普通法系证据法的五个基本谬误",阳平译,张保生校,载《证据科学》2018年第1期。

〔2〕 [英] 保罗·罗伯茨:"普通法系证据法的五个基本谬误",阳平译,张保生校,载《证据科学》2018年第1期。

1. 证据法是实现权利和义务的基础。权利和义务的实现取决于准确的事实认定。例如,在财产权争端中,谁有权占有、使用和处置某项财产,将根据提供给裁判者的证据来决定。权利和义务取决于事实。事实是先于权利和义务而存在的,因而更具基础性。没有准确的事实认定,权利和义务就会变得毫无意义。证据法决定了事实认定的方式。因此,确切地说,权利和义务取决于证据法。[1]

2. 证据制度处于诉讼制度的核心地位。证据制度是法治国家的一项基本制度,处于诉讼制度的核心地位。俗话说,"打官司,就是打证据"。各种诉讼争端的解决都要凭借证据,诉讼当事人权利义务的实现必须以证据为基础。"惟在法治社会之定分止争,首以证据为正义之基础,既需寻求事实,又需顾及法律上其他政策。认定事实,每为适用法律之前提。因而产生各种证据法则,遂为认事用法之所本。"[2]

二、证据法的理论体系

证据法是一个规制在法律程序中向事实裁判者提供信息的规则体系。[3] 证据法理论体系的构建,应当反映在各种证据规则背后起支撑作用的基本理念、法律原则或价值基础。本教材第四版仍按照"一、二、三、四"的思路,即"一条逻辑主线""两个证明端口""三个法定阶段""四个价值支柱",来构建我国证据法的理论体系。参见图式2.10。

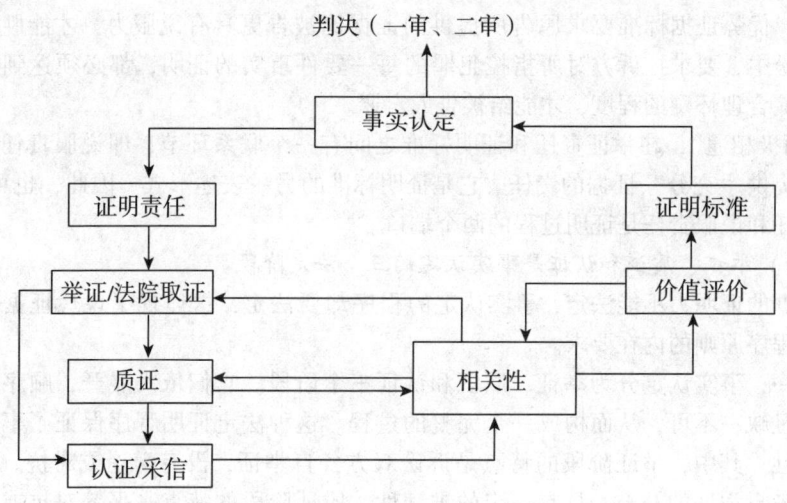

图式2.10 证据法的理论体系

---

[1] [美] 罗纳德·J. 艾伦:"刑事诉讼的法理和政治基础",张保生、李哲、艾静译,载《证据科学》2007年第1、2期。

[2] 李学灯:《证据法比较研究》,五南图书出版公司1992年版,序部分。

[3] [美] 戴维·伯格兰:"证据法的价值分析",张保生、郑林涛译,载《证据学论坛》2007年第2期。

（一）相关性是证据法的一条逻辑主线

相关性是证据的根本属性，也是现代证据制度的基本原则。相关性服务于准确价值，因此，对不相关证据的排除也遵从于发现事实真相的价值。事实认定是按照相关性逻辑线索，进行证据推理或经验推论的过程。一切举证、质证与认证活动，都是相关性这条逻辑主线的自然展开。

（二）证明责任和证明标准是证明过程的两个端口

广义的证明责任包括举证责任和说服责任。狭义的证明责任即举证责任是提出证据的责任，是证明过程发动的一极，即证明的起点或开端。"举证责任的主要意义在于，未能满足它，就将阻止负有举证责任的当事人向陪审团提供该事项，法院将会以对负有举证责任的当事人不利的方式解决该争议。例如，如果检控方未能就犯罪的每项因素提出充分证据以满足确信无疑的认定要求，那么，法院就将作出支持被告人无罪裁决的指令裁决。"[1] 在民事诉讼中，证明责任的分配奉行"谁主张，谁举证"原则，原告必须履行举证责任，否则就要承担败诉结果。在刑事诉讼中，《刑事诉讼法》第51条规定："公诉案件中被告人有罪的举证责任由人民检察院承担，自诉案件中被告人有罪的举证责任由自诉人承担。"

证明标准是证明过程终端的一极。它体现了证据裁判原则的内在要求。在民事诉讼中，优势证据标准要求原告所提供的证据比被告更具有说服力，才能胜诉。在刑事诉讼中，要求控诉方对所指控犯罪的每一要件事实的证明，都必须达到确信无疑或排除合理怀疑的程度，才能给被告人定罪。

"两极相通"，在举证责任和证明标准之间有一个联系环节，即说服责任。说服责任是提供"充分"证据的责任，它是证明标准的另一表述形式。因此，也可以说，举证责任和说服责任是证明过程的两个端口。

（三）举证、质证和认证是事实认定的三个法定阶段

证据的证明力不能法定，事实认定的程序却要法定，这体现了现代证据制度遵循正当程序原则的内在要求。

第一，事实认定分为举证、质证和认证三个阶段。它们依次展开，顺序不能颠倒，而且缺一不可，从而构成一个完整的过程。这种法定证明程序保证了事实认定的准确性。其中，举证阶段的特点是诉讼双方各自举证，没有辩论或对抗。法院取证是对各自举证的补充，具有一定的被动性。质证阶段的特点是平等对抗或对举证的质疑，交叉询问和对质是基本方法。认证阶段，是事实认定者评议证据并根据证明标准作出裁决的过程。

第二，程序法定是程序正义的要求。程序法定所体现的秩序正义价值：一是保

---

[1] [美]罗纳德·J. 艾伦等：《证据法：文本、问题和案例》，张保生、王进喜、赵滢译，满运龙校，高等教育出版社2006年版，第841页。

证被裁判者受到公正对待；二是以一种操作性规范保证裁判结果的正当性；三是对社会公众接受裁判的公正性具有保障作用。[1] 在事实认定过程中，如果程序不能做到对一切人不偏不倚、一视同仁，其判决的公正性和正当性就没有保障。

第三，事实认定的程序法定包含着证明标准法定。程序法定体现了证据裁判原则的内在要求，刑事诉讼、民事诉讼和行政诉讼的证明都必须达到一定标准，才能作出有罪或担责的裁判。这也意味着，不同的诉讼活动由于目的不同，在证明标准上存在着差别。

（四）准确、公正、和谐与效率是证据法的四个价值支柱

在证据法的四个价值支柱中，公正是证据制度的首要价值。然而，准确认定事实又是实现司法公正的前提。和谐是一种证据政策，这种政策认为，通过破坏人类某些重要关系而获得查明事实真相的价值，不及牺牲查明事实真相而维护这些关系的价值。效率与公正并非完全势不两立，追求效率有时候也可用于实现公正的目的。证据规则在注重司法公正的同时兼顾诉讼效率，使证明活动受到合理的限制，避免造成浪费，防止有钱的当事人无休止地举证而置贫穷的当事人于不利地位，从而影响实质的司法公正。

1. 证据法是诉讼活动中规制证据运用和事实认定的法律规范，是规制在法律程序中如何向事实裁判者提供信息的规则体系。证据规则是证据法的主要内容。

2. 证据法兼具实体法和程序法的双重特性。

3. 证据法是法治的基石，是实现司法公正的基石。证据制度是法治国的一项基本制度，它在诉讼制度中处于核心地位。

4. 在证据法的理论体系中，相关性是一条逻辑主线，证明责任和证明标准是两个进出端口，举证、质证和认证构成了证明过程的三个法定阶段，准确、公正、和谐与效率是证据法的四个价值支柱。

2.15. 如何理解证据法是法治的基石（The law of evidence is the bedrock of the rule of law）（参见［美］罗纳德·J.艾伦：“证据法的理论基础和意义”，张保生、张月波译，载《证据科学》2010年第4期），是实现司法公正的基石？

2.16. 证据法的价值基础和功能是什么关系？在约束法官自由裁量权、促进事实

---

〔1〕 参见［美］昂格尔：《现代社会中的法律》，吴玉章、周汉华译，中国政法大学出版社1994年版，第186页。

真相的发现或维护公正等价值方面，证据法的各种功能如何统一？

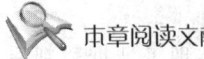
本章阅读文献

1. 夏甄陶：《认识论引论》，人民出版社1986年版。
2. 李德顺：《价值论》，中国人民大学出版社2007年版。
3. ［美］约翰·罗尔斯：《正义论》，何怀宏、何包钢、廖申白译，中国社会科学出版社1988年版。
4. ［美］迈克尔·D. 贝勒斯：《法律的原则——一个规范的分析》，张文显等译，中国大百科全书出版社1996年版。
5. ［美］特伦斯·安德森、［美］戴维·舒姆、［英］威廉·特文宁：《证据分析》，张保生、朱婷、张月波等译，中国人民大学出版社2012年版，第九章概率、分量与证明力。
6. ［新加坡］何福来：《证据法哲学——在探究真相的过程中实现正义》，樊传明、曹佳、张保生等译，中国人民大学出版社2021年版。
7. 张保生：《证据法的理念》，法律出版社2021年版。
8. ［美］戴维·伯格兰："证据法的价值分析"，张保生、郑林涛译，载《证据学论坛》2007年第2期。
9. ［美］罗纳德·J. 艾伦："证据法的理论基础和意义"，张保生、张月波译，载《证据科学》2010年第4期。
10. ［美］罗纳德·J. 艾伦："证据与推论——兼论概率与似真性"，张月波译，载《证据科学》2011年第1期。
11. ［美］罗纳德·J. 艾伦："证据法、诉讼法和实体法的关系？"，张保生、冯俊伟、汪诸豪译，载《证据科学》2010年第6期。
12. 张保生、常林主编：《中国证据法治发展报告》（1978～2008、2009、2010、2011、2012、2013、2014），中国政法大学出版社2010、2011、2012、2013、2014、2015、2016年版，第二篇二、证据法学研究进展（一）证据法理论基础和体系。张保生、王旭主编：《中国证据法治发展报告》（2015～2016，2017～2018），中国政法大学出版社2018、2022年版，第二篇二、证据法学研究进展（一）证据法理论基础和体系。
13. 陈光中主编：《证据法学》，法律出版社2019年版，第四章、第五章。

第三章 证据制度历史沿革

【导读】 证据制度是司法裁判过程中运用证据认定事实的法律制度,是证据规则和判例等有效性规范的总和。人类社会争端的司法解决有赖于一定的证据制度。证据制度的演变与人类司法文明史具有同步性,经历了从早期神示证据制度、法定证据制度到现代证据制度的演化过程。现代证据制度既存在大陆法系、英美法系和混合法系的分野,又呈现出不同法系相互融合的趋势。我国证据制度的形成历史悠远,进入 21 世纪后,社会结构的急剧变迁、法治国家建设和司法改革的需要进一步推动了我国现代证据制度的建设。

恩格斯说:"历史从哪里开始,思想进程也应当从哪里开始,而思想进程的进一步发展不过是历史过程在抽象的、理论上前后一贯的形式上的反映"[1]。本章遵循逻辑与历史相统一的思路,依时间顺序,交叉考察证据制度产生和发展的历史,以及证据法学作为一种法学理论发生和发展的轨迹。

第一节 证据制度发展的一般规律

一、神示证据制度

(一) 神示证据制度及其产生背景

1. 神示证据制度的特点。"神示证据制度"(System of Divinity Evidence),是借助神明对案件进行裁判的各种方式的总称。它是一种通过召唤神明介入裁判来观察当事人行为或考验结果,从而最终决定案件结果的证据制度。这种证据制度普遍存在于人类社会早期。例如,形成于古希腊时期的《荷马史诗》就有大量关于决斗的记载。在古代日耳曼人统治欧洲的中世纪早期,神示证据制度更是大行其道,成为司法裁判的主要方式。英国哲学家乔纳森·科恩指出:"(神明裁判)证明并非用来说服扮演法官角色的上帝的证明,而是通过折磨性考验结果来说服人类法官的证明。"[2] 在神明裁判中实际上有五个主体:当事人双方、证人、法官以及神明,其

---

[1] 《马克思恩格斯选集》(第 2 卷),人民出版社 1972 年版,第 122 页。
[2] [英] 乔纳森·科恩:"证明的自由",何家弘译,载《外国法译评》1997 年第 3 期。

中法官常退居幕后甚至不需要形式上的法官。神明裁判主要是当事人双方和证人通过各类形式与神明进行互动体现出来的。我国上古时期也存在神明裁判的痕迹。传说尧舜禹时期，皋陶作为执掌刑狱的法官，通过神兽獬豸断案。

2. 神示证据制度兴起的背景。神示证据制度发端于人类社会早期，随着中世纪教会势力的强大于公元9世纪进入全盛时期，到13世纪后沉寂。其兴起有两个主要背景：

（1）日耳曼民族的兴起。神示证据制度在日耳曼民族有深远的传统，从公元5世纪开始，日耳曼民族兴起并逐渐统治了欧洲大陆的大部分区域，其民俗法也逐渐向所占领区域渗透，这为神示证据制度的兴起提供了基本条件。

（2）日耳曼宗教与基督教的结合。日耳曼人在欧洲大陆占统治地位的同时，基督教也得以传播。基督教信仰和实践对日耳曼人产生了巨大吸引力，日耳曼人的习俗和信仰逐渐和基督教义融合。日耳曼宗教和基督教都认为：超自然的力量是自然界所固有的，而感官能够接近的世界只是一种面具，在面具背后才发生着真正重要的事件。[1] 这种对存在于灵魂之外的超自然力量的信仰，为神示证据制度的兴盛奠定了思想基础。

（二）神示证据制度的种类

根据探查神明意志的方式分类，神示证据制度大致包括以下几种形式：

1. 直接面向神明。直接面向神明就是对神宣誓，依主体不同可分为两类：第一类是当事人直接向神明发誓，亦即宣誓涤罪制度。宣誓涤罪是存续时间最长的一种神意裁判方式，被告以特别虔诚的宗教方式，立足忠诚品格、宗教信仰或对已知或未知力量的恐惧（伪誓）而作出的事实论断，旨在证明自己无罪或起诉无依据。在盎格鲁撒克逊时代的英国，原被告双方在庭审过程中都必须以宣誓作为开始，并以固定的程式、准确的口头表达提交法庭，不允许改正或者口吃。因为按照当时的观念，如果某人欲作虚假宣誓，神灵就会使他说话时结巴。第二类是宣誓辅助人（oath-helpers）制度。宣誓辅助人作为证人宣誓：他们确信，传唤他们的一方当事人所主张的事由具有正当性。宣誓辅助人常常是对当事人十分熟悉的家人、邻居或者社区头面人物。不同国家或地区对宣誓辅助人的数量要求并不相同，有3个、5个、7个或12个，英国伦敦甚至可以达到36个。从诉讼地位看，宣誓辅助人类似品性证人，但无须就作证内容接受询问，而仅需发表支持传唤他们的一方当事人的论断即可。

2. 借某种外在形式单独面向神明。单独面向神明的外在形式种类繁多，典型的有水审、火审，还包括蛇审、沸油审、奶酪审、捧铧犁、吊簸箕等。

（1）水审。公元前18世纪颁布的《汉谟拉比法典》第2条规定："无故以符咒

---

[1] [美]哈罗德·J. 伯尔曼：《法律与革命——西方法律传统的形成》，贺卫方等译，中国大百科全书出版社1993年版，第77页。

蛊惑他人时，受蛊人应至圣河；投入河中。受蛊人溺毙圣河中时，加蛊人取其房屋。圣河若以其无辜而不加伤害时，加蛊人处死刑。跳入圣河者取加蛊人之房屋。"[1] 而在古代日耳曼人那里，水审则采用相反的标准：诉讼当事人膝盖处被绑起来，然后用一根绳子系在腰部，慢慢放入水中。根据他头发的长度在绳子上打一个结，如果他的身体沉入水中的深度足以使那个绳结没入水中，则证明他是清白的；否则就证明他是有罪的。因为洗礼派认为，那水是圣洁的，不能容纳提供虚假证言的邪恶之人。[2]

（2）火审。主要是通过观察火对一方当事人灼烧所产生的后果，来确定案件事实。中世纪的牧师常以下列方式开始火审："噢，上帝，公正的法官，你是和平的缔造者，你作出公平的审判，我们谦卑地祈求你赐福，而这块炽热的烙铁彰显神灵，凭它对未决的争执进行公正的检验。倘若此人欲洗刷嫌疑，证明自己清白，就亲手拿起这块炽热的烙铁，他会安然无恙；倘若有罪，便让你最公正的大能在其身上昭显真相。邪恶压不倒正义，谬误永远战胜不了真理。愿主保佑。"[3] 我国古代也广泛地存在着火审这种审判方式，《南齐书》卷五十八列传第三十九曾有如下记载："无牢狱，有讼则……烧锁令赤，著上捧行七步，有罪者手皆焦烂，无罪者不伤。"

（3）奶酪或面包审。在古代日耳曼时期，还发展出一种奶酪或者面包审：将一盎司的面包或者奶酪放在被控者面前，教会人员则在一旁祈祷："主呀，如果这个人不正当地发誓，那就闭上他的胃，使他无法咽下这块面包（奶酪）吧！"如果被控者无法咽下面包（奶酪）或者剩下面包（奶酪）那么他就是有罪的。这种审判被西方法史学家戏称为"原始的测谎器"。[4]

3. 通过争端各方互动来面向神明。这种形式的典型代表是司法决斗，即由争讼双方以搏击的胜负来展示神意。司法决斗并不像私人间的武斗，而是由法庭命令或认可，依据预定法律规则，具有固定仪式，以武力方式证明案件事实和诉讼请求，旨在避免或结束暴力冲突的一种司法程序。[5] 史料表明，大约6~9世纪，绝大多数欧洲大陆的日耳曼民族均将决斗作为刑事裁判的重要证明方式，并影响了英国和北欧。中世纪早期，随着封建制度的发展及骑士文化的兴起，司法决斗成为骑士阶层最热衷的纠纷解决方式，且逐渐演变为某种激进的生活方式与尊严象征。司法决斗的主体是双方当事人，但有时也会涉及其他人。当事人可要求与对方证人决斗，证

---

[1]　[英]爱德华滋：《汉穆拉比法典》，沈大銈译，曾尔恕勘校，中国政法大学出版社2005年版，第26页。

[2]　何家弘主编：《证据法学研究》，中国人民大学出版社2007年版，第4页。

[3]　Zeumer, *Formulae*, pp. 700~701. 转引自[英]罗伯特·巴特莱特：《中世纪神判》，徐昕等译，浙江人民出版社2007年版，第1页。

[4]　[美]哈罗德·J. 伯尔曼：《法律与革命——西方法律传统的形成》，贺卫方等译，中国大百科全书出版社1993年版，第67页。

[5]　徐昕："司法决斗之一：从武力到决斗"，载《检察日报》2007年3月16日。

人也可要求与申请回避的当事人决斗，宣誓辅助人也可参与决斗，甚至不服判决的败诉方可要求与法官决斗。在司法实践中，司法决斗广泛运用于各种类型的案件。例如，11世纪意大利法律书籍《伦巴第法文集》便列举了23种"可能导致司法决斗的行为"，包括叛逆罪、性犯罪如通奸和乱伦、纵火罪、投毒罪、证言冲突、对书证的异议、财产案件，以及一定金额以上的盗窃罪。[1] 这份罪名列表足以说明司法决斗适用的广泛性：既有针对人身的犯罪，也有针对财产的犯罪，既有刑事案件，也有民事事件以及政治案件。总体而言，中世纪欧洲大部分国家适用司法决斗的案件类型主要包括：恶性极大且秘密实施的犯罪，如叛逆罪、纵火罪和投毒罪；证据之间有争议的刑事案件；恶性不大但秘密实施的犯罪，如盗窃。轻微案件则通常不适用决斗。英国在1066年诺曼征服之后引入司法决斗，不仅用于刑事诉讼，也用于民事诉讼，尤其是涉及不动产争议的案件。在决斗过程中，决斗双方需遵循严格的程序。[2] 本来是一场乱斗，却又要遵循严格程序，可谓乱中有序。

（三）神示证据制度的衰落及其原因

1. 神示证据制度的衰落。在经历9~13世纪的繁盛之后，神示证据制度开始走向衰落。1215年第四次拉特兰宗教会议明令禁止在教会法院审判中使用"神明考验"。各国纷纷对教会这种立场作出回应：丹麦和英格兰分别于1216年、1219年宣布放弃神判，1230~1231年苏格兰和西西里分别下令禁止神判，1274年挪威马格努斯六世颁布的法典删除了关于神判的条款，西班牙于1247年颁布《韦斯卡法典》（Code de Huesca）禁止神判法令，13世纪中期和1320年瑞典两次颁布对神判的禁令。[3] 意大利大部分北部城市的神判在12世纪左右消亡，其余城市则相对较晚。在法国，中部地区的神判较早消亡，如图鲁兹地区为1159年，而北部地区则消亡较晚，大概为12世纪末期以及13世纪早期。在德国，神判消亡较晚，1220~1235年的《萨克森明镜》（Sachsenspiegel）依然规定了此种证明制度。直至13世纪下半叶甚至14世纪初，仍有一些法律规定了神判，如《莱比锡地方法》（Richtsteig Landrechts，大约为1325年）。匈牙利于13世纪末，波兰于14世纪初，卡西米尔于14世纪中叶，塞尔维亚于1354年，波希米亚于1355年（查尔斯四世的《卡洛琳娜王室法令》），克罗地亚于14世纪废除神判。

较之神明裁判，司法决斗消亡的时间较晚，尚无法作出准确考证。根据法史材料粗略估计：意大利和西班牙大概为14世纪初。葡萄牙于15世纪仍有司法决斗。法国不少地区14世纪仍存在司法决斗的案例。在英国，司法决斗自12世纪便开始衰微。13世纪初，司法决斗被刑事陪审团所取代，在司法实践中极少出现。在德国和匈牙利，直至中世纪末，司法决斗仍然大量存在。

---

[1]. [英] 罗伯特·巴特莱特：《中世纪神判》，徐昕等译，浙江人民出版社2007年版，第138页。

[2] 徐昕："司法决斗考"，载《法制与社会发展》2007年第1期。

[3] [英] 罗伯特·巴特莱特：《中世纪神判》，徐昕等译，浙江人民出版社2007年版，第7页。

需要指出的是，宣誓涤罪在欧洲绝大部分国家一直延续至今，只不过性质和功能均有极大转变：其不再是具体的证据形式，而是证人作证的前置程序。证人宣誓后作伪证的，将受到伪誓罪的刑事处罚。被告通常有权不进行宣誓。

2. 神示证据制度衰落的主要原因。

（1）社会生产力的发展和人类认识水平的不断提高，使神示证据制度所体现的蒙昧正义逐渐退出历史舞台。

（2）基督教会的反对。尽管基督教会和日耳曼习俗在超自然力量的信仰方面有共同基础，但神示证据制度的残酷又与基督教提倡博爱、无讼的教义格格不入。实际上，在基督教会中一直存在着反对神示证据制度的声音，这种声音随着基督教会的发展而日渐强烈，并在13世纪导致了教会对神示证据制度的废除。[1]

（3）对超自然力量信仰的审慎。伯尔曼说："只有当教会把它的重点转移到那个鼓励人类仿效自己的超验的上帝时，神明裁判、宣誓辅助人、决斗和决斗裁判才会让位给通过询问证人寻找事实的一种'理性的'的程序。"[2] 当教会将重点转向上帝本身时，意味着对通过身体器官去感知上帝意志可能性的怀疑，认为上帝的审判是隐秘而非常人之理性所能窥视的，这动摇了对神示证据的信任。

（四）神示证据制度评价

1. 神示证据制度的非理性色彩。神示证据制度作为人类社会最早的证明方式，不可避免地带有幼稚和蒙昧等非理性色彩。如果说，水审还披着某些让人一下子看不透的面纱，那么，火审的野蛮性便昭然若揭，试问：哪个肉身之人能够拿起炽热的烙铁而皮肉无恙，能够将烧锁捧行七步而手不焦烂？神明裁判，欲加其罪何患无辞！

因此，当人类开始以理性的方式来探寻案件事实真相时，神示证据制度就成为过时的认识手段。按照塞耶的观点，理性的事实认定方式是"任何通过法院在理性的天平上衡量证词或其他证据并且像现在那样来裁决被诉问题的判决"[3]。

2. 神示证据制度中的理性因素。

（1）神示证据制度中亦有"理性"证据。在古代欧洲法中（无论成文法还是习惯法），证人证言甚至文书证据等"世俗"或者"理性"的证据形式依然被广泛使

---

[1] 参见［英］罗伯特·巴特莱特：《中世纪神判》，徐昕等译，浙江人民出版社2007年版，第五章。

[2] ［美］哈罗德·J.伯尔曼：《法律与革命——西方法律传统的形成》，贺卫方等译，中国大百科全书出版社1993年版，第77页。

[3] 转引自 William Twining, *Rethinking Evidence: Exploratory Essays*, 2nd ed., Cambridge University Press, p. 35.

用。[1] 裁判者在司法实践中仅在缺乏此类证据的情况下方诉诸宗教证据以查明真相。

（2）神示证据制度是当时社会纠纷解决的最后屏障。"只有在宣誓辅助人的人数达不到要求，或者纠纷无法借助其他方式加以解决时，才会诉诸超自然力的考验。"[2] 因此，神示证据的使用实际上是有前提条件的，而不是任意的。在纠纷无法通过其他方式解决的情况下，神示证据的使用有利于纠纷的最终解决，避免了初民社会那种延绵不断的血亲复仇带来的巨大社会成本。

（3）由于现代意义上的国家和法律体系尚未建立，人类社会探求真相的欲望远远不及纠纷解决的欲望，而神示证据制度恰好满足了这一追求，它在追求案件真相方面的缺陷则得到了一定程度的弥补。

（4）神示证据制度本身也蕴涵着一些理性因素：其一，在社会普遍相信超自然力量存在的情况下，神示证明方式有助于案件获得最终的裁判结果。如面包审，被控者如果相信超自然力量的存在，在吞食面包时便会产生紧张感，导致口干舌燥而无法咽下面包。因此，神示证据制度在案件真相与当事人行为之间建立起一种巧妙的因果关系。其二，在神示证据制度下，法官或神职人员并非无所作为，而是有相当的自由裁量权。例如，在水审中，裁判者可依原被告的个人条件而选择把谁投入水中，也可对审判的结果作出不同的解释。因此，看似不合理的神示证据制度，实际上是当时社会历史条件下的一种无奈选择，是一种"旨在处理不可能获取确定的知识而又无法容忍不确定情境之装置"[3]。

二、法定证据制度

（一）法定证据制度及其产生背景

近代学者将罗马教会刑事证据制度[4]概称为"法定证据制度"，因为自13世纪起，欧洲各主要国家的立法者相继在刑事证据立法[5]法定证据制度作为一种与纠问

---

[1] Roger Henrion, La preuve en droit romain, in La Prevue en droit, études publiées par Ch. Perelman et Foriers, Bruylant, Bruxelles, 1981, p. 59 ets; F. L. Ganshof., La preuve dans le droit franc, in La Preuve, Recueils de la Societe Jean Bodin (4 vols), Paris, 1965, p. 71 ets.

[2] See Authur Engelman et al., *A History of Continental Civil Procedure*, 154~155 (Robert W. Miller ed. & trans., 1927). 转引自 [美] 米尔吉安·R. 达马斯卡：《比较法视野中的证据制度》，吴宏耀等译，中国人民公安大学出版社2006年版，第34页。

[3] [英] 罗伯特·巴特莱特：《中世纪神判》，徐昕等译，浙江人民出版社2007年版，第48页。

[4] 在中世纪中后期，法定证据制度亦适用于民事诉讼。事实上，欧洲不少国家的民事诉讼至今依然奉行法定证据制度。

[5] 最为典型的当属1532年神圣罗马帝国皇帝查理五世所颁布的《加洛林纳刑法典》。法国1670年《刑事法令》虽未冠以法定证据制度的表述，但基本理念是类似的，不过更加隐晦。如法令第19编第1条规定了适用酷刑所需要的证据，第25编第5条规定了口供在一些情况下的精确定位。意大利同一时期也盛行法定证据制度，法学家阿尔贝图斯·德·甘地纳（Albertus de Gandina）在《论罪行》（traité de maleficiis）一书中便专设两章以阐释这一套复杂的证明制度。

式诉讼相适应的证明方式，一直从 16 世纪延续到 19 世纪。1853 年《奥地利刑事诉讼法》和 1857 年《俄罗斯帝国法规全书》都保留着法定证据制度的内容。

1. 法定证据制度的核心内容。法定证据制度包括三项核心内容：①法定证据形式；②法定证明力规则；③刑讯程序中酷刑的应用。

（1）法定证据形式。欧洲各国立法明确规定了具有证据资格的证据形式，具体包括书证、证人证言、口供、推定、现场调查以及专家鉴定。

（2）法定证明力规则。法定证据制度的核心在于对各种证据形式的证明力预先约定，以此约束法官在证据运用、事实认定及司法裁判中的专权。法定证据制度把证据分为完整和不完整两大类：①完整证据是能够确定案件事实的充分证据；②不完整证据是有一定可信性，但又不足以定案的证据，有多半完整、少半完整之分。两个或几个不完整证据可构成一个完整证据。在刑事诉讼中，法定证据制度的证明原则是：①有了完整的证明必须作出判决，没有完整的证明不能作出判决；②最好的完整证明是有两个可靠的证人，其证言内容一致是认定被告人有罪或无罪的结论性证明；被告人的自白也可构成一个完整证明；③一个证人证言无论多么可靠，只能构成二分之一的证明；④其他可构成二分之一证明的证据包括：商人的财务记录，专门为一方当事人的诚实性或其主张之事实所作的经过宣誓的辅助证言，能够证实前半个证明的传闻证据或品性证据；⑤与案件有利害关系或个人信誉有瑕疵的证人证言是四分之一的证明，而受到对方有效质疑的证据的证明力减半；⑥任何两个二分之一的证明相加都可构成一个完整的证明，任何两个四分之一的证明或者四个八分之一的证明相加都可构成半个证明。[1]

（3）刑讯程序中酷刑的应用。酷刑是基督教会和世俗王权集权统治的重要手段。较之于神明裁判，这种取证方式更为合理、理性，因此几乎在所有的欧洲国家适用，且持续时间极长，直至 18 世纪末期才逐渐消亡。中世纪中期欧洲的罗马法及教会法学者普遍认为，酷刑是一种正当的侦查手段，对于保障良好的刑事司法必不可少。16 世纪起，欧洲各国刑事立法几乎均将酷刑作专章规定（如 1532 年德国的《加洛林纳刑法典》、1670 年法国《刑事法令》以及 1567 年西班牙《新法典编纂》等）。

2. 法定证据制度产生的背景。

（1）法定证据制度取代神示证据制度。自 13 世纪以来，西方各国发展出一些新的证据制度，来替代神示证据制度废除后留下的制度空缺。其中，英国和德国、法国的新证据制度比较典型。英国开始出现陪审团审判，并走向一条与欧陆国家不同的发展道路。在欧洲大陆实行神示证据制度时期，犯罪被视为一种私人行为，国家的刑事诉讼程序恪守不告不理的原则，公权力处于非常消极的地位。在这种弹劾式诉讼程序下，如果受害人没有足够的胆量和力量提起自诉，或者作恶者有足够的胆

---

[1] 施鹏鹏："法定证据制度辨误——兼及刑事证明力规则的乌托邦"，载《政法论坛》2016 年第 6 期。

量在宣誓辅助人的协助下宣誓无罪,犯罪就难以受到追究。[1]随着民族国家的形成和中央集权政府权力的进一步扩张,传统的弹劾式诉讼程序开始向纠问式诉讼程序转变,国家逐渐采取了一种更为积极的态度来介入刑事审判。1532年,德国颁布的《加洛林纳刑法典》引入了纠问制诉讼程序。1539年,法国颁布的《法兰西索瓦一世令》也规定了纠问式程序。

(2) 法定证据制度是与纠问式诉讼相伴而生的证据制度。纠问制的特点是:①即使没有被害人或其他人的控告,法院也可以主动追究犯罪。换言之,个人的告诉并不是启动刑事诉讼的必要条件;②被告人在诉讼中不是诉讼主体而是诉讼客体,没有诉讼权利,只是被拷问的对象,唯有法院才是诉讼主体;③为了对强势的法院进行严格控制,纠问式诉讼中逐渐引入了法定证据制度。[2]

(二) 法定证据制度评价

1. 理性证明方式对神明安排的取代。法定证据制度取代神示证据制度成为欧洲大陆主流的证明方式,这表明,人类在司法证明领域逐渐以一种相对理性的方式取代以往的神明安排,这种转变代表着人类理性力量在司法证明领域的日益强大。

2. 立法权对司法权的控制增强。法定证据制度,反映了立法者对司法者自由裁量权的严格控制。如何对司法裁判者的自由裁量权进行规范,使其不过于恣意,一直是法律发展史的一个核心问题。[3] 在纠问制下,法官的权力有了极大的扩张,因此,如何建构一套有效的制度来制约法官过大的裁量权便成了一个重要任务。而法定证据制度所展现出的意图,是通过立法将法官证据评价的自由裁量权限制到最低程度,使法官成为只需加减乘除的司法机器。

(三) 法定证据制度的局限性

1. 机械论哲学思潮的影响。法定证据制度的建立是与中世纪后期和文艺复兴时期流行的认识论思想相吻合的。当时人们普遍接受的观念是,与查明事实有关的知识依赖于一定权威,知识通过忠实地执行权威性规则而获得,而无需借助个人的调查活动,或依靠基于感官资料的推理活动。因此,欧洲大陆的法官们不能根据个案事实作出自己的推理,只能采用其法律制度授予他们的那些推论。[4]伴随16~18世纪形而上学思维方式对法律领域的入侵,各国逐渐形成了一种法官只能机械地按照法律规定而不能自主或自由地判断证据的制度。

2. 限制了法官的自由裁量权。法定证据制度忽视了法官的知识、经验在事实认定中的作用,忽略了证据证明力的判断应更多依靠逻辑判断和具体案件。这就使法

---

〔1〕 [德]拉德布鲁赫:《法学导论》,米健译,商务印书馆2013年版,第170页。

〔2〕 参见李心鉴:《刑事诉讼构造论》,中国政法大学出版社1992年版,第84~85页。

〔3〕 [美]理查德·A. 波斯纳:《法理学问题》,苏力译,中国政法大学出版社2002年版,绪论。

〔4〕 参见[英]乔纳森·科恩:"证明的自由",何家弘译,载《外国法译评》1997年第3期。不过,有人对这种观点提出质疑,认为两者之间实际上没有什么直接联系。参见[美]米尔吉安·R. 达马斯卡:《比较法视野中的证据制度》,吴宏耀等译,中国人民公安大学出版社2006年版,第40页。

官对证据证明力的判断缺乏主观能动性,限制了法官的自由裁量权。

3. 将个别经验过度一般化。有些个别经验植根于宗教、性别和阶级的偏见。[1]例如,两个证人的证明力大于一个证人的证明力,这一规定仅看到证人数量上的优势,忽略了证言可信性和相关性的权衡。又如,乡野鄙夫之证言的价值低于城市乡绅的规定,在证据证明力与证人素质之间建立起一种因果关系。

4. 法定证据制度最为人所批判的,是与之相伴的刑讯逼供。[2]在法定证据制度所依附的纠问式审判方式下,被告人只是诉讼客体,在集追诉权和审判权于一身的法院面前处于极为弱势的地位。关于纠问程序的谚语是:"控告人如果成为法官,就需要上帝作为律师。"与这种审判方式相适应的是,法定证据制度对被告人自白的倚重以及对刑讯逼供的放纵。

(四) 法定证据制度在欧洲的衰微和消亡

法定证据制度在欧洲的衰微始发于17~18世纪兴起的酷刑废除运动,并终结于法国大革命胜利后欧陆对英国陪审团及自由心证制度的引入。

1. 酷刑废除运动。16~18世纪初,诸多学者对酷刑滥用进行了尖锐批判,但这一时期大部分学者并不敢直接主张将酷刑予以废除。18世纪末,酷刑废除论方在欧洲兴起,并成为欧陆学界的主流学说。伏尔泰、贝卡利亚、孟德斯鸠等均是酷刑废除论的先驱者和文明程序的倡导者。在启蒙思想家和法学家的推动下,欧陆各国于18世纪下半叶至19世纪上半叶纷纷以立法方式废除酷刑。早期废除酷刑的法律文件往往设有保留性条件。如第一个废除酷刑的欧陆国家瑞典在1734年的法典中明确规定,酷刑在刑事诉讼中不再适用,但一些特别严重的犯罪除外。第一个通过立法完全废除酷刑的欧陆国家是普鲁士。1754年,腓特烈二世在发生一起错案后决定完全废除酷刑。其他欧洲国家如丹麦于1770年,波兰于1776年,也相继废除酷刑。法国大革命后,法国制宪会议于1789年最终通过法令将酷刑予以彻底废除。在法国大革命及之后法兰西帝国的影响下,一些法国的附庸国也相继废除酷刑:荷兰和瑞士于1798年废除酷刑,西班牙于1808年废除。但瑞士又于1815年重新启用酷刑,成为欧洲最后一个在法律上废除酷刑的国家(直至19世纪中期)。

2. 法定证据制度的最终废除。随着酷刑废除运动的兴起,法定证据制度亦在欧陆各国受到普遍质疑,启蒙思想家也开始对纠问式诉讼与法定证据制度进行批判,认为此套程序机制和证明系统根本不能揭示案件真相,"仅是一套获取被告口供的强力机器"。[3]

---

[1] 林钰雄:《严格证明与刑事证据》,法律出版社2008年版,第87页。

[2] John H. Langbein, *Torture and the Law of Proof: Europe and England in the Ancien Regime*, The University of Chicago Press, 2006, chapter 1.

[3] Esmein A., Histoire de la procédure criminelle en France (et Spécialement de la procédure inquisitoire depuis le XIIIsiècle jusquâ nos jours), Paris, 1882, rééd. Verlag Sauer et Auvermann KG, 1969, p.282.

在法国，制宪会议于 1791 年最终通过了以陪审制、言辞预审以及自由心证为基础的刑事诉讼改革草案。自此，"绝对的自由心证制度"（l'intime conviction absolue）在法国得以确立。1808 年《重罪法典》以更明确的方式提出了自由心证原则，"在重罪法庭休庭合议前，审判长应责令宣读下列训示，并将内容大字书写成布告，张贴在合议室最显眼处：法庭并不考虑法官通过何种途径达成内心确信；法律并不要求他们必须追求充分和足够的证据；法律只要求他们心平气和、精神集中、凭自己的诚实和良心，依靠自己的理智，根据有罪证据和辩护理由，形成印象，作出判断。法律只向他们提出一个问题：你们是否形成内心确信？这是他们的全部职责所在"（原第 343 条）。该条款也成为学术界定义自由心证时最频繁援引的内容。此后，原先适用法定证据制度的欧洲国家几乎均效仿法国的《重罪法典》确立了自由心证制度。直至 19 世纪末，自由心证已成为欧陆刑事证明的通用制度，甚至影响了拉美、日本乃至中东，法定证据制度自此消亡。

三、自由证明制度

如前所述，与英国逐渐形成独特的普通法证据制度不同，法国大革命后，大陆法系国家开始在刑事司法领域内放弃法定证据体系，转而适用自由心证制度。直至 19 世纪下半叶，自由心证原则在大陆法系各主要国家得到普遍承认。为了论述方便，我们将英美证据制度和欧陆自由心证制度统称为"自由证明制度"（System of Free Proof）。

（一）普通法证据制度

塞耶说："我们的制度是相当奇特的……在这里，许多在逻辑上重要且具有证明力的证据材料……被一条强制性规则排除在外，而同样的材料在其他任何地方都不会因此而被排除。讲英语的国家有我们称为'证据法'的东西，但其他国家没有。只有我们创造并发展出这样一个庞大的、精细而又复杂的法律规则体系。"[1]

1. 普通法证据制度是法官裁判的产物。18 世纪前，英美证据法这样一套独特的证据制度主要是由判例、惯例等组成的，其在很大程度上是法官司法裁判的产物。18 世纪后，英国判例法体系主要由法官个案裁判所组成，陪审团审判则是其裁判制度的重要组成部分。"证据法的历史是应对不同时代具体问题的一系列很大程度上相互独立的回应的历史。"[2]法官在回应具体问题的过程中，逐步发展出单个证据规则。可以说，普通法的证据制度是历史演进中经验法则的沉淀，这与法国大革命后欧洲大陆的"理性建构"逻辑形成鲜明对比。恰如英国法史学权威威廉·霍茨沃斯爵士（Sir William Holdsworth）所言，"（英国证据法则）从不是理性过程的产

---

[1] James Bradley Thayer, *A Preliminary Treatiseon Evidenceatthe Common Law*, 1~2 (Boston, Little Brown 1898).

[2] William Twining, *Theories on Evidence: Bentham and Wigmore*, Standford University Press, 1985, p.1.

物"〔1〕。

2. 普通法证据制度是陪审制不断发展的产物。英国的对抗式诉讼程序、陪审团审判程序、被告权利保障体系以及现代意义上的证据规则均是在18世纪甚至19世纪之后方相对成熟，且经历了极为艰难的转型。18世纪前的英国刑事审判主要设有四种证据规则：品性证据规则、印решение规则、自白任意规则及传闻证据规则。〔2〕但此类规则极其抽象复杂，陪审团难以准确理解及适用。〔3〕18世纪后，随着陪审团制度日趋完善，为保障平民陪审团事实认定的准确性以及对职业法官权力作出必要规制，刑事证据规则体系也开始变得复杂而精细，尤其是证据可采性规则以及非法证据排除规则。英国罗伯茨教授说，证据法中标准的普通法概念主要聚焦两种类型的程序规则：一类是不让事实认定者予以考虑的信息排除规则；一类规则是指示事实认定者他们可以如何、必须或不得使用庭审中呈现给他们的信息。〔4〕

3. 普通法证据制度的系统化过程。普通法证据制度主要体现在法官判例和习惯之中。英国证据法学家吉尔伯特1754年出版的《证据法》，是普通法证据制度系统化努力的第一部作品，它试图将主要的证据规则统合在最佳证据规则这样一个大原则下。这种系统化努力，历经斯达克、斯蒂芬、塞耶等人，到威格莫尔达到顶峰，为英美证据法在20世纪的法典化奠定了坚实基础。自19世纪末开始，英国开始将证据规则成文化，如1898年颁布的《刑事证据法》（经过1965、1979、1984、1989、1999年多次修订）、1984年《警察与刑事证据法》、1988年《刑事司法法》、2003年《刑事审判法》等。在这种系统化过程中，许多不合理的规则被不断筛选出去，例如，1857~1860年，美国缅因州的一系列立法扫除了使当事人、夫妻、奴隶以及有色人种不适格的大多数规则，极大地缩小了基于利害关系和宗教信仰的排除规则的范围。1864年，缅因州率先使被告能在刑事案件中提供证据；大多数州很快跟进并在1878年使其成为联邦法律的一部分。英美证据制度把证据的判断权越来越多地交给陪审团。〔5〕

（二）自由心证的证据制度

1. 自由心证制度的核心内容。自由心证的制度体系主要包括三点：证据自由、

---

〔1〕 Holdsworth Sir William., *A History of English Law*, T. IX, 1926, p. 128.

〔2〕 更具体而论，第一条规则，被告人和他的妻子无资格作证。第二条规则，供述必须出于自愿。第三条规则，除被害人关于其死亡原因的临终遗言外，传闻证据一律加以排除。第四条规则，品格证据通常都被认为与案件无关。详见易延友：《证据法的体系与精神——以英美法为特别参照》，北京大学出版社2010年版，第32~33页。

〔3〕 朗本教授在此问题上有较为深刻的研究，参见 John H. Langbein, *The Origins of Adversary Criminal Trial*, Oxford University Press, 2003, p. 253.

〔4〕 [英] 保罗·罗伯茨："普通法系证据法的五个基本谬误"，阳平译，张保生校，载《证据科学》2018年第1期。

〔5〕 William Twining, "Freedom of Proof and the Reform of Criminal Evidence", 31 *Isr. L. Rev.* 452 (1997).

证据自由评价及判决责任伦理。

（1）证据自由。所谓"证据自由"，是指在刑事诉讼中，法律及判例原则上不对证据形式作特别要求，犯罪事实可通过各种形式的证据予以证明。确立证据自由的依据有四个方面，即刑事犯罪的特殊属性、自由心证制度体系的必然要求、提高打击犯罪效率的需要以及揭示案件真相的要求。

（2）证据自由评价。证据自由评价集中表现在，证据的证明力不再由法律预先明确规定，而是由裁判者在裁判过程中运用自己的逻辑经验和日常认知方法来自由评断。如上文所引法国1808年《重罪法典》第353条，要求法官在陪审团评议案情之前作出的著名告知。自由心证制度强调法律不得预先规定证据的证明力，尊重了法官的自由裁量权，将日常认知方式引入司法证明过程之中，符合司法证明的规律。

（3）判决责任伦理。法官的判决责任伦理包括两个方面：一是不得拒绝裁判；二是存疑有利于被告。

一方面，法官不得拒绝作出裁判，这是近代法治国家司法制度的通例。在刑事诉讼中，法官不得以程序性事项、实体性事项或者其他事由拒绝作出裁判，否则将违反职业伦理甚至构成犯罪行为（如法国《刑法典》第185条所规定的拒绝裁判罪）。因此，刑事法官在对各种类型的证据进行证明力评价后，必须在法定期限内形成心证，并作出有罪或者无罪的公正判决，以完成法官的判决责任伦理。

另一方面，法官在心证过程中存有怀疑的，应作出对被告有利的判决，这是刑事法官裁判责任伦理的要求。但究竟何为"怀疑"，须达到什么程度的"怀疑"，各国学说与判例有较大争议。英美法系与大陆法系在此问题上的立场并不相同。英美法系的主流学说以"排除合理怀疑"（beyond a reasonable doubt）为依托，又包括情感确信说及量化比例说两种理论。而大陆法系国家总体采用更高的"怀疑"标准，例如，法国最高法院刑事庭数次在判例中提出了"重大怀疑"（la doute sérieux）理论，"既然这些情况在本质上导致了对有罪的重大怀疑……（应予以无罪释放）"。对于"重大怀疑"，法国《刑事诉讼法典》中尽管没有明确的规定，但是其是司法实践中的一条裁判原则。

2. 自由心证的制约机制。如前所述，在自由心证制度中，法官拥有了接受证据、评价证据以及事实认定的专权。因此，立法者在法官心证形成的各个阶段设定了制约机制，防止法官滥用权力。这包括两个方面的限制：①证据自由的正当性限制，即证据形式是自由的，但证据调查方式必须合法、正当。后者构成了对刑事证据自由原则的正当性限制。②心证责任伦理的限制，即法官应立足控辩双方所提交的证据，依理性及良知作出审慎判断，并作出最终判决。法官心证责任伦理的形成必须以判决理由的形式公开，并对当事人及社会公众负有说服义务。

具体而言，自由心证制度对裁判自由的约束表现在，心证要以证据裁判原则为前提，遵循以下要求：①无证据，即无心证；②自由心证，乃选择证据中之证据，并非证据外之证据；③自由心证，系判断证明力之心理要素，并非证据裁判主义之例外；④由有证据能力之证据，形成心证，并非以自由心证判断证据能力，亦不许以自由心证，创造证据能力；⑤自由心证，系由调查证据而成，既不得以自由心证缩小调查证据之范围，亦不许证据未经合法调查，而形成自由心证；⑥无关联性之证据，既无从形成自由心证，亦不许以心证使证据与事实相关联；⑦心证，由直觉或推理而形成⑧依经验法则，形成心证，并非以经验法则作为证据；⑨依论理法则，形成心证，不得以论理法则作为证据；⑩依自由心证，判断证据之证明力，并非以心证制造证据，更不得以心证作为证据。[1]

四、关于证据制度发展规律的反思

人类司法证明发展过程经历了神示证据制度、法定证据制度和自由证明制度三个阶段，尽管这三个阶段在各国的具体表现形式不尽相同，但从大的历史视野来看，证据制度的演变具有以下规律性。

（一）从严格控制到完全自由又到适当控制的发展历程

欧洲大陆法系和英美法系的证据制度从13世纪开始走上不同的发展道路。在大陆法系，对司法裁判者在事实认定过程中的自由裁量权的限制呈现出从严格到宽松又到适当控制的发展趋势。在神示证据制度时代，对案件事实的认定交由上帝（或其他神明）决定，人间裁判者对证明过程的影响非常小；在法定证据制度时代，立法者取代上帝而试图对证明过程严格控制；到自由心证制度早期，上帝和立法者对司法证明过程的控制才完全让位于司法裁判者；随着时间的推移，完全自由的心证过程又逐步受到一定约束。这是一个"严格控制—完全自由—适当控制"的否定之否定过程。英美证据法对事实认定者的控制也在趋于缓和，许多证据规则由刚性的排除规则逐渐转化为富有弹性的指导性裁量规则。

（二）证据规则从结构单一到系统化发展的趋势

在神示证据制度时期，当然不需要太多的规则来对司法证明过程加以规范；法定证据制度出于对司法裁判权滥用的担忧，发展出一套对证据证明力进行评价的形式证据规范；自由心证制度时代，各国对证据规则进行了细致的分类，在大陆法系区分了证据能力和证明力，而在英美法系则发展出以相关性为基础的一套系统化证据规则，直至形成体系化的证据法典。

（三）证据制度的发展与诉讼制度密切相关

证据制度及其演变必须以一定的诉讼制度为前提。神示证据制度受制于人类早期的认识能力，但其后来发展又同基督教宗教审判方式相一致；法定证据制度最初是为了在纠问式诉讼中制约裁判者以及从被告人那里获取证据，同时又为纠问式诉讼模式的确立奠定了基础；而自由证明制度则是同当代职权主义和当事人主义诉讼模式相适应的。

---

[1] 陈朴生：《刑事证据法》，三民书局1979年版，第554页。

要　点

1. 神示证据制度是借助神明对案件进行裁判的各种方式的总称。它通过召唤神明介入裁判来观察当事人行为或考验结果，从而作出裁判。

2. 法定证据制度要求法律对各种证据的证明力进行预先规定，法官必须按照法定条件而不是自己的判断去认定案件事实。

3. 自由证明制度的特点是，证据的证明力不再按证据种类由法律预先明确规定，而是由裁判者运用逻辑和经验来自由评断。

4. 证据制度的发展呈现出从严格控制到完全自由又到适当控制的发展规律；证据规则呈现出从结构单一到系统化发展的趋势；证据制度的存在和演变总是以一定的诉讼制度为前提。

思考题

3.1. 莎士比亚的戏剧《理查二世》描述了司法决斗的有趣一幕：国王理查对处理一场纷争的大臣说道：

　　　　那把他们叫到我们面前；面对面地
　　　　横眉相对，而我们自己将倾听
　　　　原告和被告，尽情去诉说

在当事人尽情说完，且理查和其他人未能说服他们和解之后，理查国王才不情愿地同意说：

　　　　……你们的短剑和长枪
　　　　来解决你们势不两立的争端

上述材料反映的是何种事实认定方式？如何理解和评价这种事实认定方式？

3.2. 如何理解和评价法定证据制度？"直接证据的证明力一般大于间接证据的证明力"，或者"鉴定意见的证明力一般大于证人证言的证明力"等规定，是法定证据主义的表现吗？应该怎样评价证据的证明力？

3.3. 从神示证据制度到法定证据制度，再到自由证明制度的发展有什么规律？

第二节 不同法系证据制度及其比较

法系,是指关于法的性质、法在社会和政治中的地位、法律制度的实施及其相应的机构,法律的制定、适用、研究、完善和教育的方法等一整套根深蒂固的并为历史条件所限制的体系。[1] 在比较法学视野中,各国法律被划入不同法系,不同法系之间的证据制度存在一些差异。

一、英美法系证据制度

英美法系(Anglo-Saxon Law),又称"普通法系"(Common Law),发轫于公元5世纪的英格兰,是由拥有裁判权的王室法院依据古老的地方性习惯或理性、自然公正、常理、公共政策等原则,通过"遵循先例"的司法原则在不同时期的判例的基础上发展起来的,具备司法连贯性,并在一定司法共同体内普遍适用的各种原则、规则等的总称。其主要特点,一是实行"遵循先例"原则;二是一般实行陪审团审判;三是一般采取对抗制诉讼程序,法官处于比较消极的裁判者地位。此外,还包括强调程序法和形式正义等其他特点。[2] 英美法系主要包括原属英联邦的英国、美国、澳大利亚、加拿大、印度等国的法律制度。

(一)英国证据制度

英国证据法的主要渊源包括普通法、制定法、制定法文件、诉讼指引、内政部通告、国际公约等,其中最重要的是普通法和制定法两大类。

1. 英国证据法的判例法。英国证据法的判例法部分是当代英美证据法的主要来源。它涵盖了现代绝大部分证据规则:①封印文件决定性效力规则发展得最早;②与证人资格相关的规则主要确立于16世纪;③反对自证其罪的特免权规则于17世纪开始扎根于普通法;④传闻规则在18世纪后才完全确立起来。[3] 这些普通法在20世纪前是英国证据法的主要组成部分,制定法未能占主流。当时证据制度也相对简陋,在1794年对沃伦·黑斯汀斯(Warren Hastings)的审判中,"确实存在一些关于证据法方面的著述,但是非常概括、抽象,所涉及的范围如此之小以至他所认识的一只鹦鹉能够在半小时内将它们背熟并在5分钟内将它们复述完毕"[4]。

2. 英国证据法的成文法。自19世纪始,英国开始将证据规则成文化。1843年,

---

[1] [美]约翰·亨利·梅利曼:《大陆法系》,顾培东、禄正平译,法律出版社2004年版,第2页。
[2] 参见薛波主编:《元照英美法词典》,法律出版社2003年版,"Common law"词条。
[3] 关于英国证据法之普通法部分的考证,参见 William Twining, *Rethinking Evidence*: *Exploratory Essays*, 2nd ed., Cambridge University Press, p. 35. 以及 [美] T. P. 加兰尼斯:"现代证据法的兴起",吴洪淇译,载《证据科学》2008年第1期。
[4] *Lords' Journal*, 25 February 1794. 转引自 William Twining, *Rethinking Evidence*: *Exploratory Essays*, 2nd ed., Cambridge University Press, p. 35.

英国有了适用于民事诉讼的《证据法》，经 1845、1851、1877、1938 年多次修订，成为 1995 年《民事证据法》；1898 年颁布《刑事证据法》，并于 1965、1979、1984、1989、1999 年进行修订；1984 年通过《警察与刑事证据法》。近年来，英国与证据相关的立法还包括 1988 年的《刑事司法法》、1994 年《刑事司法与公共秩序法》、1999 年《青少年司法与刑事证据法》以及 2003 年最新修订的《刑事司法法》。这些立法，最初来源于一些负责对刑事司法和证据规则的某些方面进行调查的组织或个人所提交的报告，因此立法目标和侧重点都有着较大的差异。例如，致力于对刑事证据法进行系统评估的"刑法修订委员会"（CLRC）在 1972 年发布的报告就主张，对证据法进行简化，减少排除规则和限制性规则；同时主张，为使起诉和定罪更有效率，应大量消减传统上对被告的保护性规则，如对沉默权规则的限制。"刑事程序皇家委员会"1981 年发布的报告，则致力于在犯罪嫌疑人权利保护和有效获取犯罪证据的公共利益之间保持平衡。这些建议不同程度地被 1984 年《警察与刑事证据法》所吸收。如今，英国的证据立法改革还处于进一步变动中，其发展趋势还有待进一步观察。[1]

3. 英国近期证据立法的四个特征。

（1）从立法路径看，无论民事还是刑事证据法都开始确立了由改革报告引导立法的立法传统。以 1984 年《警察与刑事证据法》为例，在该法颁布之前，刑事法修改委员会（CLRC）于 1972 年发布了第 11 次报告，从整体上评估了当时的刑事证据法。1981 年，刑事程序皇家委员会也发布了一份刑事证据法报告。这两份报告中的许多内容为 1984 年《警察与刑事证据法》大量吸收。同样的立法轨迹在 1994 年《刑事司法与公共秩序法》等法案中也清晰可辨。

这种立法路径的第一步是错案频现导致法学界对证据法实施状况进行系统研究，形成大量的研究论文；在此基础上，第二步是发布一个整体报告对当前的证据法进行系统评估并提出相应修改建议；第三步是立法机关再根据这些改革报告在社会的整体反应，对证据法进行系统修改。这种渐进式立法路径一方面有利于吸纳社会公众的整体意见，另一方面也有效避免了立法中的激进主义。

（2）从立法价值取向看，证据立法倾向于在效率与公正之间保持一种平衡。1972 年刑事法修改委员会的第 11 次报告从效率角度出发，提出对传统上保护被告人的一些证据规则（例如沉默权）进行削减，因为它们会妨碍有效的指控和定罪。1981 年的刑事程序皇家委员会报告力图综合效率与公正这两种价值。在该报告中，

---

[1] 关于近年来英国证据法的改革，参见 I. H. Dannis, *The Law of Evidence*, Sweet & Maxwell, 2007, p. 21~27; William Twining, "Freedom of Proof and the Reform of Criminal Evidence", 31 *Isr. L. Rev.* 448（1997）；英国内政部：《英国 2003 年刑事司法法立法说明》，郑旭译，载陈光中主编：《21 世纪域外刑事诉讼立法最新发展》，中国政法大学出版社 2004 年版，第 92~178 页；熊志海等编译：《英国成文证据法》，中国法制出版社 2007 年版。

一个重要的建议便是从立法上对警察在侦查阶段对犯罪嫌疑人的取证权力进行区分，从而使警察有效取证与保护犯罪嫌疑人人权得以有效地平衡。这种价值平衡的路径后来对 1984 年《警察与刑事证据法》有很大影响。

（3）从立法规范形式看，尽管没有一个统一的立法规划，但从这些分散的立法来看，一个共同特点是对庭审法官在采纳证据和指引陪审团的裁量权方面给予更大程度的信任。[1] 在这种整体精神指引下，在普通证据法传统上用来束缚法官证据采纳和法庭行为的技术性刚性规则逐渐被废除或者放松，而代之以具有开放结构的更具有弹性的公正标准。[2] 规范形式变化背后隐含的目的在于让事实认定者能够听到更多的证据，在对这些证据进行评估时，事实认定者可以享有更大自主性。正如边沁在 200 多年前所主张的，"察看一切所能看到的，倾听每一位可能对该问题有所知晓的人"。[3]

证据法规范变化的直观表现是，裁量性规范逐渐增加并占据基础性地位。例如，在 1984 年《警察与刑事证据法》中，第 78 条第 1 款和第 82 条第 3 款便是这种裁量性规范的典型代表：前者赋予法院可以在参考案件综合情况的前提下对证据的采纳与否加以裁量的权力，而裁量的标准便是该证据的采纳是否会对程序公正起到反作用；而后者则直截了当地提出，"本法的该部分规定都不应损害法院依其裁量权而排除证据的权力"。这两条规定从其规范形式来看，主要采用了更富开放性的原则形式，赋予了事实认定者更大的裁量权。而证据法中的许多刚性规则在实际运行过程中也得到了一定的弱化，这主要基于以下三点：首先，许多证据规则禁止某些证据被用于证明某些目的，但并不禁止其被运用于另外一些目的，这实际上也会导致该种证据可以进入事实认定者的视野；其次，许多证据禁止性规定都伴随着大量例外，而且这些例外呈现出日益增长的趋势；最后，随着陪审团审判范围的缩小，许多刚性证据规则在司法实践中并未得到严格的适用。[4]

（4）从立法模式看，两个重要进展使刑事与民事证据法的分离更为明显：一是 2000 年生效的《1998 年人权法案》开启了英国刑事诉讼法的"人权革命"。自此以后，传统的证据原则和新的法律规定都要接受欧洲人权法院的审查和广泛的"公正审判"管辖。特别是《欧洲人权公约》第 6 条第 3 款针对公正刑事审判规定了详细的额外程序要求，刑事和民事诉讼程序的制度性分野在超国家层面得到强调。二是 2005 年英格兰和威尔士《刑事诉讼规则》的制定和定期升级，使《民事诉讼规则》

---

[1] I. H. Dennis, *The Law of Evidence*, 3rd ed., Sweet & Maxwell, 2007, p. 26.

[2] 在一些具体规则领域也例证了这一种趋势，如专家证据，参见齐树洁：《程序正义与司法改革》，厦门大学出版社 2010 年版，第 233 页；传闻证据领域，参见 William Twining, "Freedom of Proof and the Reform of Criminal Evidence", in *Israel L. R.*, Vol. 31, 1998。

[3] 吴洪淇："边沁、威格摩尔与英美证据法的知识传统——以证据与证明的一般理论进路为核心的一个叙述"，载《比较法研究》2009 年第 5 期。

[4] I. H. Dennis, *The Law of Evidence*, 3rd ed., Sweet & Maxwell, 2007, p. 85.

成为一项与刑事诉讼完全无关的独立立法实践。这两套规则截然不同，刑事诉讼是国家或政治共同体实施的刑事或报应性司法的重要组成部分，是对刑事不法行为的公共谴责。民事诉讼面向矫正性司法，旨在恢复或促进私人当事人之间（包括公职人员以及在法律中被视为私人个体的政府）的交易或关系。这些在规范性目标直接体现为刑事诉讼证据规则和原则，如无罪推定、刑事证明标准、强制程序、对质、被告不得自证其罪的特权、控方不适当取得的证据排除，以及其他许多不适用于民事诉讼程序的原则，构成了刑事程序和证据法的规范性内核。[1]

（二）美国证据制度

1. 美国证据法对英国证据法的沿袭。美国证据法同英国一样也主要包括普通法和制定法两大部分。特别是19世纪中期之前，美国法院审判案件往往援用英国证据法判例，在美国西蒙·格林列夫（Simon Greenleaf）(1783~1853) 的《证据法专论》出版前，美国一直沿用英国教科书。20世纪之前的美国证据法主要由普通判例法构成，这些判例法是各辖区在司法实践中逐渐形成的，它们散存于各司法辖区。在此期间，尽管像佐治亚州（1860年）、俄勒冈州（1862年）、加利福尼亚州（1872年）等个别州对证据法做了一些成文化努力，但这些努力基本上局限于部分规则。

2. 美国证据法的宪法渊源。与英国不同的是，美国拥有一部至高无上的成文法——宪法。美国宪法早在1791年的系列修正案中便确立了一系列与证据法相关的宪法原则，例如，不受无理搜查和扣押的权利（第四修正案）、不得强迫自证其罪原则（第五修正案）、对质权、请求陪审团审判的权利（第六修正案）等。从19世纪晚期开始，美国联邦最高法院通过博伊德诉美国（Boyd v. United States, 1886）、威克斯诉美国（Weeks v. United States, 1914）等案件，逐渐将这些宪法条款运用到个案中，将违反第四修正案非法搜查扣押而产生的证据予以排除。20世纪60年代，美国最高法院又通过马普诉俄亥俄州案（Mapp v. Ohio, 1961）等系列案件，将非法证据排除规则从联邦层面扩展到州层面，掀起了美国法律史上著名的刑事诉讼革命。[2]至此，这些宪法条款成为证据立法和司法的重要渊源。

3. 美国证据法的法典化过程。19世纪后期，美国证据法学家塞耶（James Bradley Thayer）开始对普通法证据法进行梳理，他继承了英国证据法学家斯蒂芬爵士（Sir James Fitzjames Stephen）的思路，将证据法规范逐渐限定在证据排除规则或可采性规则。塞耶在其代表作《普通证据法初论》中，从历史角度对英美证据法基础作了溯源性考察，为证据法引入了两个基础性原则：第一个原则为排除性原则，即对被要求证明的任一问题在逻辑上无证明力的证据不可采；第二个原则为包容性原则，

---

[1] [英] 保罗·罗伯茨: "普通法系证据法的五个基本谬误", 阳平译, 张保生校, 载《证据科学》2018年第1期。

[2] [美] 克雷格·布拉德利:《刑事诉讼革命的失败》, 郑旭译, 北京大学出版社2009年版, 第一、二章。

即任何具有证明力的证据都应该进入，除非有一个明确的法律上的政策理由将其排除在外。[1] 这两条原则成为证据法塞耶式改革的标志，也就是不再简单局限于刚性的证据法规则。但塞耶未能在这两条原则的基础上完成美国证据法系统化工作，这一工作由其学生美国西北大学法学院教授威格莫尔（John Henry Wigmore）最终完成。威格莫尔在其早期代表作《普通法审判中的英美证据法专论》中，对美国各司法辖区的证据普通法进行了系统总结，这一巨著成为法律实务者的重要参考著作并成为法官在判案中援引的重要来源。[2]

到20世纪20年代，为了对当时错综复杂、各辖区间差异甚大的英美证据法进行清理，美国法律协会着手制定一部《模范证据法典》（Model Code of Evidence）来改变这一局面，编撰小组由摩根（Edmund Morgan）担任报告人，而由威格莫尔担任顾问委员会的首席顾问。[3] 在这部证据法典中，摩根从两个方面继承了塞耶：其一，引入了原则性规定，[4] 其二，大大扩展了审判法官在事实认定上的裁量权。例如，规则105直接赋予了法官控制诸如证据出示顺序、证人出庭人数等方面的权力。尽管这部证据法典由于法律人的抵制最终未被任何一个辖区所采用，但其弱化证据规范刚性的尝试对后来的证据法改革带来了重要影响。

由于《模范证据法典》在证据法改革方面的失败，"统一州法委员会"全国会议决定重新起草新的统一证据法。1953年，《统一证据规则》（Uniform Rules of Evidence）得以通过，随即获得全美律师协会的支持。在吸取《模范证据法典》失败教训的基础上，《统一证据规则》仅仅对现存判例法在内容上作了微调，主要目的在于从形式上对普通证据法的统一进行努力。但这种努力并未取得太大成效，截至1971年，全美国只有三个州（犹他州、堪萨斯州和新泽西州）采纳了《统一证据规则》。1974年和1999年，《统一证据规则》经历了两次修改，但采纳这一规则的州依然不多。值得一提的是，加利福尼亚州1967年颁布了自己的证据法典。该法典更为详细，范围也比之前的证据法典更广泛，其中许多内容被后来的《联邦证据规则》吸收采用，对美国证据法典化进程产生了重要影响。

---

[1] James Bradley Thayer, *A Preliminary Treatiseon Evidenceat the Common Law*, Little Brown, 1898, p. 314.

[2] William Twining, *Theories of Evidence: Bentham and Wigmore*, Stanford University Press, 1985, p. 167.

[3] 法律协会的初衷，是希望像其他部门法通过对普通证据法编撰法律重述的形式来使其更为规范统一，但后来发现，仅仅通过重述已无法解决当时普通证据法的混乱局面，因此，才提出以制定模范证据法典的形式首先对普通证据法作出修订。这段历史参见 Model Code of Evidence, American Law Institude, 1942, Ⅶ~ⅩⅥ.

[4] 《模范证据法典》303规定："①当法官发现证据的证明力被采纳该证据的下列风险所超过，他可以行使裁量权将证据予以排除：（a）不必要的时间耗费；（b）产生不恰当的偏见或者混淆问题或者误导陪审团等重大危险；（c）将使一方当事人由于没有合理基础预测到将会提出该证据而导致不公正的惊诧。②所有规定证据可采性的规则都应该遵守本规则，除非明确规定相反的清形。"这确立了法官裁量权的权衡框架，成为后来《联邦证据规则》403的基础。

4. 美国《联邦证据规则》。20世纪60年代，美国联邦最高法院开始制定《联邦证据规则》，历经多年努力，终于在1975年公布实施。这是美国证据法发展史上的里程碑事件，它标志着美国证据法进入了制定法时代。[1] 这是因为：其一，《联邦证据规则》是由美国最高法院制定、美国国会颁布实施的，与之前的证据法典相比，它有重要的立法基础。其二，从立法动力来说，《联邦证据规则》的制定主要是由于联邦法官和律师在进行证据裁定时缺乏相应的指引，这种司法实践的需要也为它的有效实施奠定了重要基础。其三，自《联邦证据规则》颁行之后，截至2018年，已有44个州和若干司法辖区（如波多黎各以及军事法庭）采纳了它，因而它已成为实质意义上的统一证据规则。从其具体内容上看，《联邦证据规则》将塞耶的排除性原则和包容性原则吸收为规则401和402，将《模范证据法典》303修改后吸纳为规则403，这三条原则性规范奠定了《联邦证据规则》的基础。与此同时，《联邦证据规则》也充分吸收了普通证据法所规范的各种类型化规定，如传闻规则、品性规则、意见证据规则、专家证据规则、最佳证据规则以及特免权规则等，同时又给予了不同程度的简化。

《联邦证据规则》是迄今为止最为全面也最为重要的证据法律文件：从诉讼方式上看，它涵盖了刑事、民商事等多种诉讼形态；从适用范围上看，它不但适用于联邦法院体系，大部分州证据规则基本上都是在它的基础上稍加改动而成的；从规范内容上看，它囊括了证据相关性规则、司法认知、传闻规则、品性规则、最佳证据规则、证人的弹劾与正誉等几乎所有的证据规则。

5. 美国证据法的新进展。近年来，美国证据法，特别是与刑事证据相关的证据法有了一些新的进展，这主要表现在三个方面：

（1）随着陪审团审判的减少，基于对陪审团进行控制的一系列证据规则在适用方面有所松动。美国证据制度最初的设计原理，是对事实认定的"外行"进行约束，以便案件能够获得合理的裁判。不过，有研究表明，在事实认定方面，职业法官也存在和陪审团一样的认知缺陷，因此，证据法完全不需要因陪审团审判的减少而做大的改变。[2] 目前，关于陪审团式微给证据法带来的影响，依然是美国证据法学界热议的问题。

（2）法庭科学技术发展对证据法的影响。伴随着科学技术的迅速进步，法庭科学这种新的事实认定方式开始挑战传统的事实认定方法。越来越多对诉讼程序非常重要的事实，现在只能通过高科技手段查明。[3] 与此相应，证据法也对这种发展趋

---

[1] 关于《联邦证据规则》制定过程及历史背景，参见 Ronald L. Carlson etc., *Evidence: Teaching Materials for an Age of Science and Statutes*, 6th ed., Lexis Nexis, 2007, pp. 18~23。

[2] See Lisa Dufraimont, "Evidence Law and the Jury: A Reassessment", *Magill Law Review*, Vol. 53. See Frederick Schauer, "On the Supposed Jury-Dependence of Evidence Law", 155 *U. Pa. L. Rev.* 165~202（2006）.

[3] [美] 米尔建·R. 达马斯卡：《漂移的证据法》，李学军等译，中国政法大学出版社2003年版，第200页。

势做出回应：一是在科技证据可采性问题上，从相对形式化的普遍接受标准到相对实质化的经验有效性标准的变革，要求法官在科学证据审查方面发挥更为积极的作用；[1] 二是在 DNA 证据使用方面确立了新的框架。2003 年，布什总统向国会提出一项动议，试图对所有联邦定罪的重罪犯作 DNA 测试，并鼓励尚未通过这样法律的州效仿，允许其向国家 DNA 索引库提交额外数据，以及创设一项允许对联邦囚犯做定罪后测试的联邦立法。[2]

（3）在证据规则方面也有一些新的发展。首先，从内容上说，存在传闻规则的进一步严格化，性犯罪被告人品性证据的采纳等变化。后来修订的《联邦证据规则》413~415，就在性侵害犯罪证据问题上突破了品性证据不能用来证明与行为相一致这样一个大的原则。[3] 其次，从形式上看，为了应对《联邦证据规则》传统上所存在的用语艰涩、风格不一的问题，2007 年秋，证据规则咨询委员会启动了《联邦证据规则》的风格重塑工作。重塑后的《联邦证据规则》采用了更为清晰的模式，消除了诸多不一致、含混、冗余和重复之处。[4]

（三）英美法系证据制度的特点

1. 大多数英美法系国家制定了证据法典。英美证据法的法典化是英美证据法学界两百年努力的一个产物。这一特征与大陆法系国家一般没有独立证据法典形成了鲜明对照。除英国采取相对分散的立法形式之外，印度由英国证据法学家斯蒂芬制定了《1872 年证据法》，且几经修改适用至今。1908 年，新西兰制定了《统一证据法典》。1975 年，美国颁布《联邦证据规则》。1985 年，加拿大颁布《证据法》。澳大利亚颁布了《1995 年证据法》。

2. 证据法典具有统一化的特点。大多数英美法系国家证据法典都涵盖民事、刑事等诉讼领域，而没有将民事证据和刑事证据分别立法。当然，英国是一个例外，1964 年后英国证据法民刑分立的趋势日益明显，目前的最新发展是刑事证据规则受到重视，民事证据规则逐步淡化。美国、加拿大、印度、澳大利亚等国基本上用一部证据法典来规范多种诉讼证据。

3. 证据普通法仍居重要地位。在英美法系国家，有关证据的普通法或判例法依然占据着重要地位。英美证据法的早期形态就是由个案所体现出来的规则组成的，可以说，英美证据法是法官审判经验的结晶。因此，普通法一直是英美证据法最重

---

[1] [美] Edward J. Imwinkelried：“从过去 30 年美国使用专家证言的法律经历中应吸取的教训”，王进喜、甄秦峰译，载《证据科学》2007 年第 1、2 期。

[2] [美] 弗洛伊德·菲尼：“美国刑事诉讼的新发展"，胡铭译，程味秋校，载陈光中主编：《21 世纪域外刑事诉讼立法最新发展》，中国政法大学出版社 2004 年版，第 196~217 页。

[3] 参见 [美] 罗纳德·J. 艾伦等：《证据法：文本、问题与案例》，张保生、王进喜、赵滢译，满运龙校，高等教育出版社 2006 年版，第 309~324 页。

[4] 有关本次重塑情况，具体参见王进喜：《美国〈联邦证据规则〉（2011 年重塑版）条解》，中国法制出版社 2012 年版，第 1~10 页。

要的渊源之一。尽管当前英美法系国家有大量的制定法，但这些制定法中有相当一部分是对普通法的总结，而且在制定法之外还有大量有关证据的普通法。[1]

4. 英美证据法的技术性和复杂性。相比大陆法系，英美证据规则具有高度的技术性和复杂性。这主要表现为证据规则数量多、体系庞大、蕴含高度的技术理性，此外还包括相当数量的普通法和习惯法。证据规则是法律人在对抗制诉讼和陪审团审判中总结概括出来的规则体系，这套规则体系的精细化以及其中的技术因素和各种例外，使外行人士不易理解和掌握。

5. 证据铺垫或证据材料的预先筛选。英美证据法理论，强调防止陪审团接触不恰当的材料而形成错误的事实认定。因此，证据规则中包含大量的排除规则，以对那些不适宜进入陪审团视野的证据进行筛选。[2] 此外，英美证据法中包含大量对事实认定者证据评价活动进行限定的规范，如部分可采性规则，只允许证据为了一个有限的目的（如弹劾证人的可信性）而被采纳，又如美国《联邦证据规则》407事后补救措施规则。

二、大陆法系证据制度

大陆法系（continental system），又称"民法法系"（civil law），是指以继受罗马优士丁尼《民法大全》为基础的成文法、法理、法律概念、法律思维及法律制度。其主要特点是：以制定法为主要法渊，判例法一般不具有法律效力；一般实行参审制，或像法国那样在重罪审判中实行法官与陪审团相结合的审判制度；一般实行纠问制，法官在审判中处于相对主动的地位。

（一）德国证据制度

1. 德国证据法的主要特点。德国证据法历经了古代日耳曼时期神示证据制度和中世纪法定证据制度的发展，演进至当代自由证明制度。与英美法系不同的是，证据法在德国并不是一个独立的法律部门，在形式上没有统一的证据法典，而是分别规定在诉讼法、法院组织法以及民法典、刑法典等实体法中；此外，证据法还包括有关特定事项的单行立法，相关的法院判例以及一些习惯法。

2. 德国证据法中的现代证据制度基本原则。[3]

（1）任何人不必自我归罪原则。任何人都没有协助证明自己实施了犯罪行为的义务。德国《刑事诉讼法典》第136条、第163条和第243条有关被告人沉默权的规定，体现了这一原则。

（2）言辞原则。言辞原则是指，只有经过言辞陈述提及的诉讼资料才可作为裁判的依据。此原则规定于德国《刑事诉讼法典》第261条及第264条中。其规定法

---

[1] 宋英辉、汤维建主编：《证据法学研究述评》，中国人民公安大学出版社2006年版，第129页。
[2] See James B. Thayer, *A Preliminary Treatise on Evidence at Common Law*, Boston, 1898, p. 266.
[3] 参见［德］约阿希姆·赫尔曼："《德国刑事诉讼法典》中译本引言"，载《德国刑事诉讼法典》，李昌珂译，中国政法大学出版社1995年版。

官在判断证据及作出判决时,仅可以在审判程序中由言辞辩论程序所得的结果为依据。[1]

(3) 直接原则。直接原则有形式与实质之分。形式的直接原则是指,法官须自己审理案件,不可将证据调查的工作委托给他人,如受托或受命法官(例外情况是第 223~225 条规定的委托证据调查);实质的直接原则是指法官须就原始的事实加以调查,并且须亲自询问被告及证人。德国《刑事诉讼法典》第 250 条规定,"如果事实的证明基于人的感知,应当在法庭审理中询问此人。询问不得以宣读先前询问笔录或书面陈述代替"。只有在第 251 条规定的少数的例外情况下才允许以宣读笔录代替直接询问。[2]

(4) 自由确信原则。它要求法官根据个人的自由确信而确定证据。法官的个人确信,指他的个人确认,必须依据明智推理,建立在对证据结果之完全、充分、无矛盾的使用之上。德国《刑事诉讼法典》第 261 条阐述了这一原则,即"法院根据其在整个审判中建立起来的、自由的内心确信,判断证据调查结果"。

(5) "疑义有利于被告人原则"(in dubio pro reo)。这是指,在有疑义时应作有利于被告人的决定。此原则并无刑事诉讼法的明文规定,而是由罪责原则及德国《刑事诉讼法典》第 261 条衍生而来。法官在作判决时必须形成对被告人罪责的确信,如果法官对被告人任一罪责要件产生怀疑,其均不可作出不利于被告人的判决。此点也反映了《欧洲人权公约》第 6 条第 2 款无罪推定原则的精神。因此也有学者认为,"疑义有利于被告人原则"并非证据规则,而是一项裁判规则。法官在确实出现怀疑而仍对被告人作出有罪判决时,便违反了此原则。[3]

3. 德国证据法基本原则在刑事和民事诉讼中的不同侧重点。

(1) 从诉讼目的看,刑事程序力争得到的真实是"实质"真实性;民事程序则视双方当事人达成一致为真实,主要满足于"形式"真实性。

(2) 从法官角度看,民事诉讼中适用自由处分原则,法官只能依据当事人所提的主张、所提交的证据以及已经证实的材料作为裁判基础。与刑事诉讼显著不同的两点是:其一,在民事诉讼中当事人所达成的协议对于法官有拘束力;其二,对于有争议的事实,法官仅依据当事人所提的证据加以判断,并不自己主动调查。而在刑事诉讼中适用调查原则,即法官须自行对犯罪事实加以调查,不受诉讼参与人申请或陈述的约束。此原则规定于德国《刑事诉讼法典》第 155 条第 2 项及第 244 条第 2 项。第 155 条第 2 项规定,"在此范围内(即前一项规定的,法官的调查与裁判限于起诉所称犯罪行为及所指控人员),法院有权且有义务独立行使调查职权"。第 244

---

[1] Roxin, *Schünemann*, Strafverfahrensrecht, 第 28 版, C. H. Beck 出版社 2014 年版, 第 395 页。

[2] Roxin, *Schünemann*, Strafverfahrensrecht, 第 28 版, C. H. Beck 出版社 2014 年版, 第 396 页。

[3] Roxin, *Schünemann*, Strafverfahrensrecht, 第 28 版, C. H. Beck 出版社 2014 年版, 第 392 页。

条第2项规定,"为查清真相,法院应依职权调查所有对于裁判具有意义的事实及证据"。[1]

（3）证明责任理论和证据禁止理论。民事证据领域关注的核心问题是哪一方当事人负有"证明责任",德国法学界因而有发达的证明责任理论;[2]而在刑事诉讼领域,则主要关注犯罪嫌疑人和被告人的权利保护,并发展出一套独特的证据禁止理论。德国刑事证据禁止理论最初由贝灵（Beling）教授于1902年在图林根大学提出,随后成为德国刑事诉讼界探讨的重要课题。刑事证据禁止是指,如果调查取证程序损害了犯罪嫌疑人或证人的基本权利,这样取得的证据便不能在庭审中使用。证据禁止的目的,主要是避免加重犯罪嫌疑人和证人的负担。[3]

（二）法国证据制度

1. 法国证据制度的法律渊源。自法国大革命后,在刑事诉讼领域,法国经过短暂的绝对自由证明阶段,逐渐对司法事实认定过程采取相对自由证明策略,从而确立了一系列证据规则。法国证据立法采取了分散化的立法格局,以三大诉讼法典为主,以实体法为辅,此外还有判例和国际公约加以补充。在刑事证据领域,1958年生效并多次修正的《刑事诉讼法典》是主要的法源,其第一、二卷分别就审前和审判中的证据问题作了规定。在民事证据领域,《民事诉讼法典》主要就证据的取得、提出和审查等程序性问题作了规定,《民法典》就证据种类和举证责任的分配等作了规定。2001年1月1日生效的《行政司法法典》,也就证据问题作了规定。[4]除上述法典外,证据规则还贯彻了国际公约如联合国《公民权利和政治权利国际公约》《欧洲人权公约》。法国尽管是一个典型的大陆法系国家,但最高法院和国家行政法院的判例同样具有效力,最高行政法院的判例甚至是法源。此外,欧洲人权法院判例对法国法院的裁判同样具有约束力,其中与证据法相关的判例也是法国证据法的重要组成部分。

2. 法国证据制度的基本原则。

（1）言辞原则。证据出示一般通过言词方式,在庭审过程中宣读书面证言一般不被允许。证人要通过书面证言来刷新记忆也必须得到庭长同意。但是,在治安法庭（police court）,可以使用书面证言。

（2）证据裁判原则。其包括三个子原则:①证据的合法性原则,即证据应以合法方式获得,具有形式与实质的双层含义。其一,证据调查行为须符合法国《刑事诉讼法典》对各项侦查行为的规定;其二,证据调查时禁止采用非人道待遇和酷刑,

---

[1] Roxin, Schünemann, Strafverfahrensrecht, 第28版, C. H. Beck出版社2014年版, 第85~86页。

[2] 关于德国证明责任理论, 参见 [德] 莱奥·罗森贝克:《证明责任论——以德国民法典和民事诉讼法典为基础撰写》, 庄敬华译, 中国法制出版社2002年版; 另参见 [德] 汉斯·普维庭:《现代证明责任问题》, 吴越译, 法律出版社2000年版。

[3] 李倩:"德国刑事证据禁止理论问题研究", 载《中外法学》2008年第1期。

[4] 何家弘:《从应然到实然——证据法学探究》, 中国法制出版社2008年版, 第24~25页。

并且证据调查应符合正当性原则,即禁止以不正当、诡计或花招的方式获得证据。[1] ②证据形式选择自由原则。法国《刑事诉讼法典》第 427 条(在轻罪案件中)及第 536 条(在违警罪案件中)规定了证据形式自由原则,即"除法律另有规定外,犯罪可通过各种形式的证据加以证明"。而判例将该原则的适用范围扩展至所有类型的犯罪及辩护证据。另外,证据形式选择自由也有例外规定,主要体现在《道路法典》规定的一些违警罪案件中。③证据自由评价原则,证据评价是自由的,不受形式排除规则约束,法院也更关心证据"分量"或者"证明力",而不是证据可采性问题。[2] 与该原则相对应的是刑事诉讼的内心确信证明标准。法国《刑事诉讼法典》第 427 条规定,"法官依内心确信进行裁判"。第 353 条对内心确信作出了经典规定。但在两种情形下法官不可再依内心确信原则对证据作出自由评价:其一,存在未被推翻的法定推定;其二,法律赋予违警罪方面的证据具有特殊的证明力。[3] 另外,证据自由评价原则也受一定约束,如判决理由公开的约束,即法官在判决理由中应详细阐明证据的接受、证据证明力的裁量、证据与事实的相关性评价、证明责任的分配及履行等,判决理由应清晰可靠,不得出现理由不充分或相互矛盾的情况。[4]

(三)大陆法系证据法的特点

大陆法系的典型代表是德、法、葡、西、荷等欧洲大陆国家,我国澳门地区也保留了大陆法系传统。大陆法系证据法有如下特点:

1. 一般没有单独、统一的证据法典。除 1988 年荷兰《民事证据法》外,其他大陆法系国家和地区基本上没有独立的证据法典。这种立法模式的形成,一是因为近代大陆法系基于自由证明理念,证据法条文相对较少。特别是法国大革命后,出于对机械证据制度的警惕,法国确立了相对激进的自由心证原则,放松对证据尤其是证明力评价问题的规制,也就不需要大量证据规则。二是受大陆法系法律文化影响,大陆法系实体法与程序法的两分法影响了证据法的单独立法,因为证据法既包含实体法内容,也包含程序法内容,很难归入某一种类。因此,传统上有许多英美证据法学家都将证据法视为不同于实体法和程序法的第三法域。[5] 三是受立法传统影响,早在拿破仑的六法模式中,便只有民事诉讼法和刑事诉讼法,而没有证据法。这种立法传统对后世立法格局产生了深远影响。

---

〔1〕 [法]西尔维·西马蒙蒂:"法国刑事证据制度研究",施鹏鹏译,载《证据学论坛》2007 年第 1 期。

〔2〕 J. D. Jackson, "Two Methods of Proof in Criminal Procedure", 51 *Modern Law Review* (1988), 549.

〔3〕 [法]西尔维·西马蒙蒂:"法国刑事证据制度研究",施鹏鹏译,载《证据学论坛》2007 年第 1 期。

〔4〕 Cass. crim., 1er octobre 1985, Bull. crim., n°310.

〔5〕 See William Twining, *Rethinking Evidence: Exploratory Essays*, 2nd ed., Cambridge University Press, p. 58.

2. 证据法带有较强职权主义色彩。庭审调查一般由主审法官主导证据的提出和调查。大陆法系证据法一般以制定法形式出现,判例在证据法中的比重远远逊色于英美证据法。法官在庭审过程中对举证、质证、认证过程的控制要更强一些,所扮演的角色也更为积极。这种情况是与大陆法系职权主义诉讼模式相适应的。

3. 证据法同时关注法庭审判和审前侦查起诉。与英美法系集中型审判相比,大陆法系实行分段控制模式,一般从起诉直至整个案件的审判。[1]对审前证据收集的手段、程序、条件等均有细致规定。英美证据法则将这些内容放入诉讼法,证据法集中关注审判阶段。从历史上看,英美证据法实际上也经历过证据法和诉讼法混合在一起的阶段,直到19世纪中叶,斯蒂芬才着手将一些程序性规定排除出证据法,塞耶则继承这一路线并奠定了现代英美证据法的基础。[2]

4. 大陆法系的证据评价一般都交由裁判者去自由评价,法律上一般不事先规定。这一点与英美证据法中大量的可采性规则形成鲜明对比。

5. 事实认定的推理过程需要明示并可上诉。在英美法系,陪审团的事实认定一般不受审查或上诉。但在大陆法系,为了弥补自由心证原则的制度空缺,一般都要求法官在判决意见中对其事实认定的理由作出具体论证,而且事实认定也是上诉审查的重要对象。[3]

三、混合法系证据制度

(一) 日本证据制度及其改革

1. 日本证据制度融合了大陆法系和英美法系两种传统。

(1) 日本明治维新后先学法国,后学德国,构建起本国法律体系。因此,日本证据法具有大陆法系传统,没有单独的证据法典,而是散见于宪法、诉讼法及相关法律法规中。在大陆法传统影响下,日本形成了以职权主义、证据裁判主义和自由心证三大理念为基础的证据法体系。

(2) 二战后,日本在刑事诉讼领域大量吸收英美法系当事人主义因素,形成了以当事人主义为基调、职权主义为补充的刑事诉讼构造。在此基础上,为了与变革后的刑事诉讼构造相适应,开始大量借鉴英美法系证据法则。因此,日本战后证据法是在吸收借鉴两大法系证据法的基础上发展起来的。

2. 日本刑事证据法和民事证据法出现分野。日本民事诉讼证据法根据当事人处分主义和辩论主义原则,对证据能力限制不多,对于当事人未主张的事实,即使根据证据调查结果判明了其存在,法院一般也不把它作为裁判基础;对于当事人没有

---

〔1〕 [美] 米尔建·R. 达马斯卡:《漂移的证据法》,李学军等译,中国政法大学出版社2003年版,第82页。

〔2〕 See William Twining, *Rethinking Evidence: Exploratory Essays*, 2nd ed., Cambridge University Press, pp. 56~63.

〔3〕 See John Hatchard, Barbara Huber and Richard Vogler, "Comparative Criminal Procedure", *B. I. I. C. L.* 1996, p. 19.

争议的事实，则直接作为判决基础（《民事诉讼法》第 179 条）。相比之下，日本刑事诉讼证据法大量吸收英美法系证据法则，对证据能力设置了诸多限制。这些限制集中体现在审理的对象、证据的可采性规范、传闻规则、自白规则等方面。[1]

3. 日本证据法发展的最新动向。近年来，日本证据法引人瞩目的变化，是由裁判员制度改革所引发的。2004 年日本颁布《关于裁判员参加刑事裁判的法律》，确立了普通市民参与刑事诉讼的机制，它对证据法特别是自白规则和传闻规则的影响显而易见：在自白规则领域，自白任意性的判断标准、判断方法以及讯问时的录音录像等都将与之前有所不同；在传闻规则领域，必然会发生从笔录裁判到证言裁判的转变，传闻规则的适用范围也将进一步扩大。[2]

(二) 意大利证据制度改革

1. 1988 年的刑事诉讼法改革。[3] 意大利传统上一直属于欧洲大陆法系国家，其刑事诉讼制度也与其他大陆法系国家一样，属于职权主义诉讼制度。在意大利传统的职权主义诉讼制度中，审判并无陪审员参与，而是由法官主导。法官主导调查证据、传唤及询问证人等。但是，20 世纪 70 年代末期，意大利职权主义刑事诉讼面临诸多问题，公众质疑其未能给被告人提供足够的司法保障，欧洲人权法院也就司法程序耗时太久问题多次谴责意大利的刑事诉讼制度。基于此，意大利开启司法改革。由于美国制度在全球的巨大影响，意大利立法者便从美国刑事诉讼中寻找灵感，对传统的职权主义刑事诉讼进行了当事人主义改造。结果便是 1988 年 10 月 24 日通过的意大利新的《刑事诉讼法典》。该法典在侦查程序、审判程序及证据制度方面均进行了极大的变革，改革的主要内容包括四个方面：①在侦查阶段贯彻分权理论；②在审判阶段引入当事人推进主义；③在证据制度中实行传闻证据规则；④增设五大特别程序。

改革后的证据制度包括以下几项内容：

(1) 直接言辞原则。由于审判法官不再介入审前程序，不再亲自侦查，因此各项证据须在审判时以言词呈现，以使法官亲自接触证据。

---

[1] 参见 [日] 田口守一：《刑事诉讼法》，刘迪等译，卞建林校，法律出版社 2000 年版。

[2] 参见 [日] 田口守一："日本裁判员制度的创设与证据法的变动"，张凌译，载《证据科学》2008 年第 5 期。

[3] Ennio Amodio, Eugenio Selvaggi, "An Accusatorial System in a Civil Law Country: the 1988 Italian Code of Criminal Procedure", *Temple Law Review*, 1989, vol. 62, p. 1211. Marco Fabri, "Criminal Procedure and Public Prosecution Reform In Italy: A Flash Back", *International Journal For Court Administration*, 2008, January, p. 7. Giulio Illuminati, "The Frustrated Turn to Adversarial Procedure in Italy" (Italian Criminal Procedure Code of 1988), *Washington University Global Studies Law Review*, 2005, vol. 4, pp. 567~568. Di Federico, "The Crisis of the Justice System and the Referendum on the Judiciary", in Leonardi and Corbetta (eds.), *Ialian Pplics: A Review* 26 (Bologna: Il Mulino, 1989). Giulio Illuminati (2005) "The Frustrated Turn to Adversarial Procedure in Italy" (Italian Criminal Procedure Code of 1988), *Washington University Global Studies Law Review*, 4, pp. 570~571.

(2) 传闻证据规则。为贯彻直接言辞原则，新《刑事诉讼法典》规定，传闻证据原则上无证据能力，但控辩双方同意使用的可以作为证据使用。审前的证言笔录只可作为弹劾证据，质疑证人在审判时所作的不同陈述，但不可作为实质证据。但是，证人在抓获犯罪现场所作的证言以及检察官和警察在搜查时所作的陈述可以作为实质证据。被告人审前在检察官面前所作的供述，如果有辩护人在场，可作为证据使用。

(3) 非法证据排除规则。根据新法的规定，非法搜查或监听所获的证据应予排除，但未采"毒树之果"理论，且非法搜查或监听所获的证据如果有助于发现真相仍可作为证据使用。控辩双方审前、审理时抑或审后均可随时提出排除申请，法官亦可依职权排除。

2. 1992年刑事诉讼法再改革。意大利1988年刑事诉讼制度领域的诸多重大变革，在20世纪90年代遭到了保守派的强烈反弹。加之这一时期有组织犯罪的猖獗，正当程序与发现真相的冲突急剧显现。这两点导致了1992年刑事诉讼法再改革，其标志是宪法法院于1992年作出的三个判决，即1992年第24号判决、第254号判决与第255号判决。在第24号判决中，宪法法院认为，为了发现案件事实真相，应当允许警察就其调查过程中知悉的其他证人所作的陈述作证。警察的此种证言虽然属于传闻证据，但如果符合传闻证据规则例外也允许作为证据使用。在第254号判决中宪法法院认为，同案被告人在庭审中不愿作证或行使沉默权时，其先前在庭外作出的不利于其他被告人的证言允许作为反对该被告人的证据使用。在第255号判决中宪法法院认为，当庭审证言与庭前证言不符时，不应将庭前证言仅限制为弹劾证据，而是也可作为实质证据使用。宪法法院通过这三个判例对1988年的刑事诉讼制度进行了实质性改革。[1]

3. 1999年宪法改革。由于宪法法院的判决与刑事诉讼法典的改革宗旨产生了较大冲突，学界普遍认为，1988年的刑事诉讼制度改革基本失败。为了挽救改革的成果，意大利议会在随后几年试图通过立法解决宪法法院判决与刑事诉讼法的矛盾，但均未取得良好效果，因此不得不修改宪法。这便是1999年宪法修正案导致的正当程序改革。

1999年11月23日通过的宪法第111条修正案共5条，其中涉及证据制度的是第4条和第5条。第4条规定："刑事审判应当根据下列原则进行：证据只有在控辩双方面前出示并且任何一方都有权对该证据提出反证和质证的情况下才能予以采纳。不能根据有意逃避辩方质证的证人所作的证言认定被追诉者有罪。"第5条规定："在某些案件中，在被追诉人同意的情况下，或者由于客观存在的不可能或者由于已经经过证实的非法行为，证据也可以不经过被追诉人的质证而得以认定，这些（例外）

---

[1] 陈卫东、刘计划、程雷："变革中创新的意大利刑事司法制度——中国人民大学诉讼制度与司法改革研究中心赴欧洲考察报告之三"，载《人民检察》2004年第12期。

情况由普通法律作出规定。"[1] 这两条规定了抗辩原则及其例外情况，肯定了1988年刑事诉讼法设立的直接言辞原则与传闻证据规则。2001年3月1日，国会通过第63号公法对刑事诉讼法典进行了诸多修正，尤其是涉及被告人的质证权及交叉询问权的证据问题。

意大利证据制度的反复变革，是研究传统的职权主义诉讼进行当事人主义改造的极佳范本，囿于语言原因，国内学界对于2001年之后意大利刑事诉讼制度以及证据制度的研究极为匮乏，令人遗憾。

四、关于各国证据制度相互融合趋势的反思

日本和意大利的证据法变革，只是各国证据制度融合的一个集中体现。在西方两大法系典型国家如英、美、法、德，也出现了彼此借鉴的趋势。例如，2003年英国颁布的《刑事司法法》，就注意平衡控辩双方的关系，而不再仅仅关注被告人的权利；同时，进一步扩大了侦查阶段警察收集证据的权力，扩大了传闻规则的例外，赋予了控诉方新的上诉权利等。[2] 在大陆法系的德国，在审前阶段，辩护方逐渐被赋予参与证据收集的权利，控辩双方也更加注重庭前协商；在审判过程中，尽管法院在证据收集和出示上依然占据主导地位，但也在积极推动公诉机关和辩护方参与案件调查。[3]

反思世界各国证据制度融合的动力：一是全球化的推动。一系列国际公约和地区性公约的缔结，如联合国《公民权利和政治权利国际公约》、联合国《禁止酷刑公约》《欧洲人权公约》等，这些公约本身包含着两大法系证据法融合的内容。二是诉讼制度完善的内在动力。为了准确、公正地查明案件事实，各国都开始认真思考和借鉴其他法系的经验，例如，日本、俄罗斯恢复了陪审团制度，韩国建立了观审员制度，而英美等国近年来特别是"9·11事件"后逐渐加强了对犯罪的侦破和打击力度，对犯罪嫌疑人和被告人的保护则有所放松。

1. 英美法系证据法具有法典化、证据普通法仍居重要地位、证据规则具有技术性和复杂性以及重视证据铺垫或证据材料预先筛选等特点。

---

〔1〕 陈卫东、刘计划、程雷："变革中创新的意大利刑事司法制度——中国人民大学诉讼制度与司法改革研究中心赴欧洲考察报告之三"，载《人民检察》2004年第12期。另参见 William T. Pizzi. & Mariangela Montagna (2004, Winter), "The Battle to Establish an Adversarial Trial System in Italy", *Michigan Journal of International Law*, 25, 459~462。

〔2〕 英国内政部："英国2003刑事司法法立法说明"，郑旭译，载陈光中主编：《21世纪域外刑事诉讼立法最新发展》，中国政法大学出版社2004年版，第92~178页。

〔3〕 [德] 托马斯·魏根特："德国刑事诉讼程序的改革：趋势和冲突领域"，樊文译，载陈光中主编：《21世纪域外刑事诉讼立法最新发展》，中国政法大学出版社2004年版，第234~246页。

2. 欧洲大陆法系证据法具有分散立法、采取制定法形式、带有较强职权主义色彩、兼顾法庭审判和审前侦查起诉、证据评价采用内心确信与理由论证相结合等特点。

3. 日本、意大利等国证据制度具有混合法系的特点，职权主义与当事人主义、纠问制与对抗制、法官审判与陪审团审判等证明方式兼容并蓄。

4. 世界各国证据制度的融合，既有全球化的推动，又有来自准确、公正司法和诉讼制度完善的内在动力。

思考题

3.4. 如何看待两大法系证据制度的共性及其相互融合的趋势？

3.5. 从法国刑事诉讼重罪审判法官与陪审团共为事实认定者这一点，如何看待西方两大法系证据制度划分的相对性？

3.6. 日本、意大利等国证据制度及其改革，对我国证据制度改革有何启示？

第三节 中国证据制度

一、中国证据制度的历史演变

（一）中国古代和近代证据制度

1. 古代证据制度的发展轨迹。

（1）上古时期神明裁判的记载。我国传说中的上古时期，神判方式居重要地位。据《论衡》记载，尧舜禹时期的法官皋陶以神兽獬豸来审判案件："獬豸者，一角之羊也。性知有罪，皋陶制狱，其罪疑，乃令羊触之。"

（2）西周的"五听"制度。夏商周以后，神判逐渐被较为理性的审判方式所替代，但并未完全绝迹，在很多案件审判中一直起着辅助作用。[1]到西周时期，发展出一套所谓"五听"制度。据《周礼·秋官·小司寇》记载："以五声听狱讼，求民情。""五听"指通过"辞听""色听""气听""耳听""目听"五种方法来判断口供的真实性。

（3）西汉时期"春秋决狱"的裁判方式。西汉董仲舒发展出一套"春秋决狱"的裁判方式。根据《春秋繁露·精华》记载："春秋之听狱，必本其事而原其志，志邪者不待成，首恶者罪特重，本直者其论轻。"就是说，审判案件要在案件事实的基础上根据《春秋》等经典来判断罪犯的主观心态，并将事实与心态结合起来作出判决。这样，案件事实认定就融入了许多法律上和道德上的规范。

---

〔1〕 参见瞿同祖：《瞿同祖法学论著集》，中国政法大学出版社1998年版，第273~279页。

(4) 唐代《断狱律》体现的证据制度包括：①刑讯制度化。对刑讯的条件、方法、适用对象以及拷讯违例者等，都有较为详细的规定；刑讯一方面被合法化，另一方面也受到相对严格的限制。②证人证言的规定。规定了证人作伪证的责任，同时也规定了强制出庭作证的权力。③规定对某些官僚贵族和老幼残疾不得刑讯，可以依据众证定罪，即三人以上明证其罪便可定罪。

(5) 经过了汉唐以前漫长的发展，我国法医学在宋代进入一个鼎盛时期。这主要表现在三个方面：①发展出了较为发达的勘验检查制度。宋代以敕令格式的形式颁布了一系列有关检验的法令，对哪些官员施行检验、检验官职责、初检、复检、免检等情形都作了较为详细的规定。南宋孝宗时期，官府发布《检验格目》，体现了当时官方对勘验检查的重视。②颁布了三个重要的验尸文件：验状，也就是正式的验尸文件；验尸格目，相当于检验官员赴检情况及执行检验制度的保证书，是督促检验官员及时尽职检验的强制性措施；检验正背人形图，这是我国最早的尸图。③在此基础上，诞生了以宋慈为代表的法医学家，并留下了世界上第一部法医学名著《洗冤集录》。比意大利人佛图纳图·菲得利 1602 年的同类著作早了 350 多年。该著作对犯罪现场勘验、被害人伤情勘验、尸体现象、机械性窒息、机械性损伤等作了详细论述，是集宋慈以前外表尸体检验之大成的著作。[1]

(6) 到了元明清时期，法医学依然得到了进一步缓慢的发展，在死亡与尸体现象的判断、机械性窒息死、机械性损伤、中毒、物证检验、医疗事故鉴定等方面取得了一定的进展。特别需要注意的是，在明朝时期，我国的《无冤录》等法医学著作开始传入朝鲜、日本、越南等国家，对这些国家的法医学实践与研究产生了非常重大的影响。到清代，犯罪现场勘验逐渐由职业验尸人（即仵作）来承担，地方审判官更多是对仵作进行监督。在庭审阶段，审理官员可以合法地运用刑讯来获得犯罪嫌疑人的口供，尽管对刑讯的使用方式、范围等也有严格限制。一旦审判官员没有查清案件真相或错误认定案件事实，将会受到严厉的处分。[2] 但是，由于把被告人的口供视为"证据之王"，没有被告人的认罪坦白，一般不能定罪。清代以来，口供在审判定罪中的地位进一步得到强化，"断罪必取输服供词"，[3] 罪从供定，无供不录案，无供不定罪。

2. 清末变法与证据制度的近代化。

(1)《大清刑事民事诉讼法草案》。在清末变法改制中，沈家本等立法大臣以日本为师，确立了民刑分立的格局，将证据法分别规定在民事诉讼法和刑事诉讼法中。1906 年，沈家本、伍廷芳编订完成中国历史上第一部专门的诉讼法草案《大清刑事民事诉讼法草案》，规定了如下一些证据规则：①"证据之证明力任推事自由判断"；

---

[1] 参见贾静涛：《中国古代法医学史》，群众出版社 1984 年版，第 70~80 页。

[2] 参见瞿同祖：《瞿同祖法学论著集》，中国政法大学出版社 1998 年版，第 448~467 页。

[3] 赵尔巽等：《清史稿·刑法三》。

②"在被告不认罪的情况下，原告应该承担举证责任"；③证据分为口供、检证笔录、证人证言、鉴定结论、文件证据、物证六类；④尤其难得的是，专设"证人"一节，明确了证人的诉讼地位；规定证人有义务作真实证明，否则处以罚金或短期拘役；不得刑讯证人；证人作证期间必需费用应由诉讼当事人负担等。此外，还规定了"不得强迫亲属作证"等规则。这部草案因反对者甚多，最终未能正式颁行。

(2)《大清刑事诉讼律草案》和《大清民事诉讼律草案》(1910年，宣统二年)。前者确立了三大原则：①自由认证，"然证据而以法律豫定，则事实皆凭推测，真实反为所蔽，宜悉凭审判官自由取舍"；②直接审理，"凡该案关系之人与物必行直接讯问、调查，不凭他人申报之言辞及文书，辄与断定"；③言辞辩论，"于原被两造之言辞辩论而折中听断，自经辩论之后，于被告之一造，亦可察言观色，以验其情之真伪"。[1] 在《大清民事诉讼律草案》中，证据作为第三编第二章的一节。这两部草案因清王朝迅速覆灭而未能实施，但初步确立了无罪推定、自由认证、直接言辞、禁止刑讯逼供等原则，为我国证据法的近代化奠定了重要基础。从这两部法律草案看，我国近代证据法律体系从建立之初便深深打上了西方大陆法系的烙印，至今还受其深刻影响。

(二) 民国证据制度

1927~1931年，南京政府继承清末确立的大陆法系原则，吸取以往历届政府的法制成果，逐步形成了以宪法、民法、刑法、民事诉讼法、刑事诉讼法、行政法为主体的六法体系。其中，证据法延续了清末改制的风格，附属于三大诉讼法。在刑事证据方面，1928年立法院颁布《中华民国刑事诉讼法》和《中华民国刑事诉讼法施行法》，1934年修正并于第二年颁布实施。

1934年通过修正的《中华民国刑事诉讼法》在继承北洋政府《刑事诉讼条例》的基础上，效仿德、日等大陆法系国家刑事诉讼制度的成分，确立了与证据相关的四大原则：一是延续自由认证制度，第269条规定，"证据之证明力，由法官自由判断之"；二是直接审理原则，法官应当亲自接触当事人和收集证据，但在例外情况下也可由受命法官进行若干刑事诉讼行为；三是实质真实原则，关于刑事案件的事实和证据，不受当事人的意思所约束；四是言辞审理原则，举证、辩论等行为需要以言辞形式为之。[2]

特别值得一提的是，民国期间大学法科教育中已出版了多部证据法学教材，形成了比较成熟的学科体系。例如，周荣《证据法要论》、蒋澧泉《民刑诉讼证据法

---

[1] 李贵连：《沈家本传》，法律出版社2000年版，第290页。
[2] 陈光中主编：《刑事诉讼法》，北京大学出版社、高等教育出版社2002年版，第54页。

论》以及东吴大学法学院《证据法学》教材。[1] 其中东吴大学法学院《证据法学》教材据说为盛振为《证据法学论讲义》修订本,全书不仅将世界几大法系的证据法尽收眼底,一览其利弊得失,还有大量实例配套,融法理论证、比较研究、案例分析于一炉,代表了当时中国证据法教学和研究的最高水平。[2] 全书除附录,分为绪论和本论。绪论主要介绍证据法学之意义、证据之性质、证据法定义、证据法上各种术语、事实证据法律之联系性。本论分为四编十四章,第一编"证之通则",主要介绍举证责任、免证限度、证据调查;第二编"证之方法",主要介绍人证、鉴定、书证、情状证;第三编"证之保全",主要介绍民事证据保全程序、刑事证据保全程序;第四编"证之辩论",主要介绍讯证程序、证据辩论、供证图解。[3]

(三) 新中国证据制度的探索

新中国在证据制度建设方面主要经历了以下阶段:

1. 沿用新民主主义时期确立起来的一系列证据原则和制度,包括:重调查研究、实事求是;严禁刑讯逼供,重证据不轻信口供;证据必须确实充分,否则应判无罪;规定当事人的证据责任、提供证据的义务,并在民事诉讼中规定谁主张、谁举证。[4]

2. 移植苏联证据制度:确立了"以事实为根据、以法律为准绳"的实事求是办案原则;[5] 以及直接审理原则,1957 年起草、1963 年修订的《刑事诉讼法草案(初稿)》第 140 条明确了审判员应当根据法庭上亲自查实的证据来确定被告人有罪还是无罪,并据此制作判决。为使直接原则得以贯彻,该草案作了类似苏联模式的规定,例如,所有当事人在公开审判时都必须出庭(第 133 条);证据必须由法院直接审查,证人与鉴定人必须到庭(第 137~138 条);原则上,每一案件的诉讼程序不得中断,每一案件的组成人员不得更易(第 19 条、第 146 条)等。值得注意的是,我国没有确立苏联明确规定的自由心证制度。[6]

二、我国改革开放以来的证据制度建设[7]

(一) 加强法制与证据法恢复重建(1978~1995 年)

1. 证据法在我国社会主义法律体系中的地位初步确立。

---

[1] 参见周荣编著:《证据法要论》,吴宏耀点校,中国政法大学出版社 2012 年版;蒋澧泉编著:《民刑诉讼证据法论》,吴宏耀、魏晓娜点校,中国政法大学出版社 2012 年版;东吴大学法学院编:《证据法学》,吴宏耀、魏晓娜点校,中国政法大学出版社 2012 年版。

[2] 高积顺:"盛振为——培养法律精英的教育家",载中国法学创新网,http://www.fxcxw.org/index.php/Home/Dajia/artIndex/id/3544/tid/7.html。

[3] 参见东吴大学法学院编:《证据法学》,吴宏耀、魏晓娜点校,中国政法大学出版社 2012 年版。

[4] 樊崇义主编:《证据法学》,法律出版社 2004 年版,第 34 页。

[5] 彭真 1953 年 3 月 14 日给中央的报告,载彭真:《论新中国的政法工作》,中央文献出版社 1992 年版,第 76~77 页。

[6] 参见何勤华:"关于新中国移植苏联司法制度的反思",载《中外法学》2002 年第 3 期。

[7] 参见张保生、冯俊伟、朱盛文:"中国证据法 40 年",载《证据科学》2018 年第 2 期。

（1）1979年《刑事诉讼法》设证据一章，明文规定了证据在刑事诉讼中的地位，其意义在于："……规定了侦查、检察、审判人员收集、判断、使用证据必须'忠实于事实真相'，这就把我国社会主义的重证据、重调查研究、实事求是的证据制度进一步具体化、法律化，从而使这一证据制度成为我国社会主义法律体系的有机组成部分。"[1]

（2）1982年《民事诉讼法（试行）》，也设证据专章对证据种类、人民法院调取证据的权力、书证和物证的提交方式及例外、指派鉴定人及证据保全等作出了规定。1984年《最高人民法院关于贯彻执行〈民事诉讼法（试行）〉若干问题的意见》强调："证据是查明和确定案件真实情况的根据。掌握充分、确凿的证据，是正确处理案件的基础。全面、客观地收集和调查证据，认真地审查证据，准确地判断证据，对于提高办案质量，具有特别重要的意义。"1991年《民事诉讼法》，对原来关于人民法院应当"全面地、客观地收集和调查证据"的规定作了修改，强调了人民法院"审查核实证据"的主要职能，增加了"当事人及其诉讼代理人因客观原因不能自行收集的证据，或者人民法院认为审理案件需要的证据，人民法院应当调查收集"的限制条件。有论者评价："这一规定为我国的举证责任理论指引了方向，增添了新的研究内容。"[2] 1992年最高人民法院《适用民诉法意见》，1993年《最高人民法院关于第一审经济纠纷案件适用普通程序开庭审理的若干规定》，对于审查证据、交换证据、法庭鉴定、证人作证以及举证责任、质证等民事证据问题作了细致的解释性规定。司法解释与民事诉讼法相配套，构成了我国民事证据制度的基本框架。

（3）1986年《中华人民共和国治安管理处罚条例》，对行政诉讼证据最先作出一些简单规定。1989年《行政诉讼法》对行政诉讼证据作了具体规定，包括被告在行政诉讼中承担举证责任；在诉讼程序中被告不得自行向原告和证人收集证据；人民法院在证据收集、审查和认定程序中居于主导地位，有权要求当事人提供或补充证据，有权向有关行政机关以及其他组织、公民调取证据等。1991年、1999年最高人民法院《行政诉讼法解释》，对行政诉讼证据规则作了细化或补充。

（4）三大诉讼法中的证据规定具有里程碑意义。有论者指出："……三部诉讼法典，通过各自所设'证据'专章及其规范，对于在刑事、民事、行政诉讼中，什么可以作为证据，对于案件事实的证明应达到什么程度，哪些人有责任向司法机关提供证据，收集和审查判断证据应该遵循哪些原则、依照什么程序等作了明确规定，标志着新中国证据制度已正式确立。"[3] 我们认为，三大诉讼法对证据设专章规定，标志着证据法在我国社会主义法律体系中的地位初步确立。但从这些证据规定残缺

---

[1] 雪竹："浅谈我国证据制度的演变"，载《青海社会科学》1980年第3期。
[2] 江伟："新民事诉讼法的重大突破"，载《法学评论》1991年第3期。
[3] 刘金友主编：《证据法学》，中国政法大学出版社2001年版，第100页。

不全、不成体系的情况来看，若得出"新中国证据制度已正式确立"的判断未免言过其实。有论者指出："在各诉讼法内均以专章对证据问题作出规定，并应司法实践之需颁布了少量涉及证据内容的司法解释，但显然不存在系统完备的证据规则体系。立法上关于证据的规定既失之粗疏、抽象，难以操作，实践中基于职权主义和客观真实的要求，一般对司法人员调查证据的权力和范围又不予太多的限制。因此，关于证据的可采性，关于证据的证明能力与证明力，关于证据的出示、质证、认证，均缺乏明确的证据规则指南。"[1]还有论者从刑事诉讼证据的角度评价说："我国1980年1月1日施行的《刑事诉讼法》并没有充分体现出刑事诉讼证据应有的分量……很多重要的证据内容、规则都没有明确规定，一定程度上影响了刑事诉讼工作的顺利进行。"[2]同样，"学界和实务界均认为《民事诉讼法》中关于证据制度的规定简陋和不完善，已经不能适应民事诉讼的需要"[3]。行政诉讼证据规定也存在类似的问题。

2. 司法解释和其他法律法规对证据制度发挥补充作用。证据法在我国法律体系中的地位虽已确立，但"在我国，并没有对证据制度进行专门立法。有关证据制度的规范散见于刑事、民事、行政诉讼法典，有关司法解释以及个案批复中"[4]。相对于三大诉讼法而言，其他法律法规、司法解释和批复对证据规则有一些更为具体的规定。例如，1979年《卫生部关于重新发布试行〈解剖尸体规则〉的通知》；公安部1980年《刑事技术鉴定规则》和《关于犯罪分子和违法人员十指指纹管理工作的若干规定》；最高人民法院、最高人民检察院、公安部、司法部、卫生部1989年《精神疾病司法鉴定暂行规定》；国务院1982年《中华人民共和国公证暂行条例》；司法部1990年《公证程序规则（试行）》，1993年《房屋拆迁证据保全公证细则》，1994年《司法部关于我国公证制度和公证书效力的复函》，1995年《提存公证规则》，1990年司法部与最高人民法院、最高人民检察院、公安部联合发布的《人体重伤鉴定标准》《人体轻伤鉴定标准（试行）》；最高人民法院1995年《关于未经对方当事人同意私自录音取得的资料能否作为证据使用问题的批复》等规定。

（二）依法治国与证据制度初步形成（1996~2000年）

1997年党的十五大提出"依法治国"方略，对作为法治基石的证据制度建设提出了更加迫切的要求。然而，由于"我国没有专门以证据问题为调整对象的独立的证据立法，有关证据制度的法律规范散置于刑事、民事、行政诉讼法典及其相关的司法解释之中……诉讼法典更多关注的是程序的合理建构，有关证据制度的规定显

---

[1] 卞建林、姚莉："关于建立和完善我国证据规则的思考"，载《法商研究（中南政法学院学报）》1999年第5期。

[2] 叶青、王培德："完善我国刑事诉讼证据制度的几点构想"，载《法治论丛》1992年第2期。

[3] 张卫平："民事证据法必要性之考量"，载《法商研究（中南政法学院学报）》2001年第3期。

[4] 徐治国："论我国证据制度存在的问题及完善"，载北大法律信息网，http://article.chinalawinfo.com/article/user/article_display.asp? ArticleID=631。

得十分粗糙"。"整体上，我国证据制度远远落后于其他法律制度的发展，明显缺乏一个科学制度所应具备的完整性和系统性。"[1]

1. 庭审方式改革拓展证据法发展空间。

（1）1996年《刑事诉讼法》对证据法的发展具有深远意义。为配合其实施，1996年7月，最高人民法院决定全面推广前几年积累的经验，审判方式改革全面铺开。[2]在保留职权主义的同时，吸收当事人主义对抗制因素，探索控辩式庭审方式改革，这为证据法的发展提供了更为广阔的空间。1996年《刑事诉讼法》对证据制度的形成有以下贡献：①增加视听资料作为新证据种类；②强调证据收集程序的合法性，严禁非法收集证据；③增加证人保护；④明确控方负举证责任；⑤改变以往法官包揽法庭调查的方式，控辩双方在庭审中发挥更大作用；⑥规定交叉询问规则；⑦增加直接言辞原则的成分；⑧设立"疑罪从无"判决形式；⑨平衡控辩力量，规定律师收集证据、阅卷的权利。1996年《刑事诉讼法》的修订，"其中关于证据制度的变化和发展，修改和新增的条文虽然不多，但是就已经修改的内容而言，应该说在我国诉讼发展的历史上是具有深刻意义的"[3]。但是，新《刑事诉讼法》在证据制度建设方面也存在逻辑体系不完整[4]、价值权衡理念缺乏[5]等问题。

（2）辩护律师调查取证权在证据制度中占有重要地位，也是控辩式庭审方式改革的关键。1998年最高人民法院《刑事诉讼法解释》对辩护律师向证人或者其他有关单位和个人收集、调取与本案有关的材料作了一些必要的规定。

（3）1997年最高人民检察院《人民检察院实施〈中华人民共和国刑事诉讼法〉规则（试行）》和1998年公安部《公安机关办理刑事案件程序规定》，分别对检察机关和公安机关收集证据的行为作了明文规定。

2. 加入国际公约对证据制度建设具有深远影响。1988年全国人大常委会批准了中国代表1986年签署的联合国《禁止酷刑公约》，1998年10月中国政府签署《公民权利和政治权利国际公约》。中国加入这两大公约，意味着承诺遵循国际通行的证据准则，将无罪推定、不得强迫自证其罪等现代诉讼证据原则作为中国证据制度的基础。

3. 证据制度的完善成为民事审判方式改革的中心议题。证据制度的完善成为

---

[1] 吴宏耀："我国证据立法势在必行"，载《人民法院报》2000年12月11日。

[2] 齐树洁、钟胜荣："论民事审判方式改革对我国证据制度的影响"，载《法学评论》1998年第4期。

[3] 樊崇义、罗国良："《刑事诉讼法》修改后证据制度的变化和发展"，载《中国刑事法杂志》1999年第4期。

[4] 参见李颖："试论现行刑事证据制度的立法缺陷及完善——兼论现行庭审方式改革对证据制度的要求"，载《法律科学（西北政法学院学报）》1999年第1期。

[5] 参见万毅、林喜芬、何永军："刑事证据法的制度转型与研究转向——以非法证据排除规则为线索的分析"，载《现代法学》2008年第4期。

1997年后"民事审判方式改革的中心议题……探讨中的一致认识是证据制度的三个部分即举证、质证、认证都应当得到加强,其中又以举证问题最受瞩目。就举证而言,学者们一般都认为,应突出当事人举证责任和同时完善法院调查、收集证据的责任,并建立举证时限制度"[1]。1998年最高人民法院《民事经济审判方式改革规定》对于"当事人举证和法院调查收集证据问题""改进庭审方式问题""对证据的审核和认定问题""加强合议庭和独任审判员职责问题"等作了详细规定。有论者指出:"该规定中有80%是关于证据制度改革的内容。"[2]

4. 司法鉴定制度不断完善。我国司法鉴定管理多以部门规定、司法解释或批复的形式进行规范,如1996年国家技术监督局《职工工伤与职业病致残程度鉴定》、1997年国家工商行政管理局《合同鉴证办法》、1998年国家发展计划委员会《涉案物品价格鉴定复核裁定管理办法》和《涉案物品价格鉴定分级管理实施办法》、1998年《公安部〈关于鉴定淫秽物品有关问题的请示〉的批复》,以及1999年《最高人民检察院关于CPS多道心理测试鉴定结论能否作为诉讼证据使用问题的批复》《最高人民检察院关于检察机关的法医能否根据省级人民政府指定医院作出的医学鉴定作出伤情程度结论问题的批复》、2000年《最高人民检察院关于"骨龄鉴定"能否作为确定刑事责任年龄证据使用的批复》等。为解决司法鉴定管理混乱与不规范的问题,司法部2000年印发《司法鉴定人管理办法》和《司法鉴定机构登记管理办法》,标志着对司法鉴定的管理走向统一。

(三)司法公正呼唤证据法快速发展(2001~2009年)

进入21世纪后,证据法在我国的发展主要有两个动力:一是法治国家与和谐社会建设的需要,二是本土司法实践发展的需要。

1. 证据立法及立法研究一波三折。早在第九届全国人大一次会议期间,陈华姣等32名代表就联名提出建议制定证据法的议案。其后,在九届人大第二、三、四次会议上,仍有制定证据法或尽快制定证据法的议案提出。[3] 但是,证据法始终没有列入国家立法计划。

随着我国司法改革的深入,"打官司,就是打人情"的陈腐观念正逐渐为人们所摈弃,"打官司,就是打证据"的司法理念日益深入人心。从佘祥林案、杜培武案、黄静案、邱兴华案、马加爵案到高莺莺案,司法审判中暴露出来的各种问题大都指向证据。但是证据立法缺失使得司法实践中出现无法可依的现象,此点促使证据立法研究在短暂的停顿之后又重新活跃起来,而且更加趋于深入和理性。2001年以来,

---

[1] 江伟、单国军、徐卉:"1997年民事诉讼法学研究的回顾与展望",载《法学家》1998年第1期。

[2] 张卫平:"民事证据制度改革走向探知",载《法商研究(中南政法学院学报)》1999年第5期。

[3] 参见李浩:"民事证据立法与证据制度的选择",载《法学研究》2001年第5期。

学术界围绕证据立法模式，即是三大诉讼统一立法，还是各自立法；是建立一个从原则到收集证据、审查判断、运用证据等系统的证据法，还是在现有条件下补充完善、解决急需的问题进行了热烈讨论，并提出了诸多证据法建议稿。关于证据立法的模式，有论者认为："众多法律法规中的条文以及司法解释条文之间存在不够协调，不够有序等问题，这种状况已在一定程度上造成了司法实践中运用诉讼证据规则的混乱，比如证人不出庭现象比较普遍，重复鉴定问题突出，电子证据的运用无法可依等，诉讼证据制度的改革与完善已成为当前中国司法改革的一项重要而迫切的任务。"他认为，在加强证据立法方面有两条路可以选择：一是在三大诉讼法中修改有关诉讼证据制度的规定；二是制定一部独立的、综合的诉讼证据法典。[1]

另外，在此阶段中，我国有接近四分之一的省高级人民法院制定了地方性证据规则，这一方面促使司法机关和诉讼各方提高证据意识，另一方面也激励证据法学者深刻反思我国证据制度建设存在的问题。同时也应看到，这一阶段纷纷出台的地方性证据规则，虽然回应了司法实践的需要，但也存在逻辑混乱、用语不准确、科学性较差的问题，并且造成了不同地方分别"立法"的局面，严重影响了证据法在我国的统一适用。[2]

2. 重大错案的证据问题成为社会关注焦点。在这一阶段曝出的一些重大错案折射出我国证据制度的不健全，并集中体现在非法证据排除规则与司法鉴定制度两个方面。一方面，2000年的杜培武案，以及其后的辽宁李化伟杀妻案、海南黄亚全、黄圣育抢劫案，河北李久明杀人案，云南孙万刚杀女友案等均暴露了我国证据制度存在的重大缺陷。而2005年披露的佘祥林杀妻错案及2010年的赵作海案则使人们对刑讯逼供问题的关注度空前上升。通过对佘祥林等错案的反思，法学界对于刑事诉讼中非法证据排除规则给予了诸多关注，非法证据排除问题也成为诉讼法学会2005、2006年年会的热点问题，其间也有许多论述非法证据排除规则的论文发表。[3] 另一方面，2006年披露的黄静案、高莺莺案、邱兴华案则直接指向司法鉴定制度，反映出其中存在重复鉴定、多次鉴定以及鉴定人回避、鉴定过程公正、鉴定机构的中立等一系列问题。[4] 一些法学家针对邱兴华案，呼吁对司法精神病的鉴定标准等加以规定和完善。[5]

---

[1] 参见孟娜："首席大法官肖扬：中国不断加大证据制度改革力度"，载新华网，http：//big5.gov.cn/gate/big5/www.gov.cn/jrzg/2006-05/30/content_295901.htm.

[2] 参见房保国："现实已经发生——论我国地方性刑事证据规则"，载《政法论坛》2007年第3期。

[3] 参见陈光中、张小玲："论非法证据排除规则在我国的适用"，载《政治与法律》2005年第1期。

[4] 参见吴少军、李永良："黄静裸死案鉴定之谜"，载《中国审判》2006年第7期。

[5] 陈学权："刑事司法鉴定中的程序正义——邱兴华案对中国刑事司法鉴定制度的启示"，载《中国司法鉴定》2007年第4期。

(四) 证据法律体系不断完善 (2010 年至今)

2010 年，在赵作海案的直接影响下，"两院三部"发布《死刑案件证据规定》和《排除非法证据规定》。2012 年，《刑事诉讼法》和《民事诉讼法》相继得以修订，证据法规范条文大大增加，许多证据规范得以体系化。2017 年，"两院三部"颁布《严格排除非法证据规定》，进一步完善了非法证据排除规则。2021 年，最高人民法院《刑事诉讼法解释》吸收了刑事证据制度改革领域取得的重要成果。这一时期我国刑事证据制度的完善其中值得称道的有三点，即确立了证据裁判原则，强化了审判环节的证据审查；细化了证据审查的标准，初步建立了证据审查体系；部分确立了不得强迫自证其罪的权利。

1. 确立证据裁判原则和审判环节的证据审查。现代裁判制度与传统事实认定制度的一个重要区别在于，前者是依照以证据为基础的事实推理，而非通过蛮力或机械推理的方式而展开的。[1] 证据裁判主义原则是现代理性主义事实认定方式的集中体现。2012 年最高人民法院《刑事诉讼法解释》第 61 条规定："认定案件事实，必须以证据为根据。"这实质上是以一种强有力乃至有些武断的方式确立了证据裁判规则。[2] 该原则的确立至少蕴含着两层涵义：其一，强调应该将证据作为事实认定的基础，排斥那些缺乏证据基础的主观臆断或者长官意志等不科学的事实认定方式。其二，强调作为认定案件事实之根据的证据，必须是经过法庭审查后加以采纳的证据。其第 63 条规定："证据未经当庭出示、辨认、质证等法庭调查程序查证属实，不得作为定案的根据，但法律和本解释另有规定的除外。"2021 年最高人民法院《刑事诉讼法解释》将上述第 63 条改为第 71 条，并删除了最后一句话"但法律和本解释另有规定的除外"，表明了证据"当庭出示、辨认、质证等法庭调查程序查证属实"作为采信标准的排他性。证据裁判原则的确立为证据制度的发展提供了正当性来源。

除证据裁判原则外，证据概念和证据种类的细微修改，也可看出对证据审查环节的强化。从证据概念的修改来看，2012 年《刑事诉讼法》第 48 条将"证明案件真实情况的一切事实，都是证据"修改为"可以用于证明案件事实的材料，都是证据"。这一修改的重要意蕴在于强调了证据资格问题，突出了是否"可以"用于证明案件事实的资格审查问题，希望褪去笼罩在证据概念身上的"事实"光环，将其还原成可以被审查的证据"材料"。[3] 对证据资格审查的强调还体现在证据种类的修改上，如将证据种类之一的"鉴定结论"修改为"鉴定意见"。

2. 建立证据审查的标准和体系。强化对证据的审查，需要完善审查标准，其中最重要的是证据可采性标准。但在 1996 年《刑事诉讼法》及相关司法解释中，对证

---

[1] Willaim Twining, *Rethinking Evidence: Exploratory Essays*, Cambridge University Press, 2005, p. 35.

[2] 说有些武断，是因为在证据法中还有司法认知、推定等免证方法，这些方法是证据裁判主义原则的例外。

[3] 尽管对于用材料来涵盖证据依然有许多批评，如过于侧重物证、书证，而不适用于人证。

据可采性标准只在非法证据、证人证言方面简单规定了原则性条款，缺乏可操作性。以证人证言的审查为例，1996年《刑事诉讼法》第47条规定，证人证言必须在法庭上经过公诉人、被害人和被告人、辩护人双方询问、质证，听取各方证人的证言并且经过查证属实之后，才能作为定案的根据。但在司法实践中，由于证人出庭率非常低，完全贯彻这一条款，将使案件审判无法进行。因此，在1998年最高人民法院《刑事诉讼法解释》又规定"未出庭证人的证言宣读后经当庭查证属实的，可以作为定案的根据"。这个例外条款完全架空了前述《刑事诉讼法》第47条规定，使得书面证言畅通无阻地进入法庭证据采信环节。同样的缺陷也存在于非法证据排除规则当中。[1]

为解决前述问题，2012年《刑事诉讼法》以证据种类为标准确立起一套中国式证据可采性体系。这体现在以下五个方面：其一，对每一证据种类的审查确立了初步的标准。英美证据排除规则体系被视为是证据相关性原则一系列例外的总和，由诸多证据排除规则所组成。[2] 与此不同，我国证据可采性标准是以证据种类为基础分门别类建构起来的。这一制度的中国特色体现在将中国传统的证据种类制度与英美式证据排除规则体系混合在一起，例如，最高人民法院2012年《刑事诉讼法解释》中的证据审查就是以证据种类展开的，并充分吸收了英美证据法中的最佳证据规则、意见证据规则、传闻证据规则等规则的内涵。

其二，以能否"作为定案根据"及其类似语词为话语标志，从规范层面建构了一个证据可采性话语体系。在2012年最高人民法院《刑事诉讼法解释》证据章中，每一证据种类下都具体规定了其"能够作为定案根据""不能作为定案根据"或"不能作为证据使用"的具体情形。

其三，细化了每一证据种类的审查和采纳标准。例如，第74条对审查证人证言时要考虑的因素都作了罗列，如证人的亲历性、证人年龄、证言收集程序、证人作证是否受到外部因素影响等。第75~78条则分别对意见证据规则、证言收集程序、证人翻证等问题作了较为详细的规定。

其四，建立了非法证据排除规则体系。2012年《刑事诉讼法》对非法证据排除规则作了系统规定：①排除范围，包括言词证据和实物证据（第54条）。②排除程序（第55条，第56条第2款）。③证明责任，包括申请排除者的初步证明责任（第56条）和检察院的证据合法性证明责任（第57条），即检察院若不能证明证据收集的合法性，将面临证据被排除的后果。④证明标准（第58条），"经法庭审理确认或不能排除存在第54条规定的以非法方法收集证据情形的，对有关证据应当予以排除"，这意味着，对非法取证的事实认定有两个证明标准：优势证据标准，即对法官

---

[1] 关于证据法规范之问题的详细分析，参见吴洪淇：《转型的逻辑：证据法的运行环境与内部结构》，中国政法大学出版社2013年版，第四章。

[2] Willaim Twining, *Rethinking Evidence: Exploratory Essays*, Cambridge University Press, 2005, p. 206.

的审查判断来说，只要"不能排除"非法取证的可能性，或者，非法取证的可能性大于不可能性，有关证据就应当予以排除；确信无疑标准，即对检察院来说，对证据收集合法性的证明要达到排除合理怀疑的程度，否则，有关证据将会被法官排除。⑤排除方法（第54条），对非法取得的言词证据予以绝对排除；对非法取得的物证、书证采用相对排除办法，即达到严重影响司法公正的程度，且不能补正或作出合理解释的，才予以排除。2017年"两院三部"《严格排除非法证据规定》进一步将非法言辞证据的排除范围扩大到以暴力或严重损害本人及其近亲属合法权益等进行威胁的方法以及通过非法拘禁等非法限制人身自由的方法获取的犯罪嫌疑人、被告人供述（第1~4条）；明确要求排除非法取证情况下后续程序所取得的重复性供述及两种例外情形（第5条）；进一步完善非法证据排除的程序性规范，要求非法证据排除的申请原则上应该在庭前提出，通过召开庭前会议进行初步处理。新的规定还要求对庭审阶段提出的非法证据排除要求原则上应该进行先行调查，在法庭做出是否排除有关证据的决定前，不得对有关证据宣读、质证（第23~25条，第30、33条）。

其五，电子数据和技术侦查证据等新型证据审查规则得到强化。2012年《刑事诉讼法》修订中明确写入这些规则；2016年最高人民法院、最高人民检察院和公安部《关于办理刑事案件收集提取和审查判断电子数据若干问题的规定》，对电子数据收集、提取、移送、展示、审查及判断等对电子数据的收集审查作了系统规定；2019年公安部《公安机关办理刑事案件电子数据取证规则》，对电子数据的取证手段、电子数据检查和侦查实验及鉴定进一步规范。2021年最高人民法院《刑事诉讼法解释》一是吸收了上述2016年相关规定，对电子数据的真实性、完整性、合法性审查建立了比较完整的规则，并制定了电子数据瑕疵补正规则和证据排除规则；二是首次在司法解释层面对技术侦查、调查证据的移送、法庭审查、庭外审查、裁判文书中的表述等作了详细规定。比如，移送应当附采取技术调查、侦查措施的法律文书、技术调查、侦查证据材料清单和有关说明材料；在审查上，除根据相关证据材料的证据种类加以审查外，还需审查技术侦查调查措施本身的合法性，并强调要以当庭审查为原则，以庭外审查为补充。

最高人民法院《刑事诉讼法解释》"证据"章的完善则呈现出三个显著变化：一是证据条文数量显著增长，从1996年10条增加到2012年的52条，又到2021年的78条。二是条文增长不均衡，如2012年"证据"章由于吸收2010年"两院三部""两个刑事证据规定"而急剧扩充。三是2012年"证据"章开始设节，2021年"证据"章在2012年九节基础上增设为十节。

3. 部分确立了不得强迫自证其罪的权利。2012年《刑事诉讼法》第50条规定了"不得强迫任何人证实自己有罪"，这是我国刑事司法人权保障的重要进步。但该规定与"不得自证其罪的权利"（right against self-incrimination）还有一定差距，后者是刑事被告人或证人的一项基本权利，在美国是宪法第五修正案确立的宪法权利。该权利旨在保障一个人不被政府方强迫作证，提供可能导致其受到刑事指控的证言。

它与无罪推定原则一起,确保国家承担刑事指控的证明责任。该权利蕴含着沉默权。[1] 因此,该权利的完整含义是:不得强迫任何人证实自己有罪或无罪。一是"不得强迫任何人证实自己有罪",即犯罪嫌疑人、被告人没有义务为控诉方的有罪指控向法庭提供任何可能对自己不利的陈述或其他证据,控诉方不得采取任何非人道或有损其人格尊严的方法强迫其作出供述或提供证据;二是不得强迫任何人证实自己无罪,即犯罪嫌疑人、被告人没有证明自己无罪的义务。"在诉讼中,原则上应当由控诉方提供证据来证明其所指控的犯罪事实成立,被告人在诉讼中不承担证明自己无罪的责任,既然如此,被告人也就没有义务在针对其进行的查找证据的活动中予以合作,他可以在诉讼过程中保持沉默,也可以明确表示拒绝陈述,即被告人在诉讼中享有反对强迫自证其罪的特权或者说沉默权,不得强迫被告人陈述与案情有关的事实,不能因为被告人保持沉默或拒绝陈述就认定其有罪或得出对其不利的结论。"[2] 综上,第 50 条"不得强迫任何人证实自己有罪"的规定,只在第一个含义上确立了"不得强迫自证其罪"的权利,尚未触及第二个含义即不被强迫自证无罪的权利,即被告人在刑事诉讼中拥有沉默权。这是我国证据法治未来发展的一个努力方向。

2010 年以来的法律法规建设在证据制度方面虽然取得了前述的三个改革成效,但也存在诸多不足之处。除了前述不被强迫自证其罪权利不充分之外,尚有以下三个方面的缺陷:

(1) 非法证据排除规则留下"补正"缺憾。如上所述,2012 年《刑事诉讼法》对非法证据排除规则作了系统规定。然而,第 54 条的"补正"规定是一个致命的立法缺陷。因为,"补正"若以 2010 年"两院三部"《死刑案件证据规定》第 9、14、21、30 条以及《排除非法证据规定》第 14 条为操作依据,那么结果将是:所有非法取得的物证、书证都能通过"补正"而获得合法性;法院若在非法证据排除程序中适用这 5 条"补正"规定,将会抵消非法物证、书证排除规则的全部效力。[3] 因此,根据最佳证据规则预防欺骗性证明以及防止提出篡改过的证据的要求,必须废除这 5 条"补正"规定,才能防止侦查人员事后造假和作伪证。最高人民法院 2012 年《刑事诉讼法解释》本应纠正这个立法错误,但遗憾的是,其第 73、77、82 条(2021 年《刑事诉讼法解释》第 86、90、95 条)关于物证、书证收集程序、证人证言瑕疵和讯问笔录的瑕疵的补正规定,重复了"两院三部"《死刑案件证据规定》的概念性错误。这些"补正"规定起到了助纣为虐的作用,给侦查人员、询问人员等

---

[1] 参见 *Black's Law Dictionary*, 8th ed., Thomson West, 2004, pp. 1324, 1327.
[2] 卞建林主编:《刑事诉讼法学》,科学出版社 2008 年版,第 72 页。
[3] 《死刑案件证据规定》第 9 条第 2 款完全否定了第 1 款的法律效力,第 14 条完全否定了第 13 条的法律效力,第 21 条完全否定了第 18 条和第 20 条的法律效力,第 30 条第 2 款完全否定了第 1 款的效力;《排除非法证据规定》第 14 条完全否定了《死刑案件证据规定》第 6~10 条物证和书证合法性审查、第 26 条勘验检查笔录合法性审查、第 34 条"毒树之果"排除规定的法律效力。

通过"补正"程序事后造假留下了空间,可能导致欺骗性证明和篡改证人证言的情况发生。相比之下,最高人民检察院 2012 年《人民检察院刑事诉讼规则》第 66 条第 3 款关于"补正"是对"非实质性瑕疵"进行补救的规定,突破了"补正"乃"补充和改正(文字的疏漏和错误)"〔1〕的日常语义,纠正了"两院三部"2010 年《死刑案件证据规定》《排除非法证据规定》和最高人民法院《刑事诉讼法解释》中关于允许对物证、书证的"实质性缺陷"进行"补正"的错误规定,这具有重要的法治意义。遗憾的是,2019 年《人民检察院刑事诉讼规则》第 70 条删除了关于"补正"是对"非实质性瑕疵"进行补救的规定。

(2)强制证人出庭及其例外的规定有得有失。2012 年《刑事诉讼法》第 188 条第 1 款规定:"经人民法院通知,证人没有正当理由不出庭作证的,人民法院可以强制其到庭,但是被告人的配偶、父母、子女除外。"本条规定对我国证据制度建设而言既有进步也有倒退。就其进步而言,本条规定了相应的强制性措施,即第 2 款规定的"证人没有正当理由拒绝出庭或者出庭后拒绝作证的,予以训诫,情节严重的,经院长批准,处以 10 日以下的拘留"。可以预期,强制证人出庭制度及其相关的证人保护和补助等配套措施,对于改变我国刑事诉讼证人"出庭难"的现状将发挥重要作用。就其倒退而言,本条关于特定亲属不被强制出庭作证的规定,与"亲属作证特免权"并不沾边。就是说,第 188 条并未在任何意义上确立我国的亲属作证特免权,它只不过是规定被告人亲属不被强制出庭作证,并未免除其作证义务。而且,该条规定还为对亲属庭外取证留下了祸根。这样说的理由有三点:其一,我国作为"亲属特免权"的发祥地,早在两汉时期就确立了"亲亲相隐"的司法制度,该制度后被西方国家吸纳,但至今仍未被我国《刑事诉讼法》重新确立,这不能不说是一个缺憾。其二,证据法具有双重功能:"一是促进事实真相的发现,即求真;二是维护普遍的社会价值,即求善。这两种功能具有竞争关系。"〔2〕查明事实真相并不是证据法的唯一目的,威格莫尔认为,作证特免权存在的一个基本理由,是要表明一种法律制度重视这些特殊关系胜过制裁犯罪行为。这种证据制度认为,通过破坏这些特殊关系而获得查明事实真相的价值,不及牺牲查明事实真相而维护这些关系的价值。〔3〕我国政法工作长期奉行"实事求是""命案必破""有罪必罚"的方针,其对证据制度建设的影响之一便是以牺牲亲属关系为代价而追求事实真相,这偏离了人类司法文明发展的方向。其三,以夫妻证言特免权为核心的亲属特免权,旨在维护婚姻家庭关系的稳定性。其直接含义是,"在刑事诉讼中,被告人的配偶享有拒

---

〔1〕《现代汉语词典》,商务印书馆 2002 年版,第 101 页。
〔2〕 参见张保生等:《证据法学》,高等教育出版社 2013 年版,第 69 页。
〔3〕 参见[美]罗纳德·J. 艾伦等:《证据法:文本、问题和案例》,张保生、王进喜、赵滢译,满运龙校,高等教育出版社 2006 年版,第 906 页。

绝提供对被指控配偶不利证言的特免权"[1]。我国台湾地区"刑事诉讼法"第180条规定的证人得拒绝提供证言的情形之一是："现为或曾为被告或自诉人之配偶、五亲等内之血亲、三亲等内之姻亲或家长、家属者。"这个规定继承了我国古代"亲亲相隐"的传统。德国《刑事诉讼法典》第52条第1款也有类似规定。日本《刑事诉讼法》第147条规定了反对陷配偶于罪的特免权。从证据法的价值基础来看，夫妻作证特免权和父母—子女作证特免权，对于当今中国和谐社会建设具有极其重要的意义。家庭是社会的细胞，家庭关系是社会稳定发展的基础。反思"文革"期间夫妻互相检举、父子"骨肉相残"的历史，并考虑到我国长期实行独生子女政策的实际，我们认为，我国证据立法应当发扬"亲亲相隐"的文化传统，尽快确立夫妻作证特免权和父母—子女作证特免权。

（3）质证规则在立法与司法中极不完善。质证规则在证据法中居于核心地位，2012年《刑事诉讼法》第59条规定，"证人证言必须在法庭上经过公诉人、被害人和被告人、辩护人双方质证并且查实以后，才能作为定案的根据"。本条规定与1996年《刑事诉讼法》第47条相比，[2] 删除了原来"双方询问、质证，听取各方的证言"中的"询问"和"听取双方证言"，突出了"双方质证"对证据被采纳为定案根据的决定作用，"必须……才能"的语法结构强调了质证是证人证言被采纳为定案根据的必要条件，应被视为我国《刑事诉讼法》的核心条款，或对其他条款具有制约作用的上位条款。就是说，其他条款若与本条发生冲突，应服从本条的规定。2012年最高人民法院《刑事诉讼法解释》进一步明确了未经质证不得认证的原则，第63条规定："证据未经当庭出示、辨认、质证等法庭调查程序查证属实，不得作为定案的根据，但法律和本解释另有规定的除外。"

但是，在我国证据制度中，质证规则无论在宪法和法律中还是在司法实施中都不够完善，这表现在以下几个方面：其一，《刑事诉讼法》尚未从被告人诉讼权利的高度，对被告人的质证权作出明确规定，没有把交叉询问规定为一种诉讼权利。其二，我国宪法尚未将被告人与证人对质的权利规定为一项宪法权利，《刑事诉讼法》中也没有出现"对质"概念。最高人民法院《刑事诉讼法解释》第269条只规定"可以传唤同案被告人、分案审理的共同犯罪或者关联犯罪案件的被告人等到庭对质"[3]。然而，对质权是被告人与证人对质的权利，它比与同案被告人的对质权要宽泛得多。其三，质证包括交叉询问和对质，这些是质疑证人证言可信性的主要手段。然而，最高人民法院《刑事诉讼法解释》第261条规定了"向证人发问应当遵

---

〔1〕 参见《美国统一证据规则》（1999）第504条（c）款。

〔2〕 1996年《刑事诉讼法》第47条规定，"证人证言必须在法庭上经过公诉人、被害人和被告人、辩护人双方讯问、质证，听取各方证人的证言并且经过查实以后，才能作为定案的根据……"。

〔3〕 2012年《刑事诉讼法解释》第199条关于"讯问同案审理的被告人，应当分别进行。必要时，可以传唤同案被告人等到庭对质"的规定，与此没有实质区别。

循的规则",但该规则中"不得以诱导方式发问"的规则,实际上只适用于直接询问,而交叉询问的规则恰恰是"以诱导方式发问",正因为其具有这个特征,才成就了其"揭示事实真相之最伟大的法律引擎"的地位和作用。

1. 我国古代证据制度包括,西周"五听"制度,西汉"春秋决狱"的裁判方式,唐代《断狱律》中的证据制度,宋代和清代勘验检查制度等。
2. 改革开放以来,我国证据法律制度初步形成,证据法呈现出繁荣发展的局面,证据法的发展经历了恢复重建、初步形成、快速发展和不断完善四个阶段。

3.7. 案例:宋代科学家沈括曾在《梦溪笔谈》里记载了如下摸钟辨盗的案例:

富民失物。捕得数人,莫知为盗者。陈述乃绐之曰:"某庙有一钟,能辨盗,至灵。"使人迎置后阁祠之。引群囚立钟前,谕曰:"不为盗者,摸之则无声;为盗者,摸之则有声。"述古自率同职,祷钟甚隙。祭讫,以帷围之,乃阴使人以墨涂钟。良久,引囚逐一令引手入帷摸之,出乃验其手,皆有墨,唯有一囚无墨,讯之,遂承为盗。盖恐钟有声,不敢摸也。讯之即服,遂承为盗。

请结合该案例讨论以下问题:
(1) 县令陈述是借助何种方式来查明案件真相的?
(2) 如何评价这种方式?
3.8. 如何评价我国证据立法的不同模式?决定我国证据立法模式的要素主要是什么?
3.9. 如何评价我国 20 世纪 90 年代以来的庭审模式改革对证据制度的影响?
3.10. 为什么说司法公正是呼唤我国证据法大发展的根本动力?

 本章阅读文献

1. [美]兰博约:《对抗式刑事审判的起源》,王志强译,复旦大学出版社 2010 年版,第四章。
2. [英]威廉·特文宁:《反思证据:开拓性论著》,吴洪淇等译,中国人民大学出版社 2015 年版,第三章、第六章。
3. [德]拉德布鲁赫:《法学导论》,米健译,商务印书馆 2013 年版,第八章。

4. [美] 詹姆士·Q. 惠特曼：《合理怀疑的起源——刑事审判的神学根基》，佀化强、李伟译，中国政法大学出版社2012年版。

5. [美] T. R. 加兰尼斯：《现代证据法的兴起》，吴洪淇译，载《证据科学》2008年第1期。

6. 徐忠明、杜金：《谁是真凶——清代命案的政治法律分析》，广西师范大学出版社2014年版。

7. 张保生、冯俊伟、朱盛文："中国证据法40年"，载《证据科学》2018年第2期。

8. 张保生、常林主编：《中国证据法治发展报告》（1978~2008、2009、2010、2011、2012、2013、2014），中国政法大学出版社2010、2011、2012、2013、2014、2015、2016年版，第一篇一、证据立法进展综述。张保生、王旭主编：《中国证据法治发展报告》（2015~2016，2017~2018），中国政法大学出版社2018、2022年版，第一篇一、证据立法进展综述。

9. 吴洪淇："刑事证据制度变革的基本逻辑 以1996-2017年我国刑事证据规范为考察对象"，《中外法学》2018年第1期。

第四章
证据开示

【导读】证据开示主要是与对抗式诉讼相适应的一项证据制度。通过证据开示，诉讼双方可以相互了解案情，为庭审做好充分准备，有利于防止证据突袭，提高诉讼效率。在刑事诉讼中，控诉方负有全面开示证据的义务，除法定特殊情况外，证据无论对被告人有利还是不利、无论是否准备在法庭上使用，都要向辩护方开示；被告人通常对准备在法庭上使用且对己方有利的证据进行开示。在民事诉讼中，证据开示具有双向对等性，开示范围按相关性标准，即任何不属于保密范围的相关证据都应该开示。行政诉讼证据开示具有单向性，被告行政机关必须向原告开示证明其行政行为合法的证据，除法律特别规定外，原告不负证据开示义务。对于证据开示的过程和结果，通常要求制作证据开示笔录，以便确定争点。对于经证据开示诉讼各方无争议的证据，应当制作《无争议证据清单》，经诉讼各方签字确认以书面形式进行固定。对于违反证据开示义务的当事人应当给予相应的处罚，包括禁止提出未经开示的证据等。

第一节 证据开示概述

一、证据开示的概念

证据开示，又称证据披露。按照《布莱克法律词典》的解释，证据开示（discovery）有四个含义："①发现或获知先前未知之事的行为或过程；②应当事人的要求强制披露与诉讼有关的信息；③事实或文件的披露；④诉讼过程中询证存录（deposition）、质询书或书面质询（interrogatory）等形式证据开示的审前阶段。"[1] 因此，证据开示是一个"发现或获知"对方证据的审前程序。通过证据开示，诉讼一方可以发现或获悉原先不知道的或者被对方隐藏的证据。"它是一种审判前的程序和机制，用于诉讼一方从另一方获得与案件有关的事实情况和其他信息，从而为审判作准备。"[2] 它是诉讼当事人获取和持有与案件有关信息的方法，[3] 也是当事人的一

---

[1] *Black's Law Dictionary*, 8th ed., Thomson West, 2004, p.498.

[2] 参见龙宗智："刑事诉讼中的证据开示制度研究（上）"，载《政法论坛》1998年第1期。

[3] Jack H. Friedenthal, Mary Kay Kane, Arthur R. Miller, *Civil Procedure*, 2nd ed., West Publishing Co., 1993, pp.378~379.

项证据性权利。

自 1938 年美国《联邦民事诉讼规则》将证据开示确定为一项法定程序后,该制度遂成为许多国家刑事和民事诉讼的制度。[1] 证据开示既是审前程序的一个相对独立的阶段和环节,也是审前程序的核心内容。如美国民事审前程序,包括诉答程序、证据开示和审前会议三个基本阶段,其中证据开示是整个审前程序的中心,其重要性在很大程度上甚至替代了正式开庭审理的功能,实际上成为美国联邦民事诉讼的主体部分。[2] 没有证据开示,审前程序将失去其存在的价值。因为审前程序的主要内容和功能就在于交换证据、明确和形成争点、促使当事人和解,而这些主要是靠证据开示来完成的。"证据开示程序与诉答程序同是审前阶段的重要组成部分,它是指各方当事人庭审之前从对方当事人处获取证言、文件以及其他证据的一种程序。证据开示程序结束后,不能达成和解,才进入庭审程序。"[3]

二、证据开示的权利与特免权

证据开示是当事人主动向对方寻找证据和信息的一种权利,即要求对方当事人出示信息的诉讼行为。[4] 当诉讼一方主张证据开示的权利时,在某些情况下,另一方也可以主张免于开示的权利,此所谓证据开示特免权(privilege)。证据开示的权利主张与特免权的主张形成对抗,当诉讼一方要求对方开示证据时,对方如果主张特免权,特免权申请者负有确认该特免权存在的责任。

证据开示特免权一般包括两方面内容:一是保密特免权;二是为了限制当事人滥用证据开示的次数和限制某一当事人适用的范围。在美国,包括如下几种情况:①证据法上的保密特免权;②律师工作成果的规则;③关于保险合同和专家证言是否属于证据开示的范围问题。[5] 美国所有司法辖区均明文规定,当事方不能通过证据开示获得特免权保护的信息。"这些包括律师和当事人、医生和病人、牧师和忏悔者、丈夫和妻子等之间关系以及在特别管辖区所有的其他类似特权。"[6]

三、证据开示的特性

(一)单向性与双向性

1. 证据开示的单向性。职权主义诉讼通常强调辩护方的阅卷权,在理论上也有时被称作是单向证据开示。例如,澳门《刑事诉讼法》第 79 条(诉讼主体查阅笔录

---

[1] 1946 年美国《联邦刑事诉讼规则》第 16 条的颁行,是联邦诉讼中证据开示的开端。See Frank W. Miller, Robert O. Dawson, George E. Dix, and Raymond I. Parnas, *Criminal Justice Administration*: *Cases and Materials*, 5th ed., Foundation Press, 2000, p. 753.

[2] 王亚新:"民事诉讼准备程序研究",载《中外法学》2000 年第 2 期。

[3] 张卫平主编:《外国民事证据制度研究》,清华大学出版社 2003 年版,第 171 页。

[4] 白绿铉:《美国民事诉讼法》,经济日报出版社 1998 年版,第 78 页。

[5] 参见白绿铉:《美国民事诉讼法》,经济日报出版社 1998 年版,第 81~84 页。

[6] [美] 杰克·H. 弗兰德泰尔等:《民事诉讼法》,夏登峻等译,中国政法大学出版社 2003 年版,第 374 页。其中的"特权"可译为"特免权"。

及获得证明）规定："嫌犯、辅助人及民事当事人亦得在办事处或另一正在实施某些措施之地方查阅笔录，以及获得经批示许可发出之副本、摘录及证明。"在刑事诉讼中，控辩双方诉讼地位天然不平等，控诉方拥有绝对优势，尤其是在调查取证权方面，而辩护方则处于消极被动地位，其诉讼活动也往往作为控诉方的辅助工作，调查取证活动受到很大限制，在获取有利于犯罪嫌疑人、被告人的证据方面的能力非常有限。为维护犯罪嫌疑人、被告人的合法权益，实现司法公正的价值目标，通过证据开示保障辩护方的阅卷权即成为平衡和协调双方不平等诉讼地位的最有效手段。

2. 证据开示的双向性。普通法诉讼实践表明，单向证据开示不但不利于控诉方履行证据开示义务，反而会降低其证据开示的积极性，并增加辩护方对控诉方的依赖性，这也与当事人主义的诉讼结构不相适应。为使控辩双方了解对方提出的证据，证据开示"应当被设计为双向的结构"。[1] 相对于单向证据开示而言，双向证据开示受到了控诉方的支持，有利于调动控诉方开示证据的积极性，最终有利于辩护方的辩护。根据"自然正义"理念，要求控诉方不得利用其资源优势而不公平地处于审判有利地位，为此，辩护方在审判阶段应得到某些手段补偿，以实现控辩双方的"平等武装"。当然，根据无罪推定原则，被告人没有责任向控诉方说明情况，也不必答复对方的问题，直到"初步证据事实"已由控诉方确立。[2]

（二）对等性与不对等性

1. 民事诉讼证据开示的对等性。民事诉讼当事人拥有平等的诉讼地位和诉讼权利，双方证据开示的义务是平等和对等的：一方当事人在开示自己所掌握的证据时，有权要求另一方当事人交换其所掌握的证据信息。在英国，任一方当事人经法庭许可并预交诉讼费用保证金后，可以书面质询的方式要求对方披露有关事实和文件，对方应经宣誓作出回答，其回答的内容在庭审时可作为证据使用。[3]

2. 刑事诉讼证据开示的不对等性。在刑事诉讼中，由于诉讼地位和举证能力的差异，控辩双方证据开示义务的对等性是相对的，甚至表现出明显的不对等性。除自诉案件外，控诉方具有诉讼优势而承担着主要的证据开示义务。检察官要履行"客观义务"，除基于公共利益等法定理由外，其开示的范围并不限于有利于指控的证据，还包括有利于被告人的证据；不仅包括控诉方准备在法庭上使用的证据，还包括其不准备在法庭上使用但对于辩护方做好辩护准备具有重要意义的证据。反过来，被告方开示的证据范围则十分有限。根据无罪推定原则，被告人没有证明自己无罪的义务，无需向控诉方透露不利于自己的证据，辩护人也只需提出能够证明被告人无罪、罪轻或者减轻、免除刑事责任的证据。并且，对于这些证据，如果被告

---

[1] [美] 伟恩·R. 拉费弗等：《刑事诉讼法》，卞建林、沙丽金等译，中国政法大学出版社2003年版，第994页。

[2] 龙宗智："刑事诉讼中的证据开示制度研究（上）"，载《政法论坛》1998年第1期。

[3] 薛波主编：《元照英美法词典》，法律出版社2003年版，第419、420页。

人不打算提交法庭，也无需向控诉方开示。

3. 行政诉讼证据开示的不对等性。与刑事诉讼的不对等开示不同，行政诉讼的不对等开示，要求被告行政机关负有更多的证据开示义务，因为行政诉讼双方的举证地位和举证能力不同。在行政程序中，被告对其作出的具体行政行为，拥有单方面自主决定权。但根据先取证后裁决的原则，被告在作出具体行政行为之前，就应当收集和掌握关于该具体行政行为所依据的证据和规范性文件，这就决定了被告的举证责任和证据开示义务。对于行政诉讼中的原告，尽管在其是否承担举证责任问题上存有争议，但考虑到其举证能力，立法上通常还是规定了原告负举证责任的情形，从而也要负担一定的证据开示义务。

（三）程序的自愿性与强制性

就证据开示的确定性而言，存在着契约式证据开示和法定式证据开示。前者是指双方当事人在平等协商、自愿的基础上签约，就证据开示的时间、地点、范围、违约后果等予以约定，并按其约定进行的证据开示。在这种模式下，是否以及如何进行证据开示全凭双方自愿协商，任何一方不愿意或者不配合，证据开示就无法进行。因此，这种证据开示是一种任意性开示。后者是指法律将证据开示作为一项正式制度明确规定，包括当事人双方证据开示的责任、时间、地点、范围及不正当履行证据开示的法律后果等，不论对方是否提出证据开示的请求，任何一方都有义务依法向对方提供证据材料或者披露有关信息。这种证据开示是强制性的，不论当事人是否愿意，都必须按照法定证据开示程序交换证据或者披露有关信息。从各国立法情况看，通常将证据开示作为当事人的法定义务，双方当事人须按照法律设定的范围和程序进行证据开示，对于无正当理由拒不履行开示义务的，要承担相应的法律后果。

（四）内容的广泛性和范围的有限性

1. 证据开示内容的广泛性。证据开示的内容通常包括：①当事人已经获得或将在法庭上使用的"证据"。②与案件有关的信息，只要这些信息有助于案件真实的认定。例如，被告人在作不在犯罪现场的辩护时，必须将这种情况以及案发时自己身在何处等证据事前告知检控方。③其他信息和机会。在诉讼中，有些情况虽与案件事实无关，但对查明案件事实有帮助，如证人姓名或地址等。日本《刑事诉讼法》第299条第1款规定："检察官、被告人或辩护人请求询问证人、鉴定人、口头翻译人或书面翻译人时，应当预先向对方提供知悉以上的人的姓名及住居的机会。……"1994年美国法律协会修订的《刑事证据开示规则》也规定，辩护方必须开示其准备传至法庭作证的全部证人的姓名和住址。

证据开示的内容呈扩大的趋势。例如，根据1983年修订的美国《联邦刑事诉讼规则》第16条，检察官开示的证据包括：被告人陈述、被告人前科记录、文件和有形物品、检查和实验报告等。该条款1993年再次修订，开示范围扩大到专家证人姓名。1994年，美国联邦刑事诉讼规则顾问委员会建议对该条款进一步修订，解除对证人陈述的开示禁止,规定双方开示拟出庭普通证人姓名及审前获得的证人陈述。修订后的《联邦刑事诉讼规则》,扩大了控诉方证据开示的范围,包括出庭专家证人证言,非专家证人姓名以及审前获得的证人陈述等。2004年日本《刑事诉讼法》修订新设了审理前整理程序,"飞跃地扩大了证据开示得范围",除法定情形外,控方不仅要开示证人的姓名和住所,对拟于庭审调查的证据材料,均须向辩护方开示。〔1〕

2. 证据开示范围的有限性。从世界范围看,尽管证据开示内容有扩大的趋势,但实行有限制的证据开示仍是各国的普遍做法。基于某种社会政策考量,很多国家为保护某种特殊利益而限制某些证据在庭审前开示。如美国《联邦刑事诉讼规则》第16条明确禁止开示政府检察官或其他政府机构制作的、与案件侦查、起诉有关的报告,备忘录或其他政府内部文件。根据英国检察机关起诉指导规则,检察官可以根据"公共利益豁免"原则,对"敏感性材料",如涉及警方情报人员、其他案件侦查、可能暴露特殊搜索手段等材料,请求法院决定不予开示。〔2〕日本立法和司法实务均认可有限制的证据开示,要求开示只限于已确定将在庭审中请求调查的证据文书和证据物,其余包括被告人过去的供述、证人过去的陈述以及未确定在法庭上申请调查的其他证据材料,均不属开示范围。日本平野龙一教授代表主流观点评价说:"检察官的确没有必要向相对方开示全部证据。如果说某种证据开示可能引起诉讼混乱,或者这些证据与其他案件的侦查关系,这两种证据可以不予开示。"〔3〕

四、证据开示的意义

(一) 防止证据突袭以维护公正价值

1. "竞技司法理论"下的证据突袭。从历史上看,证据开示并非诉讼进程的一个组成部分。当事人一般是读到诉辩文书才了解对方的证据和论点,然后才准备己方的诉讼。在当事人主义诉讼中,受庞德"竞技司法理论"影响,诉答形式相当严格,并且只包括一般性问题,而不涉及证据,诉答从来就不是告知法院和律师关于案件为何而争的有效方法。因此,诉讼任何一方都很容易受到对方所提证据的突袭。一位勤奋的律师进入法庭时可能对自己的案件已做了充分准备,但对于对方案件的确切性质却常常一无所知,如何应对毫无准备的突袭乃是审判中的合法策略。诉讼被视为一种竞赛,每一方律师都竭力为其当事人而奋战。竞赛的原理是:当司法战场上尘埃落定时,正义自然会以胜利者的姿态显现。当然,这种诉讼竞赛的缺陷在于,最终裁决常常是对律师杰出技巧的奖赏,而不是对案件事实所作的裁判。

2. 证据开示制度对实质正义的追求。证据开示源于16世纪下半期英国衡平法的

---

〔1〕 [日] 田口守一:《刑事诉讼法》,张凌、于秀峰译,法律出版社2019年版,第350~351页。

〔2〕 John Sprack, *Emmins on Criminal Procdure*, Blackstone Press Limited, 1997, p.131.

〔3〕 日本早稻田司法考试研究中心编:《刑事诉讼法》(下册),日本教育出版社1988年版,第159~160页。

实践,旨在防止当事人运用证据突袭的诉讼技巧而造成的不公正,法官运用自由裁量权进行个案衡平。17世纪中叶,英国曾出现证据开示的判例,至19世纪英国司法改革合并普通法和衡平法诉讼时,证据开示程序才开始形成。英国1873、1875年《司法法》涉及证据开示,1888年Peruvian Guano案裁决设定了标准开示程序。[1]

20世纪初期,当事人主义诉讼的理论基础发生了重大改变,诉讼理念开始转向重视实质公正。为此,全面开示证据成为必不可少的条件,突然袭击不再是律师们可以在审判中合法使用的策略。[2] 通过证据开示,双方当事人能够在庭前彼此了解对方所拥有的证据材料,知悉对方当事人将在法庭上提出什么证据,加之证据失权机制,这就使法庭上的证据突袭既不可能,也失去实际意义。

(二) 保障庭审顺利进行

证据开示制度设计的初衷是防止证据突袭而造成的诉讼不公。"在英格兰,民事诉讼当事人可在一定限度内获得有关双方争议事项的全部文件的内容和已经存在的信息的一种程序。该程序旨在于审理前开示相关文件,从而避免在审理中出现意外以促进公正处理案件……除依令状提起的诉讼外,是否开示证据应根据司法裁量作出决定,但在大多数依令状提起的诉讼中,每一方当事人都有无可置疑的要求开示证据的权利。"[3]

在以对抗为主导的诉讼格局中,处于利益对立关系中的双方当事人,基于维护各自利益的考虑,在诉讼中总是尽其所能收集有利于自己的证据,为了胜诉,往往会进行"证据偷袭"。证据开示制度的建立,使双方当事人在庭前互换信息,在披露本方所掌握的证据的同时,能够充分了解对方所拥有的证据,避免了法庭上的突然袭击。

证据开示的另一重要功能在于证据保全。美国联邦法院推行证据开示程序的最初目的是"保存在庭审时可能无法适用的有关信息"。[4] 以证言为例,如果证人不出庭,证据开示具有保留人证的功能;即使证人出庭作证,证据开示也具有固定证言防止证人反言或作伪证的功能。通过证据开示,双方当事人将有争议和无争议的证据固定下来,法庭审理时对有争议的证据进行质证和辩论,可以用作攻击和防御的依据;对于无争议的证据,可以直接作为法官认定案件事实的根据。

(三) 辩护人阅卷权与保障被告人获得公正审判

阅卷是证据开示的一种方法。确立证据开示制度的初衷在很大程度上是为了实

---

[1] 徐昕:《英国民事诉讼与民事司法改革》,中国政法大学出版社2002年版,第283页。

[2] 孙长永:"美国刑事诉讼法中的证据开示",载陈光中、江伟主编:《诉讼法论丛》(第3卷),法律出版社1999年版,第220页。

[3] [英]戴维·M.沃克:《牛津法律大辞典》,李双元等译,法律出版社2003年版,第329页。

[4] [美]杰克·H.弗兰德泰尔等:《民事诉讼法》,夏登峻等译,中国政法大学出版社2003年版,第367~368页。

现辩护人的阅卷权。[1] 通过证据开示，辩护方能查阅检控方案卷材料，直接获取控诉证据，以弥补自己收集证据能力方面的不足。事实上，有些国家确立证据开示制度的初衷就是实现辩护人阅卷权。如意大利《刑事诉讼法典》规定，在预审程序之前，允许辩护方对检察官的书面卷宗进行全面查阅；在预审结束后和庭审开始前，允许辩护方分别到检察机关和法院查阅卷宗材料。这种机制能够使辩护方在开庭审判前合理地接触起诉材料，充分了解被指控的犯罪事实和证据。如果没有证据开示，被告人便没有保障辩护权充分行使的手段，控辩双方程序意义上的平等对抗则将成为一句空话。[2] 从这个意义上讲，证据开示的应用"促进了审判的公正"。[3] 英国著名法官斯戴恩指出："在我们的对抗制下，警察和起诉人控制着侦查程序，被告人的公平开示权是他获得公正审判权的不可分割的一部分。"[4]

（四）增加庭审对抗的实质性

证据开示的另一重要功能在于整理和确定争点。最高人民法院《民事诉讼法解释》第226条规定："人民法院应当根据当事人的诉讼请求、答辩意见以及证据交换的情况，归纳争议焦点，并就归纳的争议焦点征求当事人的意见。"最高人民法院《刑事庭前会议规程（试行）》第2条规定，庭前会议中，人民法院可以依法处理可能导致庭审中断的程序性事项，组织控辩双方展示证据，归纳控辩双方争议焦点。事实争点表明双方当事人不同的事实主张，其是双方当事人攻击和防御的焦点，也是裁判者对事实进行判断以消除这种对抗的裁判点。[5] 证据开示"能被用于确定什么是真正的争点，以便当事人集中精力获取有关实际争点事项的证据。"[6] 通过证据开示，双方当事人在法庭上可以就未达成共识的争点进行质证和辩论。否则，如果双方对于对方在法庭上所要进行的工作一无所知，法庭审判有可能变成"你说你的、我辩我的"互不配合的状况。

（五）提高诉讼效率

证据开示在诉讼效益的增进方面具体表现为：一是合理配置司法资源。就刑事案件而言，控诉方通过证据开示，一方面可以熟悉辩护方的证据情况为出庭支持公诉做准备；另一方面将证据开示给辩护方，听取辩护方对案件的看法，便于在庭前对一些犯罪性质轻微的案件作出撤销案件或不起诉决定；对于辩护方而言，由于其

---

[1] 沈德咏主编：《人民法院诉讼证据规定适用指南》，中国政法大学出版社2020年版，第43~44页。

[2] 汪建成："建立刑事证据开示制度势在必行"，载《法制日报》1999年12月5日。

[3] Denjnis v. United States, 384, U. S. 855, 86 S. Ct. 1840, 16L. Ed. zd1973（1966）.

[4] 参见孙长永："英国刑事证据开示制度的改革"，载《四川大学学报（哲学社会科学版）》1999年增刊。

[5] 韩象乾主编：《民事证据理论新探》，中国人民公安大学出版社2006年版，第428页。

[6] [美] 杰克·H. 弗兰德泰尔等：《民事诉讼法》，夏登峻等译，中国政法大学出版社2003年版，第367~368页。

调查取证的局限性，只有通过庭前证据开示，才能全面了解案情，确定案件争点，决定将哪些事实或法律问题作为重点调查对象和辩论对象，哪些则不必要进行调查和辩论，在有限的时间内，充分利用好辩护权，最大限度地维护被告方的权益。二是减少司法资源的浪费。证据开示是程序简化的基础，经过证据开示，互相了解对方的证据情况，对案件争点达成共识，可以避免法庭上的某些不必要的证据调查和辩论，如对某个证人证言，一旦达成共识，可以不传唤该证人出庭作证，节约了诉讼时间和出庭费用。三是使诉讼活动快速有效。英国法官雅各布说，它"使得当事人能在审前准确了解审判时要证明的事实和由谁证明，极大地完善了审前程序，从而减少诉讼延迟、诉讼费用，减少程序的技术性和对审判的阻碍"[1]。

（六）促成当事人庭前和解

按照德国社会学家齐美尔的理论，双方越是感到对方的资源具有价值，他们之间就越有可能建立交换关系。[2] 出于胜诉考虑，双方在开庭审判前均希望知道对方掌握的证据情况，这可使欲提起诉讼的当事人得到对方的证据情况而预先估计成功的机会，同时，促使被提起诉讼的当事人在庭前与对方达成和解以避免进入审判程序而带来的不必要诉累。因此，美国学者哈泽德将证据开示视为一种和解程序，认为"证据开示程序及动议程序可以同样通过排除诉讼请求以及抗辩在法律上难以支持的部分，用以缩小其范围。证据开示程序还为当事人更为精确地评估自己在审理中的获胜机会提供了根据"[3]。在美国，约有98%的民事案件在证据开示后以双方和解而告终，[4] 有90%以上的刑事案件被告人作有罪答辩，绝大多数检察官指控的案件都是通过这种方式解决的。[5] 英国1996年《刑事诉讼与侦查法》将证据开示制度的立法目的之一表述为："通过在审前冻结争点，提高司法效率，或者是被告人作有罪答辩或者控方撤销指控，促进案件尽早得到解决。"[6]

【案例4.1】在C家具公司诉S家具厂商标侵权案中，开庭审判前，法院组织双

---

〔1〕［英］詹妮·麦克埃文：《现代证据法与对抗式程序》，蔡巍译，法律出版社2006年版，第29页。

〔2〕George Simmel, *The Philosophy of Money*, trans. T. Bottomore and D. Frisby, Boston: Routledge & Kegan Paul, 1978. 参见［美］乔纳森·特纳：《社会学理论的结构》（上），邱泽奇等译，华夏出版社2001年版，第271页。

〔3〕［美］杰弗里·C. 哈泽德、米歇尔·塔鲁伊：《美国民事诉讼法导论》，张茂译，中国政法大学出版社1998年版，第118页。

〔4〕［美］史蒂文·苏本、玛格瑞特·伍：《美国民事诉讼的真谛》，蔡彦敏、徐卉译，法律出版社2002年版，第123页。

〔5〕［美］爱伦·豪切斯泰勒·斯黛丽、南希·弗兰克：《美国刑事法院诉讼程序》，陈卫东、徐美君译，中国人民大学出版社2002年版，第410页。

〔6〕［英］麦高伟、杰弗里·威尔逊主编：《英国刑事司法程序》，姚永吉等译，法律出版社2003年版，第197页。

方当事人交换证据。原告 C 家具公司提出了商标注册证、被告 S 家具厂的广告资料、销售网站打印材料、销售账簿、发票等证据。被告对这些证据没有异议，承认了侵权事实，在征得原告同意后，双方达成和解，立即停止侵权行为，并赔偿原告经济损失 45 万元。

本案是通过证据开示促使当事人和解的典型事例。双方在审判前进行庭外磋商和谈判，相互开示证据，认真分析对方掌握的证据情况，比较接受协议与接受审判的利弊，甚至进行激烈的讨价还价，从而作出明智的选择，最终达成双方都能认可或接受的妥协，避免了旷日持久的法庭审判。尤其在自诉案件中，双方当事人庭前和解有利于化解社会矛盾，促进和谐发展。

1. 证据开示，是指在案件开庭审理前双方当事人相互交换证据和获取有关案件信息的活动。

2. 证据开示是当事人要求对方披露证据和信息的权利，其实现受当事人特免权的限制。如对方主张特免权，即无需开示相关证据，但特免权享有者负有确认其特免权存在的责任。

3. 证据开示有一个由单向到双向开示的发展过程。单向开示强调被告方的阅卷权，但不利于原告方履行证据开示义务，会降低其证据开示的积极性。基于"平等武装"理论，诉讼双方均负有证据开示的义务。

4. 民事诉讼当事人平等的诉讼地位决定了证据开示的对等性。刑事诉讼控辩双方诉讼地位和举证能力的差异，决定了控方负主要开示义务。行政诉讼证据开示的不对等性表现为，被告行政机关负主要的开示义务。

5. 证据开示的范围有扩大趋势，但实行有限制的证据开示仍是各国普遍做法。基于某种社会政策考量，很多国家为保护某种特殊利益而限制某些证据在庭审前开示。

6. 证据开示是审前程序的一个组成部分，其主要目的和功能是使双方当事人在庭前互相了解对方的案件情况，整理争点，固定证据，防止证据突袭。

4.1. 如何全面理解证据开示的意义？
4.2. 证据开示有哪些主要特征？

第二节 刑事证据开示

一、证据开示的案件范围

刑事证据开示主要适用于疑难案件。在这些案件中,证据数量较多、内容较复杂,仅通过各方当事人在法定期限内举证通常不易达到整理、固定争点和证据的效果,从而需要审前证据开示。其案件范围涉及以下问题:

1. 适用简易程序审理的案件是否要证据开示?英国1996年《刑事诉讼与侦查法》第一部分"披露"第1条规定,证据开示适用于三类按照简易程序审理的案件:①一个人被指控犯有法院只能以简易程序审判的简易罪,该人作无罪答辩;②一个人已满18岁,被指控犯有简易程序或起诉程序审判均可的罪,该人作无罪答辩;③一个人不满18岁,被指控犯有可以简易程序审判的可诉罪,法庭实行简易审判,该人作无罪答辩。然而,有美国学者认为,证据开示只适用于审判法院管辖范围内的重罪和高度的轻罪。在治安法院的初次聆讯如预审和保释听审中,不适用这些规定。[1]

对于事实清楚的简单轻微案件或者适用于简易程序审理的案件,由于事实比较清楚,证据通常不多,不进行庭前会议开示证据不至于影响案件的公正处理。[2]我国一些地方性证据规则强调证据开示主要适用于按普通程序审理的案件,如北京高院《证据规定》第107条规定,"适用普通程序审理的案件,法院一般应在开庭前组织当事人进行证据交换"。有关证据立法专家建议稿认为,适用简易程序审理的案件没有必要实行证据开示。[3]

【案例4.2】 赵某在盗窃时被公安机关当场抓获,经侦查终结后移送检察院审查起诉。检察机关认为本案犯罪事实清楚、证据确实充分,且赵某对其所犯罪行供认不讳。在征求赵某本人及法院同意后,本案按简易程序进行审理。经法院审理后,认定盗窃罪成立,判处被告人赵某有期徒刑1年。

本案赵某犯罪被当场抓获,犯罪事实清楚,案情简单,证据不多,不进行庭前证据开示,并不影响法庭对证据的审查和采信。简单案件庭审时间较短,如进行证

---

[1] [美]伟恩·R.拉费弗等:《刑事诉讼法》(下),卞建林、沙丽金译,中国政法大学出版社2003年版,第996页。

[2] 沈德咏主编:《人民法院诉讼证据规定适用指南》,中国政法大学出版社2020年版,第47页。

[3] 参见张保生主编:《〈人民法院统一证据规定〉司法解释建议稿及论证》,中国政法大学出版社2008年版,第33页。

据开示,相当于一次开庭,反而增加诉讼成本。

2. 自诉案件是否实行证据开示? 自诉案件一般犯罪性质不太严重、危害后果不大,被告人威胁控方证人的可能性较小,这对证据开示是有利条件。但有学者否认自诉案件实行证据开示的可能性,认为"在自诉案件中控辩双方不存在信任和合作的基础"[1]。果真如此吗?

【案例4.3】 叶某因琐事与邻居郑某发生争执和扭打,致郑某鼻骨粉碎性骨折,经鉴定为轻伤。郑某将叶某诉至法院,法院受理后认为,本案犯罪事实清楚、证据确实充分,决定开庭审判。在开庭审判前,审判人员组织双方调解,叶某对轻伤鉴定结果表示接受,并向郑某赔礼道歉,愿意赔偿叶某医疗费、护理费等费用2万元。征得郑某同意后,在法官主持下,双方达成协议并制作了调解书。

本案系邻里纠纷引起的犯罪,被告人对犯罪事实争议不大,但对个别证据可能存在异议,如案中的伤情鉴定结果。因此,在开庭审理前,诉讼双方进行证据开示,可使被告人在庭前充分了解和理解伤情鉴定报告,促使其认罪;也有利于自诉人和被告人自行和解或撤回自诉,可降低诉讼成本,也有利于社会和谐。

二、控诉方的证据开示

(一)控诉方证据开示范围及其例外

1. 控诉方证据开示范围。在刑事诉讼中,控诉方承担着证据开示的主要义务,即全面开示义务,无论是对被告人有利还是不利的证据,无论是否准备在法庭上使用的证据,控诉方在庭前都需要向辩护方开示。

在英国,控诉方首次是否开示证据及开示什么,基本上由检察官决定。如果其认为不存在这种材料,就无须开示,但应当以书面形式向辩护方说明理由。为制约检察官开示证据的随意性,英国法院曾通过有关判例确立了开示证据的标准:①与案件有关或可能相关;②存在提出或可能提出的新问题;③会成为发现上述两种证据的线索。但在标准的适用上存在分歧,按照英国内务大臣戴维的观点,检察官初次开示的证据是那些"对支持检察官的指控具有不利影响的"证据,不限于"对指控提出基本问题的材料",而主要是可以帮助被告人辩护而又未经开示的材料。[2]

按照日本《刑事诉讼法》第299条,证据开示主要包括控诉方拟在庭审时调查的证人、鉴定人、翻译、通译人员,必须告诉辩护方这些人的姓名和住所;对拟于庭审时调查的证据文件和证据物,必须给予辩护方阅览。

我国《刑事诉讼法》第40条规定:"辩护律师自人民检察院对案件审查起诉之日起,可以查阅、摘抄、复制本案的案卷材料。"这里的"案卷材料"即为检控方收

---

[1] 江建成:"我国刑事诉讼中证据开示的程序",载《法制日报》1999年12月19日。
[2] 参见陈瑞华:"英美刑事证据展示制度之比较",载《政法论坛》1998年第6期。

集的全部案卷材料。按照最高人民法院《刑事诉讼法解释》第53条的规定,案件起诉到法院后,除"合议庭、审判委员会的讨论记录以及其他依法不公开的材料"之外的其他案卷材料,辩护律师均可以查阅、摘抄、复制。我国一些地方性证据开示规则对控诉方开示证据的范围,大都以概括方式规定了控诉方的全面开示义务,如江苏高院《刑事证据意见》第6条第2款规定,"检察机关拟向法庭出示的证据,包括证明被告人有罪、罪重的证据和证明被告人罪轻的证据"。最高人民法院《刑事庭前会议规程(试行)》第18条第1款规定,"召开庭前会议前,人民检察院应当将全部证据材料移送人民法院"。有专家建议稿对此也作了类似规定:"公诉人应当向辩护律师开示其收集到的能够证明被告人有罪或者无罪、犯罪情节轻重的全部证据。"[1]

【案例4.4】 杨某涉嫌盗窃罪被移送审查起诉。某市检察院在审查起诉中发现案卷中有一张电影票,经与案内其他证据比对,发现其与被害人就案发时间的陈述存在矛盾。检察官认为这张电影票与本案关系不大,而且还可能给以后的庭审带来不必要的麻烦,便将其从案卷中抽掉。在随后的证据开示中,检察官没有向辩护律师提及和出示这张电影票。

本案中,电影票可能成为犯罪嫌疑人不在犯罪现场的证据。虽然电影票上记载的时间不一定意味着杨某在这段时间内就在电影院看电影,但这对嫌疑人无疑是一项有利的证据,如果控方不能有效排除它与被害人陈述之间的矛盾,就可能影响本案事实的准确认定。因此,在刑事诉讼中,检察官在向辩护律师开示证据时,不但要开示其赖以指控的有罪证据,而且要开示对被告人有利的无罪或者罪轻的证据。

2. 控诉方证据开示的例外。基于某种社会政策或为保护某种特殊利益,很多国家对控诉方证据开示范围均有所限制,即在规定控诉方全面开示义务的同时,又设定证据开示例外。

(1)公共利益豁免。如果有关证据材料涉及"公共利益",检察官所负证据开示义务可以得到免除。英国1996年《刑事诉讼与侦查法》第二部分规定,检察官可以根据"公共利益"原则不开示"敏感材料",包括:与国家安全有关的材料;来自情报机关和安全机关的材料;来自国外情报源并显示出敏感收集方法的材料;秘密提供的材料;与使用电讯系统有关和仅为情报目的向侦查人员提供的材料;与情报人员、秘密警官或者其他向警方提供情报的人的身份和活动有关的一旦暴露可能置其于危险境地的材料等。

---

[1] 陈光中主编:《中华人民共和国刑事证据法专家拟制稿(条文、释义与论证)》,中国法制出版社2004年版,第82页。

【案例 4.5】在贾某贩毒案中，公安机关根据线人情报，从贾某家中搜查出大量毒品和毒具。该案侦查终结后被移送市检察院审查起诉，贾某的辩护律师在检察机关查阅案卷时发现一位代号为"秋蝉"的证人提供的关于贾某贩毒的证言。为了确定该证据的可信性，辩护律师请求该检察院提供"秋蝉"的真实姓名、住址及联系方式，但检察院以涉密为由拒绝了该请求。

本案涉及证人身份披露与证人保护的冲突与选择问题。从辩护角度看，只有充分了解证人的个人情况，包括证人品性、是否作过伪证以及有无犯罪记录等，才能在交叉询问中提出针对性问题，有效攻击证人证言的可信性。但在有些情况下，由于证人身份特殊，如警方的线人、情报人员等，一旦身份暴露，将使其陷入危险境地。为保护他们的人身安全，检察院可以根据"公共利益"原则，拒绝开示有关证据。

(2) 作证特免权。例如，律师—委托人作证特免权，夫—妻作证特免权，医生—患者作证特免权，也是证据开示不许逾越的屏障。

(3) 工作成果例外。这是指检察官或者律师在侦查和起诉过程中制作各种报告、备忘录、分析或者策略的资料。按照工作成果例外规则，它们不是证据，不属于开示的范围。[1] 美国《联邦刑事诉讼规则》第 16 条第 1 款第 2 项规定，政府检察官或其他政府机构制作的与案件的侦查、起诉有关的报告、备忘录或其他政府内部文件，作为工作成果例外，不属于控诉方必须开示的范围，主要包括：控方的庭审活动策略或大纲；将引用的法条和判例；准备向证人提出的问题；控方工作人员关于案件的法律适用、证据、陪审团成员等问题的讨论备忘录；检察官有关本案的旅行记录；案卷摘要及其分析意见；对预定证人或证词的评估、侦查线索和技巧；关于获取某种证据可能性的分析评论等。工作成果例外规则是为了保护检察官有关本案的整个思维过程，反映了基于当事人主义"公平攻防"的根本理念而对于控方能力和利益的尊重。[2] 不过，在美国，实践中也有些检察官信奉"公开案卷"的政策，允许被告方审阅整份案卷，包括"工作成果"。[3]

(二) 控诉方的首次开示

证据开示时间的安排关系着开示的效果。作为一般规则，审判阶段的开示要比审前开示更能让被告人得到更多的证据，尤其是控方证人的证言。然而，从有利于

---

[1] Frank W. Miller, Robert O. Dawson, George E. Dix, and Raymond I. Parnas, *Criminal Justice Administration: Cases and Materials*, 5th ed., Foundation Press, 2000, p. 756.

[2] 孙长永："美国刑事诉讼法中的证据开示"，载陈光中、江伟主编：《诉讼法论丛》(第 3 卷)，法律出版社 1999 年版，第 233 页。

[3] [美] 爱伦·豪切斯泰勒·斯黛丽·南希·弗兰克：《美国刑事法院诉讼程序》，陈卫东、徐美君译，中国人民大学出版社 2002 年版，第 404 页。

辩护方做准备以及决定是否提出或接受辩诉交易的角度看，审前开示的价值更大。[1] 但一般来说，只要控诉方以妨碍侦查为由，就可以拒绝向辩护方开示其在侦查过程中获取的证据。英国过去在侦查阶段通常并不存在开示义务，但最近修改的法律已经造成这样一种情形，即在警察讯问时，犯罪嫌疑人会迫于较大的压力而提供信息，并且警方也有相当大的动力去提供信息。[2] 英国警察机构专门设有证据开示官员，负责向检察机关移送证据材料，并向辩护方开示证据。不过，正式的控方证据开示主要是指检察官进行的开示。在英国，检察机关首次开示通常是在移送起诉过程中完成的。[3]

我国有学者提出，为减少提起公诉的失误率，证据开示应在起诉前进行；[4] 有学者则认为，除侦查起诉过程中的部分或少量开示外，正式的庭前开示可安排在检察机关向法院提起公诉后的 5 日以内，这样做可以给检察机关和律师都留出一定的时间，而且也不至于开示拖延使双方尤其是律师准备不足。[5]

一般来说，控诉方开示证据的时间越早，对辩护方越有利。但这种做法在实践中往往会受到侦查机关的反对，主要理由是侦查尚未终结，对犯罪嫌疑人的行为及其处理尚未形成结论性意见。根据《刑事诉讼法》第 40 条，辩护律师和其他辩护人只有等到案件移送人民检察院审查起诉之日，才可以查阅案卷。

（三）控诉方继续开示义务

在很多情况下，证据开示并非一次完成，很多国家规定了控诉方继续开示的义务。英国 1996 年《刑事诉讼与侦查法》第 8 条规定，检察官初次开示证据后，如果辩护方将本方辩护陈述开示给检察官，检察官还须将所有原来没有开示给辩护方的指控材料向其进行"第二次开示"，只要这些材料可以被合理地期望有助于被告人的辩护。该法第 9 条进一步明确了公诉人的继续开示义务，即在被告人被宣告无罪、被认定有罪或者公诉人决定终止诉讼之前的任何时间里，如果公诉人认为存在可能损害该案被告人或者可能会合理地帮助被告人辩护而未向其开示的材料，必须在合理的时间内尽快向被告人开示。在美国，根据《联邦刑事诉讼规则》第 16 条（c）和（d）款规定的"继续透露"规则，即在审判前或审判期间，如果一方当事人发现新的证据或材料，这些证据或材料属于法定应予透露或检查的范围，该当事人应及时通知对方当事人、当事人的律师和法庭。

---

[1] Frank W. Miller, Robert O. Dawson, George E. Dix, and Raymond I. Parnas, *Criminal Justice Administration: Cases and Materials*, 5th ed., Foundation Press, 2000, p. 755.

[2] [英]麦高伟、杰弗里·威尔逊主编：《英国刑事司法程序》，姚永吉等译，法律出版社 2003 年版，第 192 页。

[3] 何家弘、龙宗智："证据展示的'蛋糕'应该怎么切？"，载何家弘主编：《证据学论坛》（第 5 卷），中国检察出版社 2002 年版，第 141 页。

[4] 张军、姜伟、田文昌：《刑事诉讼：控辩审三人谈》，法律出版社 2001 年版，第 410~416 页。

[5] 龙宗智：《相对合理主义》，中国政法大学出版社 1999 年版，第 288 页。

我国学者也普遍肯定控诉方继续开示义务。因为从证据开示到案件审结前，控辩双方都可能发现新证据，如果允许不开示，就可能造成证据突袭，也会为借口证据是事后发现从而隐匿证据提供方便。[1]

【案例 4.6】 在江某涉嫌抢劫案中，检察院与辩护律师周某在提起公诉前进行了证据开示。案件起诉到法院后，原本不愿作证的目击证人王某向检察院表示愿意出庭作证，同时提交了书面证言，证实江某实施了抢劫的犯罪事实。检察院认为本案已经进行了证据开示，没有必要再次开示证据，遂决定在开庭时再出示王某的书面证言。

本案中，目击证人王某的书面证言对认定被告人江某的犯罪事实具有重要作用，开庭前应当向辩护律师开示，一方面，这有助于辩护律师调查了解证人的情况，如证人品性、作证能力以及有无作伪证的记录等，以便质疑证人；另一方面，通过对书面证言的分析，确定该证言本身是否真实可信，与案内其他证据有无矛盾，以便对该证言进行质证。本案中，检察院在开庭时提出未经开示的证据，属于典型的证据突袭，同时也侵犯了被告方针对该证据的辩护权。

三、辩护方证据开示

基于不被强迫自证其罪的权利以及刑事诉讼的举证责任，辩护方负有限开示证据的义务。在英美法系，辩护方向控诉方开示的证据仅限于准备在法庭上使用并对被告人有利的证据。

在英国，案件被移送刑事法院后至法庭审判开始前，辩护方就有义务将自己的辩护陈述提交给检察官和法庭，主要包括：辩护的一般性质；辩护方与检察官分歧的事实和理由；如果辩护方准备提出不在犯罪现场的辩护，还须载明这一证据的细节，包括证人的姓名和住址等。需要强调的是，在法院对可诉罪案件进行审判时，辩护方的证据开示义务具有强制性，如果不履行这一义务，将丧失获得检察官第二次开示的机会，并且法官或者陪审团还可能因此对被告人作出不利的裁判。这样，被告人为了获得更多的检察官掌握的对其有利的证据，就必须适当履行开示义务。

在美国，1994 年修订的《美国法律协会准则》扩大了辩护方的证据开示范围，主要包括：①辩护方开示的证据应允许控诉方对其进行检查、复制、检验以及对文件和物证拍照。②辩护方必须开示准备传至法庭作证的全部证人的姓名和住址。其掌握或控制的这些证人的书面证言——如果这些证言与下一步证人出庭作证的主要事项有关。③辩护方准备在庭审时使用的所有报告和陈述，包括准备在法庭上作为证据的关于被告人身体和精神状态、检查结果、科学检验、实验和比较的报告。这

---

[1] 陈光中主编：《中华人民共和国刑事证据法专家拟制稿（条文、释义与论证）》，中国法制出版社 2004 年版，第 447 页。

种证据无需由控诉方提出要求,而且不论控诉方是否已向辩护方开示此类证据。④辩护方应提供被告简历,并可能在法庭提出的专家意见和理由,就其实质性作出书面说明。[1]

我国《刑事诉讼法》第42条规定:"辩护人收集的有关犯罪嫌疑人不在犯罪现场、未达到刑事责任年龄、属于依法不负刑事责任的精神病人的证据,应当及时告知公安机关、人民检察院。"最高人民法院《刑事庭前会议规程(试行)》第18条规定,召开庭前会议前,"被告人及其辩护人应当将收集的有关被告人不在犯罪现场、未达到刑事责任年龄、属于依法不负刑事责任的精神病人等证明被告人无罪或者依法不负刑事责任的全部证据材料提交人民法院"。这实际上明确了辩护方向控方开示证据的范围。在性质上,这些证据属于对被告人有利的无罪证据。如果律师掌握了犯罪嫌疑人无罪的确实证据,却为了所谓辩护效果而故意不开示而搞"证据突袭",既有违律师的职业要求,也不利于公安司法机关及时纠正错案。[2] 但上述规定还不够全面,诸如正当防卫、紧急避险的证据,也是无罪证据,应当纳入辩护方的证据开示范围。此外,按照国际通行的做法,除了无罪证据外,辩护方还应当开示罪轻或者免予刑事处罚的证据。

【案例4.7】赵某在一家西餐厅吃饭时与邻桌郑某发生口角和扭打,赵某顺手从餐桌上抓起一把餐刀,往郑某身上猛刺数下,郑某受伤后倒地不起,在被送往医院抢救途中死亡。经法医鉴定,被害人郑某身中11处刀伤,其中3处是致命伤。该案侦查终结移送检察院审查起诉后,犯罪嫌疑人的父亲向辩护律师反映,一个月前,因怀疑赵某精神有问题,曾带他到精神病院看病,并提供了一份医生诊断书。该诊断书载明,赵某患有"轻度抑郁症"。该辩护律师认为,"轻度抑郁症"不属于精神病,也不影响赵某的刑事责任。因此,在与检察院开示证据时,没有将这一证据提供给检察院。

本案涉及辩护方证据开示的范围。按照《刑事诉讼法》第42条的规定,医生诊断书能够表明被告人精神不正常,虽然"轻度抑郁症"不属于依法不负刑事责任的精神病,但可能对被告人的刑事责任产生影响,属于对被告人有利的证据。因此,该辩护律师应当将其向检察院开示。

此外,辩护方证据开示也有特免权例外以及工作成果例外等。

四、证据开示笔录

证据开示笔录是控辩双方固定证据开示过程及其结果、确定争点的重要法律文书,也是当事人对已开示证据是否确认和提出异议的重要凭据。我国一些地方性证

---

[1] 参见龙宗智:《刑事诉讼中的证据开示制度研究(上)》,载《政法论坛》1998年第1期。
[2] 沈德咏主编:《人民法院诉讼证据规定适用指南》,中国政法大学出版社2020年版,第46页。

据规则对此均有规定，如北京高院《证据规定》第110条规定："证据交换应制作交换表格，注明交换证据的名称、份数、页数和交换时间等有关事项并由证据交换经手人签名或盖章。"江苏高院《刑事证据意见》第6条也对证据开示笔录作了规定，应制作《控辩双方无异议证据清单》，由参与证据开示的审判人员、公诉人员、辩护律师在笔录上签名。

对于经证据开示诉讼各方无争议的证据，应当制作《无争议证据清单》，经诉讼各方签字确认以书面形式进行固定，以保证其真实性和有效性。实践中，被告人本人通常并不参与证据开示，但证据开示的后果与被告人有直接利害关系，因而《无争议证据清单》须交被告人阅读或者向其宣读，由其签字或者按手印确认。对于经证据开示诉讼各方和被告人确认的无争议的证据，无须在法庭上按照普通程序进行举证和质证，经出示并简要说明所要证明的事项后，法院可将其采纳作为认定案件事实的证据。

五、不履行证据开示义务的后果

英国对控诉方违反开示义务的法律后果，通过法院判例确立了一些规则，如对控诉方无故拒绝向辩护方开示证据，法院可将其排除而使证据失去证明效力；对控诉方以"公共利益豁免"为由拒绝开示某些证据，法院有权对其理由进行审查，控诉方若拒绝提交审查，该案件将被撤销。但在司法实践中，法官若认为控诉方庭前未开示证据有"公共利益豁免"理由，也可不予排除。

在强调控诉方证据开示责任的同时，对抗制诉讼也很注重辩护方证据开示义务及其律师履行该义务所负担的法律后果。例如，英国1996年《刑事诉讼与侦查法》规定，辩护方如果不承担或者不能较好地承担证据开示义务，将负担一系列不利后果：首先将失去获得检察官向其进行第二次开示证据的机会；法庭还可以作出证据开示不足的评论，法官或陪审团可以因辩护方未适当履行证据开示义务而作出对其不利的裁判。

美国在确定不履行开示义务的法律后果时一视同仁，不论检察官还是辩护方，只要没有依法向对方开示有关证据材料，法官均可以命令相关当事人进行证据开示；批准延期审理；禁止相关当事人提出未经开示的证据；指定开示的时间、地点和方式，并可规定适当的期限和条件。[1] 需要指出的是，禁止出示未开示的证据，在很大程度上是保证对方当事人充分准备的机会和质证权。如果对方当事人放弃此项权利，愿意就未经开示的证据进行质证，就不应该对此进行限制。也就是说，在庭审过程中，如果存在正当理由出示未经开示的证据，对方可以要求法庭延期审理，待进行必要的诉讼准备后，再恢复庭审。

【案例4.8】 苏某涉嫌强奸罪，侦查终结后被移送检察院审查起诉，控辩双方开

---

[1] 参见龙宗智："刑事诉讼中的证据开示制度研究（下）"，载《政法论坛》1998年第2期。

示证据后，案件被起诉到法院。在开庭审判前，被害人韩某找到被告人苏某的家人及辩护律师，说她与被告人苏某发生性关系是出于自愿，当初控告强奸是因为偷情时被丈夫当场捉奸，然后丈夫逼迫她告发的。辩护律师认为，此时案件已起诉到法院，并没有将这种情况告知检察院。在开庭审理时，辩护律师请求法庭传唤被害人韩某出庭作证。韩某到庭后，向法庭说明了上述情况。公诉人提出，辩护律师在证据开示时没有提及此事，请求法庭排除韩某证言。法庭认为事关重大，宣布该案延期审理。

本案涉及不履行证据开示的后果。按照证据开示的一般规则，对于应当开示而未开示的证据，不允许在法庭上出示和质证。本案辩护律师没有正确履行证据开示义务，法院可以不传唤韩某出庭作证，或者禁止辩护律师出示韩某的书面陈述。但对于无罪证据，如果因辩护律师未履行证据开示义务而被法庭排除，必会罪及无辜，尽管被告人有上诉权利和提出再审的申诉权，但这将造成审判不公和诉讼资源的浪费，有违证据开示制度的初衷。因此，对于辩护律师在庭前未能开示的无罪证据，应允许在庭审程序中提出，可由法院决定延期审理，以便控诉方作必要准备。

六、法官在证据开示中的地位与作用

（一）国外情况

美国《联邦刑事诉讼规则》第16条（d）款规定，法院认为当事人的开示申请理由充分时，可以随时命令被请求的一方当事人开示证据，也可以附理由驳回开示申请，或者限制开示的内容或时间。必要时，法院也许可当事人于对方不在场的情况下以书面的形式提供全部或部分申请理由，供法官单独审查。如果法院在单独审查后决定满足一方当事人申请中提出的要求，另一方当事人的全部陈述都应密封附卷，以备上诉法院审查。[1] 对于违反法定开示规则或法院开示命令的当事人，法院可以区别不同情况采取相应的制裁，如命令开示，宣布延期审理，裁定排除未经开示的证据及其相关联的证据，甚至以藐视法庭罪对拒不开示证据的一方当事人给予处罚等。

在英国，无论是在初次还是二次开示，检察官均可以事关公共利益为由，请求法院将某一材料排除于开示范围之外，但同样，辩护方也有权请求法院发布有关要求检察官向其开示某一证据材料的命令，可以是检察官所掌握并审查过的材料，也包括证据开示官必须向检察官提供或允许检察官调阅和审查的材料。辩护方提出有关检察官作进一步开示的申请，必须向法院证明检察官掌握着可以被合理地期望有助于辩护的材料，并且该材料没有向辩护方开示。法院通过审查，如果确信存在着

---

〔1〕 孙长永："美国刑事诉讼法中的证据开示"，载陈光中、江伟主编：《诉讼法论丛》（第3卷），法律出版社1999年版，第239~240页。

这样的材料,就应发布一项要求检察官开示有关证据的命令。[1]

日本通过最高法院判例,确立了法院基于诉讼指挥权而决定对于某些证据是否公开进行司法审查的规则,如果认为特定证据应当公开,则以命令的形式要求拥有证据的一方向对方开示。一般情况下,当诉讼进入证据调查阶段后,在辩护人表明了具体的必要性并提出申请,要求命令检察官让其阅览某些证据的情况下,法院全面考虑案件的性质、审理状况、要求阅览种类及内容、阅览时间、程序及方法以及其他情况,认为对于被告人的防御特别重要,且不存在招致毁灭罪证、胁迫证人等弊害之虞的,基于诉讼指挥权,可以命令检察官将相关证据材料等让辩护人阅览。日本律师联合会就此提出以下改革方案:在检察官不同意公开证据时,被告人或者辩护人可向与该检察官的检察厅相对应法院请求证据公开的命令,受理法院认为必要时,可以指定检察官公开相关证据并指定公开日期、场所、方法或者附加适当的条件;对于驳回证据公开命令请求等裁判不服的,被告人或者辩护人可以向管辖地方法院等请求撤销或者变更该裁判;检察官不向被告人或者辩护人提交全部证据的目录或者不服法院的证据公开命令的,受理提起公诉的法院应当以判决宣告公诉不受理。[2]

(二) 我国实践

我国刑事诉讼带有明显的职权主义特征,法庭审判注重法官的诉讼主导权。证据开示制度的构建,也应充分发挥法院的作用,以确保证据开示不被滥用。一般来说,法院在证据开示程序中主要有以下作用:

1. 主持证据开示。有学者主张证据开示在检察院进行,因为检察院作为公诉机关拥有全部控诉证据,而且有便于开示的正式办公处所。[3] 最高人民法院、最高人民检察院、司法部《刑事公诉案件证据交换意见稿》第 8 条规定:"庭前证据交换由审理该案件的法官主持,公诉人和辩护律师参加。"但是,这样做容易造成审判法官庭前接触证据而形成预断,可改由立案庭法官主持庭前证据开示。

2. 处理证据开示申请。如果诉讼一方向对方提出开示证据要求而遭拒绝,可以附理由向法院提出开示证据申请,要求法院命令对方开示证据。法院经审查认为理由成立的,应通知负有证据开示义务的一方开示有关证据,或者要求其说明拒绝开示的理由;理由成立的,可以驳回开示申请;理由不成立的,应命令其开示相关证据。控辩双方关于证据开示范围的争议或诉讼争点的分歧,可以申请法院审查,由法院确定是否需要开示相关证据,并可对开示的内容和时间加以限制。

---

[1] 陈瑞华:"英美刑事证据展示制度之比较",载《政法论坛》1998 年第 6 期。

[2] 宋英辉、杨光:"日本刑事诉讼的新发展",载陈光中、江伟主编:《诉讼法论丛》(第 1 卷),法律出版社 1998 年版,第 161~162 页。

[3] 陈光中主编:《中华人民共和国刑事证据法专家拟制稿(条文、释义与论证)》,中国法制出版社 2004 年版,第 445 页。

【案例 4.9】郭某系某国有公司总经理，工作勤奋能干，深得员工拥戴。2011 年 8 月，因有人举报其贪污公司货款被立案侦查。审查起诉期间，检察官与辩护律师进行了证据开示，但在检察院提起公诉后法院开庭审判前，检察院收到了一封该公司百余位员工联名的求情信，请求检察院撤回对郭某的追诉。辩护律师得知此情况后，要求检察官提供该信，但检察官以这封信与郭某的犯罪事实无关为由拒绝提供。

本案中，检察官收到的联名信对被告人来说显然是有利的，因而对辩护是有帮助的。在检察官拒绝开示该证据的情况下，辩护律师可以向法院提出申请，要求检察院开示这封联名信。如果法院认为有必要，可以要求检察院在特定时间内开示上述证据，或者提交法庭，并在法庭上宣读。

3. 对违反证据开示规则或法院开示命令行为的制裁。如前所述，在美国，法院对于上述行为可以给予相应的制裁，甚至以藐视法庭罪对拒不开示证据的诉讼一方定罪判刑。考虑到我国现实情况，如果违反证据开示规则或法院开示命令的一方，是出于善意或有客观原因未能及时履行开示义务，法院可以命令立即开示有关证据，或宣布延期审理等轻缓措施；对恶意不开示证据的行为，除可借鉴美国做法驳回起诉、作出对其不利的裁判、宣布审判无效外，还可以尝试纪律处罚、经济制裁。

要 点

1. 证据开示主要适用于证据数量较多、证据内容较复杂的疑难案件；简单案件一般不进行证据开示。

2. 在刑事诉讼中，控诉方承担着证据全面开示义务；辩护方的证据开示义务，限于准备在法庭上使用并对被告人有利的证据。

3. 基于社会政策或价值考量，控辩双方证据开示的范围通常有所限制，包括秘密交流特免权、工作成果例外等。

4. 对于经证据开示诉讼各方无争议的证据，应当制作《无争议证据清单》，经诉讼各方签字确认以书面形式固定。

5. 经过开示的证据，一般才允许在法庭上出示、质证。未按法律规定履行证据开示义务，要承担相应的法律后果，包括强制开示、延期审理、作出对其不利的裁判、禁止提出未经开示的证据等。

6. 对于控辩双方关于证据开示范围的争议或者拒绝开示证据的理由，法官要进行审查并作出裁定；对违反证据开示规则或法院命令者，应予制裁。

思考题

4.3. 在刑事诉讼中，为什么要求控诉方承担全面证据开示的义务？

4.4. 控诉方证据开示例外的价值基础何在?

4.5. 一天早上,两名巡逻的警察拦截了一辆带篷货车。经简单询问车上三人,警察对该车进行了搜查,发现一台通常被罪犯用于跟踪警察电台的无线电跟踪器和6个各装有两加仑汽油的瓶子。这些瓶子已做成适于用作燃烧瓶的类型,并可马上使用。这三人随后被逮捕,对其住房的搜查表明,这三人是"动物解放阵线"活跃分子并与该组织保持联系。在问及有关问题时,三人均保持沉默。候审时,三名被告人被保释。由于该组织的有关材料是警察从某信息中心计算机查到的,如果对外披露这些记录,会对该组织进一步的调查造成损害。在警方与相关国家情报机构协商后,检控方拒绝了法官关于向辩护方出示电子计算机信息的要求。法官因而对被告人作出无罪判决。其中一位被告人后来向新闻媒介发表谈话称:我们打算用这辆货车转移那些动物,然后毁了这辆车。审判流产的唯一原因,是检察官拒绝向我方辩护律师开示警方从计算机获得的关于我们的资料。

(1) 为避免对"动物解放阵线"组织做进一步调查造成损害,检察官能否以"公共利益豁免"为由,拒绝法官关于向辩护方出示电子计算机信息的要求?

(2) 如果控辩双方就对方掌握的证据材料是否属于开示范围发生争议,应当如何处理?

(3) 检察官不履行证据开示义务,是否必然导致宣告被告人无罪?如果被告人拒绝开示证据,将产生什么样的法律后果?

4.6. 法官在证据开示中的地位与作用如何?

第三节 民事、行政诉讼证据开示

一、证据开示的案件范围

实行民事证据开示制度的国家,通常坚持以证据开示为原则,以不开示为例外。英国《民事诉讼规则》规定,除小额索赔诉讼外,其他所有诉讼都可以进行证据开示。这里小额索赔诉讼,主要指诉讼金额不超过5000英镑的人身伤害赔偿诉讼和房屋修缮诉讼。我国民事证据开示适用的案件范围,按照最高人民法院2001年《民事诉讼证据规定》第37条的规定,是"证据较多"或者"复杂疑难"的案件。2019年最高人民法院《民事诉讼证据规定》修订,删除了该限制性规定。

证据开示一般在一审案件普通程序中适用。对于适用简易程序审理的案件,由于争议不大,案件事实比较清楚,庭前不开示证据通常不影响庭审的顺利进行。案件进入二审、再审后,通常不需要证据开示。但如果一审后发现了"新证据",在二审、再审开庭前,双方当事人应该相互开示证据。

在行政诉讼中,按照最高人民法院《行政诉讼证据规定》第21条,如果案情比较复杂或者证据数量较多,法院可以组织当事人在开庭前交换证据。与民事证据开示相比,行政诉讼证据开示不具有强制性。我们认为,证据开示不必严格限于"案情比较复杂或者证据数量较多的案件",只要案情需要或者法院认为有必要且存在证据开示条件的,均可组织当事人进行证据开示。

二、证据开示范围及其限制

(一) 证据开示的范围

美国《联邦民事诉讼规则》第26条(b)(1)款规定,证据开示范围坚持相关性标准,即对任何不属于特免权范围而与诉讼标的相关的事项均进行开示。[1] 按照这一标准,证据开示的范围十分广泛,任何与案件系争物有关联的事项都适用证据开示程序。[2] 另外,根据美国《联邦民事诉讼规则》第33条(c)款允许"对有关事实所适用的法律"提出质询书,被认为掌握可开示的证据资料的证人的身份和地址,也具有证据开示所要求的相关性。[3] 按照2000年修正案,除非由法院命令改变,证据开示的范围是:"当事人可以获得不受特免权保护的,与任何一方的主张或者抗辩相关的事项的证据开示。有充足的理由,法院可以命令对与诉讼标的事项相关的任何事项进行证据开示。"

英国民事诉讼证据开示强调书证的开示,包括标准开示和特别开示。标准开示的材料包括:①当事人所依赖的书证材料;②从反面影响到当事人案件的书证材料;③支持他方当事人案件的书证;④诉讼指南要求当事人开示的书证。如果法院认为当事人在开示声明中所作陈述不合理,可以作出"特别开示命令",要求当事人开示法院特别制定的书证材料,命令其在确定范围内进行调查以及根据调查结果对书证进行开示。[4]

在我国,最高人民法院《民事诉讼证据规定》和《行政诉讼证据规定》对适用证据交换的案件范围作了规定,但对证据范围没有作出明确规定,这给审判实践带来一定的困难。有人认为,凡是能够证明民事法律关系发生、变更、消灭等事实的证据,甚至证明案件是否应由其他法院受理或审理的证据,都属于证据交换的范围。[5] 我们认为,在确定民事和行政诉讼证据开示范围时,过宽会增加诉讼成本,过窄会使开示失去意义。可借鉴美国的相关性标准,即当事人自行收集并提交法庭用于证明案件事实或者诉讼主张的相关事项,都应当进行开示。

---

[1] Joel Wm. Friedman, Jonathan M. Landes, and Michael G. Collins, *The Law of Civil Procedure: Cases and Materials*, 2nd ed., Thomson/West, 2006, p. 459.

[2] [美] 杰弗里·C. 哈泽德、米歇尔·塔鲁伊:《美国民事诉讼法导论》,张茂译,中国政法大学出版社1998年版,第119页。

[3] Steven L. Emanuel, *Civil Procedure*, 17th ed., New York: Emanuel Outlines, Inc., 1995, p. 175.

[4] 韩象乾主编:《民事证据理论新探》,中国人民公安大学出版社2006年版,第433~434页。

[5] 毕玉谦主编:《〈最高人民法院关于民事诉讼证据的若干规定〉解释与适用》,中国民主法制出版社2002年版,第338~340页。

(二) 证据开示范围的限制

同刑事诉讼证据开示一样，民事和行政诉讼证据开示也存在特免权例外、工作成果豁免等，内容大同小异。美国《联邦民事诉讼规则》第26条（b）（1）款规定，法院在一定情形下可以根据职权对开示进行限制。这些情形包括：①不当的重复开示，或者以更简单和经济的方法能获得该证据或情报时；②请求开示一方当事人在诉讼活动中有机会获得该情报时；③与开示的必要性、纠纷的程度、当事人能力以及争点的重要性相比，如果开示将需耗费太多费用以及增加当事人不必要的负担时。此外，该规则第26条（c）款规定，证据开示请求方的请求使当事人或者案外人感到烦恼、困窘或者该请求使之承受压力或负担不必要的花费，该当事人或者案外人可以向诉讼系属法院或者询证存录所在地法院请求签发保护令，要求不进行该项证据开示，或者特定事项不能调查或者证据开示的范围被限制在特定事项上，或者商业秘密或者其他机构机密研究或开发成果、商业信息不能被披露或者只能被以特定方式披露，等等。

【案例4.10】在沈某诉曹某和Z出版社著作侵权一案中，法院组织双方交换证据，原告沈某提交了2009年3月F出版社正式出版的署有自己姓名的书样1本和2011年9月Z出版社出版的署有被告人曹某的书样2本，以及在S书店等3家书店拍摄的摆有曹某著书的照片5张。被告曹某没有提交证据，被告Z出版社提供了一份与曹某签订的出版协议。原告沈某请求Z出版社提供财务报表，但Z出版社表示该财务报表涉及本单位的商业秘密，拒绝向原告提供。

在本案中，原告沈某要求被告Z出版社提供的财务报表与本案事实具有相关性，可用来证明被告出版和销售该书的总册数以及销售额。虽然Z出版社主张该项证据涉及商业秘密，但它并不属于保密特免权的范围。尽管民事诉讼法规定涉及商业秘密的证据应当保密，并要求不得在公开开庭时出示，但它仍然应当向当事人开示和出示。

三、证据开示的程序启动

（一）举证通知与法官释明

法院受理案件后，应当在送达案件受理通知书和应诉通知书的同时，向当事人送达举证通知书。举证通知书应当载明举证责任的分配原则与要求、可以向法院申请调查取证的情形、法院根据案件情况指定的举证期限以及逾期提供证据的法律后果。

所谓法官释明，主要是指在当事人主张不明确，或者有矛盾、不正确、不充分时，法官可以向其提出关于事实或者法律上的问题，促使其提出证明，以便查清案件事实。从权能上看，它被视为审判权的延伸，也是法官诉讼指挥权的重要内容，是审前与当事人沟通和交流，指导当事人如何进行诉讼的重要环节。

从我国审判实践看,法官的释明权不如说是一种释明义务。因为,其内容主要是要求法官在审判前告知当事人享有哪些诉讼权利,应当履行哪些诉讼义务,告知当事人如何举证或者答辩。在我国当前当事人法律知识匮乏而律师代理又难以满足需要的状况下,法官释明是非常必要的。最高人民法院《民事诉讼证据规定》第50条对法院举证通知作了明确规定:"人民法院应当在审理前的准备阶段向当事人送达举证通知书。举证通知书应当载明举证责任的分配原则和要求、可以向人民法院申请调查收集证据的情形、人民法院根据案件情况指定的举证期限以及逾期提供证据的法律后果等内容。"《行政诉讼证据规定》第8条也作了类似规定。现在很多法院采用"诉讼须知"和"举证通知"相结合的方式,这更有利于规范法官的释明行为,也有利于帮助当事人更有效地进行诉讼。

(二)证据开示的启动方式

在美国证据开示制度发展中形成了两种启动方式,一是自动开示,二是请求—回应式开示。1938年美国《联邦民事诉讼规则》所规定的证据开示是请求—回应式的,联邦法院的当事人证据开示,只能以一方提出获取证据的请求、另一方对该请求作出回应的方式进行,无论是询证存录、书面质询还是提交文件、实物证据,无论是进入地产检查、身体或精神状态检查还是请求自认,都以这种方式进行。美国《联邦民事诉讼规则》1993年修正案新设了自动开示程序,规定了当事人在大多数情况下对为庭审做准备或者作出和解决定所需要的基本信息进行自动开示的义务,而不是等待对方正式的证据开示请求。此后,两种方式结合适用,即先由当事人义务性地向对方开示己方证据资料,然后再由请求—回应式证据开示完成证据资料收集的后续补充。[1]

在我国,最高人民法院2001年《民事诉讼证据规定》第37条规定:"经当事人申请,人民法院可以组织当事人在开庭审理前交换证据。人民法院对于证据较多或者复杂疑难的案件,应当组织当事人在答辩期届满后、开庭审理前交换证据。"本条规定了证据开示的两种启动方式。2019年最高人民法院修订的《民事诉讼证据规定》删除了这一规定,将证据交换启动交给法官进行自由裁量。

对于行政诉讼证据开示程序的启动,按照最高人民法院《行政诉讼证据规定》第21条,只有法院依职权进行开示一种方式,并且在是否启动开示程序问题上,法院拥有一定自由裁量权,即对于案情比较复杂或者证据数量较多的案件,法院可以组织当事人在开庭前向对方开示或交换证据。

(三)证据开示时间与举证期限

关于证据开示的时间,最高人民法院《行政诉讼证据规定》第21条只概括地规定了法院可以在"开庭前"组织当事人向对方开示或交换证据。而在民事诉讼中,最高人民法院《民事诉讼证据规定》第56条规定,人民法院"通过组织据证据交换

---

[1] 韩波:《民事证据开示制度研究》,中国人民大学出版社2005年版,第156~157页。

进行审理前准备的,证据交换之日举证期限届满。交换证据的时间可以由当事人协商一致并经人民法院认可,也可以由人民法院指定。当事人申请延期举证经人民法院准许的,证据交换日相应顺延。"据此,对于证据交换的时间有两种确定方式:一是当事人协商一致并经法院认可;二是由法院指定。无论采用哪种方式,最终决定权都在法院,至于双方当事人在开庭审判前何时开始证据交换,并没有具体规定,只是必须在举证期限届满前完成。这又涉及举证期限的问题。

根据《民事诉讼证据规定》第51条,举证期限也有两种确定方式:一是由当事人协商一致并经人民法院准许;二是由人民法院指定。

2012年《民事诉讼法》增加了一个条文,在第65条对举证时限作出明确规定,即当事人对自己提出的主张应当及时提供证据。人民法院根据当事人的主张和案件审理情况,确定当事人应当提供的证据及其期限。当事人在该期限内提供证据确有困难的,可以向法院申请延长期限,法院根据当事人的申请适当延长。按照2019年最高人民法院修订的《民事诉讼证据规定》,对于人民法院指定举证期限的,适用第一审普通程序审理的案件不得少于15日,当事人提供新的证据的第二审案件不得少于10日。适用简易程序审理的案件不得超过15日,小额诉讼案件的举证期限一般不得超过7日。在具体操作时,人民法院应当根据当事人的主张和案件审理情况来确定,充分考虑案件的复杂程度、当事人调查收集证据的能力、所需时间、当事人的具体情况以及法院的工作安排等。[1]此外,《民事诉讼法解释》第100条则规定了举证期限的延长,当事人申请延长举证期限的,应当在举证期限届满前向人民法院提出书面申请。申请理由成立的,法院应当准许,适当延长举证期限。《民事诉讼证据规定》第54条则细化了举证期限延长的具体程序,包括当事人的申请、法院的审查和通知等。

四、证据开示方式

关于证据开示方式,最高人民法院《民事诉讼证据规定》第57条只简单规定了"证据交换应当在审判人员的主持下进行"。至于如何进行未作进一步规定,实践中通常是双方当事人相互将本方掌握的证据材料交予对方,然后由审判人员对当事人无异议的事实、证据记录在卷,对有异议的证据按照需要证明的事实分类记录在卷并记载异议的理由。通过证据交换,确定双方当事人争议的主要问题。这种做法及其功能相当于英美国家民事诉讼审前会议。以下介绍一下美国《联邦民事诉讼规则》规定的主要证据开示方式,以资借鉴。

1. 询证存录(Deposition)。询证存录有两种情况:一是发生在诉讼前或者上诉前;二是发生在起诉后至庭审前。根据美国《联邦民事诉讼规则》第27条的规定,如果当事人拟固定在联邦法院具有可诉性的事件的证言,他可向任何可能的对方当

---

[1] 最高人民法院民事审判第一庭编:《最高人民法院新民事诉讼证据规定理解与适用》(下),人民法院出版社2020年版,第485页。

事人居所地法院提出申请，请求法院发出命令，赋予申请人为固定应被调查的人的证言而录取该人证言的权利。作为证据开示的询证存录主要是指第二种情况，即起诉后至庭审前，一方当事人对于掌握证据开示范围内信息的对方当事人或者作为案外人的证人进行询问，并基于其回答获得的有关证言。按照第30~31条的规定，这种情况下的询证存录可采口头和书面两种形式，口头是主要形式。最近的修正案还对询证存录的次数和时间进行了限制。[1]

2. 书面质询（Interrogatory）。书面质询是当事人之间通过提出质询书进行证据开示的方法。第33条规定，以质询书获取信息和证据的，无须经过法院许可，也无须订立书面协定，任何一方当事人都可以向其他当事人送达质询书，对方当事人须在30日内予以答复。质询的问题一般不得超过25个，但如有正当理由，或当事人达成协议，或经法院许可，也可以超过这一限制。对于质询书所提出的问题，主要包括事实的确认、有关事实的意见或结论、就某种事实产生的法律后果以及有关法律的意见和结论等形式，[2] 如果被质询的当事人有异议，应当陈述其异议的理由，对于未提出异议的部分，仍应当予以答复。

3. 要求提供文件、物品和现场勘验（Request to Produce Documents, Things and to Inspect Land）。根据第34条的规定，一方当事人可以要求另一方当事人提供与案件诉讼标的有关的文件，包括书面文件、照片、照片记录、图表、绘图及其书籍资料的汇编等，只要是相关的，且不属于特免权保护事项，并在对方当事人占有或控制之下，均可要求开示。任何一方当事人可以要求对方当事人开示所占有、保管或控制的与案件有关的物品，任何一方当事人也可以要求勘验、测量、拍照由对方当事人所控制的与诉讼标的有关的物品存在地。

4. 身体或者精神状况检查（Physical or Mental Examination）。与其他证据开示方法不同，进行身体和精神检查须经法院许可，是唯一处于法院控制下的证据开示方式。根据第35条，当一方当事人或者当事人依法监护的人的身体或者精神状态成为案件争点时，当事人可请求法院签发命令，对对方当事人或者当事人监护的人进行身体或精神检查。由于这种检查涉及当事人或他人的隐私权，法律要求请求者必须说明正当理由，即进行检查的必要性以及以其他方法无法获得所需信息。对于请求检查的申请，法院认为有正当理由的，可签发命令，但事先必须通知被检查人和所有当事人。在该命令中，法院应指定检查的日期、地点、方法、范围、条件和实施检查的人员等。

5. 要求自认（Request for Admission）。要求自认是一方当事人要求对方当事人就

---

[1] Mary Kay Kane, *Civil Procedure*, 4th ed., St. Paul, Minn.: West Publishing Company, 1996, pp.133~134.

[2] John T. Cross, Leslie W. Abramson, and Ellen E. Deason, *Civil Procedure: Cases, Problems and Exercises*, 2nd ed., Thomson/West, 2008, p.509.

案件的事实、文书的成立与否、主张以及适用法律的意见等表明态度的一种证据开示方法。根据第 36 条，自认要求可以在送达诉状的同时向对方提出，也可以在其后任何时候提出。原则上，被要求自认的当事人必须在接到自认请求书后 30 天内作出书面答复，但如果双方同意并经法院许可，可以延长答复期限。如果被要求方在期限内没有答复或提出异议，则可视为对被要求事项的自认。在答复自认请求书时，当事人应明确承认、否认或者部分承认自认请求书所列的事项；对于既不承认也不否认的事项，应当说明理由，但不能以缺乏信息材料或者相关知识作为不能承认或者否认的理由，除非其说明自己已经进行了合理调查，但未获得足够的信息资料以承认或者否认该事项。对于当事人提出异议的，请求方当事人可以申请法院对该异议理由的充分性进行审查，除非认定异议理由成立，法院应当作出进行答复的命令，强制受异议方当事人进行答复。

五、再次证据开示

民事案件的复杂性决定了很多时候双方当事人通过一次证据开示不能充分相互了解对方的证据情况。在证据开示制度的设计中，应当考虑它在实际运作中多次进行的普遍性特点，为了平等保护当事人诉讼权利，在第一轮证据开示后，人民法院根据需要，可再次组织证据开示。[1]《民事诉讼证据规定》第 58 条对再次证据交换作出了规定："当事人收到对方的证据后有反驳证据需要提交的，人民法院应当再次组织证据交换。"

在普通法上，对证据开示的次数通常不作规定。以美国为例，从 1938 年《联邦民事诉讼规则》到 1993 年修正案以前，对某种特定证据开示方式的使用次数没有限制。[2] 但实践中，存在滥用证据开示尤其是滥用书面咨询的问题。因为这种方法对于质询方来说，是一种极其廉价的获取信息的方法，只要概括出问题即可，无需支付其他费用；但对被质询方来说，为了答复质询书，要去收集有关资料，查找相关记录，需要负担相应的费用。考虑到证据开示的相互性，如果对此不加限制，对双方当事人都可能造成过重的负担。

在我国，最高人民法院 2001 年《民事诉讼证据规定》第 40 条对证据交换的次数作了规定，即当事人收到对方交换的证据后提出反驳并提出新证据的，为平等保护当事人诉讼权利，法院应当再次组织证据交换，通知当事人在指定时间交换新证据。为防止当事人利用证据交换拖延诉讼，规定证据交换一般不超过两次。但对重大、疑难案件，在法院认为确有必要的情况下，可以不受两次的限制，根据需要可以再组织证据交换。2019 年最高人民法院修订的《民事诉讼证据规定》删除了关于证据交换次数的规定，主要是因为实践中案件情况差别较大，重大、疑难案件的证

---

[1] 最高人民法院民事审判第一庭编著：《最高人民法院新民事诉讼证据规定理解与适用》（下），人民法院出版社 2020 年版，第 540~541 页。

[2] Steven L. Emanuel, *Civil Procedure*, 17th ed., New York: Emanuel Law Outlines, Inc., 1995, p. 199.

据纷杂,事实查明难,允许多次证据交换是必然的。而对于案件事实清楚争议不大的案件,一般通过一次证据交换就完成了。至于多次交换还是一次交换,由法官根据案件事实和证据交换情况自行决定,不再做强制性规定。[1]

六、逾期举证及其处理

最高人民法院《民事诉讼证据规定》第34条第1、2款规定:"当事人应当在举证期限内向人民法院提交证据材料,当事人在举证期限内不提交的,视为放弃举证权利。对于当事人逾期提交的证据材料,人民法院审理时不组织质证。但对方当事人同意质证的除外。"这一规定使过去的"证据随时提出主义"走向了"证据限时提出主义",在法律上很好地解决了"证据突袭"问题。但从近年的司法实践来看,举证时限与证据失权制度很难落实。有些当事人不遵守举证期限,总是等到开庭审理时才提交证据材料,如果法官对此不组织质证,败诉的当事人就要提出上诉,甚至申请再审。基于"以事实为根据"的司法原则,在上诉和再审程序中,二审和再审法院又不得不组织审查乃至采信这些证据,这就使得举证时限丧失了意义。从制度层面看,造成上述局面主要是证据失权制度过于严苛。2019年最高人民法院修订的《民事诉讼证据规定》删除了上述规定。

在普通法上,对于无正当理由拒不履行证据开示义务的,除可能导致证据失权外,还可能有其他法律后果。如美国《联邦民事诉讼规则》第30~31条规定,当存录证言时证人拒不答复问题,或者根据第30条(b)(6)款,当事人不答复质询书、拒不检查身体及精神状态的,请求开示的当事人可以向法院提出强制开示申请,法院依自由裁量权签发命令,要求当事人遵守证据开示义务。我国2017年《民事诉讼法》第65条吸收了国外经验,规定"当事人逾期提供证据的,人民法院应当责令其说明理由;拒不说明理由或者理由不成立的,人民法院根据不同情形可以不予采纳该证据,或者采纳该证据但予以训诫、罚款"。按照2015年《民事诉讼法解释》第101条,"当事人逾期提供证据的,人民法院应当责令其说明理由,必要时可以要求其提供相应的证据。当事人因客观原因逾期提供证据,或者对方当事人对逾期提供证据未提出异议的,视为未逾期。"第102条对于当事人逾期举证规定不同的处理方式,即当事人因故意或者重大过失逾期提供的证据,人民法院不予采纳。但该证据与案件基本事实有关的,法院应当采纳,并依法予以训诫、罚款;当事人非因故意或者重大过失逾期提供的证据,法院应当采纳,并对当事人予以训诫。此外,对于当事人一方要求另一方赔偿因逾期提供证据致使其增加的交通、住宿、就餐、误工、证人出庭作证等必要费用的,法院可予支持。与最高人民法院《民事诉讼证据规定》第34条对举证时限实行"一刀切"的做法相比,上述规定对于当事人逾期举证的处理更为灵活,更切合我国司法实际。

---

[1] 最高人民法院民事审判第一庭编著:《最高人民法院新民事诉讼证据规定理解与适用》(下),人民法院出版社2020年版,第540~541页。

【案例 4.11】原告何某与被告薛某因房屋买卖合同纠纷诉至法院，法院向双方送达了举证通知书，并载明举证的最后期限。举证期限届满后，被告薛某没有向法院提交任何证据。但在开庭审理时，薛某向法庭提交了房屋买卖合同、房屋过户登记材料和房产证等证据。原告指出，被告在举证期限内未能提交证据，应视为放弃举证权利。对于被告在法庭上提出的证据，原告表示不同意质证。法院认为，薛某提出的证据对本案事实具有重要证明作用，但属于逾期举证，既然原告不同意质证，决定不对被告提出的证据进行质证。

本案涉及逾期举证的证据效力问题。按照最高人民法院 2001 年《民事诉讼证据规定》第 34 条，本案法院的处理并无错误，对于逾期举证的证据，除非对方当事人同意，法院是不组织质证的。但这样处理的效果并不好，薛某在一审判决后很可能提出上诉，二审法院也不可能不考虑这些证据。适当的做法应该是，按照《民事诉讼法》第 65 条和最高人民法院《民事诉讼法解释》第 102 条，责令被告薛某说明理由，理由不成立的，可以决定延期审理，并由被告承担原告因延期审理而增加的诉讼费用。

七、关于新证据

（一）新证据的范围及其提出

《民事诉讼法》第 142 条第 1 款规定："当事人在法庭上可以提出新的证据。"对于"新的证据"的范围，是指以下几种情形：

1. 一审程序中的新的证据，包括当事人在一审举证期限届满后新发现的证据；当事人确因客观原因无法在举证期限内提供，经人民法院准许，在延长的期限内仍无法提供的证据。

2. 二审程序中的新的证据，包括一审庭审结束后新发现的证据；当事人在一审举证期限届满前申请人民法院调查取证未获准许，二审法院经审查认为应当准许并依当事人申请调取的证据。

3. 再审程序中的新的证据，主要是指判决生效后当事人申请再审时新发现的证据，包括一审和二审判决生效后新发现的证据。依据《民事诉讼法》第 207 条，当事人提出新的证据，足以推翻原判决的，可以启动再审程序。据此，当事人依据新证据申请再审的，只能是在申请再审时提出。

（二）新证据的使用

当事人提出新的证据，对于对方当事人来说毕竟有些"意外"，为了防止该新证据给对方造成证据突袭的效果，应给予对方必要的准备时间。如果经法院审查确属"新证据"且需要在法庭上进行质证，应当通知对方当事人在合理期限内提出意见，或者就该证据提出反驳证据。

新证据对事实认定和诉讼结果有重要影响，但当事人在二审程序或者再审程序中提出新证据的情况比较复杂，有些新证据可能只涉及原裁判认定的案件事实的细枝末节，或者只涉及当事人的某些诉讼权利，并不足以影响案件公正处理，且考虑到诉讼成本，此时对新证据在二审或者再审庭审中进行必要的质证，即可修补原裁判在证据审查认定上的不足。但如果法院认为新证据足以影响原裁判对案件事实的认定，可能导致改判的，二审法院或者再审法院应当依据新证据认定的事实予以改判，或者据此撤销原裁判，发回原审法院重新审判。

【案例4.12】被告吕某2006年向原告彭某借款5万元，双方约定了借款利息和还款期限。借款到期后，原告先后两次催促被告还款。在催款未果的情况下，2011年，原告向县人民法院提起诉讼。法院经审理认为，双方借款合同合法有效，依法判决被告吕某偿还原告本金及利息共6.2万元。一审判决后，吕某不服，向市中级人民法院提起上诉，理由是被告没有收到原告的催款通知，原告起诉已过诉讼时效。被上诉人彭某则向二审法院提供两份证据：一是证人马某的证言，用于证明原告曾当面向被告催要借款；二是通信公司出具的通话记录，用于证明原告在一审提交的催促被告还款的通话语音发生的时间，表明原告催要借款没有超过诉讼时效。

本案涉及二审程序新证据的提出及其效力问题。被上诉人彭某提出的两份证据必须是一审庭审结束后新发现的证据。根据案情分析，这两份证据应该属于新证据。因为从它们证明的事项看，都是用于证明彭某及时向吕某主张了权利，如果彭某在一审判决前就发现这两份证据，他没有理由不向法院提供。只要是彭某提出证据的时间并无不当，即在二审开庭前或者开庭审理时提出，法院应该确认其可采性，经查证属实后，可以作为二审裁判的依据。

1. 在民事诉讼和行政诉讼中，证据开示主要适用于证据较多或者复杂疑难的案件。

2. 民事证据采取双向对等开示，开示范围采用相关性标准，即对任何不属于特权范围而与诉讼标的相关的事项都可以进行开示。行政诉讼证据开示采取不对等开示，即被告行政机关负主要的开示义务。

3. 证据开示有两种：一是自动开示；二是被动开示，即请求—回应式开示。

4. 证据开示方式包括：询证存录、质询书、要求提供文书和物证、身体和精神状态检查、要求自认等。

5. 当事人逾期提供证据的，法院应当责令其说明理由；拒不说明理由或者理由不成立的，法院根据不同情形可以不予采纳该证据，或者采纳该证据但予以训诫、罚款，或者让逾期举证的当事人承担对方当事人因此而增加的诉讼费用。

 思考题

4.7. 民事和行政诉讼证据开示与刑事诉讼证据开示在案件范围、证据范围及限制等方面有什么不同？

4.8. 为何要适当限制证据开示次数？对于当事人提出的"新证据"如何处理？

4.9. 甲买了一辆新车，在高速路上驾驶时汽车突然失控，冲向路边护栏，他本人在事故中受了重伤。甲请专家对该汽车鉴定后认为，该事故系机械故障造成。甲向法院起诉汽车制造公司，请求损害赔偿。在起诉状中，甲称他没有饮酒，也没超速，汽车是在正常行驶中突然失控的。汽车公司在答辩状中称，该汽车不存在机械故障，否认对该事故负有责任。在庭前证据开示时，甲的律师从汽车公司获得该款汽车的检测结果、设计更新情况、其他客户的投诉以及该公司先前诉讼记录等；汽车公司在证据开示中得到甲的交通违规处罚记录、事故现场笔录、汽车损坏情况、身体损伤情况、医生诊断结论及住院治疗费用清单等。

（1）如果甲在证据开示时要求汽车公司提供该款汽车的检测结果、其他客户对该款汽车的投诉、有关该公司以前的诉讼记录等有关资料，他可采取哪些手段获得这些信息？

（2）如果甲要求汽车公司开示该款汽车设计更新情况的资料，汽车公司能否以"商业秘密"为由而拒绝开示？

（3）如果汽车公司要求鉴定机构提供有关汽车机械故障鉴定报告被拒绝，汽车公司可采取哪些措施？

（4）如果甲的律师因个人过错而未向汽车公司开示个别关键证据，导致该证据在法庭上被禁止出示，给甲造成了重大损失，该如何处理？

第四节 关于证据开示的反思

一、证据开示与对抗制诉讼

证据开示通常被认为是英美法系特有的诉讼制度，是对抗式诉讼模式发展到一定阶段的结果。但需要强调的是，并非有对抗式诉讼，就有证据开示。事实上，早期的对抗式诉讼是排斥证据开示的，因为在对抗制模式下，证据由当事人提出，并由提出证据的一方当事人专有使用。按照达马斯卡的说法，所谓的优势平衡是靠当事人自己对信息来源的占用。[1] 如果完全采用对抗式模式，诉答形式相当严格，并且只包括一般性问题，而不涉及证据，诉答从来就不是告知法院和律师关于案件为

---

[1] Mirjan R. Damaska, "Evidentiary Barriers to Conviction and Two Models of Criminal Procedure: A Comparative Study", 121*University of Pennsylvania Law Review* (1973), p.506.

何而争的有效方法,那么提供证据支持诉讼请求的责任就落在当事人身上。据此,也就得不出双方当事人要求对方当事人向自己提供某些信息的理由。相反,对抗式诉讼注重当事人在审判中的主导地位,尽管在开庭前当事人之间要交换诉答书状并整理争点,但并不了解对方的情况,尤其是对方当事人在法庭上将提出什么样的证据。因此,证据突袭就成了律师惯用的诉讼策略,胜诉几乎完全取决于律师在庭下设置并在庭上随机完善的突袭部署和技巧,这种诉讼策略在几个世纪中被延续并被认为是一种正当的程序。[1] 这种诉讼的缺陷在于,最终的裁决常常是对律师杰出技巧的奖赏,而不是对案件实质所作的宣判。[2]

证据开示制度源于衡平法实践,尤其是20世纪初当事人诉讼观念的转变为其提供了理论基础。一方面,真实发现的观念需要证据开示。对抗制的基本法理是将当事人设计为对抗双方,彼此使用各种"竞技",包括尽可能收集和使用于己有利的证据,同时解除对方当事人的诉讼武装削弱其进攻和防御能力。但随着"真实论"逐渐取代"竞技论",诉讼理念强调审判的目的应当是针对案件的实质作出公正裁决。正如美国大法官特纳所说:"真实最可能发现在诉讼一方合理地了解另一方时,而不是在突袭中。"[3] 为此,一切有关审判的事实必须开示于法庭,因而审前全面开示证据成为必不可少的条件。美国联邦最高法院在具有指导性意义的1947年"希克曼诉泰勒"(Hickman v. Taylor)案中指出:"由双方当事人收集有关联事实的知识,对适当的诉讼来说是必需的。为了达到这一目的,任何一方当事人都可以强烈要求另一方当事人透露他所拥有的任何事实。"[4] 另一方面,实质公正的观念要求证据开示。早期的对抗制看重形式公正,即程序公正。但在实行国家追诉主义的现代刑事诉讼中,控辩双方处于天然的不平等地位。有学者说,只要国家资助并组织起诉,对抗程序的"双臂平等"原则就会受到破坏。除非被告人得到的资源与对方可使用的资源处于同等规模,否则,允许被告人使用检察官掌握的信息,就是大致恢复平衡关系最容易也是最经济的手段:由于控方有义务开示所有有利于被告方的证据,资源的不平等由此得到改善。[5]

按照利益法学的观点,诉讼关系中的利益冲突决定了对抗制下需要证据开示。本质上,诉讼关系是与案件标的有直接利害关系的主体利益关系。在这一关系中,各主体有明显不同的利益追求,这决定了他们在诉讼中的利益冲突,这种冲突又直

---

[1] 毕玉谦:《民事证据法及其程序功能》,法律出版社1997年版,第273页。

[2] 孙长永:"美国刑事诉讼法中的证据开示",载陈光中、江伟主编:《诉讼法论丛》(第3卷),法律出版社1999年版,第219页。

[3] Roger J. Traynor, "Ground Lost in Criminal Discovery", 39 *New York University Law Review* (1964), pp. 228~249.

[4] Steven L. Emanuel, *Civil Procedure*, Aspen Publisher Co., 2000, p. 188.

[5] [英]詹妮·麦克埃文:《现代证据法与对抗式程序》,蔡巍译,法律出版社2006年版,第24页。

接导致了其立场和行为的对抗。从这一角度看,利益冲突妨碍了当事人双方在审前相互交换证据。因为在证据开示的同时也暴露了自己的弱点,在法庭上容易遭到对方攻击,而使自己的防御被轻而易举地打破。相反,每一方诉讼参与者都希望攻其不备,采取突袭策略和技巧达到胜诉目的。但是,当存在更大的利益吸引时,冲突双方当事人就会走向合作。首先,利益的对立会促使冲突双方产生获取对方资源的渴望。出于胜诉考虑的双方当事人,开庭审判前均希望了解对方的证据。按照德国社会学家齐美尔的理论,双方越是感到对方的资源有价值,就越有可能建立交换关系。[1] 其次,从心理学角度看,越是得不到的东西,人们越感觉其珍贵。控辩双方通常都会认为对方掌握的证据比自己的证据更重要,而"人们越是认为某一行动的结果有价值,就越会从事这种行动"[2]。

在刑事诉讼领域,无罪推定是基本原则,也是赋予作为弱者的被告人自我防御的重要武器。根据该原则,检察官负有证明被告人有罪的举证责任,这种责任并不能完全局限于法庭上,基于正确使用追诉权以及合理使用国家资源的需要,在开庭审判前就应履行这一责任,即向被告人提供证据证明其犯罪事实的责任。同时,根据无罪推定原则,被告人并无证明自己无罪的义务,这解释了长期以来被告人在审判日之前一般不告知控方自己掌握证据的原因。[3] 就是说,无罪推定原则否定了被告人证据开示的义务。但在实行证据开示制度的英美国家,法律要求被告人事先通知检察官准备传唤的证明其不在犯罪现场的证人,在法定期限内将提出证明被告人与承担刑事责任相关的精神状况的专家证词等。这种做法与无罪推定原则有一些冲突,但也有人认为二者之间并无冲突,因为证据开示是双向的,使诉讼程序在互通信息、科学有序的情况下进行的。[4] 这种解释尽管有些牵强,但证据开示制度和无罪推定原则在对抗式诉讼模式下之所以能并行不悖,是因为存在着共同的法理基础,即前文所述的对实质公正和真实发现的追求,同时也是合理分配司法资源的现实需要。

证据开示制度是在对抗式诉讼的土壤里成长起来的,通常也被认为是当事人主义诉讼所特有。但实际上,它在不同的诉讼制度下有不同的表现形式。在职权主义诉讼模式下,在强调法官诉讼指挥权的同时,也注重当事人阅卷权的保障,尤其在刑事诉讼中,形成了以辩护人阅卷权为核心的单向开示。我国诉讼模式传统上属于

---

[1] George Simmel, *The Philosophy of Money*, trans. T. Bottomore and D. Frisby, Boston: Routledge & Kegan Paul, 1978. 转引自[美]乔纳森·特纳:《社会学理论的结构》(上),邱泽奇等译,华夏出版社2001年版,第271页。

[2] George C. Homans, "Reply to Blain", 41 *Sociological Inquiry* (1971), pp. 19~24.

[3] [英]詹妮·麦克埃文:《现代证据法与对抗式程序》,蔡巍译,法律出版社2006年版,第23页。

[4] J. D. Jackson, "Two Methods of Proof in Criminal Procedure", 51 *The Modern Law Review* (1988), p. 549.

职权主义，20世纪末的司法改革引进了对抗式因素，民事诉讼领域逐渐确立了中国特色的证据交换制度。在刑事诉讼领域，我国目前还没有确立证据开示制度，不过，一些地方司法机关的证据开示规则及其实施，为证据开示制度的建立提供了参考文本和实践基础。

二、证据开示的现实问题与潜在弊端

（一）证据开示与诉讼效率

证据开示制度的目的除了防止证据突袭，还在于通过整理争点，固定证据、合理配置司法资源，提高诉讼效率。但司法实践中，这些初衷并没有完全达到，甚至出现了大量滥用证据开示程序，以至于拖延诉讼，导致诉讼费用过重的情况，证据开示从而被诟病为"吞噬金钱和诉讼拖延的怪物"。[1]美国前副总统奎尔曾指出：滥用开示程序是诉讼时间长、诉讼费用高的主要原因，也是美国企业在国际上竞争能力差的原因之一。[2]

第一，证据开示与其他诉讼程序一样易被当事人滥用，从而沦为一种诉讼策略。如对那些本属于法定范围内的证据材料，有些当事人总以各种理由搪塞，或者通过提交法官裁断来拖延诉讼。尽管当事人可以向法官申请保护令，但法官有时很难正确判断滥用证据开示程序与正当行使诉讼权利的区别。实践中，有些经济实力强大的公司在诉讼中故意放慢证据开示步伐，试图将实力较弱的对方当事人拖垮，或者拖到对方愿意以极不公平的条件达成和解为止。[3]

第二，证据开示耗时过长。从美国民事证据开示的情况看，几乎每个案件都要经过证据开示，简单案件一般需要数周，复杂案件需要数月乃至数年。按照1993年美国《联邦民事诉讼规则》，没有得到法院的许可，不能进行10次以上的开示，不能发出25次以上的质询书。当然，如果有法院许可或者当事人协议变更，则不受上述次数限制。考虑到证据开示的双向性，假设双方当事人将证据开示的权利用尽，在一个普通民事案件中可能会发出50份质询书，完成每一次质询又都需要很长的时间。一个极端的例子是，在一起反托拉斯诉讼中，原告开庭前的最终陈述书达25万多页，证据开示程序进行了10年还未结束。我国一些地方法院在尝试证据开示时，很多法官和律师也反映耗时过长。尽管我国立法规定的民事和刑事审判期限较长，但实践中真正开庭审理的时间却很短，一个普通案件开庭时间往往不超过3小时，很多简单案件甚至不足半小时，而证据开示的时间与此大致相同。因此，很多法官和律师反映，庭前一次开示，等于一次开庭，两者在程序和在效果上几乎没有区别，

---

〔1〕 William W. Schwarzer, "Slaying the Monsters of Cost and Delay: Would Disclosure be More Effective than Discovery?", 74 (4) *Judicature* 1991, pp. 178~183.

〔2〕 白绿铉：《美国民事诉讼法》，经济日报出版社1996年版，第87页。

〔3〕 汤维建：“论美国民事诉讼中的证据调查与证据交换——兼与我国作简单比较”，载王利明主编：《中国民事证据立法与证据交换》，人民法院出版社2000年版，第1072页。

导致庭审流于形式，乃至失去意义。

第三，证据开示成本过高。证据开示作为诉讼程序的一个重要组成部分，当事人需要付出大量的费用和精力。开示时间越长，费用和精力消耗就越大。证据开示还会增加律师费用。在计时收费的美国，如果证据开示时间持续数月乃至数年，这项费用将是非常昂贵的。此外，证据开示还是一项社会成本较高的活动，甚至可能超过诉讼成本，它不仅仅会给当事人造成困惑和不满，还可能殃及法律职业，乃至整个司法系统。[1]

鉴于证据开示在诉讼效率上的负面作用，对证据开示制度进行改革势在必行。事实上，20世纪70年代以来，美国法院及律师界就开始修改证据开示程序及相关制度，经过几次大规模修正，包括限制证据开示的时间和次数、实行自动开示、加大对违反开示义务制裁的力度等，取得了一定的效果。我国证据开示制度建设，应防范和减少其可能存在的消极作用。

（二）证据开示与证人作证

如果说交叉询问是发现事实真相的最伟大的法律引擎，证人出庭作证则是这台引擎正常运行的基础。当下英美法系国家，立法通常都明确将证人纳入证据开示的范围，除非明确属于"保密事项""工作成果"等开示例外，不仅检察官有义务向被告人提供证人的所有情况，被告人也有义务事先通知控方准备传唤证明其不在犯罪现场的证人及其相关信息等。通过证据开示，证人及其作证内容就会在开庭前暴露给对方。结果，被告人获悉控方证人情况及其作证内容后，可能采取贿买、恐吓证人等手段，迫使其改变证言、作假证或者不到庭作证。

在证据开示导致威胁证人安全的问题上，也有人提出不同意见。如美国联邦最高法院大法官布伦南指出：有关证据开示会导致恐吓证人的说法，已经成为将开示范围扩大至证人名单这一改革的主要障碍。对控诉方证人证言内容的开示同样存在问题，不能否认开示会导致某些证人在某些案件中受到恐吓，或者导致一些证人拒绝出庭作证。但是，对恐吓问题的合理反应不应当是拒绝证据开示，而应当在那些可能出现恐吓证人的案件中对证据开示进行适当调整。[2]

我们不能因噎废食，否认证据开示的积极作用，但也不应无视其消极作用。在我国证人保护制度不完善的现实条件下，证人不作证尤其是证人不愿出庭作证，与怕遭报复有很大关系。如果进一步将证人姓名、住址以及作证内容等详细情况披露给被告人，会给证人造成更大精神负担，证人甚至会因恐惧而改变证言或者拒绝作证，特别是在涉黑案件中。考虑到我国现实国情，就证人方面的开示而言，当前宜只限于开示证言内容部分，至于证人的个人信息等，应排除在开示范围之外。

---

[1] Joel Wm. Friedman, Jonathan M. Landes, and Michael G. Collins, *The Law of Civil Procedure: Cases and Materials*, 2nd ed., Thomson/West, 2006, p. 491.

[2] Ronald L. Carlson, *Criminal Justice Procedure*, W. H. Anderson Company, 1991, p. 148.

(三) 证据开示与虚假陈述

有人认为，证据开示会导致被告人作虚假陈述。但事实证明，扩大民事证据开示，并没有导致虚假陈述大幅度增加，即使有所增加，也被证据开示与发现真实的总体好处抵消了。一般来讲，出于利益考虑，有罪的被告人在相当程度上会编造虚假理由来掩盖其罪行，不论庭前是否开示证据。关键问题是，编造虚假辩护理由的可能性以及虚假辩护理由的严密性会因证据开示而增加，其原因在于，当被告人了解控诉方证据后会充分利用其证据弱点，精心设计自己的供词，使之尽可能与控诉方证据一致，使控诉方难以发现被告人虚假供述的矛盾。但是，防止被告人虚假陈述的正确方法不是拒绝证据开示，而是要确保证据开示以适当方式进行，或通过其他途径使虚假陈述被识破。因此，正确的方法应当是从完善控方证据着手，不给被告人不当利用控方证据留有余地。

三、证据开示的有效运行及其保障

证据开示诸项功能的实现，在很大程度上依赖于它所根植的制度环境及其运作状况，如果没有相应的配套制度或者被错误使用，其效果必然大打折扣。

(一) 举证时限与证据失权

证据开示制度的推行离不开举证时限和证据失权的贯彻实施。举证时限是指，负有举证责任的当事人应当在法律规定或者法院指定的期限内提出支持其诉讼主张的证据，逾期不举证则丧失提出证据的权利，即导致证据失权。按照最高人民法院《民事诉讼证据规定》，举证期限由法院指定或者由当事人协商决定；当事人在举证期限内不提交证据材料的，视为放弃举证的权利，并对当事人逾期提交的证据材料，在审理时不组织质证。这个规定使过去的"证据随时提出主义"走向了"证据限时提出主义"，在法律上解决了"证据突袭"问题。但如上所述，没有经过开示的证据材料仍能提交法庭质证并作为定案的依据，最终又回到了"证据随时提出主义"老路。

为保障证据开示的顺利进行，必须全面落实举证时限制度、证据失权制度。为此，对那些恶意逾期举证的当事人，应直接判其败诉，并规定故意隐瞒的证据材料不能成为上诉或者申诉的理由，坚决排除其证据效力。同时在立法上应加大惩罚力度，凡由于一方当事人的原因未能在指定期限内举证而导致案件基于新证据而二审、再审或者重审的，应当对该当事人进行经济制裁。

(二) 当事人承认与有罪答辩

证据开示的有效运行依赖于当事人承认和有罪答辩制度。一般情况下，当事人承认具有免除对方当事人举证责任的效力；当事人对诉讼请求的承认可以作为法院直接判决的依据。最高人民法院《民事经济审判方式改革规定》第21条规定："当事人对自己的主张，只有本人陈述而不能提出其他相关证据的，除对方当事人认可外，其主张不予支持。"据此，如果当事人认可了对方的主张，法院可以据此支持其主张，直接作出判决。

当事人承认制度还包括另一个重要内容，即承认不可撤销制度。就是说，对于当事人在审前程序中所作的承认，无论是口头的还是书面的，只要记录在案，除非法律规定的特殊情况，如受欺诈、胁迫或者重大误解等，当事人不得撤销，在以后的一审、二审和再审程序中，均发生当事人承认的法律效力。这样，通过当事人承认制度，审前证据开示就能真正发挥整理争点、固定证据的功能。

有罪答辩是当事人承认在刑事诉讼中的特殊表现形式，只不过只限于被告人对其犯罪事实的承认。其积极意义在于通过对认罪被告人予以从轻、减轻处罚获得更为广阔的社会效益。从三机关被告人认罪案件《意见》看，我国已经建立了被告人有罪答辩酌量从轻处罚制度，即"人民法院对自愿认罪的被告人，酌情予以从轻处罚"。但即使被告人作有罪答辩，在庭审中，控辩双方仍要对无异议的证据所证明的事项作出说明，仍要围绕确定罪名问题进行辩论。必要时，合议庭还要调查核实证据。可见，我国这种有罪答辩制度与英美国家的做法是有很大区别的。在英美国家，有罪答辩如果是自愿作出的，就不会受到调查。因为对抗式诉讼程序关注的不是案件重要事实的真相，而是被告人有争议的事实的真相。[1] 在这种情况下，法院完全可以据此作出有罪判决。只有这样，证据开示在促使被告人作有罪答辩、促进和解方面的成果才能得以巩固。

（三）强制答辩与答辩失权

证据开示的有效运行，还需要强制答辩和答辩失权制度作保障。《民事诉讼法》第 128 条第 2 款规定："被告不提出答辩状的，不影响人民法院审理。"按照通常的理解，被告在开庭审判前不提交答辩状，不影响其在以后的审判程序中行使答辩权。这样就会产生一个问题：原告将自己的诉讼请求、事实根据和理由全部暴露给了被告，而被告却隐瞒自己的观点、理由和证据，这就直接违背了"平等武装"的诉讼原则。因此，应当重新诠释上述条款的含义，将之理解为：被告应当在答辩期限届满前提交答辩状，如果被告人在答辩期限内没有提交答辩状的，人民法院应当依据起诉状作出判决。这样，一方面可以强制被告答辩，解决被告诉讼突袭问题；另一方面，通过答辩失权制度，防止诉讼拖延。

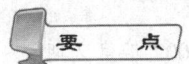

要　　点

1. 证据开示是对抗式诉讼发展到一定阶段的产物。一方面，对抗制需要证据开示；另一方面，对抗制又在很大程度上阻碍了当事人双方相互交换证据。

2. 证据开示在理论上具有提高诉讼效率的功能，但在现实中有时又成为浪费时间和金钱的代名词，容易导致被告人作虚假陈述、威胁证人等问题。

3. 证据开示的有效运行及其功能发挥，需要举证时限与证据失权、当事人承认

---

〔1〕［英］詹妮·麦克埃文：《现代证据法与对抗式程序》，蔡巍译，法律出版社 2006 年版，第 7 页。

与有罪答辩、强制答辩与答辩失权等相关配套制度作保障。

思考题

4.10. 如何理解证据开示与对抗制诉讼的关系？

4.11. 如何理解证据开示的弊端？克服这些弊端的思路是什么？

4.12. 被告人因涉嫌受贿罪被追诉。在审查起诉期间，辩护律师利用阅卷的机会掌握了本案 10 名证人的个人情况及其证言内容，通过被告人家属与他们分别进行接触，先后采用威胁、欺骗、利诱等手段，使部分证人改变了证词，并获得了这部分证人的书面陈述。案件移送到法院后，辩护律师向法院提交了上述证据材料，法院遂将上述材料移交给检察院，检察院就此进行了补充侦查，发现了证人改变证词的真相。最终，法院判定被告人受贿罪名成立。

（1）证据开示是否必然发生恐吓、贿赂证人的情况？如果是，如何解决上述问题？

（2）律师在审查起诉阶段阅卷时发现控方证据存在问题时，应当立即向检察院提出，还是等到法院开庭审理时提出？

（3）如果法院在开庭审理前发现了对控辩双方不利的证据，应当在庭前移交给控辩双方，还是等到开庭审理时提出？

（4）案件已经进入开庭审理阶段，如果检察院对本案又进行了补充侦查，对于补充侦查的证据材料，是否还需要开示？

本章阅读文献

1. 龙宗智："刑事诉讼中的证据开示制度研究（上、下）"，载《政法论坛》1998 年第 1、2 期。

2. 陈瑞华："英美刑事证据展示制度之比较"，载《政法论坛》1998 年第 6 期。

3. 孙长永："当事人主义刑事诉讼与证据开示"，载《法律科学（西北政法学院学报）》2000 年第 4 期。

4. 陈光中："辩护人的诉讼地位与证据开示"，载《中国律师》2002 年第 2 期。

5. 汤维建："民事诉讼中证据交换制度的确立和完善"，载《法律科学（西北政法学院学报）》2004 年第 1 期。

6. 陈卫东："寿光证据开示试点模式的理论阐释"，载《山东审判》2005 年第 1 期。

7. 李浩："举证时限制度的困境与出路——追问证据失权的正义性"，载《中国法学》2005 年第 3 期。

8. 韩波："民事证据开示制度研究"，中国人民大学出版社 2005 年版。

9. 柴晓宇:"刑事证据开示制度研究",人民出版社2018年版。

10. 最高人民法院民事审判第一庭编著:"最高人民法院新民事诉讼证据规定理解与适用",人民法院出版社2020年版。

第五章
法院取证与证据保全

【导读】法院取证,是指在案件审理过程中,法院对证明案件事实有关的诉讼证据,依照法定程序进行调查、收集的诉讼行为。法院取证是证明的一种特殊形式,分为依当事人申请取证和依职权取证。法院取证可能产生积极和消极两方面的效应。法院取证制度的确立,并不意味着法院在诉讼中负有证明责任。证据保全是指在证据可能灭失或者以后难以取得的情况下,法院在开庭审理前,根据诉讼参加人、利害关系人的请求或者依照职权采取一定措施加以固定,以便司法人员、执法人员、当事人和律师在诉讼活动中证明或认定案件事实时使用的一种制度。进行证据保全,可以根据具体情况,采取查封、扣押、拍照、录音、录像、复制、鉴定、勘验、制作笔录等方法。

第一节 法院取证

一、法院取证的概念

法院取证是证明的一种特殊形式,它是指在案件审理过程中,法院依照法定程序对证据进行调查、收集的诉讼行为。大陆法系国家法院的调查取证具有制度性渊源,法院认为必要时,可以在法院外进行调查。例如,法国《民事诉讼法》第179条规定:"为了查证有争议的事实,法官可以在各方当事人到场,或传唤当事人到场的情况下,对案件的任何方面的事实亲自进行审查。如有必要法官得亲临现场进行必要的验证、判定及复演。"又如,德国《刑事诉讼法典》第155条第2款规定:"法院在此范围内(这里指起诉书所载之事项)有权力及义务独立行使调查职权。"第244条第2款又规定:"法院为了调查真相,应依职权对所有对判决有重要性之事实或证据加以调查。"

英美法系诉讼证据的收集一般是由当事人独立完成的,但当事人收集证据遇到来自对方当事人或诉讼外第三人设置的障碍时,可以向法院申请发出一项命令,强制被申请方开示或提供证据。例如,在民事诉讼中,美国《联邦民事诉讼规则》第26~37条规定:当事人有权在开庭审理前向对方当事人调查和收集证据,包括庭外询问证人即询证存录(deposition)、要求对方当事人或第三人提供文书或物证(request for the production of documents and thing)及要求对方当事人回答质问书(interrogatories）等五种收集证据的方法。可以向法院提出动议（motion），请求法院对不响应一方当事人要求的对方当事人或第三人采取制裁措施。[1]

法院调查收集证据具有辅助性、审核性和被动性。[2] 所谓辅助性，是指尽管法院具有调查收集证据的职权，但其主要是为了弥补当事人收集证据能力的不足，消除单纯依靠当事人收集证据的缺陷。所谓审核性，即法院收集调取证据主要是为了解决和消除当事人提出的证据之间的矛盾和疑点，辨别证据真伪。被动性则是基于司法被动性的要求，强调法院收集调取证据要基于当事人的申请，即在当事人提供必要线索并申请法院调取证据的前提下，法院始得依法调查收集证据。法院即使依职权取证，同样具有一定的被动性。

我国由于沿袭部分大陆法系传统，法律赋予了法院必要的调查取证权。我国三大诉讼法对于法院取证都作了规定。《刑事诉讼法》第52条规定，"审判人员、检察人员、侦查人员必须依照法定程序，收集能够证实犯罪嫌疑人、被告人有罪或者无罪、犯罪情节轻重的各种证据"。第54条第1款规定："人民法院、人民检察院和公安机关有权向有关单位和个人收集、调取证据。有关单位和个人应当如实提供证据。"《民事诉讼法》第67条第2款规定："当事人及其诉讼代理人因客观原因不能自行收集的证据，或者人民法院认为审理案件需要的证据，人民法院应当调查收集。"《行政诉讼法》第40条规定，"人民法院有权向有关行政机关以及其他组织、公民调取证据"。

在刑事案件中，我国法院收集证据的权力应当被视作其审判职责的必要组成部分，是为了审核控辩双方提供的证据是否真实可信，而进行的一种相对消极的调查活动。《刑事诉讼法》第196条规定："法庭审理过程中，合议庭对证据有疑问的，可以宣布休庭，对证据进行调查核实。人民法院调查核实证据，可以进行勘验、检查、查封、扣押、鉴定和查询、冻结。"此外，法院收集证据的权力，也是对某些诉讼主体进行救济的权力。例如，《刑事诉讼法》第43条第1款规定："辩护律师经证人或者其他有关单位和个人同意，可以向他们收集与本案有关的材料，也可以申请人民检察院、人民法院收集、调取证据，或者申请人民法院通知证人出庭作证。"

在民事诉讼中，最高人民法院《民事诉讼法解释》第96条，将《民事诉讼法》关于"人民法院认为审理案件需要的证据"解释为以下情形：①涉及可能有损国家利益、社会公共利益的；②涉及身份关系的；③涉及民事诉讼法第58条规定诉讼的；④当事人有恶意串通损害他人合法权益可能的；⑤涉及依职权追加当事人、中止诉讼、终结诉讼、回避等程序性事项。

---

[1] 白绿铉："我国民诉制度改革与比较民诉法研究——谈比较民诉法的研究体会"，载《法学评论》1999年第5期。

[2] 张保生主编：《〈人民法院统一证据规定〉司法解释建议稿及论证》，中国政法大学出版社2008年版，第295页。

【案例 5.1】原告起诉称,被告出售的钢材质量不合格,给原告造成了损失,要求赔偿。法院在审理过程中发现,被告可能是在假冒他人名义销售伪劣产品,侵害了他人合法权益。法院因此对该事实进行了调查。

在这种情况下,依据最高人民法院《民事诉讼法解释》第 96 条,法院应当依照职权主动调查收集证据。对于上述第 96 条规定之外的情形,法院调查收集证据,应当依据当事人的申请进行。最高人民法院《民事诉讼法解释》第 94 条规定,符合下列条件之一的,当事人及其诉讼代理人可以申请人民法院调查收集证据:①证据由国家有关部门保存,当事人及其诉讼代理人无权查阅调取的;②涉及国家秘密、商业秘密或者个人隐私的;③当事人及其诉讼代理人因客观原因不能自行收集的其他证据。

在行政诉讼中,最高人民法院《行政诉讼证据规定》第 22 条,将《行政诉讼法》第 40 条解释为,有下列情形之一的,人民法院有权向有关行政机关以及其他组织、公民调取证据:①涉及国家利益、公共利益或者他人合法权益的事实认定的;②涉及依职权追加当事人、中止诉讼、终结诉讼、回避等程序性事项的。此外,第 23 条规定,原告或者第三人不能自行收集,但能够提供确切线索的,可以申请人民法院调取下列证据材料:①由国家有关部门保存而须由人民法院调取的;②涉及国家秘密、商业秘密、个人隐私的;③确因客观原因不能自行收集的其他证据材料。人民法院不得为证明被诉具体行政行为的合法性,调取被告在作出具体行政行为时未收集的证据。

当事人及其诉讼代理人申请人民法院调查收集证据,应在其举证责任期限届满之前提交书面申请。申请书应当载明证据持有人的姓名或者单位名称、住所地等基本情况、所要调查收集的证据的内容、需要由法院调查收集证据的原因及其要证明的案件事实。人民法院对当事人调取证据的申请,经审查符合调取证据条件的,应当及时决定调取;不符合调取证据条件的,应当向当事人或者其诉讼代理人送达通知书,说明不准许调取的理由。当事人及其诉讼代理人可以在收到通知书之日起 3 日内,[1] 向受理申请的人民法院书面申请复议一次。人民法院应当在收到复议申请之日起 5 日内作出答复。法院根据当事人申请,经调取未能取得相应证据的,应当告知申请人并说明原因。法院需要调取的证据在异地的,可以书面委托证据所在地法院调取。受托法院应当在收到委托书后,按照委托要求及时完成调取证据工作,送交委托法院。受托法院不能完成委托内容的,应当告知委托的法院并说明原因。

二、法院取证的范围和类型

法院是否参与证据收集,体现了法院和当事人在证据收集中的权限作用分配,但法院取证范围不是随意的,也受到一定限制。"因为当事人在民事诉讼中的主动性

---

[1] 最高人民法院《行政诉讼证据规定》第 25 条第 1 款则规定,"收到通知书之日起三日内"。

或被动性和法官的积极性或消极性都是相对的。从各国的民事诉讼体制来看，既没有完全由法官或法院来推动的民事诉讼，也不存在绝对由当事人来控制的民事诉讼，任何民事诉讼体制都是当事人和法官或法院两方面相互作用的结果，只是这两方面在民事诉讼过程中其作用力大小强弱有所不同而已。"[1] 法院取证可以分为依当事人申请和依职权两种情形。

（一）依当事人申请取证

作为补救措施，法院依申请收集调取证据是各国的通例。例如，法国《民事诉讼法》第138条规定："如在诉讼过程中，一方当事人拟援用其本人并非参与的公证书或私证书，或者援用由第三人持有的文书、字据，当事人得向法院受诉法官提出请求，由法官命令提交该文书、字据的副本，或者提交该文书、字据。"当事人作为诉讼主体，理应承担调查收集证据的责任以及由于举证不能而导致的不利诉讼结果的负担，但在实践中，存在着大量当事人因客观原因不能自行收集证据的情况，如当事人因证据收集手段上的限制而无法查询对方当事人的银行账户，对此就需要申请法院调取。在这种情形下，当事人申请是启动法院取证的条件。例如，我国《刑事诉讼法》第43条第1款规定："辩护律师经证人或者其他有关单位和个人同意，可以向他们收集与本案有关的材料，也可以申请人民检察院、人民法院收集、调取证据，或者申请人民法院通知证人出庭作证。"《民事诉讼法》第67条第2款规定："当事人及其诉讼代理人因客观原因不能自行收集的证据，或者人民法院认为审理案件需要的证据，人民法院应当调查收集。"

当事人申请人民法院收集调取的证据包括：①由有关单位保存并需法院依职权调取的档案材料。这类证据有些是已开放的档案材料，当事人及其诉讼代理人只要持有介绍信、身份证等合法的证明，就可以查阅；但对于那些未开放的档案材料，有些需要经有关单位批准才能查阅，有些甚至不允许普通公众包括当事人及其诉讼代理人阅览，只能申请法院调取。②涉及国家秘密、商业秘密或者个人隐私的证据。国家秘密在一定时间内只限于一定范围内的人员知悉，非经特定的机关或者部门批准，不得查阅、复制、摘抄；商业秘密是不为权利人以外的人所知悉的技术信息和经营信息，当事人及其诉讼代理人不能自行收集这类证据；个人隐私是他人的私生活秘密，不受外人干扰和非法收集、刺探和公开，当事人及其诉讼代理人也无权获取这类信息。③确因客观原因不能自行收集的其他证据。

但在行政诉讼中，被告不能申请法院调取证据，因为根据依法行政的要求和先取证后裁决的原则，行政被告在作出具体行政行为之前就应当收集到足够的证据，而不是等到行政管理相对人提出行政诉讼后再申请人民法院调查收集证据。

---

[1] 张卫平："大陆法系民事诉讼与英美法系民事诉讼——两种诉讼体制的比较分析（上）"，载《法学评论》1996年第4期。

(二) 依职权取证

按照举证责任原理，当事人对其提出的诉讼主张，有责任提供证据证明。这就决定了调查收集证据应当是当事人的诉讼义务，而不是法院的诉讼职责。但在某些特殊情况下，如果要求当事人承担举证责任显失公正，或者不宜由当事人举证证明的，法院就应依职权主动进行调查核实。

法院依职权调取证据是由诉讼模式决定的。职权主义诉讼模式注重发挥法官的能动作用，强调法官对诉讼活动的控制和指挥，赋予法官依职权调查收集证据查清案件事实的职责。这与当事人主义诉讼模式强调证据调查的主体是当事人和诉讼代理人而不是法官和司法机关的做法，有着明显的差异。例如，日本《民事诉讼程序法》第24条规定："为维持婚姻，法院依职权可进行调查证据，并对当事人所提出的事实加以考虑，但对于调查的事实及证据的结果，应询问当事人。"又如，日本《家庭审判法》第54条规定："家庭法院可依职权进行事实调查。在当事人提出申请时，应当依职权对认为有必要的证据进行调查。"法院依职权收集调取的证据主要有三种：①可能损害国家利益、社会公共利益或者他人合法权益的事实；②涉及法院依职权追加当事人、中止诉讼、终止诉讼、回避等程序性事实；③涉及身份关系的事实，这类事实不产生当事人自认的法律效果，不宜由当事人自行举证证明，而应当由法院依职权查明。[1]

三、法院取证的要求和方式

禁止法官庭外单方面接触当事人是程序公正的要求，即法院在依法收集调取证据时，应当提前通知双方当事人或其诉讼代理人到场。最高人民法院《刑事诉讼法解释》第79条第1款规定："人民法院依照刑事诉讼法第一百九十六条的规定调查核实证据，必要时，可以通知检察人员、辩护人、自诉人及其法定代理人到场。上述人员未到场的，应当记录在案。"这样既有利于保障法院客观公正地调取证据，也有利于避免或者减少当事人对法院庭外调取证据的不必要的怀疑或者异议。当然，为保障法院庭外调取证据的顺利进行，被通知的当事人或其诉讼代理人不到场的，不影响调查核实证据活动的继续进行。此外，第79条第2款还规定："人民法院调查核实证据时，发现对定罪量刑有重大影响的新的证据材料的，应当告知检察人员、辩护人、自诉人及其法定代理人。必要时，也可以直接提取，并及时通知检察人员、辩护人、自诉人及其法定代理人查阅、摘抄、复制。"第60条第2款规定："人民法院向有关单位收集、调取的书面证据材料，必须由提供人签名，并加盖单位印章；向个人收集、调取的书面证据材料，必须由提供人签名。"

关于法院取证的具体方式、方法。《刑事诉讼法》第196条第2款规定："人民法院调查核实证据，可以进行勘验、检查、查封、扣押、鉴定和查询、冻结。"《行政

---

[1] 参见张保生主编：《〈人民法院统一证据规定〉司法解释建议稿及论证》，中国政法大学出版社2008年版，第300页。

诉讼法》对一些取证的具体方式和方法也有规定。

四、关于法院取证的反思

（一）正确认识法院取证制度的功能

法院取证制度在我国的确立，主要是由职权主义诉讼传统所决定的。法院主动取证可以在一定程度上解决当事人取证面临的困难，但也可能产生一些弊端，应当对法院取证制度的功能有正确的认识。

1. 在民事诉讼中，应当最大限度地限制法院主动取证的权力。因为，民事诉讼主要涉及当事人的私人权益，应当严格遵循"处分原则"。过于强调法院主动取证，与"谁主张谁举证"原则存在一定冲突。法院主动取证意味着，当事人通过拒绝取证、举证而放弃自身实体权益的行为，会因法院主动取证行为而被否定。从某种程度上说，法院主动行使调查取证权是对当事人证据性权利的部分剥夺。此外，当事人申请法院调取证据，在一定程度还会降低当事人取证的积极性。

2. 在刑事诉讼中，法院取证虽然并非一定意味着对正当程序的违背和对辩护空间的压缩，但有学者认为，法院依职权调查收集证据可能导致诉审职能混乱，破坏审判权与诉权以及诉权之间的合理关系，会影响其中立裁判地位。因为人民法院调查取证权的行使总是偏向于当事人中的某一方，这种偏袒使得当事人的诉权平衡被打破，容易造成诉讼结构的扭曲，使法院作为裁判者的地位遭到质疑，其公正性受到极大的挑战。[1] 在刑事司法实践中，法庭要中立、客观地"依职权调查"，而不偏倚控方立场，就应牢记法官依职权调查具有"补充性"，而不能越俎代庖，使控方怠于履行证明责任。

3. 法院取证不应有支持或反对任何一方当事人的偏见，否则可能导致当事人与法官的对立。法院依职权调查收集证据难免使其因自己调查收集取得的证据而先入为主，产生情感上的偏袒。另外，一旦该证据对一方当事人不利，就可能导致当事人与法官的直接对立。

（二）对法院取证的限制

任何证据只有经过法庭质证并查证属实后，才能采纳作为定案的证据。最高人民法院《行政诉讼证据规定》第 38 条规定："当事人申请人民法院调取的证据，由申请调取证据的当事人在庭审中出示，并由当事人质证。人民法院依职权调取的证据，由法庭出示，并可就调取该证据的情况进行说明，听取当事人意见。"我们认为，法院依职权调取的证据，应实行有利原则，即证据对哪一方当事人有利，就由该方当事人向法庭出示或者宣读，然后听取他方当事人的意见。法院调查收集的证据虽然具有较强的可靠性，甚至调取证据时各方当事人均在场，但仍有质证的必要。一方面，法院庭外调查核实证据毕竟不同于法庭审判，二者在方式、方法和程序上

---

[1] 陈卫东：《反思与建构：刑事证据的中国问题研究》，中国人民大学出版社 2015 年版，第 25~26 页。

存在很大差别，也具有不同的法律效力。而且，庭外调查核实证据通常只有法官、公诉人和辩护人到场，其他诉讼参与人如被告人、被害人、证人等一般不到场，而案件的处理与被告人、被害人有直接的利害关系，如果在其不在场的情况将所取得证据作为定案的依据，显然是对其诉讼参与权的剥夺。另一方面，法院调取的证据也可能存在偏差或者错误，要求在法庭上进行质证，有助于将错误降低到最低限度。

在英美法系的民事诉讼活动中，当事人和诉讼代理人是证据收集调查的主体，证据的收集调查并不属于法官的职权。但法院可以签发特定开示或特定查阅命令要求任何一方就有关文件予以披露。随着我国审判方式的改革，诉讼模式中对抗制的特征越来越明显，这必然导致法院取证的范围越来越受到限制，其前提也越来越严格。在民事诉讼领域，基于保护私利益的根本目的，应该赋予当事人最大化的诉讼权能。根据《律师法》，律师取证的权利得到了一定的保障，应尽量限制法院依职权主动取证。此外，应当通过完善证据保全、证据开示（交换）制度，建立国家机关信息披露制度来提高当事人的举证能力。但在刑事诉讼中，为了"平等武装"辩护方的取证权，仍有必要赋予甚至加强法院依职权调查收集证据的权力。

1. 法院取证，是指在案件审理过程中，法院对与案件事实有关的证据依照法定程序进行调查、收集的诉讼行为。法院取证可以分为依当事人申请取证和依职权取证。

2. 法院取证所获得的证据，应当经过法庭质证，才能作为定案的根据。

5.1. 法院取证的范围有哪些？如何完善法院取证制度？

5.2. 国内外有关法院取证的规定，有哪些利弊？

5.3. 试用司法实践中的具体案例，分析法院取证在质证时会遇到什么问题？如何解决这些问题？

5.4. 下列有关法院取证的说法哪一项是正确的：

A. 对于损害国家利益的事实，法院可以依职权主动调查取证。

B. 涉及国家秘密的材料，法院应当依职权主动调取证据。

C. 当事人及其诉讼代理人申请法院调查取证被通知不予准许的，可以向被申请法院的上一级法院申请复议。

5.5. 法院依职权主动调查收集证据，是否意味着法院在诉讼中负有证明责任？

第二节 证据保全

一、证据保全的概念

证据保全作为一种制度创始于寺院法，后继受德国普通法并沿传至今，为许多国家立法所采用。[1] 在大陆法国家，证据保全具有诉讼程序的基本属性。例如，德国学者汉斯-约阿希姆·穆泽拉克依据德国《民事诉讼法》的规定，认为证据保全（程序）是指"可以依一方当事人的申请在系属的程序之外甚至在程序开始之前实施证据调查，其是为了诉讼而保全证据"[2]。

德国《民事诉讼法》第485条规定了许可证据保全的条件：在诉讼程序进行中或开始前，若证据有灭失或难以使用之虞或者对方当事人同意时，可以由法院命令勘验、讯问证人和鉴定人。在诉讼系属前，一方当事人也可以申请由鉴定人进行书面鉴定，但要求申请人就鉴定事项有法律上的利害关系。英美法系国家由于其独特的审判模式和举证规则所限，并没有产生完整的大陆法系意义上的证据保全制的前提。这一缺陷在一定程度上可以由"执达员笔录"或者由紧急审理法官"命令进行"验证来弥补。[3] 事实上，英美法系国家普遍存在的证据开示制度在结果意义上起到了证据保全制度的作用。

对于证据保全概念的理解，我国学术界有四种不同观点：

1. "固定保管说"认为，"证据保全即证据固定与保管，是指用一定的形式将证据固定下来，加以妥善保管，以供司法人员或律师分析、认定案情事实时使用"[4]。

2. "措施说"认为，"证据保全，固定和保存证据的法律措施，指司法机关依法收存和固定证据资料，以保持其证明作用的措施"[5]。或者，证据保全"就是在起诉以前或者起诉以后，还没有调查证据以前，预先采取的一种保全措施"[6]。或者，证据保全制度是"对处于灭失危险之下证的证据可采取保全措施"的制度。[7]

3. "程序说"认为，"证据保全程序是基于客观上的急迫需要，在正式开展庭审

---

[1] 毕玉谦："证据保全程序问题研究"，载《北京科技大学学报（社会科学版）》2001年第2期。

[2] [德] 汉斯-约阿希姆·穆泽拉克：《德国民事诉讼法基础教程》，周翠译，中国政法大学出版社2005年版，第279页。

[3] 参见李双元、谢石松：《国际民事诉讼法概论》，武汉大学出版社2001年版，第391页。

[4] 参见何家弘主编：《新编证据法学》，法律出版社2000年版，第336页；樊崇义主编：《证据法学》，法律出版社2001年版，第155页；卞建林主编：《证据法学》，中国政法大学出版社2000年版，第385页；刘金友主编：《证据法学》，中国政法大学出版社2001年版，第406页；张卫平主编：《民事诉讼法》，法律出版社2016年版，第230页。

[5] 参见柴发邦主编：《诉讼法大辞典》，四川人民出版社1989年版，第427页。

[6] 参见王锡三：《民事诉讼法研究》，重庆大学出版社1996年版，第259页。

[7] 王亚新等：《中国民事诉讼法重点讲义》，高等教育出版社2017年版，第94页。

调查前就特定证据材料预先加以调查，以便对其证据的形式与内容加以固定、保存的一种特别程序"[1]。或者"倘发生证据灭失或因情势变迁有碍难使用之情形，将影响裁判之正确性，故特设证据保全程序"。[2]

4."行为说"认为，证据保全"就是对于可能灭失或者以后难以取得的证据，人民法院根据当事人的申请或者主动依职权采取一定的措施先行加以固定和保护的诉讼行为"[3]。或者，"证据保全，是指法院在起诉前或在对证据进行调查前，依据申请人、当事人的请求，或依职权对可能灭失或今后难以取得的证据，予以调查收集和固定保存的行为"[4]。

以上四种表述尽管用词不同，但基本上都表达了证据保全的核心含义，即证据保全是指，在证据可能灭失或者以后难以取得的情况下，法院等在开庭审理前，根据诉讼参加人的请求或者依照职权采取一定措施加以固定，以便司法人员、执法人员、当事人和律师在诉讼活动中证明或认定案件事实时使用的一种制度。可见，证据保全实质上是通过预先调查，将可用以证明一定案情的事实确定下来，使其不致失去证据效力。证据保全的目的在于，对已经发现或提取的证据加以妥善固定和保管，防止其毁坏或灭失，以确保证据的证明价值。证据保全的主体可能还会涉及侦查机关、公证机关和行政机关等。本节主要论述法院证据保全。

二、证据保全的类型

法院证据保全，是指在证据可能灭失或者以后难以取得的情况下，人民法院根据诉讼参加人、利害关系人的请求或者依照职权采取一定措施对证据进行保护，以确保其证明价值的一种制度。法院证据保全可以根据不同的标准分为不同的类型。

（一）诉前保全和诉中保全

根据诉讼过程不同，可分为起诉前（简称诉前）保全和起诉后（简称为诉中）保全。

《民事诉讼法》第84条第2款规定："因情况紧急，在证据可能灭失或者以后难以取得的情况下，利害关系人可以在提起诉讼或者申请仲裁前向证据所在地、被申请人住所地或者对案件有管辖权的人民法院申请保全证据。"这一条文对诉前证据保全的适用情况、启动条件和管辖法院作出了明确规定。最高人民法院《民事诉讼证据规定》第29条规定："人民法院采取诉前证据保全措施后，当事人向其他有管辖权的人民法院提起诉讼的，采取保全措施的人民法院应当根据当事人的申请，将保全的证据及时移交受理案件的人民法院。"据此，在采取诉前证据保全后，如果当事人后续提起民事诉讼，采取保全措施的人民法院应当根据当事人的申请，将保全的

---

[1] 参见毕玉谦：《民事证据原理与实务研究》，人民法院出版社2003年版，第418页。
[2] 杨建华：《民事诉讼法》，北京大学出版社2013年版，第288页。
[3] 卞建林主编：《证据法学》，中国政法大学出版社2007年版，第308页。
[4] 江伟主编：《民事诉讼法》，高等教育出版社2004年版，第153页。

证据及时移交受理案件的人民法院。

【案例5.2】著作权人薛某发现自己的美术作品被大量复制和非法使用，拟起诉涉嫌侵害其著作权的被告王某。在起诉前，薛某发现涉嫌侵权人的仓库里存放着大量侵害权利人美术作品著作权的布料，随时可能转移。遂向仓库所在地法院提出申请，请求法院实施诉前证据保全，保护其合法权利。仓库所在地法院收到了诉前证据保全请求后，为了确保权利人维权顺利，避免侵权人擅自转移、处分案涉侵权实物，立案庭第一时间作出保全裁定，准许权利人的请求。立案庭、知识产权庭、执行局、法警队四部门快速联合行动，前往申请人申请中指明的生产仓库进行证据保全。法警对现场涉嫌侵权的布料进行了详细清点，涉嫌侵害案件中三个美术作品的相关布料共计1650条，清点工作持续了3个多小时。清点过程中，法警严格按照法律规定，对当事人制作了查封、扣押笔录，并提出了部分涉嫌侵权的布料执行异地扣押。通过诉前证据保全，固定了本案中的重要物证，为当事人合法维权提供了保障。

关于诉中保全，《民事诉讼法》第84条第1款规定："在证据可能灭失或者以后难以取得的情况下，当事人可以在诉讼过程中向人民法院申请保全证据，人民法院也可以主动采取保全措施。"《行政诉讼法》第42条也作了同样的规定。根据《民事诉讼法》关于证据保全的规定，依申请进行证据保全，应在开庭审理前的举证期限内提出。这是对证据保全在时间上的要求。在开庭后，由于已经进入证据调查阶段，就没有实施证据保全的必要。

另外，《民事诉讼法》第84条第3款规定："证据保全的其他程序，参照适用本法第九章保全的有关规定。"该章是关于财产保全和行为保全的规定，也就是说，证据保全没有规定的内容，适用财产或者行为保全的具体规定。

(二) 依申请保全和依职权保全

根据提起的原因，可分为依申请保全和依职权保全。在诉讼过程中，人民法院采取证据保全，既可以根据诉讼参加人或者利害关系人的申请，也可以依职权主动进行。人民法院是审判机关，有责任查明案情，为了使本案的证据不致灭失或者防止无法取得，法律赋予了它主动采取保全措施的权力，是完全必要的。所以，《民事诉讼法》第84条和《行政诉讼法》第42条规定，在证据可能灭失或者以后难以取得的情况下，诉讼参加人或者利害关系人可以向人民法院申请保全证据，人民法院也可以主动采取保全措施。诉讼参加人或者利害关系人认为具有采取证据保全措施必要性的，可以向人民法院提出申请，但该申请对人民法院没有约束力。是否采取证据保全措施，仍然由人民法院依职权决定。

三、证据保全的情形

法院证据保全通常发生在以下任一种情形中：

1. 证据"可能灭失"。这是指因自然或人为的原因造成证据不能。例如，证人因年老、疾病有可能死亡，如不及时询问，将无法取得其证言；物证、书证可能会变质、腐烂或消失等。

2. 证据"以后难以取得"。这是指虽然证据没有灭失的危险，但如果不及时采取保全措施，以后再要想取得该证据可能会成本过高或者难度过大。例如，证人即将出国定居；能够证明案情的物品因要转让而以后难以取得等。

无论发生上述哪种情形，证据保全的对象必须是与被证明的案件事实具有相关性的证据。

四、证据保全的程序

按照诉讼便宜原则，诉前申请证据保全的，当事人应当向证据所在地、被申请人住所地或对案件有管辖权的法院提出；诉讼中申请证据保全的，当事人应当向受理诉讼的人民法院提出。这样既方便当事人提出申请及人民法院受理申请，也有利于人民法院采取证据保全措施。

最高人民法院《民事诉讼法解释》第98条规定，当事人根据《民事诉讼法》第84条第1款规定申请证据保全的，可以在举证期限届满前书面提出。证据保全可能对他人造成损失的，人民法院应当责令申请人提供相应的担保。

当事人申请证据保全时，应当具备一定的条件。例如，《海事诉讼特别程序法》第67条规定："采取海事证据保全，应当具备下列条件：①请求人是海事请求的当事人；②请求保全的证据对该海事请求具有证明作用；③被请求人是与请求保全的证据有关的人；④情况紧急，不立即采取证据保全就会使该海事请求的证据灭失或者难以取得。"

诉讼参加人申请证据保全，必须向人民法院递交申请书。申请书应包括以下内容：①需要保全的证据内容，即申请保全证据的名称、质量、规格和特征及处所。②证据同案件事实的关系，即申请保全证据在案件中的作用和证明的内容。③对此项证据需要采取保全措施的理由、事实和法律方面的根据。对申请书的内容进行详细规定的原因是便于人民法院审查并及时作出是否予以保全证据的决定。

证据保全的申请是基于证据可能灭失或者以后难以取得的急迫情况，因此，人民法院收到申请书后应当及时进行审查：①认为符合证据保全条件的，应当作出证据保全的裁定，并及时采取适当的证据保全措施。②认为不符合证据保全条件的，应当附理由裁定驳回证据保全的申请。对于人民法院驳回申请证据保全的裁定，如果申请人不服，申请人可以向人民法院申请复议。由于采取证据保全措施可能导致对证据所有人或者占有人权利的限制或者剥夺，为了防止当事人滥用申请证据保全的权利，人民法院决定证据保全的，可以同时要求申请人提供担保。

由于证据保全是一种相对独立的程序，在该程序中所进行的证据调查及其结果属于申请的当事人向法庭提供证据证明其诉讼主张的性质和表现，为此产生的费用自应由提出申请的当事人自行负担。因此，不管是诉前保全还是诉中保全，也不管提出诉前保全的当事人最终是否提起诉讼，证据保全所支付的费用都应当由申请人承担。

法院采取证据保全措施，可能涉及对证据所有人、持有人或者其他利害关系人的权利的限制或者剥夺。如果证据的所有人、持有人或者其他利害关系人认为法院采取的证据保全措施侵犯其合法权益的，有权向法院提出异议。人民法院经审查认为该异议具有正当理由的，应当裁定撤销证据保全措施；已经执行的，应当将保全的证据返还该利害关系人。如果证据保全措施对其造成不应有的损害的，利害关系人还有权要求赔偿。

五、证据保全的方法

证据保全措施，是指有权实施证据保全的机构对证据进行保全的具体方法。最高人民法院《民事诉讼证据规定》第27条规定，人民法院进行证据保全，可以根据当事人的申请和具体情况，采取查封、扣押、录音、录像、复制、鉴定、勘验等方法进行证据保全，并制作笔录。人民法院依照《行政诉讼法》第42条规定保全证据的，可以根据具体情况，采取查封、扣押、拍照、录音、录像、复制、鉴定、勘验、制作询问笔录等保全措施。人民法院保全证据时，可以要求当事人或者其诉讼代理人到场。

但证据保全措施必须与证据的种类和特征一致，即特定的证据种类只能采取特定的证据保全措施，针对不同的证据，采取不同的方法。

1. 对证人证言、当事人陈述一类的证据，应当采用笔录的方法固定，笔录必须如实地记载陈述内容，并且应经陈述人仔细核对无误后由其本人签名或盖章。对没有阅读能力的陈述人应当向他宣读，对记载有遗漏或者差错的还应当予以补充或改正，并在改正、补充处由陈述人签名或盖章。司法人员对收集到的笔录应附卷妥善保管，不得损坏或随意销毁。对这些陈述性证据也可以采取询问、录音、录像的方法。

2. 对物证，可以提取原物，也可以通过勘验并制作勘验笔录、绘图、拍照或录像的具体措施。对书证，可以进行拍照和复制，等等。当某些物证或书证有可能被毁损时，就应尽快采取强制办法，加以扣押。如系银行存款，可以通知银行冻结；如果会因自然原因而灭失，就设法予以固定；如当诉讼标的物很快可能发生变更时就可以依法接管。

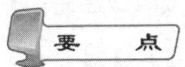

1. 为了保证诉讼活动的正常进行，对可能灭失或者以后难以取得的证据，人民法院可以根据诉讼参加人、利害关系人的请求或者依照职权采取证据保全措施。

2. 诉讼参加人、利害关系人申请证据保全，必须向人民法院递交申请书。人民法院收到申请书后应当及时进行审查，并作出是否保全证据的裁定。

3. 人民法院进行证据保全，可以根据具体情况，采取查封、扣押、录音、录像、复制、鉴定、勘验、制作笔录等方法。

思考题

5.7. 什么是证据保全？证据保全有哪些类型？

5.8. 证据保全申请书应包括哪些内容？

5.9. 证据保全时可以采取哪些措施？

本章阅读文献

1. [美]罗纳德·J. 艾伦等：《证据法：文本、问题和案例》，张保生、王进喜、赵滢译，满运龙校，高等教育出版社2006年版，第十一章。

2. 何家弘、刘品新：《证据法学》，法律出版社2013年版，第八章。

3. 陈卫东：《反思与建构：刑事证据的中国问题研究》，中国人民大学出版社2015年版，第一章。

4. 樊崇义主编：《证据法学》，法律出版社2017年版，第十章。

5. 张保生主编：《〈人民法院统一证据规定〉司法解释建议稿及论证》，中国政法大学出版社2008年版，第六章。

6. 陈一云、王新清主编：《证据学》，中国人民大学出版社2013年版，第十二章。

7. 张保生、常林主编：《中国证据法治发展报告》（1978~2008、2009、2010、2011、2012、2013、2014），中国政法大学出版社2010、2011、2012、2013、2014、2015、2016年版，第一篇三、司法鉴定制度建设综述；第二篇二、证据法学研究进展（八）法院取证与证据保全。张保生、王旭主编：《中国证据法治发展报告》（2015~2016，2017~2018），中国政法大学出版社2018、2022年版，第二篇二、证据法学研究进展（八）法院取证与证据保全。

8. 施鹏鹏："为职权主义辩护"，载《中国法学》2014年第2期。

9. 熊跃敏："法官职权调查证据的比较研究"，载《比较法研究》2006年第6期。

10. 邵明："析法院职权探知主义——以民事诉讼为研究范围"，载《政法论坛》2009年第6期。

11. 杨百胜："法院的调查取证权献疑"，载《深圳大学学报（人文社会科学版）》2010年第6期。

12. 李浩："回归民事诉讼法——法院依职权调查取证的再改革"，载《法学家》2011年第3期。

13 占善刚:"证据保全程序参照适用保全程序质疑——〈中华人民共和国民事诉讼法〉第 81 条第 3 款检讨",载《法商研究》2015 年第 6 期。

第六章
言词证据的提出

【导读】 言词证据是证据的重要类别之一，根据其陈述主体不同，可以分为当事人陈述和证人证言。言词证据由于主观性较强，特别是当事人由于与案件的处理结果有法律上的利害关系，其陈述具有虚假的可能性，因此在审查判断时应当特别注意。作证特免权是特免权所有者的重要权利，许多国家和地区对作证特免权作出了规定。

第一节 当事人陈述

一、概述

当事人陈述，是指刑事诉讼中的自诉人、被害人、犯罪嫌疑人、被告人、附带民事诉讼的原告人和被告人，以及民事、行政诉讼中的原告、被告和第三人，就有关案件事实所作的陈述。

当事人是案件事实的亲历者，对于案件事实了解和掌握得最直接、最全面，对于案件事实的证明往往具有不可替代性。为了证明自己主张的正当性和合理性，当事人往往会积极主动地向司法机关陈述其所掌握的有关事实。然而，由于当事人与案件处理结果有直接利害关系并且有强烈胜诉欲望，也可能会千方百计隐瞒对自己不利的有关事实和证据，夸大甚至编造对自己有利的事实和证据，作出虚假陈述，这常常困扰着事实认定者作出准确的判断。当事人陈述作为案件事实亲历者的描述，从应然意义上说，应该比实物证据更直接反映案件事实，似乎具有更大的证明力；但从实际情况看，却不能忽视其虚假的一面，不可轻信而被其误导、造成错判甚至冤枉无辜。

在司法实践中，当事人陈述的内容十分广泛，不仅涉及对案件事实的认识，还包括所发表的对案件处理的意见，如诉讼请求、抗辩请求以及关于事实认定、证据调查和法律适用的意见等。必须明确的是，当事人陈述中只有基于亲身感知而作的真实陈述，才能反映案件事实的全貌或者部分面貌，而具有证明价值；当事人陈述中的虚假内容，不应归入证据意义上的当事人陈述，更不能作为认定案件事实的依据。例如，犯罪嫌疑人、被告人的供述和辩解，既包括当事人对案件事实所作的叙述，又包括当事人行使诉权所作的辩护。显然，前者具有证据意义，后者则不具有证据意义。

二、犯罪嫌疑人、被告人陈述

犯罪嫌疑人、被告人陈述，即他们的供述和辩解，又称口供，是指犯罪嫌疑人、被告人就有关案件情况向侦查、检察、监察、审判人员所作的陈述。这种陈述可以是书面形式，也可以是口头形式。不论是哪种形式，一般都包括以下三方面的内容：

1. 对犯罪事实的坦白，即犯罪嫌疑人、被告人就自己的犯罪过程、犯罪情节所作的供述。

2. 对指控的辩解，或者完全否认自己有罪，或者虽然承认自己有罪，但具有从轻、减轻或免除刑事责任的情节，或具有依法不追究刑事责任的情况。

3. 检举其他同案犯罪嫌疑人、被告人的犯罪行为。如果犯罪嫌疑人、被告人检举的犯罪与本案无关，则应将其检举作为证人证言，而不应视为口供。

犯罪嫌疑人、被告人陈述具有以下特点：①由于对自己以及共同犯罪人是否实施以及如何实施犯罪最为清楚，其陈述可能是最真实、最全面反映案件事实的证据。②由于他们与案件的处理结果有利害关系，是被追究刑事责任的人，因此其陈述的虚假可能性很大。

（一）犯罪嫌疑人、被告人陈述的作用

1. 犯罪嫌疑人、被告人对犯罪行为的陈述，可提供进一步侦查的线索，有利于收集犯罪证据。他们既可能承认被指控的罪行，也可能供认未被发现的新的犯罪事实和犯罪人。如果其承认被指控的罪行，可以坚定侦查的方向和信心，有助于查明案情。如果他们进一步供认了未被发现的新罪或新的犯罪人，有利于进一步扩大调查范围，收集新的证据，全面查清案情，查获同案犯。

2. 犯罪嫌疑人、被告人对犯罪行为所作的辩解，有利于克服公安司法人员的主观片面性，使之"兼听则明"。公安司法人员在诉讼中最容易犯的错误是"先入为主"。尤其是在犯罪嫌疑人、被告人供认不讳的情况下，更容易轻信口供。而他们的辩解，不论是无罪辩解还是罪轻辩解，都能促使公安司法人员全面调查、收集证据，及时纠正失误，对案件事实作出准确的认定。

3. 通过犯罪嫌疑人、被告人陈述，可以了解被告人的思想状况和认罪态度，便于公安司法人员及时有效地采取措施，促使其认罪，从而落实认罪认罚从宽制度，贯彻宽严相济的刑事政策。

（二）犯罪嫌疑人、被告人陈述的收集

1. 收集犯罪嫌疑人、被告人的陈述，主要是通过对他们进行讯问。《刑事诉讼法》第118条第1款规定："讯问犯罪嫌疑人必须由人民检察院或者公安机关的侦查人员负责进行。讯问的时候，侦查人员不得少于二人。"之所以不得少于2人，主要是为了讯问的方便，保证讯问质量；另外，也有利于保护讯问者的人身安全，并能有效避免违法乱纪现象。此外，《刑事诉讼法》第118条第2款规定："犯罪嫌疑人被送交看守所羁押以后，侦查人员对其进行讯问，应当在看守所内进行。"第119条第

1款规定:"对不需要逮捕、拘留的犯罪嫌疑人,可以传唤到犯罪嫌疑人所在市、县内的指定地点或者到他的住处进行讯问,但是应当出示人民检察院或者公安机关的证明文件。"这里的"证明文件",是指专门的法律文书,如传票、拘传票以及其他提审文书,而不是指工作证。因而,侦查人员仅凭工作证或仅靠穿着警服,是不能讯问犯罪嫌疑人的。

2. 关于讯问方法,《刑事诉讼法》第120条规定:"侦查人员在讯问犯罪嫌疑人的时候,应当首先讯问犯罪嫌疑人是否有犯罪行为,让他陈述有罪的情节或者无罪的辩解,然后向他提出问题。犯罪嫌疑人对侦查人员的提问,应当如实回答。但是对与本案无关的问题,有拒绝回答的权利。"所谓"与本案无关",是指与犯罪无关。至于同案其他犯罪嫌疑人的犯罪行为,本人的其他犯罪行为以及其他犯罪嫌疑人的犯罪行为,都不能认为与本案无关。法律这样规定,是为了保护犯罪嫌疑人的合法权益不受侵犯,而不是给犯罪嫌疑人以拒绝讯问的借口。此外,"侦查人员在讯问犯罪嫌疑人的时候,应当告知犯罪嫌疑人享有的诉讼权利,如实供述自己罪行可以从宽处理和认罪认罚的法律规定。"[1]"讯问聋、哑的犯罪嫌疑人,应当有通晓聋、哑手势的人参加,并且将这种情况记明笔录。"[2]

3. 讯问犯罪嫌疑人应当制作笔录。"讯问笔录应当交犯罪嫌疑人核对,对于没有阅读能力的,应当向他宣读。如果记载有遗漏或者差错,犯罪嫌疑人可以提出补充或者改正。犯罪嫌疑人承认笔录没有错误后,应当签名或者盖章。侦查人员也应当在笔录上签名。犯罪嫌疑人请求自行书写供述的,应当准许。必要的时候,侦查人员也可以要犯罪嫌疑人亲笔书写供词。"[3]

4. 录音录像是随着科技发展而出现的新的取证手段。英国是最早就讯问犯罪嫌疑人进行录音录像的国家,1994年就开始要求警察对犯罪嫌疑人进行讯问时同步录音,1999年进一步要求同步录像。2005年发布了《最高人民检察院讯问职务犯罪嫌疑人实行全程同步录音录像的规定(试行)》。最高人民法院、最高人民检察院、公安部、司法部2007年《关于进一步严格依法办案确保办理死刑案件质量的意见》第11条规定:"提讯在押的犯罪嫌疑人,应当在羁押犯罪嫌疑人的看守所内进行。严禁刑讯逼供或者以其他非法方法获取供述。讯问犯罪嫌疑人,在文字记录的同时,可以根据需要录音录像。"《刑事诉讼法》第123条规定:"侦查人员在讯问犯罪嫌疑人的时候,可以对讯问过程进行录音或者录像;对于可能判处无期徒刑、死刑的案件或者其他重大犯罪案件,应当对讯问过程进行录音或者录像。录音或者录像应当全程进行,保持完整性。"这不仅是指对每次讯问应当进行全程录音录像,还指对每一次讯问过程都要进行录音录像。

---

[1] 《刑事诉讼法》第120条第2款。
[2] 《刑事诉讼法》第121条。
[3] 《刑事诉讼法》第122条。

（三）犯罪嫌疑人、被告人陈述的审查判断

1. 审查其陈述的动机。在刑事诉讼中，犯罪嫌疑人、被告人的思想状况很复杂。有的愿意坦白交待，争取从宽处理；有的意图推卸责任，避重就轻；还有的处于矛盾状态，既有坦白交待的愿望，又有蒙混过关的幻想。由于动机不同，其供述和辩解的真实性也就不同。因此，要认真审查犯罪嫌疑人、被告人是在什么情况下，出于什么动机作出供认和辩解。即使在其主动供认的情况下，仍然要审查其供认的动机，以及是否全部真实地交待了罪行。

2. 审查其陈述与其他证据是否一致。要将案内其他证据综合判断，尤其要将口供与被害人陈述进行比较分析。因为被害人体验了犯罪给其带来的损害，了解犯罪的过程。在犯罪嫌疑人、被告人的口供与被害人的陈述矛盾时，要认真核查，但也不能认为被害人陈述优于被告人供述和辩解。

3. 审查取得犯罪嫌疑人、被告人陈述的程序是否合法，有无刑讯逼供和以威胁、引诱、欺骗以及其他非法的方法获取口供的情况。证据的合法性，要求收集证据的程序必须合法。非法取得的证据不仅侵犯了犯罪嫌疑人、被告人的合法权利，而且往往不真实，尤其在刑讯逼供的情况下，犯罪嫌疑人、被告人难以真实地陈述案情。《刑事诉讼法》第55条第1款规定："对一切案件的判处都要重证据，重调查研究，不轻信口供。只有被告人供述，没有其他证据的，不能认定被告人有罪和处以刑罚；没有被告人供述，证据充分、确实的，可以认定被告人有罪和处以刑罚。"第56条规定："采用刑讯逼供等非法方法收集的犯罪嫌疑人、被告人供述和采用暴力、威胁等非法方法收集的证人证言、被害人陈述，应当予以排除。……在侦查、审查起诉、审判时发现有应当排除的证据的，应当依法予以排除，不得作为起诉意见、起诉决定和判决的依据。"

4. 如果是共同犯罪，要审查多人口供之间是否一致。在共同犯罪案件中，犯罪行为是各犯罪嫌疑人、被告人共同实施的，因而他们有着共同的利害关系。又由于他们在犯罪活动中所处的地位和所起的作用不同，所以彼此又有矛盾。在审查犯罪嫌疑人、被告人陈述时，要注意他们之间是否事先订有攻守同盟，以及有无串供等情况。如果他们之间口供相互矛盾，要进一步查清是否有为推卸责任而嫁祸他人的情况。

（四）测谎与犯罪嫌疑人、被告人陈述的审查判断

"测谎"是对心理测试技术的俗称。威格莫尔曾说："如果能就证人评估设计出一个心理学标准，则法律会趋而迎之。"[1] 使用测谎技术来识别谎言的实践，可以追溯到19世纪意大利著名的犯罪学家龙布罗梭（Cesar Lombroso）。为了实现识别谎言这一目标，人们设计出各种测谎方法和设备。其中最常见的是"多参量心理测试仪"，作为记录多项生理反应的仪器，俗称测谎器。心理测试技术，同指纹鉴定、

---

[1] Wigmore, Evidence, 2nd ed., 1923, Boston: Little, Brown & Co., §875, at 237.

DNA 鉴定、足迹鉴定等物证鉴定技术相似；不同的是，其他物证鉴定技术是对人身特征及行为活动物质痕迹的鉴定，而心理测试则是对人的心理活动痕迹的鉴定。

对于测谎结果的使用，各国做法不一。例如，美国是最早在刑事诉讼中使用测谎器的国家，但许多司法辖区不允许在刑事诉讼中使用测谎结果，除非当事人就此作出约定。加利福尼亚州《证据法典》351.1（a）款规定："尽管有其他法律之规定，测谎检验的结果、测谎检验人员的意见或者对提出进行测谎、未能进行测谎或者接受了测谎的述及，不得在任何刑事程序（包括审前和判决后动议和听审）中，或者少年刑事犯罪的审判或者听审（无论是在少年法院还是在成年人法院听审）中采纳为证据，除非所有当事人约定采纳该结果。"德国《刑事诉讼法典》第136a条虽未明确提到测谎器测试是禁止使用的讯问手段，但法院一直认为，这种测试因为侵犯犯罪嫌疑人的自由意志而被普遍禁用，而且这种测试侵犯了人的尊严，因为它暴露了个人无法控制的身体反应。联邦上诉法院虽然在1998年否定了这种推理，但是仍然坚持测谎器测试的结果不可采纳，因为这类结果具有内在的不可靠性。[1]

中国1949年前已有将测谎用于调查案件的司法实践和相关的研究。中华人民共和国成立后，经历了从批判这项技术，到近40多年来重新认识、研究并推进这项技术应用的过程。迄今，从国产仪器研制到相关专业人员培训，都已达到了一个相当的水平。因此，证据领域是否可引入心理测试，日渐成为司法界关注的重大问题。同时，由于此项技术在应用中产生的冤假错案不断曝光，以及缺少必要的法律规范，使得人们对它的科学性及应用等又不能不持有保留态度。[2] 1999年最高人民检察院在对四川省人民检察院《关于CPS多道心理测试鉴定结论能否作为诉讼证据使用的请示》的批复中明确指出："CPS多道心理测试（俗称测谎）鉴定结论与刑事诉讼法规定的鉴定结论不同，不属于刑事诉讼法规定的证据种类。人民检察院办理案件，可以使用CPS多道心理测试鉴定结论帮助审查、判断证据，但不能将CPS多道心理测试鉴定结论作为证据使用。"这一批复反映了司法实践对于测谎结论的慎重态度。

我们认为，犯罪心理测试技术为案件事实认定提供了一种独特的技术方法。但是，从当前心理测试技术人员准入制度、仪器生产准入标准、确立科学的实测理论和方法等角度看，犯罪心理测试结论成为诉讼证据的条件尚不成熟。因此，在当前司法实践中，还不能把测谎结论作为审查判断犯罪嫌疑人、被告人陈述是否真实的唯一结论，而需要结合其他证据进行综合判断和分析。

三、被害人陈述

被害人陈述是指受犯罪行为直接侵害的人，就自身受害的经过及其了解的有关

---

［1］ 参见［德］托马斯·魏根特：《德国刑事诉讼程序》，岳礼玲、温小洁译，中国政法大学出版社2004年版，第78页。

［2］ 参见武伯欣、张泽民："'测谎'结论能否作为鉴定证据：关于中国心理测试技术研究应用及其现状的思考"，载《证据科学》2008年第5期。

犯罪人的情况,向侦查、检察、监察、审判人员所作的陈述。被害人陈述的内容:一是叙述自己遭受犯罪行为侵害的事实;二是揭发检举犯罪嫌疑人。

被害人陈述的特点是:由于被害人是当事人,与犯罪嫌疑人、被告人之间存在特殊关系,存在着陈述虚假的可能性。

被害人陈述是侦查、检察、监察、审判人员准确认定案件事实的重要证据,也是被害人协助公安司法机关追究犯罪、保护自己合法权益的重要手段。被害人受到犯罪分子的直接侵害,一般来说,对犯罪情况了解得比较清楚,能够提供犯罪的时间、地点、受害经过、造成的损害等详细情况。在有些案件中,如伤害、强奸、诈骗等案件,被害人同犯罪分子有过直接接触,可以了解犯罪人的个人特征,包括某些隐蔽特征,有的甚至还能直接指认犯罪人。因此,被害人陈述对确定侦查方向,揭露犯罪,查获犯罪人,具有重要作用。

(一)被害人陈述的收集

收集被害人陈述,主要是通过对被害人询问。被害人陈述作为一种言词证据,其收集方法与收集证人证言基本相同,应要求被害人能够客观、准确地提供案情。对一些有后顾之忧的被害人,如强奸案被害人,要耐心做好思想疏导,使其解除顾虑,并采取相应的保护措施,使其能够如实反映案件事实。询问被害人,严禁采用威胁、引诱等非法方法。

(二)被害人陈述的审查判断

1. 要审查被害人同犯罪嫌疑人、被告人的关系。这种关系直接影响被害人陈述的真实性。一般来说,被害人与犯罪嫌疑人、被告人关系正常或素不相识,故意捏造事实、提供虚假陈述的可能性就较小;如果存有恩怨,就有可能提供虚假陈述,以泄私愤,或为其开脱。

2. 要审查被害人陈述的内容是否合情合理,尤其要注意将其与犯罪嫌疑人、被告人供述和辩解联系起来进行审查,以达到比较鉴别的效果。

3. 要审查被害人陈述的来源。有些被害人陈述的案情,并不是直接感知的事实,而是事后推测,甚至是听别人说的。在这种情况下,就难以保证其陈述内容的真实性。即使其陈述的内容是被害人直接感知的,也要进一步查清其感知时间、地点和条件,以弄清其是否能确实感知到,以及感知能力、记忆能力和叙述-歧义性等。

4. 要审查被害人品质,特别是诚实性。这也是影响被害人陈述真实性的一个因素。

5. 要审查被害人陈述时有无思想顾虑。被害人的心理状况对其陈述的真实性有直接影响。在司法实践中,被害人心理状态比较复杂。有的害怕报复而不敢吐露真言,有的顾忌名誉而不愿陈述,有的则受到利诱而故意作虚假陈述。因此,对被害人在心理顾虑下所作的陈述,必须认真审查判断。

四、民事和行政诉讼当事人陈述

民事诉讼和行政诉讼当事人的陈述,是指这些诉讼案件的当事人就有关案件的事实和证据,向法院所作的陈述。

《民事诉讼法》第66条和《行政诉讼法》第33条,都把当事人陈述规定为证据种类之一。需要注意的是,这里所讲的当事人,是广义的当事人。在民事诉讼中,还包括有独立请求权的第三人和无独立请求权的第三人;在行政诉讼中,还包括与提起诉讼的具体行政行为有利害关系的其他公民、法人或者其他组织。此外,附带民事诉讼中的当事人也属于这里所讲的广义当事人。

民事和行政诉讼当事人陈述的特点是,一方面,由于是有关案件情况的亲历者,陈述人比其他人更了解案件事实真相;另一方面,陈述人与案件的诉讼结果有着法律上的利害关系,因此其陈述具有虚假的可能性。因此,在审查判断时必须注意去伪存真。

(一) 民事和行政诉讼当事人陈述的收集

民事和行政诉讼当事人的陈述有两个来源,一是当事人在起诉状和答辩状中的陈述;[1] 二是在诉讼过程中回答询问时的陈述。根据《民事诉讼法》,法庭调查首先由当事人进行陈述。因此,法院应当为当事人客观陈述创造条件。此外,《民事诉讼法》第78条第2款规定:"当事人拒绝陈述的,不影响人民法院根据证据认定案件事实。"书记员应当将法庭审理的全部活动记入笔录,由审判人员和书记员签名。法庭笔录应当当庭宣读,也可以告知当事人和其他诉讼参与人当庭或者在5日内阅读。当事人和其他诉讼参与人认为对自己的陈述记录有遗漏或者差错的,有权申请补正。如果不予补正,应当将申请记录在案。法庭笔录由当事人和其他诉讼参与人签名或者盖章。拒绝签名盖章的,记明情况附卷。

(二) 民事和行政诉讼当事人陈述的审查判断

如前所述,民事和行政诉讼当事人的陈述具有两面性。因此,对其审查判断要全面,不能轻易相信。《民事诉讼法》第78条第1款规定:"人民法院对当事人的陈述,应当结合本案的其他证据,审查确定能否作为认定事实的根据。"

(三) 民事诉讼和行政诉讼当事人的自认

民事和行政诉讼当事人在起诉状、答辩状、陈述及其委托代理人的代理词中对己方不利的事实和证据的认可,称为当事人自认。自认制度设立的目的在于尊重诉讼各方的意志,贯彻"任何人都应对自己的诉讼行为负责"的原则。并且,自认制度的设立在一定程度上免除了证明责任承担方的责任,有助于提高诉讼效率,有助于规制诉讼各方随意的自认行为。最高人民法院《民事诉讼证据规定》与《行政诉讼证据规定》,在民事诉讼与行政诉讼中相继确立了自认制度。

根据最高人民法院《民事诉讼证据规定》第3条、第8条,一方当事人在法庭审理中,或者在起诉状、答辩状、代理词等书面材料中,对于己不利的事实明确表

---

[1] 《民事诉讼法》第121条规定,起诉状应当记明"诉讼请求和所根据的事实与理由";《行政诉讼法》第49条规定,提起诉讼应当符合的条件之一是"有具体的诉讼请求和事实根据"。

示承认的，另一方当事人无需举证证明。但是对于涉及身份关系、国家利益、社会公共利益等应当由人民法院依职权调查的事实，不适用上述自认的规定。自认的事实与查明的事实不符的，人民法院不予确认。

最高人民法院《行政诉讼证据规定》第 65 条规定："在庭审中一方当事人或者其代理人在代理权限范围内对另一方当事人陈述的案件事实明确表示认可的，人民法院可以对该事实予以认定。但有相反证据足以推翻的除外。"

1. 当事人陈述，是当事人就有关案件事实所作的陈述。当事人是案件事实的亲历者，对案件事实的证明往往具有不可替代的重要作用。

2. 不同当事人陈述有不同的特点，应当根据这些特点收集、运用当事人陈述，并进行相应的审查判断。

6.1. 犯罪嫌疑人、被告人的陈述可能包括哪些内容？

6.2. 在以下案例中，被告人于侦查阶段曾作出两种不同的陈述：有罪供述和存在刑讯逼供的陈述。假设你是审理本案的法官，应该如何审查判断被告人的这两份陈述？如何认定被告人有罪供述的证据效力？

文某某涉嫌贩卖、运输毒品案。[1] 2011 年 3 月 6 日晚，文某某因涉嫌贩卖、运输毒品被抓获。同年 3 月 7 日，在益阳市公安局赫山分局执法办案区第一次接受审讯，文某某供认了 2007 年贩卖毒品的事实；3 月 9 日，在赫山公安分局讯问室第二次接受审讯，文某某详细供述了贩卖毒品的过程。但是，在 6 月 1 日警察于益阳市第一看守所审讯文某某时，文某某翻供，声称没有贩卖过毒品。文某某辩称："公安干警对我刑讯逼供后，把事先写好的笔录交给我签字，笔录内容不是我讲的。"文某某的辩护人李某提出，文某某所作的有罪供述是刑讯逼供形成的，属非法证据，不能作为定案依据。为了认定是否存在刑讯逼供的事实，法院调取了 3 月 9 日文某某进入看守所时的健康检查登记表。其中记载：胸部大面积青紫，右小腿踝关节 4cm×5cm 青紫，右上臂内侧 8cm×3cm 青紫。侦查机关也出具情况说明称，文某某的伤是抓捕时文某某因其反抗形成的。庭审中，警察汤某、蔡某某、姚某某分别证明，参与抓捕文某某的警察有七八人，参与审讯文某某的有五六人。这些警察对文某某没有刑讯逼供行为，文某某的伤是在抓捕时，因为文某某反抗，警察将其按倒，推、拖时与地面摩擦形成的。但文某某当庭指认警察姚某某在审讯过程中对他实施了殴打，

---

[1] 湖南省益阳市中级人民法院刑事判决书（2012）益法刑—初字第 19 号。

还有对他实施刑讯逼供的警察没有到庭。

6.3. 什么是当事人自认？关于当事人自认有哪些规定？

第二节 证人证言

一、证人资格和权利与义务

证人证言有广义和狭义之分。从狭义上讲，证人证言是指证人在本案开庭审判时向法院所作的有关案件事实的陈述。广义的证人证言，不仅包括证人庭上的陈述（庭上证言），还包括证人在庭外所作的陈述（庭外陈述）。我国立法中所讲的证人证言，是广义的证人证言。

将证人证言区分为庭上证言和庭外陈述具有重要意义。无论是英美法系的传闻规则，还是大陆法系的直接言词原则，都要求证人必须在法院面前作证。除了程序上的差别外，无论是传闻规则还是直接言词原则，都认为庭上证言具有当然的可采性，庭外陈述一般不被法庭采纳，只有在特定情况下为特定目的才能采纳。这种应用主要体现在两个方面：一是在证人不出庭的情况下采纳证人的庭外陈述；二是在证人出庭的情况下，采用证人的庭外陈述来弹劾证人或者支持证人的可信性，或者在特定情况下将其采纳为证明其所包含的内容的实质证据。换言之，虽然证人的庭外陈述在传统上被视为传闻，但其仍然具有一定的证据价值和程序价值。

（一）证人资格

证人资格，就是指哪些人能够作为证人。它所要解决的是一个人是否能够提供证言的问题。从历史发展来看，在证人资格问题上经历了两次重心转移：一是在证人可信性问题上，从强调以证人资格保障证人可信性，转变为在法庭上审查证人的可信性；二是在证人作证能力问题上，从强调证人要向法庭表现出其有作证的相应能力，转变为强调法庭要具有接受和审查证人证言的能力。这两次重心转移在证据规则上的表现，就是基本上摒弃了历史上各种阻止潜在证人成为现实证人的因素。总之，无论是英美法系还是大陆法系，对于证人在资格上的限制越来越少，这对于保证法庭最大程度获取有助于发现事实真相的信息具有重要意义。

1. 我国关于证人资格的法律规定。《刑事诉讼法》第62条规定："凡是知道案件情况的人，都有作证的义务。生理上、精神上有缺陷或者年幼，不能辨别是非、不能正确表达的人，不能作证人。"

《民事诉讼法》第75条规定："凡是知道案件情况的单位和个人，都有义务出庭作证。有关单位的负责人应当支持证人作证。不能正确表达意思的人，不能作证。"最高人民法院《民事诉讼证据规定》第67条规定："不能正确表达意志的人，不能作为证人。待证事实与其年龄、智力状况或者精神健康状况相适应的无民事行为能力人和限制民事行为能力人，可以作为证人。"

最高人民法院《行政诉讼证据规定》第 41 条规定："凡是知道案件事实的人，都有出庭作证的义务。……"第 42 条规定："不能正确表达意志的人不能作证。根据当事人申请，人民法院可以就证人能否正确表达意志进行审查或者交由有关部门鉴定。必要时，人民法院也可以依职权交由有关部门鉴定。"

根据上述规定，对于我国证人资格规则应当作以下理解：

(1) 证人应当具有感知能力、辨别是非的能力和正确的表述能力。从立法技术上看，我国对证人感知能力方面没有特别的要求，即在法律上一般不应以证人的感知能力来限制证人的适格性。换言之，立法承认每个人都具有一定的感知能力。至于影响感知能力的因素，则视其为与证人可信性有关的因素，在审查证人证言的证明力时予以考虑。即使儿童，只要能够辨别是非、正确表达，也可以作证人。

什么是辨别是非的能力，在我国立法上和理论上都不够明确。辨别是非的能力应当是指认识到说实话和说谎话的区别的能力，是对证人在作证责任认识能力上的要求。但从我国情况来看，一般都将其混同于证人的感知能力。将对证人辨别是非能力的审查转为对证人感知能力的审查，使得一些具有感知能力障碍的人不能作为证人出庭作证，影响了法院对案件的审理。《刑事诉讼法》第 194 条规定，证人作证，审判人员应当告知他要如实地提供证言和有意作伪证或者隐匿罪证要负的法律责任。最高人民法院《刑事诉讼法解释》第 258 条规定，证人出庭的，法庭应当核实其身份、与当事人以及本案的关系，并告知其有关权利义务和法律责任。证人应当保证向法庭如实提供证言，并在保证书上签名。最高人民法院《民诉讼法解释》第 119 条的规定，人民法院在证人出庭作证前应当告知其如实作证的义务以及作伪证的法律后果，并责令其签署保证书，但无民事行为能力人和限制民事行为能力人除外。第 120 条规定，证人拒绝签署保证书的，不得作证，并自行承担相关费用。上述规定就是检验其辨别是非能力的程序。

由于证人应当具有感知能力、辨别是非的能力和正确的表述能力，因此证人只能是自然人，法人和非法人团体不具有证人资格。《民事诉讼法》第 75 条第 1 款规定："凡是知道案件情况的单位和个人，都有义务出庭作证。有关单位的负责人应当支持证人作证。"我们认为，由于单位不具有成为证人所需具备的能力，无法承担故意作伪证的法律责任，无法履行出庭作证的义务，所以单位不能成为证人。

(2) 从程序角度看，应当假定每个人都有作证的资格，非有相反证据，不得排除该证人。换言之，如果要排除某证人，必须提出证明其因生理上、精神上有缺陷，或者年幼，不能辨别是非，不能正确表达的证据。因此，我国现行立法已经实现了从作证前审查证人可信性到作证时审查证人可信性的转变；从强调证人要表现出具有感知能力，转变为要求法庭具有识别、判断证人是否具有感知能力，这符合证人适格性的发展趋势。

2. 关于证人资格的几个问题。

(1) 见证人是否为证人？这可从以下五个方面来理解：

第一，见证人，是指与案件无关，而仅仅是在勘验、检查、搜查、扣押、侦查实验执行等诉讼活动中，应公安机关、检察院、法院之邀，在现场观察并就这些诉讼活动作证的人。我国诉讼法及相关法律、法规对需要见证人见证的诉讼活动作了规定。

第二，关于刑事诉讼见证人的规定。《刑事诉讼法》第107条第2款规定："收件人本人或者代收人拒绝接收或者拒绝签名、盖章的时候，送达人可以邀请他的邻居或者其他见证人到场，说明情况，把文件留在他的住处，在送达证上记明拒绝的事由、送达的日期，由送达人签名，即认为已经送达。"第133条规定："勘验、检查的情况应当写成笔录，由参加勘验、检查的人和见证人签名或者盖章。"第139条第1款规定："在搜查的时候，应当有被搜查人或者他的家属、邻居或者其他见证人在场。"第140条规定："搜查的情况应当写成笔录，由侦查人员和被搜查人或者他的家属、邻居或者其他见证人签名或者盖章。"第142条规定："对查封、扣押的财物、文件，应当会同在场见证人和被查封、扣押财物、文件持有人查点清楚，当场开列清单一式二份，由侦查人员、见证人和持有人签名或者盖章，一份交给持有人，另一份附卷备查。"

最高人民法院《刑事诉讼法解释》第80条规定，下列人员不得担任见证人：①生理上、精神上有缺陷或者年幼，不具有相应辨别能力或者不能正确表达的人；②与案件有利害关系，可能影响案件公正处理的人；③行使勘验、检查、搜查、扣押、组织辨认等监察调查、刑事诉讼职权的监察、公安、司法机关的工作人员或者其聘用的人员。对见证人是否属于前述规定的人员，人民法院可以通过相关笔录载明的见证人的姓名、身份证件种类及号码、联系方式以及常住人口信息登记表等材料进行审查。由于客观原因无法由符合条件的人员担任见证人的，应当在笔录材料中注明情况，并对相关活动进行全程录音录像。

《人民检察院刑事诉讼规则》规定：①"勘验时，人民检察院应当邀请两名与案件无关的见证人在场。"（第197条第1款）②"搜查时，应当有被搜查人或者其家属、邻居或者其他见证人在场，并且对被搜查人或者其家属说明阻碍搜查、妨碍公务应负的法律责任。"（第206条第1款）③"几名辨认人对同一被辨认对象进行辨认时，应当由每名辨认人单独进行。必要时，可以有见证人在场。"（第225条）④"人民检察院对物证、书证、视听资料、电子数据及勘验、检查、辨认、侦查实验等笔录存在疑问的，可以要求调查人员或者侦查人员提供获取、制作的有关情况，必要时也可以询问提供相关证据材料的人员和见证人并制作笔录附卷，对物证、书证、视听资料、电子数据进行鉴定。"（第336条）⑤"对于搜查、查封、扣押、冻结、勘验、检查、辨认、侦查实验等活动中形成的笔录存在争议，需要调查人员、侦查人员以及上述活动的见证人出庭陈述有关情况的，公诉人可以建议合议庭通知其出庭。"（第413条）

公安部《公安机关办理刑事案件程序规定》第215条规定："公安机关对案件现

场进行勘查，侦查人员不得少于二人。"第225条第1款规定："进行搜查时，应当有被搜查人或者他的家属、邻居或者其他见证人在场。"第226条第1款规定："搜查的情况应当制作笔录，由侦查人员、被搜查人或者他的家属，邻居或者其他见证人签名。"

第三，《民事诉讼法》关于民事诉讼见证人的规定：①"受送达人或者他的同住成年家属拒绝接收诉讼文书的，送达人可以邀请有关基层组织或者所在单位的代表到场，说明情况，在送达回证上记明拒收事由和日期，由送达人、见证人签名或者盖章，把诉讼文书留在受送达人的住所；也可以把诉讼文书留在受送达人的住所，并采用拍照、录像等方式记录送达过程，即视为送达。"（第89条）②"人民法院查封、扣押财产时，被执行人是公民的，应当通知被执行人或者他的成年家属到场；被执行人是法人或者其他组织的，应当通知其法定代表人或者主要负责人到场。拒不到场的，不影响执行。被执行人是公民的，其工作单位或者财产所在地的基层组织应当派人参加。对被查封、扣押的财产，执行员必须造具清单，由在场人签名或者盖章后，交被执行人一份。被执行人是公民的，也可以交他的成年家属一份。"（第252条）③"强制迁出房屋或者强制退出土地，由院长签发公告，责令被执行人在指定期间履行。被执行人逾期不履行的，由执行员强制执行。强制执行时，被执行人是公民的，应当通知被执行人或者他的成年家属到场；被执行人是法人或者其他组织的，应当通知其法定代表人或者主要负责人到场。拒不到场的，不影响执行。被执行人是公民的，其工作单位或者房屋、土地所在地的基层组织应当派人参加。执行员应当将强制执行情况记入笔录，由在场人签名或者盖章。"（第257条）

第四，见证人是就具体诉讼活动之事实的内容、过程和结果进行证明的证人。由于见证人是受邀请到诉讼活动的现场，因此具有可选择性，这与普通证人是有差别的。但是，在应邀对诉讼活动进行见证后，他就是了解有关诉讼活动的特定人了，因而具有不可替代性。因此，见证人是特殊的证人。

第五，见证人对于保证诉讼活动顺利、合法地进行具有重要意义。然而，我国现行法律对于什么人可以作为见证人的规定不够详尽。很多国家对见证人资格作了比较详细的规定。例如，俄罗斯《联邦刑事诉讼法典》第60条规定："见证人是与刑事案件的结局无利害关系并被调查人员、侦查员或检察长邀请来证明进行侦查行为的事实以及侦查行为的内容、过程和结果的人员。下列人员不得作为见证人：①未成年人；②刑事诉讼的参加人、他们的亲属和近亲属；③行政机关中依照联邦法律享有进行侦缉活动和（或）审前调查权限的工作人员。"这些规定值得借鉴。

（2）侦查人员能否作为证人？这可从以下三个方面来理解：

第一，侦查人员能否在其办理的案件中担任证人，在我国尚有争议。有观点认为，侦查人员应当作为控方证人出庭作证；有观点则认为，警察是司法工作人员，不是诉讼参与人，因为根据《刑事诉讼法》第29条的规定，侦查人员担任过本案的证人的，应当自行回避，当事人及其法定代理人也有权要求他们回避。因此，侦查人员不能作为证人出庭作证。

对于上述第 29 条关于侦查人员应当回避的规定,应当正确理解。这里所谓回避,是指对于非以侦查人员身份了解的案情,为了避免先入为主,而要求他予以回避。即在其主持的程序中,侦查人员不得同时承担两种职责。但是,侦查人员由其工作性质所决定,往往对一些案件情况有亲身了解。在审判中,诉讼程序由审判人员主持,并不存在侦查职能和证人所承担的诉讼协助职能的重叠问题。因此,如果需要,侦查人员应当出庭作证。从实践情况来看,侦查人员在现场目击犯罪事实的发生,或者当场抓获犯罪人的情况,司法实践中经常使用的"抓获经过"等证据材料,从本质上讲就是证人证言。

第二,侦查人员作为辨认鉴真证人出庭作证支持公诉。《人民检察院刑事诉讼规则》规定:①"人民检察院对物证、书证、视听资料、电子数据及勘验、检查、辨认、侦查实验等笔录存在疑问的,可以要求调查人员或者侦查人员提供获取、制作的有关情况,必要时也可以询问提供相关证据材料的人员和见证人并制作笔录附卷,对物证、书证、视听资料、电子数据进行鉴定。"(第 336 条)②"法庭审理过程中,被告人及其辩护人提出被告人庭外供述系非法取得,审判人员认为需要进行法庭调查的,公诉人可以通过出示讯问笔录、提讯记录、体检记录、采取强制措施或者侦查措施的法律文书、侦查终结前对讯问合法性进行核查的材料等证据材料,有针对性地播放讯问录音、录像,提请法庭通知调查人员、侦查人员或者其他人员出庭说明情况等方式,对证据收集的合法性加以证明。"(第 410 条第 1 款)③"对于搜查、查封、扣押、冻结、勘验、检查、辨认、侦查实验等活动中形成的笔录存在争议,需要调查人员、侦查人员以及上述活动的见证人出庭陈述有关情况的,公诉人可以建议合议庭通知其出庭。"(第 413 条)

第三,侦查人员作为程序性证人在证据合法性调查中出庭作证。侦查人员对于自己参与的讯问、勘验、检查、搜查、扣押等其他诉讼活动的合法性,可以出庭作证。《刑事诉讼法》第 59 条第 2 款规定:"现有证据材料不能证明证据收集的合法性的,人民检察院可以提请人民法院通知有关侦查人员或者其他人员出庭说明情况;人民法院可以通知有关侦查人员或者其他人员出庭说明情况。有关侦查人员或者其他人员也可以要求出庭说明情况。经人民法院通知,有关人员应当出庭。"上述第 59 条第 2 款"有关侦查人员或者其他人员出庭说明情况"的规定,在侦查办案人员究竟是以何种身份或诉讼角色出庭"说明情况"的问题上可谓语焉不详。从立法语言来看,规定侦查办案人员"出庭说明情况"而非"出庭作证",显然是"以侦查为中心"的诉讼制度留下的影响,它暗示了侦查办案人员出庭拥有只作"单向性说明"的特权。对此,"两院三部"《排除非法证据规定》根据"推进以审判为中心的诉讼制度改革"的精神,在第 27 条明确规定了侦查办案人员"出庭作证或者说明情况"。这里"出庭作证"一语,准确地将侦查办案人员出庭的身份定位为证人。侦查办案人员出庭,只能是证人角色。

(3) 辩护人能否作为证人？这可从以下几个方面来理解：

辩护人不能在其参与的诉讼中担任证人。"从刑事诉讼法的规定看，辩护人的责任是'根据事实和法律，提出证明犯罪嫌疑人、被告人无罪、罪轻或者减轻、免除其刑事责任的材料和意见，维护犯罪嫌疑人、被告人的合法权益'。律师法也有该项规定。因此，如果律师在担任该案辩护人之前就对该刑事案件中犯罪嫌疑人的犯罪行为等案情有所了解，就应根据刑事诉讼法的规定——'凡是知道案件情况的人，有作证的义务'履行作证义务，充当证人而不得再接受被告人委托或司法机关指定担任该案的辩护律师。反之，如果律师在担任辩护人后，通过参与诉讼而了解到了犯罪嫌疑人或被告人的有关犯罪的情况，则不能违背上述刑事诉讼法、律师法的规定而去作证、充当证人。"[1]

我们认为，辩护人一般不得在其参与的诉讼中担任证人。这是因为：首先，这种做法容易在律师和委托人之间产生冲突。证人负有如实作证的义务。在很多案件中，有利于被告人和不利于被告人的情况往往混在一起。如果律师仅仅陈述对被告人有利的证言，则违反了其如实陈述的义务；如果其陈述不利于被告人的证言，则违反了作为辩护人的职责，从而在辩护人和委托人之间产生冲突。其次，这种做法会混淆辩护人和证人的职能。证人需要在个人认知的基础上作证，而辩护人则要对他人提供的证据进行解释和评论。这两种职责在很大程度上是不相容的。正如美国律师协会《职业行为示范规则》3.7 注释所言："辩护人—证人所作的陈述应当被认为是证据还是对证据的分析，会无法弄清"。

(二) 证人的义务与权利

1. 证人的作证义务。

(1) 证人的作证义务，主要是由以下特点决定的：

第一，证人出庭作证行为具有利他性。这种利他性，是指普通证人出庭作证是为了解决有关案件事实的争议，通过提供证言或者其他证据为司法裁判活动提供事实基础，使有关人员的合法权益得到维护。证人作为诉讼参与人，对于案件结果而言，不具有直接利害关系，在诉讼中并不承担控诉职能或者辩护职能，其参加诉讼活动的主要作用在于为诉讼结果的产生创造条件。因此，证人的出庭作证行为具有利他性，有助于实现司法权的顺利运作。当然，这种利他性不能笼统而言，例如在英美法系国家，当事人也可以作为证人出庭作证，这种作证行为可能就有利己性。

第二，证人出庭作证行为具有不可替代性。在西方大陆法系国家，证人是指就其感知的案件事实向司法机关作证的第三人。在英美法系国家，普通证人也是根据其感知的案件事实向法院作证。证人是凭借其亲身体验作证的自然人。其感知、记忆、表述能力以及能否诚实作证，对于案件事实的认定具有直接的影响。因此，要当庭审查这些影响证人证言证明力的因素。如果证人不出庭，则无法对这些因素进

---

[1] 何家弘主编：《新编证据法学》，法律出版社 2000 年版，第 168~169 页。

行审查。证人的不可替代性,一方面是指不能由其他人员代替证人出庭,另一方面是指不得以证人的庭外陈述代替证人的庭上证言。无论是大陆法系国家的直接言词原则,还是英美法系国家确立的反对传闻证据规则,其适用的直接结果,都是要求证人必须出庭。

(2) 根据我国法律的相关规定,证人的主要义务包括:

第一,出庭作证的义务。《刑事诉讼法》第62条第1款规定:"凡是知道案件情况的人,都有作证的义务。"《民事诉讼法》第75条第1款规定:"凡是知道案件情况的单位和个人,都有义务出庭作证。"第76条规定:"经人民法院通知,证人应当出庭作证。有下列情形之一的,经人民法院许可,可以通过书面证言、视听传输技术或者视听资料等方式作证:(一)因健康原因不能出庭的;(二)因路途遥远,交通不便不能出庭的;(三)因自然灾害等不可抗力不能出庭的;(四)其他有正当理由不能出庭的。"最高人民法院《民事诉讼证据规定》第68条规定:"人民法院应当要求证人出庭作证,接受审判人员和当事人的询问。证人在审理前的准备阶段或者人民法院调查、询问等双方当事人在场时陈述证言的,视为出庭作证。双方当事人同意证人以其他方式作证并经人民法院准许的,证人可以不出庭作证。无正当理由未出庭的证人以书面等方式提供的证言,不得作为认定案件事实的根据。"最高人民法院《行政诉讼证据规定》第41条规定:"凡是知道案件事实的人,都有出庭作证的义务。……"[1]

第二,如实提供证言的义务。证人负有如实陈述其所观察之事实的义务。这是证人作证义务的本质。《刑事诉讼法》第54条第1款规定:"人民法院、人民检察院和公安机关有权向有关单位和个人收集、调取证据。有关单位和个人应当如实提供证据。"第125条规定:"询问证人,应当告知他应当如实地提供证据、证言和有意作伪证或者隐匿罪证要负的法律责任。……"第194条规定:"证人作证,审判人员应当告知他要如实地提供证言和有意作伪证或者隐匿罪证要负的法律责任。"最高人民法院《民事诉讼证据规定》第72条第1款规定:"证人应当客观陈述其亲身感知的事实,作证时不得使用猜测、推断或者评论性语言。"这些规定一方面规定了公检法机关调查收集证据的权力,另一方面也规定了证人如实作证的义务。

2. 证人作证的权利。证人不仅承担义务,而且也享有一定的权利。证人的权利具有依附性,即依附于证人的义务。换言之,证人所享有的权利,主要是为了更好地促进其对作证义务的履行。证人的权利对其义务的实现具有保障作用,只有尽了证人的义务,才能享受证人的权利。

---

[1] 该条同时规定,有下列情形之一的,经人民法院准许,当事人可以提交书面证言:①当事人在行政程序或者庭前证据交换中对证人证言无异议的;②证人因年迈体弱或者行动不便无法出庭的;③证人因路途遥远、交通不便无法出庭的;④证人因自然灾害等不可抗力或者其他意外事件无法出庭的;⑤证人因其他特殊原因确实无法出庭的。

证人的权利可以大致分为四个方面：

（1）使用本民族语言文字提供证言的权利。《刑事诉讼法》第 9 条第 1 款规定："各民族公民都有用本民族语言文字进行诉讼的权利。人民法院、人民检察院和公安机关对于不通晓当地通用的语言文字的诉讼参与人，应当为他们翻译。"《民事诉讼法》第 11 条和《行政诉讼法》第 9 条也作了相应的规定。

（2）因作证而受到法律保护的权利。《刑事诉讼法》规定的权利包括：①获得提供证据的条件的权利。第 52 条规定："……必须保证一切与案件有关或者了解案情的公民，有客观地充分地提供证据的条件，除特殊情况外，可以吸收他们协助调查。"②证人和近亲属的安全获得保障的权利。第 63 条规定："人民法院、人民检察院和公安机关应当保障证人及其近亲属的安全。对证人及其近亲属威胁、侮辱、殴打或者打击报复，构成犯罪的，依法追究刑事责任；尚不够刑事处罚的，依法给予治安管理处罚。"第 64 条还规定了，对于危害国家安全犯罪、恐怖活动犯罪、黑社会性质的组织犯罪、毒品犯罪等案件，证人、鉴定人、被害人因在诉讼中作证，本人或者其近亲属的人身安全面临危险的，人民法院、人民检察院和公安机关应当采取的保护措施，例如，不公开真实姓名、住址和工作单位等个人信息；对人身和住宅采取专门性保护措施等。第 71 条、第 74 条也明确规定，被取保候审、监视居住的犯罪嫌疑人、被告人不得以任何形式干扰证人作证，违反上述规定的，可处以没收保证金、重新交纳保证金、提出保证人或者监视居住、予以逮捕。此外，《人民法院办理刑事案件第一审普通程序法庭调查规程（试行）》（以下简称《刑事案件一审法庭调查规程（试行）》）第 16 条进一步规定："证人、鉴定人、被害人因出庭作证，本人或者其近亲属的人身安全面临危险的，人民法院应当采取不公开其真实姓名、住址和工作单位等个人信息，或者不暴露其外貌、真实声音等保护措施。决定对出庭作证的证人、鉴定人、被害人采取不公开个人信息的保护措施的，审判人员应当在开庭前核实其身份，对证人、鉴定人如实作证的保证书不得公开，在判决书、裁定书等法律文书中可以使用化名等代替其个人信息。审判期间，证人、鉴定人、被害人提出保护请求的，人民法院应当立即审查，确有必要的，应当及时决定采取相应的保护措施。必要时，可以商请公安机关采取专门性保护措施。"

（3）程序性权利。主要包括：①得到及时通知的权利。例如，《刑事诉讼法》第 187 条规定，通知证人出庭的通知书，至迟在开庭 3 日前送达证人。最高人民法院《民事诉讼证据规定》第 69 条第 1 款规定："当事人申请证人出庭作证的，应当在举证期限届满前向人民法院提交申请书。"②对证言笔录进行阅读及要求补正的权利。例如，对证人的询问笔录应当交证人核对，对于没有阅读能力的，应当向他宣读。如果记载有遗漏或者差错，证人可以提出补充或者改正。证人请求自行书写证言的，应当准许。必要时，侦查人员也可要求证人亲笔书写证言。

（4）费用补偿权利。作证费用补偿权是证人的一项重要权利。证人因为出庭作证，必然要耗费精力、财力和时间，影响正常的工作和生活，不可避免地要受到一定的经济损失,因此要进行合理补偿。《刑事诉讼法》第65条规定:"证人因履行作证义务而支出的交通、住宿、就餐等费用,应当给予补助。证人作证的补助列入司法机关业务经费,由同级政府财政予以保障。有工作单位的证人作证,所在单位不得克扣或者变相克扣其工资、奖金及其他福利待遇。"最高人民法院《民事诉讼证据规定》第75条第1款规定:"证人出庭作证后,可以向人民法院申请支付证人出庭作证费用。证人有困难需要预先支取出庭作证费用的,人民法院可以根据证人的申请在出庭作证前支付。"此外,最高人民法院《刑事案件一审法庭调查规程(试行)》第17条进一步规定:证人出庭作证所支出的交通、住宿、就餐等合理费用,列入证人出庭作证补助专项经费,在出庭作证后由人民法院依照规定程序发放。

二、证人证言的可信性审查

证人证言是否可信,有两个重要的决定因素:一是证人对案件事实是否有正确的感知、记忆能力以及正确表达这一感知的能力;二是证人是否愿意如实地陈述其感知的案件事实。因此,证人的可信性包括两个方面的内容,即证人的诚实性和发生错误的可能性。可信性不等于诚实性,"善意的证人也可能提供虚假的证言,证人得知案件情况并向司法机关陈述是一个复杂的过程,在这个过程中,许多因素都可能影响证人对客观事物的正确感受、记忆和表述。证人虽然主观上愿意如实反映情况,但由于受到种种因素的影响,反映的情况也可能并不真实"[1]。

(一) 证人证言可信性审查的内容

如前所述,证人证言的证明力受到证人的诚实性和证人感知、记忆和表述能力等因素的影响。换言之,它取决于证人说实话的意愿及其说实话的能力。因此,对证言证明力的评估,也是围绕这些方面进行的。英美法系从当事人主义出发,采取了对抗弹劾的方式。对证人可信性进行弹劾的方法主要有五种。分别为:①证明证人自相矛盾;②证明证人因情感或经济利益的影响,对一方证人有所偏袒;③证明证人的品性不可信;④证明在重要事实上该证人的证言与其他证人的证言之间存在矛盾;⑤证明证人的感知、回忆和表述能力存在缺陷。前四种方法主要是针对证人的诚实性。此外,证人在庭上的举止也可以用来评价其可信性。

证人证言只有查证属实后,才能用作定案的依据。这包括以下几个方面:

1. 证言收集的合法性审查。法律对收集各种证据的方法作了规定,只有按照法律规定收集到的证人证言,才能用作证据。非法收集证人证言主要表现为:询问证人时不按法定程序进行,如利用座谈会、讨论会的形式收集证言;询问方法违法,如利用威胁、引诱的方式套取证言;询问笔录不让证人阅读或补正,证人没有签名等。

2. 证言来源的审查。一般来说,证人亲自感知的事物比听别人转述的更真实。如果证人证言仅是道听途说,或纯系推测、猜测,都不能作为证据。

---

[1] 巫宇甦主编:《证据学》,群众出版社1983年版,第195页。

3. 证言的形成情况的审查。证人证言还受到其思想意识、道德水平，及其同被害人、犯罪嫌疑人的关系等社会因素影响。因此，在审查判断证人证言时，对这些因素也要进行审查。

(二) 证人证言的导出方式

为了使证人作出有利于查明事实真相的证言，需要对证人进行适当的提问。可以将证人证言的导出方式分为两种，一种是叙述式，一种是问答式。

1. 叙述式证言导出方式。这种证言导出方式也被称为会话式陈述。自由叙述式的导出方式中，通常向证人提出一个综合性的问题，然后由证人进行描述，使证人就要证明的事实主张连续陈述其所记忆的事情。

叙述式证言导出模式，是西方大陆法系国家审判中证言的主要导出模式。例如，法国《刑事诉讼法典》第 331 条规定："除第 309 条规定的情况外，证人在作证过程中不得被打断。"[1] 但是，这一规则并不妨碍审判长在证人作证过程中指示向各陪审员出示具体佐证该证言的文件或者照片。[2] 德国《刑事诉讼法典》第 69 条第 1 款规定："对证人应当让他连续陈述他对所被询问事项所知道的情况。在询问之前要对他言明所要调查的事项和在有被指控人的情况中言明被指控人。"

叙述式证言导出模式与大陆法系国家庭审中法官和控辩双方的权力（利）配置是一致的。在这种模式中，庭审的事实裁判者主要是职业法官，由于其在庭审中发挥着主导作用，既是询问者，又是裁判者，不易受到证人任意性回答的影响，因此无需以问答式来抑制证人回答的任意性。同时，职业法官拥有主持庭审的权力，自身就可以对证人回答的任意性加以调控。

2. 问答式证言导出模式。这种证言导出模式，要求证人不得进行演讲式叙述，而要对向他提出的问题进行针对性回答。该模式中，询问者要针对待证事实之各项具体细节分别提问，让证人逐项回答。这是英美法系证人证言的导出模式。华尔兹教授指出："在大多数欧洲国家中，刑事案件中的证人站在证人席上宣读一份很长而且有时是杂乱无章的关于其所知案情的陈述。依据美国法律盘问证人的方式却与之不同。在此，所有证人都通过问答方式提供证言。我们要求证人对盘问律师提出的相对集中的问题作出回答，这种方法允许对方律师在预见到某问题会使陪审团听到不得采用的证据时及时提出反对，以免证人作出有危害的回答。"[3]

问答式证言导出模式，与庭审中法官和控辩双方的权力（利）配置有密切的关系。由于在英美法系庭审中控辩双方发挥着主导作用，为了避免双方在对抗中使得

---

[1] 法国《刑事诉讼法典》第 309 条规定："审判长有权维持法庭秩序和指导审判。审判长有权阻止任何旨在损害法庭尊严或者无助于对案件作出更准确判断的行为。"

[2] 参见 [法] 卡斯东·斯特法尼、乔治·勒瓦索、贝尔纳·布洛克：《法国刑事诉讼法精义》（下），罗结珍译，中国政法大学出版社 1999 年版，第 760 页。

[3] [美] 乔恩·R. 华尔兹：《刑事证据大全》，何家弘等译，中国人民公安大学出版社 1993 年版，第 35 页。

证人作出不具有可采性的证言,影响非职业化的陪审团,对方律师在预见到对于对方提问的回答将可能使陪审团听到不具有可采性的证言时,能够及时提出异议。此外,英美法系庭审活动从当事人主义出发,允许控辩双方从策略角度,就证人能够提供的信息有所选择地呈供给法庭,也是采取问答式证言导出模式的一个重要原因。

3. 我国庭审证言的导出方式。2017年6月最高人民法院《刑事案件一审法庭调查规程(试行)》第22条规定:"控辩双方可以通过提问的方式向证人询问与案件事实有关的问题,也可以让证人向法庭自由陈述其所亲自感知的案件事实。"因此,我国庭审既可采用西方大陆法系国家的叙述式证言导出方式,也可采用与英美法系大致相同的问答式证言导出方式。鉴于问答式证言导出方式更具有技术性,下面仅讨论该方式所涉及的问题。

(1)我国庭审证人证言的问答式导出步骤。

第一,向证人发问应当先由提请传唤的一方进行。这种询问,从性质上说,属于直接询问。《刑事诉讼法》第194条规定:"公诉人、当事人和辩护人、诉讼代理人经审判长许可,可以对证人、鉴定人发问。审判长认为发问的内容与案件无关的时候,应当制止。"《刑事案件一审法庭调查规程(试行)》第19条进一步明确规定:证人出庭后,先向法庭陈述证言,然后先由举证方发问;发问完毕后,对方也可以发问。此外,最高人民法院《民事诉讼证据规定》第68条第1款规定:"人民法院应当要求证人出庭作证,接受审制人员和当事人的询问。……"

第二,提请传唤证人的一方发问完毕后,经审判长准许,对方也可以发问。对方的询问,在性质上属于交叉询问。最高人民法院《刑事诉讼法解释》第259条第1款规定:"证人出庭后,一般先向法庭陈述证言;其后,经审判长许可,由申请通知证人出庭的一方发问,发问完毕后,对方也可以发问。"第2款规定:"法庭依职权通知证人出庭的,发问顺序由审判长根据案件情况确定。"第260条规定:"鉴定人、有专门知识的人、调查人员、侦查人员或者其他人员出庭的",参照适用第259条规定。

第三,审判人员认为有必要时,可以询问证人。这是审判人员依职权进行法庭调查的一种方式。《刑事诉讼法》第194条第2款规定:"审判长可以询问证人、鉴定人。"最高人民法院《刑事诉讼法解释》第263条规定:"审判人员认为必要时,可以询问证人、鉴定人、有专门知识的人、调查人员、侦查人员或者其他人员。"最高人民法院《刑事案件一审法庭调查规程(试行)》第19条也明确规定:审判人员认为必要时,可以询问证人。最高人民法院《民事诉讼证据规定》第74条规定:"审判人员可以对证人进行询问。当事人及其诉讼代理人经审判人员许可后可以询问证人。"

(2)我国庭审询问证人的规则。最高人民法院《刑事诉讼法解释》第261条规定了询问证人的规则:①发问的内容应当与本案事实有关;②不得以诱导方式发问;③不得威胁证人;④不得损害证人的人格尊严。最高人民法院《民事诉讼证据规定》

第 78 条规定:"当事人及其诉讼代理人对证人的询问与待证事实无关,或者存在威胁、侮辱证人或不适当引导等情形的,审判人员应当及时制止。必要时可以依照民事诉讼法第一百一十条、第一百一十一条的规定进行处罚。"最高人民法院《刑事案件一审法庭调查规程(试行)》第 21 条规定:"控辩一方发问方式不当或者内容与案件事实无关,违反有关发问规则的,对方可以提出异议。对方当庭提出异议的,发问方应当说明发问理由,审判长判明情况予以支持或者驳回;对方未当庭提出异议的,审判长也可以根据情况予以制止。"

从上述规定来看,我国证据法中询问证人的规则,还没有区分清楚直接询问和交叉询问的不同规则。上述规定中"不得以诱导方式发问"一条,实际上只适用于直接询问,交叉询问的规则恰恰是"以诱导方式发问"。诱导方式发问,即提出诱导性问题。什么是诱导性问题?对其界定最常引用的是英国证据法学家斯迪芬(J. F. Stephen)《证据法摘要》中的定义:所谓诱导性问题,就是暗示了提问者希望得到的回答或者暗示了证人尚未作证证明的争议事实之存在的问题。[1] 在普通法上,就直接询问和交叉询问设置了若干重要的规则,其中最为重要的,就是诱导性提问规则。该规则的基本内容是,交叉询问者可以提出诱导性问题,直接询问一般不能提出诱导性问题。正因交叉询问可以提出诱导性问题,才成就了"它仍然是我们曾经发明的揭示事实真相之最伟大的法律引擎"[2]。

(三) 证人的退庭和隔离

要求证人退庭和对证人进行隔离是保证证言可信性的重要措施。如果证人在作证之前听到了其他证人的证言,或者他们之间能够就作证事项进行交流,则证人可能就会根据其他证人的证言而对自己的证言进行剪裁,以使二者相适应。同时,也难以排除证人在潜意识里受到影响的危险。这样,在对证人进行交叉询问时,将增加揭露其中虚假、不一致或者不精确成分的难度。因此,许多国家对于证人的退庭和隔离问题作了明确规定。例如,美国《联邦证据规则》615 把证人的退庭作为一项权利来对待,同时,法院也有权自行作出要求证人退庭的命令。如果证人违反了法院关于退庭或隔离的命令,则由法官根据自由裁量权采取适当的补救措施,如拒绝证人作证、宣布审判无效或者就证人可信性的判断向陪审团作出警告性指示。法院也可以判定证人藐视法庭。

我国《刑事诉讼法》对证人的退庭和隔离没有作明确规定。最高人民法院《刑事诉讼法解释》第 265 条规定:"证人、鉴定人、有专门知识的人、调查人员、侦查人员或者其他人员不得旁听对本案的审理。有关人员作证或者发表意见后,审判长

---

[1] 参见王进喜:《刑事证人证言论》,中国人民公安大学出版社 2002 年版,第 246 页。

[2] 参见 [美] 约翰·亨利·威格莫尔:"论普通法审判中的证据制度",转引自 [美] 罗纳德·J. 艾伦等:《证据法:文本、问题和案例》,张保生、王进喜、赵滢译,满运龙校,高等教育出版社 2006 年版,第 114 页。

应当告知其退庭。"最高人民法院《刑事案件一审法庭调查规程（试行）》第23条也进一步明确规定："有多名证人的案件，向证人发问应当分别进行。多名证人出庭作证的，应当在法庭指定的地点等候，不得谈论案情，必要时可以采取隔离等措施。证人出庭作证后，审判长应当通知法警引导其退庭。证人不得旁听对案件的审理。"最高人民法院《民事诉讼证据规定》第74条第2款规定："询问证人时其他证人不得在场。"这些规定确立了法官在证人退庭和隔离问题上的职权。

（四）意见证据规则

证人意见或意见证据，是指证人对案件事实的个人看法或主观推测。英美法系将证人区分为外行证人和专家证人。外行证人只能就事实作证，而不能就建立在事实上的意见作证。西方大陆法系国家则一般把证人和鉴定人明确予以区分，对于证人，要求其根据自己所了解的事实提供证言自属应当，对于其根据自己所体验的事实进行一些必要的分析、判断或者推测一般并无明确的禁止。鉴定人的意见则是一种独立的证据种类，属于专家证言。

普通证人的意见证据应当被排除的法理根据包括：①允许意见证言将僭越事实裁判者之职能；②有使立证混乱，发生偏之虞；③证人的意见往往依据不具有可采性的证据。鉴于采纳证人意见具有诸多弊端，许多国家和地区在立法上对此加以明确排斥，存在着限制使用和全然否定两种做法。最高人民法院《民事诉讼证据规定》第72条第1款规定："证人应当客观陈述其亲身感知的事实，作证时不得使用猜测、推断或者评论性语言。"

1. 证人应当具有感知能力、辨别是非的能力和正确的表述能力。应当假定每个人都有作证的资格，非有相反证据，不得排除该证人。

2. 侦查人员有出庭作证的义务。

3. 在证人证言的运用方面，存在着导出方式、诱导性问题、意见证据等方面的规制。

6.4. 阅读以下案例，并回答：①对于由侦查人员签名的"情况说明"，你有何评论？②在本案中，为了证明是否存在刑讯逼供的事实，侦查人员是否具有作为证人的资格和义务？

回到思考题2.9. 章某某受贿案。在一审程序中，辩护人声称，侦查机关对被告人有罪供述的取得采取了刑讯逼供或变相刑讯逼供、诱供、欺骗等手段。在庭审中，控方提供了被告人的供述笔录、侦查机关盖章并有侦查人员签名的情况说明，播放了审讯录像片段等证据,以证明不存在刑讯逼供行为。辩护人向法庭申请要求侦查人员出庭说明是否存在刑讯逼供的情况,但检察院明确拒绝侦查人员出庭。

6.5. 证人承担哪些义务,拥有哪些权利?

6.6. 李某和周某涉嫌共同入室盗窃,且李某还涉嫌抢劫。在审判中,关于李某的犯罪事实存在以下证言:①方某的证言:"我居住在案发地点马路对面的楼房,与被害人住处相隔大约300米。当时我恰好从窗户看到李某进入被害人家里。"②赵某的证言:"我很早就认识李某了,他游手好闲、不务正业。在案发前我看到他去五金店买了一些东西,当时我就怀疑是螺丝刀、钳子之类的作案工具。"③共犯周某关于李某涉嫌抢劫罪的证言:"他告诉我,1年前他拦路抢劫过别人的财物。"在审查这三份证言可信性的时候,应当注意哪些影响因素?

第三节 作证特免权

一、作证特免权概述

绝大多数证据规则,如相关性规则、反对传闻规则、意见证据规则、最佳证据规则等,其目标都是促进事实真相的发现,通过排除不可信的、具有误导性的证据而更好地发现真实。相反,作证特免权规则并不是为了促进事实发现程序。美国有学者指出,对于绝大多数证人特免权而言,"它们排除相关证据是为了促进与准确的事实发现无关的外部政策。它们的主要目标是保护某些法庭之外的关系和利益。这些关系和利益被认为非常重要,即使使司法程序失去有用的证据也在所不惜"。[1]因此,证人的特免权和豁免,可能导致具有相关性和可信性的证据不能进入证明活动,从而有损于事实发现程序。正是出于这样的原因,特免权规则往往被规定为作证原则的例外。

特免权制度实际上是价值选择的结果。相当数量的特免权是为了保护各种职业关系中的秘密交流,包括律师与委托人、医生和患者、神职人员和忏悔者的关系等。传统的观点认为,之所以要设立这些特免权,是因为公共政策要求鼓励这种交流,否则这种职业关系就不可能有效。这一功利主义的观点被威格莫尔认为是特免权最主要的理论基础,并为英美法系国家法院所广泛接受。近些年来还有人提出了新的隐私权观点。根据这一观点,社会有一些隐私利益需要这些特免权的保护。

从英美法系和大陆法系国家关于特免权的法律规定来看,前者的规定比较完整。因此,这里主要从英美法系国家的规定来考察。作为特免权规则,主要由以下几个要素组成:

---

[1] See Ronald J. Allen, Richard B. Kuhns and Eleanor Swift, *Evidence: Text, Cases, and Problems*, 2nd ed., 1997, p.989.

1. 特免权的所有者，又称特免权的主体，有权主张特免权，并且只有其才能放弃该特免权。一旦该所有者放弃了该特免权，其他人则不能主张该特免权。如果特免权的所有者不能主张该特免权，能够代表该特免权所有者的人，如其监护人、保护人可以代表其主张该特免权。在涉及职业关系的特免权中，有关职业人员可以为其委托人/交流者主张该特免权。

2. 特免权的范围。每种特免权都有特定的范围。如果不符合这一条件，例如在律师和委托人交流时有不必要的第三人在场，则律师和委托人之间进行的交流就不属于秘密交流，因而不受特免权的保护。

3. 特免权的放弃。特免权的所有者放弃该特免权有三种途径：①通过言词或行为明示放弃；②不主张该特免权，而默示放弃；③自愿公开有关秘密交流。

4. 特免权的例外。由于特免权规则是解决价值冲突的规则，而对于价值的权衡并无一成不变的准则。因此一般情况下，每种特免权都有一系列的例外规定。例如，美国《统一证据规则》502（d）款规定，如果寻求或获取律师的服务，是为了使任何人能够或者帮助其从事或者策划从事委托人明知或者应当知道是犯罪或欺诈行为的活动等情况下，不存在该条规则规定的特免权。

在国际法律文件中，律师—委托人特免权往往受到特别的重视。例如，联合国1990年《关于律师作用的基本原则》规定："遭逮捕、拘留或监禁的所有的人应有充分机会、时间和便利条件，毫无迟延地、在不被窃听、不经检查和完全保密情况下接受律师来访和与律师联系协商。这种协商可在执法人员能看得见但听不见的范围内进行。""各国政府应确认和尊重律师及其委托人之间在其专业关系内的所有联络和磋商均属保密。"这一原则确立了律师与委托人交流的秘密性。

二、律师—委托人作证特免权

（一）律师—委托人作证特免权的起源及其论争

律师—委托人作证特免权（attorney-client privilege），又称律师作证特免权，是指在诉讼活动中，即使律师具有证人的能力，仍然能够就其因提供法律服务而从委托人处知悉的委托人秘密信息拒绝作证。

从历史来看，在各种作证特免权中，律师—委托人作证特免权是第一个得到认可的特免权。从英国的判例看，该特免权最早可以追溯至1577年。在博德诉拉芙蕾丝（Berd v. Lovelace）案中，托马斯·哈维垂（Thomas Hawtry）是本案律师（solicitor），收到了传票，要求其就其所知的诉状与供词的不一致问题作证。哈维垂宣誓说，他曾是并且还是本案被告的律师。法官判定，就该同一事项，不得强迫哈维垂作证；就此他没有藐视法庭的危险。该案件被视为确立了最早的律师—委托人特免权。威格莫尔教授指出："特免权的历史可以追溯至伊丽莎白一世统治时期，这个时候的特免权似乎已经毋庸置疑。"在这个时期，律师—委托人特免权的理论基础被认为是圣贤之士的礼仪规范与律师的荣誉感。律师在进行职业宣誓时，要宣称保守秘密，因此对于委托人的信赖，律师负有职业上的保密义务。未经委托人授权而披露委托人的秘密，是一种不道德的背叛行为。传唤律师来公开其委托人的不名誉之事而使律师处于尴尬境地是不妥当的，因此，需要为律师设立绝对的特免权。随着产生这一规则的社会理念的衰微，该特免权的理论基础也发生了变化。

到了18世纪，对于律师尊严的强调逐渐减少，人们开始强调这一特免权服务于发现事实之司法目的。这个在今天仍然是支持该特免权主要理由的观点认为，律师—委托人特免权建立在三个假设基础上：①由于法律的复杂性，为了保证社会成员能够遵守这些法律，解决彼此争端，需要获得专业人员的帮助，因此一个人获得律师的帮助是有益的；②律师的法律服务和帮助，必须建立在委托人对有关事实充分公开的基础上。如果律师对于委托人的状况没有充分的了解，就不可能有效履行这一职责；③如果不能向委托人保证律师不会被强迫在法庭上披露委托人的秘密，则委托人就不会向律师充分披露有关信息。为了保证委托人充分公开有关事实，律师必须向委托人保证其私下交流能够处于保密状态。根据这一理论，保证委托人能够向律师推心置腹的利益，超过了法庭能够获得所有相关证据的利益。"这一假定特免权能够引导委托人从事某种行为的明显功利的理由，在常识上普遍受到认同。委托人向律师倾吐其案情时会略去他认为会对其不利的部分，这一倾向每天都会看到。这使得一个审慎的律师有必要在询问其委托人时，找出可能不利的事实。在刑事案件中，从被告人那里获得信息全面的披露，其困难是众所周知的，因此如果被告人知道能够强迫律师重复所被告知的一切时，被告人对案情的披露当然会绝对不可能。"[1]

上述这些理由，从未使所有人都信服。英国功利主义法学家边沁对此提出了尖锐的批评。边沁认为，由于律师—委托人特免权使得违法者抱了这样的希望，即向律师披露的不利信息不会在法庭上用来反对他们，因而削弱了法律的阻却效果。边沁认为，这一特免权对于无辜者是不必要的，对于有罪者则不应当给其这样的帮助。[2] 对此，威格莫尔驳斥说，边沁的观点错误地认为，一方当事人的所有事实和行为都是完全正确和合法的，另一方的则完全是错误和非法的。但是就大部分案件而言，每一方当事人都有所顾忌。如果没有特免权保护，一些人常常会因为案件的不利部分或者可能不利的部分而不敢去寻求咨询。因此，他认为，为了促进委托人与法律建议者之间磋商的自由性，必须消除可以强迫法律建议者披露有关信息的顾虑；因此法律必须禁止法律建议者披露有关信息，除非得到委托人的同意。[3]

除了传统的理论外，20世纪50年代后，美国学者还提出了隐私权理论、附条件

---

[1] John W. Strong, *McCormick on Evidence*, 5th ed., 1999, p.344.

[2] See Ronald J. Allen, Richard B. Kuhns and Eleanor Swift, *Evidence: Text, Cases, and Problems*, 2nd ed., 1997, p.1044.

[3] See Ronald J. Allen, Richard B. Kuhns and Eleanor Swift, *Evidence: Text, Cases, and Problems*, 2nd ed., 1997, pp.1045~1046.

抗辩等理论来支持律师——委托人特免权。[1]

（二）律师——委托人作证特免权中的公共利益考量

尽管对该特免权的存在有多种理论，从实践来看，各国均确认律师职业秘密问题的公共利益理论基础。律师职业特免权问题的基本内核，实际上是利益权衡原则。荷兰最高法院曾指出："任何人必须能够自由地获得（被信托而知悉有关秘密信息的人的）帮助和建议，并且无须担心上述信息会被公开，这一社会利益，超过了在法庭上公开有关事实而获得的社会利益。"美国律师协会《职业行为示范规则》规定："律师是司法制度的一员，有责任维护法律。律师的功能之一就是为委托人提供建议，以使他们适当地行使权利，避免违反法律。""律师遵守不侵犯委托人秘密信息的道德义务，不仅有利于全面获得对于适当代理委托人非常重要的事实，而且有利于鼓励人们尽早寻求法律帮助。""几乎没有例外，委托人找到律师，是为了在法律和法规的迷宫中确定他们的权利是什么，以及什么被认为是合法的、正确的。普通法认识到委托人的秘密必须受到保护，免于公开。根据经验，律师们知道，几乎所有的委托人都采纳了他们的建议，并且法律得到了维护。""委托人律师关系的一个基本原则是，律师应当维持与代理有关的信息的秘密性。这样，才能鼓励委托人与律师进行充分、坦率的交流，即使是令人尴尬的或在法律上有害的事项。"[2] 法国律师色何勒-皮埃尔·拉格特也指出："在欧共体的各成员国，法律保护当事人对于他的律师的信任。各个成员国这样做的目的是相同的，即保护每一个需要借助法律实现他的权利和维护他的自由的人能够求助于律师的指点和帮助，并保证法律的正确实施。只有在律师和当事人相互信任的情况下，这些目的才能实现。因此，也就产生并形成了律师的权利和义务。这与其说是为了律师个人的利益，倒不如说是为了公众和社会的利益。"[3] 总之，确立律师——委托人作证特免权规则，是就两种冲突的利益进行权衡的结果。一般而言，律师保守委托人秘密的职责所体现的公共利益更为重要。

（三）律师作证特免权的例外

诉讼的最大目标就是发现案件真相，而律师作证特免权的直接目标——保证委托人告知的秘密信息不被泄露——的实现，是以排除某些证据进入诉讼程序为代价的。因此，实现律师作证特免权的直接目标，意味着要贬抑诉讼发现案件真相的机

---

[1] 隐私权理论认为，对于隐私权的考虑，在律师——委托人作证特免权的形成方面发挥着一定作用。附条件抗辩理论认为，特免权将给对手增加费用。如果一个人认为向律师公开不利的事实将减少其他当事人调查费用，这将阻止该当事人向他的律师披露案情。该理论认为，该特免权的最终支持理由，是由于增加了附条件抗辩的可得性而能够改善有关当事人行为的动机。该理论比较复杂，详情请参见 Ronald J. Allen, Richard B. Kuhns and Eleanor Swift, *Evidence: Text, Cases, and Problems*, 2nd ed., 1997, pp. 1032~1043.

[2] 美国律师协会：《职业行为示范规则》，规则1.6，注释1~4。

[3] [法]色何勒-皮埃尔·拉格特、[英]帕特里克·拉登：《西欧国家的律师制度》，陈庚生等译，吉林人民出版社1991年版，第178页。

能，从而与诉讼目标的实现存在着直接的对抗性。[1] 这种难以避免的对抗性，迫使实践中对律师作证特免权进行了严格的限制性解释，以保证诉讼发现真相的机能不受到过分的压抑。为此，在设立律师的作证特免权一般规则同时，各国立法还往往设定相应的例外。例如，美国《联邦证据规则建议稿》503 规定，在下列情况下，不存在该规则所规定的律师作证特免权：

①促进犯罪或欺诈。在律师的服务被用于寻求、使之实现或帮助任何人实施或策划实施委托人知道或应当合理知道的犯罪或欺诈活动的情况下；

②通过同一已亡委托人提出主张者。就某个与通过同一已亡委托人提出主张的当事人之间的争议相关的交流而言，无论该主张是遗嘱继承、非遗嘱继承还是生前行为；

③律师或委托人违反职责。就某个与律师违反其对委托人的职责或委托人违反其对律师的职责的问题相关的交流而言；④律师认证的文件。就某个与律师作为认证证人的认证文件的问题相关的交流而言；

⑤共同委托人。就某个与两位或以上的委托人之间的共同利益事项相关的交流而言，且该交流是其中任何人向其共同聘请或咨询的律师所作出，并在任何委托人之间的诉讼中被提供的情况下。[2]

（四）我国律师作证特免权的立法与司法现状

1. 我国《律师法》并没有规定律师—委托人作证特免权。[3] 有观点认为，2007 年《律师法》第 38 条第 2 款实际确立了律师—委托人作证特免权。"表面上看，这一部分内容是以义务的形式出现的。而一旦律师依法严格履行了这一义务，则必然不再存在律师就其在执业活动知悉的情况和信息进行举报、作证的问题。律师即使遇到了这样一种要求，也可以履行保密义务为正当理由，予以拒绝，而不会产生法律上的不利后果。因此，就上述规定的实质而言，其实是赋予了律师举报作证义务豁免的权利。从这种意义上来讲，律师就其在执业活动中知悉的有关情况和信息予以保密，既是义务，也是一种权利。"[4] 律师—委托人特免权与律师的保密义务存在一定的重叠，但二者不是一回事。前者因为存在着妨碍事实发现和认定的可能

---

〔1〕 美国证据法专家威格莫尔虽然是律师—委托人作证特免权的最为著名的支持者，但是对于该特免权他也承认："它的益处都是间接的和理论上的；它的妨害之处是显见的和具体的。"

〔2〕 澳大利亚《1995 年证据法》第 121~126 条也就同意、共同委托人、不端行为等例外情况作了规定。参见《澳大利亚联邦证据法（中英对照）》，王进喜译，中国法制出版社 2013 年版，第 171~181 页。

〔3〕 2007 年《律师法》第 38 条第 2 款规定："律师对在执业活动中知悉的委托人和其他人不愿泄露的情况和信息，应当予以保密。但是，委托人或者其他人准备或者正在实施的危害国家安全、公共安全以及其他严重危害他人人身、财产安全的犯罪事实和信息除外。" 2012 年 10 月，该条第 2 款已经修改为："律师对在执业活动中知悉的委托人和其他人不愿泄露的有关情况和信息，应当予以保密。但是，委托人或者其他人准备或者正在实施危害国家安全、公共安全以及严重危害他人人身安全的犯罪事实和信息除外。"

〔4〕 王胜明、赵大程主编：《中华人民共和国律师法释义》，法律出版社 2007 年版，第 119 页。

性，因而在范围上往往受到严格限制，从各国的立法例看，一般限于律师与委托人进行的秘密交流；而后者则适用于委托人与律师的关系，因此其范围倾向于尽可能大，以促进委托人与律师的坦率交流。从《律师法》的实际执行情况看，委托人与律师之间的秘密交流也没有得到尊重。从这些角度看，《律师法》并没有确立律师——委托人作证特免权。

2. 2012年《刑事诉讼法》第一次初步确立了刑事诉讼的律师——委托人作证特免权。其第46条规定："辩护律师对在执业活动中知悉的委托人的有关情况和信息，有权予以保密。但是，辩护律师在执业活动中知悉委托人或者其他人，准备或者正在实施危害国家安全、公共安全以及严重危害他人人身安全的犯罪的，应当及时告知司法机关。"根据上述规定，我国律师——委托人作证特免权的特点是：

（1）我国目前仅仅确立了刑事诉讼中的律师——委托人作证特免权，《民事诉讼法》和《行政诉讼法》以及《律师法》中都没有规定律师——委托人作证特免权。

（2）之所以说我国仅仅是"初步确立了刑事诉讼的律师——委托人作证特免权"，是指这种作证特免权目前还缺乏相关配套的法律作为保障。例如，《刑法》第306条第1款规定："在刑事诉讼中，辩护人、诉讼代理人毁灭、伪造证据，帮助当事人毁灭、伪造证据，威胁、引诱证人违背事实改变证言或者作伪证的，处三年以下有期徒刑或者拘役；情节严重的，处三年以上七年以下有期徒刑。"完整的律师——委托人作证特免权与律师伪证罪存在着重大法律冲突。律师伪证罪成立的前提是，律师成为证人。因为按照逻辑，只有证人才能作伪证。然而，在委托人委托的诉讼案件中，律师不可能成为证人。因此，《刑法》第306条的辩护人、诉讼代理人中可能包含的律师构成伪证罪如果不予废除，律师——委托人作证特免权就不可能真正确立起来。

（3）我国律师——委托人特免权的保护范围，是辩护律师对在执业活动中知悉的委托人的有关情况和信息。这一规定在界限上是不明确的：①对于"委托人的有关情况和信息"的来源规定不明确，这些"委托人的有关情况和信息"是不是必须来源于委托人并不清楚；②"有关情况和信息"是限于口头交流，还是包括其他实物证据，规定得也不是很清楚。在《刑事诉讼法》实施中，有关机关应当对这些问题作出明确解释。

（4）我国现行律师——委托人特免权的例外，包括委托人或者其他人，准备或者正在实施危害国家安全、公共安全以及严重危害他人人身安全的犯罪这三种情况。

（5）我国律师——委托人特免权的权利享有者一般被理解为是律师，这与美国律师——委托人特免权的权利主体或享有者是委托人还有很大差距。如果该特免权的权利主体是委托人，律师辩护权就不仅是律师的权利，甚至主要不是律师的权利，而是从根本上说其权利来源于委托人，那么，特别是刑诉律师的辩护权就可从被告人司法人权保障的高度得到更大保护。

3. 律师——委托人特免权的主要功能是保护委托人与律师交流的秘密性。2007年《律师法》第33条规定："犯罪嫌疑人被侦查机关第一次讯问或者采取强制措施之日起，受委托的律师凭律师执业证书、律师事务所证明和委托书或者法律援助公函，有权会见犯罪嫌疑人、被告人并了解有关案件情况。律师会见犯罪嫌疑人、被告人，不被监听。"2012年《刑事诉讼法》第37条再次重申了该规定。然而，对于律师会见"不被监听"的理解，凸显了部门的利益。侦查部门的声音是，"监听"仅仅指利用监控设备对律师与犯罪嫌疑人、被告人的谈话进行监督。[1] 换言之，受委托的律师会见在押的犯罪嫌疑人，向犯罪嫌疑人了解有关案件情况时，侦查机关根据案件情况和需要可以派员在场。然而，会见犯罪嫌疑人并了解有关情况，是律师在刑事诉讼中发挥其辩护职能的前提条件。会见只有在保密的条件下进行，才能促进律师与委托人之间的坦率交流而具有实质意义。因此，"不被监听"应当理解为，不受任何形式的监听，而不仅仅是通过仪器设备进行的监听。

三、医生—患者作证特免权

（一）医生—患者作证特免权概述

医生—患者作证特免权，是就患者与医生之间的秘密交流提供保护的证据法特免权。该特免权也很复杂，在不同国家和地区，即使处于相同法系也可能存在很大的差别。例如英国，由于普通法并不承认患者透露给医生的秘密信息受特免权保护，因而也不承认医生与患者之间的交流存在特免权。在加拿大，医生与患者之间的特免权属于个案特免权。但在同属于英美法系的美国，从整体上看则明确规定有这样的特免权。在美国，医生—患者特免权可分为两类：一类是一般性的医生—患者特免权；一类是精神诊疗人员—患者特免权。就前者而言，患者透露给医生的秘密信息并不受特免权保护。因此，"医生—病人特免权与其说是法官制定的，不如说是法令规定的。而且它没有被所有的司法区采用"[2]。最早背离这一普通法原则的规定是1828年纽约的一项立法。该法律规定："任何有权担任内科或外科医生的人，对于其以职业身份护理患者而获知的信息，以及作为内科医生为处方目的或者作为外科医生为患者采取行动所必需的信息，不得披露。"[3] 关于是否应当创设该特免权存在相当大的争议。美国绝大多数联邦法院反对创设医生—患者作证特免权。然而，

---

[1] 例如，参见邓楚开："论新《律师法》实施中有关律师会见的两个争议问题"，载《法治研究》2009年第2期（"从新《律师法》实施以来的司法实践情况来看，多数地方采纳了将律师会见'不被监听'理解为不被技术监听的意见，在律师会见时根据具体情况决定是否派员在场。笔者认为，这种做法并不违反新《律师法》的规定，新《律师法》第33条的规定与《刑事诉讼法》第96条中的'侦查机关根据案件情况和需要可以派员在场'并不矛盾，律师会见'不被监听'，指的是不被电子监听，侦查阶段律师会见时侦查机关可以派员在场"）；另参见刘子海："关于'律师会见犯罪嫌疑人不被监听'的思考"，载天津检察网，http://www.tj.jcy.gov.cn/ReadNews.asp?NewsID=1232.（"新《律师法》规定律师会见犯罪嫌疑人时不被监听，应是指不得利用技术手段、设备等进行监听，不包括侦查人员在场旁听，这与《刑事诉讼法》第96条规定的侦查人员可以在场并不矛盾"）。

[2] [美]乔恩·R.华尔兹：《刑事证据大全》，何家弘等译，中国人民公安大学出版社1993年版，第290页。

[3] *N. Y. Rev. Stats.*, 1829, Vol. II, Part III, c. 7, Tit. 3, art. eight, § 73.

尽管存在这些争论，拒绝确立一般性医生—患者特免权的州，却在逐渐减少。[1]

(二) 精神诊疗师—患者作证特免权

精神诊疗师—患者作证特免权在普通法上也同样并不存在，但在医生—患者特免权发展的同一时期，二者相关但属于不同的特免权，即精神病医生与患者、心理医生与患者之间的交流特免权也逐渐得到认可。[2] 这种特免权存在的两个主要理由是：

第一，该特免权有利于保护重要的私人利益。就精神病医生和患者的作证特免权而言，虽然精神病医生也受到医学训练，并且总是被包括在一般的医生—患者特免权范围内，但是"在医生当中，精神病医生有保守秘密的特别需要，他帮助患者的能力完全取决于患者自由交谈的愿望和能力。如果他不能向其患者保证交流的秘密性，确切地讲，其交流受特免权保护，对于其执行职务而言，即使不是不可能，也会很困难。……对秘密的威胁将阻碍成功的诊疗"[3]。精神病医生—患者关系这种特殊性，使得美国《联邦证据规则（建议稿）》在没有规定一般医生—患者特免权的情况下，仍然建议要规定心理诊疗师—患者（psychotherapist-patient）特免权。美国修正的《统一证据规则》虽然保留了这样的特免权，但同时使得对于患者与医生的交流成了一个任选的规定。[4] 同样，阿拉巴马、康涅迪戈、肯塔基等一些反对规定一般性医生—患者作证特免权的州，也规定了在特定情况下适用于心理诊疗师—患者作证特免权。目前美国50个州和哥伦比亚特区都规定了某种形式的心理诊疗师—患者特免权。这些州的做法受到了美国联邦最高法院的支持。1996年在杰非诉瑞德蒙（Jaffee v. Redmond）案中，美国联邦最高法院也从功利角度出发，认可了心理诊疗师—患者作证特免权。这一判决不仅认可了精神病医生和心理医生与患者之间的作证特免权，还从许多社会工作者提供精神健康诊疗这一现实出发，认可了领取执照的社会工作者（license social workers）与患者的作证特免权。

第二，该特免权有利于保护重要的公共利益。如同律师—委托人作证特免权能够通过鼓励律师和委托人之间进行充分、坦率的交流而促进守法和司法活动一样，该特免权能够通过为遭受精神、情感上的痛苦的人提供适当的诊疗，促进公民的精神健康。美国联邦最高法院在杰非诉瑞德蒙案件中指出："我们公民的身心健康，是一项并不逊于生理健康的非常重要的公共利益。"该判决还指出："与支持认可该特免权的公共和私人利益相比，从否定该特免权而获得的证据收益则是很少的。如果

---

[1] 在1943年，美国有17个州没有规定该特免权，到了1961年，这一数字减少到了10个。

[2] 直到20世纪50年代，伴随心理学和心理治疗得到职业上的认可，该精神诊疗师—患者的作证特免权才得到认可。

[3] Report No. 45, "Group for the Advancement of Psychiatry", p. 92 (1960).

[4] 该规则503对患者是这样界定的："患者是指向（医生或）心理诊疗师进行咨询，或被其检查或会见的人（A 'patient' is a person who consults or is examined or interviewed by a [physician or] psychotherapist）."

该特免权遭到拒绝，精神诊疗师与患者之间的秘密交流将或受到抑制，在诊疗之需要将可能导致诉讼的情况下更是显而易见。没有特免权，许多当事人……寻求的证据将不能形成。这种没有说出来的'证据'与说出来并受到特免权保护的'证据'相比，更无助于事实发现功能。"[1]

四、亲属关系作证特免权

这种作证特免权，是为了促进亲属关系、家庭关系而设立的，其目的是维护作为社会关系之根本的亲属关系。许多国家的证据立法都对此作出了规定。亲属关系特免权大致可分为婚姻关系特免权和其他近亲属关系特免权。

（一）婚姻关系作证特免权

婚姻关系作证特免权，在英美国家也被称为婚姻特免权（the marital privilege）、夫妻特免权（the husband-wife privilege），[2] 或者配偶特免权（the spouse privilege）。[3] 在西方大陆法系或者有大陆法系渊源的国家和地区，该特免权包括在因个人原因或近亲属关系而享有的拒绝作证权范围内。[4]

1. 英美法系国家的婚姻特免权。主要包括两方面的内容，即婚内交流特免权（the marital communications privilege）和婚姻证言特免权（the marital testimonial privilege）。这两个特免权都适用于配偶一方是当事人的诉讼中。例如美国《统一证据规则》504（b）款规定："每个人享有拒绝以及阻止其配偶或前配偶就其在婚姻存续期间向其配偶所作的秘密交流作证的特免权。"该条（c）款规定："在刑事诉讼中，被告人的配偶享有拒绝为对被指控配偶不利证言的特免权。"澳大利亚《1995年证据法》第18条第2款规定："当一个人作为检控方的证人被要求作证时，如果该人是被告人的配偶、事实上的配偶（de facto spouses）、父母或子女，则该人可以反对该（a）作证之要求；或者（b）就该人与被告人的交流作证之要求。"在美国，有的司法辖区规定了这两种特免权，有的仅规定了其中之一。美国《联邦证据规则（建议稿）》只规定了婚姻证言特免权。

2. 大陆法系或者具有大陆法系渊源的国家和地区的婚姻特免权。在内容上也主要包括两方面的内容，一是基于身份关系的一般拒绝作证权，二是基于特定事项的反对陷配偶于罪的特免权。例如，我国台湾地区"刑事诉讼法"第180条规定："证人有下列情形之一者，得拒绝证言：一、现为或曾为被告或自诉人之配偶、五亲等内之血亲、三亲等内之姻亲或家长、家属者。二、与被告或自诉人订有婚约者。三、现为或曾为被告或自诉人之法定代理人或现由或曾由被告或自诉人为其法定代理人者。"第181条规定："证人恐因陈述致自己或与其有前条关系之人受刑事追诉或处罚

---

[1] Jaffee v. Redmond, 116 S. Ct. 1923（1996）.
[2] 如美国《联邦证据规则（建议稿）》第505条之规定。
[3] 如美国《统一证据规则》第504条之规定。
[4] 如德国《刑事诉讼法典》第52条、意大利《刑事诉讼法典》第199条之规定。

者，得拒绝证言。"德国《刑事诉讼法典》也采用了这样的立法体例。[1] 但是，意大利《刑事诉讼法典》没有规定反对陷配偶于罪的特免权。[2] 日本《刑事诉讼法》没有规定基于身份的一般性拒绝作证权，而规定了反对陷配偶于罪的特免权。[3]

（二）其他近亲属关系作证特免权

除了婚姻关系外，建立在血缘关系基础上的家庭关系也常受到特免权的保护，许多国家和地区对此也作了规定。从内容上看，与婚姻特免权的有关规定相对应，在英美法系存在交流特免权和不利近亲属关系的证言特免权，如澳大利亚《1995年证据法》第18条的规定；在大陆法系，也存在基于其他近亲属关系的一般拒绝作证权和反对陷其他近亲属于罪的特免权。如我国台湾地区"刑事诉讼法"第180条规定了对近亲属的一般拒绝作证权，第181条规定了反对陷近亲属于罪的特免权。

英美法系在其他近亲属特免权的适用范围上，相对较小。从现有资料看，其适用的范围仅是父母和子女。在普通法，并没有父母—子女特免权（parent-child privilege）。在美国目前只有爱达荷、明尼苏达和马萨诸塞3个州以制定法形式规定了父母—子女秘密交流特免权。绝大多数州拒绝认可该特免权。两个联邦地区法院也认可了该特免权，以"保护在以血缘、情感、忠诚和传统为纽带联结起来的不可分裂的家庭单位中所进行的交流"。[4] 对于其他特免权则未予承认。澳大利亚《1995年证据法》第18条明确承认了交流特免权、不利近亲属关系的证言特免权这两个其他近亲属特免权，但在近亲属的范围上，也限定为父母和子女。

大陆法系国家在近亲属作证特免权的适用范围上，相对比较宽泛。例如，日本《刑事诉讼法》第147条规定："任何人，都可以拒绝提供有可能使下列的人受到刑

---

[1] 德国《刑事诉讼法典》第52条第1款规定："以下人员，有权拒绝作证：①被指控人的订婚人；②被指控人的配偶，即使婚姻关系已不再存在；②a 被指控人的同居伴侣，即使伴侣关系已不再存在；③与被指控人现在或者曾经是直系亲属或者直系姻亲，现在或者曾经在旁系三亲等内有血缘关系或者在二亲等内有姻亲关系的人员。"第55条第1款规定："每个证人均可以对如果回答后可能给自己，给第52条第1款所列亲属成员中的一员造成因为犯罪行为、违反秩序行为而受追诉危险的那些问题，拒绝予以回答。"

[2] 意大利《刑事诉讼法典》第199条规定："①被告人的近亲属没有义务作证。但是，当他们提出控告、告诉或申请时或者他们的近亲属受到犯罪侵害时，应当作证。②法官应当告知上述人员有权回避，并且询问他们是否行使这项权利。③第1款和第2款的规定适用于同被告人有收养关系的人。上述规定还适用于下列人员，但是以在配偶共同生活期间发生或者从被告人那得知的事实为限：虽然不是被告人的配偶，但与其像配偶一样共同生活的人或者曾经与其共同生活的人；已同被告人分居的配偶；对其宣告撤销、解除或者终止同被告人缔结的婚姻关系的人。"

[3] 日本《刑事诉讼法》第147条规定："任何人，都可以拒绝提供有可能使下列的人受到刑事追诉或者受到有罪判决的证言：①自己的配偶、三代以内的血亲或二代以内的姻亲，或者曾与自己有此等亲属关系的人；②自己的监护人、监护监督人或者保佐人；③由自己作为监护人、监护监督人或者保佐人的人。"

[4] See Ronald J. Allen, Richard B. Kuhns and Eleanor Swift, *Evidence: Text, Cases, and Problems*, 2nd ed., 1997, p.1122.

事追诉或者有罪判决的证言：一、自己的……三代以内的血亲或二代以内的姻亲，或者曾与自己有此等亲属关系的人；二、自己的监护人、监护监督人或者保佐人；三、由自己作为监护人、监护监督人或者保佐人的人。"根据我国台湾地区"刑事诉讼法"第180条的规定，对于被告人或自诉人五亲等内之血亲、三亲等内之姻亲或家长、家属，以及现为或曾为被告或自诉人之法定代理人或现由或曾由被告或自诉人为其法定代理人者，证人得拒绝证言；第181条规定，证人恐因陈述致使与其有五亲等内之血亲、三亲等内之姻亲或家长、家属关系之人受刑事追诉或处罚者，得拒绝证言。

我国2012年《刑事诉讼法》第188条[1]第1款规定："经人民法院通知，证人没有正当理由不出庭作证的，人民法院可以强制其到庭，但是被告人的配偶、父母、子女除外。"有人认为这一规定确立了我国的近亲属拒绝作证的特免权。我们认为，这一规定并没有确立我国近亲属拒绝作证的特免权。首先，《刑事诉讼法》第60条第1款规定："凡是知道案件情况的人，都有作证的义务。"这一规定并没有排除被告人的配偶、父母、子女的作证义务。因此，第188条之规定仅仅是免除了被告人的配偶、父母、子女的到庭义务。换言之，这些人员在侦查阶段和审查起诉阶段仍有作证的义务。但是，特免权的适用具有始终性。例如，美国《联邦证据规则》1101规定："关于特免权的规则，适用于案件或者程序的所有阶段。"这是考虑到不仅仅是在审判阶段，即使是在审前阶段使用受特免权保护的信息，也会破坏受特免权所保护的价值。[2] 因此，就证人到庭义务和作证义务这两个义务而言，2012年《刑事诉讼法》第188条之规定仅仅是免除了被告人的配偶、父母、子女的到庭义务，不能认为该规定确立了我国的近亲属拒绝作证的特免权。

五、宗教交流特免权

（一）宗教交流特免权的一般特点

宗教交流特免权也是作证特免权的重要组成部分。日本《刑事诉讼法》第149条、德国《刑事诉讼法典》第53条和53a条、意大利《刑事诉讼法典》第200条、我国澳门特别行政区《刑事诉讼法》第122条、我国台湾地区"刑事诉讼法"第182条、美国《联邦证据规则（建议稿）》503、美国《加利福尼亚州证据法典》1030~1034、澳大利亚《1995年证据法》第127条都对此进行了规定。加拿大《证据法》中虽然没有宗教职业特免权的规定，但是根据判例，该宗教交流特免权是作为个案特免权来对待的。

但在英国，情况则有不同。从证据法角度看，除法律职业特免权外，法律并不认可任何秘密交流特免权。在阿尔弗雷德·克郎普顿游戏机有限公司诉关税和消费

---

[1] 2018年《刑事诉讼法》第193条。

[2] 王进喜：《美国〈联邦证据规则〉（2011年重塑版）条解》，中国法制出版社2012年版，第364页。

税管理局长（Alfred Crompton Amusement Machine Ltd. v. Customs and Excise Commissioners）案中，英国上议院认为，"秘密性"本身并不能作为支持公共利益豁免的基础。与此类似，秘密性也不能作为主张私人特权的基础。因此法庭可以强迫医生和神甫披露他们在工作过程中所得到的信息。[1] 神职人员—忏悔者的特免权之所以在普通法上没有得到承认，主要是由于在宗教改革时期，在英格兰存在对罗马天主教会的敌视态度。[2]

在美国，关于建立神职人员特免权的理由主要有以下几点：[3]

第一，传统的功利主义观点，即该特免权对于维持神甫和忏悔者之间的秘密交流关系非常重要。在这一点上，该特免权与律师—委托人、医生—患者、心理诊疗师—患者以及婚姻交流特免权类似。我国台湾学者陈朴生指出："宗教师、律师、辩护人、公证人、会计师，其秘密之获悉，亦系基于信赖关系。其赋予以证言拒绝权，即以保证此项信赖关系，并以保障其职业伦理。如其秘密，系由于信赖事务以外之他事实而获悉，则不属证言拒绝权之范围。"[4]

第二，宪法基础观点，即这一特免权的基础是美国宪法第一修正案规定的宗教信仰自由条款，即："国会不得制定关于下列事项的法律：确立宗教或禁止宗教信仰自由；剥夺人民言论或出版自由；剥夺人民和平集会及向政府请愿的自由。"这一条款禁止法院强迫神职人员公开与忏悔者之间的秘密交流，因为这将与神职人员的宗教活动相背离。虽然这一特免权并没有为宪法所明确规定，但宗教自由原则能为这一特免权提供有力的支持。

第三，隐私观点，即宗教礼拜活动的隐私性质。该观点认为，通过保证这种精神咨询活动免于公开，该特免权保护了神职人员和忏悔者之间的隐秘关系。根据该理论，保密是一项重要的隐私利益，其本身对于审判发现事实的机能具有合法的约束作用。

第四，冲突解决观点，即该特免权能够通过避免法院和神职人员之间产生冲突，来保护人们对司法制度的信赖。如果法院因神职人员拒绝辜负人们对于他们的信任而公开有关信息，而将他们加以监禁，将可能破坏公众对司法程序的信任。从这个意义上讲，该特免权是对政教分离原则的尊重。

（二）宗教交流特免权的保护对象和主张者

1. 该特免权保护的对象。从有关国家和地区的规定来看，该特免权所要保护的对象是不同的，可分为两种情况：第一种情况是，将该特免权保护的对象严格限定

---

[1] See Steve Uglow, *Evidence: Text and Materials*, 1997, p. 236.

[2] See Mary Harter Mitchell, "Must Clergy Tell? Child Abuse Reporting Requirements Versus the Clergy Privilege and Free Exercise of Religion", 71 *Minn. L. Rev.* 723, 736 (1987).

[3] See Ronald J. Allen, Richard B. Kuhns and Eleanor Swift, *Evidence: Text, Cases, and Problems*, 2nd ed., 1997, pp. 1108~1109.

[4] 陈朴生：《刑事证据法》，三民书局1979年版，第388页。

为进行交流者对神职人员所进行的宗教忏悔。第二种情况是，对于该特免权的保护对象则没有什么限定。例如，美国《联邦证据规则（建议稿）》506（b）款规定："每个人享有拒绝披露以及防止他人披露该人与以精神咨询者的职业身份出现的神职人员之间的秘密交流。"从这一规定看，美国对于与神职人员进行的交流并没有任何限定。美国联邦证据规则咨询委员会在该条注释中指出，在规定一个严格限定于忏悔的狭窄特免权，还是规定一个适用于所有与以精神咨询者身份出现的神职人员进行的秘密交流的特免权之间，之所以选择了后者，是因为"许多神职人员现在都在接受关于婚姻咨询和处理私人问题方面的训练"。意大利将该特免权保护的对象限定为"因自己职务或职业原因而了解到的情况"，这实际上对于交流的对象并不完全限定于忏悔。

2. 该特免权的主张者。在该特免权的主张者问题上，也存在两种情况：第一种情况是，规定该特免权的主张者是进行交流的人，如美国《联邦证据规则（建议稿）》506 的规定。第二种情况是，规定该特免权的主张者除进行交流的人以外，还包括神职人员。例如美国《加利福尼亚州证据法典》1033 在规定了忏悔者的特免权外，还在 1034 规定了神职人员的特免权。

（三）宗教交流特免权没有例外

从有关规定来看，该特免权规则很少有例外规定。例如，美国《联邦证据规则（建议稿）》506 对于该特免权就没有规定任何例外。该条的咨询委员会注释指出，这种咨询的精神性质，使得该规则没有必要包括一个关于"促进犯罪和欺诈"的例外规定。美国《加利福尼亚州证据法典》1034 注释也指出："神职人员应当保守秘密还是揭示忏悔交流的度不是立法可以适当解决的；这个问题最好留给涉及的神职人员个人的自由裁量和他所属的宗教团体的纪律。"[1]

六、关于作证特免权的反思

（一）关于作证特免权的一般理由

证人作证特免权的规则与大多数证据规则的目标不同，主要是为了促进与准确事实认定无关的外部政策，保护社会认为具有重要价值的特定关系和利益。我国学者也指出："作证特免权存在的一个基本理由，是要表明一种法律制度重视这些特殊关系胜过制裁犯罪行为。就是说，这种证据制度认为，通过破坏这些特殊关系而获得查明事实真相的价值，不及牺牲查明事实真相而维护这些关系的价值。"[2]

（二）关于亲属特免权的价值

任何价值观的形成和发展都有其特定的社会和文化背景，但也不能否认存在着与人类生存和发展息息相关的一些一般价值。例如，对家庭关系的保护在我国传统文化中就受到格外重视。中国传统社会对家庭关系的极其重视程度，可与国外亲属

---

[1] 何家弘、张卫平主编：《外国证据法选译》（下卷），人民法院出版社 2000 年版，第 1103 页。
[2] 张保生："证据规则的价值基础和理论体系"，载《法学研究》2008 年第 2 期。

关系特免权互为参照。中国传统法律的一个重要内容,就是亲不为证。例如《唐律》中规定:"年八十以上、十岁以下及笃疾,皆不得令其为证。""诸同居、若大功以上亲,及外祖父母、外孙、若孙之妇、夫之兄弟及兄弟妻,有罪相为隐;部曲、奴婢为主隐,皆勿论。……若犯谋叛以上者,不用此律。"亲不为证,其渊源可远溯于周。儒家本于周礼亲亲之义,形成亲亲相隐的思想。孔子曰:"父为子隐,子为父隐,直在其中矣。"[1] 此后该理论进一步发展,相隐的范围逐渐扩大,并不限于亲属。体现在法制上,"亦逐渐扩大限制证人之范围。且由亲不为证,不负证言之责;演变至于不以亲属为限;再演变而至于有相容隐之义务;更演变而至于审判人员亦无命为作证之职权;且违法遭证,须加处罚"[2]。这一将容隐义务化的传统做法,直到清末变法修律,才受西方法律思想的影响,演变为拒绝作证权。[3]

"中国传统法律竟允许家人一定程度内的隐瞒。从社会学说,这是重视家庭作为社会基础的巩固;从心理学说,这是重培植情感高于其他。"[4] 因此,容隐这种宗教性的私德并非毫无是处。中国传统文化认为,"君子务本,本立而道生。孝弟也者,其为仁之本与"。[5] 因此,家庭情感对于人性、秩序以及社会基础的建构方面,都发挥着重要作用。李泽厚说:"中国儒学重人轻法,现在倒转过来以法治为主后,是否仍可以吸收中国传统强调建构人性以稳定社会的想法,重情感、修养、家庭价值、主体间性以作出某种转化性的创造呢?"[6] "'孝',从而家庭始终是华夏文化的中心点,有时甚至宣传到了令人厌恶的地步,如'二十四孝'。但在今日及未来,如何估计'家庭价值',似乎仍值深思。以自然的血缘纽带为基础的亲子情,如加以现代性的有意培育,是否能成为某种稳定社会的健康因素?再加以扩展,扩展到兄弟、友朋、家园、乡土……让人们以情感为真实、为存在、为'本体',是否能使社会走出一条新路?"[7] 现代社会的家庭虽然较传统文化下的家庭,在职能、性质、形式、结构和与它相联系的道德观念方面,都发生了显著变化,但家庭仍然是社会的基本单元。有关家庭关系的传统价值观,还将保持其稳定性。因此,出于和谐社会促进社会稳定、文化传承等多种政策考虑,对家庭关系仍有设立证据法上的特免权以进行必要维护的现实要求。

(三) 关于律师作证特免权的法治意义

随着我国民主法治建设的深入发展和律师队伍的不断壮大,律师对委托人所承

---

[1] 《论语·子路》。

[2] 李学灯:《证据法比较研究》,五南图书出版公司1992年印行,第593页。

[3] 容隐之演变过程可详见李学灯:《证据法比较研究》,五南图书出版公司1992年印行,第588~595页。

[4] 李泽厚:《论语今读》,安徽文艺出版社1998年版,第314~315页。

[5] 《论语·学而》。

[6] 李泽厚:《论语今读》,安徽文艺出版社1998年版,第31页。

[7] 李泽厚:《论语今读》,安徽文艺出版社1998年版,第56页。

担的保密义务也日益受到重视。1980年《律师暂行条例》第7条规定:"律师对于业务活动中接触的国家机密和个人阴私,有保守秘密的责任。"1996年《律师法》第33条规定:"律师应当保守在执业活动中知悉的国家秘密和当事人的商业秘密,不得泄露当事人的隐私。"2007年《律师法》进一步扩展了律师的保密义务,第38条规定:"律师应当保守在执业活动中知悉的国家秘密、商业秘密,不得泄露当事人的隐私。律师对在执业活动中知悉的委托人和其他人不愿泄露的情况和信息,应当予以保密。但是,委托人或者其他人准备或者正在实施的危害国家安全、公共安全以及其他严重危害他人人身、财产安全的犯罪事实和信息除外。"但上述规定都是在强调律师的保密义务,缺乏律师作证特免权的含义,其直接后果就是法律之间的冲突难以调和。

《刑事诉讼法》第62条第1款规定:"凡是知道案件真实情况的人,都有作证的义务。"第44条第1款规定:"辩护人或者其他任何人,不得帮助犯罪嫌疑人、被告人隐匿、毁灭、伪造证据或者串供,不得威胁、引诱证人作伪证以及进行其他干扰司法机关诉讼活动的行为。"《刑法》第310条第1款规定:"明知是犯罪的人而为其提供隐蔽处所、财物,帮助其逃匿或者作假证明包庇的,处三年以下有期徒刑、拘役或者管制;情节严重的,处三年以上十年以下有期徒刑。"在缺乏律师作证特免权的情况下,上述规定与律师的保密义务之间无疑形成了法律上的冲突。因此,《刑事诉讼法》在立法上初步确立了律师的作证特免权对于保护律师的职业独立性,维护律师与委托人之间的秘密交流,提高法律服务质量,都具有重要的法治意义。当然,刑事诉讼律师—委托人作证特免权,还需要进一步废除《刑法》第306条包含的律师可能构成伪证罪的条文来加以切实保障。

由于律师—委托人作证特免权在本质上是为了保护委托人的利益,我国在民事诉讼中目前尚未以明确的立法语言确立律师作证特免权,这无疑会损及委托人的利益。然而,从另一个方面说,根据2007年《律师法》第38条关于"律师应当保守在执业活动中知悉的国家秘密、商业秘密,不得泄露当事人的隐私",以及"律师对在执业活动中知悉的委托人和其他人不愿泄露的情况和信息,应当予以保密"等规定,认为律师可以出庭作证或者以其他方式披露与委托人的秘密交流,这在逻辑上也是不通的。

1. 律师—委托人作证特免权的主要功能是保护委托人与律师之间的秘密交流。我国《刑事诉讼法》虽然初步规定了律师—委托人特免权,但其运作范围还有待进一步明确,并且需要在实体法上废除律师可能构成伪证罪条款来加以切实保障。

2. 精神诊疗师—患者特免权,对促进公民精神健康与社会和谐发展具有重要意义。

3. 亲属关系特免权，对于维护婚姻家庭关系的稳定与社会和谐具有重要意义。

思考题

6.7. 郭某因涉嫌抢劫被提起刑事诉讼，律师蔡某是郭某的辩护人。蔡某在履行辩护人职责的过程中，从郭某口中得知以下三点事实：①郭某在抢劫时，还携带了一把自制手枪；②除了这次抢劫，郭某还实施过两次盗窃；③郭某从他的朋友夏某那里听说过，夏某一年前曾实施过一起强奸。上述三点事实，是否都属于我国刑事诉讼法所规定的律师—委托人作证特免权范围？

6.8. 郑某因涉嫌金融诈骗被提起刑事诉讼，郑某的妻子袁某知悉郑某的犯罪事实。根据我国刑事诉讼法：

（1）在侦查阶段，侦查机关能否要求袁某提供关于郑某犯罪事实的信息？

（2）在法庭审判阶段，如果袁某拒绝出庭作证，法院可否强制其到庭？

（3）在法庭审判阶段，袁某可否自愿出庭作证，证明郑某的犯罪事实？

（4）如果在侦查阶段，袁某曾向侦查机关陈述郑某犯罪的事实，侦查机关据此制作了询问笔录。那么在审判阶段，检察院可否将该询问笔录提交法庭，证明郑某的犯罪事实？

本章阅读文献

1. ［美］罗纳德·J.艾伦等：《证据法：文本、问题和案例》，张保生、王进喜、赵滢译，满运龙校，高等教育出版社 2006 年版，第七章、第十三章。

2. 张保生主编：《〈人民法院统一证据规定〉司法解释建议稿及论证》，中国政法大学出版社 2008 年版，第五章第一节、第二节。

3. 张保生、常林主编：《中国证据法治发展报告》（1978～2008、2009、2010、2011、2012），中国政法大学出版社 2010、2011、2012、2013、2014 年版，第二篇二、（五）言词证据。张保生、王旭主编：《中国证据法治发展报告》（2015～2016, 2017～2018），中国政法大学出版社 2018、2022 年版，第二篇二、（五）言词证据。

4. 张建伟：《证据法要义》，北京大学出版社 2008 年版，第三章、第四章、第五章。

5. 王进喜：《刑事证人证言论》，中国人民公安大学出版社 2002 年版。

6. 王进喜：《美国〈联邦证据规则〉（2011 年重塑版）条解》，中国法制出版社 2012 年版。

第七章
实物证据的出示

【导读】 证据出示是实物证据的举证方式。辨认、鉴真和鉴定又是证据出示的方式,又称证据铺垫或"为证明奠定基础"。证据法有一个普遍原则,即必须首先证明有关证据就是证据提出者所主张的证据,然后才有该证据的可采性问题。物证、书证等实物证据属于展示性证据,作为"哑巴证据",它们能够记录案件事实,却不能主动"诉说"案情。因此,证据提出者应当为其提出的实物证据作基础铺垫,即以证言的形式对其同一性、真实性或可信性作证。辨认和鉴真是基于证人的亲身知识,鉴定则是基于专家证人的科学技术等专门知识。鉴定意见具有科学性、间接性和生成性等特征,对事实认定具有"双刃剑"作用。实物证据出示的要求是,应当出示原物、原件,并由证据提出者就其来源、内容、特征及所要证明的事项等作出说明。原物、原件毁损或者灭失的,应当给予合理的解释,并提供能体现该物证、原件价值的复制件。示意证据是有助于审判人员理解和认定案件争议事实的辅助性证据。

第一节 辨认和鉴真

一、辨认和鉴真的一般要求

(一)辨认和鉴真的含义

辨认和鉴真是两种重要的举证方法,主要涉及对证据可信性特别是实物证据来源可靠性的证明。《民事诉讼法》第 70 条第 2 款规定:"人民法院对有关单位和个人提出的证明文书,应当辨别真伪,审查确定其效力。"最高人民法院《刑事诉讼法解释》第 86 条第 1 款规定:"在勘验、检查、搜查过程中提取、扣押的物证、书证,未附笔录或者清单,不能证明物证、书证来源的,不得作为定案的根据。"最高人民法院《刑事案件一审法庭调查规程(试行)》第 46 条第 1 款规定:"通过勘验、检查、搜查等方式收集的物证、书证等证据,未通过辨认、鉴定等方式确定其与案件事实的关联的,不得作为定案的根据。"在诉讼双方对某件展示性证据存在争议的情况下,通过辨认和鉴真来证明物证、书证等证据的同一性、真实性,可以为证据的采纳铺平道路。我们用如下案例来说明这个问题。

【案例 7.1】   **房客诉房东违约案**

  房东张三与房客李四有一份租房合同。房客李四控告房东张三没有履行承诺的房屋修缮义务，并提供该租房合同作为书证。该合同规定，出租人对房屋负有修缮义务。房东张三辩称，自己从未签署过这份合同，李四按月租房，因而不存在修缮义务。房客李四要求把租房合同采纳为证据，以证明被告确实负有这种义务。根据相关性理论，该租房合同因房东签名而与被告违约的要件事实具有相关性。房客李四主张，这是一份由被告张三签署的合同。

  1. 辨认的概念。辨认（identification）是确定人物、物体、文件等实物证据（又称展示性证据）同一性的证明活动。其动词形式（identify）具有"证明人物或事物同一性"[1]的含义。对这个概念可从两个方面加以把握：

  （1）广义和狭义的辨认。广义的辨认，是人们在生活实践中经常采用的同一性认定方法。比如，学生对忘记签名试卷的辨认，农民对丢失农具、家畜的辨认，空难后亲属对遇难者尸体的辨认等，都是日常生活中辨认的例子。狭义的辨认，是指诉讼活动中"证明某个被指控犯有某项罪行的人确是该罪犯或某项被提交到法庭之物正是该存在争议之物或诉讼所涉之物，或认定两种笔迹同一，以及查明诉讼中涉及的某人的身份等的过程"[2]。例如，证人在法庭上辨认某件书证的笔迹，某个讲话的声音，某个物品的归属，等等。

  （2）辨认和列队指认（lineup）的区别。辨认是一种法庭证明程序。列队指认则是一种警察辨认程序：犯罪嫌疑人和其他体貌特征相似的人混在一起排成一队，让被害人或证人确定能否把罪犯从中辨认出来。[3]列队指认要符合一定的要求，不能给指认人不适当的提示。列队指认的结果如在庭审中使用，指认人应当出庭作证。[4]在我国立法和相关司法解释中，侦查机关和检察机关组织的列队指认通常也被称作辨认。如公安部《公安机关办理刑事案件程序规定》第 258 条规定："为了查明案情，在必要的时候，侦查人员可以让被害人、证人或者犯罪嫌疑人对与犯罪有关的物品、文件、尸体、场所或者犯罪嫌疑人进行辨认。"第 260 条第 2 款规定："辨认犯罪嫌疑人时，被辨认的人数不得少于七人；对犯罪嫌疑人照片进行辨认的，不得少于十人的照片。"《人民检察院刑事诉讼规则》第 223 条和第 226 条也有类似规定。

  2. 鉴真的概念。鉴真（authentication）是确定物体、文件等实物证据真实性的证明活动。鉴真旨在证明物证、书证等展示性证据与案件特定事实之间联系的真实性。

---

[1] *Black's Law Dictionary*, 8th ed., Thomson West, 2004, p. 748.
[2] 薛波主编：《元照英美法词典》，法律出版社 2003 年版，第 657 页。
[3] *Black's Law Dictionary*, 8th ed., Thomson West, 2004, p. 949.
[4] 参见薛波主编：《元照英美法词典》，法律出版社 2003 年版，第 853 页。

与辨认相比，鉴真还包含确定其真实性（authenticity）或真实（genuineness）的意思。

《民事诉讼法》第 70 条第 2 款规定："人民法院对有关单位和个人提出的证明文书，应当辨别真伪，审查确定其效力。"这是明确的鉴真要求，但对如何进行鉴真规定得不够具体，而且，让法院作为辨认主体则可能削弱诉讼双方当事人的证明作用。最高人民法院《民事诉讼证据规定》第 87 条规定："审判人员对单一证据可以从下列方面进行审核认定：……（四）证据的内容是否真实。"在这个规定中，"证据的内容是否真实"，需要鉴真程序来加以鉴别。

（二）辨认、鉴真与鉴定的异同

1. 辨认、鉴真和鉴定的共性。辨认、鉴真和鉴定作为展示性证据的证明方法，具有以下共性：①辨认和鉴定都是确定物证、书证等展示性证据同一性的证明活动。因此，辨认（identification）与鉴定（forensic identification[1]）都分享了同一性辨认的含义。②鉴真和鉴定都是确定物证、书证等展示性证据真实性的活动，二者都具有鉴别真伪的功能。

2. 辨认、鉴真和鉴定的区别。

（1）主体和性质不同。辨认和鉴真的主体是熟悉特定展示性证据的外行知情人，他们根据自己的亲身知识对证据的同一性和真实性或可信性进行的辨认和鉴真，具有证人证言的性质，因此，又称为辨认证人或鉴真证人。例如，刑事案件中的警察、侦查人员和行政诉讼案件中的执法人员，他们虽然对案件事实本身没有亲身知识，但作为物证、书证或音像电子证据的提取者、制作者或保管者，对侦查取证过程中获取实物证据的情况拥有亲身知识。鉴定的主体则是鉴定人，其根据科学技术或其他专门知识而提供的鉴定意见，具有科学证据或专家意见的性质，因此，又称为专家证人。

（2）方法不同。辨认和鉴真一般是由物证、书证等证据的制作者、提取者和保管者等拥有亲身知识的证人，辨别或鉴别展示性证据来源和保管链条的证明活动，属于经验证明方法；鉴定则要借助科学知识或技术手段，属于科学证明或技术检验方法。

（3）顺序不同。一般来说，辨认和鉴真程序启动在先，经辨认和鉴真程序仍不能辨别或鉴别证据同一性、真实性或可信性的，才需动用鉴定等科技手段。因此，可以把鉴定看作是辨认和鉴真的补充程序。如果辨认和鉴真能够解决证据同一性、真实性或可信性的争议，也可以不启动鉴定程序。

---

[1] 鉴定还可译为 forensic examination。

(三) 辨认或鉴真是证据可采性的先决条件[1]

辨认和鉴真作为证明手段,旨在维护事实认定的准确性,因而要求展示性证据的提出者说明两个起点问题:

第一,一个展示件,如一件物品、一张照片或一份文件,为什么与案件的争议事实是相关的?它要求各方当事人说明,其提供的展示性证据与本案引起诉讼的事件有何联系。

第二,证据提出者提出该证据到底要主张什么?这是"足以支持一项认定"的证据铺垫要求。在【案例7.1】中,原告房客李四为了维权,需要证明该租房合同就是由房东张三签署的那份合同,可提出一位证人对该展示件进行辨认、鉴真。如果该证人说他看到房东签署了那份合同,原告方律师就可以提议,把该展示件加上编号作为原告的实物证据。当然,李四也可以提供间接证据,如某位认识张三签字的证人来对其笔迹进行鉴真。

如果原告李四能够满足上述要求,法官则可以据此作出如下推论:

证据1	+	证据2	⟶	要件事实	⟶	要件
租房合同上有房东张三的签名		证人作证说,"我看到房东签署了该合同"		合同是由房东张三签署的		房东已承诺修缮居住设施

图式7.1

在美国联邦法院,物证、书证等展示性证据的辨认、鉴真,属于陪审团审判前需要解决的预备性问题。法官在听取了双方的证据后可能会作出不同的决定:一种情况是,法官可能认为,陪审团不可能合理地认定被告张三是否签署了它,将这个事实问题提交陪审团是毫无意义的,因而将这份合同从陪审团审议的证据中排除出去。另一种情况,法官如果判定陪审团能够合理地就该预备性问题作出有利于原告房客的认定,便会认为《联邦证据规则》901(a)的辨认和鉴真要求得到了满足,并采纳该租房合同作为证据。如果被告就此提出异议,法官将对异议作出裁定,各方当事人也可以要求证人提供进一步的证言。如果法官驳回异议并采纳该展示件,它将保留其编号并由法院书记官正式记录在案,在陪审团评议期间它们被放在陪审团室供其评阅,并构成上诉案卷的一部分。

然而,这份租房合同的采纳并未结束争端。房东张三可能作证说,他并未签署这份合同,合同上的签名是假的。那么,张三是否签署了那份租房合同的争议,还必须由陪审团作出决定。在陪审团审判的案件中,对证据真实性或可信性作出最终

---

[1] 以下参见 [美] 罗纳德·J. 艾伦等:《证据法:文本、问题和案例》,张保生、王进喜、赵滢译,满运龙校,高等教育出版社2006年版,第212~218页。

认定的是陪审团，而不是法官。经过辨认或鉴真的证据将被编上数字或字母。在审判中，证据提出者先将标有编号的展示件呈现给对方律师，再呈现给将要对其作证的证人，然后就该展示件对证人进行直接询问。

二、实物证据的辨认鉴真

（一）实物证据辨认鉴真的内容

1. 物证辨认或鉴真的内容。最高人民法院《刑事诉讼法解释》第71条规定："证据未经当庭出示、辨认、质证等法庭调查程序查证属实，不得作为定案的根据。"就是说，证据的"当庭出示、辨认、质证"是法庭调查程序的必经环节或主要证明方法。

然而，我国立法和司法解释中有关辨认的规定还有一些值得商榷之处，例如，《刑事诉讼法》第195条规定："公诉人、辩护人应当向法庭出示物证，让当事人辨认。"本条关于"让当事人辨认"的规定，意在给予当事人尤其是被告人对于指控自己的证据一个辩驳或者否认的权利和机会。但是，辨认是举证程序，应当坚持"谁主张、谁举证、谁辨认"的原则，由举证方对所出示证据的同一性进行辨认，而不是把辨认这种履行举证责任的行为推给对方当事人。更重要的是，在刑事诉讼中，若要求被告人对控方出示的证据进行辨认，则有强迫被告人自证其罪之嫌。

物证的辨认或鉴真包括但不限于以下内容：[1]

（1）物证的特征，包括外部形态、内在属性，在对方提出异议时，由物证的提出者传唤该物证的制作者、提取者和保管者辨认或鉴真。

（2）原始物证的复制品、照片、录制品与原物、原件是否相符，在对方提出异议时，物证的提出者要传唤该物证的制作者、提取者和保管者辨认或鉴真。

（3）因原物遗失或毁灭而无法与之核对的复制件、照片、录制品，在对方提出异议时，物证提出者要传唤该物证的制作者、提取者和保管者辨认或鉴真。

2. 书证辨认或鉴真的内容。书证的辨认或鉴真，包括但不限于以下内容：[2]

（1）书面文件（包括证人不能到庭的书面陈述）的真实性或可信性，在对方提出异议时，由制作者、提取者和保管者就包括作者、来源、内容、存放地点或者其独特内容等进行辨认或鉴真。

（2）公共记录或业务档案的真实性或可信性，在对方提出异议时，由保管者辨认或鉴真，证明其处于不容置疑的状态，存放于理所当然的地点，或者其检索系统的操作方式及其从特定案卷中以一定方法检索得来的过程。

---

[1] 以下参见张保生主编：《〈人民法院统一证据规定〉司法解释建议稿及论证》，中国政法大学出版社2008年版，第274页。

[2] 张保生主编：《〈人民法院统一证据规定〉司法解释建议稿及论证》，中国政法大学出版社2008年版，第276页。

（二）实物证据辨认鉴真的方法

实物证据的辨认鉴真程序，启动于对方对其同一性、真实性或可信性提出异议之时。"控辩双方对本方提出的物证、书证……应当当庭出示、宣读或者播放，并就其来源、内容、特征等作出说明。举证方出示每一项物证、书证……以后，审判长均应听取另一方对该证据的意见。必要时，双方也可以相互质问、辩论。"[1]

我国一些地方性证据法规对书证和物证规格所作的规定，与辨认和鉴真的方法非常相似。例如，上海市《重大犯罪案件证据意见》第3条规定：①书证和物证，应当附有收集人员个人署名制作的搜查笔录、扣押清单和复制、复印说明等证明其来源的证据。②书证和物证移交他人保管的，应当附有收集人和保管人共同签名确认的移交清单和实物照片等证明其流转的证据。③书证和物证被临时借用的，应当附有保管人和借用人共同签名确认的出借和归还清单证明其被出借和用途的证据。④书证和物证随案移送其他机关或部门的，应当附有移送人和接收人共同签名确认的移送清单及实物照片等证明其随案移送的证据。⑤书证和物证被销毁、发还或上缴的，应当附有销毁、发还或上缴经手人制作的《工作情况记录》和证明销毁、发还或上缴事实的证人证言、书证等证据。

1. 物证辨认或鉴真的方法和要求。《人民检察院刑事诉讼规则》第409条第3款规定："公诉人向法庭出示物证、书证，应当对该物证、书证所要证明的内容、获取情况作概括的说明，并向当事人、证人等问明物证的主要特征，让其辨认。"这里，"向……证人等问明物证的主要特征，让其辨认"的表述是正确的。但是，"向当事人……问明物证的主要特征，让其辨认"，又犯了上述把辨认这种履行举证责任的行为推给对方当事人的错误，因而可能侵害被告人享有的不被强迫自证其罪权利。

物证辨认或鉴真的目的，是确认其未被调换、掺假或篡改。一般是对物证容易辨认的特征或其保管链条提供证人证言。例如，一把刀子如果被检控方提供作为凶杀证据，就应当从侦查人员在犯罪现场发现这把刀子，到将其提交法庭的完整保管链条进行辨认鉴真，证明它被发现时的性状未改变，或者说，这件在法庭上出示的凶器就是在犯罪现场发现的那同一件凶器，自始至终没有被调包。

(1) 物证辨认鉴真的方法有两种：①通过容易辨认的特征确认其同一性。对于物证容易辨认或与众不同的特征，包括与环境相联系的外观、内容、内部结构等，可以由知情人辨认或鉴真。例如，通过辨认或鉴真，确认一把刀子具有独特的造型或刀柄上的商标、数字、标签、姓氏，从而确认在法庭上出示的这把刀子就是在犯罪现场发现的同一把刀子。②通过保管链条证明物证未改变状态。这通常是在物证属于种类物且没有可辨认特征时使用。保管链条的环节由所有经手该物证的人组成，从犯罪现场发现该物证开始，直到其在法院出示的整个期间。例如，美国《联邦证

---

[1] 陈光中主编：《〈中华人民共和国刑事诉讼法〉再修改专家建议稿与论证》，中国法制出版社2006年版，第415页。

据规则》901（b）（4）对完整的保管链条要求，所有经手人的证言，再加上证明其在没有经手时存放于安全地点的证言。[1]保管链条还能确认其未被篡改，它处于与其被发现时同样的状态，如发现于犯罪现场的刀柄上可能缠着一个红布条，又如一件从被告处起获的物品可能是毒品。完整的保管链条将表明，这些存在于物品被发现之时的状态，在其接受检验时乃至在法院展示时，都是一直存在的。

（2）物证辨认鉴真主要有两个要求：①经过鉴定的物证有时也需要辨认鉴真。如果一把刀子作了指纹检验，一包毒品作了毒品含量检验，那么，实验室技师就成为保管链条的一部分。在对方提出异议时，实验室检验人员需要对保管链条的这个环节进行辨认鉴真。我国与此类似的地方性证据法规是四川《刑事证据意见》第10条："提取的物证、书证应当采用科学合理的方法妥善保存以保持原有的性状。物证、书证因提取、保存、鉴定不当改变原有性状，导致不能证明指控事实的，由举证方承担证明不力的后果。"②完整的保管链条并非总是必需的。是否需要对保管链条的每个环节都辨认、鉴真，这属于法院自由裁量权的范围。法官将根据证据的实质部分是否改变、是否产生了有关可信性、真实性的争议而作出决定。"保管链条可以生锈，但不能断裂。"这是美国联邦法院法官的一句格言。就是说，尽管保管链条存在某些漏洞，但法院如果认为，陪审团能够合理地认定它就是证据提出者所主张的东西，该物证仍然可以采纳。但是，如果一个保管链条缺少必要的环节，一个鉴定结果就不应被采纳为证据。[2]因为，不完整的保管链条，不能保证被鉴定的物证没被篡改过。

2. 书证辨认或鉴真的方法。《民事诉讼法》第70条第2款规定："人民法院对有关单位和个人提出的证明文书，应当辨别真伪，审查确定其效力。"

书证的提出者应当提供由制作者、提取者和保管者等证人，就书证中包括作者、来源、内容、存放地点或者其独特性状或内容等进行辨认和鉴真。其主要方法包括：[3]

（1）笔迹。美国《联邦证据规则》901对签名等笔迹的辨认和鉴真规定了三种方法：①图式7.1所列举的证人证言，证人看到房东签署了那份合同，观察到一份文件的创设或签署情况，这是901（b）（1）列举的方法。②基于对笔迹熟悉而提供的非专家意见，这是901（b）（2）列举的方法："关于笔迹的非专家意见。认为笔迹为真的非专家意见，该意见基于其并非为当前诉讼目的而获得的对笔迹的熟悉度。"就是说，对笔迹进行鉴真的人，应该在诉讼发生之前就已经对需要鉴真的笔迹很熟悉

---

[1] 参见［美］罗纳德·J.艾伦等：《证据法：文本、问题和案例》，张保生、王进喜、赵滢译，满运龙校，高等教育出版社2006年版，第220页。

[2] 参见［美］罗纳德·J.艾伦等：《证据法：文本、问题和案例》，张保生、王进喜、赵滢译，满运龙校，高等教育出版社2006年版，第220~222页。

[3] 以下内容如无特别注明，参见［美］罗纳德·J.艾伦等：《证据法：文本、问题和案例》，张保生、王进喜、赵滢译，满运龙校，高等教育出版社2006年版，第228~230页。

了。③901（b）（3）列举的方法，"由专家证人或事实裁判者对经过鉴真的样本所做的对比。"

（2）内容和环境。①书证可以通过其独特内容来加以辨认。例如，被告在送给其岳父的一张贺卡上的签名，可以由这位岳父来鉴真，尽管他不熟悉女婿的笔迹，但贺卡中有他女儿、外孙女的资料，并且签有被告姓名。②书证还可由其被发现的环境来鉴真。例如，在某人房间发现了一只公文包，包中的笔记本与一张身份证在一起，由这个间接证据而认定笔记本属于那个人而得到鉴真。

（3）公共记录或业务档案。对此类书证，一般由保管人进行辨认和鉴真，主要是证明其保管地点的合法性或合理性，以及这些书证按照档案保管的有关规定处于正常保管状态。

（4）陈年文件。如果一份书证超过了20年，而且存放在其应当存放的地点，在美国联邦法院，可以依照《联邦证据规则》901（b）（8）被鉴真为陈年文件。例如，制作于二战期间涉及现今美国公民陷入纳粹战争罪的德国文件，由其存储地点以及研究纳粹时期德国史和纳粹政策的历史学家的证言来鉴真。如果有专家作证说，这些文件没有什么不正常的情况，它们与同时期其他纳粹档案在内容上具有一致性，都保存在理所当然的地点，而且每件档案在形式上也与原始档案一样。这样的文件，就可以被鉴真为陈年文件。

三、勘验、检查、侦查实验或现场笔录的鉴真

勘验、检查、侦查实验或现场笔录作为证据在法庭上出示时，如果对方提出异议，其真实性、可靠性应当由制作者及其见证人和保管人，就勘验、检查、侦查实验过程和笔录制作、保管和移交的过程进行辨认鉴真。我国一些地方性证据法规对此作了规定。例如，江苏高院《刑事证据意见》第52条规定："勘验、检查笔录应当依照法定要求制定。勘验、检查严重违反法定程序，有可能影响笔录真实性的，不可采信。……当事人及其辩护人、诉讼代理人对勘验、检查笔录有异议的，可以询问负责勘验、检查活动的侦查人员及其见证人，或听取他们对勘验、检查过程的证言。……勘验、检查笔录具有真实性的，可以作为定案根据。"

（一）勘验、检查、侦查实验或现场笔录鉴真的内容

参考我国一些地方性证据法规，勘验、检查或现场笔录的鉴真主要包括以下六个方面的内容：[1]

1. 关于犯罪嫌疑人痕迹的笔录。对其鉴真，要证明从犯罪现场、犯罪工具、被害人肢体上查获犯罪嫌疑人痕迹的勘验、检查笔录的制作过程和保管链条。

2. 关于犯罪嫌疑人物品的笔录。对其鉴真，要证明从犯罪现场查获犯罪嫌疑人所有物品的勘验、检查笔录的制作过程和保管链条。

3. 关于被害人物品的笔录。对其鉴真，要证明从犯罪嫌疑人或者其他关联人员

---

[1] 参见上海市《重大犯罪案件证据意见》第3条。

处查获被害人所有物品、被劫物品的搜查笔录,扣押清单和被害人辨认笔录的制作过程和保管链条。

4. 关于犯罪嫌疑人供述的笔录。对其鉴真,要证明从犯罪嫌疑人供述犯罪动机、目的、时间、地点、手段、过程细节、对象特征、所得及去向、后果等事实要素,并确认犯罪工具的笔录和亲笔供词的制作过程和保管链条;必要时,包括全程同步录音、录像。

5. 关于毒品犯罪的笔录。对其鉴真,要证明以案件当事人身份参与查扣毒品的侦查人员和警方情报人员确认犯罪嫌疑人的笔录的制作过程和保管链条,或证明犯罪嫌疑人实施毒品犯罪行为的录制品。

6. 关于行政诉讼证据的笔录。对其鉴真,要证明被告向人民法院提供的证明勘验经过和结果,执法人员、当事人或者在场人签名的现场笔录,或现场图的制作过程和保管链条。

(二) 勘验、检查、侦查实验或现场笔录的鉴真者

勘验、检查笔录、侦查实验或者现场笔录的制作者和保管者,涉及警察、侦查人员和执法人员,这些证据的鉴真应当由他们出庭,就这些笔录的真实性进行证明。有人认为:"侦查机关在侦查活动中制作的勘验、检查笔录,应当由制作人出庭提供证言,就制作过程提供陈述并接受控辩双方的交叉询问。仅提供书面笔录的,不具有可采性。"[1]

四、视听资料、电子数据的鉴真

(一) 视听资料的鉴真

《民事诉讼法》第74条规定:"人民法院对视听资料,应当辨别真伪,并结合本案的其他证据,审查确定能否作为认定事实的根据。"根据上述规定,视听资料在法庭上出示时,如果对方对其真实性或可靠性提出异议,应当进行鉴真。这种鉴真的特殊性在于,除制作人和保管人外,还要求持有人、提取人、见证人以及其他了解该视听资料制作、保管过程的证人鉴真。这是由视听资料的"可制作性"所决定的。"对音像、电子资料,应当审查形成的时间和条件,仪器设备状况,制作人,制作方法,以及其他可能影响该资料真实性和相关性的各种因素,注意鉴别是否原件,有无伪造和变造,必要时可以进行鉴定。"[2]

最高人民法院《刑事诉讼法解释》第108条规定:"对视听资料应当着重审查以下内容:(一) 是否附有提取过程的说明,来源是否合法;(二) 是否为原件,有无复制及复制份数;是复制件的,是否附有无法调取原件的原因、复制件制作过程和原件存放地点的说明,制作人、原视听资料持有人是否签名;(三) 制作过程中是否

---

[1] 参见毕玉谦等:《中国证据法草案建议稿及论证》,法律出版社2003年版,第154条。
[2] 陈光中主编:《〈中华人民共和国刑事诉讼法〉再修改专家建议稿与论证》,中国法制出版社2006年版,第337页。

存在威胁、引诱当事人等违反法律、有关规定的情形；（四）是否写明制作人、持有人的身份，制作的时间、地点、条件和方法；（五）内容和制作过程是否真实，有无剪辑、增加、删改等情形；（六）内容与案件事实有无关联。"这些是视听资料的制作、提取等有可能出现伪造、变造或拼接的环节，因此，为了保证视听资料的真实性，提出该证据的当事人、公诉机关，应当对视听资料的"来源、制作手段、制作技术、制作设备等进行释明。人民法院认为有必要时，可以通知视听资料和电子数据的制作人到庭接受询问，也可以聘请专家进行鉴定、现场提供专家意见、参加法庭调查、进行勘验"。[1]

概括地说，视听资料鉴真的内容，主要包括如下四个方面：

1. 来源。最高人民法院《行政诉讼证据规定》第12条规定，当事人向人民法院提供录音、录像等视听资料的，应当注明制作方法、制作时间、制作人和证明对象等，声音资料应当附有该声音内容的文字记录。因此，鉴真主要是确定，视听资料的制作主体、制作方式、时间、地点、条件及周边环境。

2. 内容的可靠性。鉴真主要是确定，视听资料的内容是否清晰可辨，是否伪造或者经过拼接，是原件还是复制件。

3. 保管过程。鉴真主要是确定，视听资料有无影响信息真实性的不当情形，制作设备和制作技术是否正常、科学等。

4. 制作过程。美国《联邦证据规则》901（b）（9）对制作过程或系统作了规定："描述一个过程或系统，并表明其产生了准确结果的证据。"它区分了庭外录制品鉴真的两种情况：[2]

（1）有感知证人的情况。例如，一架照相机或录像机可以记录一位目击证人所能看到的东西。因此，摄影师证人具有辨认该录制品是所感知事件之"公正""准确"或"真实"记录的能力。又如，参与谈话的"线人"可以对谈话录音内容进行鉴真，鉴别一个磁带是否被篡改过。

（2）没有感知证人的情况。录制设备有时候记录了证人未见未闻的东西。此时，一盘录音带或录像带便具有"沉默证人"的作用。这种作为真实事件准确记录的录制品，其真实性取决于如下内容的鉴真：①录制设备运行的科学原理；②操作者的资格；③设备的状态；④录制品未改变状态；⑤从录制设备到法院的完整保管链条。

（二）电子数据的鉴真

电子数据的真实性，在对方提出异议时，应当由制作人、见证人和保管人以及其他了解该电子数据制作、保管过程的人鉴真。提供电子数据的当事方，负有对该

---

[1] 江伟主编：《中国证据法草案（建议稿）及立法理由书》，中国人民大学出版社2004年版，第556页。

[2] 参见［美］罗纳德·J. 艾伦等：《证据法：文本、问题和案例》，张保生、王进喜、赵滢译，满运龙校，高等教育出版社2006年版，第232~235页。

电子数据进行鉴真而证明其真实性的责任。

电子数据鉴真的特殊性与视听资料相似,因其也具有"可制作性"。同时,"电子文档是文件,虽然有些麻烦,但书面证据的规则适用于它们"。[1]在审判过程中,法官应当特别注意审查电子数据原始性、可靠性和完整性的各项条件,包括电子信息生成、存储、传递和保存方法的可靠性,相关的协议,电子文件的属性和品种等以及其他有可能影响电子数据真实性的各种因素。

1. 电子数据辨认鉴真的一般内容。最高人民法院《刑事诉讼法解释》第110条规定:"对电子数据是否真实,应当着重审查以下内容:(一)是否移送原始存储介质;在原始存储介质无法封存、不便移动时,有无说明原因,并注明收集、提取过程及原始存储介质存放地点或者电子数据的来源等情况;(二)是否具有数字签名、数字证书等特殊标识;(三)收集、提取的过程是否可以重现;(四)如有增加、删除、修改等情形的,是否附有说明;(五)完整性是否可以保证。"电子数据的形成、提取等有可能出现伪造、变造或拼接的环节。因此,为了保证电子数据的真实性,提出该证据的当事人、公诉机关,应当对电子数据进行鉴真。

电子数据的鉴真包括但不限于以下内容:①生成、存储、传递和保存方法的可靠性。②生成、存储、传递和保存环境要素及相关协议。③电子文件的属性和品质。④可能进入信息交流系统的人及其对该系统的熟悉程度。⑤设立密码、电子签名、用户名、账号的电子数据,其密码、电子签名、账号的设立人、使用人、所有人以及该用户名或者账号的使用情况。⑥传输过程中的解密性。⑦系统硬件是否完好,软件是否可靠,系统运行是否正常,是否受到过病毒等侵袭;存储的资料是否存在被编辑、修改的可能性。⑧复制件制作的方法是否真实完整地反映了原件记载的内容。

2. 电子数据制作过程或系统的鉴真。电子数据鉴真的特殊性与视听资料相似,对于它的真实性或可靠性,在对方提出异议时,应当由制作人、提取人和保管人以及其他了解该电子证据制作、保管过程的人辨认或鉴真。提供电子证据的当事方,负有对该电子证据进行鉴真而证明其真实性的责任。在审判过程中,法官应当特别注意审查电子证据来源的可靠性和完整性的各项条件,包括电子信息生成、存储、传递和保存方法的可靠性,相关的协议,电子文件的属性和品种等以及其他有可能影响电子证据真实性和可信性的各种因素。按照"两院三部"《死刑案件证据规定》第29条,电子证据形成的时间、地点、对象、制作人、制作过程及设备情况等,制作、储存、传递、获得、收集、出示等程序和环节,取证人、制作人、持有人、见证人等是否签名或者盖章,内容是否真实,有无剪裁、拼凑、篡改、添加等伪造、变造情形等,是对电子证据审查的主要内容。

---

[1] Ken Chasse, *Electronic Evidence: Computer-Produced Records in Court Proceedings*, Introduction, Toronto, Ontario, June, 1994.

电子信息技术的新发展特别是电子商务领域提出了电子数据鉴真的一些特殊问题。例如，"对于设有密码、电子签名账号或者其他户头号的电子证据，当事人、公诉机关应当举证证明该密码、电子签名、账号的设立人、使用人、所有人以及该账号或者户头号的使用情况。必要时，法庭应当充分考虑电子证据在传输过程中的解密性，依据电脑等媒介质的设立人、使用人、所有人、密码或者账号、电子签名的所有人、使用人的间接证据，证据或者推认有关证据的真实性"。[1]

美国《联邦证据规则》901（b）虽未明确规制电子数据，但许多法院在采纳电子邮件、网页粘贴材料、聊天室讨论以及电子日志方面，类推适用了该规则的有关要求。例如，电子邮件可以通过所载电子地址、使用"答复"（reply）功能生成的原始发送者地址、电子邮件中包含的信息内容乃至电子签名本身，来加以辨认。聊天室讨论的计算机打印输出文件，则满足了901（a）的一般规定。在聊天室讨论的计算机打印输出文件中，使用某个"化名"身份登录的人告诉一位聊天朋友（侦探）自己的真实姓名、真实的街道地址。这次聊天记录以及随后的电子邮件显示的地址属于该真实姓名人。这些记录后来发现于该真实姓名人家中的计算机，并被作为原告方的第6号展示件而提供为证据的纸张，包含着侦探发给聊天室中那个人的姓名、街道地址、电子邮件地址和电话号码。基于这个证据，该展示件得到了适当鉴真并被采纳为证据。[2]

五、示意证据的鉴真

（一）示意证据鉴真的内容

示意证据是一种说明性证据，包括模型、图表、素描、照片、电子图像等形式。例如，在一次撞车事故发生后，双方当事人画的交通事故发生过程素描图。示意证据的出示，应当有助于事实认定者理解和认定有关争议事项，然而，这种证据形式不免会掺杂一些描绘者的主观判断，带有一定的主观性。因此，示意证据的鉴真，应当证明法庭演示与庭外引起诉讼的事件十分相似，以给事实认定者提供公正的比较，而不能误导事实认定者。

示意证据的鉴真主要包括以下三个方面的内容：

1. 主张什么？示意证据的提出者应当说明，自己提出某个示意证据旨在主张什么，示意证据是与本案有关的人物、物体或场景的描述，它有助于事实认定者理解那些引起诉讼的事件。

2. 真实性。在对方就示意证据的真实性提出异议时，应当由制作人或者熟知其所描绘对象的人进行鉴真，以证明该示意证据是对原物或原件及其主张事项的"准

---

[1] 江伟主编：《中国证据法草案（建议稿）及立法理由书》，中国人民大学出版社2004年版，第542页。

[2] 参见［美］罗纳德·J.艾伦等：《证据法：文本、问题和案例》，张保生、王进喜、赵滢译，满运龙校，高等教育出版社2006年版，第230~231页。

确"复制或"真实"描绘。

3. 公正性。在对方就示意证据的公正性提出异议时，应当由制作人或者熟知其所描绘对象的人进行鉴真，证明该示意证据是对原物或原件及其所主张事项的"公正"复制或描述。如果这种描绘可能对当事人造成严重的伤害或者对判决结果造成不公正的影响，该示意证据便应当加以排除。

（二）示意证据鉴真主体的特殊性

对示意证据进行鉴真的证人，不仅包括制作人，也可以是仅仅熟知其所描绘对象的人。例如，在麦凯克伦诉格兰斯案中，[1] 法院指出，对照片或录像带进行鉴真的证人不必是拍摄者，但必须认识并指认所描绘的物体，并作证说该图像公正、正确地描绘了它。例如，检控方可能提供一把刀子的照片或素描。熟悉这把刀子的证人可以作证说："我认识照片上这把刀子，因为刀柄上有一个姓氏'刘'。它就是我在犯罪现场发现的那把刀子。"

（三）记录模拟和事件重建的鉴真[2]

1. 记录模拟和事件重建鉴真的内容。将意外事故或犯罪拍摄成影片或制作计算机动画，可以用来图解证人的证言。对这种示意证据的鉴真，要通过介绍专家模拟事故重建所应用的基本科学原理，例如，再造物理事件所使用的数学模型方法，生成动画的电脑系统原理等详细根据，以证明示意证据准确、公正地再现了事件的发生过程。审前证据开示一般允许对方对示意证据提出异议，并允许对方对示意证据的鉴真证人进行交叉询问。

2. 记录模拟和事件重建鉴真的作用。这种鉴真的作用，主要是为了消除运用模拟手段提供示意证据的风险。因为，模型简化了真实世界的事件，而且大部分与事故重建有关的数据资料也许可以作出多种解释。因此，在美国联邦法院，法官对此所作的警戒性指示，一般都涉及模拟的有限目的，模拟所基于的有限事实以及陪审团在最终裁决那些事实时的角色。例如，法官可能会作出限制性指示说："这个动画并不是对那个事件的再造，而是帮助你们理解专家意见的电脑组合图像。该影像不是枪击过程中所发生事情的准确再造，而是表达了专家对所举证据的评价。"在拉奇诉 R. T. 梅里曼货运公司案中，[3] 法院排除了被告方一位事故重建专家根据自己对该事故证言的评估而制作的一个事故电脑模拟图。法院的意见是：根据"眼见为实"的古谚，我们断定，陪审团会给一个事故的动画再现赋予不适当的证明力。事故重建者的判断显然给证人证言打了折扣，当专家依据这种判断制作动画影像时，证人

---

[1] McEachron v. Glans, 1999 U. S. Dist. LEXIS 21926（N. D. N. Y. 1999）. 转引自［美］罗纳德·J. 艾伦等：《证据法：文本、问题和案例》，张保生、王进喜、赵滢译，满运龙校，高等教育出版社 2006 年版，第 225 页。

[2] 参见［美］罗纳德·J. 艾伦等：《证据法：文本、问题和案例》，张保生、王进喜、赵滢译，满运龙校，高等教育出版社 2006 年版，第 226~227 页。

[3] Racz v. R. T. Merryman Trucking, Inc., 1994 WL 124857, at *5（E. D. Pa. Apr. 4, 1994）.

关于看见大货车的拖车侵占了死者车道的情况报告实际上被放大了，并添加了更强的可信性。如果没有这些事故电脑模拟图像，陪审团根据证人证言去评价那位专家意见，可能就不会赋予该意见如此大的证明力。所以，对于运用模拟手段提供的示意证据，对方可以依据规则403提出异议。

六、自我鉴真

（一）自我鉴真及其价值

自我鉴真，是指一个证据的真假，不需要证人对其鉴真，这种证据本身的特性就决定了其真实性在证据铺垫阶段不容置疑，因而具有了天然的可采性。就是说，那些仅仅以其外观或不证自明的内容为根据，就可能是真实的文件，证据提出者无需提供证据去证明它。

自我鉴真的价值在于，可以节约司法资源，提高诉讼效率。它简化了某些书证的鉴真程序，不以制作人和保管人等在法庭上的鉴真作为可采性的先决条件。

（二）有关自我鉴真的法律规定

1. 美国《联邦证据规则》902（自我鉴真的证据）列举了以下十二种情况，其采纳无需提供有关真实性的外部证据：①签名并盖章的国内公文；②载有签名和批复但未加盖印章的国内公文；③外国公文；④经认证的公共档案复印件；⑤官方出版物；⑥报纸和期刊；⑦贸易标志和类似特征；⑧确认文件；⑨商业票据及有关文件；⑩联邦制定法规定的推定；经认证的国内常规活动档案；经认证的国外常规活动档案。

2. 我国有关自我鉴真的类似规定。例如，最高人民法院《民事诉讼证据规定》第16条第1款规定："当事人提供的公文书证系在中华人民共和国领域外形成的，该证据应当经所在国公证机关证明，或者履行中华人民共和国与该所在国订立的有关条约中规定的证明手续。"该规定虽然也提到证明问题，但这种证明与证人出庭鉴真有别，只要有特定机关的证明或认证，或履行了有关条约中规定的证明手续，其真实性可以自动证明。

（三）自我鉴真的特点

1. 自我鉴真的证据不要求鉴真。自我鉴真的证据，不要求提供具有真实性的旁证（鉴真）作为可采性的先决条件，可以自动认定其真实性，但有相反证据足以推翻其真实性的情况除外。具有自我鉴真资格的证据一般包括：①公证机关公证的文件；②国家机关、社会团体等依职权制作的盖有公章、编有文号的国内公文；香港特别行政区、澳门特别行政区、台湾地区形成的有关公文，应当履行相关的证明手续；③中国驻外使领馆或者外国驻中国使领馆认证的外国公文；④国家机关、事业单位编辑的书刊、手册或者其他官方出版物；⑤国家或者地方新闻出版管理部门批准出版发行的报纸或者期刊。[1]

2. 自我鉴真仅限于书证及其形式。

(1) 自我鉴真仅限于书证。只有书证可以通过外观得到鉴真，而不需要鉴真证人出庭提供证言。"那些仅仅以其外观或不证自明的内容为根据就可能是真实的文件，证据提出者无需提供证据去证明它。"[2]

(2) 自我鉴真只是对书证形式的鉴真，而不能代替对书证内容的证明。自我鉴真文件所载信息来源和可靠性不能自动鉴真。例如，由国家机关等编辑的书刊、手册或者其他官方出版物，由国家或者地方新闻出版管理部门批准出版发行的报纸或者期刊，尽管这些书证的真实性没有疑问，但诉讼各方对于其中刊载的不可采的传闻陈述或专家意见仍可以提出异议。

随着区块链证据的运用越来越广泛，自我鉴真限于书证的情况也在改变。区块链分布式分类账技术具有自证其真的属性，可有效弥补电子证据易被篡改的缺陷，在一定程度上规避电子证据逻辑结构层次和物理结构层次真实性验证问题。上链后区块链证据可以自我鉴真，而不需要借助外部信息，只要当事人提交的电子证据系由有资质区块链存证平台生成，且哈希值验证一致，即可推定区块链证据真实性。[3]

3. 自我鉴真的失效。如果对方提供相反证据对"自我鉴真"证据的真实性提出异议，在相反证据足以推翻其真实性的情况下，自我鉴真就失去了效力。推翻性证明也可以在法官根据自我鉴真的要求采纳证据之后。根据国外的案例，法院对某份书证的采纳不是其真实性的终局证明，并不妨碍对方提供关于该文件是假的或上面的签名是伪造的证明。真实性或可信性问题最终是由事实认定者（陪审团）决定的。

4. 自我鉴真的正当理由及其遇到的挑战。自我鉴真的文件之所以具有可采性，主要是由这些文件的制作主体和制作程序决定的。例如，某些种类的文件是国家机关、社会团体通过正规程序制作的，如盖有公章、编有正式文号、经过使领馆认证等，这表明某些公职人员已经对这些文件的真实性给予过关注，这些书证被伪造的风险较小。但自我鉴真的正当理由正在受到削弱，因为"现代科技发展（计算机、扫描仪、印刷软件和互联网端口）使伪造品……的制造变得更加容易了"。[4] 自我鉴真不能解决自我鉴真文件所报告信息之来源和可靠性的问题。说到底，任何证据

---

[1] 参见张保生主编：《〈人民法院统一证据规定〉司法解释建议稿及论证》，中国政法大学出版社2008年版，第272页。

[2] [美] 罗纳德·J. 艾伦等：《证据法：文本、问题和案例》，张保生、王进喜、赵滢译，满运龙校，高等教育出版社2006年版，第239页。

[3] 张中、赵航："建立区块链证据采信新规则"，《检察日报》2021年6月25日，第3版。

[4] Wright & Gold, *Federal Practice and Procedure: Evidence*, §7140 (2000). 转引自 [美] 罗纳德·J. 艾伦等：《证据法：文本、问题和案例》，张保生、王进喜、赵滢译，满运龙校，高等教育出版社2006年版，第239页。

的真实性或可信性，都要由事实认定者来决定。

1. 辨认、鉴真是证据出示的重要方式。在实物证据存在争议或对方提出异议时，通过辨认、鉴真来证明其同一性、真实性或可信性，是其被采纳的先决条件。

2. 物证通常由提取者、制作者和保管者根据其容易辨认或与众不同的特征进行同一性辨认，为了证明其状态未改变，还需要关于保管链条的证言。

3. 书证应当由制作者、提取者和保管者等证人鉴真，涉及其作者、来源、内容、存放地点或独特性状等方面。

4. 勘验、检查、侦查实验或现场笔录的真实性，应当由制作者、见证人和保管人，就其制作、保管和移交的过程进行鉴真。

5. 视听资料、电子数据的真实性，除了制作人和保管人之外，还要求持有人、提取人、见证人以及了解其制作、保管过程的证人鉴真。

6. 示意证据的真实性，应当由制作人或熟知其所描绘对象的人进行鉴真，证明其是对原物或原件及其主张事项的"准确""真实"和"公正"的描绘。

7. 自我鉴真的证据，以其外观或不证自明的内容而具有可采性。但是，自我鉴真文件的采纳不是其真实性的终局证明，对方可提供关于该文件虚假或伪造的反驳证明。

思考题

7.1. 辨认和鉴真对于准确认定事实具有什么作用？

7.2. 为什么说辨认鉴真主要涉及证据可信性特别是实物证据来源可靠性的证明？

7.3. 辨认和鉴真的证明方法，在哪些方面值得我国证据法借鉴？

7.4. 什么是证据保管链条的证明？

7.5. 为什么示意证据可以由熟知其所描绘对象的人辨认或鉴真？

7.6. 为什么说自我鉴真文件的采纳不是其真实性的终局证明？

7.7. 某市公安局缉毒中队田警官根据线人的情报，对该市某小区5号楼401室进行搜查，当场抓获万某，并从卧室搜出大量毒品、制毒工具和若干毒品原材料。对于抓获过程、现场情况、扣押物品等，田某制作了现场勘验笔录，并让万某签字确认。该案审判中，被告人万某对公诉人出示的勘验笔录提出质疑，称该份笔录记载的内容与当时的情况不符。公诉人对辩方的异议应当如何回应？如果公诉人无所回应，法院应当如何处理？

7.8. 某市前国税局局长宋某因涉嫌贪污罪被检察院提起公诉。在庭审过程中，公诉人向法庭播放了侦查人员讯问宋某的录像，用以证明宋某对其犯罪事实供认不讳,同时也证明讯问过程合法,没有任何刑讯逼供等非法收集口供的问题。但宋某对该录像的完整性提出质疑,称其开始并没有承认犯罪,后因遭受刑讯逼供,才不得不供述犯罪。公诉人对辩方的异议应当如何回应?如果公诉人无所回应,法院应当如何处理?

第二节 鉴 定

在诉讼活动中,鉴定意见的提出是一种证据出示方法。鉴定的学科基础通常被称为法庭科学(forensic science)。广义的法庭科学是指综合运用物理学、化学、医学、生物学等自然科学的原理和技术方法,研究证据采集、鉴定之一般规律的科学理论和技术方法体系,包括法医学、物证技术学等。从更广泛的意义上说,任何科学技术被应用于解决诉讼中的事实认定问题,都可以被视为法庭科学。例如,美国华尔兹教授谈到的:①精神病学和心理学;②毒物学和化学;③法医病理学;④照相、电影和录像;⑤显微分析;⑥中子活化分析;⑦指纹鉴定;⑧枪弹证据和比较显微检验;⑨摄谱声音鉴定;⑩可疑文书;⑪多参量测试技术;⑫车速的科学测定;⑬麻醉分析和催眠术。[1] 法庭科学涉及的领域还远不止这些。

一、鉴定及其作用

(一)鉴定、司法鉴定与鉴定意见

1. 鉴定和司法鉴定概念的异同。在中文语境中,"鉴定"一词并不限于法律领域,如文物鉴定、科研成果鉴定等。在法律语境中,"鉴定"概念最早出现于1907年清末颁布的《各级审判厅试办章程》,源自日本法学词语。"司法鉴定"一词是20世纪50年代从俄文翻译而来[2];这个概念长期语焉不详,直至2005年全国人大常委会《关于司法鉴定管理问题的决定》才对其作出明确界定。在"鉴定"前冠以"司法",曾引起若干争论,这有利于与非诉讼活动中的鉴定相区别,但根据现行诉讼法规定,"鉴定"一词也具有司法鉴定的含义。

2. 鉴定活动的主体。西方大陆法系国家一般把从事鉴定活动者称为鉴定人。鉴定人通过提供鉴定意见而成为法官"科学上的辅助人"和"帮助法官认识活动的人"。英美法系一般称鉴定人为法庭科学专家(forensic expert 或 forensic scientists),比专家证人(expert witness)的外延要窄。鉴定人主要是运用法庭科学技术手段解决案件中专门性问题的专家,他们通过向法庭提供专家意见(expertise)或专家证言(expert testimony)来从事法庭证明活动。专家的知识不仅仅局限于"科学"和"技

---

[1] [美]乔恩·R. 华尔兹:《刑事证据大全》,何家弘等译,中国人民公安大学出版社2004年版,第460页。

[2] 王世凡:"鉴定与司法鉴定概念的引入及其演进研究",载《法律与医学杂志》2007年第2期。

术"领域，而是囊括了所有"专业"知识，因而不是狭义上的专家，而是指任何因拥有"知识、技能、经验、培训和教育"而具备资格的人。不仅包括严格意义上的专家，如医师、物理学家和建筑师，还包括称为"有技能的"证人之大规模群体，如银行家或就土地价值作证的土地拥有者。[1]其职责是辅助事实裁判者。

我国司法鉴定领域最近实施的鉴定人负责制，确立了鉴定人在司法鉴定活动中的主体地位，厘清了鉴定人与鉴定机构的不同角色和执业责任。这彰显了鉴定人在司法鉴定活动中的独立性，符合司法鉴定的基本属性，也与国际规则契合。相对于侦查机关内设司法鉴定部门的行政化管理以及社会鉴定机构的法人负责制，鉴定人独立负责制将给传统司法鉴定观念和体制带来严重冲击。同时，由鉴定人对司法鉴定质量负责，也给打造崇尚法治、尊重科学、严谨规范、诚信敬业的鉴定人队伍创造了条件。当然，鉴定人独立性的边界应该受到法律严格规制。

3. 鉴定活动的主要特征。作为证据法概念，鉴定人运用科学技术或者专门知识对诉讼涉及的专门性问题进行鉴别和判断并提供鉴定意见的活动，称为司法鉴定。[2]它具有以下三个特征：

（1）科学性。鉴定旨在运用科学知识和技术方法解决专门性问题。"专门性问题"，是需要运用科学技术或者专门知识解决的证据同一性、可靠性问题。鉴定人是拥有专门知识的人，在我国通常需要具有法定资格。

（2）间接性。鉴定是一种诉讼证明活动，所形成的鉴定意见具有间接证据的特点。鉴定人基于专业学习或特殊培训而获得的知识和经验而提供证据，这些知识和经验允许他们以某种方法对事实认定者感到不明白的数据或专门性问题进行解释。按照美国《联邦证据规则》702 的规定，专家证言"将有助于事实审理者理解证据或确定争议事实"。[3]

（3）生成性。鉴定意见作为科学证据，不同于物证、书证等展示性证据和证人证言，可以把信息直接传达给事实认定者，而是需要鉴定人或专家通过检验、鉴别和推论、解释等"二次开发"活动，生成鉴定意见证据。这种生成性表现在以下三个方面："①专家可以生成证据性事实本身。一个例子是对物质进行分析的化学家，诸如在水污染或毒品的刑事诉讼中，对实物的化学成分进行的分析。另一个例子，是从事血液或组织分析的医务工作者。这些个人为事实认定者提供基本事实。②专家可以教导陪审团有关得出证据性事实的推论所需要的专业或科学信息。例如，关于汽车结构的安全性，工程师可针对构件金属的张力作证。又如，医学专家教给事

---

[1] [美]罗纳德·J. 艾伦等：《证据法：文本、问题和案例》，张保生、王进喜、赵滢译，满运龙校，高等教育出版社 2006 年版，第 723 页。

[2] 全国人大常委会《关于司法鉴定管理问题的决定》第 1 条。

[3] 参见 [美]罗纳德·J. 艾伦等：《证据法：文本、问题和案例》，张保生、王进喜、赵滢译，满运龙校，高等教育出版社 2006 年版，第 721 页。

实认定者关于疾病症状的含义。③最常见的，并且在我们看来最不合理的是，专家会向事实认定者提供其也许会服从的推论和结论。对刑事被告精神健全作证的心理学家，是一个例子；就水污染损害健康作证的科学家，是另一个例子。在两位专家互相冲突又都具有科学高深的结论之间，事实认定者也许不得不多少根据一时的灵感来选择服从和接受其中一位专家的结论。"[1] 因此，鉴定并不限于"证据核实行为"，还具有生成证据的功能。

(二) 鉴定的作用

随着现代科技进步，鉴定意见作为科学证据的作用越来越受到关注。在美国20世纪80年代就有86%的民事陪审团审判有专家证人。[2] "事实认定科学化"成为证据法的未来趋势，[3] 它标志着，证明方法正在从以"人证"为主向以"物证"或"科学证据"为主的转变。[4] 鉴定作为科学证明手段，将在以下方面发挥更大作用：

1. 澄清事实争议。鉴定具有核实、生成证据的功能，有助于法院对案件的争议事实作出"具体事实的推论"，从而澄清诉讼双方在具体事实上的争议。例如，法医学鉴定可以回答被害人死亡的原因、方式，作出他杀或自杀的推论；利用DNA技术可以作出同一性认定；毒物分析技术可以确定中毒原因；等等。在诉讼中，很多争议事实可以借助鉴定这面"镜子"在一定程度上还原其面目。

2. 鉴别证据真伪。经过鉴定的实物证据，其同一性和真实性可以得到更加可靠的判断证明。此外，鉴定不仅对物证、书证等展示性证据的真实性、可靠性具有鉴别作用，而且，随着测谎技术以及司法精神病学等鉴定技术的发展，也在鉴别证言可信性等方面发挥着重要辅助作用。

3. 转换证据种类的作用。鉴定活动是鉴定人运用科学技术手段，将一般物证（尸体、物品或痕迹等）、书证（病历资料或合同文件）等展示性证据转化为鉴定意见的过程。鉴定意见具有专家证言的性质，从而可以从科学证据的角度进一步证明原有物证、书证等展示性证据的可信性。有作者认为："在现代刑事诉讼中，科学证据的首要替代品是，证人证言、被告陈述、文件、材料实体、法庭展示物、当事人或他们对手的辩论和承认。"[5]

---

[1] [美] 罗纳德·J. 艾伦等：《证据法：文本、问题和案例》，张保生、王进喜、赵滢译，满运龙校，高等教育出版社2006年版，第721页。

[2] [美] 罗纳德·J. 艾伦等：《证据法：文本、问题和案例》，张保生、王进喜、赵滢译，满运龙校，高等教育出版社2006年版，第722页。

[3] [美] 米尔建·R. 达马斯卡：《漂移的证据法》，李学军等译，中国政法大学出版社2003年版，第200页。

[4] 何家弘："中国证据法学前瞻"，载《检察日报》1999年9月2日。

[5] [英] 麦高伟、杰弗里·威尔逊主编：《英国刑事司法程序》，姚永吉等译，法律出版社2003年版，第238页。

二、鉴定的启动和救济

（一）鉴定的启动

鉴定的启动权包括鉴定的决定权和鉴定的委托权，其中，委托权涉及鉴定人（鉴定机构）的遴选问题。通常，行使鉴定决定权和鉴定委托权的主体是统一的，两个权力的内容无严格区分。但是，在某些情况下，行使两个权力的主体也可能产生分离，例如，由当事人（或检察官）决定（提出）鉴定，而由法官行使委托权。根据鉴定决定权与委托权的有机统一，可以将鉴定的启动分为三类：自行鉴定、指定鉴定和委托鉴定。

1. 自行鉴定。

（1）自行鉴定是指案件的当事人自行委托鉴定机构并提供鉴定材料，由鉴定人出具鉴定意见并提交法院作为证明自己主张成立的证据。[1] 最高人民法院《民事诉讼证据规定》第31条第1款规定："当事人申请鉴定，应当在人民法院指定期间内提出，并预交鉴定费用。逾期不提出申请或者不预交鉴定费用的，视为放弃申请。"第2款规定："对需要鉴定的待证事实负有举证责任的当事人，在人民法院指定期间内无正当理由不提出鉴定申请或者不预交鉴定费用，或者拒不提供相关材料，致使待证事实无法查明的，应当承担举证不能的法律后果"。

（2）自行鉴定的特点有：①鉴定启动的主体是案件当事人，通常是刑事案件自诉人或民事案件的原告。②自行鉴定一般发生在诉讼之前，也称为"诉前鉴定"。诉前鉴定为"鉴定前置"，体现了"谁主张，谁举证"的诉讼原则，也是当事人享受的一项诉讼权利；而且，诉前鉴定具有引导当事人诉讼请求、提高诉讼效率的作用，解决了司法鉴定时限占用诉讼时限的矛盾。③鉴定机构的遴选以及鉴定材料的提供完全由当事人决定。

（3）在民事诉讼中，剥夺当事人聘请鉴定人的自行鉴定权可能产生以下后果：①无法使法官保持独立和中立。完全由法院聘请鉴定人，必然会在一定程度上使法院介入对立双方当事人的纠纷。②完全由法院聘请鉴定人容易产生司法腐败。③如果当事人本身没有要求鉴定，法院主动进行鉴定也是对民事诉讼处分权原则的根本违背，而且在法院有倾向性地聘请鉴定人的情况下，高额的鉴定费用还要由败诉的当事人承担，这无论如何是令人难以接受的。[2]

（4）随着司法鉴定制度改革的深入，自行鉴定也暴露出以下问题：①当事人与鉴定机构签订委托合同，当事人提供鉴定费，鉴定机构盈利，双方往往对鉴定意见已形成潜在约定，金钱与结果满意度决定委托合同的成立和履行。②另一方当事人无法获得鉴定材料，不能启动自行鉴定，因而在庭审中对诉前鉴定不予认可，最终使得自行鉴定流于形式。

---

[1] 韩象乾主编：《民事证据理论新探》，中国人民公安大学出版社2006年版，第205页。
[2] 王利明："审判方式改革中的民事证据立法问题探讨"，载《中国法学》2000年第4期。

2. 指定鉴定。

（1）指定鉴定在不同国家的诉讼活动中有不同的含义。①在美国，《联邦证据规则》706（法院指定专家）规定，指定专家和当事人自行选择专家是两种不同的鉴定启动方式，但即使是法院指定专家，"法院可以根据当事人的动议或者自行决定，命令当事人说明为什么不应当指定专家证人的理由，并可以要求各方当事人提名。法院可以指定经各方当事人同意的任何专家证人，也可以自行选择专家证人"。②在我国刑事诉讼中，指定鉴定亦称指派鉴定，是指侦查或检察机关为解决案件中的专门性问题，由办案人员依职权指派本单位鉴定机构的鉴定人进行的鉴定。我国《刑事诉讼法》第146条规定："为了查明案情，需要解决案件中某些专门性问题的时候，应当指派、聘请有专门知识的人进行鉴定。"从现行立法来看，"指派"有"依职权"的意思，行政色彩明显。司法鉴定制度改革后，指派鉴定的主体是公安机关或人民检察院，被指派的对象是其内设鉴定机构，与指派鉴定的主体形成一种行政隶属关系。

（2）我国司法鉴定应该借鉴平衡性原则。根据《刑事诉讼法》第148条，"侦查机关应当将用作证据的鉴定意见告知犯罪嫌疑人、被害人。如果犯罪嫌疑人、被害人提出申请，可以补充鉴定或者重新鉴定。"这表明，只有侦查机关有权启动鉴定，犯罪嫌疑人、被害人只能就"补充鉴定或者重新鉴定"提出申请。与此相应，根据司法部《司法鉴定程序通则》第11条，鉴定机构只"受理办案机关的司法鉴定委托"。控辩双方在鉴定启动权上的这种不平等，使得"平衡性"原则在司法鉴定过程中很难贯彻。在《欧洲法庭科学评价报告指南》中，平衡性原则被界定为："检验结果应当在至少有一对特定主张的情况下受到评价：通常情况下，一个主张基于一方当事人对该事件的解释，一个主张基于（对方当事人）对该事件的替代解释。如果无法构建替代主张，检验结果的价值就不能得到评估。在这种情况下，法庭科学执业者应当清楚阐明，他们将无法报告该检验结果的价值。"[1]

3. 委托鉴定。

（1）委托鉴定，是指在审判活动中，法院委托具有法定资质的鉴定机构进行的鉴定。《民事诉讼法》第79条第1款规定："当事人可以就查明事实的专门性问题向人民法院申请鉴定。当事人申请鉴定的，由双方当事人协商确定具备资格的鉴定人；协商不成的，由人民法院指定。"最高人民法院《民事诉讼证据规定》第3款规定："人民法院在确定鉴定人后应当出具委托书，委托书中应当载明鉴定事项、鉴定范围、鉴定目的和鉴定期限。"

（2）鉴定人选任的基本模式是建立鉴定人名册。例如，法国《刑事诉讼法典》规定，鉴定人应从最高法院办公厅制作的全国性名册所列自然人和法人中选任，或

---

[1] 欧洲法庭科学研究机构联盟：《法庭科学评价报告指南》，王元凤、刘世权译，满运龙、张保生校，中国人民大学出版社2021年版，第7页。

者从各上诉法院与总检察长商定的名册中选任。在特殊情况下，各级法院可以作出附理由的决定，挑选未登入上述名册的鉴定人作为鉴定人。意大利《刑事诉讼法典》有关鉴定人的任命条文规定：法官在任命鉴定人时应该从在专门登记簿上注册或者在具备某一特定学科的专门能力的人当中进行挑选。另外，在日本也是施行鉴定人员名册制度，由特定机构通过特定方法和考评，挑选具有鉴定资格的人，然后根据行业分类造册，附个人专业教育程度、著作、专业经历等内容，供司法机关委托鉴定时挑选。德国《刑事诉讼法典》规定，法官决定需要聘请的鉴定人及其人数；特定工作已经有公共鉴定人的，只能在特殊情况需要时，另选其他人员。民事诉讼法上关于鉴定的规定与刑事诉讼类似。

（3）确立启动委托鉴定法官职权化制度。法官拥有鉴定委托决定权，鉴定人对法官负责，保障鉴定程序的中立和公正，保障鉴定材料的客观和全面。为保障诉讼活动顺利进行，法院必须对当事人的申请进行审查。法院一般不同意鉴定的情形包括：①该事实已经查明；②该事实能够凭一般人的常识进行判断；③该事实对案件的结果没有实质影响；④该证据的同一性或真实性经过辨认或鉴真程序已经确认；⑤现有科技手段尚不足以查明该事实等。

（4）确立平衡性等原则。最高人民法院《民事诉讼证据规定》第32条第3款对委托书中鉴定事项如何设定未作出明确规定，通常是根据鉴定申请方主张，一般不会考虑对方当事人主张，这容易使委托方鉴定事项占据"先入为主"的优势，从而影响鉴定意见的质量。因为任何鉴定都带着委托人对可能得出的鉴定意见之预期，让委托人单方设定鉴定委托事项，在委托方与鉴定机构之间形成一种不必要的张力。解决之策是借鉴欧洲法庭科学机构联盟推行的平衡性原则，即"在没有首先确定代表控辩双方观点的一对儿竞争性主张的前提下，永远都不要表达一个评估意见……。切记没有辩护方的主张，一个评估意见是不可能做出的，这就是平衡的根基。"[1] 没有平衡性原则指导，鉴定机构就可能为满足鉴定委托人愿望而做出某种妥协，甚至为逐利而放弃科学标准。因此，在启动鉴定程序之前，诉讼各方对鉴定主张（目的）应当事先约定，这样做可以限制鉴定人任意选择、变更鉴定项目，维护鉴定的可靠性、公开性。

（二）鉴定的救济

鉴定意见经过庭审质证，如果诉讼双方或一方其提出异议，可依司法鉴定有关程序规定提出申请，要求原鉴定人进行补充鉴定，或者委托其他鉴定人重新鉴定。补充鉴定和重新鉴定不是鉴定过程的必经环节，而是一种救济措施，它有利于保护当事人的合法权益，维护司法公正。《刑事诉讼法》第148条规定："如果犯罪嫌疑人、被害人提出申请，可以补充鉴定或者重新鉴定。"

1. 鉴定救济启动的前置条件。就某一具体鉴定而言，由于鉴定人的鉴定活动受

---

[1] Evett, Evaluation and Professionalism, Science & Justice, 2009, 159~160.

诸多因素影响，如鉴定材料的有限性、鉴定所依据的基础材料的虚假或片面，检材的时限性与不可重复性，科学技术原理的公认性，以及所选鉴定人认知能力及其自身的倾向性等，决定了鉴定意见具有失真的可能性。因此，对鉴定意见审查判断就显得十分重要。

由于法官并不拥有科技知识和其他专门知识，因此，在世界范围内，法官对鉴定意见的审查都存在一定困难。有时候会出现两个极端：一是对专家权威的信赖情结，使其对鉴定意见很难拒绝采纳，致使鉴定人由案件事实认定的"助手"成为主人，出现了越来越多的鉴定人支配裁判的情形。二是通过允许控辩双方或当事人的重新鉴定，造成重复鉴定或多次鉴定，并试图采用二比一的多数比例取舍鉴定意见。因此，应当为鉴定救济的启动设置如下条件：

（1）原则上，初次鉴定意见必须经过质证，方能启动二次鉴定。这不仅可使再鉴定有的放矢，使双方当事人充分了解初次鉴定意见，而且可以避免无益的重复鉴定。

（2）鉴定人出庭作证是启动再鉴定的前置条件，当事人若对鉴定意见有异议，鉴定人必须出庭作证。

（3）当事人和辩护人、诉讼代理人如果申请重新鉴定，法庭应当作出是否同意的决定。例如，法国《刑事诉讼法典》规定，在任何情况下，预审法官均应给双方当事人一个期限，以提供其意见或制作有关鉴定的目的是否达到以及重新鉴定的申请书。如果申请被驳回，预审法官应作出附理由的决定。

（4）启动重新鉴定时，应对鉴定人遴选条件作出更严格的规定。例如，法国《刑事诉讼法典》规定，重新鉴定应至少由2名专家进行。

2. 补充鉴定与重新鉴定。

（1）补充鉴定有以下情形：①鉴定后，委托机关发现新的鉴定材料（或物证），要求对原鉴定意见进行审查，并提供补充鉴定意见。②鉴定后，委托机关就本案的同一鉴定材料，要求原鉴定人解答新问题，即对同一案件提出补充鉴定意见。③委托机关认为鉴定意见没有完全解决所提出的问题，或不够明确，包括鉴定文书措词含混不确切，鉴定意见叙述不清楚，易引起歧义。

（2）重新鉴定，是指司法机关或当事人（辩护人）认为原鉴定或补充鉴定的依据不充分，对意见不满意，或鉴定人之间意见不一致，可将原鉴定材料再委派或聘请别的专家进行鉴定。国外有称为"反鉴定"。在这里，"不充分"是指鉴定尚不能使法官确信而言，但下列情况是重新鉴定的明确条件：①原鉴定人的专门知识可疑时；②鉴定是以各种不正确的假设为基础时；③鉴定本身包含矛盾时；④认为新鉴定人采用的科学手段超过原鉴定人时；⑤鉴定意见与其他证据发生矛盾，且其正确性可疑时。

三、专家辅助人

（一）我国有关专家辅助人的法律规定

《刑事诉讼法》第197条第2款规定："公诉人、当事人和辩护人、诉讼代理人可以申请法庭通知有专门知识的人出庭，就鉴定人作出的鉴定意见提出意见。"《民事诉讼法》第82条规定："当事人可以申请人民法院通知有专门知识的人出庭，就鉴定人作出的鉴定意见或者专业问题提出意见。"

上述"具有专门知识的人"，与日本民诉法上的诉讼辅助人非常相似，具有专门知识的人在法庭上的活动，是以对有关专门性问题进行说明陈述的方式，弥补当事人及代理人在能力上的不足；活动范围限于法庭审理中与专门性问题的质证有关的活动；对于具有专门知识的人员的资格是当事人考虑的问题，其出席法庭审理，需要当事人的申请和法庭的许可。可见，我国专家辅助人主要是辅助当事人有效完成诉讼活动，并不具有辅助事实裁判者对专业问题作出决定的功能。因此，应当将具有专门知识的人理解为诉讼辅助人或专家证人。

（二）专家辅助人的特点

专家辅助人，又称诉讼辅助人或技术顾问，是指在科学、技术以及其他专业知识方面具有专门知识或经验的人，受当事人的聘请委托，在诉前或诉讼过程中帮助当事人分析技术问题、评价鉴定意见，必要时经法院准许出庭，以辅助当事人对案件事实所涉专门性问题进行说明，或发表专业意见和评论。

由于专家辅助人与鉴定人、专家证人以及技术顾问，是不同法系的不同称谓，它们之间的关系互有交叉，既有共性，又有如下区别：

（1）从外延上看，三者的区别用一个简单公式表示：我国鉴定人+专家辅助人≈英美法系专家证人。

（2）与当事人的关系：①鉴定人与当事人的关系：法官委托的鉴定人相对于双方当事人具有一定的中立性，而当事人自行委托的鉴定人和专家证人属于一方当事人的证人。②专家辅助人与当事人的关系：专家辅助人的身份具有三重性：一是具有当事人的证人身份，最高人民法院《民事诉讼证据规定》第84条第1款规定："审判人员可以对有专门知识的人员进行询问。经法庭准许，当事人可以对有专门知识的人进行询问，当事人各自申请的具有专门知识的人可以就案件中的有关问题进行对质。"二是具有类似于当事人律师的身份，最高人民法院《民事诉讼法解释》第122条第1款规定："具有专门知识的人出庭，代表当事人对鉴定意见进行质证"。三是具有当事人的身份。最高人民法院《民事诉讼法解释》第122条第2款规定："具有专门知识的人在法庭上就专业问题提出的意见，视为当事人的陈述。"

（三）建立专家辅助人制度的意义

1. 专家辅助人制度的确立，是我国对西方两大法系专家意见制度借鉴的结果，体现了英美法系专家证人制度和大陆法系鉴定人制度的融合。它改变了鉴定人独揽专家意见的格局，建立了一种中国特色的"鉴定人+专家辅助人"专家证据制度。专家辅助人参与诉讼有助于维护当事人的权益,对案件专门性问题进行说明,对鉴定人进行询问、辅助律师和检察官进行质证,使鉴定意见受到一系列庭审规则的制约,打破了鉴定意见"一言堂"的局面,可以避免审判人员"偏听偏信"、暗箱操作,有助于法官对鉴定意见进行科学认证。[1]

2. 专家辅助人参与诉讼促进了质证的实质化。在我国审判实践中,对于鉴定意见的质证过去都是简单地"围绕基本程序和表面形式进行,根本达不到通过质问进行查证的效果"[2]。专家辅助人介入诉讼,研究鉴定意见、质疑鉴定人,深入探究鉴定意见的形成原理和各个环节,使质证产生了实质效果。

(四)专家辅助人意见的属性

有学者建议直接将专家辅助人的意见视为证据;也有学者认为,专家辅助人的言论应视为意见,有辩护意见和控诉意见之分。[3] 根据刑事诉讼法的相关规定,刑事专家辅助人的职能主要是"就鉴定意见提出意见",但其意见又只是从专业角度对鉴定意见提出的质疑意见,主要用于弹劾目的,如被法庭采纳,则只可能带来相关鉴定意见不被采信的后果。问题是:法官能否直接采信有专门知识的人的意见作为认定案件事实的依据?

1. 专家辅助人向专家证人的角色演变及其问题。最高人民法院《关于审理环境民事公益诉讼案件适用法律若干问题的解释》[4] 第 15 条第 1 款规定:"当事人申请通知有专门知识的人出庭,就鉴定人作出的鉴定意见或者就因果关系、生态环境修复方式、生态环境修复费用以及生态环境受到损害至恢复原状期间服务功能的损失等专门性问题提出意见的,人民法院可以准许。"这个新规定在沿袭《刑事诉讼法》第 197 条第 2 款"就鉴定人作出的鉴定意见提出意见"的规定基础上,往前进了一步,即还可以"就因果关系、生态环境修复方式、生态环境修复费用以及生态环境受到损害至恢复原状期间服务功能的损失等专门性问题提出意见"。这就与《民事诉讼法》第 82 条"当事人可以申请人民法院通知有专门知识的人出庭,就鉴定人作出的鉴定意见或者专业问题提出意见"的规定趋于一致了。

实际上,刑事专家辅助人在质疑对方鉴定意见时,不可能不提出自己的意见。例如,在"林森浩投毒案"二审中,辩方专家辅助人出庭不仅对控方鉴定意见提出质疑,而且提出了自己的意见,即死者黄洋并非死于二甲基亚硝胺中毒引起的肝坏

---

[1] 参见李坤:"论我国专家辅助人制度的构建:以民事诉讼为视角",中国政法大学 2009 年硕士学位论文。

[2] 赵杰:"论民事诉讼中专家辅助人的法律定位",载《中国司法鉴定》2011 年第 6 期。

[3] 程雷等:"新《刑事诉讼法》的理解与实施——中国刑事诉讼法学研究会 2012 年年会综述",载中国诉讼法律网,http://www.procedurallaw.cn/yjhzl/zxxx/201211/t20121114_985707.html。

[4] 2014 年 12 月 8 日最高人民法院审判委员会第 1631 次会议通过,2015 年 1 月 6 日公布(法释〔2015〕1 号),自 2015 年 1 月 7 日起施行。

死,而是死于爆发性乙型肝炎。[1] 那么,专家辅助人的这个意见属于何种性质?对此大致有三种不同意见:①"仅作为一种质证方式";②"可作为鉴定意见";③可"作为证人证言"。[2] 第一种意见最符合现行法律规定,但在审判实践中常遇到一个困境,即仅作为一种质证意见的专家辅助人意见很难被法官采信作为定案依据,对审判结果不会产生实质影响。第二种意见将专家辅助人意见视为鉴定意见,这显然不合理,因为专家辅助人没做鉴定。

第三种意见将专家辅助人意见视为证人证言,这有其合理之处,当然这是专家证言。因此,最高人民法院《关于审理环境民事公益诉讼案件适用法律的解释》第15条第2款关于"经质证,可以作为认定事实的根据"的规定,使刑事专家辅助人意见超出了质证范畴,具有了举证或鉴定意见的性质,这与美国《联邦证据规则》702的专家证言便十分相似了。

2. 专家辅助人的意见能否视为当事人陈述?双方专家辅助人在法庭上相互询问是否属于对质?

最高人民法院《民事诉讼法解释》第122条第2款规定:"具有专门知识的人在法庭上就专业问题提出的意见,视为当事人的陈述。"这个规定值得商榷。首先,当事人陈述与专家证言或专家辅助人意见的本质区别在于,前者是案件事实亲历者对所见所闻亲身知识的陈述;后者则是拥有专门知识的人对专门性问题的研究结论或经推论而得出的意见。其次,正是由于有上述本质区别,最高人民法院《民事诉讼法解释》第123条第1款关于"当事人各自申请的具有专门知识的人可以就案件中的有关问题进行对质"的规定是值得商榷的。这里,使用"对质"而不是"交叉询问"概念,忽视了对质需要亲身知识,需要面对面核实比对双方的感知和记忆误差、陈述歧义的特点;交叉询问则无需亲身知识,只要通过诱导性询问揭示其证言的矛盾、漏洞或者对其可靠性、可信性等提出质疑,从而对事实认定者采信或认证产生影响,就达到目的了。因此,专家辅助人对专门性问题提出意见,可以依据相同的专门知识进行推论而得出不同的结论,可以质疑对方的方法和结论,但这与根据亲身知识的面对面对质还有本质区别。最后,当事人陈述作为支持本方事实主张的证据,具有较强的主观性与利己性,因而通常无法在法庭接受质证;而且《民事诉讼法》第78条第2款规定:"当事人拒绝陈述的,不影响法院根据证据认定案件事实。"因此,将专家辅助人意见视为当事人陈述,在司法实践中会遇到是否必须接受质证,以及是否允许其拒绝陈述等困境。

---

[1] 参见孔令勇:"论涉鉴类刑事庭审实质化的实现——以庭审认证程序为视角",载《中国司法鉴定》2016年第4期。

[2] 参见潘广俊、陈喆、胡铭:"专家辅助人制度的现状、困境与改善建议——以浙江省为例的实证分析",载《证据科学》2014年第6期。

四、关于科学证据的反思

在当代诉讼活动中,科学证据的作用越来越重要。按照美国加州 1985 年和 1986 年的统计数据,"86% 的民事陪审团审判有专家证人作证。总计,每项审判平均 3.3 个专家"。[1] 根据一项在中国北京、青岛和呼和浩特三城市的刑事司法鉴定制度实证调研的数据,"以案件与鉴定结论总数计算,平均每起案件附鉴定结论 2.4 份。按各年份计算,2005 年为平均每起案件 1.32 份,2006 年为 2.79 份,2007 年为 3.15 份"。在各种司法鉴定方法中,"适用频率最高的是法医类尸检,占所有鉴定结论数量的 35.04%;其次是 DNA 鉴定,为 22.44%;其后依次为伤情鉴定 15.75%……"[2] 为了使科学证据在案件事实认定方面发挥更大的作用,对于其性质、可采性标准的本质等问题,还需做一些更深入的讨论。

(一) 关于科学证据"双刃剑"和法官"守门人"的作用

科学证据的本质在于科学性,它是自然科学、社会科学和工程技术在诉讼证明活动中综合应用的结果。但是,科学知识的运用依赖于专家,专家是人,因而具有多重属性。作为拥有专门知识的人,专家一方面可以正确运用科学知识和经验,对事实认定者不明白的数据进行合理的解释,帮助事实裁判者理解证据或裁断有争议的事实;但另一方面,专家也可能误用科学原理和技术方法进行推论,形成错误的判断,从而误导事实认定者(法官、陪审团成员)作出错误的裁决。科学既然是一把"双刃剑",法官对于科学证据的"双刃剑"作用也要有所认识:一方面,科学证据帮助法院减少了冤假错案;另一方面,科学证据也制造了不少冤假错案。国际著名《科学》杂志 2016 年 3 月号刊登了一组法庭科学文章,其中一篇文章称:美国国家研究理事会(NRC)2009 年发布的一份报告指出,法庭科学家们长期以来夸大了许多科学证据种类的力量,包括足迹-指纹、轮胎痕迹、弹痕、血迹、火灾和笔迹鉴定。[3] 另一篇名为《当 DNA 说谎时》(When DNA is Lying)的文章,更耸人听闻地说:DNA 分析虽然帮助数以千计的无辜者从错误定罪中洗冤,但有时候,DNA 证据又把许多无辜者送进监狱。[4] 根据美国"无辜者项目"2019 年更新的数据,在通过 DNA 检测被证明无辜的冤案中,有近一半冤案(45%)竟然是由"法庭科学的不当使用"(misapplication of forensic science)而造成。所谓"法庭科学的不当使用"、"误用或误导"包括:①科学原理不可靠或缺乏事实根据;②科学方法的有效性未经

---

[1] [美] 罗纳德·J. 艾伦等:《证据法:文本、问题和案例》,张保生、王进喜、赵滢译,满运龙校,高等教育出版社 2006 年版,第 728 页。

[2] 汪建成:"中国刑事司法鉴定制度实证调研报告(上)",载北大法律信息网,http://article.chinalawinfo.com/Article_Detail.asp?ArticleId=64549。

[3] Martin Enserink, *Evidence on trial*, Science 11 Mar 2016: Vol. 351, Issue 6278, pp. 1128~1129, DOI: 10.1126/science.351.6278.1128.

[4] Douglas Starr, *When DNA is lying*, Science 11 Mar 2016: Vol. 351, Issue 6278, pp. 1133~1136, DOI: 10.1126/science.351.6278.1133.

充分证实;③专家证人具有误导性的证言;④检验过程中出现的错误;⑤法庭科学家的不端行为。[1] 这对司法实践中普遍存在的科学证据"迷信"无疑是一个挑战,同时也提出了法官如何发挥科学证据"守门人"作用的问题。

在美国,"最高法院对《联邦证据规则》702 的解释,要求审判法官对专家证言的可采性充当守门人。审判法官必须确信,专家是将以可靠方式获得的专业知识恰当地适用于手头的案件"。[2] 然而,有学者发现,在中国"作为对证据真实性把关的法院,对控方提交的 DNA 证据的相信率高达 99.65%"[3]。这是一个值得关注的倾向。在决定鉴定意见或科学证据是否具有可采性时,法官至少应当从两个方面进行审查判断:其一,不仅要审查科学原理和方法的可靠性或"普遍接受性",还应审查鉴定人运用科学原理产生鉴定意见之推论的正确性。换言之,判断科学证据的可采性,应当兼顾科学原理可靠性和鉴定人科学推论的正确性。其二,应当将科学证据的可采性标准与证据一般可采性标准结合起来参照适用。法官毕竟是科学外行,在判断科学原理和方法的可靠性方面多少会显得笨拙,但是,法官作为法律内行和价值权衡的专家,可以权衡采纳科学证据产生的不公正偏见的危险性是否超过其证明力,从而排除那些容易产生严重不公正偏见的证据。

(二) 关于科学证据的可采性标准[4]

1. 科学证据可采性标准从弗赖伊案到多伯特案的转变。科学证据可采性标准之争,在美国大致经历了如下五个阶段:

(1)"普遍接受性"标准的提出。1923 年弗赖伊诉合众国案,[5] 被告弗赖伊寻求把早期的血压指数测谎结果提供为证据。上诉法院在支持审判法院排除该证据时指出:科学原理或研究发现究竟何时跨越了试验和证明之间的界限,是难以界定的。科学原理的证明力必须得到承认,然而在采纳从公认的科学原理或研究发现中演绎出的专家证言时,必须在特定领域获得普遍接受。弗赖伊案意见确立的"普遍接受性"标准,在此期间一直是裁定新的科学证据可采性的主导标准。该标准受到了广泛的批评,因为它的严格适用妨碍了基于新兴学科和跨学科研究成果的科学证据的使用。

(2)《联邦证据规则》对普遍接受性标准的否定。1975 年生效的《联邦证据规则》702 规定:"如果科学、技术或其他专业知识,将辅助事实裁判者理解证据或裁

---

[1] Overturning Wrongful Convictions Involving Misapplied Forensics, https://www.innocenceproject.org/overturning-wrongful-convictions-involving-flawed-forensics/.

[2] [美] 罗纳德·J. 艾伦等:《证据法:文本、问题和案例》,张保生、王进喜、赵滢译,满运龙校,高等教育出版社 2006 年版,第 722 页。

[3] 陈学权:"科学对待 DNA 证据的证明力",载《政法论坛》2010 年第 5 期。

[4] 以下参见 [美] 罗纳德·J. 艾伦等:《证据法:文本、问题和案例》,张保生、王进喜、赵滢译,满运龙校,高等教育出版社 2006 年版,第 737~742 页。

[5] Frye v. United States, 293 F. 1013 (D. C. Cir. 1923).

断有争议的事实,因其知识、技能、经验、培训或教育而具备专家资格的证人,可以意见或其他形式对此作证。"该规定放宽了专家证言可采性标准,在很大程度上否定了弗赖伊案的"普遍接受性"标准。

(3) 多伯特案确立的可靠性和相关性相结合的科学证据可采性标准。1993年多伯特案表明,弗赖伊案"普遍接受性"标准,已被"科学证据"必须具有可靠性和相关性所取代。本案上诉人多伯特和舒勒是先天畸形儿。他们同父母起诉被上诉人:称先天畸形是因其母亲在怀孕期间服用了被上诉人销售的抗恶心处方药——盐酸双环胺。该案地区法院判定:原告的证据不符合普遍接受性标准。被上诉人主张,盐酸双环胺不会造成人体先天缺陷,而且上诉人无法提出任何可采的证据。上诉人的8位专家作证,对被上诉人的主张予以反驳,结论是:盐酸双环胺可以导致先天缺陷。联邦第九巡回上诉法院维持了地区法院的原判,宣布该专家意见所依据的是一种"虽被公认的权威们所接受……却不能表明在该研究领域被普遍接受为可靠技术方法的具有重大"分歧的方法论,并判定专家关于盐酸双环胺造成损害的证言不予采纳。但美国联邦最高法院裁定:地区法院的审查和(第九巡回)上诉法院的审查,几乎完全局限于出版物和其他法院裁定的"普遍接受性",判定该上诉法院的裁定无效,案件发回按本法院的意见重审。理由是:依据规则401~403,"普遍接受性"不是科学证据可采性的必要前提,相关性才是必要前提,规则702给审判法官设定了这样的职责,即确保专家证言既依赖可靠的基础,又要与手头的案件具有相关性。关于专家证言可靠性审查的多伯特案四因素。在1999年的库霍轮胎有限公司诉卡麦克案(本案涉及多伯特案标准是否适用于不涉及"科学"知识的"技术或其他专业知识"的案件)中,联邦最高法院概括了多伯特案四因素,即专家证据之科学有效性的审查包括:①是否一项"理论或技术……能接受实证检验";②它是否"已经历了同行审查或于专业期刊发表";③就一项特定的技术来说,是否"已知或可能潜在的错误率",以及是否有"对该技术操作进行控制的标准";④该理论或技术是否在"在相关学术界"内具有"普遍接受性"。最高法院的结论是:不能一概排除或一概肯定多伯特案四因素在所有情况下和所有时间都适用,对所有专家类别或证据种类的案件子集都适用。这在很大程度上取决于争议中特定案件的具体情况。

关于专家证言可靠性审查的其他考虑因素。在多伯特案之前和之后,一些法院发现,在决定专家证言是否充分值得事实裁判者信赖的问题上,有其他相关的因素值得考虑。这些因素包括:①专家是否"打算就其所从事的独立于该诉讼的研究中直接得出和自然生成的问题作证,还是他们明确是为了作证的目的而提出了他们的意见"(多伯特案,9th Cir. 1995)。②专家是否从一个公认的前提不合理地推测出一个毫无根据的结论(乔伊纳案,1997)(指出在一些案件中,审判法院"可以得出这样的结论,即所提供的意见与数据之间存在太大的分析鸿沟")。③专家是否充分考虑了明显的替代性解释。④专家是否"像其平常在职业工作中那样认真地在从事着有偿的诉讼咨询"(库霍轮胎公司案,1999)(多伯特案要求审判法院自身确信,专家"在受雇于法庭工作时,保持着与相关领域专家同样严谨的从业水平")。⑤由专家所断言的专家意见,是否被公认达到了该专家所给出意见类型的可靠结果。[1]

(4) 2000年《联邦证据规则》702修订,增加了关于专家证言可靠性审查的三个限制条件:①证言基于充足的事实或数据;②证言是可靠的原理或方法的产物;③证人将这些原理和方法可靠地适用于案件的事实。这些条件的设立,加上帽子条款中关于"该专家的科学、技术或其他专门知识将辅助事实裁判者理解证据或裁断有争议的事实"的相关性要求,为科学证据可采性标准之争画上了一个比较圆满的句号。

(5) 2011年重塑的《联邦证据规则》702(专家证言)在2000年版专家证言可靠性审查的三个限制条件基础上,将原来帽子条款中的相关性要求作为第一个条件,进一步明确了相关性+可靠性的科学证据可采性标准:"(a)该专家的科学、技术或其他专门知识将辅助事实裁判者理解证据或裁断有争议的事实;(b)该证言是基于充足的事实或数据;(c)该证言是可靠的原理和方法的产物;(d)该专家将这些原理和方法可靠地适用于案件事实。"[2]

2. 科学证据可采性标准的本质问题。

(1) 科学证据可采性标准与证据一般可采性标准的关系。正如多伯特案最高法院裁定所表明的,规则702关于"将辅助事实裁判者理解证据或裁断有争议的事实"的规定,给法官设定了既要确保专家证言依赖可靠的基础("普遍接受性"),又要与手头的案件具有相关性。因为依据规则401~403,"普遍接受性"不是科学证据可采性的必要前提,相关性才是必要前提。法官毕竟是科学外行,在判断科学原理和方法的可靠性方面多少会显得笨拙,但法官作为法律内行和价值权衡的专家,可以得心应手地适用《联邦证据规则》401~403的检验标准,来审查科学证据的可采性问题。

(2) 科学证据可采性既要考虑科学原理和方法的可靠性,还要考虑运用这些原理和方法进行科学推论的可靠性。多伯特案提出一个尖锐问题:在决定专家证言是否具有可采性时,焦点是科学原理和方法的可靠性,还是运用科学原理所产生的鉴定意见的可靠性?换句话说,鉴定专家运用可靠的原理和方法,是否也会得出经不住科学检验的鉴定意见?如果是这样,那么,仅仅盯住科学原理和方法的可靠性,究竟有何意义?是否还应当兼顾科学推论的可靠性?在这方面,专家辅助人也许可以发挥更大的作用。

---

[1] Ronald J. Allen, Eleanor Swift, David S. Schwartz, Michael S. Pardo, and Alex Stein, An Analytical Approach to Evidence: Text, Problems, and Cases, Sixth Edition, Published by Wolters Kluwer in New York, p. 733.

[2] Ronald J. Allen, Eleanor Swift, David S. Schwartz, Michael S. Pardo, and Alex Stein, An Analytical Approach to Evidence: Text, Problems, and Cases, 6th ed., published by Wolters Kluwer in New York 2016, pp. 709~710.

（三）关于司法鉴定评价的基本原则

欧洲法庭科学机构联盟 2015 年《法庭科学评价报告指南》对法庭科学评价的平衡性（balance）、逻辑性（logic）、稳健性（robustness）和透明度（transparency）原则作了系统论述。平衡性原则要求："检验结果应当在至少有一对特定主张的情况下受到评价。"如果鉴定时只考虑委托方鉴定主张，没有对方竞争性替代主张，鉴定评价就失去了前提。逻辑性原则要求："评价报告应当讲述检验结果在特定主张和相关背景信息下的概率，而非该主张在特定检验结果和背景信息下的概率。"这确定了"法庭科学执业者的角色是，去考虑所涉特定主张下检验结果的概率，而非主张的概率。"稳健性是对鉴定意见可靠性的要求，这是证据法关于科学证据可采性的主要内容。它有三个要求：一是能够经受"持续的审核和质证"；二是应当为"可靠知识和经验"的产物；三是采用似然比方法对鉴定意见进行解释。透明度原则对鉴定过程和档案材料的公开提出明确要求。[1]

与上述基本原则相比，司法部《司法鉴定程序通则》第 4 条关于司法鉴定活动应当遵守法律、法规、规章，遵守职业道德和执业纪律，尊重科学，遵守技术操作规范等原则性要求，虽然对科技活动普遍适用，但缺乏对司法鉴定活动的特别关照；第 23 条关于鉴定人应当依：①国家标准、②行业标准和技术规范、③该专业领域多数专家认可之技术方法的顺序遵守和采用该专业领域的技术标准、规范和方法进行鉴定的要求，又基本上都停留在技术标准层面，缺乏作为"价值"或"灵魂"的基本原则。因此，可考虑将平衡性、逻辑性、可靠性和公开性作为我国司法鉴定评价的基本原则。

1. 平衡性原则是司法鉴定评价的价值基础。它要求必须基于两种分别来自控辩双方的竞争性主张而对一个检验结果进行评价，否则就不能得出鉴定意见。诉讼中发生的情况是"一个事实，两个主张"，确立平衡性原则即同时考虑一个检验结果对两种相反事实主张的支持强度，可以使控辩双方不同利益主张在司法鉴定中得到平等对待，有助于减少片面评价的错误风险，保障控辩双方享有"平等的举证权利"[2]。

2. 逻辑性原则要求以检验结果在特定主张下为真的概率，供事实裁判者理解科学证据和裁断有争议的事实。就是说，鉴定人角色是以专门知识提供鉴定意见的专家证人，而非像检察官和律师那样持有特定诉讼主张的法律人。所以，鉴定人不能像法律人那样去讲述诉讼主张（在特定检验结果和背景信息下）的概率，而只能讲述检验结果（在特定诉讼主张和背景信息下）的概率，二者的角色不能混淆。

3. 可靠性原则要求鉴定报告经得起持续的检验，遵循可靠的知识和经验，不能

---

[1] 参见欧洲法庭科学研究机构联盟：《法庭科学评价报告指南》，王元凤、刘世权译，满运龙、张保生校，中国人民大学出版社 2021 年版，第 7 页。

[2] 李心鉴：《刑事诉讼构造论》，中国政法大学出版社 1992 年版，第 257 页。

因人而异，检验结果要具有可验证性。

4. 公开性原则要求鉴定报告结论必须从一个论证过程得出，并且，鉴定报告的撰写必须对法官、检察官和律师等具有可读性，这有助于将司法鉴定与司法公开的一般原则统一起来。

1. 鉴定是拥有专门知识的人解决案件中专门性问题的证明活动，具有科学性、间接性和生成性。专门性知识更多涉及科学技术领域。
2. 鉴定具有澄清事实争议、鉴别证据真伪和转换证据种类的作用。
3. 根据鉴定决定权与委托权的有机统一，可以将鉴定的启动分为自行鉴定、指定鉴定和委托鉴定三种类型。
4. 在诉讼中，当事人聘请专家辅助人参与鉴定意见的质证具有重要意义。
5. 专家或鉴定人既可能正确应用科学知识帮助事实认定者理解证据和争议事实，又可能误用科学原理和技术方法进行错误推论。对科学证据的审查，应当兼顾科学原理的可靠性和鉴定人科学推论的正确性。
6. 科学证据没有预设的证明力。法官应当在科学证据可采性问题上发挥守门人作用，破除对科学证据或鉴定意见的迷信，并把科学证据的可采性标准与一般证据的可采性标准结合起来参照适用。

7.9. 鉴定意见在分享证据一般特性的基础上有哪些特殊性？这些特殊性会使事实认定的经验推论性质发生根本改变吗？

7.10. 与辨认和鉴真相比，鉴定在鉴别证据真伪方面的作用应当如何恰当评价？

7.11. 如何看待科学证据的"双刃剑"作用？

7.12. 专家辅助人制度在我国应当如何完善？

7.13. 科学证据可采性标准之争的本质是什么？除了科学原理和方法的可靠性之外，科学推论的可靠性对鉴定意见有什么作用？

7.14. 如何把握科学证据可采性标准与证据一般可采性标准的关系？如何评价多伯特案中最高法院关于"'普遍接受性'不是科学证据可采性的必要前提，相关性才是必要前提"的裁定？

7.15. 根据某地检察院的统计，该院 2002 年共对 7 个单独指纹证据案件展开过侦查，其中 5 起案件提起公诉，有 2 个案件的被告人始终未承认犯罪，法院最后仅凭指纹证据将其定罪。2003 年，该检察院共对 13 个单独指纹证据案件展开侦查，其中 11 起案件提起公诉，有 1 个案件法院最后仅凭指纹证据将被告人定罪。对此有三种不同意见：一是认为仅凭该证据可以给被告人定罪；二是认为仅有指纹证据不能定罪，孤证不为证；三是认为，单独指纹证据一般不得作为定案依据，但在下述情况下例外：①在非公共场所的固定物上留有被告人指纹；②在多个现场留有被告人指纹；③被告人有犯罪前科。你对上述三种意见如何评价？假设一个案件中只有 DNA 证据，仅凭这个 DNA 证据能给被告人定罪吗？

7.16. 在黄静案中，黄静母亲交给区公安分局吴法医的强奸直接证据（撕烂的内衣、内裤）被保管人"遗失"。本案进入审判阶段后，法庭委托司法部司法鉴定中心重新鉴定，但鉴定专家到医院才发现，其病理科医生谭某已烧毁黄静心脏等器官标本。因此，鉴定专家们在《终止鉴定合同情况说明》中写道："当日（2004 年 3 月 22 日）下午查阅了本案侦查卷宗有关内容。次日在工作中发现原尸体解剖后提取、保存的器官标本已不复存在。死者黄静尸体已经保存 1 年有余，现尸体浸泡在福尔马林液体中；……由于缺乏死因鉴定的主要材料（心脏等器官），且保存的尸体已经腐败。在此种情况下，与委托机关协商决定终止鉴定合同。"

在鉴定检材的保管、销毁等方面，法律规范应当如何完善？

第三节 实物证据的出示方法

物证、书证等证据属有形物，称为实物证据（real evidence）或"展示性证据"（exhibit），只有在法庭上出示或展示，才能发挥其证明作用。大量研究表明，人类获取外部信息主要依赖于视觉，实物证据在法庭上出示给事实认定者（法官或陪审团成员）留下的印象要比证人证言更加清晰、持久。

一、物证的出示

物证提供信息的方式是出示，让事实认定者能够看到。为了确保物证来源的可靠性，物证的出示在英美法系证据法中要遵循两个特别规则：一是所有物证都须经过辨认或鉴真，二是符合最佳证据规则。[1] 尽管有学者认为，"最佳证据规则仅适用于书证"，[2] 但从可靠性考虑，物证的出示仍看重"原物"。

【案例 7.2】　　　　　　化某故意杀人案

2009 年 4 月 20 日晚 8 时许，某市公安局接到报案称，该市某服装店发生杀人案。3 位刑警及法医马某迅速赶到案发现场进行勘查，在收银台后面的地板上发现一

---

[1] David A. Sklansky, *Evidence: Case, Commentary, and Problems*, Aspen Publishers, Inc. 2003, pp. 619~620.

[2] Paul R. Rice & Roy A. Katriel, *Evidence: Common law and Federal Rules of Evidence*, 5th ed., Mathew Bender & Company Inc., 2005, p. 936.

具尸体。经查实,被害人系店老板韦某。现场勘验发现,收银台和地板上均有血迹。收银台前一方木凳棱角上有血迹,木凳腿上有一清晰手印。经鉴定,木凳上系被害人血迹。尸检表明,韦某头部有钝器打击伤痕。由于店内装有监控器,经提取监控录像确定化某有重大犯罪嫌疑。4月24日,化某被捕。经审讯,化某交代了杀害韦某的全部经过:他与韦某原是好友。两年前,韦某为开服装店向其借款3万元,答应半年连本带利还清。但由于服装店生意不好,韦某未能如期还钱。化某多次上门催要未果,两人关系恶化。案发前一天,化某打电话再次催要借款时,韦某一口答应还钱,并让化某第二天带上借条到服装店取钱。4月20日下午6时许,化某如约来到韦某服装店,将借条交给韦某,韦某接过借条后随即将借条撕毁,并矢口否认向化某借钱一事。化某虽考虑过韦某可能会这样做,来之前复印了借条,但仍怒不可遏,遂从地上抄起一木凳砸向韦某头部,致韦某当场倒地不起。化某见状立即逃离现场。公安局在案发现场找到了化某所讲的借条部分碎片,经拼接,借条部分内容包括借款数额、还款日期和借款人签名处均有残缺。化某向公安局提交了该借条复印件。2009年7月9日,该市检察院以"故意杀人罪"对化某提起公诉。

本案的物证主要包括:尸体、木凳、血迹和手印。
(一) 物证出示的步骤
按照《刑事诉讼法》第195条,所有物证应当向法庭出示。公诉人和当事人及其辩护人、诉讼代理人出示物证应当先对其进行标记,例如,将本案的木凳标为1号物证,等等,以免在以后使用时出现混乱。

最高人民法院《民事诉讼证据规定》第19条规定:"当事人应当对其提交的证据材料逐一分类编号,对证据材料的来源、证明对象和内容作简要说明,签名盖章,注明提交日期,并依照对方当事人人数提出副本。"

在刑事诉讼中,控辩双方向法庭出示物证,应先向其提出申请。按照最高人民法院《刑事诉讼法解释》第247条,控辩双方向法庭出示物证时,应当说明证据的名称、来源和拟证明的事实,法庭认为有必要的,应当准许出示证据;对方提出异议,认为有关证据与案件无关或者明显重复、不必要,法庭经审查异议成立的,可以不予准许。在出示顺序上,通常由控方或者原告先出示物证,由己方证人辨认或鉴真,如果对方对出示的物证提出异议,则需要通过质证决定该物证是否可采。

(二) 物证出示的要求
1. 辨认鉴真要求。为了确定物证的同一性和可靠性,须首先对物证进行辨认或者鉴真。详见本章第一节。
2. 相关性要求。所有向法庭出示的证据必须与争议事实相关。[1] 向法庭出示的

---

[1] Paul R. Rice & Roy A. Katriel, *Evidence*: *Common Law and Federal Rules of Evidence*, 5th ed., Matthew Bender & Company, Inc., 2005, p. 35.

物证必须与待证明的要件事实具有相关性。

3. 原物要求。出示的物证应当为原物，即"原始证据"。最高人民法院《民事诉讼证据规定》第61条规定："对书证、物证、视听资料进行质证时，当事人应当出示证据的原件或者原物。"最高人民法院《刑事诉讼法解释》第83条第1款规定："据以定案的物证应当是原物。原物不便搬运、不易保存、依法应当返还或者依法应当由有关部门保管、处理的，可以拍摄、制作足以反映原物外形和特征的照片、录像、复制品。必要时，审判人员可以前往保管场所查看原物。"关于"原始证据"的要求，物证与其他实物证据有所不同。如书证，有些照片的复制件可被视为原始证据。[1]而物证的原始证据就是物证本身，如【案例7.2】中的木凳等。如果被告人被指控用一个酒瓶打了被害人的头部，按照最佳证据规则，在法庭上就应当出示那个酒瓶。

4. 可以出示与原物核对无误的复制件或照片。有些物证，不便或不能拿到法庭上出示，如该案中被害人的尸体以及不动产、有毒或者放射性物品等；有些原物已经毁损或灭失，向法庭出示原物存在困难。在上述情况下，允许当事人提供与原物核对无误的复制件或者该物证的照片、录像等其他证据。在【案例7.2】中，为了证明被害人死亡，公诉人可以向法庭出示侦查人员在现场拍摄的尸体照片，或者播放现场录像。假如案发后木凳被烧掉，侦查人员没能找到该犯罪工具，公诉人也可在法庭播放现场提取的监控录像，以证明化某所使用的犯罪工具。

5. 可以出示种类物的一部分。如果原物为数量较多的种类物，可向法庭出示其中的一部分。如在商标侵权案中，原告只需向法庭出示被告生产、销售的一件侵权产品；在生产、销售有毒奶粉案中，公诉人只需向法庭出示一袋有毒的奶粉。

6. 物证出示的具体方法，包括：

（1）证据提出者应当先描述该物证的外部特征、来源、内容及所要证明的事项等，然后向法庭出示该物证，让对方当事人或者第三人对该证据提出异议，再作出明确回答，并由书记员记录在案。

（2）物证的出示，通常采用"一物一证"的方式，即一个案件有多个物证的，应当分别单独出示；但多个物证之间相互关联，分别出示将影响其效果的，应当作为一组物证同时出示，即组合出示。组合出示可以把原本那些孤立松散的证据片段连接起来。

（3）出示物证时，还要注意提出关于该物证来源可靠性的证据，包括勘验笔录、扣押笔录、提取笔录以及提供人或者提取人的证言等。[2]如在【案例7.2】中，公诉人出示犯罪工具木凳，应当同时出示关于木凳上的血迹和手印的鉴定意见以及尸检报告。这样可以把木凳、血迹和手印及尸体这组"哑巴证据"连接起来，讲述一

---

[1] George Fisher, *Evidence*, 2nd ed., Thomson Reuters/Foundation Press, 2008, p. 825.

[2] 龙宗智：《刑事庭审制度研究》，中国政法大学出版社2001年版，第223页。

个完整的故事,即被告人化某就是用该木凳击中被害人韦某头部致其死亡的。

二、书证的出示

(一) 书证出示的要求

1. 原件要求。最高人民法院《刑事诉讼法解释》第 84 条第 1 款规定:"据以定案的书证应当是原件。"最高人民法院《民事诉讼证据规定》第 61 条也规定,对书证进行质证时,当事人应当出示证据的原件。在普通法实践中,书证常受最佳证据规则规制,当书证的内容成为证明事项时,通常要求提供原始书证,如果不能提供原件,就要给予令人满意的解释。[1] 尽管根据美国《联邦证据规则》1001,很多人认为最佳证据规则适用于书写文件(writings)、录音制品(recordings)和影像制品(photographs)。[2] 但麦考密克认为,该规则仅适用于对书面文件内容的证明。[3] 该规则的本意是强调"原始书证"(the original document),目的是"减少提出误导性证据的可能性"。[4] 因为以书证的内容证明案件事实时,原件具有天然的可靠性。据此,所谓的最佳证据规则,实际上称为"原始书证优先规则"更合适。[5]

按照美国《联邦证据规则》1002 提供书证原件的要求,"原件"的范围一般包括原本、正本和副本。按照规则 1001（c）,原件的范围非常宽泛:既可以是书证本身,也可以是任何"其签发者或发行者旨在使其具有同等效力的任何复制件。对于电子存储信息而言,'原件'是指准确反映该信息的任何打印输出,或者其他凭视觉可读的输出。照片的'原件'包括底片或者底片的打印件。"

2. 宣读要求。按照《刑事诉讼法》第 195 条,书证除了需要在法庭上直接出示外,还应当在法庭上宣读,让对方当事人、第三人以及法官直接知悉书证所记载的信息。因为书证是借助于文字、符号或者图画等所表达的思想内容,而不是仅凭外观来证明案件事实的,其思想内容通常需要用语言来解释或说明。宣读书证时,应当说明书证的来源、内容、所要证明的事项等。每份书证在出示并宣读后,对方当事人、第三人及其诉讼代理人、辩护人应当分别就该书证内容的真实性和可信性发表意见。如果任何一方当事人在宣读书证时没有听清楚或者有异议,应当重新宣读,或者作必要的解释或说明。对方当事人有阅读能力的,宣读完毕后,还应当将该书

---

[1] Christopher B. Mueller & Laird C. Kirkpatrick, *Evidence under the Rules: Text, Cases, and Problems*, Aspen Publishers, 2004, p. 877.

[2] Michael H. Graham, *Evidence: An Introductory Problem Approach*, 2nd ed., Thomson/West, 2007, p. 266.

[3] McCormick, Evidence 409 [1954], See Olin Guy Wellborn III, *Cases and Materials on the Rules of Evidence*, 3rd ed., Thomson/West, 2005, p. 481.

[4] Ronald J. Allen, Richard B. Kuhns, and Eleanor Swift, *Evidence: Text, Cases, and Problems*, 2nd ed., Aspen Law and Business, 1997, p. 241.

[5] Dennis D. Prater, Daniel J. Capra, Stephen A. Saltzburg, and Christine M. Arguello, *Evidence: the Objection Method*, 3rd ed., Matthew Bender & Company, Inc., 2007, p. 413.

证交给对方当事人阅读。

3. 鉴真或鉴定要求。一般来说，原始书证优先的前提条件是案件争点系书证的内容，而不是书证的真实性。[1] 在【案例 7.2】中，如果要证明被告人化某与被害人韦某之间有无借贷关系，被韦某撕毁的借据是最佳证据；但如果要证明被韦某撕毁的借据是否就是韦某出具给化某的借据，即该借条是真是假，就需要进行鉴真或鉴定，该借据就不再是最佳证据了。

（二）最佳证据规则适用放松的趋势

1. 复制件的可采性。按照最佳证据规则，尽管书证原件具有优先的证据效力，但并不排除复制件的可采性。美国《联邦证据规则》1004（其他内容证据的可采性）规定："下列情况下，书写文件、录制品或照片内容的其他证据具有可采性，并不要求出示原件：(a) 所有原件已经丢失或者被损毁，且并非因证据提出者恶意为之；(b) 通过任何可用的司法程序都无法获得原件；(c) 原件内容与之不利的当事人对原件拥有控制；该当事人届时已通过诉状或者其他方式得到通知，知悉该原件在审判或听审中将是证明对象；但未能在审判或听审中提供该原件；或者 (d) 书写文件、录制品或照片与支配性问题没有密切关系。"例如，在 1999 年合众国诉比勒案中，便利店监视录像带的被放大的拷贝被采纳为复制件："为使图像更为清晰而加以放大的复录带也是'复制件'，只要该录像带准确地复制了原始图像……"[2] 最高人民法院《刑事诉讼法解释》第 84 条规定："取得原件确有困难的，可以使用副本、复制件。"按照最高人民法院《民事诉讼证据规定》第 62 条，有下列情形之一的，可以出示复制件：一是出示原件确有困难并经人民法院准许出示复制件的；二是原件已不存在，但有证据证明复制件与原件一致的。在【案例 7.2】中，如果侦查人员对拼接后的借条进行了拍照或录像，该照片或录像带可以作为具有可采性的复制件向法庭出示或播放。

2. 二手证据的可采性。美国近年的法律改革对传统的最佳证据规则的适用越来越松，1999 年 1 月，加州立法机构提出"二手证据规则"（secondary evidence rule）的新立法计划，认为在当前情况下，复印件的质量很高，当事人在审判前也有大量接触原件的机会，就没有必要再用最佳证据规则来防止不可靠的二手证据了。[3] 如果原件的缺失可以得到解释或合理证明，与原件有关内容的其他"二手"证据就可以被采纳。当然，一般来说，书证的副本、复制件，只有经与原件核实无误或经鉴真、鉴定为真实的，才具有与原件同等的证据效力。如最高人民法院《刑事诉讼法

---

[1] Richard D. Friedman, *The Elements of Evidence*, 2nd ed., West Group, 1998, p.152.

[2] [美] 罗纳德·J. 艾伦等：《证据法：文本、问题和案例》，张保生、王进喜、赵滢译，满运龙校，高等教育出版社 2006 年版，第 686 页。

[3] Ronald L. Carlson, Edward J. Imwinkelried, Edward J. Kionka, and Kristine Strachan, *Evidence: Teaching Materials for an Age of Science and Statutes*, 5th ed., Mathew Bender & Company Inc., 2002, p.641.

解释》第 84 条第 3 款规定:"书证的副本、复制件,经与原件核对无误、经鉴定或者以其他方式确认真实的,可以作为定案的根据。"

(三) 官方文件复制件的可采性

美国《联邦证据规则》1005(用于证明内容的公共档案复印件)规定:"在符合下列条件的情况下,证据提出者可以使用复印件证明官方档案的内容,或者公共机构依法律授权记录或者存档文件的内容;该档案或者文件自身具有可采性;根据规则 902(4),该复印件已被认证为正确,或者由将其与原件做比对的证人作证其为正确。如经合理努力,不能得到这种复印件,则证据提出者可以使用其他证据来证明该内容。"据此,公共档案或者官方记录用作书证时,当事人可以提供其复印件。该规则的目的在于,避免移动公共档案所产生的极大不便和因要求提供原件而必然产生丢失或毁损的风险。[1]当然,为保证公共档案和法官记录的可信性,在实践中,提供由有关部门保管的书证原件的复印件时,应当注明出处,经该部门核对无异后加盖印章。提供报表、图纸、会计账册、专业技术资料、科技文献等书证的,应当附有说明材料。如果出示公文书证或者国家机关工作人员依职权进行的询问、陈述、谈话类笔录等,应当有国家工作人员、被询问人、陈述人、谈话人签名或者盖章。必要时,可以传唤上述人员出庭鉴真,就该书证的真实性进行核实。

(四) 不完整书证的出示

1. 残缺书证的出示。最佳证据规则的目的在于防止当事人将欺诈性、不准确和不完整的证据提交给事实认定者。[2]但对于残缺不全或者部分内容模糊不清的书证,仍能向法庭出示。举证方应当就该书证的来源、内容以及造成残缺的原因给予必要的说明或解释,必要时还应提供能够证明该书证真实性的鉴定意见或者其他证据。如【案例 7.2】中,被韦某撕毁的经过拼接的借据,尽管内容不完整,仍然应当向法庭出示,辅以出示该借据的复印件。

2. 卷帙浩繁的书证概要。美国《联邦证据规则》1006(用于证明内容的概要)规定:"证据提出者可以使用概要、图表或者算式,证明不便在法庭上进行审查的卷帙浩繁的书写文件、录制品或照片的内容。证据提出者必须将原件或者副本准备就绪,以供其他当事人在合理的时间和地点进行审查和/或复制。法院可以命令证据提出者将它们在法院出示。"最高人民法院《民事诉讼证据规定》第 44 条规定:"摘录有关单位制作的与案件事实相关的文件、材料,应当注明出处,并加盖制作单位或者保管单位的印章,摘录人和其他调查人员应当在摘录件上签名或者盖章。摘录文件、材料应当保持内容相应的完整性。"因此,对于内容较多、篇幅较长的卷宗材

---

[1] Michael H. Graham, *Evidence: An Introductory Problem Approach*, 2nd ed., Thomson/West, 2007, p. 285.

[2] Paul R. Rice & Roy A. Katriel, *Evidence: Common Law and Federal Rules of Evidence*, 5th ed., Matthew Bender & Company, Inc., 2005, p. 935.

料，经法庭裁定，只要不影响该书证的证明价值，可以向法庭出示该书证的概要，可以进行部分宣读或者只宣读结论部分。但需要指出的是，美国《联邦证据规则》1006 的适用受规则 403 的限制，即当书证因体积或者数量过大不便在法庭上审查，使用图表、摘要或者计算分析时不能产生不公正偏见、误导审判等风险。[1] 此外，对内容较多、篇幅较长的卷宗材料做过技术鉴定的，宣读该书证摘要可以结合宣读鉴定书和询问鉴定人同时进行。

三、勘验等笔录和现场笔录的出示

勘验等笔录或者现场笔录是公安司法机关或者行政机关依职权制作的，通常具有一定的真实性。在刑事诉讼中，勘验、检查、辨认、侦查实验等笔录，也往往成为固定其他证据的手段。如犯罪现场的照片或录像，能够证明侦查人员在犯罪现场的各种侦查活动情况，也可证明被害人的状况，包括犯罪留下的痕迹、尸体的位置及状态、案发时及其后的周边环境等。在行政诉讼中，现场笔录的重要性更加突出，有时能够成为判断具体行政行为合法性的唯一凭据。如在交通违章案件中，交警出具的现场笔录记载着车辆违规的具体情况及处罚依据，它能帮助法官判定交警的处罚行为是否合法适当。

按照《刑事诉讼法》第 195 条，勘验笔录和其他作为证据的文书应当当庭宣读。在勘验、检查、辨认、侦查实验等笔录或者现场笔录的形成过程中会掺杂制作人的主观判断，而且，即使勤勉的制作人也会产生漏记或错记的现象。因此，上述笔录要在法庭上出示，让侦查人员、执法人员等辨认证人进行辨认，经过审判人员调查核实后才能作为定案的依据。

上述这些笔录出示、宣读完毕后，应当交给对方当事人阅读和确认。如果对方有异议，应当传唤勘验人、检查人和辨认、侦查实验笔录制作人、现场笔录记录人以及被检查人、见证人出庭接受交叉询问，以确定该证据的真实性和可信性。如果勘验笔录是法庭在庭外调查核实证据时制作的，应当由法官或者书记员出示和宣读，然后交给双方当事人阅读和确认。按照最高人民法院《刑事诉讼法解释》第 270 条，当庭出示的证据，尚未移送人民法院的，应当在质证后移交。所以，上述这些笔录在法庭上出示、宣读后，经控辩双方质证后应立即将原件移交法庭。

四、视听资料、电子数据的出示

视听资料、电子数据，是通过录音、录像、电子计算机及其他电磁方式记录储存的信息。如【案例 7.2】中的监控录像，能够表明谁是犯罪人，谁是被害人，犯罪工具是什么，被害人如何被打死的等情况。

最高人民法院《行政诉讼证据规定》第 40 条第 2 款规定："视听资料应当当庭播放或者显示，并由当事人进行质证。"而电子数据除了播放形式外，还可以通过打印

---

[1] Michael H. Graham, *Evidence: An Introductory Problem Approach*, 2nd ed., Thomson/West, 2007, p. 287.

输出、文字说明等可以感知的方式向法庭上出示。

按照最高人民法院《民事诉讼证据规定》第 61 条和《行政诉讼证据规定》第 40 条的规定，出示视听资料也适用原始证据优先规则，即当事人有权要求出示原件或者原物，除非确有困难或者原件、原物已不存在。按照最高人民法院《行政诉讼证据规定》第 12 条，出示视听资料、电子数据时，要注明制作方法、制作时间、制作人以及所要证明的事项等。必要时，可以由录制人员到庭说明录制过程和情况，进行辨认或鉴真。对于声音资料，应当附有该声音内容的文字抄本，但它们只是说明声音资料内容的辅助手段，本身不是证据，录音带才是证据。

【案例 7.3】 某市人民医院因涉嫌发布虚假医疗广告，被该市工商行政管理局罚款 50 万元。医院认为，其在市电视台播放的专题报道是医院先进工作者的先进事迹，不属于医疗广告，遂将市工商管理局起诉到法院。庭审时，被告市工商管理局请求播放一段市电视台播出的节目视频，用以证明其为医疗广告。但是，这段视频是该医院某骨科专家接受记者采访的一部分。

本案中，被告市工商管理局，播放采访视频的部分内容，断章取义混淆视听，歪曲了事实。为了能够如实反映案件事实，向法庭出示的视听资料应当是完整的，而不能任意删剪。当然，实践中根据辨别视听资料内容的需要，并非不允许播放片段和经过处理的声音、图像，但这样做目的是精确反映案件事实的某些特定环节，而不能改变事实性质或者掩盖真相。

按照最高人民法院《行政诉讼证据规定》第 17 条，当事人向人民法院提供外国语视听资料的，应当附有翻译准确的中文译本，由翻译机构盖章或者翻译人签名。

五、示意证据的出示

示意证据作为复制或描绘案件有关人、物或场景的展示性证据，其使用方式主要有模型、图表、素描或照片等。[1] 按照最高人民法院《刑事诉讼法解释》第 83 条，原物不便搬运，不易保存，依法应当由有关部门保管、处理，或者依法应当返还的，可以拍摄、制作足以反映原物外形和特征的照片、录像、复制品。按照该解释第 441 条的规定，枪支弹药、剧毒物品、易燃易爆物品以及其他违禁品、危险物品，查封、扣押机关根据有关规定处理后，应当随案移送原物照片。

示意证据的价值在于其解释功能，"一张照片顶得上一千句话"。[2] 该谚语说明了示意证据在审判中的作用。例如，在一起烧伤案件中，原告身体 80% 的部分被烧

---

[1] [美] 罗纳德·J. 艾伦等：《证据法：文本、问题和案例》，张保生、王进喜、赵滢译，满运龙校，高等教育出版社 2006 年版，第 224 页。

[2] Christopher B. Mueller & Laird C. Kirkpatrick, *Evidence under the Rules: Text, Cases, and Problems*, Aspen Publishers, 2004, p. 877.

伤,在法庭上,律师出示了一张6英尺高的彩照,照片是在事故发生不久拍摄的,形象地表明了原告被烧伤的严重程度。在陪审团评议过程中,这张照片起了非常重要的作用,最终使原告获得了100万美元赔偿。[1]

在运用示意证据时,诉讼律师必须证明,该展示件是对所要描绘之主张事项的"公正""准确"或"真实"的描述。一般来说,诉讼各方均有申请使用示意证据的权利,并在提出示意证据时说明所要证明的事项。法官在考虑是否允许示意证据时应当考虑的因素,主要是示意证据的危险性是否实质上超过其证明力。提出示意证据若产生不公正的偏见或者误导审判的风险,如犯罪现场血肉模糊的照片或尸检照片、复杂的图表和曲线图等,法官一般会通过示意证据证明力与危险性的权衡而作出裁定。[2] 在美国"史密斯诉俄亥俄石油公司"案中,原告史密斯被俄亥俄石油公司的一辆卡车撞伤,在审查原告提出的医疗专家的证言时,法庭允许其使用一个人体骨骼的塑料模型以帮助其进行解释。但这被认为是错误的,因为它对理解争点来说是不必要的、令人厌恶的,它没有起到什么解释作用,反而只能引起冲动情绪。[3]

要　点

1. 出示物证应当是原物,并由证据提出者就其来源、内容、特征及所要证明的事项等作出说明。原物毁损或者灭失的,应当给予合理解释,并提供能体现该物证价值的复制品、照片、录像等。

2. 出示书证应当是原件,并由证据提出者就其来源、内容、特征及所要证明的事项等作出说明。原件灭失、毁损或被对方当事人、第三人占有的,可以出示核对无误的复制件。公共档案或官方记录用作书证时,可以提供其复制件。卷帙浩繁的书证,可以出示其概要。

3. 勘验、检查、辨认、侦查实验等笔录或者现场笔录都应当在法庭上出示、宣读,并由负有证明责任的诉讼方说明其所要证明的事项。

4. 视听资料应当以播放的形式在法庭上出示,并说明所要证明的事项。电子数据应当通过屏幕播放、打印输出、文字说明等可以感知的方式出示,并说明所要证明的事项。

5. 示意证据有助于审判人员理解和认定有争议的案件事实,包括模型、图表、

---

〔1〕 Christopher B. Mueller & Laird C. Kirkpatrick, *Evidence under the Rules*: *Text*, *Cases*, *and Problems*, Aspen Publishers, 2004, p. 870.

〔2〕 [美]罗纳德·J. 艾伦等:《证据法:文本、问题和案例》,张保生、王进喜、赵滢译,满运龙校,高等教育出版社2006年版,第225页。

〔3〕 Olin Guy Wellborn Ⅲ, *Cases and Materials on the Rules of Evidence*, 3rd ed., Thomson/West, 2005, p. 477.

素描或照片等。在运用示意证据时，诉讼律师必须证明，其是对所要描绘之主张事项的"公正""准确"或"真实"的描述。

思考题

7.17. 出示物证有哪些要求？对于多个相互关联的物证如何出示？

7.18. 如何理解最佳证据规则？对于篇幅较长的书面材料如何向法庭出示？

7.19. 视听资料如何向法庭出示才能发挥其证明价值？

7.20. 示意证据的出示应当注意哪些问题？

7.21. 在一起凶杀案现场，侦查人员收集到一把沾有血迹的匕首，经鉴定，匕首上留有犯罪嫌疑人的指纹，匕首上的血迹与被害人的血型吻合。侦查人员还对犯罪现场进行勘验，拍摄了一组照片，并对尸体进行了解剖，还将解剖的过程进行了录像，最后制作了勘验笔录。在法庭上，公诉人应当如何出示上述证据？

7.22. 在某专利侵权案中，原告为了证明被告的侵权事实，将被告生产的产品及其标签、经营许可证书、销售合同、纳税报表和原告的专利证书以及对市场营销人员和购买者的采访等进行拍照和录像，然后制成PPT在法庭上播放。PPT具有可采性吗？上述证据应当如何向法庭出示？

7.23. 在一起交通事故赔偿案审判中，被告为了说明事故发生经过，向法庭申请播放他本人用计算机制作的一段视频。该视频由一组手绘图案和现场拍摄的照片及录像构成。作为法官，你将如何裁定？

本章阅读文献

1. 张保生主编：《〈人民法院统一证据规定〉司法解释建议稿及论证》，中国政法大学出版社2008年版，第五章。

2. 毕玉谦等：《中国证据法草案建议稿及论证》，法律出版社2003年版，第三章第一节。

3. 陈光中主编：《中华人民共和国刑事证据法专家拟制稿（条文、释义与论证）》，中国法制出版社2004年版，第三章第一节。

4. 江伟主编：《中国证据法草案（建议稿）及立法理由书》，中国人民大学出版社2004年版，"第五稿"第二章第八节。

5. 龙宗智：《刑事庭审制度研究》，中国政法大学出版社2001年版。

6. 卞建林主编：《证据法学》，中国政法大学出版社2010年版，第七章、第八章、第十三章、第十四章。

7. 王世凡："鉴定与司法鉴定概念的引入及其演进研究"，载《法律与医学杂志》2007年第2期。

8. 美国国家科学院国家研究委员会：《美国法庭科学的加强之路》，王进喜等译，中国人民大学出版社 2012 年版。

9. 欧洲法庭科学机构联盟：《法庭科学评价报告指南》，王元凤、刘世权译，满运龙、张保生校，中国人民大学出版社 2021 年版。

10. 郭金霞：《鉴定结论适用中的问题与对策研究》，中国政法大学出版社 2009 年版。

11. [美] 罗纳德·J. 艾伦等：《证据法：文本、问题和案例》，张保生、王进喜、赵滢译，满运龙校，高等教育出版社 2006 年版，第四章第一节、第二节，第十章。

12. [美] 乔恩·R. 华尔兹：《刑事证据大全》，何家弘等译，中国人民公安大学出版社 2004 年版，第十六章第二节。

13. 张保生、常林主编：《中国证据法治发展报告》（1978~2008、2009、2010、2011、2012、2013、2014），中国政法大学出版社 2010、2011、2012、2013、2014、2015、2016 年版，第一篇三、司法鉴定制度建设综述；第二篇二、证据法学研究进展（四）科学证据与司法鉴定。张保生、王旭主编：《中国证据法治发展报告》（2015~2016，2017~2018），中国政法大学出版社 2018、2022 年版，第一篇三、司法鉴定制度建设综述；第二篇二、证据法学研究进展（四）科学证据与司法鉴定。

14. 陈瑞华："实物证据的鉴真问题"，载《法学研究》2011 年第 5 期。

15. 张保生、董帅："中国刑事专家辅助人向专家证人的角色转变"，载《法学研究》2020 年第 3 期。

16. 刘品新："电子证据的鉴真问题：基于快播案的反思"，载《中外法学》2017 年第 1 期。

17. 陈永生："证据保管链制度研究"，载《法学研究》2014 年第 5 期。

第八章

质证与认证

【导读】事实认定包括举证、质证和认证三个阶段。质证是诉讼双方对证据相互质疑来实现自己证明目的的活动,交叉询问和对质是质证的两种主要形式,也是当事人的重要诉讼权利。质证的目的是对可能用于定案的证据进行质疑,质证的内容应当以证据到待证要件事实的经验推论过程为主线,一是围绕证据能否成为定案的依据,对作为推论起点的证据本身进行静态意义上的质证;二是围绕证据到待证要件事实之间的证据推论链条,对其进行动态意义上的质证。认证是事实认定者对庭审中经过质证的证据进行审查判断,从而决定是否采信并说明理由的诉讼活动。

第一节 质 证

一、质证的概念和内容

(一)质证的概念和功能

1. 质证的概念。

中国古代"質"字的两种常见语义是"诘问"和"验证",与当今各国常用的两种质证方法"交叉询问"和"对质"相合。在法律语境中,"质证"最初在1979年《刑事诉讼法》第36条作了规定:"证人证言必须在法庭上经过公诉人、被害人和被告人、辩护人双方讯问、质证,听取各方证人的证言并经过查实以后,才能作为定案的根据。"1996年《刑事诉讼法》第47条保留了关于质证的规定。2012年《刑事诉讼法》第59条(2018年改为第61条)进一步明确规定:"证人证言必须在法庭上经过公诉人、被害人和被告人、辩护人双方质证并且查实以后,才能作为定案的根据。"最高人民法院《刑事诉讼法解释》第71条规定:"证据未经当庭出示、辨认、质证等法庭调查程序查证属实,不得作为定案的根据。"最高人民法院《刑事案件一审法庭调查规程(试行)》第1条第2款规定:"法庭调查应当以证据调查为中心,证据未经当庭出示、辨认、质证等法庭调查程序查证属实,不得作为定案的根据。"

【案例8.1】某检察院向法院提起公诉,指控被告人刘某犯有受贿罪。法院一审判决被告人刘某受贿罪名成立，判处有期徒刑 13 年。被告人不服，提起上诉，二审法院公开开庭审理了此案。在审理过程中，辩护人通过查阅一审检察机关移送给法院的案卷材料，发现了两份重要的证据没有在一审审理中当庭出示，也没有进行当庭质证。但是，一审法院开庭结束后，检察机关却将这些证据连同案卷全都移送给一审法院，该法院将上述证据引用在判决书中，并将其作为据以认定被告人刘某犯有受贿罪的重要证据。二审法院经过审理，作出终审裁定，撤销一审法院判决，发回重新审理。[1]

在【案例 8.1】中，二审法院之所以撤销一审法院判决、发回重审，乃因控方的两份重要证据没有当庭出示、质证，一审法院却在开庭结束后将这些从检察院移送过来的证据引用在判决书中，并将其作为据以认定被告人犯有受贿罪的重要证据。这明显违反了《刑事诉讼法》第 61 条关于质证的规定，符合最高人民法院《刑事诉讼法解释》第 71 条关于"证据未经当庭出示、辨认、质证等法庭调查程序查证属实，不得作为定案的根据"规定的情况。

在民事诉讼中，1982 年《民事诉讼法（试行）》没有质证的规定，1984 年最高人民法院《关于贯彻执行〈民事诉讼法（试行）〉若干问题的意见》第 30 条规定："作为定案依据的主要证据，应当庭出示或宣读，允许双方当事人辩论和质证。"1991 年《民事诉讼法》第 66 条规定："证据应当在法庭上出示，并由当事人互相质证。"最高人民法院《民事诉讼证据规定》第四部分专门规定了质证规则。2007 年、2012 年、2017 年和 2021 年《民事诉讼法》保留了关于质证的规定。

在行政诉讼中，《行政诉讼法》第 43 条第 1 款规定："证据应当在法庭上出示，并由当事人互相质证。对涉及国家秘密、商业秘密和个人隐私的证据，不得在公开开庭时出示。"

在庭审过程中，质证是诉讼一方对另一方（或法院依职权收集）证据的质疑，从而是影响事实认定者对案件事实内心确信的证明活动。对于质证概念，可以从证明程序、证据审查方法、诉讼权利、诉讼制度等多个角度来界定和理解：①质证作为证明过程的重要阶段，是举证程序的继续，是对所出示证据的筛选和验证，并为认证阶段奠定基础。②质证作为证明方法，有助于审判人员去伪存真，排除没有相关性、可采性和可信性的证据。③质证作为一项诉讼制度，是法庭调查的重要内容。④质证作为一项重要的诉讼权利，是指当事人有对不利于自己的证据材料进行质问、质疑、辩驳的权利。

2. 质证的功能。

（1）质证（特别是其中的交叉询问）是发现事实真相的"最伟大的法律引

---

[1] 参见陈瑞华：《程序性制裁理论》，中国法制出版社 2010 年版，第 6~7 页。

擎"。[1]

（2）质证是实现司法公正的"助推器"。它可以使事实认定者兼听则明，不仅体现当事人在形式上参与诉讼的程序参与性，还可体现当事人能够影响裁判结果的实质参与性。

（3）质证是司法人权保障的"安全阀"。质证权是一项防御性诉讼权利，它在很多国家已成为一项宪法性权利。如美国宪法第六修正案规定了被告人对质权，日本《宪法》第 37 条第 2 款也有类似规定。质证权还是一项国际性人权，如《公民权利和政治权利国际公约》第 14 条第 3 款戊项、《欧洲人权公约》第 6 条第 3 款 d 项、《美洲人权公约》第 8 条，都有关于对质权的规定。

（二）质证的结构和运行环境

1. 质证主体——以证明权为视角。质证主体，是指有权启动、推进质证程序，并在质证活动中享有基本权利并承担一定义务的人。质证权是证明权中的一项重要内容。什么是证明权？对此有不同的表述，但基本共识是：证明权包括对证据质疑和争辩的权利，即质证权。质证主体的界定应当以证明权为视角。质证主要体现为一种权利而非义务，质证主体应当定位为权利主体而非义务主体。因此，当事人是否承担证明责任与其能否成为质证主体没有必然关系。质证是针对对方当事人的举证进行的。承担举证责任的一方当事人提出证据，另一方当事人对其进行质疑，质疑的方式多种多样，通常并不需要提出相反证据，不需要承担举证责任。举证活动一般更多关注举证责任，而质证活动则是质证权的行使，因而需要从权利本位的意义上理解和界定质证主体。

法官能否成为质证主体？我国学界对此存在两种不同观点。我们认为，在庭审活动中，法官虽然会积极引导法庭调查活动，但其行使的是释明权而非证明权。"法官释明权是指人民法院所享有的提请当事人注意有关的诉讼问题以及提请当事人注意提出主张及诉讼材料的权力。释明权后被多数大陆法系国家所接受。释明权设立之初是为了运用国家权力对当事人进行救济，后来演变为法院对当事人所承担的一种义务。"[2] 法官释明权的内容显然不同于双方当事人的证明活动，法官并不具有质证主体的证明权基础，不属于质证主体。

2. 质证客体——以证据信息为内核。质证客体是与案件事实有关的证据"信息"。因为，质证的目的是对可能用于定案的证据进行质疑，从而影响事实认定者对其采信及证明力、可信性的评价。因此，应当从证据信息的角度来界定和理解质证的客体，而不应将关注点放在证据种类上。质证的客体，应当包括与案件事实有关的任何证据信息。质证过程不仅应当关注证据形式，更应关注证据信息的内容。例如，作为书证载体的书面文件是真实的，但其记载的信息内容可能是虚假的；作为

---

[1] John H. Wigmore, "Evidence in Trials at Common Law", 1 *Tillers Review*, 18 at 608 (Boston, 1983).

[2] 相庆梅、尚华：《民事诉讼法》，法律出版社 2010 年版，第 29 页。

证言载体的证人是存在的，但其观察、记忆和叙述的信息内容可能是虚假的。

对于法院依当事人申请收集的证据，也应在法庭上质证。最高人民法院《民事诉讼证据规定》第62条第2款规定："人民法院根据当事人申请调查收集的证据，审判人员对调查收集证据的情况进行说明后，由提出申请的当事人与对方当事人、第三人进行质证。"第3款规定："人民法院依职权调查收集的证据，由审判人员对调查收集证据的情况进行说明后，听取当事人的意见。"最高人民法院《刑事诉讼法解释》第271条第2款规定："对公诉人、当事人及其法定代理人、辩护人、诉讼代理人补充的和审判人员庭外调查核实取得的证据，应当经过当庭质证才能作为定案的根据。但是，对不影响定罪量刑的非关键证据、有利于被告人的量刑证据以及认定被告人有犯罪前科的裁判文书等证据，经庭外征求意见，控辩双方没有异议的除外。"最高人民法院《刑事案件一审法庭调查规程（试行）》第37条第2款对此作了类似规定。

在二审程序中，对当事人依法提供的新证据，法庭应当进行质证；当事人对一审采信的证据仍有争议的，法庭也应当进行质证。按照审判监督程序审理的案件，对当事人依法提供的新证据，法庭应当进行质证；因原判决、裁定认定事实的证据不足而提起再审所涉及的主要证据，法庭也应当进行质证。

3. 质证的内容——以事实推论为主线。质证的内容，包括证据的基本属性及其证明过程。质证的作用主要是动摇和影响一项证据在事实认定者内心中的评价。在现代审判制度中，事实认定者对证据的评价主要包括两个环节：①证据的证明力和可信性；②基于这些证据信息所进行的推论。事实认定者评价证据的两个环节，决定了质证的两个方面内容。

"诉讼证明，即发生在诉讼领域的一种特殊活动和思维过程，它的一端是待证事实，另一端是证据事实。"[1] 这种特殊活动和思维过程应当建立在理性的事实认定基础之上。质证旨在影响和阻断经验推论链条的形成，从而削弱事实认定者的内心信念。从这个意义上讲，质证的内容应当以事实推论为主线，关注由证据到待证要件事实的经验推论过程。因此，质证也应当包括两个方面：①对作为推论起点的证据本身的质证，此为静态意义上质证，主要围绕证据能否成为定案的依据；②对证据推论过程的质证，此为动态意义上的质证，主要围绕证据到待证要件事实之间的推论过程。

4. 质证的运行环境。质证的运行受到其他一些法律制度的影响，主要包括证据开示制度、裁判法庭的构成类型、裁判者的证据评价模式、证人保护制度等。这些相关背景制度共同构成质证制度的运行环境。

（1）质证与证据开示。二者的关系体现在：①证据开示是质证的前提和基础。证据开示的范围关系到质证的范围。②证据开示有利于提高质证的效率。证据开示

---

[1] 江伟主编：《证据法学》，法律出版社1999年版，第47页。

的一个重要作用是整理证据和确定争点。通过证据开示，双方当事人可以了解到对方的诉求和相关证据，对于无争议的证据无需经过法庭质证，减少了法庭质证的证据范围。③证据开示影响质证的实际运行效果，有利于双方当事人提前为庭审质证做准备。

（2）质证与裁判法庭类型。二者的关系体现在：①裁判法庭形态决定着质证的重要程度；②裁判法庭形态决定着质证的范围，决定了不同的证据筛选方式；③就质证运行的知识宽度来说，陪审团审判与法官审判相比，非职业的陪审团更容易受到多种主客观因素的影响，律师的诉讼技巧也有发挥更大作用的空间。

（3）质证与证据评价模式。①证据评价的内容决定着质证的内容。举证的目的是获得裁判者有利于己方的裁判结果，质证的目的是动摇对方的举证在裁判者内心的确信。证据评价的内容是控辩双方对抗的焦点，质证内容也必然围绕证据评价的内容展开。②证据评价的方式影响着质证的实施效果。理性的证据评价方式重视事实认定的说理性，从而为当事人积极质证留下了较大的空间。专断的证据评价方式缺乏论证说理性，事实认定的过程比较野蛮。

（三）质证的内容

1. 言词证据的质证内容——以可信性为中心。言词证据的可信性是一个比较复杂的问题，至少涉及证言三角形的四种品质。在美国，法官在给陪审团的指示中也会涉及证人可信性问题。言词证据的质证内容包括但不限于：①证言的相关性；②证人感知的准确性；③证人记忆的准确性；④证人的诚实性；⑤证人表达的准确性；⑥证据政策的排除性因素。

在司法实践中，对方当事人及其律师往往会攻击言词证据的可信性，进而动摇裁判者对该项证据的采信及证明力的判断，这一过程在英美法系国家被称为"弹劾"（impeachment）。《元照英美法词典》将"impeachment of witness"翻译为"对证人的质疑"，具体解释为："指通过提出证据对证人的一般可信性或在特定案件中的可信性进行攻击。方式可有很多种，如：根据其他证人的证言说明该证人所作证之事实并非如他所述；提出表明该证人一般信誉恶劣的证据，或该证人以前曾作为与该证言不一致或相矛盾的陈述的证据，或该证人有偏见、有切身利益或有敌对态度的证据等。"[1]"任何证人证言的力度和准确性都取决于某些证言能力：证人必须能够观察有关事件，能够记住它们，并且能够诚实和准确地叙述它们。"[2] 司法实践中，对方当事人及其律师可以质疑和攻击证人的感知能力、记忆能力、叙述能力和诚实性，从而动摇证人证言的可信性。

当己方证人的可信性受到对方弹劾后，公诉人或诉讼律师应当针锋相对地给该

---

[1] 薛波主编：《元照英美法词典》，法律出版社2003年版，第665页。

[2] [美]罗纳德·J. 艾伦等：《证据法：文本、问题和案例》，张保生、王进喜、赵滢译，满运龙校，高等教育出版社2006年版，第387页。

证人正誉。证人正誉的后果可能是恢复甚至提升证人可信性。从这个角度来看,被弹劾未尝不是一件受被弹劾方欢迎的事。简单来看,己方证人受到攻击是一件避之不及的事情。然而,在被弹劾方手握更为有力的正誉证据时,或者己方证人看起来不那么可信时,弹劾行为有可能会受到被弹劾方的欢迎。因为,此时它正好为正誉方打开大门,从而可以抛出能够有力提升证人可信性的证据。[1]

2. 实物证据的质证内容——以可靠性为中心。实物证据除了相关性这个必要条件之外,还需要确保其来源的可靠性。有效质疑实物证据来源的可靠性,可以动摇事实裁判者对该实物证据的证明力的评价。这可以通过对实物证据制作者、提取者、保管者进行质疑来达到该目的。质疑的内容涉及,该物证的提取、保管过程,是否被调换、伪造或部分作假;也可以通过攻击实物证据保管链条的完整性,质疑实物证据的同一性和真实性。

3. 科学证据的质证内容——以科学性为中心。科学证据质证的内容包括:①科学证据的相关性;②科学原理和方法的可靠性;③科学推论的正确性;④检材的原始性以及是否受到污染;⑤鉴定意见的得出是否遵循了平衡性、逻辑性、可靠性和公开性等法庭科学评价基本原则;⑥专家的诚实性。

科学证据与其他证据相比,其分析意见的基础具有专业性,非特定专业领域的人员一般难以对其进行分析和质疑。因此,对科学证据的质证可以借助专家辅助人。

(四) 质证的一般方式

质证方式与审判方式有密切联系,在审判中心和直接言词原则的要求下,法庭调查主要以言词方式展开,质证也主要采用交叉询问与对质的方式。在普通法系国家,不仅言词证据需要通过交叉询问、对质等方式进行质证;对于物证、书证等实物证据,在举证方通过对提取者、制作者和保管者直接询问进行辨认鉴真之后,对方则可以对这些辨认证人或鉴真证人接着进行交叉询问,通过对这些实物证据来源的可靠性、辨认鉴真证人的可信性等提出质疑,证据提出者则需要对这些实物证据的同一性或其来源的可靠性予以说明,对遭到弹劾的辨认鉴真证人予以正誉。对专家意见的质证,也是通过交叉询问的方式。

在中国,随着审判方式改革的不断深入,诉讼程序更加强调兼顾真实发现与程序公正,并吸收了普通法系对抗制的合理成分,法庭审理方式更注重言词性和对抗性。但在司法实践中,特别是在刑事审判中,证人普遍不出庭的情况仍未根本扭转,法庭审判充斥着书面陈述和各种笔录,由于宣读书面陈述和各种检查、勘验笔录的公诉人对案件事实和取证情况均无直接知识,这给法庭质证带来了难以逾越的障碍,法官很难审查证言的可信性和实物证据来源的可靠性,上述我国三大诉讼法和最高

---

[1] Colin Miller, "Crossing Over: Why Attorneys (and Judges) Should Not Be Able to Cross-Examine Witnesses Regarding Their Immigration Statuses for Impeachment Purposes", *Northwestern University Law Review Colloquy*, 2010, Vol. 104, p. 290.

人民法院众多司法解释条文确立的"举证—质证—认证"的事实认定过程难以贯彻执行。

我国立法对法庭质证的具体方式尚未明确规定。有学者论述质证的几种方式是:"对质、质疑、辩驳、辨认、说明和辩论、出示和宣读、交叉询问,其中交叉询问是质证的基本方式。"[1] 我们认为,在上述方式中,"出示""宣读""辨认"和"说明"实乃举证方式。"辩驳"和"辩论"既可能是针对事实和证据问题,也可能是针对法律适用。"质疑"则是一种泛泛的说法,并非具体的质证方式。

质证的基本方式是交叉询问和对质。所谓交叉询问,主要适用于出庭证人(或鉴定人),包括:①对案件事实拥有亲身知识的目击证人;②提供鉴定意见的鉴定人;③对物证、书证等实物证据提取、制作和保管过程拥有亲身知识的辨认鉴真证人,在刑事诉讼中,辨认鉴真证人主要是警察、侦查人员或执法人员;④对程序性事实(如取证合法性)拥有亲身知识的证人,也主要是警察、侦查人员或执法人员。《刑事诉讼法》第194条规定:"公诉人、当事人和辩护人、诉讼代理人经审判长许可,可以对证人、鉴定人发问。"这种发问,既包括直接询问,也包括交叉询问。最高人民法院《刑事诉讼法解释》第259条规定了法庭询问的顺序,即"证人出庭后,一般先向法庭陈述证言;其后,经审判长许可,由申请通知证人出庭的一方发问,发问完毕后,对方也可以发问。"其中,"申请通知证人出庭的一方发问",是直接询问,属于举证程序;"对方"的发问,是交叉询问,属于质证程序。

所谓对质,是指被告人与证人之间就事实争议问题当面核对、质疑的诉讼权利。如上所述,我国《刑事诉讼法》虽然没有出现对质概念,但第61条关于"证人证言必须在法庭上经过……被告人、辩护人……质证"的规定,实际上已在立法上涵盖了被告人与证人在法庭上对质的权利。无论立法者是否意识到这一点,被告人对证人证言的质证,就是对质。

尽管直接言词原则在我国司法实践中还未完全落实,法庭质证也因而受到严重影响,但全面贯彻直接言词原则是司法文明发展的必然趋势。因为,直接言词原则的贯彻有利于发现案件事实真相,又能体现西方两大法系的异曲同工之妙,也是我国自古以来的优良司法传统。我国古代司法一直要求"两造具备,师听五辞""以五声听狱讼",强调观察证人的神色、气息、眼光等诸多方面,综合判断其证言的可信性。

二、交叉询问

(一)交叉询问的概念和目标

《布莱克法律词典》对交叉询问的解释是:"在审判或听审中,由与传唤证人出庭作证的一方相对立的一方,对该证人进行的询问。交叉询问的目的,是在事实认定者面前通过指出证人先前证词的矛盾或不可能性,对证人的怀疑,以及使证人陷

---

[1] 甄贞、汪建成主编:《中国刑事诉讼第一审程序改革研究》,法律出版社2007年版,第300页。

入削弱其证词的承认等各种方式弹劾证人的信誉。允许交叉询问者提出诱导性问题，但传统上只限于直接询问所涵盖的事项以及可信性问题。"[1]

《牛津法律大辞典》给其下的定义是："由非提供该证人的一方当事人向该证人提出的诘问或盘问，通常在提供该证人的一方当事人首先向其提问后进行。盘问的目的在于使证人改变、限定、修正或撤回其提出的证据，使其证据失信，并从其处获得有利于盘问一方当事人的证据。在盘问中，允许进行诱导证人回答的询问，而提问人亦通常拥有比主询问中更多的自由。在某一问题上不对证人进行盘问，一般就暗示其接受该证人关于该问题的举证。"[2]

交叉询问[3]（cross-examination），又译"交叉盘问"，即对另一方提供的证人进行的询问，一般是在直接询问之后交替进行的。因此，交叉询问之后，又可针对同一证人进行再直接询问、再交叉询问。在图式8.1中，控辩双方对己方证人的询问是直接询问（用竖直箭头线表示），对他方证人的询问是交叉询问（用交叉箭头线表示）。

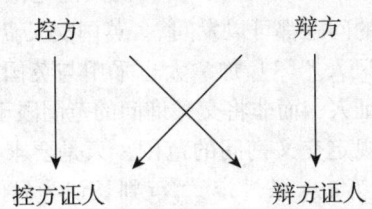

图式 8.1　直接询问和交叉询问示意图

交叉询问是对抗制诉讼的规定性特征之一。"两个世纪以来，普通法的法官和律师一直把交叉盘问的机会视为证言准确性和完整性的一种基本保障。他们坚持认为，这种机会是一种权利（right），而不仅仅是一种特权（privilege）。"威格莫尔说："'滥用和幼稚总是与交叉盘问联系在一起'并不能掩盖其价值。至少从某种意义上，它取代了我们在中世纪占统治地位的刑讯制度……不容怀疑的是，它仍然是我们曾经发明的揭示事实真相之最伟大的法律引擎。"

交叉询问的四个策略性目标是：①利用这个机会来主张自己的案子，展开你反复强调的主题之全部线索，然后在结审时向陪审团作收网式的辩论，从而强调你想要陪审团从证据中得出的推断或解释。②填补己方的证据缺口。让对方证人讲出你想传达给陪审团的部分案情。③一些对方证人也许会（自愿或不自愿地）作出有利

---

[1] Black's Law Dictionary, 8th ed., Thomson West, 2004, p.405.
[2] [英] 戴维·M. 沃克：《牛津法律大辞典》，李双元等译，法律出版社2003年版，第289页。
[3] 以下参见 [美] 罗纳德·J. 艾伦等：《证据法：文本、问题和案例》，张保生、王进喜、赵滢译，满运龙校，高等教育出版社2006年版，第116~120页，第114页脚注4。

于你方的自认。④用交叉盘问的问题来控制损害,一是探究证人在直接盘问中作证的有关事项;二是询问可以对证人可信性提出质疑。在不对那个证人的可信性提出质疑的情况下,你可设法表明该证人关于事实的说法是与你的诉讼理论是多么一致,或至少不是不一致。

(二) 交叉询问的范围[1]

一般而言,交叉询问的范围,应限于直接询问范围内的任何问题和关于证人可信性的问题。如果某一问题在直接询问中未被提出,那么,在交叉询问的过程中也不得提出,除非提出新的问题的目的是弹劾证人的可信性。

对于交叉询问的范围,存在两种理解:其一,交叉询问的范围应严格限定在直接询问的主题及与证人可信性相关之事项。具体包括两个方面:①有关证人在直接询问中作证的事项;②有关证人可信性的事项,尽管它们可能与直接询问的主题并不相关。例如,可以通过攻击证人的品性及其存在偏见或成见,来动摇其在直接询问中作证的可信性。除了这两个内容之外,原则上不允许交叉询问者提出质询。这种理解与美国、日本的做法一致。其二,交叉询问的范围并不严格限定在直接询问的主题,只要与案件有关的问题都可以发问。"英国交叉盘问规则允许对抗方就任何与案件有关的事情去询问证人。"[2] 加拿大也采用与英国类似的做法,即允许对任何与案件相关的事情询问证人,而非将交叉询问的范围限于直接询问的主题。

我国立法并没有明确规定交叉询问的范围,只是要求发问的内容与案件事实有关。根据《刑事诉讼法》第194条规定,"审判长认为发问的内容与案件无关的时候,应当制止"。最高人民法院《刑事诉讼法解释》第261条也进一步要求,发问的内容应当与案件的事实有关。显然,这些规定是对一般发问权而言,并没有区分直接询问与交叉询问的范围,没有特别规定交叉询问的范围。

虽然我国立法并没有明确规定交叉询问的范围,但在实践中,应当区分直接询问与交叉询问,将直接询问范围规定在与案件有关的事项,而将交叉询问的范围限定为证人在直接询问中作证的事项,以及关于证人可信性的事项。原因有三:其一,限制询问范围有利于形成争点,增强庭审询问的对抗性,从而准确认定事实。其二,交叉询问本质上是一种质证,是对直接询问所引出的证人证言的质疑,应当针对直接询问的内容展开,一般不应涉及新的案件事实。交叉询问的重点是"质疑解惑",应该带有针对性、质疑性、反驳性和纠错性,而非全面介绍案件过程,后者是直接询问的主题。其三,不必担心限定交叉询问的范围会丢失一些有用的信息,因为在一方交叉询问之后,对方还可以对该证人再直接询问,法官也可依职权对该证人进

---

[1] 以下参见 [美] 罗纳德·J. 艾伦等:《证据法:文本、问题和案例》,张保生、王进喜、赵滢译,满运龙校,高等教育出版社2006年版,第116~120页,第114页脚注4。

[2] [美] 罗纳德·J. 艾伦等:《证据法:文本、问题和案例》,张保生、王进喜、赵滢译,满运龙校,高等教育出版社2006年版,第116~117页。

行询问。我国法庭调查中法官可依职权进行补充性发问。

(三) 交叉询问的顺序

法庭询问一般按照直接询问、交叉询问、再直接询问、再交叉询问的方式循环进行。对证人应当首先进行直接询问，然后进行交叉询问。再直接询问一般是对交叉询问所涉及事实的回应或解释；如果再直接询问引入了新事项的，则对方可以就该事项作再次交叉询问。[1]

除了有限的成文法规定外，交叉询问的顺序更多源于不成文的审判惯例，由法院对询问证人和提出证据的方式和顺序进行合理控制。其目的：一是通过法庭询问有效查明案件真相；二是避免不必要的诉讼拖延；三是确保证人免受侵害或不当影响。在美国，交叉询问的顺序井井有条，运行过程行云流水，其背后主要是审判惯例发挥了重要作用，法官对必要事项进行合理控制。

我国 1996 年《刑事诉讼法》在法庭询问程序中，吸收了英美法系的交叉询问制度，增强了我国庭审的对抗性。2012 年《刑事诉讼法》第 189 条（2018 年第 194 条）规定，公诉人、当事人和辩护人、诉讼代理人经过审判长许可，都可以询问证人、鉴定人。由此，公诉人与被告人及其辩护人具有同等的发问权，公诉人不再占据明显优于被告人、辩护人的地位。此外，最高人民法院《刑事诉讼法解释》第 259 条规定了询问证人的基本顺序，即由申请通知证人出庭的一方先行询问，在其询问完毕后，对方当事人经审判长允许也可以询问。最高人民法院《刑事案件一审法庭调查规程（试行）》第 19 条第 1 款关于"证人出庭后，先由对本诉讼主张有利的控辩一方发问；发问完毕后，经审判长准许，对方也可以发问"的规定，构成了我国法庭询问的基本形态，具备了交叉询问的基本形式。

(四) 诱导性问题

交叉询问是盘诘性的询问，[2] 具有攻击或反驳的性质，通常包含着诱导性问题。诱导性问题的定义是：暗示了询问者想要证人作出回答的问题。诱导性问题常常表达为一种事实断言，在问题的结尾以询问语调作出暗示，或以实际动词形式要求证人附和。典型的诱导性问题：在一个陈述句的开始或末尾伴随着一个简短的疑问，比如："谋杀发生的那个晚上，你不在家里吗？"回答只能选择"是"或"不是"。

询问的一般规则是：直接询问中不允许提出诱导性问题，交叉询问中可以提出诱导性问题。"对证人直接盘问时，非为展开证人证言所必需，不得提出诱导性问

---

[1] 参见毕玉谦、郑旭、刘善春：《中国证据法草案建议稿及论证》，法律出版社 2003 年版，第 408~409 页。

[2] 以下参见 [美] 罗纳德·J. 艾伦等：《证据法：文本、问题和案例》，张保生、王进喜、赵滢译，满运龙校，高等教育出版社 2006 年版，第 116~120 页，第 114 页脚注 4。

题。交叉盘问时通常应当允许提出诱导性问题。"[1] 直接询问排除诱导性问题，可以确保证人自由地如实作证。因为传唤证人的一方律师很容易与该证人之间产生某种合作关系，如果询问者进行诱导性询问，不仅会使证人在回答时可能迎合询问者的意图，还会使事实认定者产生实际上是律师在作证的反感。

我们分析一下【案例1.4】中检察官对一位控方证人休斯顿狱警的几段直接询问：

> 问：先生，1992年3月28日，你在或正在B监区工作吗？
> 答：是的，我正在B监区工作。
> 问：你的职位是什么，或者你在B监区做什么？

在上述直接询问中，检察官对休斯顿狱警的询问，使用了"谁、什么、何处、何时、为什么及如何"的提问法。直接询问通常采取这种简短、非提示性的问题方式，在有序的问答过程中，使证人有效地讲出案情。

然而，在接下来的询问中，检察官开始"越界"（违反直接询问规则不得提出诱导性问题的规定），例如：

> 问：为什么要将狱犯詹森和巴特勒擒服，戴上手铐？目的是什么？
> 答：因为如果他们摆出要打架的架势或拒绝服从命令，这是出于惩戒的原因，你懂的。
> 问：出于狱警安全的原因？
> 答：是的，狱警安全和惩戒。

在上述询问中，检察官想要证人以"安全"（safety）作为给这些狱犯戴上手铐的理由，但证人说出的却是"惩戒"（discipline）。

根据直接询问不得提出诱导性问题的规则，在检察官问："出于狱警安全的原因？"之后，辩方律师立即提出了异议（objection），该异议得到了法官支持（其应当得到支持）。

但检察官还在寻找新的"越界"（提出诱导性问题的）机会：

> 问：通常情况下一个人怎么能把盘子从送餐口递出来，就是把它推出来吗？
> 答：是的。狱警会打开送餐口，它是由另一把锁锁着的。当你拉开它的时候，他们把餐盘递出来，狱警接过来拿走。

---

[1] [美]罗纳德·J. 艾伦等：《证据法：文本、问题和案例》，张保生、王进喜、赵滢译，满运龙校，高等教育出版社2006年版，第113页。

问：在当时的某个时刻，你开始清楚，狱犯詹森并不打算将盘子从打开的送餐口推出来。

答：不。当他拾起盘子，拿着它们走到送餐口的时候，并没有什么微妙之处，我觉得。他什么也没说，很平静，走到门口，手里拿着盘子。

问：你说到了"第一反应"，你的"第一反应"是指什么？

答：在紧急状态下，我会被派往监区的任何地方作出反应。

问：所以，如果在B监区出现了意外事件，你就应该作出反应，是这样吗？

答：是的。

问：你知道在这一年3月28日发生的涉及狱犯詹森的意外事件吗？

答：就是一次拒交早餐盘子的事。狱犯清晨用餐后，应该在早餐后交回自己的餐盘和餐具。那天值班的楼层狱警说，狱犯詹森和他的狱友——同室犯人巴特勒，扣留了他们的早餐盘子。

问：随即有人召唤你，是这样吗？

答：是的。

在上述询问中，检察官正在使用"诱导性问题"的常用形式，即寻求自己所明确提示的答案。特别是其结束语"难道不是这样吗？"或者"是这样吗？"只允许"是"或"不是"的回答。这样一来，陪审团听到的信息，实际上是由律师（检察官）的问题提供的；证人的回应，就是在简单地肯定或否定律师（检察官）的提法。

与直接询问的规则不同，在交叉询问中，证人并非交叉询问者所传唤，不易与其产生合作，也不会轻易顺从询问者的意图。相反，诱导性问题有可能帮助询问者质疑证言的疑点、漏洞和证人的可信性，有助于在争辩中澄清事实真相。

我国最高人民法院《刑事诉讼法解释》第261条确立了询问证人应当遵循的发问规则，其中就包括"不得以诱导方式发问"。《人民检察院刑事诉讼规则》第402条第1款规定："讯问被告人、询问证人不得采取可能影响陈述或者证言客观真实的诱导性发问以及其他不当发问方式。"上述规定的本意是为了确保证人能够就其亲身感知的事情客观如实陈述，不至于受到询问者发问方式的影响。但由于没有严格区分直接询问与交叉询问，实践中容易带来误区，即在交叉询问中也排除诱导性问题。如果在交叉询问中禁止诱导性提问，就会削弱交叉询问的质证效果，降低发现证人虚假陈述的可能性。因此，我国立法应当区分直接询问与交叉询问，把禁止诱导性问题限定在直接询问中，允许交叉询问中诱导性问题。

三、对质

（一）对质概述

1. 对质的概念。对质（confrontation）概念的起源，可以追溯到古罗马时期。无论任何人，在没有与原告进行面对面的对质，并被赋予辩护的机会之前就定他的罪，这不是罗马人的传统。[1] 古罗马的这一理念强调的是被告与原告的对质。16世纪中期，英格兰议会就制定了有关对质权的法律。1552年，英格兰议会规定："如果要定被告人叛国罪必须要有两名合法的原告。如果他们仍活着，应当被带到被告人面前。"[2] 在中文语境中，对质含义也称质对、对证，有当面讯问以辨是非之意。元康进之《李逵负荆》第二折："下山寨，到那里，李山儿，共质对。"秦腔《假金牌》第十场："我将你带回朝去，可愿——质对？"[3]

对质包含面对面之意，有针锋相对之意。根据我国台湾学者的观点："所谓'面对面'接触的权利，包括①被告得于审判中在场目视证人的权利，及②被告有使证人目视自己的权利。"[4] 被告在审判中目视证人的权利和使证人目视自己的权利，可使其直接观察证人的言谈举止，增强对证人如实作证的心理压力，也有助于事实认定者对证人证言的可信性作出判断。

2. 被告人与证人对质的权利。对质权是刑事被告人的一项基本人权。《公民权利和政治权利国际公约》第14条第3款，明确规定了凡受刑事控告者均享有与证人对质的权利，即"在判定对他提出的任何刑事指控时，人人完全平等地有资格享受以下的最低限度的保证：……（戊）讯问或业已讯问对他不利的证人，并使对他有利的证人在与对他不利的证人相同的条件下出庭和受讯问……"

在美国，对质不仅是一种发现事实真相的手段，而且被上升为一项宪法性权利（对证人证言的质证权），美国宪法第六修正案中规定："在所有的刑事诉讼当中，被告人有权……与对己不利的证人进行对质……"

3. 证人之间的对质。在大陆法国家，对质已不局限与被告与证人之间，还扩展到证人与证人之间。例如，德国《刑事诉讼法典》第58条第2款规定："如果对后续的程序是为必要，应当允许证人与其他证人或被告人在审前程序中进行对质。被告人与证人的对质，应当有辩护人在场。"法国《刑事诉讼法典》第338条规定："检察院以及民事当事人与被告人可以提出请求，且审判长在任何情况下均可以命令某一证人在作证之后暂时退出审判法庭，如有必要，待其他人作证之后，再回到审判庭，做出陈述，并且可以进行或不进行对质。"[5] 根据现代证据法理念，对质不局限于原告与被告或被告与证人之间，只要是矛盾证言的陈述者都可以进行对质。

（二）我国对质规则的内容

对质是一种揭示案件真相的重要方法，广泛运用于各国的司法实践中。通过当

---

[1] 《圣经·新约全书》，中国基督教协会出版2000年版，第256页。

[2] Anne Rowley, "The Sixth Amendment Right of Defendants to Confront Adverse Witnesses", *American Criminal Law Review*, 26（1989），p. 1547.

[3] 汉语大词典编辑委员会、汉语大词典编纂处编纂：《汉语大词典》（下卷），汉语大词典出版社1997年版，第6031~6032页。

[4] 王兆鹏：《美国刑事诉讼法》，元照出版有限公司2004年版，第372页。

[5] 《法国刑事诉讼法典》，罗洁珍译，中国法制出版社2006年版，第244页。

面直接对话和辩驳，可以有效发现证据矛盾，甄别虚假陈述。

我国目前还没有建立完善的对质制度，特别是还没有将刑事被告人的对质权上升到基本权利的高度予以保障，有关规定主要体现在司法解释中，在司法实践中也有一些具体应用的案例。参见【案例8.2】。

【案例8.2】 薄熙来受贿、贪污、滥用职权案[1]

被告人：你对薄瓜瓜的支持，给他报销机票、信用卡、电动平衡车，跟我讲过没有？

证人：没有。

被告人：你自己有没有什么时候对我说过尼斯房产的事？

证人：我刚才已经表示过了，一是在你家餐桌前的那个情形，再就是商务部。

被告人：除此之外还有没有？

证人：没有。

被告人：我曾经任何时候给你提过关于尼斯的事没有？

证人：没有。

被告人：你对我提过吗？

证人：没有。

被告人：在沈阳看幻灯那次，你在旁边，薄谷开来有没有跟我提过那个房产的大小？

证人：没有。

被告人：价值多少钱？产权关系谈了没？

证人：没有。

被告人：薄谷开来在办尼斯房产的过程，你听她说哪个情节给我说过？

证人：没听说过。

被告人：商务部见我之前，过去的两年你和我单独说过尼斯的事情没有？

证人：没有。

被告人：2000年之后，你有没有和我谈过尼斯的事？

证人：除我刚才讲的两个情节，再没有过。

被告人：在沈阳看幻灯的时候，薄谷开来说了那一番话，我有什么表示？

证人：你坐在那里没有说话。

被告人：关于尼斯的事，2004年我具体是怎么跟你说的？

证人：你说什么事情你都不知道，就这一句。

被告人：你说2004年商务部那次，我跟你讲你对薄谷开来和薄瓜瓜怎么

---

[1] 节选自"薄熙来案庭审实录（全文）"，载 http://i1.sinaimg.cn/dy/pc/2013-03-14/326/U8360P1T326D3025F24896DT20130906115828.pdf.

样,我都知道或我感谢你?

证人:你原话是,开来说我这个人很好,对她和瓜瓜都很好,这些我都记着。

被告人:说支持了没有?

证人:原话是你都记着。就这一句话。

被告人:我问完了。

我国立法和司法解释关于对质的规定如下:

1. 被告人与证人之间或证人之间的对质。《人民检察院刑事诉讼规则》第402条第4款规定:"被告人、证人、被害人对同一事实的陈述存在矛盾的,公诉人可以建议法庭传唤有关被告人、通知有关证人同时到庭对质"。最高人民法院《刑事案件一审法庭调查规程(试行)》第24条第1款规定:"证人证言之间存在实质性差异的,法庭可以传唤有关证人到庭对质。"最高人民法院《民事诉讼证据规定》第74条第3款规定:"人民法院认为有必要的,可以要求证人之间进行对质。"

2. 所谓共同被告人之间的对质。最高人民法院《刑事诉讼法解释》第269条规定:"审理过程中,法庭认为有必要的,可以传唤同案被告人、分案审理的共同犯罪或者关联犯罪案件的被告人等到庭对质。"在这里,虽然从字面上看是共同被告人的对质,但如果没有某一被告人成为另一被告人犯罪的证人,对质便无从谈起。所以,在所谓共同被告人对质的情况下,法官依然要确定谁是真正的被告人,谁实际上是证明该被告人犯罪的证人,即谁要和谁对质的问题,以便确定对质权的主体,并切实落实权利保障。

如何理解上述规定中的"有必要"?法庭询问有可能出现相互矛盾的陈述内容,从而产生对质的必要。如意大利《刑事诉讼法》第212条规定:"对质只能在已经接受过询问或讯问的人员之间进行,并且以他们对重要的事实和情节说法不同为前提条件。"从被告人对质权的角度,实践中不应限制对质的适用条件,而应该充分保障被告人特别是刑事被告人的对质权。当然,对于证人与证人之间的对质而言,法院在判断"有必要"时,应更多考虑不同陈述者存有矛盾的陈述所涉及的事项。

另外,对质过程的每一个环节和内容都应当如实记入笔录。对质开始前的权利与义务告知内容,当面对质过程中的提问及其回答均应当在笔录中记明,并由对质参加者签名。

3. 专家辅助人对质之谬。最高人民法院《民事诉讼法解释》第122条第2款规定:"具有专门知识的人在法庭上就专业问题提出的意见,视为当事人的陈述。"第123条第1款规定:"……当事人各自申请的具有专门知识的人可以就案件中的有关问题进行对质。"上述规定值得商榷。

第一,当事人陈述与专家证言或专家辅助人意见的本质区别在于,前者是案件事实亲历者对所见所闻亲身知识的陈述;后者则是拥有专门知识的人对专门性问题的研究结论或经推论而得出的意见。

第二，由于对上述区别缺乏认识，最高人民法院《民事诉讼法解释》第 123 条第 1 款使用了"对质"而不是"交叉询问"概念，这忽视了对质需要亲身知识，需要面对面核实比对双方的感知、记忆误差，陈述的歧义性等特点；相比之下，交叉询问则无需亲身知识，只要通过诱导性询问揭示其证言的矛盾、漏洞或者对其可靠性、可信性等提出质疑，从而对事实认定者采信或认证产生影响，就达到目的了。因此，专家辅助人对专门性问题提出意见，即使基于相同的专门知识进行科学推论，也可能得出不同的结论，他们可以互相质疑对方的方法和结论，但这与根据亲身知识的面对面对质还有本质的区别。

第三，当事人陈述作为支持本方事实主张的证据，具有较强的主观性与利己性，因而通常无法在法庭接受质证；而且《民事诉讼法》第 78 条第 2 款规定："当事人拒绝陈述的，不影响法院根据证据认定案件事实"。因此，最高人民法院《民事诉讼法解释》第 122 条第 2 款将专家辅助人意见视为当事人陈述，在司法实践中会遇到是否必须接受质证以及是否允许其拒绝陈述等困境。

四、质证规则的法治意义与其在我国立法司法中的幼稚[1]

质证规则在证据法中居于核心地位，1996 年《刑事诉讼法》第 47 条规定："证人证言必须在法庭上经过公诉人、被害人和被告人、辩护人双方讯问、质证，听取各方证人的证言并且经过查实以后，才能作为定案的根据。" 2012 年《刑事诉讼法》第 59 条（2018 年第 61 条）与 1996 年《刑事诉讼法》第 47 条相比，删除了原来"双方询问、质证，听取各方的证言"中的"询问"和"听取双方证言"，突出了"双方质证"对证据被采纳作为定案根据的决定作用，"必须……才能"的语法结构强调了质证是证人证言被采纳为定案根据的必要条件，应被视为我国《刑事诉讼法》的核心条款，或对其他条款具有制约作用的上位条款。就是说，其他条款若与本条发生冲突，应服从本条的规定。2012 年最高人民法院《刑事诉讼法解释》进一步明确了未经质证不得认证的原则，第 63 条规定："证据未经当庭出示、辨认、质证等法庭调查程序查证属实，不得作为定案的根据，但法律和本解释另有规定的除外。" 2021 年《刑事诉讼法解释》第 71 条沿袭了上述规定，并删除了最后一句"但法律和本解释另有规定的除外"，这表明所有证据都必须当庭出示、辨认、质证等程序查证属实，才能作为定案根据，对此没有例外。

质证规则的法治意义在于：其一，质证方法包括交叉询问和对质，其中的交叉询问"是对抗制的规定性特征之一"[2]；"它取代了我们在中世纪占统治地位的刑讯

---

[1] 参见张保生、常林："序言：2012 年中国证据法治发展的步伐"，载张保生、常林主编：《中国证据法治发展报告（2012）》，中国政法大学出版社 2014 年版。

[2] 参见［美］罗纳德·J. 艾伦等：《证据法：文本、问题和案例》，张保生、王进喜、赵滢译，满运龙校，高等教育出版社 2006 年版，第 114 页。

制度"[1]。其二,质证权是一种基本的诉讼权利:首先,交叉询问的机会是一种诉讼权利(right);[2]其次,对质权即被告人与证人对质的权利,是《公民权利和政治权利国际公约》确定的一项基本权利,也是美国宪法第六修正案确立的宪法权利。

在我国证据制度中,质证规则无论在宪法和法律中还是在司法实施中都不够完善,这表现在以下几个方面:其一,《刑事诉讼法》还没有从被告人诉讼权利的高度,对被告人的质证权作出明确规定,没有把交叉询问规定为一种诉讼权利。其二,我国《宪法》还没有将被告人与证人对质的权利确定为一项宪法权利,《刑事诉讼法》中还没有明确"对质"概念;最高人民法院《刑事诉讼法解释》第 269 条只规定了"同案被告人……等到庭对质"。其三,质证应当是当庭质证,即"面对面"进行交叉询问和对质,这样才能使事实认定者对证人证言的可信性作出判断,这是质证的心理学基础。然而,《民事诉讼法》第 76 条关于"经人民法院许可,可以通过书面证言、……或者视听资料等方式作证"的规定,给"面对面"的交叉询问和对质带来了困难,也给我们带来了"真质证乎,假真质证乎"的疑问。其四,最高人民法院《刑事诉讼法解释》第 261 条关于"向证人发问应当遵循的规则",其中,"不得以诱导方式发问",这个规则如果也适用于规制交叉询问,则会阉割交叉询问,因为交叉询问的规则恰恰是"以诱导方式发问"。

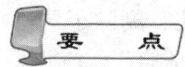

1. 质证是诉讼双方通过交叉询问和对质等方法,质疑另一方(或法院依职权收集)证据的相关性、可采性和可信性的证明活动。未经庭审质证的证据,不能作为定案的依据。

2. 交叉询问是对抗制的规定性特征之一,是一种诉讼权利。它取代了中世纪占统治地位的刑讯制度,是在庭审中揭示事实真相的最伟大的法律工具。

3. 对质权主要是被告人与证人对质的权利,是《公民权利和政治权利国际公约》确定的一项基本权利,是司法人权保障的重要体现。

4. 对证言的可信性的质疑或对证人的弹劾有多种方法,如根据其他证人的证言说明该证人所作证之事实并非如他所述;提出表明该证人一般信誉恶劣的证据,或该证人以前曾作过与该证言不一致或相矛盾的陈述的证据,或该证人有偏见、有切身利益或有敌对态度的证据等。当己方证人的可信性受到对方弹劾后,公诉人或诉

---

[1] 参见[美]约翰·亨利·威格莫尔:"论普通法审判中的证据制度",转引自[美]罗纳德·J. 艾伦等:《证据法:文本、问题和案例》,张保生、王进喜、赵滢译,满运龙校,高等教育出版社 2006 年版,第 114 页脚注 4。

[2] [美]罗纳德·J. 艾伦等:《证据法:文本、问题和案例》,张保生、王进喜、赵滢译,满运龙校,高等教育出版社 2006 年版,第 114 页。

讼律师应当针锋相对地给该证人恢复名誉即正誉。

 思考题

8.1. 如何理解质证主体？法官能否成为质证主体？

8.2. 原告起诉一栋公寓楼的卖家，索要赔款。原告称，她所购买的公寓比卖家在销售时描述的小，而且从一开始入住起，公寓里就有一股难以忍受的怪味。原告方证人（前租客）作证称，这种怪味一直存在，并且是她退租的主要原因。被告手中有如下证据：①被告发给证人要求退租的信息（被告要出售该公寓提前要求证人退租）；②证人入住期间在租房网站上发布的对该公寓给予好评的截图，其中有大段文字描述了公寓的舒适程度以及和其对该公寓的喜爱之情；③证人在被迫搬离公寓后于同一网站发布的对该公寓的差评记录，涉及被告限期搬离令其不悦的内容，并未提及公寓本身有任何问题。被告打算在交叉询问中利用这些证据弹劾该证人，是否可行并阐述原因？

8.3. 在某一民事案件的审理过程中，原告一方因无法获得作为档案材料存放在某单位的证据，申请法院进行调查。庭审中对该证据的质证，应当如何进行？[1]

A. 应当由原、被告双方进行质证
B. 应当由被告与法院进行质证
C. 应当由被告与保管该证据的某单位进行质证
D. 法院对该证据进行说明，无需质证

8.4. 为什么说交叉询问是一种权利（right），而不仅仅是一种特权（privilege）？

8.5. 直接询问与交叉询问的规则有何本质区别？最高人民法院《刑事诉讼法解释》第261条"向证人发问应当遵循的规则"中规定"不得以诱导方式发问"，为什么说该规则只适用于直接询问？以诱导方式发问对于交叉询问的意义何在？

8.6. 什么是对质？你认为对质权应该成为一种宪法权利吗？结合具体案例，谈谈为什么应该/为什么不应该？

8.7. 在一起虚假报税案中，控方起诉一名报税师，指控其在客户的报税申请中填写了虚假慈善捐款信息。如果控方一位证人曾是被告报税师的客户，检察官能否在直接询问中问该证人："你是否明确告诉过被告，你从来没有过慈善捐款？"

8.8. 在一起抢劫罪审理中，被告方证人在法庭上就案发当天被告的行踪作证。在交叉询问环节，检察官问该证人："被告在案发前一天是否急需用钱？"交叉询问中允许这样提问吗？在什么情况下允许，在什么情况下不允许？

---

[1] 国家司法考试2005年试卷三第42题。

第二节 认 证

一、认证概念

(一) 认证概念的界定

认证,是指事实认定者对庭审中经过质证的证据进行审查判断,依据经验常识、逻辑和法律规则确定其相关性、可采性和可信性等属性,据以认定待证要件事实的诉讼活动。狭义的认证仅指对证据证明力和可信性的评价或审查判断。

关于认证概念需要明确以下几点:①认证主体是事实认定者(法官或陪审团成员)。②认证对象是经过庭审质证的证据,具体而言是这些证据的相关性、可采性和可信性等属性。③认证依据既包括证据法规则,也包括逻辑规则和日常生活经验。④认证范围包括对单个证据的认证或分别审查判断,也包括对全案证据的认证或综合审查判断。⑤认证目的是通过审查判断证据而作出准确的事实认定。

(二) 与认证相关的概念

1. 证据评价。在证据法理论中,也将认证称为"证据评价"。对于价值的评判性活动是"评价";如果将证据对于待证要件事实的证明作用称为"证明价值"或"证明力",那么,对证据之证明价值的审查判断则称为"证据评价"(英语 evaluation of evidence, 或德语 beweiswürdigung)。因此,狭义的认证对应于证明力和可信性评价。在中国法律规范性文件中,也将认证称或证据评价称为证据的"审查判断""审查与认定""审查与运用""审核认定"等。[1]

2. 证据审查判断。我国学术界对证据审查判断有一种更为宽泛的界定:"审查判断证据,是指国家专门机关、当事人及其辩护人或诉讼代理人对证据材料进行分析、研究和判断,以鉴别其真伪,确定其有无证明能力和证明力以及证明力大小的一种诉讼活动。"[2] "证据的审查判断,就是指公安、司法人员对于收集的证据进行分析、研究和鉴别,找出它们与案件事实之间的客观联系,分析证据材料的证据能力和证明力,从而对案件事实作出正确认定的一种活动。"[3]

上述界定将审查判断的主体扩展到事实认定者之外的其他诉讼主体。本教材则主张,证据审查判断的主体限于事实认定者(法官或陪审团成员)。当事人、诉讼代理人、辩护人、公诉人等,是举证、质证的主体,但不是认证的主体。

3. 采信。在中国证据法语境中,证据"采信"概念,与证据"采纳"概念相对

---

[1] 最高人民法院《死刑案件证据规定》《民事诉讼证据规定》《行政诉讼证据规定》使用了不同的术语。
[2] 卞建林主编:《证据法学》,中国政法大学出版社 2007 年版,第 326 页。
[3] 樊崇义主编:《证据法学》,法律出版社 2007 年版,第 338 页。

应。证据采纳是指"审查证据能力，确认其是否可以进入诉讼的'大门'"；证据的采信指的是"审查证明效力，确认其是否可以作为定案的根据"。[1] 按照这一界定，采纳针对证据可采性（证据能力）问题，采信针对证据证明力和可信性问题。采信基本上对应于狭义的认证概念，即证明力和可信性评价。本教材所使用的广义认证（或证据评价、审查判断）概念，范围宽于前述采信概念。对证据相关性、可采性与可信性的审查判断，都属于认证的内容。

二、认证规则

（一）认证的一般要求

事实认定者认证的一般要求，一是要遵循关于证据相关性、可采性和可信性的证据规则，二是要遵循法定诉讼程序要求，三是要确保认证过程符合逻辑规则和经验常识，四是应公开认证的理由和结果，即所谓心证公开原则。

关于上述一般要求，最高人民法院《民事诉讼证据规定》第85条第2款规定："审判人员应当依照法定程序，全面、客观地审核证据，依据法律的规定，遵循法官职业道德，运用逻辑推理和日常生活经验，对证据有无证明力和证明力大小独立进行判断，并公开判断的理由和结果。"

最高人民法院《行政诉讼证据规定》第54条规定："法庭应当对经过庭审质证的证据和无需质证的证据进行逐一审查和对全部证据综合审查，遵循法官职业道德，运用逻辑推理和生活经验，进行全面、客观和公正地分析判断，确定证据材料与案件事实之间的证明关系，排除不具有关联性的证据材料，准确认定案件事实。"第72条规定："庭审中经过质证的证据，能够当庭认定的，应当当庭认定；不能当庭认定的，应当在合议庭合议时认定。人民法院应当在裁判文书中阐明证据是否采纳的理由。"

【案例8.3】在一起刑事诉讼案件中，控方需要证明以下事实：被告人于某日晚9点，在被害人家中杀死了被害人。指向被告人实施了谋杀行为的，主要是以下两份证据：①案发当晚，一位在被害人住宅附近散步的证人提供的书面证言，证明他看到被告人当晚8：45进入被害人家中。②对被害人尸体的检验报告，显示被害人右手食指的指甲缝里，有少许被告人的皮肤组织。

对于上述两份证据，应从相关性、可采性和可信性的角度审查判断，例如提出以下问题：①这两份证据，与被害人被谋杀的事实是否具有相关性？②证人书面证言和检验报告的证明力如何？例如，被告人进入了被害人家中，就能证明他实施了杀人行为吗？被害人指甲缝里有被告人的皮肤组织，就能证明其杀人行为吗？对这

---

[1] 何家弘："证据的采纳和采信——从两个'证据规定'的语言问题说起"，载《法学研究》2011年第3期。

些证据是否还存在着其他可能的解释？③这些证据是否具有可采性？这是指采纳这些证据的危险性是否会实质上超过其证明力。④该证人的书面证言是否具有可信性？例如，证人是否撒谎，其观察能力和记忆能力如何？⑤检验报告的可靠性如何？例如，该检验所依赖的原理和技术是可靠的吗？检材的来源具有可靠性或同一性吗？等等。

1. 对于单个证据审查判断的一般要求。最高人民法院《民事诉讼证据规定》第87条列举了单个证据审查判断的要求："审判人员对单一证据可以从下列方面进行审核认定：（一）证据是否原件、原物，复印件、复制品与原件、原物是否相符；（二）证据与本案事实是否相关；（三）证据的形式、来源是否符合法律规定；（四）证据的内容是否真实；（五）证人或者提供证据的人，与当事人有无利害关系。"

上述规定，列举了对于证据相关性（②相关性）、可采性（③合法性）、可信性（①可靠性、④真实性、⑤诚实性）的认证或审查判断。

2. 关于证据证明力的审查判断。最高人民法院《刑事诉讼法解释》第139条规定："对证据的证明力，应当根据具体情况，从证据与案件事实的关联程度、证据之间的联系等方面进行审查判断。"

3. 关于证据可采性的审查判断。最高人民法院《行政诉讼证据规定》第55条对证据可采性审查的一个方面，即合法性的审查判断作出规定："法庭应当根据案件的具体情况，从以下方面审查证据的合法性：（一）证据是否符合法定形式；（二）证据的取得是否符合法律、法规、司法解释和规章的要求；（三）是否有影响证据效力的其他违法情形。"

4. 关于证据可信性的审查判断。在中国法律语境中，证据可信性常常用真实性来表述。例如，最高人民法院《行政诉讼证据规定》第56条规定："法庭应当根据案件的具体情况，从以下方面审查证据的真实性：（一）证据形成的原因；（二）发现证据时的客观环境；（三）证据是否为原件、原物，复制件、复制品与原件、原物是否相符；（四）提供证据的人或者证人与当事人是否具有利害关系；（五）影响证据真实性的其他因素。"

最高人民法院《刑事诉讼法解释》第139条第1款规定："对证据的真实性，应当综合全案证据进行审查。"

（二）证据的分类审查判断规则

最高人民法院《刑事诉讼法解释》规定了不同证据种类的审查判断规则：

1. 物证、书证的审查判断。第82条规定，应着重审查以下内容：①是否为原物、原件，是否经过辨认、鉴定；物证的照片、录像、复制品或者书证的副本、复制件是否与原物、原件相符，是否由2人以上制作，有无制作人关于制作过程以及原物、原件存放于何处的文字说明和签名；②收集程序、方式是否符合法律、有关规定；③在收集、保管、鉴定过程中是否受损或者改变；④与案件事实有无关联；对现场遗留与犯罪有关的具备鉴定条件的血迹、体液、毛发、指纹等生物样本、痕迹、物品，是否已作 DNA 鉴定、指纹鉴定等，并与被告人或者被害人的相应生物检材、生物特征、物品等比对；⑤与案件事实有关联的物证、书证是否全面收集。

第 86 条规定，在勘验、检查、搜查过程中提取、扣押的物证、书证，未附笔录或者清单，不能证明物证、书证来源的，不得作为定案的根据。物证、书证的收集程序、方式有瑕疵，经补正或者作出合理解释的，可以采用。对物证、书证的来源、收集程序有疑问，不能作出合理解释的，该物证、书证不得作为定案的根据。

2. 证人证言、被害人陈述的审查判断。第 87 条规定，对证人证言应当着重审查以下内容：①证言的内容是否为证人直接感知；②证人作证时的年龄、认知、记忆和表达能力，生理和精神状态是否影响作证；③证人与案件当事人、案件处理结果有无利害关系；④询问证人是否个别进行；⑤询问笔录的制作、修改是否符合法律、有关规定，是否注明询问的起止时间和地点，首次询问时是否告知证人有关作证的权利义务和法律责任，证人对询问笔录是否核对确认；⑥询问未成年证人时，是否通知其法定代理人或者有关人员到场，其法定代理人或者有关人员是否到场；⑦证人证言有无以暴力、威胁等非法方法收集的情形；⑧证言之间以及与其他证据之间能否相互印证，有无矛盾。

第 89 条规定，证人证言具有下列情形之一的，不得作为定案的根据：①询问证人没有个别进行的；②书面证言没有经证人核对确认的；③询问聋、哑人，应当提供通晓聋、哑手势的人员而未提供的；④询问不通晓当地通用语言、文字的证人，应当提供翻译人员而未提供的。

第 90 条规定，证人证言的收集程序、方式有下列瑕疵，经补正或者作出合理解释的，可以采用；不能补正或者作出合理解释的，不得作为定案的根据：①询问笔录没有填写询问人、记录人、法定代理人姓名以及询问的起止时间、地点的；②询问地点不符合规定的；③询问笔录没有记录告知证人有关作证的权利义务和法律责任的；④询问笔录反映出在同一时段，同一询问人员询问不同证人的。

第 91 条规定，证人当庭作出的证言，经控辩双方质证、法庭查证属实的，应当作为定案的根据。证人当庭作出的证言与其庭前证言矛盾，证人能够作出合理解释，并有相关证据印证的，应当采信其庭审证言；不能作出合理解释，而其庭前证言有其他证据印证的，可以采信其庭前证言。经人民法院通知，证人没有正当理由拒绝出庭或者出庭后拒绝作证，法庭对其证言的真实性无法确认的，该证人证言不得作为定案的根据。

3. 被告人供述和辩解的审查判断。第 93 条规定，对被告人供述和辩解应当着重审查以下内容：①讯问的时间、地点，讯问人的身份、人数以及讯问方式等是否符合法律、有关规定；②讯问笔录的制作、修改是否符合法律、有关规定，是否注明讯问的具体起止时间和地点，首次讯问时是否告知被告人有关权利和法律规定，被告人是否核对确认；③讯问未成年被告人时，是否通知其法定代理人或者合适成年人到场，有关人员是否到场；④讯问女性未成年被告人时，是否有女性工作人员在场；⑤有无以刑讯逼供等非法方法收集被告人供述的情形；⑥被告人的供述是否前后一致，有无反复以及出现反复的原因；⑦被告人的供述和辩解是否全部随案移送；⑧被告人的辩解内容是否符合案情和常理，有无矛盾；⑨被告人的供述和辩解与同案被告人的供述和辩解以及其他证据能否相互印证，有无矛盾；存在矛盾的，能否得到合理解释。

第94条规定，被告人供述具有下列情形之一的，不得作为定案的根据：①讯问笔录没有经被告人核对确认的；②讯问聋、哑人，应当提供通晓聋、哑手势的人员而未提供的；③讯问不通晓当地通用语言、文字的被告人，应当提供翻译人员而未提供的；④讯问未成年人，其法定代理人或者合适成年人不在场的。

第95条规定，讯问笔录有下列瑕疵，经补正或者作出合理解释的，可以采用；不能补正或者作出合理解释的，不得作为定案的根据：①讯问笔录填写的讯问时间、讯问人、记录人、法定代理人等有误或者存在矛盾的；②讯问人没有签名的；③首次讯问笔录没有记录告知被讯问人相关权利和法律规定的。

第96条规定，审查被告人供述和辩解，应当结合控辩双方提供的所有证据以及被告人的全部供述和辩解进行。被告人庭审中翻供，但不能合理说明翻供原因或者其辩解与全案证据矛盾，而其庭前供述与其他证据相互印证的，可以采信其庭前供述。被告人庭前供述和辩解存在反复，但庭审中供认，且与其他证据相互印证的，可以采信其庭审供述；被告人庭前供述和辩解存在反复，庭审中不供认，且无其他证据与庭前供述印证的，不得采信其庭前供述。

4. 鉴定意见的审查判断。第97条规定，对鉴定意见应当着重审查以下内容：①鉴定机构和鉴定人是否具有法定资质；②鉴定人是否存在应当回避的情形；③检材的来源、取得、保管、送检是否符合法律、有关规定，与相关提取笔录、扣押清单等记载的内容是否相符，检材是否可靠；④鉴定意见的形式要件是否完备，是否注明提起鉴定的事由、鉴定委托人、鉴定机构、鉴定要求、鉴定过程、鉴定方法、鉴定日期等相关内容，是否由鉴定机构盖章并由鉴定人签名；⑤鉴定程序是否符合法律、有关规定；⑥鉴定的过程和方法是否符合相关专业的规范要求；⑦鉴定意见是否明确；⑧鉴定意见与案件事实有无关联；⑨鉴定意见与勘验、检查笔录及相关照片等其他证据是否矛盾；存在矛盾的，能否得到合理解释；⑩鉴定意见是否依法及时告知相关人员，当事人对鉴定意见有无异议。

第98条规定，鉴定意见具有下列情形之一的，不得作为定案的根据：①鉴定机构不具备法定资质，或者鉴定事项超出该鉴定机构业务范围、技术条件的；②鉴定人不具备法定资质，不具有相关专业技术或者职称，或者违反回避规定的；③送检材料、样本来源不明，或者因污染不具备鉴定条件的；④鉴定对象与送检材料、样本不一致的；⑤鉴定程序违反规定的；⑥鉴定过程和方法不符合相关专业的规范要求的；⑦鉴定文书缺少签名、盖章的；⑧鉴定意见与案件事实没有关联的；⑨违反有关规定的其他情形。

5. 勘验、检查、辨认、侦查实验等笔录的审查判断。第 102 条规定，对勘验、检查笔录应当着重审查以下内容：①勘验、检查是否依法进行，笔录的制作是否符合法律、有关规定，勘验、检查人员和见证人是否签名或者盖章；②勘验、检查笔录是否记录了提起勘验、检查的事由，勘验、检查的时间、地点，在场人员、现场方位、周围环境等，现场的物品、人身、尸体等的位置、特征等情况，以及勘验、检查、搜查的过程；文字记录与实物或者绘图、照片、录像是否相符；现场、物品、痕迹等是否伪造、有无破坏；人身特征、伤害情况、生理状态有无伪装或者变化等；③补充进行勘验、检查的，是否说明了再次勘验、检查的原由，前后勘验、检查的情况是否矛盾。

第 103 条规定，勘验、检查笔录存在明显不符合法律、有关规定的情形，不能作出合理解释的，不得作为定案的根据。

第 104 条规定，对辨认笔录应当着重审查辨认的过程、方法，以及辨认笔录的制作是否符合有关规定。

第 106 条规定，对侦查实验笔录应当着重审查实验的过程、方法，以及笔录的制作是否符合有关规定。

6. 视听资料、电子数据的审查判断。第 108 条规定，对视听资料应当着重审查以下内容：①是否附有提取过程的说明，来源是否合法；②是否为原件，有无复制及复制份数；是复制件的，是否附有无法调取原件的原因、复制件制作过程和原件存放地点的说明，制作人、原视听资料持有人是否签名或者盖章；③制作过程中是否存在威胁、引诱当事人等违反法律、有关规定的情形；④是否写明制作人、持有人的身份，制作的时间、地点、条件和方法；⑤内容和制作过程是否真实，有无剪辑、增加、删改等情形；⑥内容与案件事实有无关联。对视听资料有疑问的，应当进行鉴定。

第 109 条规定，视听资料具有下列情形之一的，不得作为定案的根据：①系篡改、伪造或者无法确定真伪的；②制作、取得的时间、地点、方式等有疑问，不能作出合理解释的。

第 110~112 条规定，应从多个方面审查电子数据是否真实、是否完整和是否合法。

第 113 条规定，电子数据的收集、提取程序有下列瑕疵，经补正或者作出合理解释的，可以采用；不能补正或者作出合理解释的，不得作为定案的根据：①未以封存状态移送的；②笔录或者清单上没有调查人员或者侦查人员、电子数据持有人、提供人、见证人签名或者盖章的；③对电子数据的名称、类别、格式等注明不清的；④有其他瑕疵的。

第 114 条规定，电子数据具有下列情形之一的，不得作为定案的根据：①系篡改、伪造或者无法确定真伪的；②有增加、删除、修改等情形，影响电子数据真实性的；③其他无法保证电子数据真实性的情形。

7. 其他材料的审查判断。第 142 条规定了对到案经过、抓获经过等材料的审查判断规则。对侦查机关出具的被告人到案经过、抓获经过等材料,应当审查是否有出具该说明材料的办案人、办案机关的签名、盖章。对到案经过、抓获经过或者确定被告人有重大嫌疑的根据有疑问的,应当通知人民检察院补充说明。

(三) 证据的综合审查判断规则

对证据的综合审查判断,即全案证据是否达到了证明标准的认证。除一般证明标准之外,最高人民法院《刑事诉讼法解释》还补充了如下一些具体规定:

1. 根据间接证据认定有罪的审查判断规则。第 140 条规定,没有直接证据,但间接证据同时符合下列条件的,可以认定被告人有罪:①证据已经查证属实;②证据之间相互印证,不存在无法排除的矛盾和无法解释的疑问;③全案证据形成完整的证据链;④根据证据认定案件事实足以排除合理怀疑,结论具有唯一性;⑤运用证据进行的推理符合逻辑和经验。

2. 关于隐蔽性证据的审查判断规则。第 141 条规定,根据被告人的供述、指认提取到了隐蔽性很强的物证、书证,且被告人的供述与其他证明犯罪事实发生的证据相互印证,并排除串供、逼供、诱供等可能性的,可以认定被告人有罪。

3. 关于需补强的言词证据的审查判断规则。第 143 条规定,下列证据应当慎重使用,有其他证据印证的,可以采信:①生理上、精神上有缺陷,对案件事实的认知和表达存在一定困难,但尚未丧失正确认知、表达能力的被害人、证人和被告人所作的陈述、证言和供述;②与被告人有亲属关系或者其他密切关系的证人所作的有利被告人的证言,或者与被告人有利害冲突的证人所作的不利被告人的证言。

【案例 8.4】在一起抢劫案中,公诉人提请证人张某到庭作证。该证人提供了以下证言:"在案发时,我看到本案的被告人李某用匕首指着被害人,另一只手拉扯被害人的挎包。因为距离较远,我没有听清李某说的话,但是能听到他在向被害人喊叫。"随后,辩护律师指出:"证人张某曾是本案被告人李某的同事,两人在单位一直不和。后来因为李某举报张某挪用单位财物,张某被单位开除。以上事实有相关证据证明。鉴于张某对李某怀恨在心,请求法庭排除张某的证言。"法官审查后认为,其情形属于"与被告人有利害冲突的证人所作的不利被告人的证言"。

对于上述与被告人有利害关系的证人证言,不应直接予以排除,而是应当慎重地审查判断。如果能得到其他证据补强,可以采信。

4. 某些特定待证事项的证据审查判断规则。

(1) 第 144 条规定了对自首、坦白、立功情节的认定规则:"证明被告人自首、坦白、立功的证据材料,没有加盖接受被告人投案、坦白、检举揭发等的单位的印章,或者接受人员没有签名的,不得作为定案的根据。被告人及其辩护人提出有自首、坦白、立功的事实和理由,有关机关未予认定,或者有关机关提出被告人有自首、坦白、立功表现，但证据材料不全的，人民法院应当要求有关机关提供证明材料，或者要求相关人员作证，并结合其他证据作出认定。"

（2）第145条规定了对累犯、再犯情节的认定规则："证明被告人具有累犯、毒品再犯情节等的证据材料，应当包括前罪的裁判文书、释放证明等材料；材料不全的，应当通知人民检察院提供。"

（3）第146条规定了对年龄的认定规则："审查被告人实施被指控的犯罪时或者审判时是否达到相应法定责任年龄，应当根据户籍证明、出生证明文件、学籍卡、人口普查登记、无利害关系人的证言等证据综合判断。证明被告人已满十二周岁、十四周岁、十六周岁、十八周岁或者不满七十五周岁的证据不足的，应当认定作出有利于被告人的认定。"

三、认证制度、模式与方法

（一）认证制度

关于认证或证据评价制度的理论研究，包括两部分内容：一是对宏观证据制度模式的研究，二是关于具体证据评价规则的研究。

从某种程度上说，证据制度历史沿革的三种形态，即神明裁判、法定证据制度、自由证明制度，这是根据法律如何规制证据评价所作的划分。在神示证据制度中，以"神的裁判"代替人的证据评价；在法定证据制度中，立法将证明力规则量化，剥夺了法官的证据评价自由裁量权；在自由心证制度中，原则上不存在证明力规则，事实认定者自由评价证据并根据形成的心证认定事实。[1] 因此，台湾学者林钰雄用"法定证据评价原则"和"自由证据评价原则"指称法定证据制度和自由心证制度。[2] 与这种观点相似，张卫平教授认为，欧洲大陆的证据评价制度经历了自由评价（古典自由心证主义）、规制评价（法定证据原则）和自由评价（现代自由心证主义）的发展过程。[3]

德国学者在研究证明责任时，将证据评价与证明责任、证明标准并列，作为认定案件事实的框架或不同阶段。"证明评价就是检验证明的程序，亦即法官要检查某项事实主张是否已经得到证明。只有在证明评价结束而且没有结果，亦即存在真伪不明时，这时法官才可能借助客观证明责任对纠纷作出判决。"[4] 根据这一理论，证据评价就是指法官自由审查判断证据证明力，并形成对待证事实之内心确信的过程。如果无法形成内心确信，则适用证明责任裁决事实。瑞典学者艾克洛夫界定了自由证据评价的含义："'自由'证据评价的真正特征在于，约束法官的普遍经验法

---

〔1〕 详细内容参见本教材第三章。
〔2〕 林钰雄：《严格证明与刑事证据》，新学林出版社2002年版，第96页。
〔3〕 参见张卫平：《外国民事证据制度研究》，清华大学出版社2003年版，第390、399页。
〔4〕 ［德］普维庭：《现代证明责任问题》，吴越译，法律出版社2006年版，第86页。另参见 ［德］莱奥·罗森贝克：《证明责任论——以德国民法典和民事诉讼法典为基础撰写》，庄敬华译，中国法制出版社2002年版，第5~11页。

则不再以法律规则的形式被规定,而是由我们关于事实联系的知识构成。"[1] 特文宁教授分析了"自由证明"的多重含义,有一种含义指的是"评价证据的自由",即事实认定者评价证据不受技术性法律规则的约束。[2]

除宏观证据评价法律制度外,还有学者研究了证据评价的具体规则,即证明力规则。实际上,在早期英美证据法研究中,曾有过关于证明力问题的讨论,甚至存在要求设置证明力规则的呼声。吉尔伯特在最佳证据原理的统括下,比较了各种证据类型的证明力,形成了一个不同证据的等级体系。后来吉尔伯特的证据等级理论受到边沁的激烈批评,到19世纪初才逐渐被抛弃,但主张界定证据证明力的声音直到20世纪初仍然存在。美国证据法学者摩尔1908年出版的《论事实或证据的分量与价值》(A Treatise on Facts or Weight and Value of Evidence)一书,收集、整理了美国、加拿大和英国的法官在判决或法院报告中关于证据证明力和可信性问题的论述,以及法官认为某种证据可信或者不可信的理由。他希望通过这种收集和整理工作来表明,对于证据证明力之判断"可以像法律问题那样,完全通过诉诸司法判例等得以证实",[3] 从而为评价证明力提供权威指引。摩尔的著作实际上表达了这样一种愿望:对证据证明力的审查判断,可以通过查阅判决先例而寻找到"规则",从而使律师和法官根据这些规则完成诉讼。但是,到20世纪90年代初,英美法学家已广泛接受了这样一种认识:不应该在证据法中设置规定证据分量或可信性的规则,因为它们应当留待事实认定者根据逻辑和经验自由地判断。在我国目前的证据立法中,存在许多涉及证据证明力的规则,这也引起了我国学者的反思。[4]

(二)认证模式

关于认证模式(或证据评价模式)的研究,主要是描述事实认定者评价证据、形成关于事实的心证的认知过程。存在两种不同的观点,分别是"原子论"(atomistic)模式和"整体论"(holistic)模式。

原子论模式认为,裁判者对案件事实的认定,取决于他们对每项证据的单独评价。他首先评估每项证据的证明力,并对其(以清晰或模糊的方式)分别赋值;然后合并所有证据的证明力,形成对整体案情的信念。"根据可称之为'原子论'的模式,事实认定者将证明价值附着在各自独立的证据上,通过证据的增减得出最后的

---

[1] Per Olof Ekelof, *Free Evaluation of Evidence*, Scandinavian Studier in Law, 8th ed., 1964, pp. 47~66.

[2] William Twining, "Freedom of Proof and the Reform of Criminal Evidence", 31 Isr. L. Rev. 439 (1997).

[3] John H. Wigmore, "Book Review of C. Moore, A Treatise on Facts, or the Weight and Value of Evidence", *Illinois Law Review*, 3 (1908), p. 477.

[4] 相关的讨论,参见陈瑞华:《刑事证据法学》,北京大学出版社2012年版,第二十章"新法定证据主义";李训虎:"证明力规则检讨",载《法学研究》2010年第2期。

结论——对待每项证据就如同处理组成马赛克的一块块圆石一样。"[1] 从推理结构看，原子论模式将证据看作不同的命题，待证事实也被拆分成多个要素性事实。事实认定者的工作在于审视各个证据与要素性事实之间的证成或反驳关系，逐项评价每一证据给对应要素性事实所提供的证明程度。

整体论模式认为，人类的自然认知倾向决定了事实认定者不可能将对证据的逐项评价与对事实的整体接受迥然分开。实际上，他们并非通过合成单项证据证明力的方式来形成对案件事实的确信，而是从整体上对案情进行感知并选择相信或者不相信某种案情或故事版本。对抗双方往往提出竞争性的故事版本，而事实认定者实际上"是在相互竞争的律师介绍的两个案情之间进行选择（或采纳他们自己的一个版本），并据此裁决本案"。[2] 整体论将案情看作一个整体，把故事作为证据评价的起点和终点，司法证明活动的内容主要是评价现有证据能否与作为一个整体的故事相契合。彭宁顿和黑斯蒂等人通过模拟陪审团的实证研究证实，陪审团在裁决案件时确实符合故事模型理论。[3] 艾伦教授等在分析司法证明概率论解释局限性的基础上，另辟蹊径地提出以最佳解释推论（IBE）来取代概率论解释的似真性理论。最佳解释推论是一种整体解释方法，它不局限于一个个具体证据片段的精确概率计算，而是关注由证据拼合出的整体真相、完整案情或故事。有关似真性理论，参见本书第二章第三节四、从精确概率走向模糊概率或似真性。

（三）认证方法

关于认证方法的研究，属于证据科学方法论的组成部分，旨在通过构建体系化的方法，提升事实认定者的认证质量，以及其他法律主体（如律师、检察官）分析证据和说服事实认定者的效果。关于认证方法的研究目前尚处于起步阶段。代表性成果有图示法和叙事法。

1. 图示法。图示法最早由威格莫尔在《司法证明科学》一书中提出。[4] 图示法的主要特征是："要求分析者在一个论证中，清晰阐述每一个步骤，把论证分解为简单命题，然后图解（mapping）或图示（charting）这些命题与次终待证事实之间的全部关系。"[5] 图示法包括一个关键事项表（key-list）和一个图示（chart）。关键

---

[1]［美］米尔建·R. 达马斯卡：《漂移的证据法》，李学军等译，中国政法大学出版社2003年版，第46~47页。

[2]［美］特伦斯·安德森、［美］戴维·舒姆、［英］威廉·特文宁：《证据分析》，张保生等译，中国人民大学出版社2012年版，第199页。

[3] 详见［美］里德·黑斯蒂主编：《陪审员的内心世界》，刘威、李恒译，北京大学出版社2006年版，第八章。

[4] John Henry Wigmore, *The Science of Judicial Proof, as Given by Logic, Psychology, and General Experience and Illustrated in Judicaial Trials*, 3rd ed., Boston: Little Brown, 1937.

[5]［美］特伦斯·安德森、［美］戴维·舒姆、［英］威廉·特文宁：《证据分析》，张保生等译，中国人民大学出版社2012年版，第156页。

事项表中包括所有最终待证事实和次终待证事实、中间推论性命题和所有证据，它们都以命题的形式列举在关键事项表上，并以阿拉伯数字编号。图示是用一套符号表示关键事项表中的所有命题及相互之间的逻辑关系。使用这样一套符号，可以把从证据到待证事实的复杂推论以一种较为清晰、直观的方式表现出来，详细地阐明如何从证据推出待证事实。[1]

图示法主要有三个特点：①所有参与证明推论过程的证据、推论性主张、待证事实都被明确地表述出来，以命题的形式编制成关键事项一览表，并进行数字编号；②推论的具体过程被描述成一个以直线和箭头连接的复杂路径图。关键事项表上的各个命题以图形符号分类表示，构成了推论路径图中的众多节点；③从整体上观察，图示法将整个论证推理过程以较为直观的形式表现出来，阐明了命题之间的相互支持、反驳或补强等关系，易于暴露逻辑推论中的空白和弱点，有助于评估证据和论证的完整性和严谨性程度。

当然，图示法也是一种较为费时的方法。图示法的简洁性也给分析者之外的其他人理解图示内容带来困难，读者需要不断地在图示符号和关键事项表中的命题之间往返，以理解这些符号的意义。

图示法在证据推论过程形式化方面所作的努力，为人工智能模拟证据推论过程提供了路径。同时，图示法给读者带来耗时和理解方面的缺陷，也最有可能被人工智能法律系统所解决。

2. 叙事法。威格莫尔在《司法证明科学》一书中，将叙事法作为与图示法并列的一种独立的证据分析方法，特文宁等人在此基础上进一步发展了叙事法。叙事法提供了一种独特的连接证据与待证事实的方式：它不是像图示法那样将证据逐项归到各要素性事实之下，并阐明支持或反驳的逻辑关系；而是将案情看作一个整体的故事，表明这样一个故事版本何以最可信地解释现有证据，或者，现有证据何以最大限度地被这一故事版本所涵盖。叙事法注重案件理论、主题、故事和情境等要素。

（1）案件理论（theory of the case），乃"作为案件整体的逻辑陈述"，是支持律师和检察官所追求的诉讼结果的一个关于案情的解释和简要描述。例如，在一起谋杀案中有张三和李四两名被告人，那么，就存在以下案件理论：①张三和李四合谋犯罪；②张三教唆李四犯罪；③张三和李四未经共谋，各自独立实施犯罪；④李四对所实施的犯罪并不知情，只是张三实施犯罪的手段等。选择案件理论之所以非常重要，是因为"一种理论关涉案件整体"，"从律师的角度看，每一方的理论都提供了一个策略性框架，它指导并经常决定了许多具体的策略性选择"。[2]

---

[1] 关于图示法的具体案例演示，参见 [美] 特伦斯·安德森、[美] 戴维·舒姆、[英] 威廉·特文宁：《证据分析》，张保生等译，中国人民大学出版社2012年版，第五章、第七章。

[2] William Twining, *Rethinking Evidence: Exploratory Essays*, 2nd ed., Cambridge University Press, 2006.

（2）主题（theme），是指案件理论中的一个关键性要素，它对于一方胜诉而言至关重要，因此，律师会反复强调它。假设，李四的辩护律师选择采用"李四对所实施的犯罪并不知情，只是张三实施犯罪的工具"这一案件理论为李四辩护，那么"李四不知情"就是一个主题。

（3）故事（story），"是一系列接连发生事件的叙事解释，通常是以其发生的时间顺序而呈现的，是作为一个有意义的整体而呈现的"。建构故事的目的在于，"说服事实认定者，所讲的故事，是从已出示或将出示的证据中能够建构的关于'究竟发生了什么'之最似真的解释。在辩护中，案情一定不能包括与案件理论逻辑上不一致的要素，并且必须是似真的解释，其要素能在证据中找到支持"。[1]故事建构要以可获得的证据为基础，否则，将缺乏可信性；要以理论和主题为导向，是对案件理论的叙事，反复地凸显主题。

（4）情境（situation），是指"事情在特定时刻的一种状态"。故事就像"运动画面"，而情境像是"静止图像"。为了烘托故事，律师可以描述一种"情境"，将故事契合进情境。所以，律师和检察官在建构故事时，会在关键处描述情境，如人物的身份、相互关系和主观状态以及物理环境等。对故事的讲述和对情境的刻画，最终是致力于使案件理论成立，尤其是要强化关键性主题。

叙事法是一种有效的说服方法，但也可能给案件事实的认定带来以下风险：①不知不觉掺进不相关的事实；②不知不觉掺进虚构或无根据的事实；③旁敲侧击暗示的事实；④关注行为者而不是行为；⑤诉诸隐蔽的偏见和刻板印象；⑥用情绪化声调语言讲故事；⑦讲一个可以为讲述者或被害人赢得同情，却与该论证无关的故事；⑧使用有疑问的类推；⑨颠覆律师对事实、法律和倾向的区分，更一般的是对事实和价值的区分；⑩好故事排挤真故事。[2]为了尽可能消除这些风险，首先要求事实认定者了解建构故事、接受故事的心理过程，并意识到其中的风险；其次，要求事实认定活动以原子论分析为基础，不能完全依赖故事。

1. 认证，是指事实认定者对庭审中经过质证的证据进行审查判断，依据经验常识、逻辑和法律规则对其相关性、可采性和可信性等属性进行评价，据以认定待证要件事实的诉讼活动。

2. 认证的一般要求，一是要遵循关于证据相关性、可采性和可信性的证据规则，

---

〔1〕 [美] 特伦斯·安德森、[美] 戴维·舒姆、[英] 威廉·特文宁：《证据分析》，张保生等译，中国人民大学出版社2012年版，第197~198页。

〔2〕 参见 [美] 特伦斯·安德森、[美] 戴维·舒姆、[英] 威廉·特文宁：《证据分析》，张保生等译，中国人民大学出版社2012年版，第369页。

二是要遵循证明程序法定要求,三是要确保认证过程符合逻辑规则和经验常识,四是应公开认证的理由和结果。

3. 对证据的可信性或真实性,应当综合全案证据进行审查。重点审查证据形成的原因;发现证据时的客观环境;证据是否为原件、原物,复制件、复制品与原件、原物是否相符;提供证据的人或证人与当事人是否具有利害关系等。

4. 认证分为原子论模式和整体论模式。对全案证据的认证或综合审查判断,应当从证据与待证要件事实的关联程度、证据之间的联系等方面进行审查判断。证据之间必须具有内在联系,与案件理论在逻辑上一致,并且是对整体真相、完整案情或故事最似真的解释。

5. 从某种程度上说,证据制度历史沿革的三种形态即神明裁判、法定证据制度、自由证明制度,这是根据法律如何规制证据评价(或认证制度)所作的划分。

6. 图示法和叙事法是认证方法研究的代表性成果。

思考题

8.9. 最高人民法院《刑事诉讼法解释》对认证所作的一系列规定中,均未将关联性(相关性)排在各项证据审查判断的首位,这是否正确?为什么正确(或不正确)?

8.10. 最高人民法院《行政诉讼证据规定》第56条、《刑事诉讼法解释》第139条都论及对证据真实性的审查,真实性和可信性是什么关系?

8.11. 一家烟草公司在审判中出示了据称是20世纪50年代的报纸、杂志,其中包含有关吸烟与健康主题讨论的文章,试图证明"20世纪50年代,吸烟的健康风险已成为人们的共识"这一事实。对该证据的认证,法官应该考虑哪些因素?

8.12. 我国司法解释规定,讯问笔录有下列瑕疵,"经补正或者作出合理解释的,可以采用":①讯问笔录填写的讯问时间、讯问人、记录人、法定代理人等有误或者存在矛盾的;②讯问人没有签名的;③首次讯问笔录没有记录告知被讯问人相关权利和法律规定的。该规定是否合理?

8.13. 图示法为人工智能模拟证据推论提供了什么条件?你认为,人工智能法律系统可能解决图示法的某些缺陷吗?

本章阅读文献

1. [美]罗纳德·J. 艾伦等:《证据法:文本、问题和案例》,张保生、王进喜、赵滢译,满运龙校,高等教育出版社2006年版,第十一章、第十二章。

2. 张保生主编:《〈人民法院统一证据规定〉司法解释建议稿及论证》,中国政法大学出版社2008年版,第六章、第七章。

3. 张保生、常林主编:《中国证据法治发展报告》(1978~2008、2009、2010、2011、2012、2013、2014 年卷),中国政法大学出版社 2010、2011、2012、2013、2014、2015、2016 年版,第二篇二、证据法学研究进展(九)质证与认证。张保生、王旭主编:《中国证据法治发展报告》(2015~2016,2017~2018),中国政法大学出版社 2018、2022 年版,第二篇二、(九)质证与认证。

4. [美]特伦斯·安德森、[美]戴维·舒姆、[英]威廉·特文宁:《证据分析》,张保生、朱婷、张月波等译,中国人民大学出版社 2012 年版。

5. 尚华:《论质证》,中国政法大学出版社 2013 年版。

6. 廖耘平:《对质权制度研究》,中国人民公安大学出版社 2009 年版。

7. 李训虎:"证明力规则检讨",载《法学研究》2010 年第 2 期。

8. 陈瑞华:"以限制证据证明力为核心的新法定证据主义",载《法学研究》2012 年第 6 期。

9. 陈岚:"我国刑事审判中交叉询问规则之建构",载《法学评论》2009 年第 6 期。

10. 易延友:"'眼球对眼球的权利'——对质权制度比较研究",载《比较法研究》2010 年第 1 期。

11. 张保生、杨菁:"人工智能法律系统的一种证据推理模型",载《证据科学》2021 年第 5 期。

第九章
证据排除及其例外

【导读】证据的采纳与排除是证据法的核心问题和典型内容,采纳和排除证据的能力也是法官审判能力的集中体现。证据排除规则都有一些例外,例外就是在一定的条件下不排除或者采纳证据。证据法的宗旨是鼓励采纳证据,但基于准确、公正、和谐和效率等多种价值权衡,又需要排除一些证据。排除不相关的证据主要是为了求真,维护事实认定的准确性。排除相关证据,如传闻证据、品性证据、非法证据、事后补救措施、和解与提议和解、支付医疗及类似费用等证据,则主要是为了维护公正、和谐与效率等社会价值。

第一节 证据的采纳与排除

证据的采纳与排除,是一个硬币的两面。"证据的采纳对于所有法律制度的构建和运行都是至关重要的,所以其反面即证据排除,对一个法律制度来说二者是缺一不可的。"[1] 可采性规则可以分为适格规则和排除规则。适格规则是从正面规定何种证据可以采纳的证据规则;排除规则,则是针对一些可能导致事实认定错误、审判不公正或不利于社会和谐发展的证据,从反面规定其不可采的证据规则;而例外规则又是对排除规则的否定或者采纳规则的否定之否定。

一、可采性条件与排除目的
(一) 证据可采性的条件

1. 必要条件:相关性,即不相关的证据不可采。可采性首先与相关性紧密联系。相关性是逻辑或经验问题,可采性则属于法律问题。相关性是可采性的前提,美国《联邦证据规则》402 规定:"相关证据具有可采性,……不相关的证据不可采。"因此,相关性是可采性的必要条件。"'可采性'问题涉及非相关性证据的排除,并且受到证据法(包括规制排除之司法自由裁量权原则)的规制。"相关性是连接证明原则和证据法的主要桥梁,"原因在于:①相关性是最重要的排除机制;②证明原则是

---

[1] [美]罗纳德·J. 艾伦:"排除规则的困难",郑飞、强卉译,张保生校,载《证据科学》2012年第6期。

先于其他排除规则而存在的，因为这些排除规则处理的是相关证据的排除问题。换句话说，在考虑一个特定排除规则是否适用于一项特定的潜在证据时，需要作为预备性问题先决定相关性问题；③理解相关性，包括对推论性推理之原则和特性的理解；④证据法可以被看作是由塞耶包容性原则和排除性原则所组成的有机整体，这些原则是在论证之基本框架内，按照相关性原理来表达的"。〔1〕

2. 其他条件：公正、和谐与效率等价值，即相关证据不一定采纳。在审判实践中，有些证据虽然具有相关性，却可能由于种种原因而不被采纳。这就涉及证据可采性的其他条件。

塞耶说："在现实中，除了逻辑相关性之外，还有其他的可采性检验标准。一些东西因为其意义微乎其微而被排除，或由于具有太多的推测性和遥远的联系而被排除；有些东西因为它们对陪审团有影响而具有危险性，而且可能被那个团体误用或高估而被排除；有些东西，由于不合时宜，或因公共原因不安全而被排除；有些东西，完全是因为没有先例而被排除。正如我前面所说，正是这一类的事情——实际上具有证明力的东西根据这样或者那样的实践理由而被排除——构成了证据法中的典型内容。"〔2〕综上，普通法系证据排除的其他一些制约条件包括：①证据虽然具有相关性，但其意义微乎其微，没有什么证明力；②具有太多的推测性和遥远的联系，如缺乏亲身知识而形成的意见证据、传闻证据等；③有被陪审团误用的危险性，如品性证据等；④不合时宜或因公共原因不安全，如非法证据；⑤因为没有先例而被排除。

特文宁等人认为，除相关性规则外，"可以把剩余的大多数证据规则分为以下三类：以其具有超过证明价值的不公正的偏见影响为由，证明排除证据之正当性的规则；为了防止过分拖延或耗费时间，而指示或反映成本效益分析的规则；以及反映被视为超越以查明真相为目的的外部政策方面的规则"。〔3〕

3. 有限的可采性。有时候，某项证据对于一方当事人或者出于某种目的不能采纳，而对于另一方当事人、证人或出于其他目的则可以采纳。"有限可采性"或"附条件的可采性"将证据的运用限于特定的范围或特定的证明目的。例如，品性证据不能用于证明被告人的行为与其品性具有一致性，却可以用来弹劾证人的可信性或为被弹劾的证人正誉。

---

〔1〕 参见 [美] 特伦斯·安德森、[美] 戴维·舒姆、[英] 威廉·特文宁：《证据分析》，张保生等译，中国人民大学出版社2012年版，第61、388页。

〔2〕 James Bradley Thayer, *A Preliminary Treatise on Evidence at the Common Law*, 1898, pp. 264~266. 转引自 [美] 罗纳德·J. 艾伦等：《证据法：文本、问题和案例》，张保生、王进喜、赵滢译，满运龙校，高等教育出版社2006年版，第148页。

〔3〕 [美] 特伦斯·安德森、[美] 戴维·舒姆、[英] 威廉·特文宁：《证据分析》，张保生等译，中国人民大学出版社2012年版，第112页。

（二）证据排除的目的

1. 促进准确的事实认定。证据排除的首要目的，是保障事实裁判者准确认定事实。因此，证据排除主要是排除不相关的证据，防止不具有证明价值的证据材料进入司法证明程序，这是可采性规则的主旨。因此，不能通过最小相关性检验，即对待证要件事实没有任何证明作用的证据将会被加以排除。

2. 保障程序公正和人权。有些证据虽然具有相关性，但若采纳将会使事实认定者对一方当事人产生不公正的偏见。例如，品性证据就有积极和消极两种属性。从积极方面说，品性证据对证明一个人的行为是相关的；从消极方面看，品性证据又可能分散审判对特定控告是否成立的注意力，可能产生误导性。又如，采纳非法取得的证据，将严重侵犯宪法和法律赋予被告人的合法权益。证据排除过去常见于陪审团审判，主要是顾虑陪审团形成不公正的偏见而对被告人的裁决产生影响。但随着人权保护、隐私权保护理念的发展，一些证据排除规则的保护对象发生了变化，被害人的合法权益也受到重视。例如，性犯罪案件中关于被害人性行为或性癖好的证据，虽然对证明案件要件事实具有相关性，但又可能损害其人格尊严或对其造成心理伤害，所以从激励被害人报案的角度，许多国家的法律都排除此类证据。

3. 保护特定的社会关系和价值。查明事实真相并非司法的唯一目的，甚至不是最高目的。例如，作证特免权规则更多考虑的是特定社会关系的保护，"社会期望通过保守秘密来促进某种关系。社会极度重视某些关系，为捍卫保守秘密的本性，甚至不惜失去与案件结局关系重大的信息"。[1]

4. 提高诉讼效率。在其他实践和认识领域，人类对真相的探求是无休止的，历史学家至今还在探寻许多历史谜案。但诉讼程序对案件事实的调查与其不同在于，必须考虑诉讼成本而在有限时间内终结，并受制于特定的程序。从诉讼效率考虑，一些证据虽然具有相关性，但如果与已有证据明显重复，将拖延审判时间，也可以排除。"假如没有合理的限定性证据规则给可以采纳的证据划定外围边界，那么刑事案件审判所持续的时间将长得让人无法忍受。"[2]

二、排除规则的惩戒与激励作用[3]

人们通常认为，排除证据可以发挥某种惩戒作用。例如，排除非法搜查所取得的证据，可以吓阻警察非法行为。然而实际上，证据排除规则除了惩戒作用，还有激励作用。例如，作证特免权规则可以鼓励特定的社会关系，如配偶之间、医患之间的关系，这是通过证据排除来实现的。又如，通过排除和解谈判期间所作陈述，

---

[1] [美]乔恩·R. 华尔兹:《刑事证据大全》，何家弘等译，中国人民公安大学出版社2004年版，第356页。

[2] [美]乔恩·R. 华尔兹:《刑事证据大全》，何家弘等译，中国人民公安大学出版社2004年版，第13页。

[3] 以下参见[美]罗纳德·J. 艾伦:"排除规则的困难"，郑飞、强卉译，张保生校，载《证据科学》2012年第6期。

可以激励人们采用非诉讼方式来解决纠纷。涉及非法口供、搜查和扣押的排除规则，旨在通过激励警察尊重个人权利来规制警察调查活动；如果该权利没有得到尊重，任何随之而产生的证据都不能在审判中使用。证据排除规则还能影响被提起的各种诉讼。例如，使强奸被害人免于必须对其先前性行为作证的规则（强奸盾护规则），通过排除可能使被害人难堪的证言，可以鼓励被害人对强奸犯提起民事或者刑事诉讼。

人的行为可分为主要行为和诉讼行为，二者相互影响。主要行为涉及生产、交易及日常生活行为；诉讼行为涉及纠纷解决。除了那些强制执行宪法权利的规则外，许多排除规则旨在激励主要行为，如提供医疗协助的排除规则和作证特免权规则。甚至品性证据规则也能由于其不纠缠一个人的过去，而起到激励改进和悔过的作用。最佳证据规则由于详细规定了以前的证言、先前记录的回忆和业务档案何时可采，从而促使当事人更好地规划他们的"主要行为"。例如，合同应当签署并按最佳证据规则的要求来保存；文件将被创建并按业务档案例外规则来保存；等等。

三、采纳和排除证据是一种基本审判能力

根据证据裁判原则建立起来的自由证明制度，主要是在证明程序、证据资格或可采性等方面对事实认定加以规制，而对证据的证明力一般不作预先规定。在各国审判中，法官都是证据裁判的主体，其司法权的运用主要是"在举证、质证和认证程序中，有权依法采纳和排除特定证据"。[1] 但在历史上，法律形式主义由于无视社会现实生活中不同价值观念的冲突，要求法官机械适用包括证据规则在内的法律规则，不能适应复杂情况和变化，因而造成了许多实质上不正义的判决。所以，证据裁判过程虽然要求适用证据规则，但又要赋予法官一定的自由裁量权。法官不应将证据规则当作教条，刻板地"按图索骥"；而应当以自己对证据规则价值基础的深刻领悟为前提，运用"实践理性"的经验智慧，具体案情具体分析。从某种意义上说，法官的审判能力，主要体现在其通过价值权衡而行使采纳或排除证据的能力。

在美国证据法中，法官采纳或排除证据的自由裁量权是由《联邦证据规则》403规定的，其平衡检验标准是看：采纳该证据可能产生的"不公正的偏见，混淆争点，误导陪审团，不当拖延"等一个或多个危险是否"在实质上超过相关证据的证明力"。[2] 在审判实践中，法官通过价值权衡，如果相信这些危险实质上超过相关证据的证明力，便可行使排除相关证据的自由裁量权。特雷纳大法官把证据法的价值权衡方法概述为："……③弄清该规则旨在保护的价值，即该规则的目的。④弄清在

---

[1] 参见张保生主编：《〈人民法院统一证据规定〉司法解释建议稿及论证》，中国政法大学出版社2008年版，第131页。

[2] 美国《联邦证据规则》403（以偏见、混淆、费时或其他原因排除相关证据）规定：如果下列一个或多个危险在实质上超过相关证据的证明力，法院可以排除相关证据：不公正的偏见，混淆争点，误导陪审团，不当拖延，浪费时间，或者不必要地提出累积证据。

该规则制定背景中将受其决定影响的其他价值。⑤预测可能适用的各种规则在适用和不适用两种情况下的价值影响。⑥在适用该规则将服务于其旨在保护的价值,并且对其他价值产生最少消极影响时,对其加以选择并适用。"[1]

法官运用价值权衡方法在证据可采性等问题上行使自由裁量权,应当遵循"错误认证后果"原则,这是为法官谨慎行使自由裁量施加的限制。法官采纳或排除证据的错误认证,如果影响到当事人的实质权利,便可成为当事人上诉和人民检察院抗诉的主要理由,以及二审法院改判或者撤销原判、发回原审法院重审的主要理由。[2] 为此,应当完善裁判说理制度。最高人民法院《民事诉讼证据规定》第97条规定:"人民法院应当在裁判文书中阐明证据是否采纳的理由。对当事人无争议的证据,是否采纳的理由可以不在裁判文书中表述。"最高人民法院《刑事案件一审法庭调查规程(试行)》第54条规定:"法庭在审理过程中审查认定或者排除的证据,应当当庭说明理由;庭后评议认定或者排除的证据,应当在裁判文书中说明理由。"证据裁判原则要求,法官必须为排除证据的认证提供法律理由和正当理由,这是证据法治的本义,也是法官必须履行的一项强制性义务。

1. 证据的采纳与排除,是一个问题的两个方面。可采性规则可分为适格规则和排除规则。前者从正面规定何种证据可以采纳,后者从反面规定何种证据不可采纳,排除规则的例外又规定了不可采的证据在何种情况下可以采纳。

2. 证据排除规则对人的主要行为和诉讼行为,既具有惩戒作用又具有激励作用。

3. 证据裁判原则要求法官,通过价值权衡而行使排除证据的自由裁量权,并为排除证据提供法律理由和正当理由,这是法官必须履行的一项强制性义务。

思考题

9.1. 证据排除的目的是什么?为什么塞耶说"证据排除规则构成了证据法中的典型内容"?

9.2. 随着司法文明的演进,证据可采性规则将有扩张的趋势吗?

9.3. 边沁说:"证据是正义之根基;排除证据,就是排除正义。"(Evidence is the

---

[1] David P. Bergland, "Value Analysis in the Law of Evidence", *Western State Law Review*, 1973, Vol. 1, pp. 162~184.

[2] 参见陈光中主编:《刑事证据法专家拟制稿(条文、释义与论证)》,中国法制出版社2004年版,第609页。他认为:"二审程序只是一种救济程序,这里的救济包括对一审法院对证据错误裁定的救济,其中但书更包括对被告人不利的证据裁定错误的审理。"

basis of justice: exclude evidence, you exclude justice.)[1] 如何理解这个观点?

9.4. 如何理解证据排除规则的惩戒作用和激励作用?

9.5. 为什么说，法官的审判能力主要体现为采纳和排除证据的能力?

第二节 传闻证据的排除及其例外

一、传闻证据规则概述

(一) 传闻的概念

传闻（hearsay），日常语义是指"辗转流传的事情"[2]，或者"风闻，谣传，道听途说"。作为法律用语，"传闻证据是在法庭之外作出却在法庭之内作为证据使用的口头或者书面的陈述，用于证明该证据本身所涉及事件的真实性"[3]。美国《联邦证据规则》801（c）规定："'传闻'（hearsay）指下述陈述：（1）由陈述人在当前审判或听证作证场合之外作出；并且（2）由一方当事人作为证据提出，以证明该陈述所断言事项之真实性。"它包含这样三层意思：①传闻证据是一种陈述，其形式可以是口头或书面的陈述。②传闻证据是由陈述人在当前审判或听证作证场合之外作出的。③提出传闻证据的目的是证明其所断言事项之真实性。所以，要判断一项陈述是否为传闻，比较简单的办法就是看其提出该证据的目的：是证明某人曾经说过这样的话，还是证明他所断言事项是真实的?

一般来说，传闻证据的形成涉及两个主体——原陈述人和证人，涉及两个环节——原陈述人在庭外对事实的感知和陈述，以及庭上证人对前者陈述的转述。从【案例9.1】中，我们或许可以更直观地看到传闻证据的模式。

【案例9.1】　　　　丈夫打妻子案

丈夫打妻子，

妻子报警，

警察出庭作证说，丈夫打妻子。

这是一个典型的传闻证据。警察出庭作证说，丈夫打妻子。警察在法庭上提供这个证言，显然是要证明"丈夫打妻子"是真的。然而，警察对丈夫是否真的打了妻子，其实并无亲身知识。

---

[1] Bentham, *Rationale of Judicial Evidence*, Part Ⅲ, Chapter 1. 转引自［美］特伦斯·安德森、［美］戴维·舒姆、［英］威廉·特文宁：《证据分析》，张保生等译，中国人民大学出版社2012年版，第1页。

[2] 《现代汉语词典》，商务印书馆2002年版，第194页。

[3] Paul F. Rothstein, *Evidence: State and Federal Rule*, West Publishing Co., 1982, p. 207.

(二) 确立传闻证据规则的正当理由

在普通法传统中,证人陈述证言通常必须遵守三大条件:宣誓、亲自到庭以及接受交叉询问。有人认为,"为保证能遵守这三个理想条件,才设置了传闻证据规则"。[1] 由于英美法系对传统的宣誓义务有所放宽,证人不宣誓也可以提供证言,所以宣誓与否并不构成排除传闻的理由。确立传闻证据规则有如下三个理由:

第一个理由,传闻证据的首要风险是,证人陈述真实性涉及其观察、记忆、表达以及诚实与否等问题。心理学实证研究表明,一般人在感知、记忆和陈述的过程中常会出现一些错误。伊丽莎白·罗芙托斯列举过大量因为证人感知、观察的瑕疵而导致辨认错误的案件,有很多证人看错、听错却自己浑然不知。[2]哈佛大学心理学教授丹尼尔·沙克特用大量临床案例总结人类记忆与生俱来的七宗罪:①随着时间而记忆褪色或消失的"健忘";②心不在焉,忘东忘西的"失神";③怎样想都想不出来,但事后又突然间想回来的"空白";④张冠李戴,误把幻想当作事实的"错认";⑤受到外界的误导而扭曲记忆的"暗示";⑥根据目前的认知或训练,而改变对过去的记忆的"偏颇";⑦一直无法释怀的恼人回忆的"纠缠"。[3] 由于上述原因,如果证人不出庭作证,而由他人转述,这些风险可能无从检验。

第二个理由,与英美法系的对抗制诉讼程序有关。证据由一方提出,另一方进行反驳,对证人进行交叉询问,通过弹劾证人的可信性、揭露证言的虚假性,来查明事实真相。如果采纳传闻证据,庭外陈述人就不用出庭作证,另一方当事人或律师也不能对其进行交叉询问,其感知能力、记忆能力、诚实性和叙述的歧义性都不能得到审查。当然,传闻证据规则的这条理由并非强调证言可信性的保障,而是强调当事人进行交叉询问的程序性权利。除了交叉询问之外,美国宪法第六修正案规定,在所有的刑事指控中,被告人都应当有权与证人对质,联合国《公民权利和政治权利国际公约》第14条也规定,与证人对质是被告人的权利。因此,传闻证据规则的设立符合正当程序原则。

第三个理由,与作为事实裁判者的法官和陪审团有关。在证人出庭作证时,法官和陪审团可以观察证人的态度、表情、声调及肢体语言,这些都是审查判断证言可信性所不可缺少的信息。如果采纳传闻,证人证言所蕴涵的这些丰富信息都将无从知晓。因此,传闻证据规则与直接言词原则有异曲同工之处。

二、传闻排除规则及其例外

(一) 传闻证据规则

在英国,最早的陪审团是一种"知情陪审团",相当于现在的证人,陪审团成员

---

[1] See Cleary ed., *McCormick on Evidence*, 3rd ed., 1984, p.726.

[2] 参见 [美] 伊丽莎白·罗芙托斯、凯撒琳·柯茜:《辩方证人:一个心理学家的法庭故事》,浩平译,中国政法大学出版社2012年版。

[3] [美] 丹尼尔·夏科特:《记忆七罪》,李明译,大块出版社2002年版。

了解案情的途径并不重要,无论是直接得知还是道听途说,都可以作为判决的依据,除非有人证明其来源不可靠。如果在判决作出之后,发现陪审团成员是在酒馆里或其他地方听一个醉汉或者其他不值得信赖的人说的,那么,判决就会被推翻。[1] 后来,法官意识到运用传闻证据定案的危险性,开始禁止传闻证据在诉讼中使用。1675~1690年,传闻证据规则正式形成了。[2]

传闻证据规则,是指在审判中一般不能采纳传闻证据,已经在法庭上提出的,不得交陪审团作为评议的依据。美国《联邦证据规则》802(反对传闻规则)规定:"传闻不具有可采性,除非下列法律或规则中另有规定:联邦法律;本证据规则;或者最高法院制定的其他规则。"澳大利亚《1995年证据法典》第59条规定:"不得采纳他人先前陈述的证据,以证明该人陈述所宣称的事实。"有学者认为,传闻证据规则是英美法系独有的规定,大陆法系无类似的规定[3]这种观点就早期来说有一定的道理,在同时期的大陆法系并无传闻规则,一切传闻证据都可以作为在法庭上提出,是否采纳由法官自由裁量。但赫尔曼教授指出,在德国刑事诉讼中,有三项原则与传闻证据在诉讼中的使用相关,即听取陈述原则、口证原则和直接原则。[4] 随着书面审理制度在大陆法系的废止,直接言词原则在许多大陆法系国家得以确立,根据该原则,直接感知案件事实的人必须出庭作证,这与传闻证据规则可谓是"殊途同归"。例如,德国《刑事诉讼法典》第250条规定:"对事实的证明如果是建立在一个人的感觉之上的时候,要在审判中对他进行询问。询问不允许以宣读以前的询问笔录或者书面证言而代替。"日本《刑事诉讼法》第320条规定了"禁止使用传闻证据规则"。所以,我国台湾学者认为:"……于实体方面,直接审理主义与传闻法则系相同;此两者只不过在程序方面有差异而已。亦即,在程序方面,传闻法则多了当事人之反对询问权,而直接审理主义则无当事人之反对询问权之问题。此以另一种表述言之,则直接审理主义加当事人之反对询问权即变成传闻法则。"[5]

传闻证据规则否定了传闻的可采性,但如果严格排除所有传闻证据,显然对查明案情不利。所以,必须对传闻规则进行一些限制。可能方案大概有三种:[6] 一是废除传闻证据规则;二是具体案件具体处理,但在程序方面进行保障;三是排除传闻证据,加一些例外规定。英美证据法采取了第三种方案。英国证据法学家穆非(Murphy)的解释是:"例外情形的产生原因有两个:一是如果不对某些传闻证据设

---

[1] 参见何家弘:"司法证明方式和证据规则的历史沿革",载《外国法译评》1999年第4期。

[2] 这是威格莫尔的考证,参见 Lempert & Saltzburg, *A Modern Approach to Evidence*, 2nd ed., 1983, p. 348。

[3] . See Lempert & Saltzburg, *A Modern Approach to Evidence*, 2nd ed., 1983, p. 531.

[4] 《德国刑事诉讼法典》,李昌珂译,中国政法大学出版社1995年版,第13页。

[5] 黄东熊:"谈传闻法则",载《军法专刊》第1期。转引自黄朝义:《论刑事证据法上之传闻法则》,载《东海大学法学研究》1998年第13期。

[6] 参见沈达明编著:《英美证据法》,中信出版社1996年版,第159~160页。

定例外规定，有些事实就难以证明或不可能证明，审判就不能进行下去。二是即使没有设定例外，也可以设置各种限制。"[1] 当时，按照判例法的规定，法官可以在特别情形下以"必要性"和"可靠性"为准则采纳传闻证据。[2] 随着法官采纳的例外越来越多，传闻证据规则变得越来越庞杂。后经人们对这些例外规定进行概括、整理，以制定法的形式将它们固定下来。因此，完整的传闻证据规则不仅包括排除传闻证据的原则性规定，还包括诸多允许采纳传闻证据的例外。

（二）传闻证据排除的例外

1975年生效的美国《联邦证据规则》803和804，一共列举了30多项传闻排除例外。这些例外可分为三类：第一类是规则803（传闻排除规则的例外——无论陈述人能否出庭作证）。下列证据不适用传闻排除规则而予以排除：①即时感觉印象；②激奋话语；③当时存在的精神、情感或身体状况；④为医学诊断或治疗而作出的陈述；⑤记录的回忆；⑥常规活动记录；⑦常规活动记录的缺失；⑧公共记录；⑨人口统计公共记录；⑩公共记录的缺失；⑪关于个人或者家族史的宗教组织记录；⑫结婚、洗礼或类似仪式的证书；⑬家庭记录；⑭影响财产利益的文件记录；⑮影响财产利益的文件中的陈述；⑯陈年文件中的陈述；⑰市场报告及类似商业出版物；⑱学术论著、期刊或者手册中的陈述；⑲关于个人或家族史的名声；⑳关于边界或一般历史的名声；㉑品性方面的名声；㉒先前定罪判决；㉓涉及个人、家族或一般历史、边界的判决。

第二类是规则804传闻证据的例外（传闻排除规则的例外—陈述人无法作为证人出庭）。（a）不能出庭的标准。在下列情况下，陈述人被视为无法作为证人出庭：①因法院裁定适用特免权规则，陈述人被免除就其陈述主题作证；②尽管法院命令陈述人就其陈述的主题作证，但其拒绝就此作证；③陈述人作证说不记得陈述主题了；④陈述人因死亡或当时存在体弱、身体疾病或精神疾病，不能在审判或者听证过程中出庭或作证；或者⑤陈述人缺席审判或者听证，且陈述的提出者不能通过程序或其他合理手段促成。（b）例外。如果陈述人不能作为证人出庭，下列陈述不适用传闻排除规则而予以排除：①先前证言。②濒死信念下的陈述。③对己不利的陈述。④个人或家族史的陈述。⑤其他例外（已移至规则807）⑥为反对一方当事人用不法手段致使陈述人不能出庭而提出的陈述。

第三类是规则807（剩余例外）。一项传闻陈述，即使没有被规则803或804的传闻例外所明确涵盖，在下列情况下，也不使用传闻规则予以排除：①该陈述在可靠性上具有同等的间接保证；②它被提供作为关键事实的证据；③与证据提出者通过合理努力所能获得的任何其他证据相比，它对被提供用以证明的问题更具有证明力；④对它的采纳，将更好地服务于本证据规则的目的和正义利益。

---

[1] See Peter Murphy, *Apractical Approach to Evidence*, 4th ed., 1992, p.205.
[2] See Lempert & Saltzburg, *A Modern Approach to Evidence*, 2nd ed., 1983, p.348.

（三）关于传闻证据规则的反思

对传闻证据规则最常见的批评是，在理性的证据法体系中，传闻证据规则常常有碍探求真实，而传闻证据规则例外的不断增加又造成了证据法体系错综复杂、难以控制[1]英国学者丹尼斯（Dennis）说："传闻证据规则令几代学子困惑迷茫，甚至导致法律适用上的混乱，法官也为此意见分歧。"[2] 可见，传闻证据规则中存在一个悖论：确立传闻证据规则是为了通过排除庭外陈述、促进证人作证，从而达到发现事实真相的目的，但排除传闻证据本身却为事实真相发现的途径设置了障碍。随着信息化社会的来临，僵硬的传闻证据规则体系显然难以满足时代的要求，变革之声日隆。

从趋势上看，英美法系国家严格的传闻证据排除已逐渐放宽，法官的自由裁量权在逐步扩大。例如，英国在1938年允许民事诉讼采纳书面证言后，《1968年民事证据法》进一步解除限制，规定了第二手传闻的一些例外。《1995年民事证据法》的实施，标志着传闻证据规则在民事领域的根本性变化。[3] 该法的指导原则为：法律应当被简化；除非有充分理由认为证据不可采纳，否则所有证据在原则上都是可采的。该法对传闻证据规则进行了大刀阔斧的改革，第1条即开宗明义规定："证据不应因其为传闻证据而被拒绝采纳。"这意味着法庭原则上可以采纳传闻证据，从而宣告了传闻证据规则在民事诉讼领域的终结。为了防止滥用传闻证据可能带来的不良后果，该法随后设立了一系列程序保障措施，如预先通知的要求（第2条）、传唤证人的权利（第3条）、评定传闻证据证明力的法定指引（第4条）、陈述者的资格及未被传唤证人的可信性（第5条）等。相比之下，在刑事诉讼领域，除《1988年刑事司法法》规定对陈述者基于恐惧而不能出庭作证时可采纳其向警方所作陈述外，并无太大的改变。这显示了人权保障对刑事诉讼传闻证据规则的价值基础作用。

在美国，一场被称为"传闻证据规则自由化"（the liberalization of the hearsay rule）的运动悄然拉开帷幕。[4] 美国1942年《模范证据法典》拟授予法官广泛的自由裁量权，但遭到律师界的批评，致使该法典未能施行。《联邦证据规则》虽然没有完全按照"传闻证据规则自由化"的主张行事，但也没有排除法官的自由裁量权，而是采取了一种折中态度。美国许多判例和论著也深受1942年《模范证据法典》影响，"传闻证据规则自由化"的观念绵延至今，乃至美国《联邦证据规则》及许多州的证据法，虽有传闻证据规则之形式规定，却在一定程序上实行了"自由化"。[5] 一个值得注意的现象是，美国对于无陪审团的案件（nonjury case），一般不管是否属于

---

[1] See Lempert & Saltzburg, *A Modern Approach to Evidence*, 2nd ed., 1983, p. 497.

[2] I. H. Dennis, *The Law of Evidence*, Sweet & Maxwell, 1999, p. 501.

[3] 参见荆琴、邱雪梅："英国证据法的传闻规则研究"，载柳经纬主编：《厦门大学法律评论》，厦门大学出版社2002年版，第192页以下。

[4] 较详细的阐述，参见周叔厚：《证据法论》，三民书局1995年版，第796~811页。

[5] See McCormick, *Evidence*, 3rd ed., 1984, p. 915.

传闻证据，一概先行收集，最后才考虑是否要排除的问题。麦考密克也认为，事实上，现在美国法官适用传闻证据规则，要比法律条文的规定自由得多。[1] 艾伦教授在《传闻规则向采纳规则的演化》一文中，描述了民事诉讼中传闻排除规则不再重要的原因，是由于审前证据开示阶段的询证存录、当事人自认以及众多传闻例外和豁免的广泛运用。其顾虑是，在民事诉讼中延用传闻规则会带来过高的成本。[2] 艾伦教授等认为，关于传闻规则改革的争论，说明传闻证据排除规则与我们审判证明制度中的一些重要价值基础——对外行事实认定者推论性推理的信赖，对证明活动的对抗性控制以及宽松的司法控制——之间存在严重冲突。传闻规则及其例外，与采纳大多数传闻证据和排除最不可靠、最缺乏证明力的传闻陈述这种理想目标，还有很大差距。实际上，没有人赞成完全废除反对提供不利于刑事被告人之传闻证据的一般规则，这意味着，传闻规则同样服务于诉讼的基本价值。例如，对质原则的一个前提是：证人出庭以及对其进行交叉询问的能力，这是法律正当程序的基本组成部分。请考虑以下两种场景的不同：一是证人经宣誓制作陈述书并在律师起草的文书下面签字（甚至面临伪证罪惩罚），二是这位证人在审判中出庭，在庄严的法庭上，在法官和陪审团面前宣誓要陈述事实真相，用自己的话作证，并接受交叉询问。作为一个实证问题，可能存在更加准确的事实认定模式，但改革者也有很重的说服责任，以表明对传闻规则作出重大改变会更好地服务于诉讼的基本价值。[3] 可见，最先确立传闻证据规则的一些国家，在不断对该规则进行反思。但是，如果就此断言传闻规则已经不合时宜，还为时尚早。因为传闻证据规则的根基并未动摇，给予法官在传闻证据可采性上一定的裁量权，只是在修正原先的一些极端做法。

三、关于我国传闻证据规则的构建

我国 1996 年《刑事诉讼法》修订引入了对抗制的因素，2012 年和 2018 年《刑事诉讼法》修订延续了增强对抗式审判的改革思路。对抗式庭审需要证人出庭作证制度为实现基础，但由于我国缺乏起码的传闻排除规则，司法实践中证人出庭率低、书面证言大行其道，这使对抗制审判大打折扣。因此，在推进以审判为中心的诉讼制度改革的过程中，借鉴传闻证据规则具有重要意义。首先，传闻证据规则可以规范证据采纳标准，为证据"准入"提供具有可操作性的规则；其次，传闻证据规则可以对证明力不高的证据材料进行过滤，促进事实真相的查明；再次，传闻证据规则可以促进证人出庭作证，使直接言词原则得到贯彻；最后，传闻证据规则可以增强诉讼的对抗性，使法庭交叉询问落到实处。

---

[1] See McCormick, *Evidence*, 3rd ed., 1984, p. 918.

[2] Ronald J. Allen, The Evolution of Hearsay Rule to a Rule of Admission, 76 Minn. L. Rev. 797, 797 801 (1992).

[3] Ronald J. Allen, Eleanor Swift, David S. Schwartz, Michael S. Pardo, and Alex Stein, *An Analytical Approach to Evidence*: *Text*, *Problems*, *and Cases*, Sixth Edition, Published by Wolters Kluwer in New York, pp. 688~689.

当然，借鉴英美法系传闻证据规则，应该全面考虑以下因素：我国无陪审团裁决机制，庭审对抗性不强的现实，我国法官的证据裁判能力，以及引进该制度的成本和司法资源等。

传闻证据规则对我国诉讼制度的现实意义在于，可以抑制证言笔录和庭外陈述的恶性膨胀，促进证人出庭作证，实现庭审的基本功能。《刑事诉讼法》第61条规定："证人证言必须在法庭上经过公诉人、被害人和被告人、辩护人双方质证并且查实以后，才能作为定案的根据。"这意味着，证人证言必须以口头方式在法庭上提供，接受质证（包括交叉询问和对质），这体现了传闻证据排除规则的精神。然而，第195条又规定："对未到庭的证人的证言笔录……应当当庭宣读。"这又为证人不出庭作证留下了空间，这实际上架空了第61条的质证规定。

最高人民法院《刑事诉讼法解释》第91条第2款规定："证人当庭作出的证言与其庭前证言矛盾，证人能够作出合理解释，并有相关证据印证的，应当采信其庭审证言；不能作出合理解释，而其庭前证言有相关证据印证的，可以采信其庭前证言。"这个关于"庭前证言"（实为"庭前陈述"）的规定，同样为证人不出庭留下了空间。所以，从下一步司法改革来看，必要的传闻证据规则的确立是一个关键点。

1. 传闻证据是指在庭外作出的用以证明其所断言事项之真实性的陈述。
2. 传闻证据规则旨在减少和避免因转述他人庭外陈述而产生的虚假危险；保障当事人交叉询问和对质的程序性权利；使事实裁判者能在庭审中获得关于证人态度、表情、声调和肢体语言等有助于审查判断证言可信性的信息。
3. 我国确立传闻证据规则的意义在于，可以促进证人出庭，落实直接言词原则和质证规则，促进司法公正。

思考题

9.6. 在一次交通事故发生后，一位证人作证说，被告的姐姐告诉她，在事故发生几天后，被告司机告诉他姐姐，在事故发生前他有点儿打瞌睡。被告以传闻为由对该证据提出异议。该证据是否可采？

9.7. 北京某大学学生吉某，被指控盗窃同寝室王某9000元人民币，主要证据有被告人口供、被害人陈述以及ATM取款机监控视频。被告吉某当庭辩称，其没有盗窃，是王某借给他钱，王某给他卡和密码让其去取的钱，后来无法归还。之所以在讯问笔录中承认了盗窃，是因为"受不了打"。吉某还提供了能证明借钱事实的证人名单，重要证人之一是王某的老乡陈某。但陈某已经毕业，在青海某地质勘探队工作。法院应当传唤证人陈某出庭作证吗？

第三节 意见证据的排除及其例外

【案例 9.2】　　　　　　　涂某遗产纠纷案

涂某自 2000 年起长期卧病在床,生活一度不能自理,2009 年病故后留下一份遗嘱,对自己身后的遗产作了分割,把大部分房产分给长期照顾自己的长女。涂某三个子女就遗产分配问题争执不下,两个弟弟将姐姐告上法庭,争点是已故立遗嘱人涂某是否心智健全。被告认为涂某心智健全,并提供三封熟人写给他的信件(这些信的作者均已去世)为证据,并主张法庭应采纳这些文件,理由是:其一,写信者关心商务事宜,这表明写信者认为收信人是心智健全的;其二,信中描述的涂某的行为表明他心智健全。但原告认为,这些只是写信者根据以往观察所得出的推论而已,不能作为证据采纳。

一、意见证据规则概述

(一) 意见证据的概念

在英美国家,证人必须以口头方式出庭作证,且必须陈述自己亲身经历的事实。外行证人如果不是就其所知道的事实提供证言,而是陈述意见、推论或者结论的话,就违反了意见证据规则(opinion evidence rule)。

何谓意见证据?麦克威的解释是:"证人基于直接呈现于其感官上之事实,推论系争事实存在与否,法律上称之为意见,证人本于上述推论所作的陈述,称之为意见证据。"[1] 克劳斯认为,证据法上的意见是"从观察事实所得出的推论"。[2] 可见,意见证据与证人证言的区别在于,其是否在对事实感知的基础上运用了推论,表达了自己的主观意见。但是,这种区别并非泾渭分明。正如塞耶所言:"从某种意义上说,所有的证人证言实际上都是意见证据,是从现象和心理印象形成的结论。"[3] 例如,证人作证说,他在辨认程序中指认的那个人与他在犯罪现场看到的是同一个人,这个证言已包含推论,证人考虑到两者身体特征极其相似,认为他们不可能是不同的两个人。因此,区分证言和意见并非一件容易的事。如果对任何证人证言都苛刻地以意见证据规则加以限制的话,询问就会纠缠于无谓的争议。在实践中,法官只能运用常识,排除那些明显的意见证据。

---

[1] John Jay Mckelvey, *Handbook of the Law of Evidence*, Sec 172. 转引自刁荣华主编:《比较刑事证据法各论》,汉林出版社 1984 年版,第 259 页。

[2] Cross, *Cross on Evidence*, 7th ed., Colin Tapper (ed.), London: Butterworths, 1990, p.489.

[3] Thayer, *A Preliminary Treatise on Evidence at the Common Law*, 1898, p.524, See Andrews & Hirst, *Criminal Evidence*, 2nd ed., London: Sweet & Maxwell, 1992, p.631.

(二) 排除意见证据的正当理由

意见证据之所以不具有可采性，主要有两个理由：[1]

第一，意见证据不具有相关性。例如，某珠宝店发生了一起抢劫案，附近街上一位证人听到击碎玻璃的声音，稍后还看到某人从珠宝店方向跑过来，身上背着一大包珠宝，手上流着血，从而推断这个人就是抢劫犯。通常该证人会说"我看到了那个抢劫犯"。但是，当证人这样说时，他并非在陈述自己所见的事实，因为他并没有看到抢劫。"抢劫犯"只是他的一个推论，其证言中具有相关性的部分只他看到和听到的那些情形。

第二，如果采纳意见证据，将会侵犯陪审团的职能。意见证据规则旨在排除证人以自己的意见来左右陪审团的裁判。证人只能陈述事实，而不能代替陪审团作出结论。在上例中，证人不能说他看到了"抢劫犯"，因为得出这个推论是陪审团的事。在没有陪审团审理的案件中，采纳意见证据，则是侵占了事实裁判者（法官）的职权。

传闻证据规则与意见证据规则同源——证人必须陈述亲身感知的事实，两者的区别在于，前者排除的是庭外陈述，即排除证明手段；后者则是排除非事实陈述，即排除证据内容。但两者也不是截然可分的。例如，乙是丙和丁汽车相撞事件的目击者，证人甲在法庭上转述了乙所见的事实，并指出该事件是由于丁的驾驶过失造成的。甲的证言显然违背了传闻证据规则，因为目睹事实发生的乙没能出庭作证，它同时也违反了意见证据规则，因为甲对事实发表了推论性意见。在类似本教材【案例9.2】的英国莱特案中，[2] 法院认为，这些信件不能采纳作为证据，因为它不仅违背了传闻证据规则（写信者不能被交叉询问），而且也有违意见证据规则（写信者也是根据以往的观察所得出的推论而已）。

需要说明的是，在英美证据法上，证人分为外行证人（lay witness）和专家证人（expert witness）。意见证据规则主要适用于外行证人，而专家证人则是意见证据规则的例外。在大陆法系，证人即指外行证人，专家证人被称为鉴定人，我国也是如此。

二、外行意见排除的例外

一般来说，外行意见是不可采的，但某些情形下，排除意见既不妥当，也不现实。所以，排除外行意见也有例外。美国《联邦证据规则》701（外行证人的意见证言）规定："如果证人不是作为专家作证，其以意见形式作出的证言限于：①合理地基于该证人的感知；②有助于对证人证言的清晰理解或裁断争议事实；③不是基于规则702范围内的科学、技术或其他专门知识。"

总的说来，外行证人可以陈述意见的条件为：①证人个人认知的事实不能用其他方式表达。②证人虽然不能详细叙述事实，但对这些事实已经形成了一个总体印

---

[1] Richard May, *Criminal Evidence*, 2nd ed., London: Sweet & Maxwell, 1990, pp. 133~134.

[2] Wright v. Doe D. Tatham (1838), 4 Bing NC 489.

象。③最重要的是，仅仅陈述事实细节尚不能准确地传达证人所具有的总体印象。下面，仅对主要的例外情形概括地进行一些解释：

（一）某人的感情和身体状况

外行证人可以就某人表现出来的感情状况作证（例如，某人显得愤怒或滑稽），但是，动机、意图或信念不能成为意见证言的对象，因为这些涉及他人的内心状况。根据判例，已故者曾经为特定目的去某条街道的证言也不能被法院接受。也就是说，可以允许证人陈述某人表现在外的激动、不安和敌意，但不能揣测他的内心。同样，关于某人显示出的力量、精力、虚弱、疾病等身体状况，证人是可以作证的。

（二）证人自身的状况

证人可以就自己的身体或心理状况作证。例如，证人可以说："我喝了7杯啤酒，但我没有醉"；或者"我一直都感觉很好，后来被告人给我吃了食物，我就病了"。证人可以就自己做某事的动机作证，也可以就自己的感觉作证。例如在一起抢劫案中，证人可能会说，他把货物交给被告人，是因为他害怕如果不交的话他会遭到伤害。

在哈代诉梅瑞尔案中，[1] 法院对外行意见的可采性如此表述："非职业者的可采性意见包括基于日常生活中存在的大量非科学问题……身份、笔迹、数量、价值、重量、长度、时间、距离、速度、大小、年龄、力量、热、冷、生病、健康等问题，以及人类各种身体和心理方面的问题，诸如倾向……兴奋、诚实，通常性格和特殊性格，心理和身体方面的其他状况……"从这些内容可以看出，在日常生活的许多领域，非专家证人都可以发表结论。这种结论是普通人在平常生活中能够得出的，也是大多数人共同的经验。

三、专家意见排除的例外

专家意见可采乃是意见证据规则的主要例外。所谓专家，根据《布莱克法律词典》的解释，是指"经过该学科科学教育的男人（和女人），或者掌握从实践中获得的特别或专有知识的人"。这比我们平常所指的科学技术专家的范围要广，不仅包括特定专业的高级研究人员，还包括像汽车修理工、砖瓦工、木工等技术人员，甚至有某方面特殊经验的人都可能成为"专家"。

专家证人在作证以前，由法院（或者律师）对其作必要的询问，以确定他具有资格，这个程序叫"证人资格认定程序"（qualifying the witness）。专家的资格可以源于对某学科的研究，也可以源于其实践经验。如果某证人是专家，但在争议问题上并不具有专长，其意见也不具有可采性。例如，心理学专家不能提供医学方面的证言。

四、我国的意见证据规则

我国的意见证据规则最早由2001年最高人民法院《民事诉讼证据规定》第57

---

[1] Hardy v. Merrill, 56 N. H. 227, 22 Am. Rep. 441, pp. 448~449 (1875).

条规定:"出庭作证的证人应当客观陈述其亲身感知的事实。……证人作证时,不得使用猜测、推断或者评论性的语言。"最高人民法院《行政诉讼证据规定》第46条也规定:"证人应当陈述其亲历的具体事实。证人根据其经历所作的判断、推测或者评论,不能作为定案的依据。"上述规定对证人"意见"采取了"绝对排除"的态度。

我国刑事诉讼意见证据规则出台较晚,直至2010年"两院三部"《死刑案件证据规定》第12条第3款才规定:"证人的猜测性、评论性、推断性的证言,不能作为证据使用,但根据一般生活经验判断符合事实的除外。"最高人民法院《刑事诉讼法解释》第88条第2款再次强调了"证人的猜测性、评论性、推断性的证言,不得作为证据使用,但根据一般生活经验判断符合事实的除外"。这一规定在对意见证据规则作出一般性排除的同时,又以"但书"形式规定了例外,赋予了法官一定的自由裁量权。

1. 意见证据即非出于亲身知识而得出的关于事实的推测、评价和结论。意见证据规则限制外行意见,旨在防止侵犯事实认定者的裁判权,但证人基于合理感觉的表达除外。

2. 外行意见一般不可采,但专家意见例外。

3. 意见证据规则与传闻证据规则都规定证人必须陈述亲身感知的事实,但后者排除的是庭外陈述,即证明的形式;前者则排除非事实陈述,是从内容上的限定。

思考题

9.8. 在一件谋杀案中,一位证人在法庭上提供了如下证言:①事发当天,他看到被告去了被害人家;②被害人和被告人的关系不好;③被害人死后,被告人可能会得到被害人很多遗产。上述证言中,哪些是意见证据?

9.9. 在一起性骚扰案中,被害人聘请了一位语言学家,对被告人发给她的一条手机短信提供意见证据。该语言学家试图对短信内容进行语义分析,并对某些类似于暗示的语言提供专家意见,可采吗?

9.10. 被告被指控在城区路段上超速行驶,有路人提供了下述证言:"当时车跑得很快,我估计时速在60km/h以上。"该证言可采吗?

第四节 品性证据的排除及其例外[1]

一、品性证据规则概述

（一）品性证据不能证明具体行为

品性（character）或"品格特性"（character trait），是一个人的道德品质。它通过两种方式表现出来：一是某人在工作单位或社区环境的名声；二是"以一种特殊方式而行为的趋向性"（tendency），这又称为倾向（propensity）。

美国《联邦证据规则》404（a）品性证据规定："（1）禁止使用。一个人的品性或品格特性的证据，不得采纳用来证明该人在具体场合下的行为与其该品性具有一致性。"该规则禁止使用表明行为与品性一致的品性证据。对此，《人民法院统一证据规定（司法解释建议稿）》第33条（品性证据不能证明行为）规定："品性证据不得用来证明某人在具体场合下的行为与其品性具有一致性……"[2]

（二）品性证据排除的正当理由

一个人的品性证据，对证明该人在具体场合中的行为与其品性一致而言是相关的，但品性证据内在地包含着偏见，有可能误导事实认定者以情绪、偏见或任性来取代合理性，增加错误认证的风险。这种风险，对陪审团成员和法官都不例外。品性证据具有以下弱点：①对于说明与品性一致的行为而言，即使它有证明价值，也不是很大；②用于证明品性的证据具有较低证明力且会转移事实审理者对主要问题的注意力；③容易产生不公正的偏见。如果事实认定者倾向于根据良好品性作出对被告人有利的裁决，或者，根据不良品性对被告人作出不利的裁决，那么刑事司法的公正性将无从谈起。

二、品性证据排除的例外

（一）品性证据排除规则的一般例外

美国《联邦证据规则》404（a）禁止使用表明行为与品性一致的品性证据，但又规定了三类例外情况：

1. 第一类例外：刑事被告开放门户的权利和检控方回应的权利。规则404（a）(2)对刑事案件被告或被害人的例外作出规定：

"（A）被告可以提供该被告有关品性特征的证据，如果该证据被采纳，检察官可以提供证据予以反驳"。就是说，刑事被告可以打开被告本人的良好品性证据之

---

〔1〕 本节内容参见［美］罗纳德·J. 艾伦等：《证据法：文本、问题和案例》，张保生、王进喜、赵滢译，满运龙校，高等教育出版社2006年版，第五章。

〔2〕 张保生主编：《〈人民法院统一证据规定〉司法解释建议稿及论证》，中国政法大学出版社2008年版，第29页。

门,在这种情况下,检控方可以在反驳中提供被告的不良品性证据。

"(B)在受到规则412限制的情况下,被告可以提供所称被害人有关品性特征的证据,如果该证据被采纳,检察官可以:(i)提供证据予以反驳;以及(ii)提供被告具有相同品性特征的证据"。就是说,刑事被告可以打开被害人不良品性证据之门,在这种情况下,检控方可在反驳中提供关于被害人良好品性或被告不良品性的证据。

"(C)在凶杀案件中,检察官可以提供所称被害人具有平和品性特征的证据,以反驳该被害人是第一挑衅者的证据。"

把握上述例外情况有两个要点:①检控方永远不能主动提出品性证据去证明被告人的行为是其品性使然,只能被动地在反驳论证中提出品性证据。②在允许使用品性证据的情况下,被控方和检控方提供的品性证据都必须符合"有关的"(pertinent)要求。例如,对一个暴力犯罪的被告来说,提出自己的平和品性证据或被害人的暴虐品性证据,以表明被害人而不是被告人才是第一寻衅者,这将是允许的。同样,对被控犯有伪证罪的被告来说,提出有关被告诚实的品格证据,以表明该被告在一个特定场合并未故意说谎,这将是允许的。然而,在一个暴力案件中,被告若提出被害人具有不诚实品格的证据,以表明该被害人是第一寻衅者,这将不被允许。因为,不诚实与暴虐不符合"有关的"要求,不诚实的人不一定是个暴徒。同样,提出一位伪证罪被告的平和品性证据,以表明该被告未犯伪证罪,这将是不允许的,也不符合"有关的"要求。因为,具有平和品性的人不一定也是诚实的。对于上述"有关的"要求,《人民法院统一证据规定(司法解释建议稿)》第33条是用"同一品性"来表达的:"……但在刑事诉讼中,如果被告人首先提出有关其良好品性或者被害人不良品性的证据,控诉方可提供用以反驳有关被告人、被害人同一品性的证据。"[1]

2. 第二类例外:证人的品性证据,可提供用来弹劾证人的可信性,也可以被对方用来为证人的可信性正誉。规则404(a)(3)规定:"对证人的例外。证人品性的证据可以根据规则607、608和609采纳。"

3. 第三类例外:《联邦证据规则》404(b)(犯罪、恶行或其他行为)规定:"①禁止使用。犯罪、恶行或其他行为的证据,不可采纳用来证明一个人的品性,以表明该人在特定场合的行为与该品性具有一致性。②允许使用;刑事案件中的通知。这种证据可为其他目的而采纳,诸如证明动机、机会、意图、准备、计划、明知、身份、没有错误或者非意外事件。根据刑事案件被告人的请求,检察官必须:(A)就其拟将在审判中提供任何此类证据的一般性质,提供合理通知;并且(B)在审判之前通知;或者,在法院基于正当理由对未能审前通知予以谅解的情况下,在审判

---

[1] 张保生主编:《〈人民法院统一证据规定〉司法解释建议稿及论证》,中国政法大学出版社2008年版,第29页。

期间进行通知。"

(二) 性侵犯和儿童性侵害案件中的品性证据排除及其例外

1. 在性犯罪案件中，被害人过去的性行为或性癖好证据一般不可采。

(1) 在性犯罪案件中，被害人过去的性行为或性倾向证据应予以排除。在刑事和民事案件中，证据规则都严格限制当事人提出被害人性癖好或性行为证据的范围。其政策理由：一是为了鼓励强奸罪被害人积极报案，二是防止在审判过程中对被害人产生不公正的偏见，三是为了保护被害人的隐私权。美国《联邦证据规则》412（性违法案件；被害人的性行为或性癖好）(a) 禁止使用规定，在涉及指称不当性行为的民事或刑事程序中，下列证据不可采：①用以证明被害人从事过其他性行为的证据；或者②用以证明被害人性癖好的证据。

(2) 被害人过去的性行为或性癖好证据排除的例外：规则412（b）例外规定了两点：①在刑事案件中，法院可以采纳下列证据：（A）为证明被告之外的他人是精液、伤害或其他物证的来源，而提供的被害人性行为的具体实例的证据（B）检察官提供的或者被告为证明同意提供的，关于被害人与被控有不当性行为之被告人的性行为之具体实例的证据；以及（C）如被排除将侵犯被告宪法权利的证据。②在民事案件中，如果其证明力在实质上超过对任何被害人造成伤害和对任何当事人造成不公正偏见的危险时，法院可以采纳用以证明被害人的性行为或性癖好的证据。有关被害人名声的证据，只有在该被害人将其置于争议时，法院方可采纳。

2. 在儿童性侵害案件中，被告人性侵犯的品性证据"具有可采性"。美国《联邦证据规则》413（性侵犯案件中的类似犯罪）规定：(a) 允许使用。在被告人被指控性侵犯罪的刑事案件中，法院可以采纳关于被告人实施了任何其他性侵犯的证据。该证据可以在任何与之相关的事项上加以考量。就是说，性侵犯的品性证据"具有可采性"。规则414（儿童性侵害案件中的类似犯罪）规定，14岁以下儿童性侵害案件中类似犯罪的证据具有可采性，但只适用于儿童性侵害犯罪而非一般性侵犯罪。从司法实践来看，所有涉及这个问题的上诉案件均得出结论，即不当性行为证据受制于规则403平衡检验。如果不能用规则403排除导致偏见的不当性行为证据，就会侵犯被告享有公正审判的正当程序权利。

三、我国刑事立法中的品性证据规则

在我国法律传统中，品性证据是量刑的一项重要标准。"西周时期对故意犯罪、惯犯从重处罚，对过失犯罪和偶犯从轻处断。"[1] "唐律中没有累犯的确切概念，但出现了与之相似的'累科'，封建统治者一向把'累科'视为威胁社会的严重犯罪，所以，采取加重处罚的原则。"[2]

在我国现代刑事立法中，品性证据既可以被采纳作为定罪的依据，也可以采纳

---

[1] 参见曾宪义主编：《中国法制史》，中国人民大学出版社2009年版，第47~48页。

[2] 参见曾宪义主编：《中国法制史》，中国人民大学出版社2009年版，第157页。

作为量刑的依据。从定罪的依据来看,《刑法》第 201 条第 4 款规定:"有第一款行为,经税务机关依法下达追缴通知后,补缴应纳税款,缴纳滞纳金,已受行政处罚的,不予追究刑事责任;但是,五年内因逃避缴纳税款受过刑事处罚或者被税务机关给予二次行政处罚的除外。"根据上述规定,被告人先前是否因逃税受过行政处罚或刑事处罚,成为该款条件下被告人是否构成犯罪的重要标准。量刑的依据在我国刑法中更为常见,根据《刑法》第 65~66 条关于一般累犯和特殊累犯的规定,及第 74 条关于累犯的量刑规定,被告人是否犯有前罪、前后罪之间的时间间隔及犯罪性质不同,其被判处的刑罚也不尽相同。

我国司法具有注重被告人个性特点、家庭环境、成长经历、社会活动的传统,其中包含大量品性证据,这些因素对量刑有一定影响,对法官公正审判也有很大风险。品性证据规则在英美法系国家确立的前提是陪审团制度的适用,即事实认定者和法律适用者分离,一般来说品性证据无法进入事实认定者的视野,成为陪审团认定被告人有罪的证据。而在中国司法环境下,法官既是事实认定者又是法律适用者,因此,大量品性证据暴露给事实认定者,很可能导致法官产生偏见,从而作出有失公正的判决,这给我国构建品性证据规则来规范品性证据的运用提供了空间。

1. 品性主要是指一个人的道德品质,内在地包含着偏见。证据法禁止使用表明行为与其品性一致的品性证据,但下列情况除外:

(1) 刑事被告可以打开自己的良好品性证据之门,在这种情况下,检控方可以在反驳中提供被告的不良品性证据;

(2) 刑事被告可以打开被害人的不良品性证据之门,在这种情况下,检控方可以在反驳中提供关于被害人具有良好品性或被告的不良品性证据;

(3) 在凶杀案中,检控方为反驳被害人是第一挑衅者的主张,可以打开被害人性情平和的品性证据之门;

(4) 关于证人的品性证据,可用于对证人的可信性进行弹劾与正誉。

2. 在性犯罪案件中,被害人过去的性行为或性癖好的证据一般不可采。

3. 在儿童性侵害案件中,被告人先前性侵犯的品性证据"具有可采性",但须通过危险性实质上超过证明力的平衡检验标准。

思考题

9.11. 在一起伤害案中,辩护方提供了被害人曾多次打架斗殴而被公安机关调查的证据;检控方作为反驳,提供了被害人多次为灾区捐款的证据。可采吗?

9.12. 根据美国司法统计局对 10.9 万释放犯人的追踪调查,63% 的释放犯人后来又被逮捕,他们重新犯罪的结果是:2300人犯杀人罪,3900人犯性暴力罪,1.7万人犯抢劫罪,2.3万人犯攻击罪。该调查结果还显示,32%已经破案的杀人罪是由假释、缓刑或保释人员所犯。兰德公司在20世纪80年代的一项跟踪调查研究表明,1672名缓刑人员在4年内有51%的人被再次逮捕,并审判定罪。[1] 日本的统计结果与此相似,恐吓犯的再犯罪率大约为70%左右,伤害罪为60%~70%,强盗犯为50%~60%,强奸犯为40%~50%,杀人犯为30%~40%。[2] 显然,被告人曾经犯罪的事实,对于其再次犯罪有较大影响。那么,对于一名被指控犯罪的被告人,其犯罪前科是否可以作为证明被告人可能再次犯罪的证据?

9.13. 在一起强奸案审判中,有言论说:"陪酒女同意性行为的可能性更大;另外,即便是强奸,强奸陪酒女也比强奸良家妇女危害性要小。"根据有关品性证据规则,对上述言论进行分析。

9.14. 被告被指控故意杀人罪,辩护人提供了多位与被告同住一小区邻居的证言,证明被告是平时为人老实诚恳,这些证言可采吗?

9.15. 某住宅被盗,无明显的暴力入侵痕迹,检控方提供证据证明,被告人曾在一周前偷过被害人的钥匙和钱包,该证据可采吗?

第五节　非法证据排除规则及其例外

一、非法证据排除规则概述

（一）非法证据的含义

非法证据一般是指"非法取得的证据"（illegally obtained evidence）,即侦查办案人员违反法律规定的权限、程序或用其他不正当的方法获取的证据。[3] 联合国《禁止酷刑公约》第15条规定,每一缔约国应确保在任何程序中,不得授权业经确定系以酷刑取得的口供为证据。在美国,非法证据起初仅指违反美国宪法第四修正案不得进行不合理的搜查和扣押的规定所取得的证据（通常是物证）,后来逐步扩张,其范围不仅限于非法取得的物证,还包括非法取得的口供和其他陈述,即违反宪法第五、第六修正案和其他成文法和判例法所取得的证据。

（二）非法证据排除规则

1900年代前,非法获得的证据在诉讼中不会被法官排除。普通法传统秉持相关性原则,认为凡与待证事实具有相关性的证据,无论是否用不正当方法取得都可以

---

[1] J. Inciardi, *Criminal Justice*, New York, Harcourt Brace College Publishers, 1999, p.543.

[2] [日] 河内悠纪:"日本市民生活与暴力犯罪",陆青译,载中国政法大学编:《刑事诉讼法参考资料》（第3辑）,第410页。

[3] 张桂勇:"论对非法证据的排除",载《中国人民大学学报》1995年第6期。

采纳。有人甚至认为，仅因执法人员的错误而排除相关证据，会令被告人逃脱刑责，有碍司法公正。1914 年，美国联邦最高法院在威克斯诉合众国案中裁定，[1]违反宪法第四修正案而非法搜查和扣押获得的证据，不得在联邦法庭上使用。这标志着非法证据排除规则正式确立。但在很长一段时间内，该案所确立的非法证据排除规则仅适用于联邦案件，且仅用于限制联邦执法人员的行为。在美国联邦和州的执法与司法过程中，出现了一种"双轨制"现象：一方面，联邦警察非法扣押的证据不得在联邦法庭上使用；另一方面，不但州法庭可以采纳非法扣押的证据，还允许在联邦法庭上采纳州执法人员非法扣押的证据，或者州执法人员将非法扣押的证据交给联邦执法人员之后，可以在联邦法庭上使用该证据。按照当时判例的解释，只要联邦公务员未参与搜查，各州可将违法搜查的证据"置于银盘之上，专供联邦法院采纳"。这被称为"银盘理论"。1960 年，联邦最高法院在埃尔金斯诉合众国案中裁定，[2]宪法第四修正案禁止在联邦检控中使用非法获得的证据，不论证据是由联邦执法人员还是州执法人员获得的。一年后，联邦最高法院最终在马普诉俄亥俄州案中裁定，[3]宪法第四修正案要求各州法院排除通过非法搜查和扣押获得的证据。至此，违反宪法第四修正案的非法证据排除规则适用于美国所有法院。此后，非法证据排除规则在英、德、日等国家和地区诉讼法中相继采用。

在英国 19 世纪的一些早期判例中，法官坦承"关键的问题不在于你如何获取它；即使是你偷来的，它也会被作为证据使用"。[4]英国涉及非法证据排除的法律主要是 1984 年《警察与刑事证据法》，规定对非法自白证据原则上持强制排除态度，即在法定情形下，非法取得的言词证据应无条件予以排除。但在后来的司法判例中，也赋予了法官自由裁量权。以非法手段获取的实物证据是否排除，主要是由法官裁量。德国一般是把非法证据的排除区分为两种情形来处理：一是违反收集证据的禁止性规定，二是使用证据的禁止性规定。德国《刑事诉讼法典》第 136a 条规定：禁止使用虐待、疲劳战术、伤害身体、服用药物、折磨、欺诈或者催眠等方法讯问被指控人，也不能使用有损于被指控人记忆力、理解力的措施讯问，即使被指控人同意这样做，所得到的陈述也不能作为证据使用。

在日本，非法证据排除是通过判例所形成的规则，而并不是由法律条文明确规定。一般认为，1978 年大阪冰毒案确立了非法证据排除规则。后来，日本《宪法》第 38 条规定："以强制、拷问或胁迫取得的自白，或者经过不适当的长期拘留或拘禁后的自白，不得作为证据。"

---

[1] Weeks v. United States, 232 U. S. 383 (1914).

[2] Elkins v. United States, 364 U. S. 206 (1960).

[3] Mapp v. Ohio 367 U. S. 643 (1961).

[4] [加] 琼·布鲁克曼、V. 戈登·罗斯："被禁止的非法的和错误的证据"，载江礼华等：《外国刑事诉讼制度探微》，法律出版社 2000 年版，第 387 页。

二、非法证据排除的正当理由

(一) 维护司法纯洁

该理论认为，非法证据排除的主要目的在于维护司法纯洁（judicial integrity）。警察通过非法手段获得证据，在本质上是一种违法行为，若法院在审判中使用侦查机关非法取得的证据，不仅是默认并且助长了警察违法侦查和违法收集证据，甚至是间接鼓励这种非法行为。如果把警察的非法取证行为视为盗窃，那么非法证据就属于"赃物"，法院采纳非法证据实属"收购赃物"，成为警察违法的"共犯"。作为"正义最后一道防线"的法院不但应洁身自好，而且应审查警察行为的合法性，对非法取证行为实施程序性制裁。

(二) 保障人权

随着司法文明的发展，程序的价值目标也发生变化，发现真相不再是刑事诉讼的终极目标，人权保障被提到越来越重要的地位。被告人不再是诉讼的客体，其基本权利同样受到程序的保障。很多国家把司法人权保障提升到宪法的高度。非法证据排除规则得到了许多国际人权公约的认可，例如，联合国《禁止酷刑公约》第15条要求，每一缔约国应确保在任何程序中，不得授权业经确定系以酷刑取得的口供为证据，但这类口供可用作被控施酷刑者刑讯逼供的证据。世界刑法学会第十五届大会《关于刑事诉讼法中的人权问题的决议》第10条也规定："任何侵犯基本权利的行为取得的证据，包括派生出来的间接证据，均属无效。"

(三) 吓阻警察不法

警察向来以破案为首要目标，为防止警方不择手段取得证据，法律上可以采取多种手段来吓阻。但司法实践表明，从程序上排除非法证据的使用，最能发挥功效。非法证据可以被采纳，是警察甘愿冒险进行违法取证的最大诱因，而非法证据的排除，则把其违法成本上升到最大。如果警察通过违法搜查、扣押获得的证据若最终被法院排除，警察违法取证就没有价值，徒浪费时间与人力。这种吓阻效力使得执法人员在将来进行取证之前，必谨慎规范其行为，在工作领域中发展起更多专业侦查技能。

(四) 彰显程序正义

程序正义要求诉讼过程体现平等、公正、透明和文明。虽然国家追诉机关与犯罪嫌疑人、被告人在刑事诉讼攻防力量上不可能平等，但在诉讼地位上、权利保障上应当尽可能地实现平等，并特别要求执法机关遵守正当程序。正当程序原则要求刑事诉讼必须遵守法律明确规定的法律规范，不能为了追求发现真相的目的而牺牲正当程序。例如，非法口供排除规则不仅是为了保障口供的真实性，更主要的是保障口供的自愿性。非法证据排除增强了法院裁判的正当性和公信力，使得诉讼结果更能为当事人所接受。

三、非法证据排除的原则和例外

（一）强制排除主义和裁量排除主义

非法证据的排除，分为强制排除主义和裁量排除主义。前者是指一有证据违法取得的情形，证据即应排除，法院并无裁量的余地；后者是指法院拥有排除的裁量权。这两种排除原则往往针对不同的证据形式或者违法的不同程度。例如，在英国，明确规定法院对一些严重违反法定程序获得的口供必须排除；但对于非法搜查、扣押等得到的实物证据，则采取利益权衡原则，即法官如果认为证据的不利作用超过了其证明价值，法官便享有不采纳此种证据的自由裁量权。对于非法言词证据、非法实物证据以及根据非法证据获得的证据（"毒树之果"）采取何种态度，反映了不同国家刑事司法政策在打击犯罪、保障人权以及维护社会价值方面的利益权衡。

（二）非法口供的绝对排除

非法口供乃采用刑讯逼供等手段获得，严重侵犯了公民的人权，因而各国通常都采取非常严厉的态度，要求一律予以排除。例如，美国联邦最高法院为制止使用通过侵犯公民宪法性权利而获取有罪供述，通过判例确立了一系列证据可采性规则，因而确立了非任意性自白的判断标准，即自愿的自白应当是自由意志和正常智力的产物，如果违反这一原则，无疑就是非任意性自白。后来更为严格的规定是，如果自白为联邦官员在延长被告拘禁期内所得或侵犯其律师帮助权或未遵守沉默权告知规则，不问此项自白是否可信与自愿，联邦法院都将不予采用。在英国，被告人自白的可采性通常在于它是否完全自愿，违反自愿性的情形不仅包括以刑讯逼供、暴力威胁手段取得的自白，还包括侵犯律师在场权所获得的自白。1984 年英国《警察与刑事证据法》第 76 条规定了对非法取得的被告人供述采取自动排除的原则。在一些大陆法系国家，对以非法方法获得的犯罪嫌疑人、被告人的口供也同样持否定态度，不能作为定案依据。如德国《刑事诉讼法典》规定，对违反第 136a 条禁止性规定所获得的陈述，"即使被指控人同意，也不允许使用"。日本《刑事诉讼法》第 319 条第 1 款规定："强制、拷问或胁迫获得的自白，因长期不当拘留后作出的自白及其他非自愿的自白，不能作为证据。"

（三）非法物证的可采性问题

在对待非法取得的物证的可采性问题上，各国做法不一，主要分为三种：①全部排除；②原则排除有例外；③法官自由裁量排除。

绝对排除的代表是意大利。意大利《刑事诉讼法典》第 91 条"非法获取的证据"规定："①在违犯法律禁令的情况下获取的证据不得加以使用；②可以在诉讼的任何阶段和审级中指出上述证据的不可使用性。"当然，完全排除非法获得的实物证据或许过于极端。

一些国家对非法取得的实物证据一般采取自由裁量原则。例如，日本最高法院 1978 年的判例宣布，如果在物证的扣押程序上存在忘却《宪法》第 35 条和《刑事诉讼法》第 218 条第 1 项规定的令状主义的重大违法，从抑制将来违法侦查角度看该物证采纳不适当时，就应当否定其证据能力，从而确立了有条件的非法物证排除规则。

上述三种方式中最有代表性的是美国"原则加例外"。美国曾一度强制排除非法取得的物证，但在20世纪80年代，由于犯罪浪潮的不断冲击，美国最高法院修正了在非法证据排除规则上的僵化立场，增加诸如"善意例外""公共安全例外""必然发现例外""独立来源例外""稀释例外"等非法证据排除的例外。在美国联邦诉讼中，大陪审团审理的案件不适用非法证据排除规则。一些非法证据不能直接作为认定被告人有罪的证据，但可以用来反驳被告人，证明其前后陈述的矛盾，降低其可信性，这属于非法证据的有限采纳。

对于"毒树之果"（fruit of poisonous tree），即以违法所收集的证据为线索进一步所获得的证据，是否将其排除，则存在更多的分歧。美国虽然原则上排除，但最高法院有关判例确认了一些例外。英国则采取"砍树食果"原则，即排除被告人供述但并不排除从该供述中发现的证据的可采性。而在德国和日本的判例中，肯定与否定"毒树之果"可采性的判例都有。

考虑到排除证据的社会成本较高，即使宪法性排除规则遏制错误的国家行为，其遏制的代价却是增加了有罪的人未被定罪的概率，另外就是对证据排除作为一种威慑力之效力的怀疑，这两种关注的联合作用，在美国法院产生了一系列缩减排除规则范围的裁决。例如，在第四修正案领域，仅当一个人对隐私权的合法期待被侵犯时，他才能投诉一项不合理的搜查和扣押。假定，一名警察未获得批准令状就搜查了一栋房屋，且找到了可将该房主和第三方归罪的证据。在这种情况下，该房主能够排除该证据，而第三方却不能。法院的结论是，将排除规则扩展适用于第三方，将导致没有任何补益的错误无罪开释。又如，检控方不能在其主诉中使用非法获取的证据，以反对其权利遭受侵害的被告人；但如果该人出庭作证，非法取得的证据却能被用于弹劾该被告人证人。即使证据是非法取得，但检控方若能证明它将被以一种合法方式"必然发现"，或者通过另一个独立的非法来源获得这些证据，那么，这些证据仍可为检控方所用。同样，间接来源于非法行为的证据也可为检控方所用。[1]

四、非法证据排除的证明责任

在非法证据排除规则适用中，由谁承担证据"非法"的证明责任，有其特殊重要性。世界各国或地区普遍将证据合法性的证明责任施加于控诉方。在我国司法实践中，曾经把非法取证行为的证明责任转嫁给被告人，导致被告人无法证明，致使非法证据排除规则形同虚设，从根本上限制了该规则的适用。2010年"两院三部"《排除非法证据规定》第6条明确了申请非法证据排除的，应当提供相关的线索或者

---

[1] 参见［美］罗纳德·J. 艾伦："排除规则的困难"，郑飞、强卉译，张保生校，载《证据科学》2012年第6期。

证据；2012年《刑事诉讼法》第57条（2018年第59条）进一步规定了证据收集合法性的证明责任由人民检察院承担。

（一）美国的非法证据排除证明责任分配

在美国，原则上是由控诉方承担证据合法性的证明责任，具体有四种情况：

1. 非法口供的排除，如果被告人以供述属于非自愿为由提出排除证据的动议，控诉方应当承担证明该供述为自愿供述的责任。

2. 非法搜查、扣押证据的排除，如果搜查和扣押是以法官签发的令状为依据进行的，被告人有责任证明该搜查和扣押违反了宪法第四修正案，但如果警察没有取得法官授权实施了无证搜查行为，检察官需要证明该搜查和扣押行为的合法性。

3. 毒树之果的排除，被告人如果申请排除某非法证据的派生证据，就需要提出证据证明该派生证据业已受到非法搜查、扣押等行为的污染，但对于毒树之果排除的例外情形，检察官则"要承担一项最终的说服责任，以证明他的证据未受任何污染"。

4. 非法辨认获得证据的排除，如果被告人申请排除警察非法辨认所得的证据，证明责任需要按照一些特殊规则加以确定。在非法证据排除的证明标准上，如果提出动议的被告人需要承担证明责任，需达到优势证据的程度；如果控诉方承担证明责任，其证明标准一般也是优势证据，但在特殊情况下需要达到"清楚和令人信服的证据"的程度。[1]

（二）其他国家或地区非法证据排除的证明责任分配

在英国，1984年《警察与刑事证据法》第76条规定："在任何公诉方计划将被告人供述作为本方证据提出的诉讼中，如果有证据证明供述是或者可能是通过以下方式取得的：①对被告人采取压迫的手段；或者②实施在当时情况下可能导致被告人的供述不可靠的任何语言或行为，则法庭应当不得将该供述作为对被告人不利的证据被提出，除非检察官能向法庭证明该供述（尽管它可能是真实的）并非以上述方式取得，并且要将此证明到排除合理怀疑的程度。"同时，在任何公诉方计划将被告人供述作为本方证据提出的诉讼中，法庭可以自行要求公诉方证明该供述并非采取非法方式取得，并将此作为允许该供述在法庭上被提出的条件。可见，在英国当辩方对证据合法性提出异议时，检察官承担证明口供来源合法的责任，并要证明到排除合理怀疑的程度。

德国《刑事诉讼法典》规定：如果就刑讯逼供发生争议，被告人有权通过律师告到法院。法院要中止审理，立即开庭审理刑讯逼供是否发生，要不要排除。且举证责任倒置，由检察官来承担证明刑讯逼供没有发生的责任，并且证明标准要达到优势证据。如果刑讯逼供被排除了，还要给被告人一次机会再申诉，由上级法院

---

[1] 陈瑞华：《刑事诉讼的前沿问题》，中国人民大学出版社2005年版，第586~590页。

审理。[1]

在日本，对非法证据排除的证明责任也分别作出规定。控辩双方对各自请求调查的证据是否具有证据能力均负有举证责任，这是一项基本原则。对于自白，在被告人提出异议时，检察官有义务向法庭证明其确属出于自由意志。[2] 对于非法获得的实物证据，一旦证据物的收集程序违法已由被告人一方提出时，对搜查、扣押合法性的举证责任由控方承担；对于自白的任意性，在被告人提出异议时检察官有义务向法庭证明的确出于自由意志，但检察官对自白的任意性并非总要举证，法庭可依职权就自白的任意性进行调查。[3]

我国台湾地区"刑事诉讼法"第156条，对于是否存在刑讯逼供，采用"严谨证据法则"，规定"被告陈述其自白系出于不正之方法者，应先于其他事证而为调查。该自白如系经检察官提出者，法院应命检察官就自白之出于自由意志，指出证明之方法"。

五、我国非法证据排除规则的完善及其反思

（一）我国非法证据排除规则不断完善

1. 《刑事诉讼法》关于非法证据排除规则的系统规定。2012年《刑事诉讼法》对非法证据排除规则作了系统规定：①排除范围，包括言词证据和实物证据（第54条）。②排除程序（第55条、第56条第1款）。③证明责任，包括申请排除者的初步证明责任（第56条第2款）和检察院的证据合法性证明责任（第57条）。④证明标准（第58条），"对于经过法庭审理，确认或者不能排除存在本法第五十四条规定的以非法方法收集证据情形的，对有关证据应当予以排除"，这意味着，对非法取证的事实认定有两个证明标准，一是优势证据标准，即对法官审查判断来说，只要"不能排除"非法取证的可能性，或者，非法取证的可能性大于不可能性，有关证据就应当予以排除；二是确信无疑标准，即对检察院来说，对证据收集合法性的证明要达到排除合理怀疑的程度，否则，有关证据将会被法官排除。⑤排除方法（第54条），对非法取得的言词证据予以绝对排除；对非法取得的物证、书证采用相对排除办法，即达到严重影响司法公正的程度，且不能补正或作出合理解释的，才予以排除。

上述规定表明，我国已经从法律层面基本确立了非法证据排除制度，但在立法和司法实施等方面还存在一些不够完善的问题。

2. "两院三部"《严格排除非法证据规定》的进一步完善。2017年"两院三部"《严格排除非法证据规定》，在重申法律已有的部分规定之外，立足于实践对于"非法证据"的范围作出了更为具体的规定：①采取殴打、违法使用戒具等暴力方法或

---

[1] 参见陈瑞华：《律师制度与司法改革》，载《律师与法制》2003年第2期。
[2] [日] 西元春夫：《日本刑事法的形成与特色》，法律出版社/日本成文堂1997年版，第170页。
[3] 孙长永：《日本刑事诉讼法导论》，重庆大学出版社1993年版，第104页。

者变相肉刑的恶劣手段，使犯罪嫌疑人、被告人遭受难以忍受的痛苦而违背意愿作出的供述；②以暴力或者严重损害本人及其近亲属合法权益进行威胁的方法获取的犯罪嫌疑人、被告人供述；③采用非法拘禁等非法限制人身自由的方法获取犯罪嫌疑人、被告人供述。同时对于过去未作出明确规定的"重复自白"，第5条首次确立了重复性供述的排除规则，并设定了两种例外情形：一是侦查阶段主体变更的例外；二是诉讼阶段变更的例外。

(二) 非法证据排除规则存在立法技术方面的问题[1]

我国非法证据排除规则源于最高人民法院1998年的一个司法解释，明确要求"以刑讯逼供、威胁、引诱、欺骗等非法方法取得的被告人供述，不得作为定案依据"。2010年"两院三部"《排除非法证据规定》初步确立了我国的非法证据排除规则，规定"采用刑讯逼供等非法手段取得的犯罪嫌疑人、被告人供述和采用暴力、威胁等非法手段取得的证人证言、被害人陈述，属于非法言词证据"，"经依法确认的非法言词证据，应当予以排除，不能作为定案的根据"，这一表述后被吸收进2012年修正的《刑事诉讼法》。可以看出，我国初期的非法证据排除规则基本上属于宣誓性或原则性的规定，而且几乎都有"查证确实"的表述，即只有被查明确属刑讯逼供等手段取得的供述，才不能作为定案的根据。这实际上要求，在排除非法证据之前必须有一个确认取证行为违法的程序。实践中，对刑讯逼供往往难以认定，主要是立法上存在障碍。为使非法证据排除规则有更强的操作性，在随后颁布的司法解释中，最高人民法院试图将"刑讯逼供等非法手段"解释为"使用肉刑或者变相肉刑，或者采用其他使被告人在肉体上或者精神上遭受剧烈疼痛或者痛苦的方法，迫使被告人违背意愿供述"。在2013年最高人民法院《关于建立健全防范刑事冤假错案工作机制的意见》中，更明确地将非自愿供述界定为"采用刑讯逼供或者冻、饿、晒、烤、疲劳审讯等非法方法收集的被告人供述"。虽然立法上对于"刑讯逼供"等非法方法的解释越来越明确，但立法是无法穷尽所有的"非法方法"的。上述立法上的障碍，使得在司法实践中要排除非法证据存在着"界定难""证明难""排除难"的问题。

立法的滞后性使其难以满足司法者的要求。对此，何家弘教授建议用"刑讯逼供推定规则"作为非法证据排除规则的补充，在有下列三种情形之一且侦查人员不能提供充分反证的，应该推定有刑讯逼供：①犯罪嫌疑人在接受侦查讯问期间突然死亡的；②犯罪嫌疑人在侦查讯问期间形成非自造性身体损伤的；③侦查人员没有按照法律规定把犯罪嫌疑人送看守所羁押或者在送交之后没有按照法律规定在看守所内进行讯问。前两者和"刑讯逼供"之间具有盖然性很高的伴生关系，第三类虽然盖然性略低，但是对于促进侦查人员依法办案和保护犯罪嫌疑人合法权利有其

---

[1] 参见吴丹红："非法证据排除规则的实证研究"，载《现代法学》2006年第5期。

积极意义。制定这样推定规则的最佳途径是通过司法判例来确立。[1]

（三）非法证据排除规则留下"补正"缺憾[2]

根据《刑事诉讼法》第56条的规定，对非法取得的物证和书证采取裁量排除原则，然而，第56条的"补正"规定是一个致命的立法缺陷。因为，"补正"若以2010年"两院三部"《死刑案件证据规定》第9、14、21、30条以及《排除非法证据规定》第14条为操作依据，那结果将是：所有非法取得的物证、书证都能通过"补正"而获得合法性；法院若在非法证据排除程序中适用这5条"补正"规定，将会抵消非法物证、书证排除规则的全部效力。因此，根据最佳证据规则预防欺骗性证明以及防止提出篡改过的证据的要求，必须废除这5条"补正"规定，才能防止侦查人员事后造假和作伪证。最高人民法院2012年《刑事诉讼法解释》本应纠正这个立法错误，但遗憾的是，其第73、77、82条关于物证、书证收集程序，证人证言瑕疵和讯问笔录的瑕疵的补正规定，继续重复了"两院三部"《死刑案件证据规定》的概念性错误。在2017年"两院三部"《严格排除非法证据规定》第7条中，有关书证、物证收集程序瑕疵的"补正"规定再一次得到沿用。2021年最高人民法院《刑事诉讼法司法解释》对该问题仍付之阙如。这些"补正"规定起到了助纣为虐的作用，给侦查人员、询问人员等通过"补正"程序事后造假留下了空间，可能导致欺骗性的证据合法性证明。相比之下，2012年《人民检察院刑事诉讼规则》第66条关于"补正"是对"非实质性瑕疵"进行补救的规定，突破了"补正"乃"补充和改正（文字的疏漏和错误）"的日常语义，纠正了2010年"两院三部"《死刑案件证据规定》《排除非法证据规定》和最高人民法院2012年《刑事诉讼法解释》中关于允许对物证、书证的"实质性缺陷"进行"补正"的错误规定。

（四）证据合法性调查程序中的侦查人员出庭[3]

审判阶段的证据收集合法性调查程序，是非法证据排除程序的核心，而其中的侦查人员出庭作证又是核心之核心。2012年《刑事诉讼法》第57条第2款规定："现有证据材料不能证明证据收集的合法性的，人民检察院可以提请人民法院通知有关侦查人员或者其他人员出庭说明情况；人民法院可以通知有关侦查人员或者其他人员出庭说明情况。有关侦查人员或者其他人员也可以要求出庭说明情况。经人民法院通知，有关人员应当出庭。"

上述规定虽然确立了刑事证据合法性调查程序中的侦查办案人员出庭制度，但存在如下缺陷：①关于侦查办案人员出庭的三种启动程序，即检察院提请的通知程

---

[1] 参见何家弘："适用非法证据排除规则需要司法判例"，载《法学家》2013年第2期。

[2] 参见张保生、常林主编：《中国证据法治发展报告（2012）》，中国政法大学出版社2014年版，序言。

[3] 参见张保生、常林主编：《中国证据法治发展报告（2012）》，中国政法大学出版社2014年版，序言。另参见张保生："非法证据排除与侦查办案人员出庭作证规则"，载《中国刑事法杂志》2017年第4期。

序、法院的通知程序、侦查办案人员的要求程序,只赋予了检察院、法院和侦查办案人员的程序启动权,却唯独剥夺了辩方申请侦查办案人员出庭的权利,这有违控辩双方权利平等原则。②"有关侦查人员或者其他人员出庭说明情况"的规定,立法语言过于模糊,关于"出庭说明情况"而非"出庭作证"的表述,暗示了侦查办案人员出庭拥有"单向性说明"特权。这使人联想到我国长期形成的"警察特权,让警察出庭与刑事被告人对簿公堂,被认为是降低了警察的身份"[1]。

有鉴于此,2017年"两院三部"《严格排除非法证据规定》对侦查办案人员出庭作证制度作了新的规定:①第27条规定:"被告人及其辩护人申请人民法院通知侦查人员或者其他人员出庭,人民法院认为现有证据材料不能证明证据收集的合法性,确有必要通知上述人员出庭作证或者说明情况的,可以通知上述人员出庭。"该规定在我国刑事司法史上第一次赋予了辩方申请法院通知侦查办案人员出庭作证的程序启动权,这是对2012年《刑事诉讼法》第57条第2款规定的重大发展,其法治意义在于维护了控辩双方的诉讼权利平等。当然,在辩方申请人民法院通知侦查办案人员出庭的情况下,第27条仍然沿用了人民法院认为"确有必要通知上述人员出庭作证或者说明情况的,可以通知上述人员出庭"的规定,这是一个令人遗憾的缺陷。既然"确有必要通知",合乎逻辑的规定该是人民法院"应当通知",而不是"可以通知"上述人员出庭作证。就是说,法官在这个问题上的自由裁量权,应当被一项刚性的立法规定所取代,这才能切实维护辩方申请排除非法证据的诉讼权利。②第27条明确规定了侦查办案人员出庭的身份是"出庭作证或者说明情况"。这里虽然还留下了一句"说明情况"的尾巴,但已无足轻重,因为前文"出庭作证"已明确无误地将其出庭身份界定为证人。另一个令人遗憾的是,2018年《刑事诉讼法》第59条第2款并未吸收2017年"两院三部"《严格排除非法证据规定》关于侦查办案人员"出庭作证"的规定。

1. 非法证据是指通过违反法律规定的程序、权限和方式所取得的证据。
2. 排除非法证据的理由主要是维护司法纯洁、保障基本人权、吓阻警察不法和彰显程序正义。同时也反映了不同国家刑事司法政策在打击犯罪、保障人权以及维护社会价值方面的利益权衡。
3. 对于非法口供,各国通常采取一律排除的态度;对于非法取得的实物证据的可采性,存在全部排除、原则加例外以及法官自由裁量排除三种做法。

---

[1] 崔敏:"关于警察出庭作证的若干问题",载《中国人民公安大学学报》2005年第5期。

 **思考题**

9.16. 联合国《禁止酷刑公约》第15条规定不得采用以酷刑取得的口供为证据,美、英、德、日等国也对非法获得的口供一律排除。我国《刑事诉讼法》第54条规定,对非法取得的言词证据予以绝对排除。对于非法获得的言词证据的排除,与对非法获得的口供一律排除,有何差别或利弊?

9.17. 某年6月11日,某杂志社新闻部主任李某,因涉嫌敲诈勒索罪被某市公安局经侦大队抓获后移送起诉。在审查本案证据时发现,李某在侦查阶段有7次供述笔录,其中5次否认,2次承认(其中一次属明显长时间讯问)。李某在被羁押前身体健康,被取保候审时经市人民医院诊断为椎间盘膨出,本人陈述为遭到刑讯逼供所致,并有6月22日《犯罪嫌疑人病情通知书》佐证当时伤情。因证据不足,检察院撤诉,之后补充了两份由讯问人员出具的自书未曾刑讯逼供的《情况说明》作为新证据再次起诉。本案被告人的2次有罪供述,能作为定案根据吗?

9.18. 在王进德故意伤害案中,甘肃省天水市中级人民法院刑事附带民事判决书(2012)天刑一初字第23号。辩护人提出:"案卷中部分证人证言形式不符合法律规定,存在没有两名侦查人员亲笔签名和询问时间记录不清的问题,属于非法证据,应当予以排除。"法官审理后认为:"辩护人所提部分证人证言应作为非法证据予以排除的意见,经查,'两院三部'《排除非法证据规定》第1条对应予排除的非法证据作了明确界定,即采用刑讯逼供等非法手段取得的犯罪嫌疑人、被告人供述和采用暴力、威胁等非法手段取得的证人证言、被害人陈述,属于非法言词证据。本案中辩护人所提证人证言,不属于上述规定中以暴力、威胁等手段取得的情形,不属于排除的范围,取证中存在的问题应通过补正等方式,综合全案其他证据综合予以采信。"这里,法官直接认定这种情况属于瑕疵证据而不是非法证据,存在什么问题?

第六节 不能用以证明过错或责任的证据

和谐作为一项证据政策,体现了求真与求善的一种价值平衡。不得用以证明过错或责任的证据规则,包括事后补救措施、和解与提议和解、支付医疗及类似费用、自认和撤销自认等规则,旨在维护与市场经济秩序一致的诚实信用、公序良俗,鼓励人们采取救助、和解等不断增加社会和谐因素的行为,这些规则对提高社会道德水平、促进社会和谐和社会福祉具有重要意义。

一、事后补救措施

事后补救措施,是指在伤害或者损害发生后,行为人采取了如果事先采取将降低该伤害或者损害发生可能性的措施。美国《联邦证据规则》407(事后补救措施)

规定:"如果采取了会使之前的伤害或者损害更不可能发生的措施,则关于这些事后措施的证据不得采纳来证明过失、罪错行为、产品缺陷或其设计缺陷、警示或指示的必要性。"我国立法目前尚无事后补救措施证据排除规则,只有《人民法院统一证据规定(司法解释建议稿)》第35条(事后补救措施)第1款规定:"在伤害或者损害发生后,行为人采取了如果事先采取将降低该伤害或者损害发生的可能性的措施,这些事后补救措施不得采纳作为证明过错、产品瑕疵、产品设计瑕疵或者未尽警示义务的证据。"[1]

常见的事后补救措施包括:①向雇员发出遵守安全规定的警示;②改变产品的设计;③维修或改变财产的状况,如事故后对桥梁的维修;④惩戒或解雇被指控对事故负有过失责任的人;⑤发出召回通知;⑥修改管理规章或规定;⑦张贴警示标志。

事后补救措施的相关性在于,其"如果事先采取将(事实上)使得伤害或损害更不可能发生"。[2] 根据这种相关性理论,当诉讼当事人采取事后补救措施时,就相当于承认有过错或过失责任。这种推论可能带来错误认证的风险,并有可能造成不公正的偏见。事后补救措施排除规则,要求法官不应被这种相关性理论束缚,而应该考虑社会福利和公益事业。如果当事人提出了有关事后补救措施证据,法官应当衡量和检验由其推断过错的危险性是否实质上超过其证明力,从而作出排除与否的裁定。

关于过错和责任的证明,应当通过有关直接证据或其他间接证据加以证明。事后补救措施是一种间接证据,通常只具有微弱的证明力,并且可能会混淆争点。排除事后补救措施的正当理由在于,法律不应阻止人们从事对社会有益的行为,我们的社会不想让人们因为做好事而受到"惩罚"或损害,用一个人的善行来反对该人是不公正的。因此,这一排除规则"立足于鼓励人们采取——至少不阻止他们采取——不断增加安全措施的社会政策"。[3]

当然,事后补救措施证据的排除不是绝对的,根据"有限可采性"原则,法院可以为其他目的采纳该证据,例如,弹劾或在争议情况下证明所有权、控制权或者预防措施的可行性。

二、和解提议与谈判

当损害性事件发生后,争议双方可能就该事件进行协商。和解提议与和解谈判证据的排除规则是指,在赔偿责任或者数额问题上,当事人先前为达成和解而作出

---

[1] 张保生主编:《〈人民法院统一证据规定〉司法解释建议稿及论证》,中国政法大学出版社2008年版,第182页。

[2] [美]罗纳德·J.艾伦等:《证据法:文本、问题和案例》,张保生、王进喜、赵滢译,满运龙校,高等教育出版社2006年版,第351页。

[3] [美]罗纳德·J.艾伦等:《证据法:文本、问题和案例》,张保生、王进喜、赵滢译,满运龙校,高等教育出版社2006年版,第351页。

妥协所涉及的对案件事实的认可，不得在其后的诉讼中被采纳作为对其不利的证据。美国《联邦证据规则》408（和解提议与谈判）规定："（a）禁止使用。任何一方当事人用下列证据证明或证伪一个有争议的索赔的有效性或数额，或者以先前不一致的陈述或矛盾为由进行弹劾，该证据不可采纳；①在就该索赔进行和解或者试图和解时，给予、承诺或提议——或者接受、承诺接受或提议接受——有价值的对价；以及②在就该索赔进行和解谈判期间所作出的行为或者陈述——在刑事案件中提出该证据，以及在与一个行使其规制、调查或者执法权威的公共机关提出的索赔有关的谈判时除外。"该规则旨在鼓励人们采取接受一项和解提议与和解谈判的行为，有关这种和解提议与和解谈判的有价补偿证据，不得采纳用来证明行为人负有过错责任。《人民法院统一证据规定（司法解释建议稿）》第36条（和解和要求和解）规定："在赔偿责任或者数额问题上，当事人先前为达成和解而作出妥协所涉及的对案件事实的认可，不得在诉讼中采纳为对其不利的证据。"[1]

该排除规则也被称为"善人"规则，其正当理由与事后补救措施相似，有利于纠纷的非诉讼解决，促进和谐社会的培育。

和解提议与和解谈判证据的相关性在于，其有时能反映争议中不利一方试图妥协的心理。从和解提议与和解谈判中得出的一个貌似合理的推断是，主动提议和解者相信自己在导致提起赔偿请求的事故中有过错，提议和解就是对过错或责任的默认。但是，就赔偿请求进行和解的愿望存在着其他可能的解释，如果片面地认为试图和解者即是过错方，有可能是不公正的。和解提议与和解谈判是一种间接证据，通常只具有微弱的证明力，并且可能会混淆争点。在本教材【案例2.2】中，"原告摔倒致伤，被告发现后将原告扶至旁边，在原告的亲属到来后，被告便与原告亲属等人将原告送往医院治疗"。这种救助行为，可被视为一种和解与提议和解行为，在此类事故发生后提出和解的人，可能对该事故负有责任，也可能不负有责任。证据法排除此类证据，乃是对当事人采取和解行为的积极肯定，可以消除其后顾之忧。

需要说明的是，该规则的排除性规定，仅仅适用于就存在争议的赔偿要求举行和解谈判期间所提出的和解提议或过错陈述，才不可采。如果不存在发生争议的赔偿请求，或在对方提出任何赔偿请求之前就提议和解或承认过错，该过错陈述将是可采的。此外，根据规则408（b）例外："法院可以为其他目的采纳该证据，例如，证明证人的成见或偏见，否定有关不当拖延的争论，或者证明一种妨碍刑事调查或者追诉的努力。"

三、支付医疗或类似费用

美国《联邦证据规则》409（提议支付医疗及类似费用）规定："关于支付、承诺支付或者提议支付因伤害而引起的医疗、住院或者类似费用的证据，不得采纳来

---

[1] 张保生主编：《〈人民法院统一证据规定〉司法解释建议稿及论证》，中国政法大学出版社2008年版，第182~183页。

证明对该伤害负有责任。"我国立法目前尚无关于支付医疗或类似费用的证据排除规则,只有《人民法院统一证据规定(司法解释建议稿)》第37条(支付医疗或类似费用)规定:"有关支付或者承诺支付因伤害而引起的医药、住院或者类似费用,不得采纳作为支付者或者承诺支付者对该伤害负有责任的证据。"[1]

支付医药或类似费用的证据对于证明行为人负有责任具有相关性,人们可以把这种支付行为看作是对过错的默认,并由此赔偿行为引发一个推断,即支付者可能感到对承担该费用有法律上的责任,如果支付者有这种信念,这种推断也许是正确的。例如,如果一个骑自行车的人撞了行人,提议支付该行人的医药费。但是,在之后行人对骑车者的请求赔偿诉讼中,无论该提议还是该支付行为都不能采纳用来证明骑车人的责任。该规则的正当理由同样在于,法律不应阻止人们从事对社会有益的行为,不能因为某个人做好事而"惩罚"或损害他。该规则设立的正当理由依然是"善人"规则,就是说用一个人的善良行为来反对该人是不公正的。

然而,我们在本教材【案例2.2】彭宇案一审判决中丝毫看不到这样的"善人"规则。对于"被告在事发当天给付原告200多元钱款且一直未要求原告返还"的行为,该案判决书说:"根据日常生活经验,原、被告素不认识,一般不会贸然借款,即便如被告所称为借款,在有承担事故责任之虞时,也应请公交站台上无利害关系的其他人证明,或者向原告亲属说明情况后索取借条(或说明)等书面材料。"这种推断,当然源于我国缺乏支付医疗或类似费用的证据排除规则。然而,完善的证据制度应该鼓励因伤害引起的救助行为,不应阻止人们从事对社会有益的行为,不能因行善而使自己受到"惩罚"或损害,行善而得到恶报是不公正的。

四、自认和撤销自认

自认是指,当事人一方承认对方当事人所主张的不利于己的事实为真实,或者对于对方的诉讼请求予以认可的意思表示。自认概念一般在民事诉讼中使用,在刑事诉讼中,自己承认并陈述犯罪事实称为自白,但在广义上也可把自白归入自认。美国《联邦证据规则》410(答辩、答辩讨论以及有关陈述)(a)禁止使用规定:"在民事或刑事案件中,下列证据不可采纳用来反对作过答辩或者参与了答辩讨论的被告人:①之后撤回的有罪答辩;②不抗争之答辩;③根据《联邦刑事诉讼规则》第11条或类似的州程序进行的诉讼中所作任一答辩的陈述;④在与检控机关的律师进行答辩讨论期间所作的陈述,该陈述没有导致有罪答辩或导致的有罪答辩后来又被撤回。"规则401(b)例外。"在下列情况下,法院可以采纳规则410(a)(3)或者(4)所描述的陈述:①在任何诉讼程序中,在同一答辩或答辩讨论中作出的另一个陈述已经被提出,这些陈述应当一起考虑方显公正;②在关于伪证或虚假陈述的刑事程序中,如果被告人在宣誓后作出该陈述,记录在案且律师在场。"

---

[1] 张保生主编:《〈人民法院统一证据规定〉司法解释建议稿及论证》,中国政法大学出版社2008年版,第184页。

我国《刑事诉讼法》第55条规定:"对一切案件的判处都要重证据,重调查研究,不轻信口供。"尽管上述规定强调了口供或自认对于事实认定具有不充分性,但我国《刑事诉讼法》中并无排除自认和撤销自认的证据规则。在民事诉讼和行政诉讼中,均有设条件的自认排除规定,其条件是"为达成调解协议或者和解的目的作出"的自认。最高人民法院《行政诉讼证据规定》第66条规定:"在行政赔偿诉讼中,人民法院主持调解时当事人为达成调解协议而对案件事实的认可,不得在其后的诉讼中作为对其不利的证据。"

《人民法院统一证据规定(司法解释建议稿)》第60条(撤销自认)规定:"下列撤销自认的证据不得用来反对做过该自认的当事人:(一)当事人在各种答辩中自认,但在审判中又撤回自认并经对方当事人同意;(二)当事人有充分证据证明,其自认是在受到胁迫或者重大误解的情况下作出的;(三)当事人依法定程序提供了推翻其自认的充分的相反证据;(四)当事人自认与事实明显不合,或者损害了其他人的合法权益。"[1] 自认一旦成立,作出自认的当事人应当受到自认的约束,不应随意撤销。但如果出现本条列举的四种情况,应当允许撤销原先的自认。这样有利于贯彻意思自治、保护在诉讼中处于弱势的当事人以及最大限度地查清事实。当自认被撤回时,原先的自认应当失去法律效力,而不得作为用来反对做过该自认的当事人。如果原先的自认可以用作反对该自认当事人的证据,就意味着原先的自认没有被撤销,自认的撤销就没有意义可言了。

从根本上说,任何撤销自认或认罪的证据,都不得用来反对做过该自认或认罪的犯罪嫌疑人或被告人,这才是认罪认罚从宽制度真正能够有效实行的保障机制。道理很简单,就像商店允许消费者无条件退货旨在鼓励购物一样,撤销自认的证据不得用来反对做过该自认的当事人的证据排除规则,不仅会鼓励自认,还将从根本上保障自白或认罪的自愿性。

1. 在伤害或者损害发生后,行为人采取了如果事先采取将降低该伤害或者损害发生的可能性的措施,这些事后补救措施不得采纳作为证明过错、产品瑕疵、产品设计瑕疵或者未尽警示义务的证据。

2. 在赔偿责任或者数额问题上,当事人先前为达成和解而作出妥协所涉及的对案件事实的认可,不得在其后的诉讼中被采纳作为对其不利的证据。

3. 有关支付或者承诺支付因伤害而引起的医疗及类似费用,不得采纳作为支付者或者承诺支付者对该伤害负有责任的证据。

---

[1] 张保生主编:《〈人民法院统一证据规定〉司法解释建议稿及论证》,中国政法大学出版社2008年版,第221页。

4. 在民事和行政赔偿诉讼中,当事人为达成调解协议而对案件事实作出的自认,不得在其后的诉讼中作为对其不利的证据而被采纳,但当事人主动放弃该权利的除外。

5. 在刑事诉讼中,撤销自认的证据不得用来反对做过该自认的当事人的证据排除规则,不仅会鼓励自认,还将从根本上保障自白或认罪的自愿性。

思考题

9.19. 在一个超市里,一位老人因地面湿滑而摔倒骨折。事后,超市解雇了一位清洁员,并为清洁工作制定了一个新的规则。在损害赔偿诉讼中,原告以此为证据证明超市对其受伤负有责任,该证据应该采纳吗?

9.20. 吴某驾驶一辆日本丰田小轿车与一辆卡车相撞,小轿车报废且有一位乘客死亡,有证据表明事故的主要责任在小轿车一方。第二天,日本丰田汽车公司宣布,由于刹车系统存在隐患,决定在全球召回该型丰田汽车10万辆,吴某可否以此为证据,起诉丰田公司对自己的交通事故进行损害赔偿?法院是否会采纳该证据?

9.21. 在一次小轿车碰撞事故发生后,红色小轿车司机主动掏出200元钱,又将自己的电话号码交给灰色小轿车司机,并说:"我有急事要去办,你有什么事可以再找我。"在随后的损害赔偿诉讼中,灰色小轿车司机将这些证据提交给法庭,请求法院判决被告再赔偿3万元医疗费用。可采吗?

9.22. 2006年3月15日,出生于1908年的刘老太太在安徽合肥市六安路上倒地受伤,被两名中学生送到医院。随后,老太太将两名中学生告上了法庭,索赔11万余元。在庭审中,法官认为,虽没有直接证据证明刘老太太系两名中学生侵害致伤,但在刘老太太陈述的受伤时间、地点,两名中学生承认在事发时确存有追逐打闹行为,以及事发后他们积极救助并陪同刘老太太去医院治疗并通知家长到医院,两名学生家长为刘老太太交纳了部分治疗费用等一系列间接证据,已足以认定刘老太太所遭损伤系两名中学生在追逐打闹中疏忽大意所致,判决两名中学生的监护人共同承担刘老太太的经济损失和精神损害抚慰金47 358.93元。在本案中,两名学生家长为刘老太太交纳了部分治疗费用这一事实,能否作为证据采纳?

本章阅读文献

1. [美]罗纳德·J. 艾伦等:《证据法:文本、问题和案例》,张保生、王进喜、赵滢译,满运龙校,高等教育出版社2006年版,第五章、第六章、第八章。

2. [美]乔恩·R. 华尔兹:《刑事证据大全》,何家弘等译,中国人民公安大学出版社1993年版,第五章、第六章、第九章、第十章。

3. 张保生主编:《〈人民法院统一证据规定〉司法解释建议稿及论证》,中国政法

大学出版社 2008 年版，第三章。

4. 张保生、常林主编：《中国证据法治发展报告》（1978~2008、2009、2010、2011、2012），中国政法大学出版社 2010、2011、2012、2013、2014 年版，第二篇"二、证据法学研究进展（六）证据排除规则"。张保生、王旭主编：《中国证据法治发展报告》（2015~2016、2017~2018），中国政法大学出版社 2018、2022 年版，第二篇"二、（六）证据排除规则"。

5. 刘善春、毕玉谦、郑旭：《诉讼证据规则研究》，中国法制出版社 2000 年版，第一编第一章、第三章。

6. 刘玫：《传闻证据规则及其在中国刑事诉讼中的运用》，中国人民公安大学出版社 2007 年版。

7. 王兆鹏：《传闻法则理论与实践》，元照出版社 2004 年版。

8. 杨宇冠：《非法证据排除规则研究》，中国人民公安大学出版社 2002 年版。

9. ［美］罗纳德·J. 艾伦："排除规则的困难"，郑飞、强卉译，张保生校，载《证据科学》2012 年第 6 期。

10. 吴丹红："角色、情境与社会容忍——法社会学视野下的刑讯逼供"，载《中外法学》2006 年第 2 期。

11. 吴丹红："非法证据排除规则的实证研究——以法院处理刑讯逼供为例"，载《现代法学》2006 年第 5 期。

12. 陈瑞华："非法证据排除规则的中国模式"，载《中国法学》2010 年第 6 期。

13. 张保生："非法证据排除与侦查办案人员出庭作证规则"，载《中国刑事法杂志》2017 年第 4 期。

第十章 证明责任和证明标准

【导读】证明责任被称为"诉讼的脊梁",是提出主张和证据的责任,又包含说服责任和不利后果的承担责任。证明标准是对案件要件事实的证明所应达到的程度,也是事实认定者作出裁决时应被说服的程度。刑事诉讼证明责任分配应贯彻无罪推定、不得被迫自证其罪和利益衡量原则,证明责任由控诉方承担。英美法系"确信无疑"、大陆法系"内心确信"与我国"证据确实、充分"的刑事诉讼证明标准大同小异,证据不足应当疑罪从无。民事诉讼证明责任的分配实行"谁主张、谁举证"原则,一般适用"优势证据"标准,我国民事诉讼目前适用"高度可能性"标准。行政诉讼以证明责任倒置为原则、原告证明为例外;对于行政行为合法性的证明应当达到"证据确凿"或"确信无疑"的程度;对于授益性行政行为、原告需要证明的事实和一些程序性事实,适用"优势证据"标准。证明标准的高低,对于在原被告之间进行错误事实认定的分配具有重要影响。

第一节 概 述

证明责任与证明标准是证明制度中的关键问题,是证明过程的两个端口。证明责任是证明过程的开端,证明标准是"终端"。

一、证明责任

(一)证明责任的内涵

证明责任(burden of proof)包括举证责任和说服责任。举证责任(burden of production)是提出证据的责任,说服责任(burden of persuasion)是提供"充分"证据的责任,它与证明标准是紧密联系在一起的。

证明责任被称为"诉讼的脊梁""法律人的真正十字架"。它最初是德国诉讼法的术语,后经日本传入中国。在诉讼证明的各个环节中,证明责任是唯一能与其他各环节直接相连的要素,是衔接其他环节的桥梁和纽带,它不仅为证明主体的证明行为提供了依据,而且为证明主体未尽证明责任附加了承担败诉风险的结果责任,说明了一切证明行为的动因。[1]

在英美法系，证明责任包括提出证据的责任和说服责任两方面含义，前者是指当事人在诉讼的不同阶段提出证据证明所主张或所反驳的事实，使法庭相信该事实存在的责任；后者是指在整个诉讼过程中提出证据证明主张事实之各个要素，并使事实裁判者相信该事实存在的责任。[2] 一项控诉或抗辩中的每一事实要素，都有与之相伴的举证责任。举证责任之目的，是要求负有举证责任的当事方提出足够的证据，以生成一项由陪审团裁决的问题。未能满足举证责任，将导致一项不利于该举证责任承担方的判决。就某事项提出诉状的当事方，通常对有关该事项负有举证责任。[3] 在大陆法系，德国法学家主要以主观责任和客观责任来构建其证明责任理论体系。根据汉斯·普维庭的论述，主观证明责任又称行为责任或形式上的证明责任，是指当事人为避免不利于己的判决而承担的证明自己主张的事实是否存在的责任，系程序法上的证明责任；客观证明责任又称结果责任或实质上的证明责任，是指法律规定的要件事实在法律审理的最后阶段仍然真伪不明时，由对该要件事实负有主张责任的当事人承担不利后果的责任，系实体法上的证明责任。[4]

概括地说，证明责任包含四层含义：[5]

1. 提出事实主张的责任或权利。当事人和检察院在诉讼中都有一定的诉求，如果没有自身的主张或者不存在法律关系的争议，就不会产生诉讼。所谓"谁主张，谁举证"，就反映了主张是举证的前提。证明责任的前提是诉讼主张的存在。

2. 提出证据的责任（burden of presenting evidence）。它是指在诉讼进行的各个阶段，当事人或检察院为避免败诉危险而承担的向法院提出证据的行为责任，即提出诉讼主张一方要提供证据来证明自己的主张。

3. 说服责任，或称为让人信服的责任，是指提供充分证据说服法官和陪审团成员相信自己的主张，让事实认定者形成内心确信的责任。"在诉讼案件中，当事人仅仅提供一堆'死'证据是不够的，他必须让证据'活'起来，说服法官，使法官形成确信的心证。"[6]

4. 不利后果的承担责任，或称为结果意义上的证明责任、客观的证明责任。当事人或者检察院提出诉讼主张、提供证据和进行说服活动之后，如果能够证明自己的主张，则证明程序完成；但当案件事实不清、证据不足、真伪不明时，结果意

---

[1] 卞建林主编：《刑事证明理论》，中国人民公安大学出版社2004年版，第173页。

[2] Peter Murphy, *Murphy on Evidence*, 7th ed., Blackstone Press Limited, 2000, p. 102.

[3] Ronald J. Allen, Eleanor Swift, David S. Schwartz, Michael S. Pardo, and Alex Stein, *An Analytical Approach to Evidence: Text, Problems, and Cases*, 6th ed., published by Wolters Kluwer in New York 2016, p. 808.

[4] [德]汉斯·普维庭：《现代证明责任问题》，吴越译，法律出版社2000年版，第36页。

[5] 卞建林、谭世贵主编：《证据法学》，中国政法大学出版社2010年版，第431~434页。

[6] 卞建林、谭世贵主编：《证据法学》，中国政法大学出版社2010年版，第432页。

上的证明责任就要对真伪不明的风险进行分配,目的是防止法院拒绝裁判。"客观证明责任的概念与当事人的活动没有丝毫联系,它针对的是真伪不明"。[1]正是由于结果意义上证明责任的存在,才能促使当事人积极举证和进行证明。

在证明责任与举证责任的关系上,证明责任包括举证责任和说服责任。因此,最高人民法院《民事诉讼法解释》使用的"举证证明责任"一词,是一个容易造成混淆的概念。

(二) 证明责任的性质

对于证明责任的性质,证据法学界众说纷纭,有"权利说""义务说""责任说"和"后果说"等。[2]

证明责任兼有"权利""义务""责任"和"后果"的性质。首先,从提出主张的责任来看,证明责任体现为一种权利,当事人有权提出有利于自己的主张,这是当事人的诉讼权利;其次,从提出证据的责任和说服责任来看,证明责任主要是主张者的一种义务或负担,如果提出主张者不提出证据加以证明,或者提不出充分证据说服事实认定者,则要承担其主张不能成立的风险;最后,从结果意义上看,当案件事实不清、真伪不明时,负有证明责任的一方需要承担败诉的风险。"当诉讼中出现真伪不明时,法官面临的问题与当事人面临的问题是截然不同的。法官要在要件事实真伪不明的条件下解决如何适用法律的问题(一个方法论或者法律适用的模式的问题)",[3]而当事人面临的是谁承担由此带来的不利后果。在司法实践中,虽然双方当事人向法庭提交了证据,但法官经过审理可能仍然难以对案件事实作出准确认定即案件处于真伪不明状态,这时法官只能根据证明责任分配规则进行裁判。

(三) 证明责任的转移与倒置

证明责任的分配是指,根据一定的标准,将不同要件事实的证明责任,在诉讼双方之间预先进行分配。各国法律一般都预先规定了证明责任分配的原则,以便当事人为维护自己合法权益而积极提供证据,同时也为法院在案件事实真伪不明时如何裁判提供依据。

在诉讼活动中,"谁主张,谁举证"是证明责任分配的一般原则。但在特定情况下,也会出现证明责任转移与倒置的情形。

1. 证明责任转移。在证明责任的四重含义中,行为意义上的证明责任即提出证据的责任,尽管是证明责任承担者负担的责任,但这种责任在诉讼过程中可以发生转换或转移。

证明责任转移,是指肯定某项事实的一方所提供的证据初步证明的案件(prima facie case),即可假定该事实成立;对方若要推翻该事实就必须提供相反的证据,证

---

[1] [德] 汉斯·普维庭:《现代证明责任问题》,吴越译,法律出版社2000年版,第26页。
[2] 何家弘、刘品新:《证据法学》,法律出版社2004年版,第297~298页。
[3] [德] 汉斯·普维庭:《现代证明责任问题》,吴越译,法律出版社2000年版,第165页。

明责任此时发生转移。这种随当事人之间诉辩主张而转移的证明责任，称为证明责任的自然转移。当负有证明责任的一方当事人证明其主张达到高度盖然性的程度时，对方当事人如果提出该主张不成立，应当承担反驳的证明责任。[1]

2. 证明责任倒置。证明责任倒置是指对一方当事人提出的诉讼主张，由否定其主张成立或否定其部分事实构成要件的对方当事人承担证明责任的一种分配形式，它是基于现代刑法和民法精神中的正义和公平原则，对"谁主张、谁举证"原则的补充、变通和矫正。"为了补正证明责任分配一般规则的不足，以追求证明责任分配的合理性和妥当性，大陆法系国家和地区积极探讨证明责任分配的特殊法理，提出了诸如危险领域说、盖然性说等学说，来设置证明责任倒置规范。"[2]证明责任倒置一般是以法律推定的形式明确规定的，立法者在决定某种案件中适用证明责任倒置的理由包括司法证明的需要、各方举证的便利，以及反映一定价值取向的社会政策考虑。

在刑事案件中，控诉方承担证明责任，但在特定情况下实行证明责任倒置，被告人要承担一定的证明责任。例如，英国《道路交通法》规定，驾驶车辆时驾驶人血液中的酒精浓度是否超越法定界限有争议时，证明酒精浓度并未超过法定界限的责任在被告方。英国1953年《犯罪预防法》规定，任何人在一个公开场合，没有法律批准或合理理由而携带犯罪凶器均属非法行为，行为人必须证明自己的行为合法和合理的责任，否则将以犯罪论处。另外，像一些严格责任的犯罪，即法律不要求控方在审判中证明被告人有犯罪的故意或过失，只要证明被告人实施了该犯罪行为并造成了损害后果，就完成了证明责任，法院就可以判被告人承担刑事责任，这也是证明责任倒置。

二、证明标准

（一）证明标准的内涵

证明标准（standard of proof），又称为证明程度、证明要求或证明度，是证明主体证明案件待证要件事实所应达到的程度。从认证主体的角度看，证明标准又是事实认定者对案件事实之存在可能性确信的程度。

关于证明标准的含义，艾里欧特认为，是"承担举证责任的当事人举证的分量相对于对方当事人举证分量来说，应当超过多少"。[3] 摩非却认为，证明标准"是指履行举证责任必须达到的范围或程度……是证据必须在事实裁判者头脑中造成的确定性或者盖然性的程度，是承担举证责任的当事人在有权赢得诉讼之前使事实裁

---

[1] 例如，北京高院《证据规定》第12条规定："案件审理过程中，对同一事实，除有特别规定外，由提出主张的诉讼一方首先举证；诉讼对方反驳该事实而提出另一事实时，有责任提供相应的证据加以证明；诉讼对方提出了足以推翻前一事实证据的，再转由提出主张的诉讼一方继续举证。"

[2] 张卫平：《民事诉讼：关键词展开》，中国人民大学出版社2005年版，第242页。

[3] Peter Murphy, *A Practical Approach to Evidenc*, Blackstone Press Limited, 1992, p. 104.

判者形成确信的标准。从证明责任的履行来看,证明标准是证据质量和证明力的测试仪"。[1] 从说服责任的角度看,证明标准是一项裁决规则,它要求当事人就一项主张说服事实认定者,要达到特定的确定性程度。说服责任通常与提出诉状和举证如影随形:对争议事项负有提出诉状和举证责任的当事人,也承担着说服责任。[2] 在日本,证明标准又被称为证明度,在实际使用中存在双重含义:一是指肯定案件中作为证明对象(待证事实)存在,所必须的最低限的证明程度;二是指需要被证明的事实(待证事实),通过举证和辩论而呈现出来的逼真程度。[3]

证明责任的分配是适用证明标准的前提,当证据在质和量上达不到证明标准要求的程度时,案件事实处于真伪不明的状态,法院则按照证明责任制度作出判决。作为证明的终端,"证明标准是指引证明活动的灯塔。有了证明标准……证明活动就有了方向,有了目标位,有了归宿点"。[4] 证明标准作为一种评价尺度,即诉讼达到何种认知程度时,裁判者才可据此作出事实认定。美国联邦最高法院哈兰大法官指出,"证明标准代表了一种努力,以期指示事实的发现者:我们的社会认为他们要达到何种程度的信念才能做出正确的事实结论"。[5] 所以,法律对于证明标准的设定,既规制当事人的证明活动,也作用于审判者的认证或裁判行为,是诉讼事实认定的基本尺度。

(二) 证明标准与自由证明制度

在证据制度的发展长河中,法定证据制度"以牺牲发现真实的诉讼目的来保障抑制法官主观随意性的理念,换言之,法定证据制度在某种程度上是以牺牲诉讼的可靠性来确保诉讼的可信赖性"。由于"只需按法律规定的程序收集到法律规定的证据即完成证明,在收集证据与完成证明的过程中缺乏法官理性的思考与推理,法官也无需考虑当事人证明到何种程度才能完成证明这样的问题",所以,证明标准与法定证据主义截然有异。[6] 在自由证明制度下,证据的价值和证明力不是由法律规定,而是由法官自由判断。

证明标准是对法官自由证明进行限制的有效手段之一,为了抑制法官裁判的随意性,证明标准也逐渐趋于具体化。在日本,证明标准被认为是抑制自由心证主观性的一个重要砝码,无论是将证明标准视为法官心证的最低限,还是认为在获得法官心证的同时,必须得到符合证明标准的事实认定,都可以看出证明标准成为法官

---

[1] Peter Murphy, *A Practical Approach to Evidenc*, Blackstone Press Limited, 1992, p. 104.
[2] Ronald J. Allen, Eleanor Swift, David S. Schwartz, Michael S. Pardo, and Alex Stein, *An Analytical Approach to Evidence: Text, Problems, and Cases*, 6th ed., published by Wolters Kluwer in New York 2016, p. 817.
[3] 王亚新:《社会变革中的民事诉讼》,中国法制出版社 2001 年版,第 293 页。
[4] 裴苍龄:《新证据学论纲》,中国法制出版社 2002 年版,第 481 页。
[5] In re Winship, 397 U. S. 358 (1970) (哈兰法官的赞同意见)。
[6] 张卫平主编:《外国民事证据制度研究》,清华大学出版社 2003 年版,第 432 页。

裁判事实的法律和客观的基础。[1]

1. 证明责任是证明主体在审判中向法庭提供证据证明其主张的案件事实的责任，是提出主张、提出证据、进行说服和承担不利后果的四种责任的统一，因此，在性质上兼有"权利""义务""责任"和"后果"等内容。

2. 证明责任转移，是对行为意义上证明责任的转移；证明责任倒置，是对结果意义上证明责任的分配。

3. 证明标准是证明主体履行说服责任对案件要件事实的证明所应达到的程度，也是事实认定者作出裁决时应被说服的程度。

10.1. 请判断以下命题：

（1）证明责任与举证责任是一回事。

（2）证明责任是证明过程的起点，证明标准是证明过程的终点。

（3）当事人对其主张的事实没有提供证据证明，将承担败诉的后果。

10.2. 某县政协副主席罗某，在2000~2006年任县公安局长期间，利用职务之便，非法收受和索要他人财物共计31.36万元，私分国有资产、非法占有公款3.52万元，同时挪用公款15万元用于个人营利活动。罗某现有家庭财产144.38万元，其中罗某能够说明来源的仅有6.05万元，贪污受贿共计33.88万元，不能说明来源的共计104.45万元。此外，检察院在审查罗某的受贿、贪污、巨额财产来源不明案件的过程中，还发现罗某非法持有枪支2支、子弹200发。2011年6月4日，市人民检察院向市中级人民法院提起公诉。在巨额财产来源不明案件中，被告人是否承担证明责任？如何理解证明责任倒置的内涵？

第二节 刑事诉讼证明责任和证明标准

一、刑事诉讼证明责任

在证明责任分配上，刑事诉讼实行无罪推定原则和不得强迫自证其罪原则，证明责任由控诉方承担，被刑事追诉者一般不承担证明责任。

---

[1] 张卫平主编：《外国民事证据制度研究》，清华大学出版社2003年版，第450页。

（一）刑事证明责任分配的基本原则

1. 无罪推定原则。意大利刑法学家贝卡利亚在《论犯罪与刑罚》最早公开提出无罪推定思想："在法官判决之前，一个人是不能被称为罪犯的"，"只要还不能断定他已经侵犯了给予他公共保护的契约，那么社会就不能取消对他的公共保护"。[1] 这就是著名的"无罪推定"原则。

无罪推定是现代刑事法治的一项基本原则，是国际公约确认和保护的一项基本人权，也是联合国在刑事司法领域制定和推行的最低限度标准之一。未经人民法院依法作出生效裁判确定有罪，任何人应当被推定为无罪；经过法定举证、质证和认证程序，不能认定被告人有罪或无罪的，应当按无罪处理；不能认定被告人罪重或罪轻的，按罪轻处理，这是无罪推定原则的基本要求。它包括四个方面的完整含义：①在诉讼地位上，犯罪嫌疑人、被告人在被定罪之前应处于无罪的诉讼地位。②在证明责任上，证明被告人有罪的责任由控诉方承担，在公诉案件中由公诉人承担，在自诉案件中由自诉人承担，犯罪嫌疑人、被告人不承担任何证明自己有罪或者无罪的责任。③在诉讼权利上，犯罪嫌疑人、被告人享有不被强迫自证其罪等一系列广泛的诉讼权利。④"罪疑，有利于被告人"，"疑罪从无"，当案件发生疑难时，应作有利于被追诉一方的解释。

在刑事诉讼中，无罪推定与证明责任相联，是一种可反驳的推定，它强调任何人在罪行没有得到证明之前，都应被推定为无罪。联合国《公民权利和政治权利国际公约》第 14 条就明确规定："任何被指控犯刑事罪的人，在未被依法证明有罪之前，应有权被推定为无罪。"《世界人权宣言》第 11 条规定："凡受刑事控告者，在未经依法公开审判证实有罪之前，应视为无罪，审判时并须予以答辩上所需之一切保障。"无罪推定原则既是刑事证明责任分配制度的基本原则，也是现代刑事诉讼制度的基本要求。

我国《刑事诉讼法》第 12 条规定："未经人民法院依法判决，对任何人都不得确定有罪。"第 200 条第 3 项规定："证据不足，不能认定被告人有罪的，应当作出证据不足、指控的犯罪不能成立的无罪判决。"这些规定都在一定程度上体现了无罪推定的精神。

2. 不得强迫自证其罪原则。犯罪嫌疑人、被告人一般不承担证明责任，这也是不得强迫自证其罪原则的体现。许多国家将不被强迫自证其罪作为一项宪法性权利加以规定，例如，根据美国宪法第五修正案的规定，"任何人……不得被强迫在任何刑事诉讼中作为反对他自己的证人"；日本《宪法》第 38 条要求，"不得强制任何人作不利于本人的陈述"。

我国《刑事诉讼法》第 52 条规定了"不得强迫任何人证实自己有罪"，这是我国刑事诉讼人权保障的重要进步。但该规定与"不得自证其罪"还有差距。因为，

---

[1] [意] 贝卡利亚：《论犯罪与刑罚》，黄风译，中国法制出版社 2002 年版，第 35 页。

"不得自证其罪的权利"（right against self-incrimination）是刑事被告人或证人的一项诉讼权利，该权利旨在保障一个人不被政府方强迫作证，提供可能导致其受到刑事指控的证言。它蕴含着沉默权。[1] 因此，该权利的完整含义是：不得强迫任何人证实自己有罪或无罪。"在诉讼中，原则上应当由控诉方提供证据来证明其所指控的犯罪事实成立，被告人在诉讼中不承担证明自己无罪的责任，既然如此，被告人也就没有义务在针对其进行的查找证据的活动中予以合作，他可以在诉讼过程中保持沉默，也可以明确表示拒绝陈述，即被告人在诉讼中享有反对强迫自证其罪的特权或者说沉默权，不得强迫被告人陈述与案情有关的事实，不能因为被告人保持沉默或拒绝陈述就认定其有罪或得出对其不利的结论。"[2] 因此，《刑事诉讼法》第52条"不得强迫任何人证实自己有罪"的规定，只在第一个含义上确立了"不得强迫自证其罪"的权利，尚未触及第二个含义即不被强迫自证无罪的权利，即被告人在刑事诉讼中拥有沉默权。这是中国证据法治未来发展的一个努力方向。

3. 利益衡量原则。利益衡量原则，是指在某些特殊的刑事案件中，基于各种因素考虑而将部分证明责任分配给被告人一方，从而使刑事案件"一边倒"的证明责任分配模式得到适当平衡。例如，在美国一些司法辖区，分配证明责任时要考虑"三P"要素，即政策（policy）、持有证据（possession of proof）和可能性（possibility），同时要考虑诉讼便利原则，即根据经验法则判断在某种刑事案件一般由何方举证更为便利；或者根据对可能性的预测，让主张不符合通常情形的当事人承担证明责任。英国学者认为，在刑事案件中，影响证明责任分配的主要因素有法律上的逻辑、证明获得的难易程度、证据来源的可行性及公众对特定结果的倾向程度。

（二）控诉方承担刑事证明责任原则

由于刑事诉讼的公权性质和被告人的特殊地位，根据无罪推定原则、不得强迫自证其罪原则和利益衡量原则的基本精神，在刑事诉讼中，证明责任的分配相对较为简单：证明责任由控诉方承担，公诉案件中的公诉人以及自诉案件中的自诉人，有义务提供证据证明被告人有罪，犯罪嫌疑人、被告人一般不承担证明责任。正如英国学者桑基所说："纵观英国刑法之网，常常可以看到一条金线，那就是证明被告人的罪行是控方的责任。……在最终考虑全部案情时，不论是控方还是被告人提交的证据，如果在被告人是否蓄意杀害被害人问题能够引起合理怀疑，那么控方就没有证实其指控，被告人因而有权获得无罪判决。无论什么指控，控方必须证明被告人有罪的原则是英国普通法的一个组成部分，如何削弱该原则的企图均不予接受。"[3] 我国《刑事诉讼法》第51条规定："公诉案件中被告人有罪的举证责任由人

---

[1] See Black's Law Dictionary, 8th ed., Thomson West, 2004, pp. 1324, 1327.
[2] 卞建林主编：《刑事诉讼法学》，科学出版社2008年版，第72页。
[3] 何家弘、刘品新：《证据法学》，法律出版社2004年版，第301页。

民检察院承担，自诉案件中被告人有罪的举证责任由自诉人承担。"[1]

1. 公诉案件由检察机关承担证明责任。控诉方承担证明责任，是刑事诉讼证明责任分配的原则。检察院作为我国公诉机关行使国家公诉权，通过公诉活动，实现惩治犯罪、保障人权的目的。检察院在刑事诉讼中的证明责任表现为：

（1）提出诉讼主张。检察院对决定提起公诉的案件，撰写起诉书，向法院提交起诉书、证据目录、证人名单等。《刑事诉讼法》第175条规定，"人民检察院审查案件，可以要求公安机关提供法庭审判所必需的证据材料"，以便支持其公诉；第176条规定，"人民检察院认为犯罪嫌疑人的犯罪事实已经查清，证据确实、充分，依法应当追究刑事责任的，应当作出起诉决定，按照审判管辖的规定，向人民法院提起公诉，并将案卷材料、证据移送人民法院"。另外，检察院还要派员出庭支持公诉，如果公诉人不出庭的，法院按照撤诉处理。

（2）提供犯罪证据。《人民检察院刑事诉讼规则》第399条第1款规定："在法庭审理中，公诉人应当客观、全面、公正地向法庭出示与定罪、量刑有关的证明被告人有罪、罪重或者罪轻的证据。"检察院应当向法庭提交证明被告人犯罪的所有证据，出示物证、书证等实物证据，申请证人、鉴定人出庭作证。

（3）履行说服责任。公诉人应当提供充分证据证明起诉书中指控的事实，对控辩双方出示的证据进行辩驳、质证，说明证据的证据能力和证明事项，发表公诉词，进行法庭辩论，说服事实裁判者作出有利于控诉方的裁决。

（4）承担不利后果。当检察院对案件事实的证明不到法定标准，或者出现事实不清、证据不足时，应当作出指控的犯罪不能成立、被告人无罪的判决，也就意味着检察院的控诉主张没能得到支持，检察院被法院判决败诉。

2. 自诉案件由自诉人承担证明责任。自诉案件包括三类：①告诉才处理的案件，包含侮辱案、诽谤案、暴力干涉婚姻自由案、虐待案和侵占案；②人民检察院没有提起公诉，被害人有证据证明的轻微刑事案件，包含故意伤害案（轻伤），非法侵入住宅案，侵犯通信自由案，重婚案，遗弃案，生产、销售伪劣商品案，侵犯知识产权案等，属于《刑法》分则第四章、第五章规定的，对被告人可能判处3年有期徒刑以下刑罚的案件；③被害人有证据证明对被告人侵犯自己人身、财产权利的行为应当依法追究刑事责任，而公安机关或者人民检察院已经作出不予追究的书面决定的案件。

自诉案件主要是一些简单轻微案件，没有侦查和公诉程序，自诉人应当承担收

---

[1] 对于刑事诉讼证明责任的分配规则，江苏高院《刑事证据意见》第5条也有完整的阐述："公诉案件由公诉方承担证明被告人有罪的责任，公诉方需全面提供被告人有罪、罪重、罪轻的证据，并根据法庭要求提供可能证明被告人无罪的证据。被告人不承担证明自己无罪的责任，被告人有提供证明自己无罪或罪轻的证据的权利。辩护人基于委托或指定有义务提出所发现的证明被告人无罪或罪轻的证据。自诉案件由自诉人承担证明被告人有罪的责任。附带民事诉讼的当事人有责任对自己提出的主张提供证据但经刑事审判已经查清的除外。人民法院不负有举证责任。"

集证据和证明有罪的义务。自诉人提出指控犯罪的主张，应当收集并提供证据，证明被告人犯罪，否则将会承担其主张不能成立的责任。

3. 法院不承担证明责任。法院作为中立的裁判机构，其职能是进行审判，没有自己的独立主张，当然就不存在证明的必要。"证明责任是就他向证明而言的，自向证明不存在证明责任的问题。因此，在诉讼活动中承担证明责任的主体只能是诉讼当事方，不包括法官。"[1] 尽管证明责任是以法院审判为中心的，但证明责任与事实主张具有密切的关系，没有事实主张，就没有证明责任。法院的功能是居中裁判，它不负担任何证明责任，更不承担控诉职能。

4. 犯罪嫌疑人、被告人一般不承担证明责任。在刑事诉讼中，犯罪嫌疑人、被告人处于被追诉的地位，人身自由往往受到限制和剥夺，按照无罪推定原则和不得自证其罪原则，其既没有义务证明自己无罪，也没有义务证明自己有罪，证明责任一般不能转嫁到被告人身上。犯罪嫌疑人、被告人虽然拥有无罪辩解的权利，但不负有证明自己无罪的责任。其有权进行辩护，当辩护主张不成立时，也不能当然地认定控诉方指控成立。例如，四川《刑事证据意见》第6条规定："人民法院、人民检察院、公安机关应当充分保障犯罪嫌疑人、被告人举证和提供证据线索证明自己无罪或罪轻的权利，除法律另有规定的外，不得要求犯罪嫌疑人、被告人承担证明自己无罪的责任。……对于有明确的无罪或罪轻线索但公安、检察机关无法调查核实或拒绝提供调查结果的，可以综合全案其他情况作出有利于被告人的推定。"

（三）刑事证明责任倒置与转移

1. 被告人承担刑事证明责任的情形。刑事案件中的证明责任虽然由控诉方承担，但在一定情况下，被告人也要承担一定证明责任。被告人没有义务证明自己有罪是绝对的，而没有义务证明自己无罪则是相对的。

被告人承担证明责任的情形主要有：①阻却违法性及有责性的事实，例如，被告人提出精神不正常、无意识、不可抗力、意外事件、正当防卫、紧急避险、基于合法授权或存在合法理由等阻却违法性事实和阻却有责性事实，被告人应当承担证明责任；②被告人的积极辩护主张，例如不在犯罪现场的辩护，就应提出证据证明；③被告方主张的程序性事实，例如申请回避、延误诉讼期限、影响强制措施的采取、犯罪已过诉讼时效、被告人不适于受审、需要变更执行的事实等，按照"谁主张、谁举证"的原则分配证明责任；④被告方独知的事实。在上述情况下，由被告方举证可能更为便利，更为合理，也符合诉讼经济原则。

但需注意，只有在控诉方对被告人构成犯罪的基本事实进行证明之后，辩护方才需要对上述法定的应由其证明的部分辩护事实进行证明；即使有法定的部分应由被告方承担证明责任的理由，在辩护方履行证明责任之后，最终反驳其存在的责任仍然由控诉方承担；只有那些控诉方无法证明或难以证明，且辩护方有可能证明的

---

[1] 何家弘、刘品新：《证据法学》，法律出版社2004年版，第297页。

事实才应由辩护方承担证明责任。[1]

法律明确规定的证明责任倒置的情形主要有：

(1) 巨额财产来源不明罪。被指控犯有巨额财产来源不明罪的被告人，对其财产差额巨大的部分负有证明其来源合法的责任。按照《刑法》第 395 条规定："国家工作人员的财产、支出明显超过合法收入，差额巨大的，可以责令该国家工作人员说明来源，不能说明来源的，差额部分以非法所得论，处五年以下有期徒刑或者拘役；差额特别巨大的，处五年以上十年以下有期徒刑。财产的差额部分予以追缴。"就是说，当公诉机关证明被告人的财产超出合法收入差额达到 30 万元人民币以上时，证明责任转移给被告人，被告人有义务证明差额部分是合法的，且要证明到优势证据的程度，否则推定为非法。巨额财产来源不明罪之所以要实行证明责任倒置，主要是为了有效惩治和严厉打击国家工作人员贪污受贿行为，同时也解决了公诉机关的举证不能问题。[2]

(2) 非法"持有型"犯罪。例如，《刑法》第 128 条第 1 款规定的非法持有、私藏枪支、弹药罪；第 130 条规定的非法携带枪支、弹药、管制刀具、危险物品危及公共安全罪；第 172 条规定的持有、使用假币罪；第 282 条第 2 款规定的非法持有国家绝密、机密文件、资料、物品罪；第 297 条规定的非法携带武器、管制刀具、爆炸物参加集会、游行、示威罪；第 348 条规定的非法持有毒品罪；第 352 条规定的非法买卖、运输、携带、持有毒品原植物种子、幼苗罪。对于这些"持有型"犯罪，都适用一种证明责任的倒置，被告人必须证明其持有是合法的或者是不明知的，否则就构成相应的犯罪。例如，在英国法传统中，"持有型"犯罪采用证明责任倒置方法，被告人必须证明其合法持有或不明知，否则就构成相应的犯罪。因此，装在盒子、包里或其他容器里的东西，如果随后被分析出是毒品，持有者就是罪犯。但 1971 年英国《毒品滥用法》放弃了被告对自己"不知情"的严格证明责任。该法 s. 28 (3) (b) (i) 规定："如果被告证明他对争议中的物质或产品不相信、不怀疑也无理由怀疑其为非法毒品，……他就应该被宣判无罪。"本案被告人以其定罪违反上述规定为由提起上诉。在英国女王诉兰伯特案中，被告人被指控非法持有可卡因，尽管其一再声称对于朋友交给自己的袋子里装有毒品不知情，但经陪审团审判，法院依然判处其 7 年监禁。在上诉复审中，多数法官意见是驳回上诉、支持原判，并主张该法 s. 28 为被告人强加了证明责任，其上诉理由只适用于积极抗辩。少数法官意见则认为，该案判决与《欧洲人权公约》第 6 条 2 的无罪推定原则不一致。对此，在上议院听审程序中，英国法与《欧洲人权公约》的一致性得到新的解释，即毒品持有犯罪的证明责任不应该是说服责任，而是一种提供证据的责任或证据责任。宾

---

[1] 参见卞建林、谭世贵主编：《刑事证明理论》，中国政法大学出版社 2010 年版，第 455~456 页。

[2] 陈娜："巨额财产来源不明罪证明责任实证分析——以 100 例司法裁判为研究样本"，载《证据科学》2016 年第 6 期。

汉姆勋爵区分了证据责任和证明责任:"一项证据责任(evidential burden)并不是证明责任(burden of proof)。它是在案件中提出证据的责任。"此案以及其他一些涉及被告人基本权利的案件,在英国产生了重要影响。"压倒性的关注是,审判必须公正,而无罪推定自始至终都是一种基本权利。"斯帝恩勋爵强调,"任何上诉法院都不能无视公约权利"。这些案例确立了人权保障在刑事诉讼中的至上性。[1]

当然,证明责任倒置并不意味着全部倒置,检察院应承担初步的证明责任,只是对定罪的关键事项由被告人证明,说服责任仍然由检察院承担。由于我国当前被告人权利保护非常薄弱,无罪推定原则尚未得到全面贯彻,因此不宜给被告人附加更多的证明负担,以防止被告人地位进一步弱化。

2. 被告人积极抗辩的证明。被告人提出积极辩护主张时,控诉方的反驳证明应当达到充分的程度,否则,应当作出有利于被告人的判决。《刑事诉讼法》第40条规定:"辩护人收集的有关犯罪嫌疑人不在犯罪现场、未达到刑事责任年龄、属于依法不负刑事责任的精神病人的证据,应当及时告知公安机关、人民检察院。"这一关于被告方积极抗辩证明的规定具有进步性,但它仅仅要求辩护人对于三项积极辩护"告知"公安机关和人民检察院,以便其做好答辩准备、防止诉讼突袭,但对辩护人未"通知"的后果没有规定,对于积极抗辩的证明责任和证明标准也语焉不详。针对司法实践中法院往往驳回被告方精神病辩护请求而拒绝启动精神病鉴定的情况,有学者指出,在精神病抗辩证明责任问题上,应当由被告方承担推进责任,由控诉方承担说服责任。被告方提出精神病辩护应当提供证据,如家庭精神病史、亲邻的证言、平时的异常表现等,如果对不负刑事责任的证明能够达到优势证据标准,从保护被告人利益出发,法院应当启动精神病鉴定程序。[2]

3. 不在犯罪现场的证明。不在犯罪现场(alibi)指的是在案发时间内被告人没有到过犯罪现场,这是被告人、辩护人经常提起的一种辩护理由。不在犯罪现场是证明被告人案发时在犯罪现场以外地点的证据。然而,不在犯罪现场之辩的证明责任如何?下面我们结合黄家光案做一下分析。

【案例10.1】黄家光谋杀案[3]

1994年7月,海南省琼山市某村发生一起伤害致死案。2000年,经法院一审二审,黄家光以故意杀人罪主犯之一被判无期徒刑,其与家属提出申诉。2013年,最

---

[1] 参见 Paul Roberts, Criminal procedure, the presumption of innocence and judicial reasoning under the Human Rights Act, in Judicial Reasoning under The UK Human Rights Act Edited by Helen Fenwick Gavin Phillipson and Roger Masterman, Cambridge University Press 2007, pp. 377~396。

[2] 陈如超:"论中国死刑案件中的精神病抗辩",载《西南政法大学学报》2013年第1期;王迎龙:"司法精神病辩护中证明模式的反思与完善",载《证据科学》2016年第4期。

[3] "坐17年冤狱后结婚 黄家光卷入1994年杀人案事件回顾",载http://www.mnw.cn/news/shehui/1420702-3.html。

高检察院复查黄家光案，7名同案犯均不能确定黄家光参与作案。2014年，最高检察院提出再审检察建议。2014年9月，海南省高级法院再审开庭，出庭检察员意见称：①能证明黄家光参与作案的仅有黄×石证言和王×川供述，且黄×石只能证明黄家光在案发现场，不能证实黄家光持械伤人，王×川后又否认，所述前后不一；②原审同案人黄×1、黄×2均供述黄家光参与作案，但后均已翻供，证实黄家光没有参与作案，并解释翻供原因为对黄心存不满，后良心发现；③同案人黄家烈等4人，均证实黄家光没有参与作案；④证人黄×英等4人均证实案发当天，黄家光在澄迈县某村与他们一起打工，不在案发现场。综合全案证据，证明黄家光不在现场的证据的证明力明显大于证明其在案发现场的证据的证明力，证明黄家光参与作案的证据不能形成一个完整的证据链条，不能得出黄家光案发时在现场的事实。原审认定黄家光参与作案的事实不清、证据不足，建议再审改判无罪。再审法院改判黄家光无罪。

在案例10.1中，出庭检察员意见中关于被告人不在犯罪现场的证据，对于再审法院改判黄家光无罪起了关键作用。不在犯罪现场的证明，往往与被告人没有作案时间、对犯罪不知情等辩护联系在一起。对检控方而言，这反而是一种在犯罪现场的证明，即被告人有犯罪时间、到过犯罪现场等，检控方对犯罪事实的这部分内容承担证明责任，并且要证明到确信无疑的程度。被告方提出不在犯罪现场的证明，仅是一种积极抗辩，是证明责任的转移而不是倒置，只需达到让裁判者对是否在犯罪现场产生合理怀疑的程度即可。然而，即使如此，由于不在犯罪现场的证明往往依赖于证人证言，这种证明也会遇到如下困难：①人并非永远处于群聚的场合；②即使是群聚场合，也不可能去接触所有的人，尤其不相识的人；③即使对接触过的人，也会因为记忆不可靠，造成回忆上的困难。[1]随着科技的进步，可以综合运用视听资料、电子数据等证据形式，对不在犯罪现场的抗辩进行证明，并对检控方相反证据进行质证。

4. 正当防卫的证明。我国检察机关在审查起诉阶段认定正当防卫并做出不起诉决定的案件数量一直较少。在"于欢案"等社会普遍关注的正当防卫案件发生后，特别是2018年12月最高人民检察院发布关于正当防卫的第十二批4个指导案例后，检察机关因正当防卫而做出不起诉决定的案件数量明显增多。据统计，全国检察机关在2014年因正当防卫而做出不起诉决定的案件数量是13起，2015~2019年每年分别为53、74、36、104和215起。在提起公诉的正当防卫之辩案中，检控方主张有两类：一类是主张包括被告人的行为构成了故意伤害或故意杀人等犯罪之构成要件的事实，以及该行为不属于正当防卫的事实。第二类是被告人的伤害行为虽然属于正

---

[1] 蔡惠玥："不在场证据的证明——以台湾地区南回铁路翻车案为说明"，载《证据科学》2009年第1期。

当防卫,但超过了必要限度,应该承担相应的刑事责任。[1] 与此相应,公诉方的事实主张包括被告人的行为构成了故意伤害或故意杀人等犯罪、其行为属于正当防卫以及构成防卫过当的事实。相应的,被告方可以提出被告人的行为不构成犯罪;属于正当防卫;不属于防卫过当,但其承担一定证明责任的只有被告人的行为属于正当防卫的情况。

二、刑事诉讼证明标准

关于刑事诉讼证明标准,英美法系和大陆法系在表述上虽有差异,一个称为"确信无疑"或"排除合理怀疑",一个称为"内心确信",但它们在所要求达到的证明程度上其实都是一致的。

(一) 英美法系的确信无疑标准

确信无疑(beyond reasonable doubt),又译"排除合理怀疑",是英美法系国家普遍采用的刑事证明标准。在确信无疑标准形成的过程中,17世纪神学家、哲学家、历史学家对可能性、确定性、真实的本质、知识的来源等问题做了大量的研究,为确信无疑标准的形成奠定了经验主义认识论的哲学基础。

在履行说服责任的过程中,公诉人运用证据的证明应当达到使事实认定者确信无疑的程度。塞西尔·特纳指出:"控诉一方只证明一种有罪的可能性(即使是根据或然性的原则提出的一种很强的可能性)是不够的,而必须将事实证明到道德上的确信程度——能够使人信服、具有充分理由,可以据以作出判断的确信程度。"[2]

在美国,1975年温希普案确定了一项确信无疑的说服责任。按照最高法院的意见:"要求证明刑事指控的罪行达到确信无疑的程度,至少可以追溯到我们作为一个国家早期的历史。……刑事案件中较高说服标准的要求在古代就被不断重复表达。在普通法审判中现在承认,作为说服的测度,检控方必须让事实裁判者确信全部犯罪要件。"[3] 因此,确信无疑标准的确切含义是:"除非对其构成被指控的犯罪所必要的每一项事实都有确信无疑的证据,否则,正当程序条款保护被告人免于定罪。"[4] 如果公诉人不能履行说服责任,事实认定者就会对指控的罪行产生合理怀疑,即"在一切证据经过全部比较和考虑以后,审理事实的人本于道义和良知,对于所诉的事实,不能信以为真"。[5]

(二) 大陆法系内心确信标准

大陆法系国家的刑事诉讼证明标准,可以概括为"内心确信"(intimate convic-

---

〔1〕 参见何家弘、梁颖:"论正当防卫案的证明责任",载《中国高校社会科学》2021年第2期。

〔2〕 [英] J. W. 塞西尔·特纳:《肯尼刑法原理》,王国庆等译,华夏出版社1989年版,第549页。

〔3〕 [美] 罗纳德·J. 艾伦等:《证据法:文本、问题和案例》,张保生、王进喜、赵滢译,满运龙校,高等教育出版社2006年版,第516~517页。

〔4〕 [美] 罗纳德·J. 艾伦等:《证据法:文本、问题和案例》,张保生、王进喜、赵滢译,满运龙校,高等教育出版社2006年版,第818页。

〔5〕 李学灯:《证据法比较研究》,五南图书出版有限公司1992年版,第666~667页。

tion)。根据此标准,法官在听取并审查了全部证据之后,必须在内心形成一种确信的程度,并根据内心确信判决案件。

关于内心确信的内涵,法国《刑事诉讼法典》第353条的经典表述是:"法律除了要求说明判决的理由外,并不要求重罪法院每一个法官或陪审官报告其建立内心确信的方法,法律并没有规定他们必须依据充分和足够的证据;法律只要求他们平心自问,全神贯注,凭自己的诚实和良心,依靠自己的理智,根据控诉证据和辩护理由,形成印象。法律仅向他们提出一个涵括其所有职责的问题:你们是否已经形成内心确信?"在法国刑事诉讼程序中,"法官以完全的自由来评判向其提出的证据的价值",这"既适用预审法庭,也适用审判法庭。而在刑事审判法庭中,自由心证制度不仅适用于重罪法庭,同样也适用于轻罪法庭与违警罪法庭"。[1] 德国《刑事诉讼法典》第261条规定,对证据调查的结果,由法庭根据它在审理的全过程中建立起来的内心确信而决定。日本《刑事诉讼法》第318条也规定,证据的证明力由法官自由判断,其最高法院判例认为"在刑事审判中,'证明是犯罪'就是存在'高度的盖然性'。但是,'盖然性'并不能否定相反事实存在的可能性,应当切记,在观念上一味强调盖然性是很可能导致错误判决的。因此,上述所说的'高度盖然性'必须达到不允许相反事实存在的程度,'证明构成是犯罪的证明'必须达到这种程度才是可信的判断"。[2] 俄罗斯《刑事诉讼法》第17条要求,法官、陪审员以及检察长、侦查员、调查人员根据自己基于刑事案件中已有全部证据的总和而形成内心确信,同时遵循法律和良知对证据进行评价。

内心确信的形成是自由的,但不是恣意的,其以证据和具有说服力的推理证明为基础。德国联邦最高法院在1957年2月9日的判决BGHST10,208,209~210. 中指出:"在回答罪责问题时,我们只需考虑事实裁判者是否已就特定事实状态形成了内心确信。这一内心确信是判定被告人有罪的充分且必要条件。内心确信并不排除其他可能,甚至是相反的事实状态。内心确信的部分特质便在于它更通常对客观上可能出现的疑问持开放态度。在事实裁判者所要评价的事实领域中,由于人类认知的瑕疵,对犯罪情形的部分了解,并不可能排除各种情况下的其他可能结论。因此,事实裁判者的唯一义务,也是回答罪责问题的关键性义务,便是是否能够克服理论上的各种可能怀疑,并是否能够确信某一事实状态,而不受法定证据规则的约束。"

大陆法系国家内心确信的证明标准,与英美法系确信无疑是互为表里的两种表述。确信无疑是证伪,内心确信则是证实。二者都要求法官在认定事实的时候达到深信不疑的程度,而当出现疑问时,实行"疑问有利于被告人"的原则。

---

[1] [法]卡斯东·斯特法尼等:《法国刑事诉讼法精义》(上),罗结珍译,中国政法大学出版社1999年版,第46~47页。

[2] 日本最高法院判例昭和四十八,载《判例时报》第725号,第104页。

(三) 刑事诉讼不同阶段或不同对象的证明标准

从证明标准的划分依据看，英美法系主要根据可能性或确定性程度的不同，偏重于从诉讼阶段上进行划分，成为不同诉讼阶段的主导者对案件进行实体处理（逮捕、搜查、起诉、定罪等）的尺度；大陆法系国家，主要根据证明的方式及法官内心确信程度的不同进行划分，偏重于从证明对象进行划分，证明标准主要立足于审判程序。[1] 无论英美法系国家的确信无疑，还是大陆法系国家的内心确信，对被告人有罪的证明都需达到诉讼证明标准的最高程度。

1. 刑事诉讼不同阶段的证明标准。从证明程序来看，英美法系国家对于不同阶段的证明标准作了规定，证明程度分为九等：[2] 第一等是绝对确定（absolute proof），由于认识能力的限制，这一标准无法达到；第二等即确信无疑的证明（proof beyond a reasonable doubt），为刑事案件作出定罪裁决所要求，也是诉讼证明的最高标准；第三等是清楚且有说服力的证据（prima facie case），某些司法辖区在死刑案件中拒绝保释时，以及作出某些民事判决有这样的要求；第四等是优势证据（preponderance of evidence），作出民事判决以及肯定刑事辩护时的要求；第五等是合理根据（probable cause），适用于签发令状、无证逮捕、搜查和扣押，提起大陪审团起诉书和检察官起诉书，撤销缓刑和假释，以及公民扭送等情况；第六等是合理相信（reasonable basis），适用于"拦截和搜身"；第七等是有理由的怀疑，足以将被告人宣布无罪；第八等是怀疑，可以开始侦查；第九等是无线索（no significant proof），不足以采取任何法律行为。可见，这九等证明标准是逐步递减的，从立案、侦查、起诉到审判，证明标准在可能性或确定性上的要求逐步增加。

2. 刑事诉讼不同对象的证明标准。从证明对象来看，大陆法系国家普遍将刑事诉讼的待证事实分为实体法事实和程序法事实，从而将证明区分为严格证明和自由证明。其中，运用诉讼法规定的法定证据方法（证人、当事人等），经过法律规定的证据调查程序进行的证明，称为严格证明；而运用除此之外的证据方法，不受法律规定的约束而进行的证明，称为自由证明。而在证明之外，德国证据理论中还存在着一种认定案件事实的方式——释明（Glaubhaftmachung）。这涉及要求法官回避，要求重新确定开庭日期，或者行使拒绝陈述权，拒绝作证权等一般的诉讼事实，法律只要求对其依据作释明。相对于证明（beweis），释明所需达到的证明标准较低，只需具有一定程度的可信性即可。

(1) 严格证明的对象，主要是关于刑罚权是否存在及其范围的事实。例如，在日本，规定严格证明的事实包括：①公诉犯罪事实，这是严格证明对象事实的核心；

---

[1] 熊秋红：《对刑事证明标准的思考——以刑事证明中的可能性和确定性为视角》，载《法商研究》2003 年第 1 期。

[2] 参见《美国联邦刑事诉讼规则和证据规则》，卞建林译，中国政法大学出版社 1996 年版，第 22 页。

②处罚条件及处罚阻却事由；③刑罚的加重减免事由。在德国，凡是涉及案件的发生过程、行为人的罪过、刑罚的幅度的事实，法律对其证明都作了严格的形式规定，这包括两层含义：一是它们被限制为法定的证据种类，二是这些证据种类只能够依据刑事诉讼法规定的严格程序予以运用。

（2）自由证明的对象，仅限于程序上的重要事实，尤其是涉及诉讼要件的相关事实。例如，在德国对于涉及判决以外的其他裁决，如羁押命令的签发等，以及被告是否曾被施以法律禁止的讯问方法进行讯问的事实认定，可适用自由证明；而日本就将程序法上的事实，被告人的经历及性格、犯罪的动机、是否已赔偿损害及协商成立、与被害人的感情等犯罪的情状，作为自由证明的事实。自由证明可以使用没有证据能力的证据，但如果法官以未在法庭上出现过的证据认定关于量刑的事实会有失公正时，这些证据应当在法庭上出示并给当事人争辩的机会。[1] 有学者认为，除在证据形式、证据调查程序方面的不同外，刑事诉讼中严格证明与自由证明的心证程度不同。自由证明程序的心证程度要求是"很有可能""大致相近"，超过释明程度，跟民事诉讼法的心证程度比较像，不是刑事诉讼法要求的确信程度。[2] 在刑事诉讼中，自由证明的证明标准的确要比严格证明略低一些，达到稍低程度的确信（ein geringerer grad an überzeugung）即可。但同时德国学者也认为，理论上虽有此种区分，但其实际意义不大，因为法官内心确信的形成仅在极其狭窄的范围内是可审查的，且对于主观确信的分级是难以表达、执行和审查的。[3]

3. 不同证明责任承担主体的证明标准。从证明责任的承担主体来看，刑事证明标准的高低存在差异。无论是英美法系还是大陆法系国家，对于指控被告人构成犯罪的证明标准都是最高的，即确信无疑和内心确信，尽管这二者都是模糊的，但都是刑事诉讼中的最高标准，适用于指控犯罪的每一构成要件以及被告人犯有被指控的罪行这一基本事实。而被告人在某些情况下，也要承担一定的证明责任，例如，英国就规定当被告人提出激愤、自卫、强迫、精神不正常等辩护意见，或者以精神不正常为由做无罪答辩，以及制定法明确或默示地规定某一事实的法律负担由被告人承担时，被告人必须证明其存在的可能性大于不存在的可能性，实行优势证据标准。

（四）我国刑事诉讼证明标准

1. 实体性事实的证明标准。

（1）关于定罪的证明标准。《刑事诉讼法》第55条规定："对一切案件的判处都

---

[1] 宋英辉等：《外国刑事诉讼法》，法律出版社2006年版，第605~606页。

[2] 参见林钰雄、杨云骅、赖浩敏："严格证明的映射：自由证明法则及其运用"，载《国家检察官学院学报》2007年第5期。

[3] Christoph Knauer, Hans Kudlich, Hartmut Schneider Hrsg., *Münchener Kommentar zur StPO*, 1. Auflage, Verlag C. H. Beck, München, 2014, Rn. 414.

要重证据,重调查研究,不轻信口供。只有被告人供述,没有其他证据的,不能认定被告人有罪和处以刑罚;没有被告人供述,证据确实、充分的,可以认定被告人有罪和处以刑罚。证据确实、充分,应当符合以下条件:(一)定罪量刑的事实都有证据证明;(二)据以定案的证据均经法定程序查证属实;(三)综合全案证据,对所认定事实已排除合理怀疑。"上述三个条件中:第一项体现了证据裁判原则;第二项体现了证明程序法定原则;第三项表明我国刑事证明标准可以用排除合理怀疑或确信无疑来概括。

根据第 200 条的规定,在被告人最后陈述后,审判长宣布休庭,合议庭进行评议,根据已经查明的事实、证据和有关的法律规定,分别作出被告人有罪或无罪的判决。其中,关于定罪的证明标准,第 1 项规定:"案件事实清楚,证据确实、充分,依据法律认定被告人有罪的,应当作出有罪判决。"例如,2007 年 6 月 19 日最高人民法院在李东发故意杀人案的裁定书写道:我院复核后认为,李东发杀害王井伟一案由于未能提取到部分物证,对提取的物证亦未做进一步检验鉴定,对李东发在侦查阶段所作的有罪供述未作相应的查证印证工作,在被告人李东发翻供辩称系他人作案后,无确实、充分的证据证明被告人翻供不实,认定此起犯罪的证据未达到确实、充分,排除合理怀疑的证明标准。据此,裁定不予核准被告人李东发死刑。[1]可见,最高人民法院在审判中,是将"事实清楚,证据确实、充分"和"排除合理怀疑"的证明标准合并在一起适用。由此可见,我国已基本形成以"证据确实、充分"为体,"排除合理怀疑"为用的"中体西用"刑事证明标准模式。[2]

(2)关于侦查终结的证明标准。《刑事诉讼法》第 162 条规定:"公安机关侦查终结的案件,应当做到犯罪事实清楚,证据确实、充分,并且写出起诉意见书,连同案卷材料、证据一并移送同级人民检察院审查决定;同时将案件移送情况告知犯罪嫌疑人及其辩护律师。"

(3)关于提起公诉的证明标准。《刑事诉讼法》第 176 条第 1 款规定:"人民检察院认为犯罪嫌疑人的犯罪事实已经查清,证据确实、充分,依法应当追究刑事责任的,应当作出起诉决定,按照审判管辖的规定,向人民法院提起公诉,并将案卷材料、证据移送人民法院。"

上述关于"犯罪事实清楚、证据确实、充分"的证明标准,一律适用于侦查终结、提起公诉和判决有罪,没有体现出证明过程的递进性。体现证明过程递进性的典型例子是德国嫌疑理论(Verdachtslehre)。犯罪嫌疑的认定具有重要意义,其可作为警察与检察机关是否开展侦查活动、强制措施是否允许使用、是否可以提起公诉或不起诉以及法院是否可以开启主要审判程序的依据。在诉讼的不同阶段,对嫌疑

---

〔1〕 该案例转引自李训虎:"悖论状态中的死刑案件证明标准",载《政法论坛》2011 年第 4 期。

〔2〕 参见龙宗智:"中国法语境中的'排除合理怀疑'",载《中外法学》2012 年第 6 期;李训虎:"刑事证明标准'中体西用'立法模式审思",载《政法论坛》2018 年第 3 期。

程度（Verdachtsgrad）的要求也不同。不同的嫌疑程度也有相对应的证明标准。嫌疑程度可以分为如下级别：①初始嫌疑（Anfangsverdacht）。根据德国《刑事诉讼法典》第 152 条第 2 款，以"足够的事实依据"为基础，根据犯罪侦查的经验认为可能有犯罪行为发生时，即达到初始嫌疑。初始嫌疑是检察机关开启侦查程序的前提条件，其证明标准达到轻微的可能性（geringe wahrscheinlichkeit）即可。②足够的犯罪嫌疑（hinreichender tatverdacht）。根据德国《刑事诉讼法典》第 170 条第 1 款以及第 203 条，检察机关提起公诉以及法院作出开启主要审判程序裁决的前提条件均为足够的犯罪嫌疑。当犯罪嫌疑人实施犯罪并获得有罪判决的可能性大于无罪的可能性，即达到"优势盖然性"（überwiegende wahrscheinlichkeit）的证明标准时，便达到"足够的犯罪嫌疑"程度。③重大犯罪嫌疑（dringender tatverdacht）。如果基于具体的事实可以认为，被追诉者有很大可能性（große wahrscheinlichkeit）是实施犯罪行为的行为人或者共犯时，即存在重大犯罪嫌疑。重大犯罪嫌疑是对被追诉者采取干预其个人自由的强制措施的前提条件。④法官内心确信（richterliche überzeugung）。这是最高级别的嫌疑程度，也是法官作出有罪判决的前提条件。

2. 程序性事实的证明标准。一些程序性事实，例如，立案、拘留逮捕等强制措施的运用，回避、违反法定诉讼程序、停止执行等，显然不需要达到"确信无疑"的程度，一般符合"优势证据"标准即可，有的甚至更低。

（1）立案的证明标准。《刑事诉讼法》第 112 条规定的立案的条件是"有犯罪事实需要追究刑事责任"。"有犯罪事实"发生，既可能是发生了犯罪事件，也可能是发现了犯罪嫌疑人。

（2）逮捕的证明标准。1996 年《刑事诉讼法》将原 1979 年《刑事诉讼法》关于逮捕条件中"主要犯罪事实已经查清"的规定修改为"有证据证明有犯罪事实"，并沿用至今。对于"有证据证明有犯罪事实"的含义，六机关刑诉法《规定》第 26 条将其解释为"是指同时具备下列情形：（一）有证据证明发生了犯罪事实；（二）有证据证明犯罪事实是犯罪嫌疑人实施的；（三）证明犯罪嫌疑人实施犯罪行为的证据已有查证属实的。犯罪事实可以是犯罪嫌疑人实施的数个犯罪行为中的一个"。可见，逮捕也不要求"犯罪事实清楚、证据确实充分"，只要"有证据证明有犯罪事实"即可。

（3）停止死刑的证明标准。根据《刑事诉讼法》第 262 条的规定，在执行前发现判决可能有错误的；在执行前罪犯揭发重大犯罪事实或者有其他重大立功表现，可能需要改判的；罪犯正在怀孕的；应当停止执行。什么叫"在执行前发现判决可能有错误"？最高人民法院 2008 年 12 月 26 日起施行的《关于适用停止执行死刑程序有关问题的规定》将其解释为包括下列情形："（一）发现罪犯可能有其他犯罪的；（二）共同犯罪的其他犯罪嫌疑人归案，可能影响罪犯量刑的；（三）共同犯罪的其他罪犯被暂停或者停止执行死刑，可能影响罪犯量刑的；（四）判决可能有其他错误的。"这里所谓"可能"，显然是一个优势证据标准。

3. 认罪认罚案件的证明标准。认罪认罚案件在我国的适用率越来越高，关于其证明标准有所谓坚持说、差异说、降低说等。在美国辩诉交易制度下，因法官对有罪答辩"事实基础"的司法审查过宽，导致一些没有实施犯罪的被告人受到有罪判决。德国认罪协商立法和判例并未降低定罪证明标准，但实践中有法官基于司法便利忽视对被告人当庭认罪真实性的审查核实。在我国认罪认罚案件中，公诉机关在法庭上的证明责任及证明标准被显著降低，但法院认定被告人有罪的心证门槛不能降低。法院应当一并审查认罪认罚的自愿性、合法性和真实性，确保证据确实、充分证明标准得到落实。[1]

4. 证据不足的"疑罪从无"。证据不足一般是指，据以定案的一个或几个主要证据不确凿、不真实或不可靠，存在疑问无法查证属实；构成犯罪的一个或几个要件的事实没有必要的证据加以证明；据以定案的证据与待证事项之间、各种证据之间存在无法排除的矛盾；根据证据得出的结论具有其他可能性。如果案件存在着"证据相互不能印证""直接证据缺乏补强""结论不具有排他性和唯一性"等情况，一般都可以将其视为"存在合理怀疑"，从而得出案件没有达到"排除合理怀疑"的程度。这种情况也就等于"证据不足"。[2]

"疑罪从无"，是指用以证明被告人有罪的证据不足，对于被告人犯罪既不能证实也不能证伪时，作有利于被告人的处理。疑罪从无即"罪疑应当作有利于被告人"，符合无罪推定原则，体现了《宪法》和《刑事诉讼法》中规定的"尊重和保障人权"的要求。

"疑罪从无"原则在《刑事诉讼法》中有三点体现：①第175条第4款关于存疑不起诉的规定："对于二次补充侦查的案件，人民检察院仍然认为证据不足，不符合起诉条件的，应当作出不起诉的决定"，从而明确了经过两次补充侦查仍证据不足的案件，人民检察院是"应当"而不是"可以"不起诉；②第200条第3项关于一审无罪判决的规定："证据不足，不能认定被告人有罪的，应当作出证据不足、指控的犯罪不能成立的无罪判决"；③第236条关于二审发回重审次数的规定，原审人民法院对于依照"事实不清楚或者证据不足"发回重新审判的案件作出判决后，"被告人提出上诉或者人民检察院提出抗诉的，第二审人民法院应当依法作出判决或者裁定，不得再发回原审人民法院重新审判"，从而确立了二审中的"疑罪从无"原则。

最高人民法院《关于建立健全防范刑事冤假错案工作机制的意见》重申了疑罪从无原则，其中，第6条规定："定罪证据不足的案件，应当坚持疑罪从无原则，依法宣告被告人无罪，不得降格作出'留有余地'的判决。……死刑案件，认定对被告人适用死刑的事实证据不足的，不得判处死刑。"第15条规定："定罪证据存疑的，应当书面建议人民检察院补充调查；人民检察院在二个月内未提交书面材料的，应

---

[1] 参见孙长永："认罪认罚案件的证明标准"，载《法学研究》2018年第1期。

[2] 参见陈瑞华："刑事证明标准中主客观要素的关系"，载《中国法学》2014年第3期。

当根据在案证据依法作出裁判。"第26条规定:"对确有冤错可能的控告和申诉,应当依法复查。原判决、裁定确有错误的,依法及时纠正。"

1. 刑事诉讼实行无罪推定、不得被迫自证其罪和利益衡量的原则,证明责任由控诉方承担,被刑事追诉者一般不承担证明责任。

2. 刑事诉讼证明责任的分配原则:公诉案件中的公诉人、自诉案件中的自诉人有义务提供证据证明被告人有罪,犯罪嫌疑人、被告人一般不承担证明责任。

3. 西方两大法系刑事诉讼"确信无疑""内心确信"的证明标准,与我国刑事诉讼"证据确实、充分""排除合理怀疑"的证明标准大同小异,都是指控诉方必须让事实裁判者确信全部犯罪要件事实,并贯彻"疑罪从无"的原则。

10.3. 请判断以下命题:
(1) 在刑事诉讼中,被告人不承担任何证明责任。
(2) 公诉案件中检察院负有证明被告人有罪的责任,证明被告人无罪的责任由被告方承担。
(3) 巨额财产来源不明案中,被告人承担说明责任。

10.4. 某市房地局原副局长殷某被控受贿等罪,该市中级人民法院公开宣判:被告人殷某2002~2006年间多次索取、收受请托人贿赂的现金、股权及向请托人购买低价房,受贿数额达人民币862万余元。截至案发,殷某尚有价值人民币397万余元和4万余美元的财产,未能说明其合法来源。案发后,殷某退缴了全部违法所得。法院判决殷某构成受贿罪、巨额财产来源不明罪、滥用职权罪,数罪并罚,判处殷某死刑缓期二年执行,来源不明的巨额财产、扣押在案的财物及违法所得均予以追缴。如何理解巨额财产来源不明罪中的证明责任倒置?

10.5. 某县建筑队在承揽工程中,向发包方单位负责人朱某提供好处费4万元。检察院收集到以下证据:①建筑队会计、出纳支出现金4万元,由送款人郑某领走,有记账单和领款条为证;②送款人郑某说:"1998年12月19日下午2时,在朱某住所亲自将款交付,朱某还说'谢谢'";③朱某所在单位证明其1998年12月15~20日病休在家未上班;④朱某邻居曹某证明:12月19日下午2时见郑某(送款人)进了朱某家,下午3时半又见朱某送郑某出来至楼道口,并说"再见";⑤朱某妻子田某证明:12月20日到银行存款4万元,该款是朱某交给她的,当问其来源时,朱某说:"你不要管那么多,快去存起来";⑥朱某老同学王某证明:12月25日朱某请几个老同学喝酒,席间朱某对他说:"人为财死,鸟为食亡,还是想办法多抓点钱为上策。"酒后他还说:"用一用手中的权力就是万八千的,很轻松";⑦朱某之子证明:朱某12月份一直在家养病,没有外出;⑧朱某不承认接受贿赂的事实,只承认郑某确实到过他家,口头感谢他对建筑队的帮助。

上述证据是否达到了"证据确实、充分"的证明标准,从而认定被告人朱某受贿罪成立?

10.6. 1995年12月29日,云南财贸学院财会专业一年级学生孙某某,带着和他相处数月的女友陈某某,回到昭通市巧家县城过寒假。1996年1月3日上午,陈某某被人残忍杀害。警方侦查后认为,孙某某有重大作案嫌疑并将其抓捕。在法庭上,孙某某坚决否认自己强奸杀害陈某某的犯罪事实,并提出在自己被关押期间,公安机关几次变换提讯地点并刑讯逼供,他不得已才作出了有罪供述。辩护律师也提出:孙某某杀人事实不清、证据不足、难以认定;犯强奸罪没有事实根据、不能成立。但昭通地区中级人民法院于1996年9月仍认定孙某某犯有故意杀人罪,一审判处孙某某死刑,剥夺政治权利终身。孙某某提出上诉。1997年9月,云南省高级法院对孙某某上诉案作出刑事裁定书,认为该案事实不清、证据不足,发回重审。昭通地区中院于1998年5月再次作出判决,认定孙某某犯故意杀人罪,判处死刑,剥夺政治权利终身。孙某某对该判决再次提出上诉。1998年11月,云南省高级法院终审判决孙某某犯故意杀人罪,判处死刑缓期二年执行,剥夺政治权利终身。

法院遇到事实不清、证据不足,达不到刑事证明标准的案件时,该怎么办?

第三节 民事诉讼证明责任和证明标准

一、民事诉讼证明责任

(一) 民事诉讼证明责任分配的主要理论

民事诉讼证明责任分配是民事证明理论的基础,"适当的、明智的证明责任分配属于法律制度最为必要的或最值得追求的内容"。[1] 自从罗马法以来,世界各国尤其是大陆法系国家关于民事证明责任的学说层出不穷、众说纷纭。对此,可以分为三个阶段:[2]

1. 罗马法中关于证明责任分配的规定体现了证明责任的萌芽,其主要有两大原则:

(1)"原告应负举责之义务","原告不尽证明责任时,应为被告胜诉之裁判",但是如果原告已尽其证明责任,被告就有必要提出反证推翻原告的举证,如果被告"提出抗辩,就该抗辩有举证之必要"。

---

[1] [德] 罗森贝克:《证明责任论》,庄敬华译,中国法制出版社2002年版,第97页。

[2] 以下参见卞建林、谭世贵主编:《证据法学》,中国政法大学出版社2010年版,第436~439页。

(2)"主张者负证明的义务,否认者不负证明的义务",或者说"举证之义务存在于主张之人,不存在于否认之人"。第二项原则是由法学家保鲁斯从"一切推定为否定之人之利益"的推定法则中引申出来的,即所谓的"为主张之人有证明义务,为否定之人无之"。[1]

"罗马法上的两大原则,经中世纪寺院法的演变,成为'原告就其诉讼原因的事实进行证明,被告就其抗辩的要件事实进行证明'的一般原则。"[2] 当然,罗马法上证明责任主要指的是证据提出责任,即行为意义上的证明,其关于证明责任分配的两大原则,经辗转演变,逐步确立为原告就作为其请求权基础的事实承担证明责任,被告就作为其抗辩基础的要件事实承担证明责任的一般原则。

2. 大陆法系早期的证明责任分配学说。罗马法的理念在德国经过莱昂哈德·罗森贝克的发展继承,在美国经过塞耶·威克曼发展继承,使现代证明责任理论最终创立,代表性的学说主要有:待证事实分类说;法规分类说;法律要件分类说。

(1)待证事实分类说根据待证事实的性质或内容来分配证明责任,其又包括消极事实说、外界事实说等。[3]

(2)法规分类说认为,任何实体法的条文都由原则性的规定和例外规定两个部分构成,凡要求适用原则性规定的人,应就原则性规定所包含的要件事实负证明责任,而要求适用例外规定的人,应就例外规定所包含的要件事实负证明责任。[4]

(3)法律要件分类说的代表是罗森贝克的规范说,该学说认为证明责任分配原则只有一条原理,即"对不适用某一法律规定就不能获得诉讼请求效果的当事人而言,其应当对该项法律规定的构成要件在事实上为存在,承担主张和证明的责任"[5]。据此,罗森贝克将民法的实体法规范划分为权利发生规范、权利妨碍规范、权利消灭规范、权利限制规范四类,并在此基础上确定了如下证明责任分配原则:请求权人承担权利形成要件的客观证明责任,请求权人的对方当事人承担权利妨碍要件、权利消灭要件和权利受制要件的客观证明责任。由于规范说便于理解和操作,其一度成为德国学术界的主流学说,并为判例所接受。[6]

3. 20世纪50年代后新出现的一些证明责任分配学说,包括危险领域说、盖然性说、损害归属说、利益较量说。由于规范说存在着诸如不能引导出证明责任分配的具体标准、标准单一等缺点,其逐渐受到德国学者的诸多批评。由此德国发展出了"修正规范说"与"实质分配标准说"。其中,"修正规范说"的代表是"危险领域

---

[1] 骆永家:《民事举证责任论》,商务印书馆1981年版,第69页。
[2] 叶自强:《民事证据研究》,法律出版社1999年版,第145页。
[3] 张永泉:《民事诉讼证据原理研究》,厦门大学出版社2005年版,第184页。
[4] 樊崇义主编:《证据法学》,法律出版社2017年版,第276页。
[5] Rosenberg, *Die Beweislast*, 5. Aufl. 1965, S. 98f. 转引自张永泉:《民事诉讼证据原理研究》,厦门大学出版社2005年版,第185页。
[6] 卞建林、谭世贵主编:《证据法学》,中国政法大学2014年版,第443页。

说",其将特定诉讼中的证明责任分配给实际控制危险领域的一方当事人。[1]"实质分配标准说"的代表是盖然性说,其主张以待证事实发生的盖然性的高低为证明责任分配标准。损害归属说认为,应当以实体法确定的责任归属或者损害归属来决定证明责任的分配。利益较量说认为,在解决具体案件的证明责任的分配问题时,应当考虑双方当事人与证据距离的远近、举证的难易程度、诚实信用原则三个因素,由利益较小的一方当事人负证明责任。[2]

事实上,确立证明责任分配的因素是很多的,包括"诉讼便利性的考虑;双方当事人的举证能力;是谁打破了现存的法律状态;如果对有关争议问题没有证明,在法律上什么应当认定为真实的;一方当事人提出诉讼主张的反常性;诉讼理由是肯定性的还是否定性的;案件是否属于制定法或者一般诉讼规则的例外情形;以及诸如威慑之类的公共政策;等等。这些因素都在考虑之列"。[3]在证明责任分配的各种学说中,罗马法的原则规定反映了证明责任分配理论的萌芽,待证事实分类说、法规分类说和法律要件分类说着眼于形式上的或者说"形而上学"意义上的方法,危险领域说、盖然性说和损害归属说等现代证明责任分配"新说"则着重于实质上的公平正义,寻求社会秩序的和谐。"从一般证明方法上看,对一个命题的成立与否,有两种证明方式:一种是'证实',即从正面对其作肯定的证明,另一种是'证伪',即从反面对其作否定的证明。无论'证实'还是'证伪',都能使'真伪不明'的命题变得明确:要么成立,要么不成立。在民事诉讼证明责任的发展历史上,在第一阶段,对案件事实的证明方式是'证实',即要求主张者作出正面的肯定证明并承担证明责任;到了第二阶段的'新说',其证明方式基本上是'证伪',即要求否认者作出反面的否定证明,同样亦需承担证明责任。"[4]应当说,各种理论都有自身的合理之处,我们应综合比较,吸纳其长处,科学地确立我国的证明责任分配学说。

民事诉讼中作为证明对象的法律要件事实具有复杂性,案件事实不是传统诉讼中"非黑即白"的状态,而是呈现出繁杂、交错的状况。因此,不仅要对各种法律关系的事实存在与否进行证明,更需要对其存在状态作出细致的证明。例如,法国《民事诉讼法》第9条规定:"应当由每一当事人对其诉讼请求之胜局所必要的事实依法证明之。"我国澳门特别行政区《民法典》第335条规定:"创设权利之事实,由主张权利之人负责证明。就他人所主张之权利存有阻碍、变更或消灭权利之事实,由主张权利所针对之人负责证明。如有疑问,有关事实应视为创设权利之事实。"菲律宾《证据规则》第131条第1项要求:"每一方当事人应证明他自己肯定的主张。

---

[1] 卞建林、谭世贵主编:《证据法学》,中国政法大学2014年版,第443页。
[2] 樊崇义主编:《证据法学》,法律出版社2017年版,第277页。
[3] 罗特斯坦因语,转引自何家弘、刘品新:《证据法学》,法律出版社2004年版,第319页。
[4] 卞建林主编:《证据法学》,中国政法大学出版社2002年版,第247页。

支持否定性主张的证据不需要提供，除非该否定性主张是权利声明的重要部分或者诉因或抗辩理由赖以建立的基础，即使是主张由对方当事人保管的文件的不存在的否定性主张也不例外。证明责任由如果双方都不提供证据将败诉的一方承担。"

（二）我国民事诉讼证明责任的分配原则

《民事诉讼法》第67条规定："当事人对自己提出的主张，有责任提供证据。当事人及其诉讼代理人因客观原因不能自行收集的证据，或者人民法院认为审理案件需要的证据，人民法院应当调查收集。人民法院应当按照法定程序，全面地、客观地审查核实证据。"第68条又要求"当事人对自己提出的主张应当及时提供证据"，从而确立了举证时限制度。但是，要真正解决司法实践中复杂的证明责任分配问题，上述规定还需要进一步细化。

1. 谁主张、谁举证原则。最高人民法院《民事诉讼法解释》第90条规定："当事人对自己提出的诉讼请求所依据的事实或者反驳对方诉讼请求所依据的事实，应当提供证据加以证明，但法律另有规定的除外。在作出判决前，当事人未能提供证据或者证据不足以证明其事实主张的，由负有举证证明责任的当事人承担不利的后果。"这个规定从正反两个方面规定了证明责任的完整涵义，它充分反映了罗马法中"提出主张的人有证明责任，否定的人没有证明责任"这一古老的法则。因为"根据事物的性质，否定无须证明"。刑事附带民事诉讼也秉承"谁主张、谁举证"原则。根据最高人民法院《刑事诉讼法解释》第188条："附带民事诉讼当事人对自己提出的主张，有责任提供证据。"

这里"主张"概念，是指当事人提出的一种具有实体或者程序意义的事实主张，不包括法律主张，不能被理解为一种主观态度或意见。"谁主张、谁举证"，排除了法院包揽调查取证的做法，双方当事人对自己的"主张"均有义务举证，不举证就要承担败诉责任。当没有证据或者证据不足以证明当事人之事实主张的时候，由负有证明责任的当事人承担举证不能的后果。

通常情况下，提出支持其诉讼请求的当事人，距离证据更近，更易于收集证据。"证据距离远"说明某方当事人很难控制证据，或没有控制证据的可能性，因而很难收集到该证据；"证据距离近"说明某方当事人能够控制该证据，甚至该证据本身就为其所持有或占有，若由其举证则获取证据就有很大的可能性。让距离证据更近、收集证据能力更强的当事人承担证明责任，既是公平的又是经济的，有助于实现保护权益和解决纠纷等诉讼目的。[1]

【案例10.2】李某与王某签订借款合同，约定了违约金条款。借款到期后，债务人王某未偿还借款本息。李某起诉，要求王某偿还借款本息并支付违约金。王某主张违约金过高，要求减少违约金。应当由谁承担违约金过高的证明责任？

---

[1] 何家弘主编：《证据法学研究》，中国人民大学出版社2007年版，第150页。

本案王某主张违约金过高，应由其承担违约金过高的证明责任。最高人民法院《关于当前形势下审理民商事合同纠纷案件若干问题的指导意见》第8条规定，违约方对于违约金约定过高的主张承担证明责任，非违约方主张违约金约定合理的，也应提供相应的证据。例如，对于实际损失的证明，非违约方掌握相关证明实际损失的文书，此时违约方可以根据《民事诉讼法解释》第112条第1款的规定，即"书证在对方当事人控制之下的，承担举证证明责任的当事人可以在举证期限届满前书面申请人民法院责令对方当事人提交"。

2. 法律要件分类规则。法律要件分类规则，是从实体法律规范的相互关系中探寻证明责任分配的规则。实体法律规范相互之间，存在补充关系或相斥关系。民事法律规范可以分为三类：①权利妨害规范，即在权利发生之始，将权利的效果视为妨害，致使权利不得发生的规范，如合同订立者缺乏行为能力导致合同无效；②权利消灭规范，即在权利发生之后，能使既存的权利予以消灭的法律规范，如合同履行导致权利消灭；③权利制约规范，即在权利发生之后，权利人欲行使其权利时，能使权利的效果予以遏制或消除，从而达到使权利不能实现的法律规范，如情势变更导致合同解除。[1]

最高人民法院《民事诉讼法解释》第91条规定："人民法院应当依照下列原则确定举证证明责任的承担，但法律另有规定的除外：（一）主张法律关系存在的当事人，应当对产生该法律关系的基本事实承担举证证明责任；（二）主张法律关系变更、消灭或者权利受到妨害的当事人，应当对该法律关系变更、消灭或者权利受到妨害的基本事实承担举证证明责任。"这一规定显然受到法律要件分类说的影响。

【案例10.3】 甲向乙账户汇款后向法院起诉称汇错款，请求乙返还不当得利。乙辩称甲虽与其无法律关系，但甲的行为系偿还丙欠乙的货款，不构成不当得利。应当由谁就"没有法律根据"承担举证证明责任？

给付行为没有法律根据是不当得利的构成要件之一。按照最高人民法院《民事诉讼法解释》第91条，被告主张存在一定法律关系构成"法律根据"的，应由被告承担举证证明责任。被告首先要证明存在"法律根据"的相关事实。如在上例中，乙辩称甲代替丙还款，并提交乙与丙的借款合同及付款凭证等证据以证明乙对丙享有债权。然后，需要证明该相关事实构成"法律根据"，从而阻却不当得利的成立。乙在证明其对丙享有债权后，还应当按照《民法典》合同编关于债务加入或债务转移的规定，证明甲确有代替丙还款的真实意思，以达到存在"法律根据"的证明标准。以上分析仅是一般情况，在某些情形下，被告的举证责任并没有那么复杂。如

---

[1] 宋朝武主编：《民事诉讼法学》，高等教育出版社2017年版，第183页。

乙若证明其对甲享有债权，甲汇款是清偿自己债务的行为，则其不但证明了存在"法律根据"的相关事实，同时还证明了该相关事实足以构成"法律根据"。

3. 合同和代理权纠纷中的证明责任分配规则。

（1）合同成立与生效纠纷的证明责任分配。合同成立是指合同在事实上是否成立；合同生效是指已经成立的合同能否获得法律认可的效力。合同成立与生效发生纠纷的案件中，凡主张合同成立或生效的一方当事人，应当对合同成立或生效的事实承担证明责任。

（2）合同变更、解除、终止、撤销纠纷的证明责任分配。合同变更是指合同成立后，对合同各项条款进行修改、补充、限制等，若一方当事人主张合同变更、解除、终止、撤销等积极事实，应当对变更、解除、终止、撤销所依据的事实承担证明责任。

（3）合同履行纠纷案件的证明责任分配。当事人对合同是否履行发生争议的，应由负有履行义务的一方承担证明责任。因为，否认权利存在的一方当事人应当就权利消灭的事实承担证明责任，合同义务因一方当事人履行而消灭。因此负有履行义务的当事人应当对合同是否履行的事实或合同不能履行的事实承担证明责任。

（4）代理权纠纷案件的证明责任分配。主张权利存在的当事人应当就权利成立的要件事实承担证明责任。因此，代理权争议案件中，由主张有代理权的一方承担证明责任，证明代理权发生的依据、代理权的范围和表见代理的根据，否认代理权存在的一方对上述事实不承担证明责任。

4. 民事诉讼证明责任倒置的情形。对于特殊案件，出于当事人举证能力、举证的便利以及某些法律政策的考量，原告主张的权利构成要件事实中的一个或多个转而由被告承担证明责任。

从《民法典》侵权责任编看，过错推定责任的适用范围有：教育机构对无民事行为能力人的损害责任（第1199条）、医疗损害中的过错推定责任（第1222条）、动物园饲养动物的损害责任（第1248条）、建筑物、构筑物或者其他设施及其搁置物、悬挂物脱落、坠落损害责任（第1253条）、堆放物倒塌、滚落或者滑落损害责任（第1255条）、公共道路物品堆放、倾倒、遗撒损害责任（第1256条）、林木折断损害责任（第1257条）、公共场所施工未设标志损害责任（第1258条第1款）、窨井等地下设施损害责任（第1258条第2款）。

【案例10.4】张某从某金融机构购买了A金融产品后，以该金融机构未履行适当性义务给其造成损失为由，向法院起诉。张某是否应当承担金融机构未履行适当性义务的证明责任？

由于金融交易的复杂性和专业性，金融消费者获取证据的能力不足，在举证金融机构违反投资者适当性义务方面有困难。从公平原则和举证便利性角度考虑，金融消费者对其主张的购买产品或接受服务并遭受损失的相关事实承担证明责任；金融机构对其是否履行了各种适当性义务承担证明责任。这不会增加金融机构的额外负担，且能促进其履行适当性义务。

二、民事诉讼证明标准

（一）英美法系的优势证据标准

在英美法系国家，民事案件实行优势证据（preponderance of evidence）标准，要求诉讼一方当事人所提供的证据比另一方所提供的证据更具有说服力或更令人相信。例如，澳大利亚《1995年证据法》第140条规定，民事诉讼证明标准为概率平衡（balance of probability），证明案件达到概率平衡时，法院应当裁决当事人的案件已得到证明。

优势证据又称为"分量更大的证据"（greater weight of the evidence）或"比不可能更可能"（more likely than not），属于最低限度的证明标准，适用于大多数民事诉讼。[1] 英国学者莫菲认为："在民事案件中，证明标准无非是要求'概率平衡'和'盖然优势'的标准，也就是说，足以表明案件中负有法定证明责任当事人就其主张的事实上的真实性大于不真实性。"[2] 优势证据反映了证据的可信度和说服力。如果一方提出少量证据，另一方不提出任何证据，前者不一定胜诉，因为他的主张可能具有内在的不可能性。霍夫曼（Hoffman）说："放在天平上的分量不是证据的数量而是由证据产生的盖然性以及案件的全部环境决定的。"[3]

根据美国证明责任理论，"在民事案件中，说服责任通常是'优势证据'，这一般被理解为是指'比不可能更可能真实'；在某些特殊类型的民事案件中，说服责任是'清楚且令人信服的证据'。"[4] 证明标准直接与胜诉败诉联系在一起，证明标准实质被界定成两个点，一是提供证据责任点，该项证明程度较低达到10%即可；二是证明责任点，该项证明程度较高要，达到51%。[5] 宾夕法尼亚州法院建议法官对陪审团作出如下指示："你们可以思考一下在有刻度的天平上放上物品。在陪审团评议室进行讨论时你们可以想象性地运用一下这个刻度。你们不妨将所有有利于原告的证据放入一个盘子，将所有有利于被告的证据放入另一个盘子。如果天平的刻度

---

[1] David P. Leonard, Victor J. Gold, *Evidence: A Structured Approach*, Aspen Publishers, New York, 2004, p. 603.

[2] Peter Murphy, *A Practice Approach to Evidence*, Blackstone Press Limited, 1992, p. 105.

[3] 沈达明编著：《英美证据法》，中信出版社1996年版，第46页。

[4] Ronald J. Allen, Eleanor Swift, David S. Schwartz, Michael S. Pardo, and Alex Stein, *An Analytical Approach to Evidence: Text, Problems, and Cases*, 6th ed., published by Wolters Kluwer in New York 2016, p. 817.

[5] 张卫平主编：《外国民事证据制度研究》，清华大学出版社2003年版，第437页。

哪怕只是向原告的方向略微有所倾斜,你们就应当判令原告胜诉。"[1] 在一些州,优势证据标准被表达为"分量更大的证据",一方当事人证据的优势超过 51% 就可以判决其胜诉。

(二)大陆法系高度盖然性标准

大陆法系各国的民事诉讼证明标准普遍高于英美法系国家的规定,要求达到高度盖然性(the high degree of probability)的程度。一般而言,在普通法国家,民事案件仅要求占优势的盖然性,而在大陆法国家中,则要求确信无疑的盖然性。多数法国学者也认为,法院对于民事案件所裁判的事实问题不必达到绝对真实的程度,而只要具备某种盖然性就已满足充分条件。[2]

在德国,具体法律条文中对不同的盖然性采用了不同的用语,如"高盖然性"、"如此高的盖然性,以至于理性的人都不怀疑"等,德国《民事诉讼法典》第 286 条规定了原则性的证明标准——法官的确信。该证明标准要求待证事实的真实性达到很高的盖然性,而非占优势的盖然性。但其并不要求法官排除每一种相反的怀疑和可能性,只需达到实际生活所需要的确信程度即可,并且可以搁置存在的合理怀疑而非将其完全排除。由此可见,民事诉讼法中的内心确信标准低于刑事诉讼中的标准。在德国《民事诉讼法典》第 294 条规定的释明以及第 287 条规定的损害调查只需达到优势盖然性的证明标准即可。[3]

日本全盘吸收了德国的高度盖然性标准,实践中的证明是由一个著名的判决确立的。日本最高法院在 1975 年 2 月 24 日对于一个医疗事故事件的判决中写道:[4] "诉讼上因果关系的举证不属于'不容半点怀疑'的自然科学上的证明,而是按照经验法则并综合斟酌所有证据,对使法官能够认定特定事实引发特定结果之关系高度盖然性的证明,该判定必须能够使一般人毫无疑虑地抱以真实性的确信,而且只要达到该程度即可。"日本将传统的证明分为"证明"和"疏明(说明)"两种:"证明"是指让法官确信待证事实,或者为了让法官确信而进行的诉讼行为,这里的确信是指社会上普通人的不夹杂任何疑念的相信;"疏明(说明)"是指让法官就当事人主张的事实形成心证,或以此为目的的诉讼行为,对证明的程度要求甚低,一般

---

[1] Christoph Engel, "Preponderance of the Evidence Versus Intime Conviction: A Behavioral Perspective on a Conflict between American and Continental European Law", *in Vermont Law Review*, Spring, 2009, p. 439.

[2] Peter E. Herzog, Martha Weser, *Civil Procedure in France*, Martinus Nijhoff, The Hague, Netherlands, 1967, p. 310.

[3] Vgl. *Ingo Saenger*(Hrsg.), Zivilprozessordnung, 7. Auflage, Verlag C. H. Beck, München, 2017, Rn. 14.

[4] 该判决的主要案情是:一个因患化脓性髓膜炎入住东大医院接受治疗的婴儿,在医生实施一种通过腰椎穿刺采集骨髓,并注入盘尼西林的手术 15~20 分钟后突然呕吐、痉挛,右半身部分麻木,并造成性格、智能、运动障碍,家长以此提出要求医院赔偿。在这一事件中,被告方主张不良症状发作及其后来产生的障碍是化脓性髓膜炎所致,并非由该手术造成的。转引自张卫平主编:《外国民事证据制度研究》,清华大学出版社 2003 年版,第 447 页。

是当事人对自己所主张的事实提出足以使法官推测大体上确实程度的证据即可。"疏明"适用于比较轻微事项的简易证明方法，只限于诉讼法有规定的情况。[1]

在德国和日本的学术界，基于对诉讼效率的追求和特定案件过高标准的非现实性，都出现了要求降低高度盖然性证明标准的讨论和趋向，许多学者论证要降低高度盖然性证明标准而回归英美法系国家的优势证据标准，这一定程度上也体现了两大法系相互融合的趋势。[2]

（三）我国民事诉讼证明标准

最高人民法院《民事诉讼法解释》第 108 条和第 109 条，明确了我国民事诉讼的证明标准：

1. 高度可能性与优势证据标准。

（1）负有证明责任一方的高度可能性证明标准。最高人民法院《民事诉讼法解释》第 108 条第 1 款规定："对负有举证证明责任的当事人提供的证据，人民法院经审查并结合相关事实，确信待证事实的存在具有高度可能性的，应当认定该事实存在。"高度可能性，又称高度盖然性，是指可能性的程度明显大于不可能性。这在概率轴上大概是一个 0.75 的可能性程度。民事诉讼主要解决平等民事主体之间的纠纷，奉行当事人自愿原则和处分原则，一般由当事人收集证据，查明的是一种事实主张存在的可能性。负有证明责任一方如果能够提供证据对所主张的事实进行证明，达到了高度可能性的标准，法院应当判其胜诉。

（2）负有证明责任一方的优势证据标准。最高人民法院《民事诉讼法解释》第 108 条第 2 款规定："对一方当事人为反驳负有举证证明责任的当事人所主张事实而提供的证据，人民法院经审查并结合相关事实，认为待证事实真伪不明的，应当认定该事实不存在。"这里，通过对方的反驳证明，法院认为负有证明责任一方的待证事实仍然真伪不明的，即表明其未达到优势证据标准，应当认定该事实不存在，法院应当判其败诉。此外，最高人民法院《民事诉讼证据规定》第 86 条第 2 款规定："与诉讼保全、回避等程序事项有关的事实，人民法院结合当事人的说明及相关证据，认为有关事实存在的可能性较大的，可以认定该事实存在。"优势证据标准，或曰比不可能更可能，在概率轴上是一个大于 0.5 的可能性程度，即可能性较大，或可能性大于不可能性。

2. 排除合理怀疑的标准。最高人民法院《民事诉讼法解释》第 108 条第 3 款规定："法律对于待证事实所应达到的证明标准另有规定的，从其规定。"例如，第 109 条规定："当事人对欺诈、胁迫、恶意串通事实的证明，以及对口头遗嘱或者赠与事实的证明，人民法院确信该待证事实存在的可能性能够排除合理怀疑的，应当认定

---

[1] [日] 中村英郎：《新民事诉讼法讲义》，陈刚等译，法律出版社 2001 年版，第 198 页。

[2] 对于德国和日本降低高度盖然性标准的讨论，参见张卫平主编：《外国民事证据制度研究》，清华大学出版社 2003 年版，第 440~449 页。

该事实存在。"下列民事行为的证明要达到"排除合理怀疑"这一较高的标准:

(1) 欺诈、胁迫。意思表示真实的前提是意思的形成自由和意思的表示自由,而欺诈、胁迫行为系在意思表示形成和表示过程中欠缺自由甚至完全不自由,属于《民法典》第 148 条、第 150 条规定的可撤销的行为。构成欺诈的情况如,消费者未被告知二手车曾发生事故,离婚后前夫发现养育 16 年的儿子非亲生,卖房者隐瞒"凶宅"信息等产品销售过程中的欺诈行为,以及合同履行过程中的欺诈行为。

(2) 恶意串通。行为人与相对人恶意串通,损害他人合法权益的民事法律行为无效。表意人与相对人通谋实施虚伪的意思表示,系专为侵害他人合法权益。不仅表意人单方面了解自己的表示是虚伪的,而且相对人也了解这一情况,相互勾结,恶意通谋。这是《民法典》第 154 条规定的无效民事法律行为的情形。

(3) 口头遗嘱。遗嘱的法定形式有五种:公证遗嘱、自书遗嘱、代书遗嘱、录音遗嘱和口头遗嘱。其中,口头遗嘱是指由遗嘱人口头表述的,而不以任何方式记载的遗嘱。我国《民法典》第 1138 条规定:遗嘱人在危急情况下,可以立口头遗嘱,口头遗嘱应当有两个以上见证人在场见证。危急情况消除后,遗嘱人能够以书面或者录音录像形式立遗嘱的,所立的口头遗嘱无效。

(4) 赠与。赠与是指一方当事人将自己的财产无偿给予他方,他方受领该财产的行为。赠与合同系无偿合同、单务合同和诺成合同,自当事人意思表示一致时成立。赠与的动产所有权自交付时起转移,不动产所有权依不动产权利转移方式而转移。

在上述四种行为中,欺诈、胁迫、恶意串通涉及对一方或他人合法权益的损害,属于具有刑事性质的行为,严重的可能构成诈骗、强迫交易等相关刑事犯罪;而口头遗嘱和赠与是两种特殊的民事法律行为,为了防止对合法权益人的造成任意侵害,最高人民法院《民事诉讼法解释》规定了较高的证明标准。这"主要是根据实体法的规定,将欺诈、胁迫、恶意串通的事实,在实体法立法上使用'足以'、'显失公平'的表述,均反映立法者对此类待证事实拔高证明标准的意图";并且,"但凡发生了欺诈、胁迫或恶意串通的行为,就会发生相应的实体法效果:导致现有的法律关系无效或者可撤销。因而,从维护法律秩序的稳定性、保障交易安全的民商事立法目的来看,需要对这些事实赋予更高的证明标准"。[1]

1. 民事诉讼证明责任分配奉行"谁主张、谁举证"的一般原则。
2. 最高人民法院《民事诉讼证据规定》对特定案件证明责任倒置的情形进行了详细列举,并规定了法无明文规定时法官对证明责任分配问题的自由裁量权。

---

〔1〕 江必新主编:《新民诉法解释法义精要与实务指引(上)》,法律出版社 2015 年版,第 231 页。

3. 最高人民法院《民事诉讼法解释》规定了民事诉讼负有证明责任一方的高度可能性标准和优势证据标准。

4. 最高人民法院《民事诉讼法解释》规定对欺诈、胁迫、恶意串通事实的证明,以及对口头遗嘱或者赠与事实的证明,要达到"排除合理怀疑"的程度。

思考题

10.7. 对于最高人民法院《民事诉讼法解释》第109条提高对欺诈、胁迫、恶意串通以及口头遗嘱或者赠与事实的证明标准的做法,有人认为这一规定误解了国外民事诉讼证明标准的层次化理论,混淆了民事诉讼与刑事诉讼的界限,不适当地增加了权利人的证明难度,并对相关民事活动有负面的导向功能。[1] 请对这种观点进行分析评价。

10.8. 艾伦教授认为,在美国,"许多司法辖区要求民事诉讼中关于诈骗或具有刑事性质的指控,要由清楚且令人信服的证据来加以证明。该理论认为,由于这种指控的严重性,错误应当对被指控的人有利,这也解释了为什么刑事诉讼要求更高的说服责任"。[2] 请分析一下在民事诉讼中对诈骗或具有刑事性质的指控适用"清楚且令人信服的证据"(clear and convincing evidence)标准,与适用确信无疑(beyond reasonable doubt)标准,在理论与实践上有何差别?你的建议是什么?

10.9. 王某承包了20亩鱼塘。某日,王某发现鱼塘里的鱼大量死亡,王某认为鱼的死亡是附近的腾达化工厂排污引起的,遂起诉腾达化工厂请求赔偿。腾达化工厂辩称,根本没有向王某的鱼塘进行排污。关于化工厂是否向鱼塘排污的事实举证责任,下列哪一选项是正确的?

(1) 根据"谁主张、谁举证"原则,应当由主张存在污染事实的王某负举证责任。

(2) 根据"谁主张、谁举证"原则,应当由主张自己没有排污行为的腾达化工厂负举证责任。

(3) 根据"举证责任倒置"规则,原告只需证明被告有污染行为和自己受到损害的事实,而由腾达化工厂就法律规定的免责事由及其行为与损害结果之间不存在因果关系承担举证责任。

(4) 根据本证与反证的分类,应当由腾达化工厂负举证责任。

10.10. 甲饲养的宠物狗将乙咬伤,乙起诉甲请求损害赔偿。诉讼过程中,甲认

---

[1] 参见刘学在、王静:"民事诉讼中'排除合理怀疑'证明标准评析",载《法治研究》2016年第4期。另参见霍海红:"提高民事诉讼证明标准的理论反思",载《中国法学》2016年第2期。

[2] [美] 罗纳德·J. 艾伦:"证明责任",蒋雨佳、强卉、张姝丽译,张保生校,载《证据科学》2011年第5期。

为乙被咬伤是因为乙故意逗狗造成的。关于本案中举证责任的分配,下列哪一选项是正确的?

(1) 甲应当就乙受损害与自己的宠物狗没有因果关系承担举证责任。
(2) 甲应当对乙故意逗狗而遭狗咬伤的事实承担举证责任。
(3) 乙应当就自己没有逗狗的故意承担举证责任。
(4) 乙应当就自己受到甲的宠物狗伤害以及自己没有逗狗的故意承担举证责任。

10.11. 范某起诉董某欠自己40万元借款,证据是董某出具的借条,借条上写着:今借到人民币40万元整,借款人:董某。对此,董某认为,该欠条虽系其亲笔书写,但并不能证明40万元是借范某的,并辩称同一时期也向其他人借过钱,并出具过同样的欠条,只是现在回忆不起来究竟向谁借过钱。原告范某则称,当时将40万元现金送给董某时,董某的母亲在场。但是董某母亲证言则说,范某确实来过,但不是来送钱而是来借电钻。法院经审理后认为,欠条系董某亲笔书写,这足以认定原被告之间的借款关系成立,董某母亲的证言因证人与董某有利害关系,证明力较低,判决被告偿还借款的本息。本案中,原告范某提供的证据是一张借条,尽管此借条没有直接写明董某向范某借款40万元,但是范某持有该借条,能否证明董某向范某借款的事实,达到了高度可能性或优势证据标准?被告董某母亲与案件有利害关系,其证言虚假可能性较大,法院衡量双方证据证明力的强弱,判决被告败诉是否适当?

第四节 行政诉讼证明责任和证明标准

一、行政诉讼证明责任

行政诉讼证明责任,主要是指被告行政机关在诉讼中承担的对其作出的行政行为的合法性提供证据加以证明,并在不能证明其合法性时承受败诉结果的责任。行政诉讼与刑事、民事诉讼的区别在于,不采用"谁主张,谁举证"的一般证明责任分配方式,而采证明责任倒置,即以"原告主张、被告举证"为原则,以原告举证为例外。

(一) 被告承担证明责任的一般原则

1. 行政诉讼证明责任倒置的具体要求。行政诉讼由被告承担证明行政行为合法性的证明责任,这不同于民事诉讼中"谁主张,谁举证"的一般原理,而是奉行"证明责任倒置"原则。该原则的具体要求是:①被告对作出的行政行为负有举证责任;②被告应当在一定的期限内提供据以作出行政行为的全部证据;③被告应当提供作出行政行为所依据的规范性文件;④被告不提供或者无正当理由逾期提供证据的，法院应当"认定被诉行政行为没有相应的证据"。[1]

2017年《行政诉讼法》第34条规定，被告对作出的行政行为负有举证责任，应当提供作出该行政行为的证据和所依据的规范性文件。被告不提供或者无正当理由逾期提供证据，视为没有相应证据。但是，被诉行政行为涉及第三人合法权益，第三人提供证据的除外。这一规定改变了过去证据提出的随意性，要求被告应当在法定期限内，即收到起诉状副本之日起15日内提供据以作出被诉行政行为的证据，否则将被视为被诉行政行为没有相应证据。但出于保护第三人的利益考虑，第三人举证不受这一规定限制。

第35条规定："在诉讼过程中，被告及其诉讼代理人不得自行向原告、第三人和证人收集证据。"这里与修订前相比有两处变化：一是对收集证据主体范围的限制，在"被告"基础上增加了"诉讼代理人"，即不仅被告不能自行收集证据，其诉讼代理人也不得自行收集证据；二是限制了收集证据的对象范围，在"原告和证人"之外，增加了"第三人"。就是说，被告及其诉讼代理人不得自行向任何人收集证据。但第36条规定，被告在作出行政行为时已经收集了证据，但因不可抗力等正当事由不能提供的，经人民法院准许，可以延期提供。原告或者第三人提出了其在行政处理程序中没有提出的理由或者证据的，经人民法院准许，被告可以补充证据。

2. 行政诉讼证明责任倒置的理由。

（1）行政程序中要求行政机关遵循"先举证后裁决"的原则，行政机关应当在收集充分证据的基础上作出行政决定，因此，当行政机关作出的行政行为被诉至法院后，应当有充分的证据材料证明其行为的合法性。

（2）在行政诉讼中，被告有更优越、更充分的证明手段和条件。行政诉讼要证明的是被诉行政行为的合法性，而该行政行为是由作为被告的行政机关作出的。在行政法律关系中，原告与被告是被管理与管理的关系，而非平等的法律关系。被告在作出某项行政行为时，必须有相关的事实根据与法律根据，否则，就不能作出此项行政行为。如果由原告证明被告行为的违法性，存在举证上的困难，也不具备进行鉴定、勘验等收集证据、保全证据的能力和条件。因此，证明责任倒置，有助于保护在行政权力运行过程中处于弱势地位的原告。

（3）由被告承担证明责任，还有立法政策上的理由和行政指导上的意义，宣示了立法者的价值取向，有助于社会公共利益的维护。行政机关承担证明责任，意味着只有当被告证明行政行为的合法性时，被告才能胜诉，否则应该承担败诉后果。这将督促行政机关在作出行为时必须有充分的事实根据与法律根据，从而促使行政机关依法行政。

（二）原告承担证明责任的特殊情形

1. 原告享有举证的权利。在行政诉讼中，原告享有举证的权利。《行政诉讼法》

---

[1] 胡建淼主编：《行政诉讼法学》，法律出版社2004年版，第158~160页。

第 37 条规定："原告可以提供证明行政行为违法的证据……"这表明，在行政诉讼中，原告提供证据是一种权利，而不是义务。同时，该条进一步强调："原告提供的证据不成立的，不免除被告的举证责任。"这再次明确了行政诉讼举证责任由被告承担的原则。

2. 原告承担一定证明责任的情况。在行政诉讼中，原则上应当由被告即行政机关承担证明责任，并不意味着全部事实都由被告证明。有时行政诉讼原告处于举证的便利地位，基于行政诉讼目的、性质、诉讼结构模式、原告举证能力、提高诉讼效率等因素以及世界各国行政诉讼的综合考量，在特定情况下，原告应当承担一定的证明责任。[1] 根据《行政诉讼法》、最高人民法院《行政诉讼法解释》和《行政诉讼证据规定》的有关规定，具体可以概括为：

（1）提供符合起诉条件的相应证据。《行政诉讼法》第 49 条规定："提起诉讼应当符合下列条件：①原告是符合本法第 25 条规定的公民、法人或者其他组织；②有明确的被告；③有具体的诉讼请求和事实根据；④属于人民法院受案范围和受诉人民法院管辖。"

（2）在起诉被告不作为的案件中，原告应当证明已经在行政程序中向行政机关提出了申请。《行政诉讼法》第 38 条第 1 款规定："在起诉被告不履行法定职责的案件中，原告应当提供其向被告提出申请的证据。但有下列情形之一的除外：（一）被告应当依职权主动履行法定职责的；（二）原告因正当理由不能提供证据的。"不作为分为两种情况，一是指经相对人申请后行政机关的不作为，二是行政机关依照法律规定应当作为而不作为。对于前一种情况，原告应当证明其已经在行政诉讼过程中向行政机关提出过申请。对于后一种情况，原告不需要承担证明责任。例如，警察在公民合法权益受到不法侵害时视而不见，没有依职权主动履行保护公民人身的职责的，原告不需要对曾经申请公安机关保护人身权的事实承担证明责任。此外，原告因正当理由不能提供证据的，则不需受到本款规定的规制。

（3）在行政赔偿等诉讼中，原告应当证明其因被诉行为而遭受损害的事实。《行政诉讼法》第 38 条第 2 款规定："在行政赔偿、补偿的案件中，原告应当对行政行为造成的损害提供证据。因被告的原因导致原告无法举证的，由被告承担举证责任。"在一般情况下，由于原告对自己是否遭受损害以及因何而遭受损害最为清楚，应当证明其人身、财产权利遭受的损害，以及遭受的损害与被诉具体行政行为之间的因果关系。这是奉行"谁主张、谁举证"的原则。

但是，如果由于被告的原因导致原告无法举证的，由被告承担证明责任。被告实施的行政行为违法，该违法行为又直接导致原告无法固定、取得相应损失的证据，原告没有受到损害事实的证明责任由行政机关承担。这有助于促使行政机关依法行

---

[1] 宋英辉、汤维建主编：《我国证据制度的理论与实践》，中国人民公安大学出版社 2006 年版，第 540~556 页。

政，减少对行政相对人的损害。最高人民法院第 91 号指导性案例"沙明保等诉马鞍山市花山区人民政府房屋强制拆除行政赔偿案"，就是对这种情形的诠释。最高人民法院《行政诉讼法解释》第 47 条赋予了法官对赔偿数额的酌情裁量权，即根据《行政诉讼法》第 38 条第 2 款，在行政赔偿、补偿案件中，因被告的原因导致原告无法就损害情况举证的，应当由被告就该损害情况承担举证责任；对于各方主张损失的价值无法认定的，应当由负有举证责任的一方当事人申请鉴定，但法律法规等规定行政机关在作出行政行为时依法应当评估或者鉴定的除外；负有举证责任的当事人拒绝申请鉴定的，由其承担不利的法律后果；当事人的损失因客观原因无法鉴定的，人民法院应当结合当事人的主张和在案证据，遵循法官职业道德，运用逻辑推理和生活经验、生活常识等，酌情确定赔偿数额。

【案例 10.5】2002 年 6 月 26 日夜间原告李某在某县的"工艺礼花渔具门市部"被盗，小偷行窃时惊动了门市部对面一家旅店的店主和旅客。他们立即向该县公安局 110 指挥中心报案，但接到报警的值班人员拒不处理。20 多分钟后，小偷将所盗物品装上摩托车拉走。原告多次交涉要求赔偿损失，但县公安局一直推脱。原告提供了门市部进货数、销货数、存货数、修复门费用等发票 3 张，证明自己的损失数额。被告县公安局辩称：110 指挥中心接到报案后没出警是事实，但对原告李某主张的损失数额有异议，但被告未提供证据。最后，县法院判决被告不履行法定职责与原告货物被盗存在因果关系，应当承担部分责任。原告李某主张的损失数额，有合法依据，判决县公安局赔偿李某 25 001 元损失的 50%，即 12 500.5 元，在判决生效后 10 日内给付。

本案中，原告李某就自己遭受的财产损失提供 3 份证据加以证明，履行了损害事实的举证责任，而被告虽然对原告遭受损失的具体数额提出异议，但由于没有提供证据，法院则根据原告方证据认定其遭受财产损失的具体数额。

二、行政诉讼证明标准

《行政诉讼法》第 69 条规定："行政行为证据确凿，适用法律、法规正确，符合法定程序的，或者原告申请被告履行法定职责或者给付义务理由不成立的，人民法院判决驳回原告的诉讼请求。"这是从被告和原告两个方面对行政诉讼证明标准作出的规定。鉴于行政诉讼证明责任倒置，从被告承担行政行为合法性的证明责任角度看，其要达到"证据确凿"的较高证明标准，这相当于刑事诉讼"确信无疑"的证明标准。从原告的角度看，对授益性行政行为，或者要求被告履行职责，原告需要证明的事实和一些程序性事实，达到一个"理由成立"的较低证明标准，这顶多相当于民事诉讼"优势证据"标准。因此，行政诉讼的证明标准兼有刑事诉讼证明标准和民事诉讼证明标准的成分。"案件事实清楚、证据确实充分是我国法律规定的刑事诉讼的证明标准，占优势的盖然性标准是民事诉讼证明标准，它们分别构成了行政诉讼说服责任证明标准的两个极端",行政诉讼证明标准具有灵活性、中间性和审查性。[1]

(一)"证据确凿"标准

根据《行政诉讼法》第 69 条关于"行政行为证据确凿,适用法律、法规正确,符合法定程序的"规定,对被诉行政行为合法性,被告应当证明达到证据确凿或确信无疑的程度。由于行政诉讼要审理的行政行为对相对人的权利具有重大影响,往往涉及相对人的人身、财产权利,特别是限制人身自由的行政处罚相当严厉,如行政拘留,限制人身自由,财产查封、扣押、冻结,征收、征用等,甚至比刑法中的罚金、管制更为严厉。基于行政行为对于相对人人身权、财产权限制的严厉性,对其合法性的证明采用严格的证明标准——证据确凿或确信无疑。

【案例 10.6】原告骏汇公司某晚发生火灾,被告某消防支队在对现场进行扑救后,与公安部门共同对火灾现场进行勘查和调查取证,并出具《火灾原因认定书》,认定该起火灾为人为放火。原告不服,认为消防支队忽略了火灾现场的电缆有熔痕的证据,向被告申请重新认定。被告受理后再次进行了调查取证,并把现场提取的物证送公安部消防局火灾原因技术鉴定中心进行鉴定,后出具《火灾原因重新认定决定书》,认定该起火灾为人为使用汽油放火。原告仍不服,向法院提起诉讼。一审法院判决驳回骏汇公司要求撤销《火灾原因认定书》的诉讼请求。原告仍不服,提起上诉,二审法院最终作出撤销被告所作出的火灾原因认定决定,并责令其重新认定的判决。

该案争点是故意纵火还是意外起火,因此熔断电缆的鉴定报告成为认定案件事实的主要证据。一审法院未采纳电缆鉴定意见作出的判决,不能排除失火的其他可能性;二审法院坚持"人为起火原因的认定"必须达到排除其他任何可能的标准,即运用证据确凿或确信无疑的证明标准作出了责令其重新认定的判决。

(二)优势证据标准

根据《行政诉讼法》第 69 条关于"原告申请被告履行法定职责或者给付义务理由不成立的,人民法院判决驳回原告的诉讼请求"的规定,由于在行政诉讼中实行证明责任倒置,在原告承担证明责任的情况下,作为行政相对人的原告收集证据的能力势必难以达到行政机关的水平,如果要求原告承担证明责任时达到很高标准,无疑不利于保护弱者。对于原告要求被告履行法定职责或者给付义务,在一部分行政诉讼案件或者对特定事实的证明中,适用优势证据标准。所以,原告依法履行证明责任时的证明标准是一个可能性高于不可能的更可能标准。

同时,行政诉讼证明标准的多层次性集中反映在不同类型的案件和法庭审理过

---

[1] 卞建林、谭世贵主编:《证据法学》,中国政法大学出版社 2010 年版,第 486 页。

程中。[1] 例如，按照具体行政行为与当事人的关系，具体行政行为包括授益性行政行为与负担性行政行为。为当事人授予权利、利益或者免除负担义务的，是授益性行政行为；为当事人设定义务或者剥夺其权益的，是负担性行政行为。因为授益性行政行为是对相对人有利的行政行为，基于保护相对人的合法权利，对于授益性行政行为的合法性，被告的证明应当达到优势证据标准；对于负担性行政行为的合法性，被告的证明则应当达到证据确凿的证明标准。

另外，还有排除滥用职权标准，适用于取证困难而又需要即时作出的行政行为，主要为当场处罚行为。例如，对于常见的闯红灯、不按规定在道路行驶、违章鸣笛等交通违法行为，执法警察进行当场处罚时，往往只有1人，在没有电子摄像或录音的情况下，能够证明案件事实的只有当场处罚决定书的记载，对于这类行为进行审查时，如果没有其他的取证方式和手段，又无证据证明执法人员系滥用职权的，应认定被告认定的事实成立。[2]

1. 行政诉讼证明责任分配具有特殊性，它以证明责任倒置为原则、原告举证证明为例外，被告对作出的具体行政行为的合法性负有证明责任。

2. 原告享有举证的权利，可以提供证明被诉具体行政行为违法的证据，原告提供的证据不成立的，不免除被告对被诉具体行政行为合法性的举证责任。

3. 原告应当证明起诉符合法定条件，在起诉被告不作为的案件中证明其提出申请的事实。在行政赔偿诉讼中，原告应当对被诉具体行政行为造成损害的事实提供证据。

4. 行政诉讼的证明标准：对于行政行为合法性的证明，应当达到"证据确凿"或"确信无疑"的标准；对授益性行政行为，原告需要证明的事实和一些程序性事实，应当达到"优势证据"标准。

10.12. 请判断以下命题：
（1）行政诉讼的证明责任，完全倒置于被告承担。
（2）原告享有举证的权利，可以提供证明被诉具体行政行为违法的证据，但不免除被告对被诉具体行政行为合法性的举证责任。

---

〔1〕 宋英辉、汤维建主编：《我国证据制度的理论与实践》，中国人民公安大学出版社2006年版，第560页。

〔2〕 参见沈志先主编：《行政证据规则应用》，法律出版社2012年版，第305页。

(3) 行政诉讼的证明标准兼有刑事和民事诉讼证明标准的成分，被告证明具体行政行为的合法性必须到达证据确凿的程度，在原告履行证明责任的情况下只需达到优势证据标准。

10.13. 原告诉称，被告在未收到贤成大厦公司董事长签署的注销登记申请书和债权债务清算报告的情况下，根据深圳市政府办公厅的工作会议纪要注销了贤成大厦公司企业登记，违反了《公司法》和《公司登记管理条例》相关规定。一审广东省高级法院经审理认为，被告未能提供贤成大厦公司董事长签署的申请文件和该公司的债权债务清算报告，被告也承认"只是根据会议纪要的要求办理注销的"，法院认定被告注销贤成大厦公司企业登记缺乏事实依据，与法律规定不符，判决撤销被告深圳市工商行政管理局1994年11月23日注销贤成大厦有限公司企业登记的具体行政行为。最高人民法院二审判决维持了一审判决。[1]本案被告对具体行政行为合法性的证明应当达到什么标准，法院才能作出维持其具体行政行为效力的判决？

10.14. 原告李某诉被告某县公安局。某日，李某夫妇与许某夫妇在该县邮电局门口相遇。由于他们以前曾有纠纷，于是发生厮打。此间，李某的妹妹、妹夫也路过，欲上前相助，被行人拉开。公安局接到报案后，对李某、许某以及部分证人进行取证，许某经公安局法医鉴定为轻微伤。公安局对李某作出拘留15日的治安处罚决定。李某不服，向上级公安局提起申诉，上级公安局作出维持决定。李某向该县法院提起行政诉讼。原告陈述，许某的伤并非其所致，是发生殴打时许某妻子徐某也动手打人不小心造成。被告提供证据有：许某经法医鉴定为三级伤；被告向原告、受害人的调查取证；被告向部分证人的调查取证。法院经过审理认为，被告某县公安局在对原告作出治安处罚前，尽管进行了一定调查取证，但没有证据证明受害人许某的轻微伤是原告所致，而且对原告询问查证时间超过了24小时，违反法定程序，因此撤销其治安处罚裁决。本案是否应当适用排除滥用职权标准？如果适用该标准，其要达到的证明程度应当有多高？

第五节 关于证明责任和证明标准的概率分析[2]

一、普通法系的证明责任理论

在英美法传统中，政府在私人争端解决中的作用是辅助性的。政府只为私人争

---

[1] 该案被上诉到最高人民法院后，由最高人民法院副院长罗豪才担任审判长，与江必新、杨克佃、岳志强、赵大光、落锁堂、胡兴儒六位法官组成合议庭审理此案。本案委托代理人包括江平教授、应松年教授、马怀德教授、袁曙宏教授等。

[2] 节选自[美]罗纳德·J. 艾伦："证明责任"，蒋雨佳、强卉、张姝丽译，张保生校，载《证据科学》2011年第5期。本节引用时略有删节，并添加了小标题。

端的公正解决提供一个公平而无偏私的论坛。从特定意义上看,这一争端解决概念也影响着刑事案件。政府提起公诉,但政府方被视为类似于私人当事人,即在法院上与另一方私人当事人处于平等地位的一方私人当事人。换言之,法院是中立的,而不是一个在具体诉讼中为促进政府特定政策而构建的政府机构的组成部分。当事人承担了案件调查和案件庭审准备的责任,并在很大程度上控制着庭审证据的出示。同样,上诉法院往往只根据当事方提供的论据而作出裁定。这里的关键之点是理解,法院的职责是基于当事人提出的材料正确裁定案件,而非竭尽全力"正确"裁定案件。

即使在拥有许多共同特征的代议制民主体制中,关于政府在争端解决中的角色的观点也不尽相同。例如,在许多西欧国家,争端并不像在美国那样被视为"私事",政府在诉讼的所有阶段均发挥着更为积极的作用,经常更积极地参与案件调查,法院对审判过程也施以更多的控制。这反映了公民之间的争端具有公共性的观点。

有两个变量影响着法律制度的结构,一个涉及法律认识论,这是指关于不同争端解决形式使准确裁决何以有效的信念。在美国,一般认为,对抗制调查和证据出示比法院主导的审判过程更可能产生与事实真相一致的裁决。当事人比任何他人更了解自己的案件,并有充足的动机在争端解决中投入最佳的资源。无论是从对案件的了解还是从最佳的动机来说,政府部门都不能与当事人同日而语。而那些对纠问制独有钟情的人则强调,由没有利害关系的法院所主导的审判,将减少证据的滥用和操控,这可以增加裁决与事实真相一致的机会。[1]

然而,查明事实真相并不是唯一的社会福祉,并且,关于特定社会福祉与其他社会福祉(如隐私权)之间如何相互作用,还存在着不同的意见。在美国,主流观点认为,在民事诉讼中,当事人在庭审开始前应不受限制地获取一切与争端相关的信息。获取这种信息的程序被称为证据开示,强有力的证据开示制度已成为美国法律制度的典型特征之一。其理念是,审判应当真正成为一种认识论成果,不应当充斥着意外和路障。正如我们将要看到的,证明责任理论,在很大程度上就植根于这一假定。

影响法律制度结构的另一个变量,是陪审团或者非专业陪审员对法律制度结构的影响。在美国,陪审团曾经受到崇拜,然而也被视为是法律专业领域的外来入侵者而须加以规范和控制。其中一种方法,就是通过证明责任的各种运用。

总之,当我们着手分析证明责任时,须牢记以下五点:①证明责任是诉讼理论的组成部分;②诉讼理论本身又是政府理论的组成部分;③政府理论千差万别;

---

〔1〕 相关的讨论,参见 [美] 约翰·H. 朗本:"德国民事诉讼中的优势",载《芝加哥大学法律评论》1985 年第 52 卷;[美] 罗纳德·J. 艾伦等:"德国民事诉讼中的优势:比较研究中对更多细节和更少概论的呼吁",载《西北大学法律评论》1988 年第 82 卷。

④争端解决涉及事实认定，在以何种最有效和高效的方式获得真相以及当查明真相与其他社会福祉相互竞争时如何进行价值排序等问题上，学术界存在着分歧；⑤陪审团成员等外行事实认定者的存在，也可以影响诉讼程序的构建方式。

实际上，有三种责任可强加给诉讼当事人，它们一起构建了诉讼。当事人可被要求提出争点，就争点提出证据，并承担对该争点的说服责任。这三种要求依次为提出诉讼主张的责任（burden of pleading）、举证责任和说服责任。

当双方都提交了他们的诉辩状并进行了其可选择的证据开示后，他们就做好了庭审准备，而庭审需要构建：谁先进行，一方传唤证人之后接着发生什么，等等。这些首先都是通过分配举证责任的规则来规制的。诉讼中的每一个争点，无论是案件的一个要件还是积极抗辩，都伴随着举证责任，这要求一方或另一方提供与这一特定争点相关的证据（因此被称为"举证责任"）。如果负有举证责任的一方未能就此特定争点提供充分证据，该当事方便将承担不利后果。因此，举证责任向案件双方发出了如下通知：在没有证据或证据不足的情况下，争点将如何被裁定；如果当事人不希望得到一种因缺乏证据所带来的不利后果，他们就必须提供与争点相关的证据。

然而，人们何以知道负有举证责任的一方已提供了足够证据？当举证责任所含的要求得到满足时，此责任即告完成。在民事案件中，举证责任的主要目的，在于确保案件争点在进一步的诉讼中得到证成。这里，使用和不使用陪审团的制度有一个重要区别。当何方应获胜可能仍存在合理分歧时，问题就需要由陪审团而非法官来解决。如果不存在合理分歧，就没有理由再花费任何费用，法官就应当作出对适当的一方有利的裁决（或以其他方式处置案件，如驳回诉讼）。因此，举证责任的另一个含义是，如果无法满足其要求，将导致对方在特定争点上"获胜"。即使在没有陪审团的制度中，这一点也同样重要。一旦事实认定者听审了足够证据而认为在某一争点上可能没有合理的争端，便不应有更多的资源被浪费在进一步的诉讼上。

二、举证责任是说服责任的一项功能

在民事诉讼中始终如一的实践是采用优势证据的说服责任，其目的是最大限度地减少错案总量且同等对待双方当事人。原告必须将其必要的事实主张证明到优势证据的程度，被告必须以相同标准证实积极抗辩。这通常被界定为"真实性大于50%概率"。因此，任务是决定证据是否有利于诉因中关于事实要素之原告案情，还是有利于关于积极抗辩中被告之案情。相比之下，在刑事案件中，双方当事人在法律面前并不存在关键意义上的平等。在美国，我们认为，一个错误定罪要比一个错误的无罪裁决更糟糕。因此，为了减少将无辜者错误定罪的危险，我们强加了确信无疑的说服责任。

关于举证责任和说服责任之间的关系。如果已提出的充足证据表明，存在着需要进一步诉讼的相关事实问题，并且理性人对该事项可能产生分歧，那么，举证责任就应被视为得到满足。该分歧将结束于裁决规则——说服责任——是否得到满足。

如果理性人能够一致认为原告或被告已满足了相关的说服责任，那么，就没有理由再审理该争议事实，或者继续将已发生的司法程序进行下去。因此，正如麦克诺顿教授在一篇重要论文中所阐述的，举证责任是说服责任的一项功能。[1] 检验一项举证责任是否已完成的方法，是根据证据来确定，是否仍然存在哪一方应当获胜的合理分歧。如果可能存在这种分歧，进一步的诉讼也许就是正当的。如果不存在合理分歧，法官将尽可能快地处理该案件。

举证责任和说服责任的关系还需要进一步考察。让我们先假定，事实认定者（法官、陪审团成员、外行评判者）如我们其余的人一样，通过粗略的估计来确定事实为真的概率，而优势证据意味着相关事实为真的可能性大于50%。

根据该假设，裁决是基于概率判断，证明过程可以通过图解来突出举证责任和说服责任的关系。假定，负有举证责任的一方提出某个证据。那个证据将表明，相关事实有一定的可能性为真。然而，该证据就其所产生的概率程度来说很可能并不十分确切。通过考察那个证据，理性人可能对该证据证实某个必要事实的概率产生分歧。这是否意味着，每当就任何争点出示证据时，由于总会存在对证据影响力的合理分歧，案件就必须继续进行下去？答案显然是否定的。只有在哪一方应当胜诉仍存在合理分歧而又要求履行说服责任的情况下，该案件才应当继续审理下去。请考虑图式10.1所列出的三种可能性：

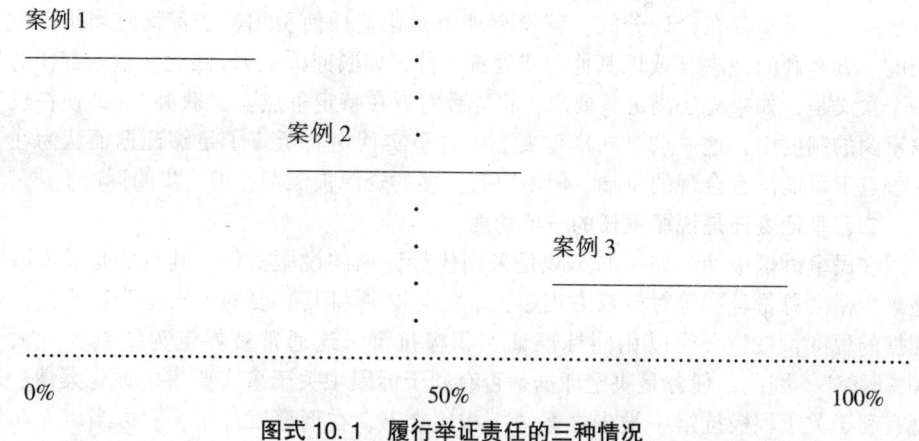

图式10.1 履行举证责任的三种情况

在图式10.1中，案例1表明，根据所提供的证据，事实为真的概率为10%～35%。在这种情况下，由于没有理性人会断定提出证据的一方应当胜诉，举证责任便

---

[1] [美] 约翰·T. 麦克诺顿："证据提出的责任：说服责任的一个功能"，载《哈佛法律评论》1955年第68卷。

没有得到满足，就没有理由继续进行审理。再让对方提出更多证实其结论的证据信息，将是浪费时间和金钱。

案例 2 中证据表明了一个 40%~60% 概率为真的合理的说服力。在这种情况下，由于理性人仍可能对证据的影响力存有分歧，将该争点的证明在进一步的诉讼程序中进行下去便是正当的。因此，举证责任虽然已得到满足，但案件将继续审理。

案例 3 与案例 1 相似，理性人对于证据的影响力都不存在合理的分歧。证据显示，相关事实为真的可能性大约在 65%~90%。举证责任不仅得到满足，而且超额了。理性人不会对哪一方应获胜产生分歧。但这个结论只是基于一方提供的证据，对方的证据尚未听审。因此，对方在审判中应得到出示相反证据的机会，以便证明对相关事实仍存有合理的争端。

综上，证据从整体上看将是图式 10.1 三种分析可能性图形中的一种情况。如果证据符合案例 1，那么，法官将对争点作出有利于对方的裁定；如果证据符合案例 2，那么，如果有陪审团，此问题应由陪审团来裁决；如果没有陪审团，法官就必须对事实和案件作出裁决。如果证据符合案例 3，法官就应当对该争点作出对原先负有证明责任一方有利的裁决。

三、证据开示与举证责任分配的关系

在一个有完善证据开示的制度中，由哪一方来承担举证责任并不重要。每一方都可以接触基本上所有相关证据并能在审判中出示，从而导致关于是非曲直的裁决。因此，在这样一个制度中，没有什么正当理由制定分配举证责任的复杂规则。在强有力的证据开示制度建立之前，举证责任的分配可能在很大程度上影响案件的结果，明确阐述的复杂的考量规则指导这种分配。例如，[1]举证责任的分配只在一种情况下会有重大区别，即诉讼中的某一争点不存在非常有力的证据。如果没人能获得有力的证据，无论谁负有举证责任都将败诉。

相比之下，在一个没有证据开示的制度中，举证责任可能就很重要了。首先，它可以作为证据开示机制，强迫一方或另一方提供证据，否则便要承担败诉后果。这意味着，在确定谁承担举证责任的问题上应谨慎为之。如有可能，它应施加于能更好地获得证据的一方。如果它被分配给没有机会获得证据的对方，又没有健全的证据开示制度，那么，该当事方将因不能满足举证责任而败诉。这是笔者前面提到的在不同法律制度中举证责任将不同运作的一个范例，这里关键的区别在于，双方当事人是否可获得充分的证据。

四、说服责任/证明标准的概率分析

说服责任指导着对不确定性的裁决方式。正如笔者在前面谈到的，传统的说服

---

[1] 参见［美］小弗莱明·詹姆斯："证明责任"，载《弗吉尼亚法律评论》1961 年第 47 卷。

责任理论在于其是关于错误的分配规则。优势证据规则合并了关于诉讼参与者的一个潜在假设：被告作为和原告一样的等级，一般应受到同等对待。民事原告和被告的等价性是值得强调的至关重要的观点。想象有一个原告为了1万元而起诉被告。如果原告错赢了该诉讼，被告就被错误地剥夺了1万元。然而，如果原告错输了诉讼，原告就被错误地剥夺了1万元。在这两种错误中，都是一个私人当事人被错误地剥夺了同样数目的金钱的结果。

优势证据标准概括了这个基本观点。假定，在所有进入审判的案件中，应获胜的原告和应获胜的被告大约一样多。现在比较一下那些原告事实上应赢和那些被告事实上应赢的案件。在大多数原告应赢的案件中，证据将支持那样的结论，因此创设了一个大于0.5的概率评估，这一评估将产生一个原告胜诉的裁决。只有在那些概率评估是或小于0.5的案件中才会产生有利于被告的错误裁决。反之，对被告应赢的案件亦然。假定，在大多数那些案件中证据显示被告应赢，由此创设了一个是或小于0.5的概率评估。只有在那些概率评估大于0.5的案件中才存在有利于原告的错误裁决。如果人们假定，这两种情况的概率评估是在其相对范围内正态分布的，那么，所犯的有利于原告的错误数量与有利于被告的错误数量大约一样，而优势证据标准就完成了它的任务。

图式10.2以几何形式展现了这种概率。[1] 横轴为事实认定者（法官、陪审团成员或外行评判者）赋予案件的概率，竖轴是被赋予特定概率的案件数量。图形Ⅰ是被告应赢（其意味着，如果我们知道所有事实之确定性，被告将赢）的案件集；图形Ⅱ是原告应赢的案件集。

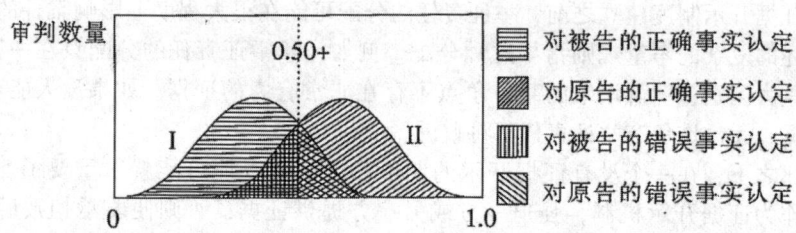

图式10.2 优势证据标准下事实认定者得出正确结论的概率值

在图式10.2的图形Ⅰ中，错误由0.5右边的所有那些案件代表，即图中的重叠阴影部分。这个区域表示被告应获胜但却不能提供足够的证据，因而事实认定者将认定一个倾向原告的高于0.5的概率。在那种情况下，通过应用优势证据标准，事实认定者将会作出一个原告胜诉的错误裁决。同样，在图形Ⅱ中，错误由0.5左边的

---

〔1〕 这些图表来自［美］理查德·贝尔："决策论和正当程序：对最高法院证明责任立法的批评"，载《刑法与犯罪学杂志》1987年第78卷。

区域代表,还是图中的重叠阴影部分。错误的数量由图中的区域代表——区域越大错误越多,区域越小错误越少。只要重叠阴影部分在两个图表中的面积几乎同样大,那么,优势标准就将在原告和被告之间有均等的错误,从而达到了平等对待原被告的目标。然而,请注意,只有在两个图中的相关区域差不多均等大时才会如此,而这本身是一个实证问题。如果两个图的轮廓与我们所表达的明显不同,或者,如果原告应赢的案件数目大于或小于被告应赢的案件数目,那么,图中的阴影部分的面积将改变,而在原被告之间可被分配的错误便不平等了。上述图表体现了关于民事案件的一些假设,但在刑事案件中不一定适用。

这些图形还展现了,为改变错误分配,替代性说服责任有时是如何依赖于民事诉讼的。许多司法辖区要求民事诉讼中关于诈骗或具有刑事性质的指控,要由清楚且令人信服的证据来加以证明。由于这种指控的严重性,错误应当对被指控的人有利,这也解释了为什么刑事诉讼要求更高的说服责任。如上作出同样的假设,将说服责任从优势证据提高到"清楚且令人信服的证据"的效果,这种效果可在图式10.3中体现出来:

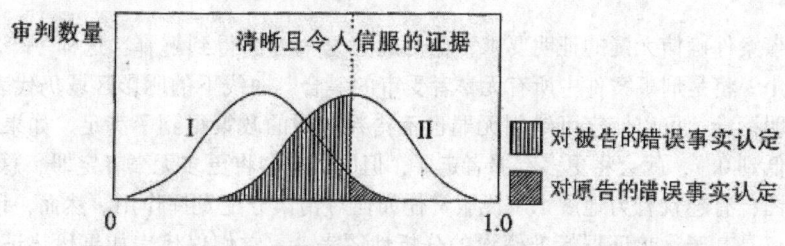

图式10.3 高度盖然性标准下事实认定者得出正确结论的概率值

在图式10.3中,阴影区域仍代表错误,提高证明责任的效果是显而易见的:有利于被告的错误增加了,而有利于原告的错误减少了,这恰恰是提高说服责任旨在达到的效果。不过,应牢记这些图标在现实中的模样是一个实证而非纯分析的问题。如果在这个问题上能获得可靠数据,根据那些信息,修改说服责任就可能是正当的。比如,我们可能在审查数据后判定,在诈骗案指控中出现了太多对被告有利的错误。这种错误的概率可能因降低说服责任而受到影响。

关于改变证明标准的影响,将优势证据标准和中国一些学者所主张的高度盖然性证明标准比较一下。高度盖然性标准继承了大陆法传统,其设立了高于75%的标准。[1] 下图说明了这一较高说服责任在民事案件中的潜在影响。如上所述清楚且令人信服标准那样,证明标准的提高将导致更多有利于被告的错判和更少有利于原告的错

---

[1] 参见 [德] 汉斯·普维庭:《现代证明责任问题》,吴越译,法律出版社2000年版,第111页。

判：事实上，图式 10.4 与图式 10.3 论证的清楚且令人信服的证据基本相同。阴影部分代表错案，提高证明责任导致了有利于被告的错误数量的增加。

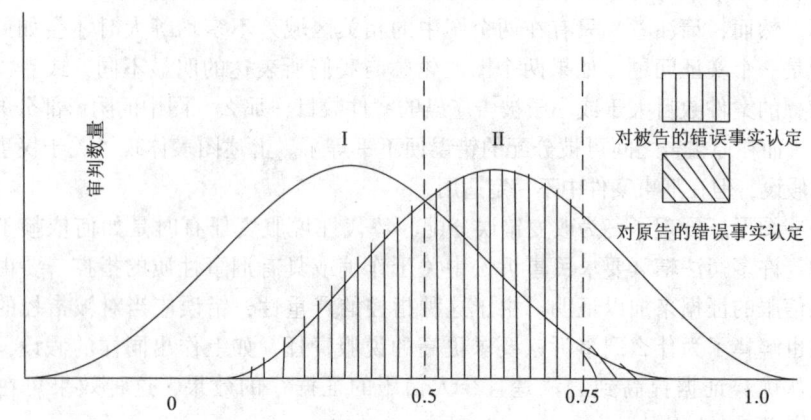

图式 10.4　证明标准变化对错误分配的影响

刑事案件确信无疑的证明要求，也可通过这个方法得到解释：这样一个方案的曲线图 I，将是刑事案件中所有无辜者受审的集合。曲线下的阴影区域仍代表错误，提高证明标准，可以使宁可错判无罪也不错判有罪的政策得到了满足。如果将说服责任降低到 0.7，就会将更多有罪者定罪，但同样也会将更多无辜者定罪。总之，这些曲线图，有趣且有力地展示了说服责任如何对错误分配发挥作用。然而，请注意，它们仅仅是基于优势证据标准假设的分析性图表——它们仅代表如果优势证据规则实际达到其将原告置于与被告平等地位之目标时的应然情况。

1. 民事诉讼一般采用优势证据的说服责任（或证明标准），即"真实性大于 50%"的说服力，目的是最大限度地减少错案总量并同等对待双方当事人。原告必须将其必要的事实主张证明到优势证据的程度，被告必须以相同标准证实积极抗辩。

2. 证明标准的提高或降低，对于在原被告之间进行错误事实认定的分配具有重要影响。

10.15. 根据证明标准的概率分析，将民事诉讼证明标准确定为高度可能性（或高度盖然性），与优势证据标准相比，在对原告和被告的错误事实认定的分配方面，

有何不同？你认为，我国民事诉讼的证明标准是否应该从高度可能性降低为优势证据标准？为什么应该/为什么不应该？

10.16. 根据证明标准的概率分析，如果将刑事诉讼证明标准从确信无疑降低为高度可能性（或高度盖然性），是否会避免更多的有罪者被错放，但同时也会使更多的无辜者被错误定罪？在错放和错判之间，应该如何进行价值权衡？

本章阅读文献

1. ［美］罗纳德·J. 艾伦等：《证据法：文本、问题和案例》，张保生、王进喜、赵滢译，满运龙校，高等教育出版社2006年版，第二章、第十一章。

2. ［德］汉斯·普维庭：《现代证明责任问题》，吴越译，法律出版社2000年版，第一章。

3. ［德］莱奥·罗森贝克：《证明责任论》，庄敬华译，中国法制出版社2002年版，第一章。

4. 陈光中主编：《证据法学》，法律出版社2011年版，第十二章、第十三章。

5. 卞建林、谭世贵主编：《证据法学》，中国政法大学出版社2010年版，第二十二章、第二十三章。

6. 何家弘主编：《新编证据法学》，法律出版社2000年版，第十五章。

7. 张保生主编：《〈人民法院统一证据规定〉司法解释建议稿及论证》，中国政法大学出版社2008年版，第七章。

8. 张保生、常林主编：《中国证据法治发展报告》（1978～2008、2009、2010、2011、2012），中国政法大学出版社2010、2011、2012、2013、2014年版，第二篇二、证据法学研究进展（七）证明责任与证明标准。张保生、王旭主编：《中国证据法治发展报告》（2015～2016，2017～2018），中国政法大学出版社2018、2022年版，第二篇二、（七）证明责任与证明标准。

9. 肖建国、包建华：《证明责任：事实判断的辅助方法》，北京大学出版社2012年版，第一章、第二章、第三章。

10. 陈瑞华：《刑事证据法学》，北京大学出版社2012年版，第十五章、第十六章。

11. 江伟主编：《民事证据法学》，中国人民大学出版社2011年版，第八章、第九章。

12. 沈志先主编：《行政证据规则应用》，法律出版社2012年版，第二编、第五编。

13. 霍海红：《证明责任的法理与技术》，北京大学出版社2018年版。

14. ［美］罗纳德·J. 艾伦：“证明责任”，蒋雨佳、强卉、张姝丽译，张保生校，载《证据科学》2011年第5期。

15. 袁琳："证明责任视角下的抗辩与否认界别"，载《现代法学》2016 年第 6 期。

16. 闵春雷："严格证明与自由证明新探"，载《中外法学》2010 年第 5 期。

17. 肖建华、王德新："证明责任判决的裁判方法论意义——兼评传统证明责任"，载《北京科技大学学报》2005 年第 2 期。

18. 王迎龙："司法精神病辩护中证明模式的反思与完善"，载《证据科学》2016 年第 4 期。

19. 何家弘、梁颖："论正当防卫案的证明责任"，《中国高校社会科学》2021 年第 2 期。

20. 陈瑞华："刑事证明标准中主客观要素的关系"，载《中国法学》2014 年第 3 期。

21. 龙宗智："中国法语境中的'排除合理怀疑'"，载《中外法学》2012 年第 6 期。

22. 徐庭祥："论建构我国行政诉讼的一般证明标准"，载《政治与法律》2019 年第 12 期。

第十一章 推定与司法认知

【导读】 在当事人举证、质证的基础上，法官对证据进行审查判断或认证，可以运用推定和司法认知。推定和司法认知不是证明方法，而是认证方法，其运用在一定程度上转移或免除了当事人的证明责任。推定作为证明的一种辅助方法，仅仅免除或转移了对假定事实的证明责任。运用推定认定事实必然造成证明过程的中断，这决定了其主要适用于民事诉讼领域。在刑事诉讼中，推定的适用范围和条件应当受到严格限制，其滥用会危害刑事司法的公正性。对于当事人无需证明的事实，可以进行司法认知。司法认知的事项无需证明，从而免除了证明责任。

第一节 推 定[1]

一、推定的概念

（一）推定概念辨析

推定（presumption），在日常语言中具有"经推测而断定"的含义，[2] 所以其他部门法有时也使用这个概念，但"绝大多数推定属于证据规则"[3]。

1. 推定种类的学说。

推定种类的学说众说纷纭，大致有"三种说""两种说"和"一种说"三种。《牛津法律大辞典》和《元照英美法词典》均把推定分为三种：①结论性（决定性）的或不可反驳的法律推定；②非决定性的或可反驳的法律推定；③事实推定。[4]"三种说"所造成的混乱，主要是把"事实推定"视为一个推定种类，而它实际上"仅仅是一种推论"[5]。很多学者认为，在司法实践中要避免使用"事实推定"的

---

[1] 本节主要参考了张保生："推定是证明过程的中断"，载《法学研究》2009年第5期。
[2] 《现代汉语词典》，商务印书馆2002年版，第1280页。
[3] *Black's Law Dictionary*, 8th ed., Thomson West, 2004, p. 1223.
[4] 参见 [英] 戴维·M. 沃克：《牛津法律大辞典》，李双元等译，法律出版社2003年版，第895页。薛波主编：《元照英美法词典》，法律出版社2003年版，第1084页。
[5] Bryan A. Garner, *A Dictionary of Modern Legal Usage*, 2nd ed., Oxford University Press, 1995.

概念。[1]

"两种说"又有两种不同的形式：①将推定分为可反驳的和不可反驳的推定,[2]但它们都是"法律上的"推定；②将推定分为"法律上的"和"事实上的"推定[3]。后者又模糊了与"三种说"的界限。

"一种说"也有两种形式：①主张"推定即法律上的推定";[4] ②主张推定都是可反驳的。[5]

2. 推定的内涵。从内涵上看,"推定是指基础事实与推定事实间的一种关系"。[6]但在这种关系的性质上,又存在"逻辑关系说"和"法律关系说"的分歧。

"逻辑关系说"主张："推定是根据两个事实之间的一般联系规律或'常态联系',当一个事实存在的时候便可以认定另外一个事实的存在。"[7]

"法律关系说"主张："推定是用来描述规制一种证明过程诸规则的术语,这种证明过程是在一个已证明的事实 A——导致推定的事实,和在另一个推定的事实 B 之间创设一种特定法律关系。""推定意味着两项事实间的某种特定法律关系。"[8]

（二）推定的定义

推定是标志基础事实与假定事实之间法律关系的证据法范畴。推定包括不可反驳的和可反驳的推定两种形式,在一定程度上影响民事诉讼中的证明责任和说服责任。在刑事诉讼中,推定对非要件事实的认定具有补充作用。

从外延上看,作为证据法范畴的推定是关于事实的"法律上的"假定,反映了基础事实与假定事实之间的法律关系。从内涵上看,推定的本质特征在于,其所规制的是一个事实与一个假定之间的法律关系,《布莱克法律词典》中对法律推定（presumption of law）的解释是"一定事实被确定并且没有相反证据来反驳,法院被

---

[1] Joel S. Hjelmaas, "Stepping back from the Thicket: A Proposal for the Treatment of Rebuttable Presumptions and Inferences", 1993 *Drake Law Review*, pp. 431~432. 转引自龙宗智："推定的界限及适用",载《法学研究》2008 年第 1 期。

[2] [美] 罗纳德·J. 艾伦等：《证据法：文本、问题和案例》,张保生、王进喜、赵滢译,满运龙校,高等教育出版社 2006 年版,第 853 页以下。

[3] Bryan A. Gamer, *A Dictionary of Modern Legal Usage*, 2nd ed., Oxford University Press, 1995. 转引自龙宗智："推定的界限及适用",载《法学研究》2008 年第 1 期。

[4] 陈一云主编：《证据学》,中国人民大学出版社 2007 年版,第 139 页。

[5] 参见江伟主编：《证据法学》,法律出版社 1999 年版,第 124 页。

[6] [美] 史蒂文·L. 伊曼纽尔：《证据法》,中信出版社 2003 年版,第 556 页。

[7] 何家弘、刘品新：《证据法学》,法律出版社 2004 年版,第 273 页。另参见裴苍龄："再论推定",载《法学研究》2006 年第 3 期。"推定是指通过对基础事实与未知事实之间'常态联系'的肯定来认定事实的特殊方法。"

[8] [美] 罗纳德·J. 艾伦等：《证据法：文本、问题和案例》,张保生、王进喜、赵滢译,满运龙校,高等教育出版社 2006 年版,第 852 页。

要求作出的一项假定",参见[1]而不是两个事实（基础事实与待证事实[2]）之间的逻辑关系，这是推定与推论的本质区别。"推定是依法'拟制'事实，因此其本质应为法律问题。"[3]

从作用上看，推定主要适用于民事诉讼领域，严格地说是一个民事诉讼证据规则。推定具有影响民事诉讼举证责任和说服责任的功能。其中，强制性举证责任推定在原告满足了基础事实的证明之后，将举证责任转移到被告，被告必须提供推定事实不真实的证据，否则就会获得对己不利的裁决。强制性说服责任推定将说服责任转移到对其效力承担不利结果的当事人身上，要求反对该推定的当事人对争议问题承担说服责任。

从种类上看，推定包括不可反驳和可反驳的两种形式，其中，结论性的或不可反驳的推定由立法机关作出，一般是实体法规定；非结论性的或可反驳的推定在司法中应用，是法院根据法律规定对证明过程加以补充的事实认定方法。可反驳的推定又分为强制性的和允许的两类，前者还可分为举证责任推定和说服责任推定。

二、推定与证明的关系

（一）事实认定是一个经验推论过程

事实认定作为经验推论过程，包括举证、质证和认证三个阶段，而前两个阶段构成证明过程。"从诉讼法的角度界定，证明就是国家公诉机关和诉讼当事人在法庭审理中依照法律规定的程序和要求向审判机关提出证据，运用证据阐明系争事实、论证诉讼主张的活动。"[4]许可性的推定具有推论的某些特性，但推定的主体部分（不可反驳的推定、可反驳的举证责任推定、可反驳的说服责任推定）不是证明，而是证明过程的中断。

证明与证据的相关性紧密联系在一起。相关性是一种逻辑上的证明力，它表明了某个证据可以对案件事实存在与否的可能性加以证明的程度，离开相关性这个基础，事实认定是无法进行的。然而，证据是否具有相关性，又需要事实认定者通过一系列推论链条来认定。

我们用一个案例来说明推论链条和其中的证明环节：

【案例 11.1】 刘某杀夫案[5]

2007年12月10日18时30分许，丈夫杨某与其妻刘某酒后回到家中，因家庭琐

---

[1] *Black's Law Dictionary*, 8th ed., Thomson West, 2004, p.1224.

[2] 参见劳东燕："认真对待刑事推定"，载《法学研究》2007年第2期；何家弘："论司法证明中的推定"，载《国家检察官学院学报》2001年第2期；裴苍龄："再论推定"，载《法学研究》2006年第3期；王学棉："论推定的逻辑学基础——兼论推定与拟制的关系"，载《政法论坛》2004年第1期。

[3] 龙宗智："推定的界限及适用"，载《法学研究》2008年第1期。

[4] 卞建林主编：《证据法学》，中国政法大学出版社2007年版，第212页。

[5] 参见谢洪程："从'刘某杀夫'案看正当防卫"，载《人民法院报》2008年4月30日。

事发生争执并进行厮打。其间，杨某用手机打电话给刘某的父母，称刘某快要死了，让他们尽快过来。随后，二人继续厮打。杨某从厨房取来一把尖刀和两把菜刀，持菜刀将刘某左上臂砍伤，菜刀被刘某撕扯到地上后，杨某又持尖刀与刘某进行厮打，刘某的腹部被刺伤。刘某将尖刀夺下，持刀将杨某的胸部、腹部、左臂刺伤。刘某犯罪后，在亲属的陪同下主动向公安机关投案，如实供述自己的罪行。刘某的父母随后赶到现场并拨打120急救电话，对杨某进行抢救。杨某被送往医院，经抢救无效于次日3时死亡。法医鉴定：杨某系生前被单刃刺器刺切腹部致肝脏破裂失血死亡。

在审判过程中，事实认定者的推论过程，是一个由证据向推断性事实、再到要件事实、最后与实体法要件联系起来的推论链条。其中，证据是诉讼双方提供的证据；推断性事实是事实认定者对证据真实性的推断；要件事实是事实认定者认为对指控的罪行成立重要且确信的事实；要件是关于犯罪构成要件的实体法规定。[1] 与事实认定者的这个推论链条相适应，控辩双方作为证明主体，也会选择相同的证明环节。

首先看控诉方的证明环节。本案公诉人以故意伤害罪指控刘某，其证明环节如图式11.1所示。控方将试图按照事实认定者的这个推论链条来构建自己的证明环节，证明并使其确信自己所主张的事实（刘某故意伤害他人身体，致人死亡）是真实的。

证据 →	推断性事实 →	要件事实 →	要件
公诉人证明，杨某被刺腹部致肝脏破裂失血死亡	杨某的肝脏确实被刘某刺裂而失血致死	刘某的行凶造成了杨某死亡	刘某故意伤害杨某，致其死亡

图式 11.1　公诉人的证明环节

在图式11.1中，相关性表现在，刘某行凶与杨某死亡之间具有一种前者引起后者的因果联系。休谟说："如果有人问：'我们对于事实所作的一切推论的本性是什么？'适当的答复似乎是：'这些推论是建立在因果关系上。'如果再问：'我们关于因果关系的一切理论和结论的基础是什么？'就可以用一句话来回答：'经验'。"[2] 因此，证明是经验推论的一个环节。

我们再来看辩护方的证明环节。辩护人若为刘某作正当防卫之辩，其证明环节将如图式11.2所示。为了证明刘某的行凶属于正当防卫，需要对间接证据（刘某左

---

〔1〕参见［美］罗纳德·J. 艾伦等：《证据法：文本、问题和案例》，张保生、王进喜、赵滢译，满运龙校，高等教育出版社2006年版，第149~150页。

〔2〕［英］休谟："人类理智研究"，载北京大学哲学系外国哲学史教研室编译：《西方哲学原著选读》（上卷），商务印书馆1981年版，第523页。

上臂和腹部被杨某刺伤）与本案刘某采取防卫行为的相关性作出推断。

证据 →	推断性事实 →	要件事实1 →	要件事实2 →	要件
辩护方证明，杨某从厨房取来菜刀将刘某左上臂和腹部刺伤	刘某的左上臂和腹部确实被杨某从厨房取来的菜刀刺伤	杨某先行凶刺伤刘某	刘某采取了防卫行为	刘某造成不法侵害人杨某伤亡，属于正当防卫，不负刑事责任

图式 11.2　辩护人的证明环节

在图式 11.2 中，辩护人若为刘某作正当防卫之辩，需要提供有关证据（刘某左上臂和腹部被杨某刺伤）证明："杨某先行凶刺伤刘某"，这就与我国《刑法》第 20 条 "免受正在进行的不法侵害"的正当防卫要件之一联系起来，而其"采取防卫行为"也符合该条关于"制止不法侵害的行为，对不法侵害人造成损害的，属于正当防卫，不负刑事责任"的规定。

我们看到，在上述案件中，控辩双方用证据向事实认定者证明案件事实的活动，都是围绕事实认定者的推论链条或相关性的逻辑线索展开的。

（二）推定是证明过程的中断

在上述图式 11.1 指控故意伤害和图式 11.2 正当防卫辩护两个证明环节中，均看不到推定的影子。如果推定出现，就会造成证明过程的中断。

1. 不可反驳的推定。不可反驳的推定一般是由实体法规定的。该推定的形式是：若基础事实 A 得到证实，则法院应当作出推定事实 B 成立的裁判，对方不能提供非 B 的证据。不可反驳的推定由于其不可反驳，有时候又被称为"法律拟制"[1]。

我们看第一个推定："10 周岁以下的儿童不能犯任何罪"；[2] 或者，未满 14 周岁，不应当负刑事责任。[3] 如果该儿童未满 10/14 周岁这个基础事实得到证实，则法院应当作出其不能犯任何罪/不负刑事责任的裁判，对方当事人对此不能进行反驳，不能提供非 B 的证据。

再看第二个推定，只要通过 X 射线或其他临床证据证明某个矿工患有矽肺症（事实 A），法院就可以推定该矿工完全丧失了劳动能力（事实 B），因而作出其有权得到赔偿的裁判，而不允许矿主证明该矿工事实上可能没有全部丧失劳动能力（非

---

[1] 法律拟制专指对法律规则扩展性、引申性的假定、假设，与推定还有细微区别。

[2] 此为英国 1933 年《儿童和青少年法》的规定，参见薛波主编：《元照英美法词典》，法律出版社 2003 年版，第 1084 页。

[3] 参见《刑法》第 17 条。

事实 B)[1]。

在上述两个不可反驳的推定中，基础事实与推定事实之间没有必然的逻辑或经验联系，只有一种或然的联系。因为经验告诉我们，10 周岁或 14 周岁以下的儿童也可能杀人（或伤害他人）。但即使如此，他们也不应负刑事责任。经验还告诉我们，在 100 个患有矽肺症的矿工中，可能只有 70 个人真的完全丧失了劳动能力。但法律可能无视这种经验事实，而推定所有 100 个矿工均完全丧失了劳动能力。因此，不可反驳的推定是证明过程的中断，它以推测的方式在基础事实和假定事实之间创设了一种法律关系。

2. 强制性举证责任推定。强制性举证责任推定，"创造了已证明的事实 A 和推定事实 B 之间的强制性关系，它仅仅影响提出证据的责任。一旦一方当事人证明了事实 A，那就必须认定事实 B，除非该推定所反对的当事人提出了非 B 的证据"。[2]强制性举证责任推定将证明责任转移给被告，从而造成了原告证明过程的中断。

【案例 11.2】 在一起民事纠纷案中，一个争议事实是：原告声称在某月某日给被告寄出了一封信，但被告声称没有收到该信件。原告提供了两位证人证明其将该信件投入了一个邮筒，从而证明了事实 A（原告邮寄了信件），法官由此推定被告收到了信件（事实 B），这时举证责任转移到被告，而被告没有提出他未收到该信件（非事实 B）的证据，法官由此判定被告败诉。

在该案例中，如果原告未能履行举证责任证明其邮寄了信件（事实 A），且无其他关于被告收到信件的证据，那么，原告将会败诉。然而，在运用推定的情况下，如果原告证明了信件已经邮寄（事实 A），举证责任就转移到被告。这种强制性举证责任推定打断了正常的逻辑证明环节，它以如下两种结果造成了证明过程的中断。

结果 1：如果被告没能提供未收到该信件的证据（未能证明非事实 B），那么，原告不用作出完整的证明，法院将推定被告收到了信件（事实 B），这是一个有利于原告的裁决。在美国，一项强制性的举证责任推定，如果被告没能履行该推定所转移过来的举证责任，不能提出反驳证据，法院就应当对不利于被告的推定事实作出指令裁决，以此来保护从该推定获利的原告当事人。

结果 2：如果被告证明了未收到该信件（证明了非事实 B），那么该推定就像

---

[1] 美国《1969 年联邦煤矿卫生和安全法》关于丧失劳动能力的煤矿工人有权获得赔偿的规定，参见前引 [美] 罗纳德·J. 艾伦等：《证据法：文本、问题和案例》，张保生、王进喜、赵滢译，满运龙校，高等教育出版社 2006 年版，第 854 页。

[2] [美] 罗纳德·J. 艾伦等：《证据法：文本、问题和案例》，张保生、王进喜、赵滢译，满运龙校，高等教育出版社 2006 年版，第 855 页。

"泡沫"一样消失了,或者"爆炸了"。[1] 这个案件就像最初没有推定一样,原告原来提出的证据造成了证明过程的中断,但却没有从中获利;接下来,原告为了胜诉,需要继续提出新的证据进行证明,必须继续以优势证据向事实认定者证明被告收到了那封信(事实 B),这便又开始了一个新的证明过程。

在我国,关于持有证据拒不提供的不利推定属于强制性举证责任推定。例如,最高人民法院《行政诉讼证据规定》第 69 条规定:"原告确有证据证明被告持有的证据对原告有利,被告无正当事由拒不提供的,可以推定原告的主张成立。"北京高院《证据规定》第 99 条规定:"有证据证明一方当事人持有特定证据,但无正当理由拒不提供,如果对方当事人主张该特定证据的内容不利于证据持有人,可以推定其主张成立。"前一条从"于对方有利"而拒不提供的角度,后一条从"于己方不利"而拒不提供的角度,规定了在法院要求其提供的情况下,如果持有人无正当理由拒绝提供的,法院可推定该证据的内容有利于主张者一方或不利于持有者一方。

希望利用这个推定的当事方(如原告),必须证明以下基础事实:①对方(如被告)当事人持有该证据(事实 A1);②该证据对己方(原告)有利,或对持有人(被告)不利(事实 A2)。在原告证明了基础事实 A1 和 A2 的情况下,举证责任就转移到被告。这种强制性举证责任推定打断了正常的逻辑证明环节,它可能会产生如下两种结果:

结果 1:如果被告无正当理由拒不提供该证据(证明非事实 B),那么,法院将推定原告的主张(事实 B)成立,从而作出有利于原告的裁决。

结果 2:如果被告提供了该证据或提供了拒不提供该证据的正当理由(证明了非 B),那么该推定就像"泡沫"一样消失或"爆炸了"。这个案件就像最初没有推定一样,原告需要提出新的证据,继续进行证明。

3. 强制性说服责任推定。强制性说服责任推定,"类似于一项'积极抗辩',它直接将说服责任施加于被告人身上"。[2] 强制性说服责任推定将说服责任转移给被告,从而造成了原告证明过程的中断。

在关于被告是否为孩子父亲的证明过程中,原告有责任提供关于父子关系的充分证据,也承担着让事实认定者确信被告是孩子父亲的说服责任。一般情况下,只有通过这个证明过程,原告才能使事实认定者确信被告是孩子的父亲这个要件事实。

然而,如果该诉讼发生的司法辖区有一项强制性可反驳的推定:有效婚姻关系存续期间怀孕和出生的孩子,推定为丈夫所生[3] 这个将说服责任转移到被告的推

---

[1] 所以这种强制性举证责任推定又被称为"泡沫爆炸"的推定。参见 James B. Thayer, *A Preliminary Treatise on Evidence at Common Law*, 1898, pp. 336~337。

[2] [美]罗纳德·J. 艾伦等:《证据法:文本、问题和案例》,张保生、王进喜、赵滢译,满运龙校,高等教育出版社 2006 年版,第 858 页。

[3] 参见《加利福尼亚家事法典》[Cal. Fam. Code § 7611]。

定，便打断了正常的证明环节。原告可以利用这个推定来获得一项法院裁决。原告为了利用这个推定，必须证明事实 A 的三个要素，即他/她：合法结婚（事实 A1），与被告结婚（事实 A2），怀孕或孩子出生于婚姻关系存续期间（事实 A3）。如果原告履行了该说服责任，证明了事实 A1、A2 和 A3 的存在，那么，一项强制性的说服责任推定，就要求该推定反对的当事人对争议问题承担说服责任，从而将说服责任转移给被告。这将会出现三种结果：[1]

结果 1：如果被告未能以优势证据反驳基础事实（事实 A1、A2 和 A3），那么，法院将会推定"被告是孩子的父亲"（事实 B），从而作出有利于原告的裁决；

结果 2：如果被告用优势证据反驳了这项推定，例如，被告提供证人证明在可能的怀孕期间他正在国外，因此不可能是孩子的父亲。那么，法院将会推定被告不是孩子的父亲（非事实 B），从而作出有利于被告的裁决。

结果 3：如果原告不能履行说服责任，未能以优势证据证明基础事实 A1、A2 和 A3 同时存在，这个案件中就没有推定了。接下来，原告为了胜诉，需要提供新的证据（例如，提供 DNA 证据等）进行证明，以便说服事实认定者认定被告是孩子父亲。

我国《职业病防治法》第 46 条第 2 款规定："没有证据否定职业病危害因素与病人临床表现之间的必然联系的，应当诊断为职业病。"据此，判断劳动者是否患有职业病，以其临床表现为准，只要临床表现具有职业病症，即可推定该病症是由于职业危害因素所致。也就是说，只要企业、事业单位和个体经济组织等用人单位没有提供证据"否定职业病危害因素与病人临床表现之间的必然联系的"，就"应当诊断为职业病"，这是一种典型的强制性说服责任推定。

显然，推定是法院根据法律规定作出的对证明过程加以补充的事实认定方法。其中，不可反驳的推定是直接从证据导向要件事实的过程，省略或中断了从证据到推断性事实、再到要件实的证明过程；强制性举证责任和说服责任推定也造成了证明过程中断。

（三）许可性推定与证明和推论的关系

许可性推定（permissive presumption）不是强制性的，因此是一种"虚弱"（weak）的推定。[2] 许可性推定之"虚弱"，主要表现在以下三个方面：

第一，这种推定与其他推定不同，并不是在基础事实 A 和假定事实 B 之间创设了一种政策性很强的法律关系，只是固化了一种以相关性为基础的逻辑关系。常见的许可性推定是所谓"不言自明"：一般用于因疏忽而造成的损害赔偿诉讼，指的是

---

[1] 参见［美］罗纳德·J. 艾伦等：《证据法：文本、问题和案例》，张保生、王进喜、赵滢译，满运龙校，高等教育出版社 2006 年版，第 858 页。

[2] 参见［美］罗纳德·J. 艾伦等：《证据法：文本、问题和案例》，张保生、王进喜、赵滢译，满运龙校，高等教育出版社 2006 年版，第 861~862 页。

事件发生本身的逻辑已足以证明疏忽行为,所以说服责任转移给被告。

第二,从原告证明和被告反驳所提出的证据导致了一项许可性推定,这种许可性推定来自对基础事实的推论,并具有与证明环节中的推断性事实相似的形式:如果原告证明,导致其伤害的行为在被告(例如,司机)没有过失(例如,其在机动车道正常行驶)的情况下通常不会发生(事实A1),而被告(司机)绝对控制着导致该行为的手段(事实A2),并且原告没有共同过失(例如,原告正在便道上正常行走)(事实A3),那么,事实认定者可以(而不是必须)认定被告的过失导致了原告的伤害(事实B),法律允许他们推论出事实B。同时,法官将会告诉陪审团,在证明事实A的时候,法律不要求认定事实B,陪审团仍然必须通过必要的说服责任而确信事实B是存在的。[1] 许可性推定虽然在一定程度上也转移了举证责任或说服责任,但这种转移并不是强制性的,就是说,被告未能履行举证责任或说服责任并不必然承担对自己不利的结果,因此没有造成(原告)证明过程的中断。

第三,事实A1、A2和A3的同时存在构成了一项事实B的许可性推定的经验基础,如果被告司机没有因过失驶入行人便道,撞人事故通常不会发生(事实A1),而被告司机正驾驶着撞人的车辆(事实A2),并且原告行人在便道上正常行走没有走入机动车道(事实A3),那么,任何一个具有经验常识的人都可以推断该司机的过失导致了撞人事故(事实B)。因此,这种推定不是法律推定,而与事实推定(presumption of fact)有相似之处。在美国,"事实上的推定仅仅是一个意见,是一个来自基础事实的推论,不必成为一个单独法律问题"。在英国,"事实上的推定,仅仅是一种推论"。[2] 在这个意义上,我们赞同龙宗智教授的观点,即事实推定"不作为推定规则的规制范畴,也不是推定的一个种类。……是指不是根据法律的强制性规定,而是根据案件的实际情况,由法官根据事实酌定权而作出的推定"。[3] 但同时也需指出,在法律推定和事实推定之间并没有一条截然分明的界限,许可性推定兼有法律推定和事实推定的特点,因此才称为"虚弱的"法律推定,并与证明和推论具有交叉关系(正是许可性推定侵入了推论的领域)。

(四)以相关性为基础的证明和以政策性为基础的推定

在推定与证明的关系问题上,混乱的产生有两个理论来源:一是把推定视为"基础事实与待证事实之间的联系的认定",[4] 这混淆了"推定事实"与"待证事实"的本质区别。二是主张"推定是根据两个事实之间的一般联系规律或'常态联

---

[1] 参见[美]罗纳德·J.艾伦等:《证据法:文本、问题和案例》,张保生、王进喜、赵滢译,满运龙校,高等教育出版社2006年版,第861页。

[2] 美国《现代法律习语辞典》,转引自龙宗智:"推定的界限及适用",载《法学研究》2008年第1期。

[3] 龙宗智:"推定的界限及适用",载《法学研究》2008年第1期。

[4] 劳东燕:"认真对待刑事推定",载《法学研究》2007年第2期。

系',当一个事实存在的时候便可以认定另外一个事实的存在"。[1] 这混淆了逻辑联系与法律关系的本质区别。

1. "推定事实"与"待证事实"的区别。在事实认定过程中,待证事实是可以被证明为正确或错误的主张。待证事实有不同的层级,其中,最终待证事实是实体法要件即法律规则,在刑事案件中,这是检控方为了给被告人定罪必须主张和证明的事实;在民事案件中,它是原告为了胜诉必须主张和证明的事实。最终待证事实通常能被分解为次终待证事实,即要件事实或关键事实;次终待证事实又可分解为若干中间待证事实。[2]

从图式 11.1 和图式 11.2 描述的公诉人和辩护方的证明过程看,待证事实就是要件事实,即对指控的罪行成立至关重要且被事实认定者确信的事实。在证明过程中,由于证据与待证事实之间存在相关性,诉讼双方如能通过各自的证明揭示己方提供的证据与待证事实之间的逻辑和经验联系,就能说服事实认定者相信其提供的证据使要件事实更有可能(或更无可能),从而使待证事实得到证明。

但是,推定标志的是基础事实与假定事实之间的法律关系。原告提出证据(基础事实)后就大功告成了。对原告来说,不存在一个与基础事实相联系的待证事实。例如,在强制性举证责任推定中,原告只要证明其"邮寄了信件"这个基础事实,就完成证明任务了;被告是否"收到了信件",对原告来说不是一个待证事实。在强制性说服责任推定中,原告只要提供了关于父子关系的基础事实,就完成任务了,至于"被告是否为孩子的父亲",对原告来说也不是一个待证事实。

那么,在推定活动中,对被告来说是否存在与基础事实相联系的待证事实呢?从强制性举证责任推定来看,一方面,当举证责任转移到被告之后,如果被告未能证明"未收到信件"这个基础事实,法官就会推定被告"收到了信件",这个推定事实显然不是被告所要证明的"待证事实",而是其未履行举证责任而被迫接受的假定事实;另一方面,如果被告证明了"未收到信件",推定"泡沫"就消失了,对被告来说也不存在一个待证事实。

在强制性说服责任推定中,对被告来说也不存在什么待证事实。一方面,当说服责任转移到被告之后,如果被告未能反驳基础事实,法官就会推定"被告是孩子的父亲",这个推定事实显然不是被告所要证明的"待证事实";另一方面,如果被告反驳了基础事实,法官就会推定"被告不是孩子的父亲",但这个推定事实也不是被告的待证事实(被告不需要证明这一点),而是由于其反驳了基础事实而"自动"

---

[1] 何家弘、刘品新:《证据法学》,法律出版社 2004 年版,第 273 页。另参见裴苍龄:"再论推定",载《法学研究》2006 年第 3 期。"推定是指通过对基础事实与未知事实之间'常态联系'的肯定来认定事实的特殊方法。"

[2] 关于最终、次终和中间待证事实的层次,参见 [美] 特伦斯·安德森、[美] 戴维·舒姆、[英] 威廉·特文宁:《证据分析》,张保生等译,中国人民大学出版社 2012 年版,第二章。

得到的。

显然，把推定视为"基础事实与待证事实之间的联系的认定"，是对推定与证明的混淆，"推定事实"无论对原告还是对被告，都不是"待证事实"。

2. "基础事实"与"推定事实"联系的性质。基础事实与推定事实之间的联系，究竟是"一般联系规律或'常态联系'"，还是特殊联系或"非常态联系"？这需要通过证明和推定之不同基础的比较，才能作出恰当的回答。

首先，什么是"一般联系规律"？"规律是事物发展中本身所固有的本质的、必然的、稳定的联系。"[1] 在事实认定过程中，证据的相关性反映了事实之间的一般联系规律，因而构成了证明的逻辑和经验基础。塞耶提出了"逻辑和一般经验……"的相关性检验标准，这是因为事实认定者运用其一般化的知识和经验去进行推断，其中包括对典型行为进行的概括，这种概括使人们能够把特定证据与其证明的因素联系起来。[2] 我们来分析一下这个问题，参见图式11.3[3]：

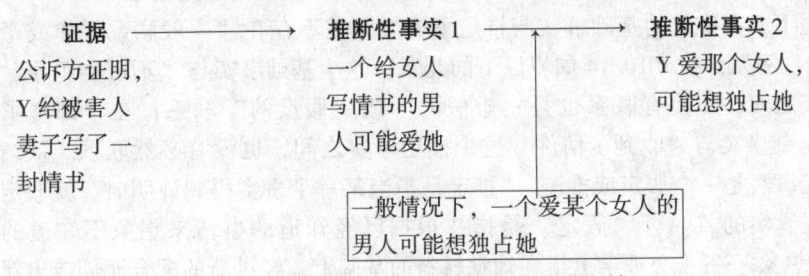

图式 11.3　证明的逻辑性和常识性

在证明的背后潜藏着对相关性或"常态联系"的概括，例如，在图式11.3的证明环节中，从推断性事实1到推断性事实2的跳跃就需要一个概括。其中，"一般情况下"，就反映了某种常态联系的经验知识。这个概括虽然不能"证明"一个推论是真实的，但它构成了以下三段论推理的大前提：

大前提：爱某个女人的男人可能想独占她（潜在概括）；

小前提：公诉方证明，Y给被害人的妻子写了一封情书（证据）；

结　论：Y爱那个女人，可能想独占她。

---

[1] 李秀林、王于、李淮春主编：《辩证唯物主义和历史唯物主义原理》，中国人民大学出版社1990年版，第128页。

[2] David A. Binder & Paul Bergman, *Fact Investigation*, 1984, p.85.

[3] Edmund M. Morgan, Basic Problems of Evideuce, Jeint Conmittee on Continuing Legal Education of the American Law Institute and the American Bar Association 1961, pp.185~188.

这个概括对事实认定者可能会产生两种影响：①如果事实认定者认为这是一个基于经验或"常态联系"的合理的概括，而且支持证明环节中的每一个推论时，便可从常人的观点将其视为相关证据。②如果事实认定者对这个概括的合理性表示怀疑，便可要求提供进一步的证据来加以证明。例如，法官可能问："何以知道戴维斯一定想独占她？""何以知道戴维斯想独占她，就一定要除掉她的丈夫？"在这些步步紧逼的问题面前，公诉人必须为其主张提供更多的证据。法官需要根据概括的合理性来检验证据的相关性，在"理性的事实认定者"检验标准中，一个概括必须是真实的，而不能是"虚假的"；必须是经验事实（常态联系），而不能是推测（偶然联系）。[1] 例如，在图式11.1的证明环节中，公诉人证明，杨某被刺腹部致肝脏破裂失血死亡（基础事实），与刘某的行凶造成了杨某死亡（待证事实）之间具有常态联系（因果联系）。证明必须依赖证据。"所谓证据法律制度，即有关司法裁判过程中运用证据证明案件事实的法律制度，也可以称为司法证明制度。"[2] 以证据为基础的司法证明，是由证据、推断性事实和要件事实等环节构成的推论过程。

相比之下，在推定的基础事实与推定事实之间并不存在"一般联系规律或'常态联系'"。例如，在"10/14周岁以下的儿童"这个基础事实与"不可能犯罪"这个推定事实之间，即使有联系也是"虚假的"或"假设的"联系；在"邮寄了信件"这个基础事实与"收到了信件"这个推定事实之间，也没有必然联系。从结论上看，推定事实是一个假定或推测。"推定是指当某一个事实得到证明时，就假定另一个事实是真实的。"[3] "假定"是指"根据已经知道的事情来想象不知道的事情"，而"想象"在"心理学上指在知觉材料的基础上，经过新的配合而创造出新形象的心理过程"。[4] 与证明相比，推定即使以某些经验事实（常态联系）为基础，也是十分虚弱的。如果说，婚姻关系存续期间怀孕或者所生的子女为夫妻双方子女是一种常态联系，那么亲子关系本身又是一种什么联系呢？哪一个更反映"一般联系规律"？因此，推定不是建立在相关性基础上的逻辑联系，而是建立在政策性基础上的法律关系。在诉讼活动中，推定只是证明的一种辅助方法。"推定所解决的问题，正是证明所解决不了的问题，即虽然不能达到精确的证明，但出于某些重要的政策性考虑或出于某种重大的利益需求，还是要完成对特定事件的结论性判断。"[5]

在推定的基础事实与推定事实之间之所以不存在"一般联系规律"，是因为推定无需凭借证据。推定事实不需要证据加以证明，没有连续的证明环节，并且可以被

---

[1] 参见［美］罗纳德·J. 艾伦等：《证据法：文本、问题和案例》，张保生、王进喜、赵滢译，满运龙校，高等教育出版社2006年版，第153页。

[2] 何家弘主编：《证据法学研究》，中国人民大学出版社2007年版，第2页。

[3] 刘金友主编：《证据法学（新编）》，中国政法大学出版社2003年版，第263页。

[4] 《现代汉语词典》，商务印书馆2002年版，第1376页。

[5] 邓子滨：《刑事法中的推定》，中国人民公安大学出版社2003年版，第29页。

运用证据的证明所推翻。"推定意味着两项事实间的某种特定法律关系。"[1]例如，未达到一定法定年龄的未成年人不应当负刑事责任，某些特殊行业的工人患有某种职业病后推定为完全丧失了劳动能力，这些不可反驳的推定的价值基础是"被立法机关或法院视为社会得以存在的原则和标准"的社会政策。[2]证据的政策性"要求将一般公共利益与社会福祉纳入考虑的范围"，[3]从而成为立法机关创设某些不可反驳的推定，法院运用某些可反驳的推定的正当理由。

当然，所谓"常态联系"与非常态联系之间的区别也是相对的，是在证明与推定相比较的意义上的区别。确实，基础事实与假定或推定事实之间的联系也有一定的经验基础。在美国乌斯厄里诉特纳·埃尔霍雷矿业公司案[4]中，州最高法院的意见说：作出合理性决定的过程在本质上是高度经验性的事情，有时候是根据科学知识，例如，"承认肺尘病是由于呼吸煤尘导致的，矿工形成这项疾病的可能性取决于他暴露于灰尘的浓度和暴露的持续时间"。[5]这说明，法院从矿工患有矽肺症推定矿工完全丧失了劳动能力，这个推定也有其必要的经验根据。然而，这并不能否定证明的经验基础与推定的经验基础之间存在着本质差别，尽管非常态联系也有经验基础，但"常态联系"与非常态联系的经验基础有质的差别。证明具有理性逻辑、证据和理由论证的特点，其结论必须具有一定程度的必然性；推定则是从经验性常识直接引申出假定性、推测性结论的直觉活动，从方法上说它是一种"非论证性的推理"活动，它对作为结论的推定事实是否合乎逻辑地来自于基础事实是不过问的。

三、刑事证明责任与推定的关系

从推定是证明过程的中断这一研究结论出发，我们认为，推定作为"证明责任的修补或者调整方法"，[6]主要适用于民事诉讼领域，一般不能在刑事诉讼证明中加以应用，因为推定的应用将会"中断"证明过程，从而影响刑事证明的准确性和公正性。

（一）刑事推定的适用范围和条件

一个不容忽视的现象是，美国《联邦证据规则》中仅有的两条推定，即规则301和规则302，都是对民事诉讼中推定的规定。尽管规则301创设了一项"国会立法另

---

[1] [美]罗纳德·J. 艾伦等：《证据法：文本、问题和案例》，张保生、王进喜、赵滢译，满运龙校，高等教育出版社2006年版，第852页。

[2] *Black's Law Dictionary*, 8th ed., Thomson West, 2004, p.1196.

[3] 薛波主编：《元照英美法词典》，法律出版社2003年版，第1063页。

[4] Usery v. Turner Elkhorn Mining Co., 428 U.S. 1 (1976).

[5] 参见[美]罗纳德·J. 艾伦等：《证据法：文本、问题和案例》，张保生、王进喜、赵滢译，满运龙校，高等教育出版社2006年版，第863页。

[6] [美]罗纳德·J. 艾伦等：《证据法：文本、问题和案例》，张保生、王进喜、赵滢译，满运龙校，高等教育出版社2006年版，第800页。

有规定的"例外，规则 302 创设了一项"其推定的效果依据州法确定"的递延,[1]但并没有在文字上表明可以把这种例外和递延扩展到刑事诉讼领域。澳大利亚和印度的证据法也有类似的规定。[2]

推定主要适用于民事诉讼领域，是因为民事诉讼以"有效解决纠纷，维护当事人合法权利，从而维护社会秩序"[3]为宗旨，其事实认定过程亦受到当事人双方意思自治的约束。由于推定造成证明过程的中断，即使在民事诉讼中，一般也不允许用推测性的推定来代替运用证据的证明。只是在某些特定问题上，在遇到证明困难和考虑诉讼效率等特殊情况下，推定才是可以采取的"证明责任的修补或者调整方法"。

在民事诉讼适用推定的情形中，举证责任或说服责任在当事人之间发生某种转移，使得双方不断提出证据对自己的主张加以证明，从而推动了诉讼的进程，也在一定程度上减少了案件事实真伪不明的情形。推定在对事实真相认识程度上存在的误差，在不影响民事诉讼纠纷最终解决的前提下是被容忍或允许的。例如死亡推定（presumption of death），在美国大多数州一个人失踪满 7 年便可推定其死亡。但这种推定只能影响当事人的民事权利和义务，如果用这个推定来追究刑事犯罪则是绝对不允许的。假定，佘祥林的妻子失踪 7 年以上，在民事诉讼中可以推定为死亡；但在刑事诉讼中，则不能推定为死亡，而让被告佘祥林承担证明其未死亡（非 B）的责任。由于刑事诉讼中主体的不平等性、刑罚后果的严厉性，所以"刑事程序力争得到的真实，是真正的'实质'的真实性；相反，民事程序中视双方当事人达成一致为真实，满足于认为的'形式'的真实性"。[4]

推定毕竟不是证明，而是证明过程的中断。这种性质决定了推定在刑事诉讼中具有严格的适用范围和条件。我国学者对此虽有很多论述，如设置之必要性，举证之困难性，合理之关联性，反证之容易性，等等；[5]但由于不了解推定是证明过程的中断这一根本特性，这些论述均没有触及推定适用范围和条件的实质问题。刑事诉讼中的推定适用的实质问题有两个：一是不能违背无罪推定原则，不能用其代替对犯罪要件事实的证明；二是不能降低刑事证明标准，不能成为确信无疑标准的例外。

1. 刑事推定不能取代对犯罪要件事实的证明。刑事诉讼奉行无罪推定原则，且

---

[1] 转引自［美］罗纳德·J. 艾伦等：《证据法：文本、问题和案例》，张保生、王进喜、赵滢译，满运龙校，高等教育出版社 2006 年版，第 867~868 页。

[2] 参见澳大利亚联邦《1995 年证据法》第 182、183 条；印度《1872 年证据法》第 79~90 条。

[3] 参见《民事诉讼法》第 2 条。

[4] ［德］拉德布鲁赫：《法学导论》，米健、朱林译，中国大百科全书出版社 1997 年版，第 126~127 页。

[5] 参见陈运财："刑事诉讼之举证责任与推定"，载黄东熊等：《刑事证据法则之新发展》，学林文化事业有限公司 2003 年版，第 478 页。

必须严格遵循举证、质证的证明程序。因此，推定的适用范围不能涉及犯罪要件事实。无罪推定原则对刑事诉讼中的证明责任进行了预先分配，在公诉案件中，国家承担着证明刑事被告人有罪的责任。我国《刑事诉讼法》第 51 条规定："公诉案件中被告人有罪的举证责任由人民检察院承担，自诉案件中被告人有罪的举证责任由自诉人承担。"人民检察院的这种证明责任是不可转移的。推定不是对证明责任的预先分配，而是在其适用过程中对证明责任在当事人间的分配产生影响。因此，"刑事案件中的推定显然不能把举证责任和说服事实认定者的责任交给被告人"。[1]举凡世界各国证据法典，均无关于刑事犯罪要件可以适用推定的规定，有的只是一些与要件事实无关的推定。例如，新西兰《1908 年证据法》第 6 条（保存 20 年的书证之推定）只提及"在任何诉讼程序中，不论是民事诉讼还是刑事诉讼，如书证经证明或声称为不少于 20 年的，可当即作出推定"。[2]这说明，在刑事诉讼中，推定只对非要件事实的证明具有补充作用。

我国一些学者认为，刑事推定的适用范围包括"人类的心理内容；被告人'独知'的事实；封闭环境或场所中发生的事件；一些特定种类的事件"。[3]还有论者列举了刑事诉讼中适用在犯罪主观方面的直接故意之推定、间接故意之推定、犯罪目的之推定等。[4]但是，这些内容只要是涉及犯罪要件的事实，在刑事诉讼中都是不允许进行推定的。例如，在图式 11.3 所举的假设情杀案证明环节中，关于一个爱那个女人的男人"是否具有除掉她丈夫的犯罪动机"的证明是允许的，但如果把证明换为推定，则是绝对不允许的。

首先，公诉人提出证据后，无论是举证责任还是说服责任，都不允许向被告转移，否则，就违背了无罪推定原则。其次，被告没有证明自己有罪或无罪的义务，因此，被告未能反驳基础事实 A 的情况，或者被告用优势证据反驳了基础事实 A 的情况，都应当是不存在的，否则，不仅违背无罪推定原则，也违反了不得自证其罪的原则。正如有论者所言，在刑事诉讼中，不可将推定作为认定案件事实的证据加以使用，更不能直接用来推定被告人有罪，仅可以用于认定案件事实的某一方面的事实。[5]

实际上，关于犯罪主观方面的直接故意之推定、间接故意之推定、犯罪目的之推定等议论，都混淆了"推定"与"证明"的本质区别。如果论者换一个概念说，直接故意之证明、间接故意之证明、犯罪目的之证明，那将是正确的。例如在图式

---

[1] [美]乔恩·R. 华尔兹：《刑事证据大全》，何家弘等译，中国人民公安大学 2004 年版，第 397 页。

[2] 新西兰《1908 年证据法》。

[3] 参见李富成：《刑事推定研究》，中国人民公安大学出版社 2008 年版，第 19~21 页。

[4] 参见贺平凡："论刑事推定规则"，载《政治与法律》2003 年第 2 期。

[5] 参见最高人民法院刑事审判第一庭、第二庭编：《刑事审判参考⑤》，法律出版社 2004 年版，第 50 页。

11.3中，以证据为基础的推论证明，在证据、推断性事实和要件事实之间构成了一个逻辑严谨的证明环节。这个环节始于证据（公诉方证明，Y给被害人的妻子写了一封情书），到推断性事实1（一个给女人写情书的男人可能是爱她的），推断性事实2（Y爱那个女人，可能想独占她）。其实，这个证明环节还可以再继续下去，推断性事实3（一个想要独占那个女人的男人可能想除掉她的丈夫）；推断性事实4（一个爱着那女人并想除掉她丈夫的男人可能计划那样去做）；推断性事实5（一个计划除掉某某的男人可能做的是，杀掉他）。[1] 这个证明环节把证据与"Y的行凶造成了被害人的死亡"这样一个要件事实，与适用于本案的实体法的要件之一联系起来，即通过证明才能说服事实认定者相信其提供的证据使要件事实更有可能。

在美国，一些著名的判例确立了这样的规则：一旦州检控方将一项事实算作犯罪定义的一部分（比如，一项非法故意凶杀中的预谋），那么，检控方就不能对该项事实创设一项转移说服责任的推定。与此类似，州检控方不能就一项犯罪要素的存在创设一项结论性的或不可反驳的推定。[2]

【案例11.3】凯尔拉诉加利福尼亚州上诉案。[3] 被告人因不能归还一辆租赁车辆而被判犯有重大盗窃罪。该案中有两项存在争议的陪审团指示：①如果一个人根据书面合同租赁或租用另一个人的个人财产，但在租赁或租用协议规定归还该租赁或租用财产到期时，财产所有者通过只负责递送的信件（不保证赔偿）或挂号信件提出了书面要求后，在20天之内承租人没能将该个人财产归还其所有者，则推定以欺诈方式犯有故意盗窃罪。②任何人无论何时租赁或租用一辆汽车，在租赁或租用协议到期后5日内，在明知或故意的情况下未能向其所有者归还汽车，那个人将被推定为盗用该汽车。州最高法院（上诉法院）不赞成仅仅援引制定法中对该犯罪界定的推定指示，理由是：陪审团成员可能把这些指示理解为创设了结论性的推定。上诉法院认为，结论性推定仅仅是一项实体法律规则。上诉法院判定，审判法院给陪审团的这两项指示，减轻了检控方的证明责任，检控方必须用证据确信无疑地证明凯尔拉犯罪的每个要件。因此，这两项指示违反了美国宪法第十四修正案。

美国最高法院认为，结论性推定仅仅是一项实体法律规则，因此，一项关于推定的指示如果被陪审团理解为：除非被告提供了一定数量的证据，否则就要求他们认定该推定事实，该指示或许是违宪的。因为，"从本质上说，它允许因被告没能提

---

〔1〕 Edmund M. Morgan, Basic Problems of Evideuce, Jeint Committee on Continuing Legal Education of the American Law Institute and the American Bar Association 1961, pp. 185~188.

〔2〕 温希普案、阿尔斯特案。参见［美］罗纳德·J.艾伦等：《证据法：文本、问题和案例》，张保生、王进喜、赵滢译，满运龙校，高等教育出版社2006年版，第816~873页。

〔3〕 Carella v. California, 491 U.S. 263 (1989).

供证据而被定罪"。[1] 因此,在凯尔拉诉加利福尼亚州一案中,上诉法院判定:审判法院给陪审团的指示,"减轻了温希普案中所清楚表明的检控方的证明责任,即用证据证明凯尔拉犯罪的每个要件确信无疑。这两项指示违反了宪法第十四修正案"。[2]

2. 刑事推定不能成为确信无疑证明标准的例外。我国《刑事诉讼法》第55条对刑事诉讼证明标准作出规定:"……证据确实、充分的,可以认定被告人有罪和处以刑罚。证据确实、充分,应当符合以下条件:(一)定罪量刑的事实都有证据证明;(二)据以定案的证据均经法定程序查证属实;(三)综合全案证据,对所认定事实已排除合理怀疑。"

与民事诉讼证明仅需达到优势证据标准相比,刑事诉讼的证明标准是确信无疑,如果不是那么"确信"或存在合理怀疑,根据无罪推定原则,就必须以证据不足而推定或假定被告无罪并作出无罪判决。在刑事诉讼中,国家作为"原告"总是承担证明责任,必须对指控犯罪的所有实质性要素都达到确信无疑的证明,因此,强制性举证责任推定是绝对不能适用的。

在这个问题上,有学者主张把"承认推定构成排除合理怀疑规则的例外"作为解决刑事推定与确信无疑证明标准之间矛盾的第三种解决模式,并认为"第三种模式是合理的选择。它承认排除合理怀疑的规则可以突破,认为推定设立的正是该规则的例外,所以其本身无需满足排除合理怀疑的要求"。[3] 这里可能有一个误解,即把"排除合理怀疑"理解为是对包括一些细枝末节事实的证明标准,所以又引出下面一段补充性话语:"这种模式必须设立一个前提,即不允许例外颠覆所服务的价值。倘若容许例外肆意地践踏排除合理怀疑规则所代表的价值,则无罪推定原则将被架空。这意味着,推定的适用应该是有节制、有限度的,在何种情形下方允许创设推定(或者说构建排除合理怀疑规则的例外)是一个应当认真对待的问题。"[4]

但是,"排除合理怀疑"标准仅仅适用于检控方"对构成指控的犯罪之每一项必要事实"或要件事实的证明,并不适用于刑事案件中一些细枝末节事实的证明。例如在美国,证明一项非法故意凶杀而得出预谋之"结论性推定"是违宪的;著名的温希普案在适用排除合理怀疑的证明标准时确立了如下原则:①使犯罪的规定要素不可反驳的推定是违宪的;②向被告人转移关于犯罪要素说服责任的推定也是违宪的;③如果根据案件中的证据,在已证明的事实和推定事实之间的关系符合"比不可能更可能"的标准时,许可性推定是合宪的。[5] 因为许可性推定是事实认定者

---

[1] County Court of Ulster County v. Allen, 442 U.S. 140 (1979).
[2] Carella v. California, 491 U.S. 263 (1989).
[3] 劳东燕:"认真对待刑事推定",载《法学研究》2007年第2期。
[4] 劳东燕:"认真对待刑事推定",载《法学研究》2007年第2期。
[5] [美]罗纳德·J. 艾伦等:《证据法:文本、问题和案例》,张保生、王进喜、赵滢译,满运龙校,高等教育出版社2006年版,第870、874页。

"可以"而非"必须"认定的事实,许可性推定类似于证明环节中的一个推断性事实,被告未能履行举证责任或说服责任并不必然承担对自己不利的结果,因此没有造成原告证明过程的中断。

我国实行社会主义法治,同美国一样地珍视每个公民的自由权益、免于污名的权益,也同样需要公众对刑事法律的信心,所以我国的刑事诉讼证明标准应与美国并无二致。在刑事诉讼中,确信无疑或排除合理怀疑的证明标准是不能有例外的,控诉方对所指控的犯罪每一要件之必要事实的证明,都应当达到确信无疑的程度,不能降低标准而得出。"只有在满足相应的实体与程序标准时,才允许适用将提出证据的责任或说服责任转移给被告人的刑事推定,后者构成排除合理怀疑的例外。"[1]因为在这里,"满足相应的实体与程序标准"是一个模糊、抽象的前提,它并没有说明究竟在什么情况下,"才允许适用将提出证据的责任或说服责任转移给被告人的刑事推定"。实际上,对构成指控的犯罪要件事实的证明,在任何情况下都不允许有"排除合理怀疑的例外"。"因为刑事法律在处置犯罪嫌疑人、被告人的时候,涉及对他们重大权益的剥夺,所以,审慎、精确应当是刑事案件承办机关追求的目标,而推定恰恰不具有这种确定性。"[2]

(二)推定的价值基础决定其不能承载刑事证明责任的重任

1. 推定的价值基础。

(1)和谐。作为证据政策,一些推定创设是为了维护社会和谐。例如,关于婚生子女推定的正当理由在于,可以"安定身份关系,保护出生子女的合法权益,有利于树立家庭观念,稳定业已存在的婚姻关系所产生的既存状态,强化父母对在婚姻关系存续期间所生子女所应承担的社会义务与责任"。[3]同样,在劳动关系存续期间,劳动者在工作场所发生的人身伤害,推定为工伤,除非资方能够证明劳动者的伤害是由自己故意造成的。这个推定保护了处于弱势地位的劳动者的利益。例如,美国《1969年联邦煤矿卫生和安全法》规定,拥有10年工龄的矿工证明患有肺尘病时,法律就绝对推定该矿工完全丧失了劳动能力,因此其有权得到赔偿。[4]

(2)效率。关于推定创设的理由,摩根认为,可使诉辩中不属于严重争执主题的不用必要之举证;避免了因证据不足证明推定事实的困难。[5]有美国学者也认为,一些推定的创设目的是纠正由于一方当事人更容易证明而引起的不平衡;也可

---

[1] 劳东燕:"认真对待刑事推定",载《法学研究》2007年第2期。
[2] 邓子滨:《刑事法中的推定》,中国人民公安大学出版社2003年版,第18~19页。
[3] 江伟主编:《中国证据法草案(建议稿)及立法理由书》,中国人民大学出版社2004年版,第347页。
[4] 30 U.S.C. § 921 (c) (1994).
[5] 参见 [美] 摩根:《证据法之基本问题》,李学灯译,世界书局1982年版,第58~59页。

以避免诉讼陷入僵局，达到一定的结果；节省了时间。[1]我国有学者概括："推定的主要作用，是减少不必要的证明和避免难以完成的证明……推定具有降低诉讼成本，提高诉讼效率，维护社会法律关系的稳定等功能。"[2]例如，在关于邮寄和收到信件的推定中，双方当事人都有可能知道信件是否收到的信息，无论哪方承担一般举证责任，都会使诉讼变得复杂化，推定的使用无疑简化了这个证明过程。

2. 推定为何不能承载刑事证明责任的重任。

（1）刑事诉讼证明标准体现了准确性价值。证据所要解决的是事实认定问题，准确和真实是其基本要求，只有准确认定事实，才能有效地解决争端，维护诉讼各方的合法权益。我国2012年《刑事诉讼法》第2条对"准确""查明犯罪事实"作出了明确规定，并从"惩罚犯罪分子，保障无罪的人不受刑事追究"两个方面强调了准确性的意义。在不同诉讼活动中，对事实的认定必须达到一定证明标准，这是准确性的要求。准确性在民事和刑事诉讼证明标准中的程度有所不同，民事诉讼的证明标准一般仅需要达到事实之真实性的概率较大的程度；而在刑事诉讼中，国家作为"原告"不仅总是承担证明责任，而且对指控犯罪的所有要件事实的证明都要达到确信无疑的程度。

（2）确信无疑的刑事证明标准是推定不能逾越的一条底线。从追求事实真相的角度看，推定的主要作用是减少不必要的证明，在准确和效率、和谐这些价值中其偏重的是效率与和谐，对准确性则有所忽略，而推定的滥用毋宁说就是牺牲准确性来换取效率与和谐。例如，就强制性可反驳推定来说，"创造特殊证明责任规则的目的一般是为了精细地调整证明过程，提高理性和准确事实认定的目标或分配证明责任的其他目标"。"然而，由于推定分析中的复杂性和混乱性，使用推定经常转移而不是提高了这些目标。"[3]因此，从提高事实认定的准确性和公正性来说，确信无疑的证明标准在刑事诉讼中发挥着极其重要的作用，是任何推定都不能逾越的一条底线。如果过分追求效率与和谐，甚至把刑事推定当作确信无疑证明标准的例外而滥用，在理论和实践上都可能会误入歧途。因为，刑讯逼供可能比推定更有效率，日本法学家棚濑孝雄认为，如果以"一定人力或物力为基数平均所解决的纠纷件数"作为标准来衡量的话，恐怕近代的司法制度会被视为最无效率的纠纷解决方式。[4]但我们不能为了追求效率而退回到刑讯逼供。

总之，证明是一种事实的推导，是对证据与要件事实之间相关性联系的确证或

---

[1] 参见［美］约翰·W. 斯特龙主编：《麦考密克论证据》，汤维建等译，中国政法大学出版社2004年版，第663页。

[2] 何家弘："论司法证明中的推定"，载《国家检察官学院学报》2001年第2期。

[3] ［美］罗纳德·J. 艾伦等：《证据法：文本、问题和案例》，张保生、王进喜、赵滢译，满运龙校，高等教育出版社2006年版，第855页。

[4] 参见［日］棚濑孝雄：《纠纷的解决与审判制度》，王亚新译，中国政法大学出版社1994年版，第26页。

断定,是一个逻辑的推想和论证的过程,其结论必须具有一定程度的必然性。推定则是推测和想象,一般并不特别关注基础事实与推定事实之间是否具有相关性、合逻辑性,而是基于某些社会政策而创设一种法律关系,因此是一种暂时性假定,是逻辑证明过程的中断。从效力上看,证明是履行证明责任的行为,受到证明标准的限制,一旦证成,便直接决定了案件的判决结果;而推定仅仅免除或转移了对假定事实的证明责任,因此,可反驳的推定一旦被反驳证明所推翻,便烟消云散。在刑事诉讼中,推定虽非绝对不允许使用,但其适用范围和条件应当受到以下两个方面的严格限制:一是不能违背无罪推定原则,不能替代对犯罪要件事实的证明;二是不能降低刑事证明标准,不能成为确信无疑证明标准的例外。

1. 推定作为证明的一种辅助方法,它不是建立在相关性基础上的逻辑联系,其本质特征是在基础事实与假定事实之间创设某种法律关系。

2. 运用推定认定事实必然造成证明过程的中断,这决定了其主要适用于民事诉讼领域,在一定程度上影响民事诉讼中的举证责任和说服责任。

3. 在刑事诉讼中,推定不能替代对犯罪要件事实的证明,更不能成为确信无疑证明标准的例外。推定的滥用会危害刑事司法的公正性。

11.1. 在褚时健贪污、巨额财产来源不明罪案中,法院判决书认定,1995年8月~1998年7月,洛阳市公安局和云南省人民检察院在侦查本案过程中,先后在云南省昆明市、玉溪市和河南省偃师市等地,扣押、冻结了褚时健的货币、黄金制品、房屋以及其他贵重物品等财产,共折合人民币521万元、港币62万元。对此,褚时健能说明其合法来源经查证属实的为人民币118万元,其余财产共计人民币403万元、港币62万元,褚时健不能说明其合法来源。经查证,财产来源也无法查明。在案件审判中,公诉机关认为,被告人褚时健对超过合法收入的巨额财产部分,不能说明其合法来源,经查证也无合法来源的根据,其行为已构成巨额财产来源不明罪。被告人褚时健对指控证据无异议,但提出上述财产中有一部分是外商赠与的。辩护人提出对被告人褚时健夫妇的共同财产中其妻子的合法财产应予扣除。公诉机关针对被告人褚时健及辩护人的异议,进一步说明,被告人褚时健对辩解的外商赠与,未能准确地陈述事实,也未能提供外商姓名、住址等查证线索,不能查证属实,辩解不能成立。对被告人褚时健夫妇的共同财产中其妻子的合法财产,起诉书认定时已作扣除。法院认定,依照法律规定,被告人褚时健对其财产明显超过合法收入的部分,负有说明的责任。被告人褚时健的说明和辩解没有可供查证的事实予以证明,其辩解不能成立。公诉机关的指控事实清楚,证据充分,罪名成立,法院予以确认。试分析,法院对该案的事实认定是如何适用推定规则的?

11.2. 在一起交通肇事逃逸的案件中,被告人李某驾驶车辆将被害人田某撞倒,事故发生后,李某不仅没有保护现场、及时救助被害人田某,反而立即逃逸。《道路交通安全法实施条例》第92条规定:"发生交通事故后当事人逃逸的,逃逸的当事人承担全部责任。但是,有证据证明对方当事人也有过错的,可以减轻责任。当事人故意破坏、伪造现场、毁灭证据的,承担全部责任。"公安机关据此认定被告人李某对交通事故的发生承担全部责任。在该起案件的交通事故责任认定中,是否适用了推定规则?

11.3. 最高人民法院《审理因垄断行为引发的民事案件应用法律的规定》中第9条规定:"被诉垄断行为属于公用企业或者其他依法具有独占地位的经营者滥用市场支配地位的,法院可以根据市场结构和竞争状况的具体情况,认定被告在相关市场内具有支配地位,但有相反证据足以推翻的除外。"第10条规定:"原告可以被告对外发布的信息作为证明其具有市场支配地位的证据。被告对外发布的信息能够证明其在相关市场内具有支配地位的,人民法院可以据此作出认定,但有相反证据足以推翻的除外。"以上条文中是否包含推定规则?

第二节 司法认知

一、司法认知的概念

(一) 司法认知的事项无需证明

"司法认知是法官在行使司法权过程中对某些特定事实和法律前提作出正式的认定。"〔1〕可见,司法认知(judicial notice)是事实认定的一种方式。在诉讼过程中,对一些当事人提不出合理争议、法院也不需要进行调查的事实,法院通过司法认知,可以免除当事人证明责任,排除无谓的争议,减少当事人的讼累,从而提高诉讼效率。〔2〕

美国《联邦证据规则》201(裁判性事实的司法认知)规定:"(a)范围。本规则只规制裁判性事实的司法认知,而非立法性事实。(b)可被司法认知的事实种类。法院可以对不存在合理争议的事实作出司法认知,因其:(1)是审判法院司法辖区内众所周知的;或者(2)可从其准确性不容合理置疑的来源准确且容易地确定。

---

〔1〕[美]罗纳德·J. 艾伦等:《证据法:文本、问题和案例》,张保生、王进喜、赵滢译,满运龙校,高等教育出版社2006年版,第879页。

〔2〕参见 Arther Best, *Evidence: Examples and Explanations*, Little Brown and Company, 1994, pp. 210~219.

(c)司法认知的作出。法院:(1)可以自行作出司法认知;或者(2)在一方当事人提出请求,并且向法院提供必要信息的情况下,必须作出司法认知。(d)时机。在诉讼的任何阶段,法院都可以作出司法认知。(e)申辩机会。经及时提出请求,一方当事人有权就作出司法认知的适当性和被认知事实的性质要求进行申辩。如果法院在没有事先通知一方当事人的情况下作出司法认知,经请求,该方当事人仍然有权要求进行申辩。(f)给陪审团的指示。在民事诉讼中,法院必须指示陪审团,接受经司法认知的事实作为结论性事实。在刑事案件中,法院必须指示陪审团,其既可以接受也可以不接受经司法认知的事实作为结论性事实。"

(二)司法认知的法律传统

司法认知的思想源于古罗马法"显著之事实,无须证明"这一古老法谚,但作为法官的职权运用在英美法的土壤中成长和繁荣。作为一项现代意义上的证据法规则,司法认知始于1872年英国高等法院法官斯蒂芬起草的印度《证据法》。该法首次在第56条和第57条规定了司法认知的要旨和认知事项。如今司法认知已经在世界上许多国家证据法中普遍适用。在英美法国家可被司法认知的事实范围广泛,如国家法律、国际法、历史事件、地理特征等。法庭可以主动对某一事实予以司法认知,也可以应当事人的申请进行。[1] 其他国家立法中也有一些类似司法认知的规定,例如德国《民事诉讼法》第291条规定:"对于法院已经显著的事实,不需要证据。"日本《民事诉讼法》第257条规定:"显著的事实,无须证明。"

二、司法认知的特征

根据司法认知的概念,可以归纳出其具有以下特征:

(一)司法认知的主体仅限于法院

司法认知是法院行使审判权的一种形式。作为审判机关,为有效处理诉讼,法院有权就公认公知事实或职务上知悉的事实直接予以认定。司法认知专属于人民法院,当事人可以申请法院对特定的案件事实采取司法认知,但没有自行采取司法认知的权利。公安机关、人民检察院虽然可以依职权或者应申请调查收集证据和审查判断证据,得出自己的结论,但其仍需要接受质证和人民法院的审查,没有进行司法认知的权力。

美国《联邦证据规则》201规定,法院可以对裁判性事实采取司法认知。裁判性事实是那些通常由陪审团来决定的事实。依据规则201(b),经司法认知的事实必须被证实具有排除合理争议的确定性,并且,这一确定性标准的满足,必须基于司法辖区内众所周知的知识,或准确性不容合理置疑的来源。在民事案件中,法官将指示陪审团,其必须接受经司法认知的事实之真实性。在刑事案件中,法官将指示陪审团,其可以但不必需接受司法认知事实的真实性。事实可以在任何时间被司法认知,但是,无论在刑事案件还是民事案件中,如果胜诉方未能在审判中证明一个

---

[1] 薛波主编:《元照英美法词典》,法律出版社2003年版,第750页。

要件,采用司法认知以维持陪审团有利于胜诉方的裁决,也许侵犯对方的宪法性权利。[1]

(二)司法认知具有可反驳性

司法认知只适用于在法院管辖权限内人所共知的事实,或当事人就其准确性不能提出合理争辩的事项,且当事人应有充分的反驳机会。[2] 为保证司法认知的确定性和正确性,以保护当事人的知情权和质证权,法院在采取司法认知的前后都应给当事人提供反驳的机会。例如,美国《联邦证据规则》201(e)款规定,当事人在及时请求的前提下,有权就"司法认知的适当性和认知事项的要旨"请求法院听证。在诉讼过程中,法院对某一事实认知后,对方当事人有可能提出反证或反驳的意见,法院对此必须进行审查,然后作出认定。

三、司法认知的类型

(一)司法认知的种类

1. 裁判性事实的司法认知。裁判性(adjudicative)事实,是法院对与当事人直接相关的事实——谁做了什么、发生地、时间、发生的事件、动机及目的——依职权作出的裁判,是指那些在裁判过程中适用法律的事实。在陪审团审判的案件中,这类事实由陪审团来决定,涉及当事人,他们的行为、财产和业务。[3]

美国《联邦证据规则》201(b)款对裁判性事实的种类作出了规定:"司法认知之事实必须是没有合理争议的事实。这种事实包括两种:①审判法院辖区内众所周知的事实;②通过借助某种其准确性不容置疑的来源而能够准确和易于确定的事实。"申请司法认知并获得准许的主要事实种类包括:商业或政府惯例;日历日期和时限;在著作权、专利和商标诉讼中的产品特性;当前事件;经济学一般原理和经济信息;收费和工资;地理;历史资料;法院记录和程序;医疗信息;官方档案;科学事实和原则以及科学仪器的性能;天气。

2. 有关法律的司法认知。对法律的司法认知,是指对法律存在的事实、内容制定的经过和法律效力的直接认可。对法律的司法认知既包括对判例所确定的法律原则的认知,也包括对成文法所明文规定事项的认知。如德国《民事诉讼法》第293条规定:外国的现行法、习惯法、自治法规,只限于法官所不知道,应该予以证明。换句话说,法官对外国的现行法、习惯法,自治法规等知道的,则无需证明而直接司法认知。加拿大《证据法》第18条规定:"即使没有请求,对加拿大议会颁布的

---

[1] Ronald J. Allen, Eleanor Swift, David S. Schwartz, Michael S. Pardo, and Alex Stein, *An Analytical Approach to Evidence: Text, Problems, and Cases*, 6th ed., published by Wolters Kluwer in New York 2016, p. 873.

[2] 参见 Arther Best, *Evidence: Examples and Explanations*, Little Brown and Company, 1994, pp. 210~219.

[3] 参见[美]罗纳德·J.艾伦等:《证据法:文本、问题和案例》,张保生、王进喜、赵滢译,满运龙校,高等教育出版社2006年版,第901页。

所有法律都应当进行司法认知，无论是公法还是私法。"

(二) 司法认知的分类

1. 强制认知与酌情认知。以司法认知的事项是否为法律所强行规定，可将司法认知分为强制认知与酌情认知。前者是指无论当事人申请与否，法院必须进行认知，如本国宪法、法律等。法院对强制认知的事项，不论当事人是否申请，不能以种种借口而推卸认知的义务。后者是指对于某种事项，经当事人申请，法院可以依其自由裁量权，酌定是否予以认知。酌情认知不具有强制性，是否认知，由法院酌情决定。

2. 依职权的司法认知与依申请的司法认知。以法院采取司法认知的原因为标准，可将其分为依职权的司法认知与依申请的司法认知。依职权的司法认知是指法院主动采取的司法认知。依申请的司法认知是指法院根据当事人的申请采取的司法认知。这种分类的意义在于说明，当事人享有申请法院采取司法认知的权利，但是当事人的申请对法院没有约束力。当事人提出申请之后，法院有权依职权决定是否采取司法认知。美国《联邦证据规则》201规定："……（c）自由裁量的时间：不管当事人请求与否，法院可以自由决定是否作出司法认知。（d）强制裁量的时间：在当事人请求并提供了必要信息的情况下，法院应当作出司法认知。"

3. 口头司法认知与书面司法认知。以司法认知的外在形式为标准，可将司法认知分为口头司法认知与书面司法认知。口头司法认知是指法院在审理过程中以口头裁定方式直接认定事实，而以书面裁定方式直接认定某一个事实的就是书面司法认知。从司法认知的简便性来看，司法认知以口头认知为原则，以书面认知为例外。法院以口头裁定采取司法认知的，应当载明于笔录。

四、司法认知的效力

司法认知的效力，是指司法认知所产生的法律后果。它包括以下几个方面：

(一) 对当事人的效力

1. 司法认知对当事人举证责任的免除和加重。对于司法认知的事实，不论是要件事实还是证据性事实，当事人均可因司法认知而免于证明。对一方当事人证明责任的免除，同时也就意味着对相对方当事人证明责任的加重。因此，司法认知实际上影响了证明责任在当事人间的分配。

2. 当事人的认知请求权。对于法院必须认知的事实，当事人及其诉讼代理人有请求法院认知的权利。但这种请求权不是必要条件，即使在某些情况下当事人没有提出司法认知的主张，法院也应进行司法认知。

(二) 对法院的效力

司法认知是法院采取的一种具有法律约束力的认证行为，为保证其严肃性，法院应以裁定的方式作出。法官一旦作出司法认知，就应当受其约束。法院对司法认知的事实必须向当事人指明，并为当事人提供反驳的机会。

（三）对其他证据的效力

一方面，经过法院司法认知的事实可以用来作为证据证明其他事实；法院认知的事实，可以促使其他某个事实或一组事实成为证据，从而构成证明的逻辑链条，有助于庭审的顺利进行。另一方面，司法认知与其他证据产生冲突时，可能否认其他证据的效力。

五、我国证据法关于司法认知的规定

我国诉讼法对司法认知未明确规定。最高人民法院《民事诉讼法解释》第93条规定："下列事实，当事人无须举证证明：（一）自然规律以及定理、定律；（二）众所周知的事实；（三）根据法律规定推定的事实；（四）根据已知的事实和日常生活经验法则推定出的另一事实；（五）已为人民法院发生法律效力的裁判所确认的事实；（六）已为仲裁机构生效裁决所确认的事实；（七）已为有效公证文书所证明的事实。前款第二项至第四项规定的事实，当事人有相反证据足以反驳的除外；第五项至第七项规定的事实，当事人有相反证据足以推翻的除外。"

最高人民法院《民事诉讼证据规定》第10条规定："下列事实，当事人无须举证证明：（一）自然规律以及定理、定律；（二）众所周知的事实；（三）根据法律规定推定的事实；（四）根据已知的事实和日常生活经验法则推定出的另一事实；（五）已为仲裁机构的生效裁决所确认的事实；（六）已为人民法院发生法律效力的裁判所确认的基本事实；（七）已为有效公证文书所证明的事实。前款第二项至第五项事实，当事人有相反证据足以反驳的除外；第六项、第七项事实，当事人有相反证据足以推翻的除外。"

最高人民法院《行政诉讼证据规定》第70条规定："生效的人民法院裁判文书或者仲裁机构裁决文书确认的事实，可以作为定案依据。但是如果发现裁判文书或者裁决文书认定的事实有重大问题的，应当中止诉讼，通过法定程序予以纠正后恢复诉讼。"

六、司法认知与推定的共性和区别以及我国司法认知概念混淆的问题

司法认知与推定既存在着某些共性，又存在着以下一些差别：

第一，在性质上，二者具有暂时性事实与结论性事实的区别。推定是证明过程的中断，即暂时性事实，可反驳的推定一旦被反驳证明所推翻，便烟消云散了。司法认知的事实则必须被证实具有排除合理争议的确定性，即结论性事实。如自然规律以及定理、定律，众所周知的事实，不具有可反驳性，只具有可接受性。当然，经司法认知的事实作为结论性事实，在民事案件中是陪审团必须接受，在刑事案件中是既可以接受也可以不接受。

第二，在适用范围上，二者有宽窄之分。司法认知的适用范围宽，在民事和刑事诉讼中同样适用。推定的适用范围较窄，主要适用于民事诉讼领域，具有影响民事举证责任和说服责任的功能。因为，推定对事实真相认识程度上的误差或不准确性，在不影响民事诉讼纠纷最终解决的前提下是被容忍或允许的，但在刑事诉讼中则是不允许的。例如，失踪满7年推定死亡，只影响当事人的民事权利和义务，却不能允许用其来追究刑事犯罪。

第三，在功能上，二者有转移或免除证明责任上的差别。推定的主要作用是在一定程度上转移当事人的证明责任（免除证明责任的情况，仅限于不可反驳的推定即"法律拟制"），使得双方不断提出证据对自己的主张加以证明，从而推动了诉讼的进程。相比之下，司法认知仅仅是免除当事人证明责任，并不具有转移证明责任的功能。

第四，二者维护的价值基础有所不同。推定所标志的是基础事实与假定事实之间的法律关系，其价值基础是和谐与效率。司法认知的价值基础只是效率，减少当事人的讼累。

鉴于以上四点差别，我们认为，最高人民法院《民事诉讼法解释》第93条和《民事诉讼证据规定》第10条的规定存在着混淆司法认知与推定概念的问题：一是其中"（三）根据法律规定推定的事实；（四）根据已知的事实和日常生活经验法则推定出的另一事实"，都不能司法认知；二是司法认知只具有可接受性，不具有可反驳性，因此，这两条规定中的"当事人有相反证据足以反驳的除外""当事人有相反证据足以推翻的除外"的说法，也违反了司法认知的基本原理。

1. 对于当事人无需证明的事实，可以进行司法认知。司法认知的事项无需再继续证明，从而免除了证明责任。

2. 司法认知的范围包括事实和法律。如众所周知的事实、自然规律及定理、已为法院发生法律效力的裁判所确认的事实、已为仲裁机构的生效裁决所确认的事实或者已为有效公证文书所证明的事实等。

思考题

11.4. 赵某与周某订立钢材购销合同，周某因故未履行。赵某将周某诉至法院，要求其承担违约责任。周某向法庭提供载有我国对外出口政策调整文件的国家机关公报一份，并声称不能按时出口是因我国出口政策发生调整。那么，法院能否通过司法认知的方式将该政策文件认定为定案根据？

11.5. 王某与郑某是生意上的合作伙伴，后郑某因未履行与王某签订的合同，被王某诉至法院。人民法院就此作出民事判决，要求郑某承担违约责任。然而，郑某一直未实际履行民事判决。后来，王某通过其他途径了解到，郑某在与其签订合同过程中，使用了虚假的文件作为担保，涉嫌合同诈骗，因此向公安机关报案。那么，在该刑事案件的审理过程中，法院能否依据司法认知规则，将之前民事判决中认定的事实作为裁判根据?

11.6. 赵某与孙某签订货物买卖合同,约定由孙某使用轮船将货物运到广东某港口后交货。然而,在货物交付前,由于受飓风影响,船上所装货物受损严重,孙某无法按时交货,赵某将孙某诉至法院。孙某提出不可抗力的答辩意见,并认为该港口在8月份极易受到飓风影响,这是众所周知的事实,申请法院进行司法认知,并以此作为不可抗力的依据。那么,法院是否会认可孙某提出的司法认知请求?

 本章阅读文献

1. [美]罗纳德·J. 艾伦等:《证据法:文本、问题和案例》,张保生、王进喜、赵滢译,满运龙校,高等教育出版社2006年,第十一章、第十二章。

2. 卞建林主编:《证据法学》,中国政法大学出版社2014年,第二十四章。

3. 何家弘、刘品新:《证据法学》,法律出版社2013年版,第九章。

4. 张保生主编:《〈人民法院统一证据规定〉司法解释建议稿及论证》,中国政法大学出版社2008年版,第六章、第七章。

5. 张保生、常林主编:《中国证据法治发展报告》(1978~2008、2009、2010、2011、2012、2013、2014),中国政法大学出版社2010、2011、2012、2013、2014、2015、2016年版,第二篇二、证据法学研究进展(十)推定与司法认知。张保生、王旭主编:《中国证据法治发展报告》(2015~2016,2017~2018),中国政法大学出版社2018、2022年版,第二篇二、(十)推定与司法认知。

6. 陈瑞华:《刑事证据法学》,北京大学出版社2014年版,第二十一章。

7. 龙宗智:"推定的界限及适用",载《法学研究》2008年第1期。

8. 张保生:"推定是证明过程的中断",载《法学研究》2009年第5期。